新工科·普通高等教育汽车类系列教材

汽车电器与电子控制技术

主　编　阮观强　张振东

副主编　黄宏成　沈永峰　袁伟光

参　编　张永辉　朱成水　周宏伟　郭　辉

　　　　刘　丽　张恒海　李庆军　张文青

　　　　姜映红　仝　光　解瑞雪　卞一明

U0361568

机械工业出版社

本书是为高等院校汽车服务工程、车辆工程、汽车运用与维修、汽车运用工程与交通运输等汽车类专业编写的教材。本书知识体系完整，注重传统汽车电器、电子控制技术以及智能网联与新能源汽车技术的理论系统性，内容由浅入深、循序渐进，符合学生的认知规律，便于学生学习。

本书分为3篇，第1篇为汽车电器技术，主要讲述汽车供电系统、汽车用电设备、汽车整车电路等汽车传统的电器与电子设备；第2篇为汽车电子控制技术，主要讲述汽车电子控制基础、汽车动力传动控制系统、汽车底盘电子控制系统、汽车车身电子控制系统、车辆网络控制系统；第3篇为智能网联与新能源汽车技术，主要讲述先进驾驶辅助系统、智能网联汽车技术、电动汽车电子控制系统、混合动力汽车电子控制系统。

本书可作为高等学校应用型本科汽车服务工程、车辆工程、汽车类专业（方向）的教材，也可作为汽车运用工程、汽车运输管理、汽车修理等相关专业的教材，对从事汽车电器与电子技术应用和研究的工程技术人员也具有很高的参考价值。

图书在版编目（CIP）数据

汽车电器与电子控制技术/阮观强，张振东主编. —北京：机械工业出版社，2021.3（2024.1重印）

新工科·普通高等教育汽车类系列教材

ISBN 978-7-111-67345-3

Ⅰ.①汽… Ⅱ.①阮… ②张… Ⅲ.①汽车-电气设备-高等学校-教材②汽车-电子控制-高等学校-教材 Ⅳ.①U463.6

中国版本图书馆CIP数据核字（2021）第017656号

机械工业出版社（北京市百万庄大街22号 邮政编码100037）
策划编辑：冯春生 责任编辑：冯春生 韩 静
责任校对：樊钟英 封面设计：张 静
责任印制：单爱军
北京虎彩文化传播有限公司印刷
2024年1月第1版第4次印刷
184mm×260mm·31.25印张·774千字
标准书号：ISBN 978-7-111-67345-3
定价：79.80元

电话服务 网络服务
客服电话：010-88361066 机 工 官 网：www.cmpbook.com
010-88379833 机 工 官 博：weibo.com/cmp1952
010-68326294 金 书 网：www.golden-book.com
封底无防伪标均为盗版 机工教育服务网：www.cmpedu.com

前　言

近些年，电子技术的飞速发展促使汽车电子技术迅速发展，从最初的照明、收音机等简单电气技术逐渐延伸出了电喷技术与电子点火技术等电控技术。汽车电控技术逐渐淘汰了原来的一些老技术，例如传统点火系统、电子点火系统、分组点火技术等，现在逐步转向"电动化""智能化""集成化""共享化"等方向。目前，平均每辆车上的电子产品的成本占整车成本的30%~50%；一些高档车上微处理器的数量达到近80个，电子产品的成本占整车成本的70%以上。电子技术已被广泛应用于汽车发动机控制、底盘控制、车身控制、故障诊断以及音响、通信、导航等方面，显著提高了车辆的动力性、经济性、安全性、稳定性及舒适性。汽车已经不仅是一个代步工具，同时也具有了交通、娱乐、办公和通信等多种功能。

现在，由于节能减排的要求，新能源车辆逐渐走上历史的舞台，混合动力汽车、增程式汽车、氢燃料汽车和纯电动汽车的保有量日渐增多，国家的配套政策与法规也日趋完善。本书结合当今汽车发展的要求，介绍了新能源汽车相关的电控技术。

本书分为3篇，第1篇为汽车电器技术，主要讲述汽车供电系统、汽车用电设备和汽车整车电路。第2篇是汽车电子控制技术，主要讲述汽车电子控制基础、汽车动力传动控制系统、汽车底盘电子控制系统、汽车车身电子控制系统和车辆网络控制系统。第3篇是智能网联与新能源汽车技术，主要讲述先进驾驶辅助系统、智能网联汽车技术、电动汽车电子控制系统和混合动力汽车电子控制系统。各部分从构造、原理入手，由浅入深，精选实例，图文并茂，文字简洁，注重反映当今汽车电器与电子控制的新技术。本书语言通俗易懂，内容深浅有度，教学内容重点突出，层次结构合理，便于学生自学与老师教学。学生通过学习，可以较好地掌握汽车电器、电控与新能源汽车装置的结构、原理、工作过程等基本知识，从而培养他们的工程实践能力。书中内容体现了编者在教学、生产和科研实践中积累的经验和知识，期望学生通过对本书的学习，在实际应用场合不再感到畏惧，可以增强其实际动手的能力和信心。

全书共3篇13章。第1、8章由阮观强与卞一明编写，第2章由张永辉、阮观强与仝光编写，第3章由姜映红、张文青和李庆军编写，第4、5章由周宏伟、刘丽编写，第6章由张振东、郭辉编写，第7章由袁伟光、解瑞雪编写，第9章由沈永峰编写，第10章由张恒海、仝光、沈永峰编写，第11章由仝光、沈永峰编写，第12章由朱成水编写，第13章由黄宏成编写。全书由阮观强、张振东担任主编，阮观强统稿并对全书进行了全面修改。

在本书完稿过程中，上海建桥学院田玉冬教授等认真仔细地阅读了本书，提出了许多宝贵意见，在此向他们表示最诚挚的谢意。本书在撰写过程中参考了国内外一些期刊和有关专著的资料，充实了本书的内容，在此向相关作者表示感谢。

由于编者水平所限，书中难免有错误和不妥之处，敬请广大读者批评指正。

编　者

目　录

第2篇 汽车电子控制技术

第**1**章

绪　　论

 学习目标

1. 了解传统汽车电器与电子技术的发展与分类
2. 掌握传统汽车电气系统的特点
3. 了解电动汽车电子控制系统
4. 了解混动汽车电子控制系统

该门课程主要以汽车构造、电工学、电子学、计算机技术、传感器技术、控制技术、通信技术、网络技术为基础，是研究现代汽车电器、电子控制系统、新能源汽车及车载网络的组成、构造、原理、特性、检测和使用维修的一门专业课。

1.1　传统汽车电器与电子

 导　入

汽车电器
认知

　　传统汽车电子控制技术应用于汽车动力性、安全性、舒适性和娱乐通信信息控制。随着机电一体化汽车和电子化汽车的诞生，汽车电子学和汽车电子控制技术等新科学、新技术正在蓬勃发展。汽车控制技术是伴随着汽车法规（油耗法规、排放法规、安全法规）要求的提高和电子控制技术的发展而逐步发展到现在的控制水平的，其发展过程经历了机械控制、电子电路控制、模拟计算机控制和数字计算机控制等过程。

1.1.1　传统汽车电器与电子技术的发展与分类

1. 传统汽车电子技术的发展

世界汽车电子技术的发展和电子技术的发展息息相关，其过程大致可以分为三个阶段：

第一阶段（1960～1975 年）：主要产品有交流发电机、电子电压调节器、电子闪光器等。

第二阶段（1975～1985 年）：主要产品有电控燃油喷射系统（EFI）、空燃比反馈控制系统、防抱死制动系统（ABS）、安全气囊系统（SRS）等。

第三阶段（1985 年～现在）：主要产品有四轮转向控制系统、轮胎气压监控系统、语音合成与识别系统、数字式油压表、故障自诊断系统、智能安全气囊、制动力分配系统等。

2. 传统汽车电器与电子控制系统的分类

汽车电器与电子控制系统可分为电器装置和电子控制系统两大部分。

（1）汽车电器装置

1）供电系统：主要是蓄电池与发电机。其中发电机为主电源，发电机正常工作时，由发电机向全车用电设备供电，同时给蓄电池充电。蓄电池的主要作用是发动机起动时向起动机供电，同时辅助发电机向用电设备供电。

2）用电设备

① 起动系统：主要是直流电动机、传动机构、控制装置。其作用是用于起动发动机。

② 点火系统：主要包括起动开关、点火线圈、火花塞等。其任务是产生高压电火花，点燃汽油机发动机气缸内的混合气。

③ 照明与显示系统：主要包括车内外各种照明灯和保证夜间安全行车所必需的灯光，以及电子仪表。电子仪表为驾驶人提供汽车行驶时最基本的操作信息。

④ 信号系统：主要包括喇叭、蜂鸣器、闪光器及各种行车信号标识灯。其用来保证车辆运行时的人车安全。

⑤ 附属电器设备：主要包括电动刮水器、空调器、低温起动预热装置、收录机、点烟器、玻璃升降器等。

3）检测装置：主要包括各种电器检测仪表和检测传感器，如电流表、电压表、机油压力表、温度表、燃油表、车速里程表、发动机转速表和自检装置，用来监视发动机和其他装置的工作情况。

4）配电装置：主要包括中央配电盒、电路开关、熔断装置、插接件和导线等。

（2）汽车电子控制系统

1）发动机控制系统，实现的主要功能包括：发动机燃料喷射控制；最佳点火提前角（ESA）控制；最佳空燃比反馈控制；排气再循环（EGR）；怠速控制（ISC）。

2）底盘控制系统，实现的主要功能包括：制动防抱死与驱动防滑；变速器电子控制；悬架系统控制；电子控制动力转向；四轮转向（4WS）控制。

3）车身控制系统，其组成部分包括：车用全自动空调的电子控制系统；车辆信息显示系统；汽车电子灯光控制系统；安全气囊控制系统（SRS）；多路信息传输系统；汽车导航系统；蜂窝式移动电话；巡航控制系统（CCS）；防盗与防撞安全系统；汽车防撞控制系统。

1.1.2 传统汽车电气系统的特点

1. 低压

汽油车多采用12V供电电压，主要的优点是安全性能好。

2. 直流

主要从蓄电池的充电方面来考虑。

3. 单线制

单线制即从电源到用电设备使用一根导线连接，而另一根导线则用汽车车体或发动机机体的金属部分代替。单线制可节省导线，使线路简化、清晰，便于安装与检修。

4. 负极搭铁

将蓄电池的负极与车体相连接，称为负极搭铁。

1.2 新能源汽车电子系统

新能源汽车英文为"New Energy Vehicles",我国 2009 年 7 月 1 日正式实施了《新能源汽车生产企业及产品准入管理规则》,明确指出:新能源汽车是指采用非常规的车用燃料作为动力来源(或使用常规的车用燃料、采用新型车载动力装置),综合车辆的动力控制和驱动方面的先进技术,形成的技术原理先进,具有新技术、新结构的汽车。

新能源汽车
认知

1.2.1 新能源汽车电子技术的发展

1. 电动汽车

第一辆被众人熟知的电动汽车于 1837 年被苏格兰化学家罗伯特·戴维森发明。而在 1832 年到 1839 年间,英国发明家罗伯特·安德森也发明了一辆简易的电动篷车。但这个时期的电动汽车还处在原始阶段,其使用的电池都是无法充电的,行驶速度和里程也有限。随着电池技术的进步,曾负责英国地铁电气化项目的英国发明家托马斯·帕克则在 1884 年发明了第一辆真正意义上的电动汽车,这辆车采用了帕克自己设计的大容量可充电电池,具备一定的行驶性能。英国和法国也随之成为世界上一批大力推广电动汽车的国家。而在 4 年之后,德国第一辆电动汽车也由工程师 Andreas Flocken(安德鲁斯·福罗肯)发明落地。真正将电动汽车性能提升的,则是路德维希·洛纳与 23 岁的费迪南德·保时捷(又译费迪南德·波尔舍),后者便是著名的跑车品牌保时捷的创立者。1898 年,波尔舍发明了一款前轮驱动的双座电动汽车,命名为"Lohner-Porsche"(洛纳·保时捷)。这款车和那个时代的其他电动车辆不同,两个前轮使用轮毂电机驱动车辆前进,每台轮毂电机提供不到 3 马力(2kW 左右)的动力输出,这套动力系统可将 83% 的有效电能转化为动力传递到车轮,这个数字在当时是十分惊人的。随后在 20 世纪初波尔舍还为这辆车剩下的两个轮子同样装上轮毂电机,世界上第一辆四轮驱动的机动车也因此诞生。

由于石油的大量开采和燃油汽车技术的迅速发展,同时电动汽车在电池技术和续驶里程上长期未能取得突破,电动汽车在 1920 年之后渐渐地失去了发展优势,进入了一个漫长的沉寂期,汽车市场也逐步被内燃机驱动的燃油汽车所占据。20 世纪初,福特公司开始大量生产 T 型车,开创了汽车工业新时代,推动了汽车的普及,把人类社会推进了一个新的文明时代。当时,燃油汽车的行驶里程是电动汽车的两至三倍,且制造成本更低,因而使得电动汽车制造商想占领一定的市场份额已不可能。到 20 世纪 30 年代,电动汽车几乎消失。

进入 20 世纪下半叶,以美国为主的全球最大汽车市场在接连经历两次石油危机之后,车企和公众开始重新聚焦以电动汽车为首的新能源汽车。20 世纪 90 年代初,因糟糕的空气质量,美国加利福尼亚空气资源管理委员会号召各车企减少新车型的平均排放,于是排放更低、更具燃油效率甚至是零排放的新产品纷纷上市。伴随着运动型多用途低经济性车型的走红,电动汽车、混动汽车也成了北美市场的宠儿。

2010 年,在全球石油价格持续走高、保护环境的呼声日益强烈、消费者对低碳生活的

积极需求等诸多因素的影响下，电动汽车再度成为低碳经济大幕下的必然选择。世界各大车企都在大力发展纯电动汽车为主的新能源汽车，一个电动汽车发展的新时代就此来临。

2. 混动汽车

世界第一辆由汽油机和电动机组合的混合动力汽车，于1899年由费迪南德·保时捷研制成功，甚至造出了四驱版本。但由于受其他技术（如电动机、电池和控制等）发展的制约，加上环境、能源问题未被引起足够重视等，使混合动力汽车技术在其后的几十年里未被重视，直到近二十来年混合动力汽车才引起世界各大汽车公司的重视。20世纪90年代以来，日本、美国和欧洲各大汽车公司纷纷开始研制混合动力汽车。1993年9月，美国政府和代表三大汽车公司的汽车研究理事会（USCAR）联合提出了"新一代汽车合作计划"，该计划的目标之一就是在2004年将中档家用轿车的燃油经济性提高两倍，达到2.94L/100km。在混合动力汽车的开发和市场化方面，日本走在了最前沿。丰田公司是世界上最早开始进行混合动力汽车研究的汽车公司之一，1997年推出了第一代Prius混合动力电动汽车，该车最高速度可达140km/h，官方公布的油耗为3.57L/100km，CO、HC和NO_x的排放水平相当于日本法规要求的1/10。

1.2.2 电动汽车电子控制系统

电动汽车主要包括电源系统、驱动电机系统、整车控制器和辅助系统。电源系统主要包括动力蓄电池、电池管理系统、车载充电机及辅助动力源等。电动汽车的运行是依靠动力蓄电池输出电能，通过电机控制器驱动电机运转产生动力，再通过减速机构，将动力传给驱动车轮，使电动汽车行驶。

电动汽车主要部件的功能如下：

1）动力蓄电池是电动汽车的动力源，是能量的存储装置。

2）电池管理系统实时监控动力蓄电池的使用情况。

3）车载充电机是把电网供电制式转换为对动力蓄电池充电要求的制式。

4）驱动电机系统主要包括电机控制器和驱动电机。电机控制器是按照整车控制器的指令，调节电机的转速和电流反馈信号对驱动电机进行控制。

5）整车控制器根据驾驶人输入的加速踏板和制动踏板的信号，向电机控制器发出指令，对电机进行控制。

6）辅助系统包括车载信息显示系统、动力转向系统、导航系统等，借助这些辅助设备来提高汽车的操纵性和乘员的舒适性。

1.2.3 混合动力汽车电子控制系统

通常所说的混合动力汽车，一般是指油电混合动力汽车（Hybrid Electric Vehicle，HEV），即采用传统的内燃机（柴油机或汽油机）和电动机作为动力源。按动力系统结构分为串联式、并联式和混联式。

1）在串联式混合动力汽车上，由发动机所带动发电机产生的电能和动力蓄电池输出的电能共同输出到驱动电机来驱动汽车行驶，电力驱动是唯一的驱动模式。

2）并联式混合动力可以采用发动机单独驱动、驱动电机单独驱动或者驱动电机混合驱动。

3）混联式驱动系统是串联式与并联式的综合，其控制策略是行驶时优先使用纯电动模式，在动力蓄电池的荷电状态降低到一定限值时，切换到混合动力模式下行驶。在混合动力模式下，起动和低速时使用串联式系统的发电机发电，驱动电机驱动汽车行驶；加速、爬坡、高速时使用并联式系统，主要由发动机驱动汽车行驶。发动机的多余能量可带动发电机发电，给动力蓄电池充电。

小　　结

1. 该门课程是主要研究现代汽车电器、电子控制系统以及新能源汽车及车载网络的组成、构造、原理、特性、检测和使用维修的一门专业课。

2. 传统汽车电器与电子控制系统可分为电器装置和电子控制系统两大部分。

习　　题

1. 简述传统汽车电器与电子控制系统的分类及特点。
2. 简述传统汽车电气系统的特点。
3. 混合动力汽车系统按结构可分为哪几类？

第 1 篇

汽车电器技术

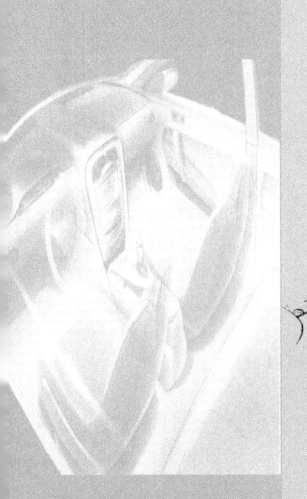

第2章

汽车供电系统

学习目标

1. 了解汽车供电系统的功用
2. 掌握传统蓄电池的种类与功用及部分新型蓄电池
3. 掌握蓄电池的工作原理及其工作特性
4. 了解蓄电池的充放电过程及其设备
5. 了解交流发电机的构造及型号
6. 掌握交流发电机的工作原理与特性

汽车供电系统向整车用电设备提供电能，主要由蓄电池、交流发电机和电压调节器组成。其中，蓄电池是辅助电源，它的主要作用是起动发动机时向起动机供电，当发电机不工作时向用电设备供电。交流发电机是主要电源，当交流发电机工作时，由交流发电机向全车用电设备供电，同时给蓄电池充电。蓄电池与交流发电机并联工作。电压调节器的功用是在发电机转速发生变化时自动调节发电机的输出电压并使其保持稳定。

2.1 蓄电池

导入

蓄电池是一种将化学能转变为电能的装置，它可以将电能转变为化学能储存起来，也可以将化学能转变为电能供给用电设备。汽车用蓄电池是一种可逆的直流电源。

2.1.1 蓄电池的分类与功用

蓄电池认知

1. 蓄电池的分类

蓄电池按照电极所用的材料和电解液性质的不同可分为铅酸蓄电池、碱性蓄电池和新型电源。

铅酸蓄电池根据用途和容量的不同可分为起动用蓄电池、固定用蓄电池、铁路客车用蓄电池、摩托车用蓄电池等。

碱性蓄电池根据电极材料不同可分为镉镍蓄电池、铁镍蓄电池、锌银蓄电池等。

新型电源分为燃料电池、锌-空气电池、钠-硫电池等。

由于起动用铅酸蓄电池具有结构简单、内阻小、短时间内可迅速提供较大的稳定电流、电压等优点，符合汽车用蓄电池的要求，且原材料丰富、技术成熟、成本低廉，所以在汽车上得到了广泛应用。本章介绍的蓄电池即为起动用铅酸蓄电池。

目前应用较为普遍的起动用铅酸蓄电池有干荷电蓄电池和免维护蓄电池。

2. 蓄电池的功用

在汽车上，蓄电池与发电机并联向用电设备供电。在发动机工作时，用电设备所需电能主要由发电机供给。而蓄电池的功用为：

1）发动机起动时，向起动机、点火系统和燃油喷射系统供电。

2）发电机不发电或电压较低时向用电设备供电。

3）发电机超载时，协助发电机向用电设备供电。

4）发电机端电压高于蓄电池电动势时，将发电机的电能转变为化学能储存起来。

5）吸收发电机的过电压，保护车用电子元件。

2.1.2 蓄电池的构造及型号

1. 蓄电池的基本构造

蓄电池是在盛有稀硫酸的容器中插入两组极板而构成的电能储存器，它由极板、隔板、壳体、电解液等部分组成。蓄电池的构造如图 2-1 所示。蓄电池一般分为 3 格或 6 格，每格里装有电解液，正、负极板组浸入电解液中成为单体电池。每个单体电池的标称电压为 2V，3 格串联起来成为 6V 蓄电池，6 格串联起来成为 12V 蓄电池。

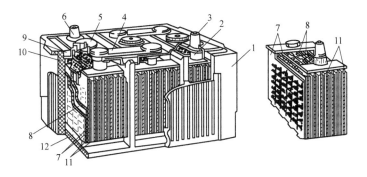

图 2-1 蓄电池的构造

1—壳体 2—电极衬套 3—正极接线柱 4—连接条 5—加液孔螺塞
6—负极接线柱 7—负极板 8—隔板 9—封料 10—护板 11—正极板 12—凸肋

（1）极板 极板是蓄电池的核心，分正极板和负极板。蓄电池极板由栅架和活性物质组成，如图 2-2 所示。蓄电池充放电过程中电能和化学能的相互转换，就是依靠极板上的活性物质和电解液起化学反应来实现的。

正极板上的活性物质是呈深棕色的二氧化铅（PbO_2），负极板上的活性物质是呈青灰色海绵状的纯铅（Pb）。

栅架的作用是容纳活性物质并使极板成型，栅架一般是由铅锑合金浇铸而成，其结构如图 2-3 所示。铅锑合金

图 2-2 极板

1—栅架 2—活性物质

中，铅的质量分数为94%，锑的质量分数为6%。加入少量的锑是为了提高栅架的机械强度并改善浇铸性能。但是，铅锑合金耐电化学腐蚀性能较差，在要求高倍率放电和提高比能量（极板单位尺寸所提供的容量）而采用薄型极板时，高锑含量板栅势必导致使用寿命的降低。因此，采用低锑合金就十分重要了，目前板栅锑的质量分数为2%~3%。在板栅合金中加入质量分数为0.1%~0.2%的砷，可以减缓腐蚀速度，提高硬度与机械强度，增强其抗变形能力，延长蓄电池的使用寿命。

极板上的活性物质是由铅块在球磨机中研磨，与空气接触，形成氧化铅粉，然后加入一定量的添加剂和硫酸溶液调成膏状，填充在栅架网格内，干燥后，放入硫酸溶液中，经过规定时间的充电（蓄电池生产过程中称为"化成"，一般18~20h），使正极板上的活性物质绝大部分变成深棕色的二氧化铅（PbO_2），负极板上的活性物质绝大部分变成青灰色的海绵状纯铅（Pb）。为了防止负极板上活性物质的收缩，

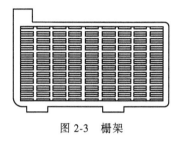

图2-3　栅架

保证其多孔性，铅膏里常加入添加剂，如腐植酸、硫酸钡、木素磺酸钠、炭黑等，同时还在活性物质中加入天然纤维或合成纤维，以防活性物质的脱落和裂纹。

正极活性物质脱落和板栅腐蚀是决定蓄电池使用寿命的主要因素，因此正极板栅要厚一些，负极板栅一般为正极板栅厚度的70%~80%。国产蓄电池负极板栅厚度为1.6~1.8mm，也有的薄至1.2~1.4mm；正极板栅厚度为2.2~2.4mm，也有的薄至1.6~1.8mm。薄型极板的使用能改善汽车的起动性能，提高蓄电池的比能量。

为了增大蓄电池的容量，将多片正、负极板分别连在一起，用横板焊接，组成正、负极板组，如图2-4所示。安装时，将正、负极板组相互嵌合，中间插入隔板，就成了单体电池。在每个单体电池中，负极板的数量总是比正极板要多一片。这样正极板夹在负极板之间，使其两侧放电均匀，否则由于正极板的机械强度差，两侧工作情况不同，会使两侧活性物质体积变化不一致，而造成极板拱曲，导致活性物质脱落，影响蓄电池的正常供电。

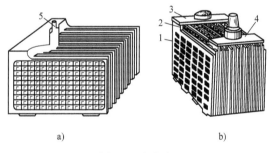

图2-4　极板组
a）极板组　b）极板组总成
1—极板　2—隔板　3、4—横板　5—极柱

（2）隔板　为了减小蓄电池内部尺寸，降低蓄电池的内阻，蓄电池内部正、负极应尽可能靠近。但为了避免相互接触而短路，正、负极板之间要用绝缘的隔板隔开，如图2-5所示。隔板材料应具有多孔性结构，以便电解液自由渗透，而且化学性能应稳定，具有良好的耐腐蚀性和抗氧化性。常见的隔板材料有木质、微孔橡胶、微孔塑料、玻璃纤维纸浆和玻璃丝绵等几类。

安装时隔板上带沟槽的一面应面向正极板，这是由于正极板在充放电的过程中化学反应剧烈，沟槽能使放电产生的氢气和氧气顺利流通。同时，沟槽还能使正极板上脱落的活性物质顺利地掉入壳底槽中。

在现代新型蓄电池中，还将微孔塑料隔板制成袋状包在正极板外部，可进一步防止活性

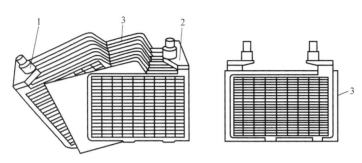

图 2-5　单体电池的构造
1—正极板　2—负极板　3—隔板

物质脱落。

（3）壳体　蓄电池壳体由电池槽和电池盖两部分组成，用来盛放电解液和极板组。壳体外形为长立方体，要求耐酸、耐热、耐寒、耐振，并具有足够的机械强度，一般由硬橡胶或聚丙烯塑料制成。聚丙烯塑料外壳壁薄、质量轻、外形美观、透明，近年来发展非常快，得到了广泛的应用。电池槽由间壁分成 6 个互不相通的单体，底部制有凸肋，以便放置极板组。凸肋与极板底缘组成的空间可以积存极板脱落的活性物质，防止正、负极板短路。对于采用袋式隔板的免维护蓄电池，因为脱落的活性物质存积在袋内，所以没有设置凸肋。

电池盖分为单体盖和整体盖两种。单体盖上有 3 个孔，两侧圆孔作为极桩孔，中间为带内螺纹的加液孔，平时用加液孔螺塞拧紧，加液孔螺塞顶部中心有通气小孔，可随时排除蓄电池内的 H_2 和 O_2，以免发生事故。整体盖有 3 个或 6 个加液孔和两个接外电路用的极桩。

（4）电解液　电解液又称电解质，俗称电解水，它的作用是形成电离，促使极板活性物质溶离产生电化学反应。

电解液是由密度 $1.84g/cm^3$ 的纯硫酸和蒸馏水配置而成的，密度随地区和气候条件适当调节，一般在 $1.24 \sim 1.31g/cm^3$ 的范围之内。电解液的纯度是影响蓄电池的电气性能和使用寿命的重要因素，一般工业用硫酸和普通水中含有铁、钢等有害杂质，因此绝对不能加入到蓄电池中去，否则容易造成自行放电，并且容易损坏极板。因此，蓄电池电解液要用规定的蓄电池专用硫酸和蒸馏水配置，蓄电池用电解液必须符合工业和信息化部发布的机械行业标准 JB/T 10052—2010《铅酸蓄电池用电解液》的规定，见表 2-1。所用硫酸必须符合国家发展和改革委员会发布的国家标准 GB/T 534—2014《工业硫酸》的规定，见表 2-2。所用蒸馏水必须符合工业和信息化部发布的机械行业标准 JB/T 10053—2010《铅酸蓄电池用水》的规定，见表 2-3。

表 2-1　不同气温下电解液密度的选择

使用地区最低温度/℃	冬季/（g/cm³）	夏季/（g/cm³）
<-40	1.30	1.26
-30 ~ -40	1.28	1.25
-20 ~ -30	1.27	1.24
0 ~ -20	1.26	1.23

表 2-2　浓硫酸的技术要求

项　目		指　标		
		优等品	一等品	合格品
硫酸(H_2SO_4)的质量分数(%)	≥	92.5 或 98.0	92.5 或 98.0	92.5 或 98.0
灰分的质量分数(%)	≤	0.02	0.03	0.10
铁(Fe)的质量分数(%)	≤	0.005	0.010	—
砷(As)的质量分数(%)	≤	0.0001	0.001	0.01
汞(Hg)的质量分数(%)	≤	0.001	0.01	—
铅(Pb)的质量分数(%)	≤	0.005	0.02	—
透明度/mm	≥	80	50	—
色度		不深于标准色度	不深于标准色度	—

注：指标中的"—"表示该类产品的技术要求中没有此项目。

表 2-3　蓄电池用蒸馏水的标准

杂质名称	最大允许量/(mg/mL)	杂质名称	最大允许量/(mg/mL)
有机物	0.003	硝酸盐(NO_3)及亚硝酸盐(NO_2)	0.004
残渣	0.005	铁(Fe)	0.004
氯(Cl)	0.004	氨(NH_4)	0.0008

2. 蓄电池的型号

按照工业和信息化部发布的机械行业标准 JB/T 2599—2012《铅酸蓄电池名称、型号编制与命名办法》的规定，蓄电池产品型号由三部分组成，其排列及其含义如图 2-6 所示。

1）串联的单体电池数：用阿拉伯数字组成，其额定电压为这个数字的 2 倍。例如，3 表示 3 个单体，额定电压 6V；6 表示 6 个单体，额定电压 12V。

2）类型和特征：由 2 个汉语拼音字母组成。其中第一个字母为 Q，表示起动用铅酸蓄电池。第二个字母为蓄电池的特征代号：A—干式荷电；H—湿式荷电；W—免维护；M—密封式。具体产品特征代号见表 2-4。

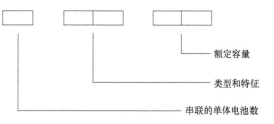

图 2-6　蓄电池的型号

表 2-4　蓄电池产品特征代号

序号	蓄电池特征	型号	序号	蓄电池特征	型号
1	密封式	M	6	排气式	P
2	免维护	W	7	胶体式	J
3	干式荷电	A	8	卷绕式	JR
4	湿式荷电	H	9	阀控式	F
5	微型阀控式	WF			

3）额定容量：用阿拉伯数字表示。我国目前规定 20h 放电率的容量（又称 20h 率容量），单位为 A·h。有时在额定容量后面用一个字母表示特征性能：G—高起动率；S—塑料槽；D—低温起动性能好。例如，6-QA-105 表示由 6 个单体电池组成，额定电压为 12V，额定容量为 105A·h 的起动用的干荷电高起动率蓄电池。

2.1.3 蓄电池的工作原理

根据双极硫酸盐化理论，蓄电池中参与化学反应的物质，正极板上是 PbO_2，负极板上是 Pb，电解液是 H_2SO_4 的水溶液。蓄电池放电时，正极板上的 PbO_2 和负极板上的 Pb 都变成 $PbSO_4$，电解液中的 H_2SO_4 减少，密度下降。蓄电池充电时，则按相反的方向变化，正极板上的 $PbSO_4$ 恢复成 PbO_2，负极板上的 $PbSO_4$ 恢复成 Pb，电解液中的 H_2SO_4 增加，密度增大。略去中间化学反应过程，其化学反应方程式为

$$PbO_2+2H_2SO_4+Pb \underset{充电}{\overset{放电}{\rightleftharpoons}} PbSO_4+2H_2O+PbSO_4 \qquad (2\text{-}1)$$

正极板　电解液　负极板　正极板　电解液　负极板

1. 电动势的建立

在极板浸入电解液后，由于少量的活性物质溶解于电解液，产生了电极电位，并且由于正、负极板的电极电位不同形成了蓄电池的电动势，如图 2-7 所示。

正极板处，少量的 PbO_2 溶入电解液，与水生成 $Pb(OH)_4$，再分离成四价铅离子（Pb^{4+}）和氢氧根离子（OH^-），即

$$\begin{cases} PbO_2+2H_2O \rightarrow Pb(OH)_4 \\ Pb(OH)_4 \rightarrow Pb^{4+}+4OH^- \end{cases} \qquad (2\text{-}2)$$

其中，溶液中的 Pb^{4+} 有沉附于正极板的倾向，使正极板呈正电位，同时由于正、负电荷的吸引，极板上 Pb^{4+} 又与溶液中 OH^- 结合，有生成 $Pb(OH)_4$ 的倾向，当两者达到动态平衡时，正极板的电极电位约为 +2.0V。

在负极板上，金属铅受到两方面的作用：一方面它有溶解于电解液的倾向，因而有少量铅进入溶液，生成 Pb^{2+}，在负极板上留下两个电子 2e，使负极板带负电；另一方面，由于正、负电荷的相互吸引，Pb^{2+} 有沉附于极板表面的倾向。当两者达到平衡时，溶解便停止，此时极板具有负电位，约为 -0.1V，如图 2-7 所示。

因此，当外电路未接通，一个充足电的蓄电池反应达到相对平衡状态时，在静止状态下的电动势 E_j 为

$$E_j = 2.0V-(-0.1V)=2.1V \qquad (2\text{-}3)$$

2. 蓄电池的放电过程

当蓄电池与外电路接通时，在蓄电池电动势的作用下，电流 I_f 便从正极经过负载流向负极（即电子 2e 从负极移向正极），使正极电位

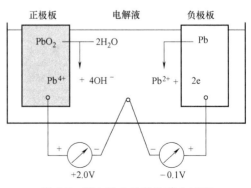

图 2-7　蓄电池电动势的建立过程

降低，负极电位升高，从而破坏了原有的平衡状态。放电时的化学过程如图2-8所示。

正极板处，Pb^{4+}得到2e变成二价离子Pb^{2+}，Pb^{2+}与电解液中的SO_4^{2-}化合，生成$PbSO_4$沉附于正极板上；负极板处，Pb^{2+}与电解液中的SO_4^{2-}化合也生成$PbSO_4$沉附于负极板上。在外部电路的电流继续流通时，蓄电池正极板上的PbO_2和负极板上的Pb将不断转变为$PbSO_4$，电解液中的H_2SO_4逐渐减少，而H_2O逐渐增多，电解液密度下降。

从理论上来说，蓄电池的这种放电过程将进行到极板上的所有活性物质全部转变为$PbSO_4$为止，而实际上不可能达到这种情况，因为电解液不能渗透到极板活性物质最内层中去。在使用中所谓放完电的蓄电池，极板上的活性物质材料实际上只有20%~30%转变成了$PbSO_4$。因此，采用薄型极板、增加多孔性、提高极板活性物质的利用率是蓄电池工业的发展方向。

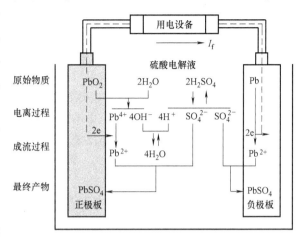

图2-8 蓄电池的放电过程

3. 蓄电池的充电过程

充电时蓄电池的正、负两极接通直流电源，当电源电压高于蓄电池的电动势E时，在电源力的作用下，电流将以相反的方向通过蓄电池，即由蓄电池的正极流入，从蓄电池的负极流出，其化学反应过程如图2-9所示。

正极板处，有少量的$PbSO_4$溶于电解液中，产生Pb^{2+}和SO_4^{2-}，Pb^{2+}在电源的作用下失去两个电子2e变成Pb^{4+}，它又和电解液中解析出来的OH^-结合，生成$Pb(OH)_4$，$Pb(OH)_4$再分解成为PbO_2和H_2O，而SO_4^{2-}与电解液中的H^+化合生成H_2SO_4。

负极板处，也有少量的$PbSO_4$溶于电解液中，产生Pb^{2+}和SO_4^{2-}，Pb^{2+}在电源的作用下获得两个电子2e变成金属Pb，沉附在负极板上，而SO_4^{2-}则与电解液中的H^+化合生成H_2SO_4。

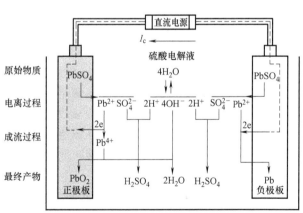

图2-9 蓄电池的充电过程

由此可见，在充电过程中，正、负极板上的$PbSO_4$将逐渐恢复为PbO_2和H_2O，电解液中的H_2SO_4成分逐渐增多，H_2O逐渐减少，电解液密度上升。当正、负极板上的$PbSO_4$全部转变为PbO_2和Pb时，充电过程结束。

充电终期，电解液密度达到最大值，且会引起水的电解。蓄电池充电时要保证通气畅通和充电室通风。

2.1.4 蓄电池的工作特性

1. 蓄电池的基本电特性

（1）静止电动势 静止电动势指蓄电池在静止状态（不充电也不放电）时正、负极板的电势差，用 E_0 表示。静止电动势可以用直流电压表或万用表直接测量，静止电动势的大小取决于电解液的密度和温度，蓄电池的电解液密度在充电时增大，放电时减小，一般在 $1.12 \sim 1.30 \mathrm{g/cm^3}$ 之间波动，故静止电动势通常在 $1.97 \sim 2.15\mathrm{V}$ 之间变化。

（2）内阻 蓄电池内阻的大小反映了蓄电池带负载的能力，用 R_f 表示。在相同条件下，蓄电池内阻越小，输出电流越大，带负载的能力越强。蓄电池的内阻包括极板、隔板、电解液、单格电池连接条等的电阻。

极板电阻很小，且随极板上活性物质的变化而变化。充电时电阻变小，放电时电阻变大，特别是放电终了时，由于活性物质转变成为导电性极差的硫酸铅，因此内阻显著增加。隔板电阻与多孔性材料的孔径和孔率等因素有关。电解液电阻与其温度和密度有关，温度降低，电阻增大。25℃时电解液密度在 $1.23\mathrm{g/cm^3}$ 左右时，电阻较小。密度过高或过低都会减少硫酸的离解数量，密度过大还会增加电解液的黏度，导致内阻比较大。连接条电阻与蓄电池单格之间的连接形式有关，内部穿壁式比外露式小。

总的来说，汽车用蓄电池的内阻很小，因此能够提供强大的电流来起动发动机。

（3）容量 蓄电池的容量反映了蓄电池对外供电的能力。容量越大，可提供的电能越多，供电能力也就越大；反之，容量越小，则供电能力就越小。

蓄电池的容量是指在规定的放电条件（放电电流、放电温度和终止电压）下，蓄电池能够输出的电量，用 C 表示。当恒流放电时，蓄电池的容量等于放电电流与放电时间的乘积，即

$$C = I_f t_f \tag{2-4}$$

式中，I_f 为放电电流，单位为 A；t_f 为放电时间，单位为 h。

额定容量是检验蓄电池是否合格的重要指标。蓄电池的额定容量用 20h 率容量 C_{20}（A·h）表示，它是指充足电的新蓄电池在电解平均温度为 25℃ 条件下，以 20h 率放电电流连续放电至单格电池的平均电压为 1.75V 时输出电量的最小允许值。

影响蓄电池容量的因素主要有极板的构造、放电电流、电解液温度和电解液密度等。

2. 蓄电池的放电特性

蓄电池的放电特性是指恒流放电过程中，蓄电池的端电压 U_f 和电解液密度 $\rho_{25℃}$（表示25℃时溶液的密度）随放电时间 t_f 变化的规律。将完全充足电的蓄电池以 20h 放电率的电流进行放电，在放电过程中不断地调节外接的电位器，使放电电流保持稳定不变，每隔一定的时间，测量端电压和电解液密度，将得到如图 2-10 所示的放电特性曲线。

由于放电过程中电流是恒定的，单位时间

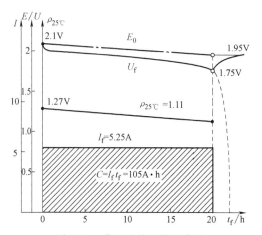

图 2-10 蓄电池放电特性曲线

内所消耗的硫酸量是相同的，所以 $\rho_{25℃}$ 沿直线下降，且每下降 0.04g/cm^3，蓄电池放电约为额定容量的 25%。

放电过程中，由于蓄电池存在内阻，所以实测蓄电池的端电压 U_f 总小于蓄电池的电动势 E_0，即

$$U_f = E_0 - I_f R_f \tag{2-5}$$

放电过程中，蓄电池的端电压是变化的，它随放电过程中电动势的减小而降低。

从图2-10可以看出，随着放电程度的增加，蓄电池端电压将逐渐下降。放电开始时，端电压从 $2.1V$ 迅速下降，这是由于极板孔隙中的硫酸迅速消耗，溶液密度降低的缘故。这时容器中的电解液便向极板孔隙内渗透。当新渗入的电解液完全补偿了因放电时化学反应而消耗的硫酸时，端电压将随整个容器内电解液密度的降低而慢慢地下降，相当于图中斜率较小的一段，直到 $1.85V$ 左右。接着电压又迅速下降至 $1.75V$，这是由于放电接近终了，放电生成的硫酸铅聚积在极板孔隙内，使电解液渗入困难，其密度迅速下降，蓄电池端电压也随之急剧下降。

当蓄电池端电压下降至 $1.75V$ 时，应停止放电。再继续放电则称之为过度放电。过度放电十分有害，因为孔隙中生成的粗结晶硫酸铅充电时不易还原，从而会使极板损坏。

蓄电池放电终了的特征，通常由两个数据来判断：

1）电解液密度降低到最小允许值（约为 1.11g/cm^3）。

2）单格电池的端电压降至终止电压，以20h放电率放电，单格电池电压降至 $1.75V$。

单格电池允许的放电终止电压与放电电流强度有关。放电电流越大，则放完电的时间越短，而允许的放电终止电压越低，其关系见表2-5。

表 2-5　蓄电池放电率与终止电压的关系

放电情况	放电率	20h	10h	3h	30min	5min
	放电电流/A	$0.05C_{20}$	$0.1C_{20}$	$0.25C_{20}$	C_{20}	$3C_{20}$
单格电池终止电压/V		1.75	1.70	1.65	1.55	1.50

注：C_{20} 表示蓄电池的额定容量。

3. 蓄电池的充电特性

蓄电池的充电特性是指恒流充电时，蓄电池的端电压 U_c 与电解液密度 $\rho_{25℃}$ 随时间 t_f 变化的规律。充电电源必须采用直流电源，电源的正极与蓄电池的正极相连接，电源的负极与蓄电池的负极相连接。以一定的电流 I_c 向一只完全放电的蓄电池进行充电，不断调节外电路中的电位器，以保持充电电流 I_c 不变，每隔一定时间测量单格电池的端电压和电解液密度，可以绘制出蓄电池的充电特性曲线，如图2-11所示。

充电时，电源必须克服蓄电池内阻的电压降，因此，充电电压要高于蓄电池的电动势，即

$$U_c = E_0 + I_c R_f \tag{2-6}$$

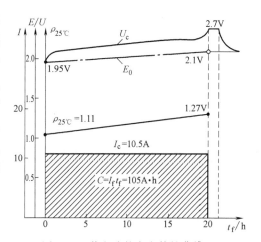

图 2-11　蓄电池的充电特性曲线

式中，I_c 为充电电流，单位为 A。

从图 2-11 中可以看出，由于恒流充电，单位时间内生成的硫酸量相等，所以电解液密度随充电时间直线上升。蓄电池的端电压在充电开始后迅速上升，这是因为接通充电电流时，极板孔隙表层迅速生成硫酸，使孔隙中电解液密度增大。蓄电池单格端电压上升到 2.1V 以后，孔隙内的硫酸向外扩散，继续充电至孔隙内产生硫酸的速度和渗透的速度达到平衡时，蓄电池端电压不再迅速上升，而是随着电解液密度的上升而相应增高。

充电接近终了，蓄电池端电压达到 2.3~2.4V 时，极板上可能参加变化的活性物质几乎恢复为二氧化铅和纯铅。如果继续通电，则使电解液中的水电解，产生氢气和氧气，以气泡的形式剧烈放出，形成"沸腾"状态。由于产生的氢气是以离子状态 H^+ 集结在负极板处，来不及全部变为气泡放出，使溶液和极板之间产生约 0.33V 的附加电位差，从而使蓄电池端电压高达 2.7V 左右。这时应切断电源电路停止充电，否则将产生过充电。过充电不仅不能增加电池的储备容量，而且由于剧烈放出气泡，会在极板内部造成压力，加速活性物质的脱落，使极板过早损坏。

在实际使用中，为了保证蓄电池充足电，往往在出现"沸腾"之后，再继续充电 2~3h，测量端电压和电解液密度不再增加后，才停止充电。注意在使用或充电中，蓄电池盖上加液孔塑料小盖上的通气孔必须保持畅通。

蓄电池充电终了的特征：

1）蓄电池内产生大量气泡，即出现"沸腾"现象。

2）端电压上升到最大值，并且 2h 之内不再增加。

3）电解液密度上升到最大值，并且 2h 之内不再增加。

2.1.5 蓄电池的充电及其设备

1. 蓄电池的充电种类

蓄电池的充电按其性质不同，可分为初充电、补充充电和去硫化充电等。

（1）初充电　新蓄电池或修复后的蓄电池在使用之前的首次充电称为初充电，它的目的在于恢复蓄电池存放期间，极板上部分活性物质缓慢硫化和自放电而失去的电量。表 2-6 为蓄电池初充电、补充充电的电流规范。

表 2-6　蓄电池初充电、补充充电的电流规范

蓄电池型号	额定容量 /A·h	额定电压 /V	初充电				补充充电			
			第一段		第二段		第一段		第二段	
			电流/A	时间/h	电流/A	时间/h	电流/A	时间/h	电流/A	时间/h
3-Q-75	75	6	5		3		7.5		4	
3-Q-90	90		6		3		9.0		5	
3-Q-105	105		7		4		1.05		5	
3-Q-120	120		8		4		1.20		6	
6-Q-60	60	12	4	25~35	2	20~30	6.0	10~11	3	3~5
6-Q-75	75		5		3		7.5		4	
6-Q-90	90		6		3		9.0		4	
6-Q-105	105		7		4		1.05		5	
6-Q-120	120		8		4		1.20		6	

初充电的操作步骤如下：

1）加注电解液。新蓄电池在出厂时没有装电解液，电解液是由使用者加注的，要按制造厂的规定，加注一定密度的电解液。一般新蓄电池规定加注密度为 $1.25 \sim 1.285 g/cm^3$ 的电解液，液面高出极板上沿 15mm。加注电解液后，蓄电池应静置 $3 \sim 6h$，待温度低于 35℃ 才能进行充电。

2）初充电过程。将蓄电池接入充电机，采用两阶段定流充电法充电。第一阶段充电电流约为额定容量的 1/15，充电至电解液中逸出气泡、单格电压为 2.4V 时为止；第二阶段充电电流减半，充电至电解液沸腾、密度和端电压连续 3h 不变时为止。整个初充电时间约为 60h。

3）注意事项。充电过程中应经常测量电解液温度，上升到 40℃ 时应将充电电流减半；上升到 45℃ 时应停止充电，待冷至 35℃ 以下再进行充电。初充电接近完毕时应测量电解液密度，如果不符合规定值，应用蒸馏水或密度为 $1.4g/cm^3$ 的电解液调整，调整后再充电 2h。新蓄电池充电完毕后，要以 20h 放电率放电，再以补充充电电流充足，然后再以 20h 放电率再次放电。如果第二次放电的蓄电池容量不小于额定容量的 90%，就可以使用了。

（2）补充充电　蓄电池在汽车上使用时，经常有充电不足的现象发生，应根据需要进行补充充电，如果发现下列现象之一的，必须随时进行补充充电。

1）电解液密度下降到 $1.150g/cm^3$ 以下。

2）单格电池电压下降到 1.75V 以下。

3）冬季放电超过 25%，夏季放电超过 50% 的，起动无力。

补充充电也要按表 2-6 中规范的电流进行，也分为两个阶段，第一阶段充到单格电池电压 2.4V；第二阶段充到 $2.5 \sim 2.7V$，电解液密度恢复到规定值并且 3h 保持不变，则说明已经充足。补充充电一般共需要 $13 \sim 16h$。

补充充电接近完毕时，应测量电解液的密度，如果不符合规定值，应进行调整，调整的方法与初充电相同。

（3）去硫化充电　蓄电池长期充电不足，或放电后长时间未充电，极板上会逐渐出现一层白色粗晶粒硫酸铅，它在正常充电时不能转化为活性物质，这种现象称为硫化铅硬化，简称硫化。极板硫化主要发生在负极板，为消除硫化现象而进行的充电称为去硫化。

极板硫化会使蓄电池内电阻增加，汽车起动困难，必须进行去硫化充电，即先倒出容器内的电解液，用蒸馏水反复冲洗数次，然后加入蒸馏水至高出极板上沿 15mm，用初充电电流进行充电，并且随时测量电解液密度。如果密度上升到 $1.150g/cm^3$ 时，要加蒸馏水冲淡，继续充至密度不再上升。然后进行放电，反复进行到在 6h 内密度值不再变化时为止。最后按初充电的方法充电，调整电解液密度至规定值。

2. 蓄电池的充电方法

蓄电池常用的充电方法有定流充电、定压充电和快速脉冲充电三种。

（1）定流充电　在充电过程中，充电电流始终保持一定的充电方法称为定流充电。采用定流充电时，可将电压不同、容量相同的蓄电池串联在一起同时充电，如图 2-12 所示。其中，C 表示电池容量。所串联的蓄电池最好剩余容量接近，否则充电电流的大小必须按容量最小的来选定，而容量大的蓄电池可能充电不足或者充电太慢。

定流充电有较大的适应性，可以任意选择和调整充电电流，因此可以对各种不同情况及

状态的蓄电池充电，例如，新蓄电池的初充电，使用中的蓄电池补充充电，去硫充电等。定流充电的不足之处在于需要经常调节充电电流，充电时间长。

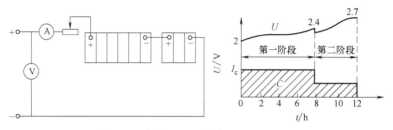

图 2-12　定流充电的接线图和特性曲线

（2）定压充电　蓄电池在充电过程中，始终保持充电电压不变的充电方法称为定压充电。定压充电也可以同时对多个蓄电池充电，但要求每组蓄电池电压相同，各蓄电池组之间采用并联连接，如图 2-13 所示。

采用定压充电法时，充电电压按每单格 2.5V 选择。如电池组的额定端电压为 12V，充电电压应选 15V。定压充电时，充电电流很大，充电开始之后 4～5h 内蓄电池就可以获得本身电荷容量的 90%～95%，因而可以大大缩短充电时间。

定压充电的充电时间短，充电进行中不需要人照管，适用于蓄电池补充充电，在汽车修理行业被广泛采用。

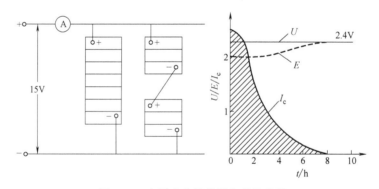

图 2-13　定压充电接线图和特性曲线

（3）快速脉冲充电　即采用自动控制电路，对蓄电池进行正反向脉冲充电，称为快速脉冲充电。其充电过程分为充电初期和脉冲期两个阶段，如图 2-14 所示。

1）充电初期。采用大电流 $(0.8～1)I_c$ 进行定流充电，使蓄电池在短时间内充至额定容量的 50%～60%，当单格电池电压上升到 2.4V 左右而且冒出气泡时，由充电机的自动控制电路自动控制，开始进入脉冲期。

2）脉冲期。先停止充电 25～40ms（称为前停充），接着再放电或反向充电，使蓄电池反向通过一个较大的脉冲电流（脉冲深度一般为充电电流的 1.5～2 倍，脉冲宽度为 100～150ms），再停止充电 40ms（称为后停充），然后正向充电一段时间，往复

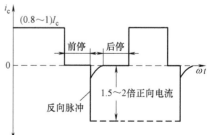

图 2-14　快速脉冲充电

不断地进行，直至蓄电池充足电。

快速脉冲充电具有充电时间短、空气污染小、省电节能的优点，但其输出容量较低，能量转换效率也较低。因此，在正常情况下，应按蓄电池生产厂提供的规定电流值进行初充电或补充充电那样的常规充电，在特殊情况下才采用快速脉冲充电。

3. 蓄电池的充电设备

对蓄电池充电，必须采用直流电源。电网提供的是交流电，要将交流电转换为直流电才能作为充电电源，因此充电设备实际上就是一台整流装置。充电时，充电电源的正极接蓄电池的正极，充电电源的负极接蓄电池的负极。

汽车上的充电设备是由发动机驱动的交流发电机。充电多采用硅整流充电机、晶闸管整流充电机和智能充电机。

2.1.6 蓄电池的常见故障诊断与排除

1. 蓄电池的检测

为了正确使用蓄电池，及时发现蓄电池在使用过程中出现的各种故障，汽车每行驶1000km要对蓄电池进行检查。

（1）用玻璃管测量电解液液面高度 如图2-15所示，电解液液面高度应高出极板上沿15mm。不足时要加注蒸馏水，除非确实知道液面降低是电解液溅出所致，一般不允许加入硫酸溶液。因为这样会使电解液密度偏高，降低蓄电池的使用寿命。

（2）用吸式密度计测量电解液密度 用吸式密度计测量电解液密度，如图2-16所示。液平面所对应密度计上的刻度即为密度值。在测量密度时，应同时测量电解液的温度，并将测得的密度转换到25℃进行修正，密度值的修正按式（2-7）计算。根据实际经验，电解液密度每减少0.01，相当于蓄电池放电6%，所以通过测量电解液密度就可以粗略估算蓄电池的放电程度。

$$\rho_{25℃} = \rho_t + \beta(t-25) \tag{2-7}$$

式中，ρ_t 为实测的电解液密度，单位为 g/cm^3；t 为测量时的电解液温度，单位为℃；β 为相对密度温度系数，一般取 $\beta = 0.00075$，即温度每升高1℃，密度将下降 $0.00075g/cm^3$。

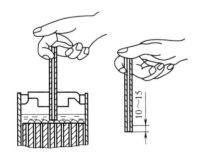

图2-15 用玻璃管测量电解液液面高度

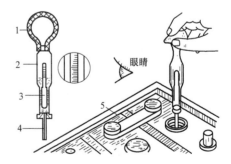

图2-16 用吸式密度计测量电解液密度
1—橡胶球 2—玻璃管 3—浮子
4—橡胶吸管 5—被测蓄电池

（3）用高率放电计测量放电电压 高率放电计用于模拟起动机工作状态，检查蓄电池

的容量。它由一只电压表和一个负载电阻组成，如图 2-17 所示。由于在检测时，蓄电池对负载电阻放电电流可达 100A 以上，因此，用高率放电计能比较准确地判定蓄电池的容量。

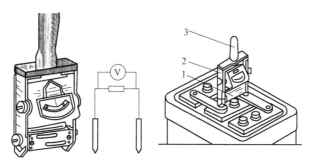

图 2-17　用高率放电计测量放电电压
1—分流电阻　2—电压表　3—手柄

测量时应将高率放电计的两个叉尖紧紧地压在单格电池的正、负极桩上，历时 5s，电压表的读数就是大负荷放电情况下蓄电池所能保持的端电压。若指针稳定在 10～12V 区间，说明蓄电池电量充足，不需要充电；若指针在 9～10V 区间，说明蓄电池电量不足，需要充电；若指针在 9V 以下，说明蓄电池严重亏电，要立即充电；若空载时电压基本符合要求，但负载时指针迅速下降，说明蓄电池已损坏，要进行更换。

注意：此项测量不能连续进行，必须间隔 1min 后才可以再次检测，以防止蓄电池损坏。

2. 蓄电池使用注意事项

1）应经常检查蓄电池外表面，要保持干燥、清洁，无电解液渗漏或溅出，以防电池短路和极柱腐蚀。

2）应保持蓄电池的通气孔畅通，以防蓄电池充电过程中因内部气压升高而损坏蓄电池。

3）蓄电池在车上的固定应牢靠，避免振动造成活性物质脱落。

4）应经常清除极桩和导线接头上的氧化物，保证极桩与导线连接良好，减小接触电阻。

5）应定期检查蓄电池液面高度，发现不足时及时补充，根据当时的季节，及时调节电解液的密度。

6）应定期检查蓄电池放电程度，要保持蓄电池经常处于充足电状态。蓄电池放电超过极限值时，应及时补充充电，否则，若蓄电池长期充电不足，会导致极板硫化。

7）冬季使用蓄电池时，要注意：①应经常保持蓄电池处于充足电状态，以免电解液密度降低而结冰；②补加蒸馏水时，应在发动机运转、发电机向蓄电池充电时进行，这样可使蒸馏水快速与电解液混合，减少电解液结冰的危险；③由于冬季蓄电池容量降低，在冷起动前应进行预热，以便使发动机容易起动。

8）应避免大电流长时间过充电，否则，极板会由于过热而拱曲，引起活性物质松浮而脱落。

9）应避免大电流长时间过放电，发动机起动时应控制起动时间和两次起动的间隔时间，特别是冬季更要严格控制起动时间，否则会导致极板弯曲，活性物质脱落。

10）严禁金属工具放在蓄电池上，以防造成短路，导致大电流放电。

3. 蓄电池常见的故障与排除

蓄电池在使用中所出现的故障，除材料和制造工艺方面的原因外，多数情况下都是由于维护和使用不当造成的。蓄电池常见的内部故障有极板硫化、自行放电、活性物质脱落、内部短路等；外部故障有外壳裂纹、接触不良、极桩腐蚀或松动等。其中，极板硫化和活性物质脱落是导致蓄电池寿命终止的根本原因。蓄电池常见故障的现象、可能原因及排除方法见表2-7。

表 2-7　蓄电池故障的诊断与排除

故障	故障现象	可能原因	排除方法
极板硫化	①极板上生成一层白色大颗粒的硫酸铅 ②放电时端电压急剧下降，充电时端电压显著上升 ③电解液密度低于正常值	①蓄电池长期充电不足或放电后没有及时充电 ②蓄电池电解液液面过低，使极板上部与空气接触而发生氧化 ③电解液不纯 ④电解液密度过高	①使蓄电池经常处于充足电状态，放完电的蓄电池应及时进行补充充电 ②电解液液面高度符合规定标准 ③电解液密度要选择恰当 ④轻者可用去硫化充电法消除硫化，重者需更换新产品
自行放电	存放期间，放电容量超过制造厂规定值	①电解液中有杂质，这些杂质在极板周围形成局部放电而产生自行放电 ②蓄电池盖上有电解液未清除干净 ③蓄电池内部短路	①经常保持蓄电池外面的清洁 ②蓄电池用电解液和蒸馏水符合标准 ③保证蓄电池加液孔螺塞要盖好 ④使用中的蓄电池每个月进行一次补充放电
极板短路	①充电过程中，电解液温度迅速上升，电压与电解液密度上升缓慢 ②放电时，蓄电池容量明显不足	①隔板质量不好或隔板缺角使正、负极板相接触而短路 ②极板拱曲及金属杂质落入正、负极板之间等 ③活性物质脱落过多	先找出短路的部分在哪个单格的极板内，然后拆散蓄电池，取出极板群，更换新隔板，更换不合格的极板
极板活性物质脱落	①放电时，蓄电池容量下降过快 ②充电时端电压上升快，电解液过早出现"沸腾" ③电解液浑浊	①极板质量差 ②充放电电流过大 ③充电时间过长 ④低温大电流放电 ⑤蓄电池受到剧烈振动	①不要过充电，充电电流不宜过大 ②要严格按照规定的终止电压放电 ③更换电解液，加水时要加注蒸馏水

2.1.7　新型蓄电池

1. 钠硫（NaS）电池

钠硫（NaS）电池是以陶瓷氧化铝为电解质和隔膜，并分别以金属钠、多硫化物为正、负极的二次电池，具有容量大、体积小、使用寿命长、效率高等优点，可用于削峰填谷、应急电源、风力发电等可再生能源的稳定输出及提高电能质量。

通常情况下，钠硫电池由正极、负极、电解质、隔膜和外壳组成，与一般二次电池（铅酸电池、镍镉电池等）不同，钠硫电池是由熔融电极和固体电解质组成，负极的活性物质为熔融金属钠，正极的活性物质为液态硫和多硫化钠熔盐。电解质隔膜与硫之间发生可逆反应，形成能量的释放和储存。

钠硫电池的基本组成为：作为正极的硫、作为负极的钠以及作为电解质的 β 氧化铝陶瓷。钠硫电池的正常工作温度约为 300℃。在放电时，钠（负极）在 β 氧化铝表面氧化。钠离子通过 β 氧化铝固体电解质与正极的硫结合还原成五硫化二钠（Na_2S_5）。Na_2S_5 与剩余的钠混溶，从而形成了两相液体混合物。直到所有游离的硫全部消耗完后，Na_2S_5 就开始逐步转化为单相多硫化物（Na_2S_{5-x}）以提高游离硫的含量。此时，电池同时要承受还原反应放热和欧姆加热。在充电过程中，这些化学反应则是相反的。图 2-18 为一个钠硫电池的原理简图。

2. 燃料电池

燃料电池的原理是一种电化学装置，其组成与一般电池相同。其单体电池由正、负两个电极（负极即燃料电极、正极即氧化剂电极）以及电解质组成。不同的是一般电池的活性物质储存在电池内部，因此限制了电池容量，而燃料电池的正、负极本身不包含活性物质，只是个催化转换元件，因此燃料电池是名符其实的把化学能转化为电能的能量转换机器。电池工作时，燃料和氧化剂由外部供给，进行反应。原则上只要反应物不断输入，反应产物不断排除，燃料电池就能连续地发电。

氢-氧燃料电池的反应是电解水的逆过程，如图 2-19 所示。

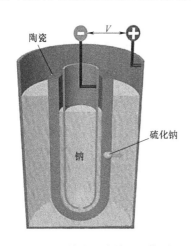

图 2-18　钠硫电池的原理简图

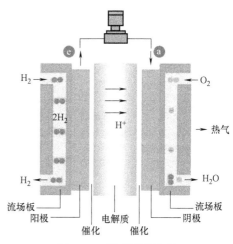

图 2-19　氢-氧燃料电池

3. 锌-空气电池

锌-空气电池是以空气中的氧气为正极活性物质，金属锌为负极活性物质的一种新型化学电源。锌-空气电池是一种半蓄电池半燃料电池，如图 2-20 所示。首先，负极活性物质同锌、锰、铅等蓄电池一样封装在电池内部，具有蓄电池的特点；其次，用活性炭吸附空气中的氧或纯氧作为正极活性物质，是以锌为负极、以氯化铵或苛性碱溶液为电解质的一种原电池，又称锌氧电池。分为中性和碱性两个体系的锌-空气电池，分别用字母 A 和 P 表示，其后再用数字表示电池的型号。

锌-空气电池的充电过程进行得十分缓慢，为解决这一问题，通常锌-空气电池的负极锌板或锌粒，被氧化成

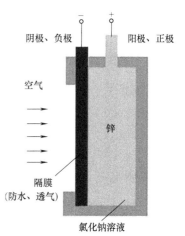

图 2-20　锌-空气电池

氧化锌而失效后，一般采用直接更换锌板或锌粒和电解质的方法，使锌-空气电池得到完全更新。放电时正、负极和总反应的化学方程式为

$$2Zn+O_2+2H_2O=2Zn(OH)_2$$

4. 免维护蓄电池

免维护蓄电池，是指在规定的使用条件下，使用期间不需要进行维护的蓄电池。对于车用铅蓄电池来讲，也就是使用期间不需经常添加蒸馏水的蓄电池。

免维护蓄电池与普通铅蓄电池的最大区别是极板材料不同。不仅改善了使用性能，还延长了使用寿命和储存寿命。

免维护蓄电池具有以下特点：

1）失水量少，使用中一般不需添加蒸馏水。

2）栅架采用的是铅钙合金，特点是晶粒较细，耐腐蚀，不易形成微电池，自行放电量小。

3）有集气室和新型的通气装置，可避免水分散失，有效地防止酸气外逸，从而很大程度上降低了硫酸气对极桩连接件的腐蚀。

4）起动电流比普通铅蓄电池大，起动性能好，一方面是由于铅钙合金的导电性能比铅锑合金好，蓄电池内阻小，输出电流大；另一方面是由于免维护蓄电池采用内连式连接，缩短了连线长度，功率损失小，放电电压高。

5）采用铅钙合金制作栅架，增加了机械强度，提高了耐充性，还有效地防止了活性物质脱落，提高了使用寿命。

免维护蓄电池如图 2-21 所示。

5. AGM 蓄电池

AGM 蓄电池是指隔板采用的是超细玻璃棉材料的蓄电池。现代化车辆的电气设备因其日益增长的能量需求，要求蓄电池提供更强大的电力。即使车辆停止不动，能量消耗也相当巨大。

常规蓄电池与 AGM 蓄电池的区别在于：AGM 蓄电池是密封的，电池盖上有排气阀，正常使用过程中不需要补水；常规蓄电池是非密封的，打开注液盖可以看到电解液，使用中需经常补水。

与相同规格蓄电池相比，AGM 蓄电池价格较高，但具有以下优点：

1）循环充电能力比铅钙蓄电池高 3 倍，具有更长的使用寿命。

2）在整个使用寿命周期内具有更高的电容量稳定性。

3）低温起动更加可靠。

4）可降低事故风险，减少环境污染风险（由于酸液 100% 密封装）。

AGM 蓄电池如图 2-22 所示。

图 2-21　免维护蓄电池

图 2-22　AGM 蓄电池

2.2 交流发电机

导　入

　　汽车上所用的交流发电机大多为三相交流发电机，主要由三相同步交流发电机和硅二极管整流器组成，所以又称其为硅整流发电机，简称交流发电机。交流发电机必须配用电压调节器，其作用是使交流发电机在发动机转速发生变化时输出稳定的电压。

交流发电机
认知

2.2.1　交流发电机的构造及型号

　　交流发电机按总体结构的不同可分为普通交流发电机、整体式交流发电机、带泵的交流发电机、无刷交流发电机和永磁交流发电机五种类型；按整流器结构的不同可分为 6 管交流发电机、8 管交流发电机、9 管交流发电机和 11 管交流发电机四种类型；按励磁绕组搭铁形式的不同可分为内搭铁型交流发电机和外搭铁型交流发电机两种类型。

1. 交流发电机的构造

　　目前国内外生产的汽车交流发电机的构造基本相同，主要由转子、定子、整流器、端盖及电刷组件、风扇和带轮组成。典型汽车交流发电机的构造如图 2-23 所示。

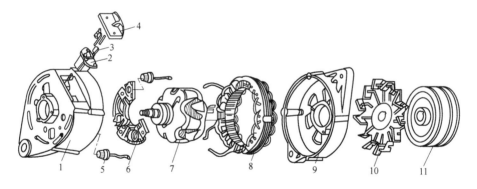

图 2-23　汽车交流发电机的构造

1—后端盖　2—电刷架　3—电刷　4—电刷弹簧盖板　5—硅整流二极管　6—整流板
7—转子　8—定子　9—前端盖　10—风扇　11—带轮

　　（1）转子　转子是交流发电机的磁场部分，其作用是形成发电机的磁场，主要由磁极、励磁绕组和集电环等组成。其结构如图 2-24 所示。

　　当两个电刷通入直流电时，励磁绕组中就有电流流过，并产生轴向磁通，使爪极一块被磁化为 N 极，另一块被磁化为 S 极，从而形成六对相互交错的磁极。当转子转动时，就形成了旋转的磁场。

　　（2）定子　定子是交流发电机的电枢部分，其作用是产生交流电动势。定子主要由定子铁心和电枢绕组组成，其结构如图 2-25 所示。定子铁心由内圆带槽的环状硅钢片叠压而成，定子铁心槽内嵌入三相对称绕组，三相绕组一般有星形（Y）和三角形（△）两种联

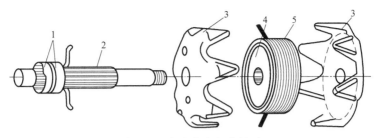

图 2-24　交流发电机的转子

1—集电环　2—轴　3—爪形磁极　4—磁轭　5—励磁绕组

结方法，如图 2-26 所示。国产车大多采用星形联结，美
国通用汽车的交流发电机采用三角形联结。

为了保证三相绕组产生大小相等、相位相差 120°电
角度的对称电动势，三相绕组在定子槽中的绕法必须遵
循以下原则：

1）每相绕组的线圈个数、每个线圈的匝数和节距
都必须相等。

2）三相绕组的首端 A、B、C 及末端 x、y、z 在定
子槽内的排列必须相隔 120°电角度。

（3）整流器　整流器的作用是将定子绕组产生的三
相交流电转换为直流电对外输出。整流器由硅整流二极
管和安装二极管的元件板组成。如图 2-27 所示，常见的
二极管安装形式有焊接式和压装式，焊接式是将二极管
的 PN 结直接烧结在元件板上；压装式是将具有金属外
壳的二极管压装在元件板的孔内。

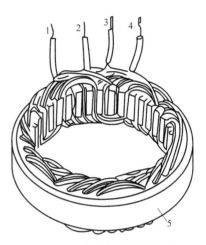

图 2-25　交流发电机的定子

1、2、3、4—绕组引线　5—定子铁心

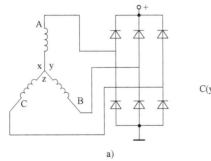

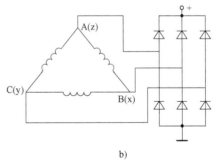

a)　　　　　　　　　　　　　　　　　b)

图 2-26　定子绕组的联结方法

a）星形联结　b）三角形联结

硅整流二极管分为正极管和负极管。引线为正极、外壳为负极的二极管称为正极管，管
底涂有红色标记；引线为负极、外壳为正极的二极管称为负极管，管底涂有黑色标记。

元件板有正、负元件板之分，安装 3 个正极管的元件板称为正极板，安装 3 个负极管的
元件板称为负极板。正、负元件板绝缘地安装在一起，正元件板通过螺栓引至后端盖外部

（与后端盖绝缘），作为发电机的正极，用"B"（"+""A"或"电枢"）表示。负元件板与后端盖相连，作为发电机的负极，用"E"或"−"表示。整流器总成的形状各异，有马蹄形、半圆形和圆形等。

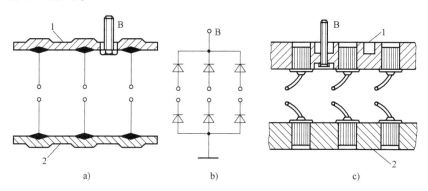

图 2-27 整流器的组装

a）焊接式 b）原理图 c）压装式

1—正元件板 2—负元件板

（4）端盖及电刷组件 端盖的作用是支撑转子、定子、整流器和电刷组件。端盖一般用铝合金铸造，一是可以有效地减少漏磁，二是铝合金散热性能好。在后端盖上装有电刷组件，电刷组件由电刷、电刷架和电刷弹簧组成。电刷架的结构如图 2-28 所示。

两个电刷分别装在电刷架的孔内，借助弹簧压力与集电环保持接触。国产交流发电机的电刷架有两种形式，一种是电刷架可直接从发电机外部进行拆装，称为外装式；另一种则不能直接从发电机外部进行拆装，称为内装式，如果要更换电刷，必须将发电机拆开。

（5）风扇和带轮 发电机的前端装有带轮，后面装有叶片式风扇，前后端盖上分别有出风口和进风口，当发动机的曲轴驱动带轮旋转时，可使空气高速流入发电机内部进行冷却。

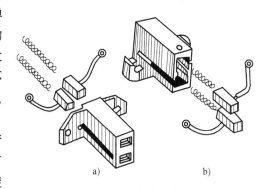

图 2-28 电刷架的结构

a）外装式 b）内装式

2. 交流发电机的型号

根据 QC/T 73—1993《汽车电气设备产品型号编制方法》的规定，汽车交流发电机的型号组成如图 2-29 所示。

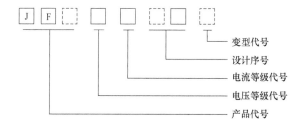

图 2-29 交流发电机的型号组成

1）产品代号：交流发电机的产品代号有 JF、JFZ、JFB 和 JFW 四种，分别表示普通交流发电机、整体式交流发电机、带泵交流发电机和无刷交流发电机。

2）电压等级代号：用 1 位阿拉伯数字表示，例如，1 表示 12V，2 表示 24V，6 表示 6V 等。

3）电流等级代号：用 1 位阿拉伯数字表示，其含义见表 2-8。

表 2-8　电流等级代号

电流等级代号	1	2	3	4	5	6	7	8	9
电流/A	≤19	20~29	30~39	40~49	50~59	60~69	70~79	80~89	≥90

4）设计序号：用 1~2 位阿拉伯数字表示产品设计的先后顺序。

5）变型代号：交流发电机以调整臂位置作为变型代号。从驱动端看，调整臂在中间不加标记，Y 表示调整臂位于右边，Z 表示调整臂位于左边。

例如：JF152，表示电压等级为 12V，电流等级为 50~59A，第二次设计的普通型交流发电机。

例如：奥迪 100 型轿车 JFZ1913Z，表示电压等级为 12V，电流等级大于 90A，第 13 次设计的整体式交流发电机，调整臂在左边。

2.2.2　交流发电机的工作原理

1. 发电原理

交流发电机的工作原理如图 2-30 所示。当转子旋转时，定子绕组与磁力线之间产生相对运动，在三相绕组中产生交变电动势，其频率为

$$f=\frac{pn}{60} \tag{2-8}$$

式中，p 为磁极对数；n 为发电机转速，单位为 r/min。

在汽车交流发电机中，由于转子磁极呈鸟嘴形，其磁场分布近似正弦规律，所以交流电动势也近似正弦波，三相定子绕组对称分布在发电机的定子槽中，产生的三相电动势也是对称的，所以在三相绕组中产生频率相同、幅值相等、相位相差 120°的三相电动势。其波形如图 2-31 所示。

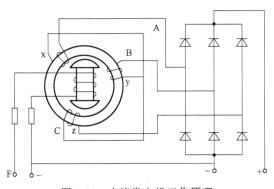

图 2-30　交流发电机工作原理

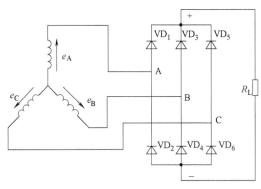

图 2-31　三相桥式整流电路

三相绕组中交流电动势瞬时值的表达式为

$$e_A = E_m \sin\omega t = \sqrt{2} E_\varphi \sin\omega t \tag{2-9}$$

$$e_B = E_m \sin(\omega t - 120°) = \sqrt{2} E_\varphi \sin(\omega t - 120°) \tag{2-10}$$

$$e_C = E_m \sin(\omega t + 120°) = \sqrt{2} E_\varphi \sin(\omega t + 120°) \tag{2-11}$$

式中，E_m 为每相电动势的最大值；E_φ 为每相电动势的有效值；ω 为角频率。

交流发电机每相绕组电动势的有效值为

$$E_\varphi = 4.44KfN\Phi = 4.44K\frac{pn}{60}N\Phi = C_e\Phi n \tag{2-12}$$

式中，K 为每相定子绕组的系数，一般小于 1；f 为感应电动势的频率；N 为每相绕组的匝数；Φ 为磁场的磁通量；$C_e = 4.44K\dfrac{p}{60}N$，表示发电机结构常数。

2. 整流原理

交流发电机的整流器实际上是一个由 6 个硅二极管组成的三相桥式整流电路，如图 2-31 所示。VD_1、VD_3、VD_5 采用共阴极接法，即阴极电位相等，哪个管子导通取决于二极管的阳极电位，阳极电位高者先导通，导通的二极管使另外两个二极管承受反向电压而截止。VD_2、VD_4、VD_6 采用共阳极接法，即阳极电位相同，哪个管子导通取决于二极管的阴极电位，阴极电位低者先导通，导通的二极管使另外两个二极管承受反向电压而截止。这里主要应用了二极管的单向导电性。三相桥式整流电路二极管的导通过程及负载端输出电压波形如图 2-32 所示。

由图 2-32 可知，交流发电机输出直流电压的平均值为

$$U = 1.35U_L = 2.34U_\varphi \tag{2-13}$$

式中，U_L 为线电压有效值；U_φ 为相电压有效值。

3. 励磁方式

交流发电机励磁绕组的励磁方式有两种：一种是自励，一种是他励。当交流发电机的转速很低时，采用他励方式，即由蓄电池向励磁绕组提供励磁电流，产生磁场，使交流发电机在低速转动时电压能够迅速上升。当交流发电机的转速升高到一定值、其输出电压达到或超过蓄电池电压时，励磁电流由交流发电机自身提供，这种励磁方式称为自励。由此可见，汽车交流发电机在输出电压建立前后分别采用他励和自励两种不同的励磁方式。

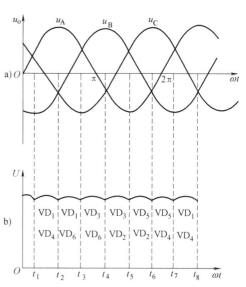

图 2-32　三相桥式整流电路输出电压波形
a) 三相交流电压波形　b) 整流输出电压波形

一般交流发电机的励磁电路如图 2-33 所示。当点火开关 S 接通时，蓄电池通过电压调节器向发电机的励磁绕组提供励磁电流（他励），其电路为：蓄电池正极→点火开关 S→电压调节器→发电机励磁绕组→搭铁。

当交流发电机转速升高到一定值时，励磁方式由他励变成自励，其电路为：发电机正极B→点火开关S→电压调节器→发电机励磁绕组→搭铁。

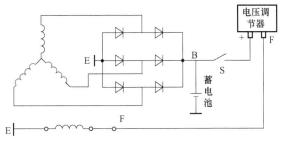

图 2-33　交流发电机的励磁电路

2.2.3　交流发电机的工作特性

交流发电机的工作特性是指发电机整流后的直流电压、输出电流和转速之间的关系，包含空载特性、输出特性和外特性。

1. 空载特性

空载特性是指发电机空载时的端电压与转速的关系，即 $I=0$ 时，$U=f(n)$ 的曲线，如图 2-34 所示。

由图 2-34 可以看出，随着转速 n 的升高，输出电压上升较快，保证了低速时有良好的充电性能。随着转速的升高，电压超过了蓄电池电动势后继续上升，可见在其他条件不变的情况下，转速升高，电压需要电压调节器限制，以保证对负载安全供电。空载特性是判断发电机充电性能是否良好的依据。

2. 输出特性

输出特性也称负载特性，是指发电机输出电压一定时（对 12V 系统的发电机电压规定为 14V，对 24V 的发电机电压规定为 28V），输出电流与转速之间的关系。发电机的输出特性如图 2-35 所示。

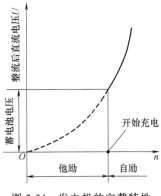

图 2-34　发电机的空载特性

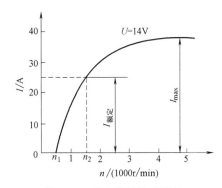

图 2-35　发电机的输出特性

由输出特性可以看出，发电机在不同转速下输出功率的情况。

1）发电机只要在较低的空载转速 n_1 时，就能达到额定输出电压值，因此其具有低速充

电性能好的优点。常用来作为发电机与发动机传动比的主要依据。

2）发电机转速升至满载转速 n_2 时，即在额定电压下输出额定电流，因此其具有发电性能优良的特点。满载转速是评价发电机性能好坏的重要指标。

空载转速和满载转速在发电机出厂说明书中均有规定。使用中，只要测得这两个数据，与规定值相比即可判断发电机性能是否良好。

3）当转速升到某一定值以后，输出电流就不再随转速的升高和负载阻抗的减小而持续增大，因此其具有自身控制输出电流的功能，不再需要限流器。交流发电机最大输出电流约为额定电流的 1.5 倍。

3. 外特性

外特性是指发电机转速一定时，端电压与输出电流之间的关系，即 n = 常数时，$U=f(I)$ 的曲线，如图 2-36 所示。

由外特性曲线图可知，随着输出电流的增加，发电机的端电压下降，且转速越高，下降的斜率越大。

当输出电流增大到一定值时，如果负载再增加，输出电流反而会同端电压一起下降，即外特性上有一转折点。

交流发电机输出电压受转速和负载变化的影响较大，因此必须配用电压调节器才能保持恒定的电压值。当发电机高速运转时，如果突然失去负载，则其输出电压会急剧增高，发电机中的硅整流二极管以及调节器的电子元件就有击穿的危险，因此应该避免外电路断路的现象。

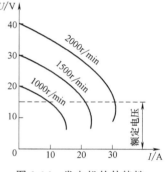

图 2-36　发电机的外特性

2.3　电压调节器

 导　入

在汽车上，交流发电机是由发动机按固定的传动比驱动旋转，其转速高低取决于发动机转速。由交流发电机每相绕组产生的感应电动势计算公式可知，每相绕组感应电动势 E_φ 的大小与发电机转速 n 和每极磁通 Φ 的乘积成正比。在汽车行驶过程中，由于发动机转速随时都在发生变化，发电机转速随之改变（现代汽车发电机转速可在 0～18000r/min 范围内变化），因此发电机输出电压必然随转速的变化而变化。

电压调节器认知

2.3.1　电压调节器的功用

电压调节器的功用就是，当发电机转速变化时，自动调节发电机输出电压并使电压保持恒定，防止输出电压过高而损坏用电设备和避免蓄电池过量充电。

2.3.2　电压调节器的基本原理

交流发电机输出电压 U 与其感应电动势 E_φ 成正比关系，即

$$U \propto E_\varphi = C_e \Phi n \tag{2-14}$$

当发电机转速变化时，如果要保持发电机电压恒定，就必须改变磁极磁通。而磁极磁通的大小取决于励磁电流的大小，所以在发电机转速发生变化时，只要自动调节励磁电流，就能使发电机的电压保持恒定。

电压调节器就是通过调节励磁电流改变磁极磁通，从而使汽车发电机输出电压保持恒定。当发电机转速一定时，电压调节器的调节过程如图 2-37 所示。

当发电机转速 n 达到一定值时，输出电压达到调节电压上限值 U_2 时，调节器通过调节励磁电流使磁通 $\varPhi$ 减小，电动势 E_φ 下降，从而使输出电压 U 减小。当输出电压降到调节电压下限值 U_1 时，调节器调节励磁电流使磁通 $\varPhi$ 增大，电动势 E_φ 升高，输出电压 U 随之升高。调节器重复上述调节过程，使发电机输出电压 U 在调节电压上下限 U_2、U_1 之间脉动，从而保持平均电压 U_e 不变。

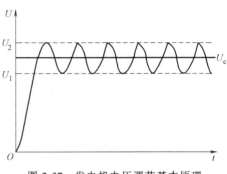

图 2-37　发电机电压调节基本原理

2.3.3　电压调节器的分类及型号

1. 电压调节器的分类

电压调节器种类很多，按其结构不同可分为电磁振动调节器和电子调节器两大类。

（1）电磁振动调节器　电磁振动调节器是利用电磁力矩与弹簧力矩的共同作用控制触点反复开闭，以改变发电机磁场电路的电阻，调节励磁电流，达到调压的目的。电磁振动调节器按其组成的联数不同可分为单联（只有电压调节器）、双联（除电压调节器外，还有磁场继电器或充电指示灯继电器等）和三联。

（2）电子调节器　电子调节器是利用晶体管的开关作用，使磁场电路接通和断开来调节磁场的励磁电流而进行调压的。

1）按其结构不同分为晶体管式、集成电路式和数字式。晶体管式是利用分立电子元件组成的调节器，如 JFT106 型电子调节器。集成电路式是利用集成电路组成的调节器。数字式是由电子控制单元（ECU）控制的调节器。

2）按安装方式分可分为外装式和内装式。外装式是指与交流发电机分开安装的调节器。内装式是指安装在交流发电机上的调节器。

3）按搭铁形式可分为内搭铁式和外搭铁式。内搭铁式是与内搭铁型交流发电机配套工作的电子调节器，如 JFT126A 型调节器。外搭铁式是与外搭铁型交流发电机配套工作的电子调节器，如 JFT106 型电子调节器。

2. 电压调节器的型号

根据 QC/T 73—1993《汽车电气设备产品型号编制方法》的规定，发电机调节器的产品型号编制方法如图 2-38 所示。

1）产品代号：发电机调节器的产品代号有"FT"和"FTD"两种，分别表示发电机调节器和发电机电子调节器。

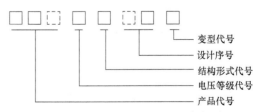

图 2-38　发电机调节器的产品型号编制方法

2）电压等级代号：与交流发电机相同。

3）结构形式代号：用 1 位阿拉伯数字表示，见表 2-9。

表 2-9 发电机调节器的结构形式代号

结构形式代号	1	2	3	4	5
电磁振动调节器	单联	双联	三联		
电子调节器				晶体管式	集成电路式

4）设计序号：用 1~2 位阿拉伯数字表示产品设计先后顺序。

5）变型代号：以英文大写字母 A、B、C…顺序表示（O 和 I 除外）。

例如：FT126C 表示 12V 的双联电磁振动调节器，第 6 次设计，第 3 次变型。

2.3.4 交流发电机与调节器的常见故障诊断与排除

汽车交流发电机和调节器组成的系统通常称为充电系统。无论发电机故障还是调节器故障，最终都会导致发动机无法起动，汽车不能行驶。

1. 发电机的检测

（1）转子检查

1）转子绕组（磁场绕组）短路与断路的检查。用万用表的电阻档检查绕组电阻，若阻值为 ∞，则说明断路；若阻值过小，则说明短路。一般 12V 发电机转子绕组电阻为 3.5~6Ω，24V 发电机转子绕组电阻为 15~21Ω。

2）转子绕组搭铁的检查。即检查转子绕组与铁心（或转子轴）之间的绝缘情况。用万用表电阻档最大档检测两集电环与铁心（或转子轴）之间的电阻，若表针有偏转，则说明有搭铁故障，正常应指示为 ∞。

3）集电环的检查。集电环表面应平整光滑，无明显烧损，否则用 "00" 号砂布打磨。两集电环间隙处应无污垢。集电环圆度误差不超过 0.025mm，厚度不小于 1.5mm。

4）转子轴的检查。用转子表检查轴的弯曲，弯曲度不超过 0.05mm（径向圆跳动公差不超过 0.1mm），否则应予校正。爪形磁极在转子轴上应固定牢靠、间距相等。

（2）定子检查

1）定子绕组短路与断路的检查。用万用表检测定子绕组的 3 个接线端，两两相测。正常时阻值应小于 1Ω 且相等，阻值过大说明断路，过小说明短路。

2）定子绕组搭铁的检查。即检查定子绕组与定子铁心之间的绝缘情况。用万用表电阻档最大档检测定子绕组接线端与定子铁心之间的电阻，若绝缘电阻大于 100kΩ，则说明有搭铁故障，正常时指示趋于 ∞。

3）整流器二极管的检查。用万用表的蜂鸣档，黑表笔接元件板，红表笔分别接整流器各接柱，万用表应均导通，否则说明该二极管断路。调换两表笔进行测试，万用表应均不导通，否则说明二极管短路。

（3）电刷组件的检查 观察电刷组件，其表面不得有油污，且应在电刷架中活动自如，用游标卡尺检测电刷，其外露长度应不小于 7mm。电刷架应无裂纹，弹簧应无腐蚀或者折断现象，否则应更换电刷或电刷弹簧。

2.调节器的检测

调节器在使用中应定期进行测试和必要的调整，保证发电机的输出电压经常稳定在额定值范围内。

（1）电磁振动调节器的检测　电磁振动调节器主要检查触点是否有污染、烧灼现象。如有轻微烧灼，可用细砂纸将其磨平、擦净后继续使用。若烧灼严重无法修磨时，可更换衔铁总成或用铆接法单独换装新触点。电阻和线圈的状况可用万用表电阻档检查，电阻值应符合规定值，若有断路、短路故障应予更换。

（2）晶体管调节器的检测

1）搭铁形式的判别。晶体管调节器有内搭铁和外搭铁之分，若标记不清，可用图2-39所示的方法判别。图中小灯泡为12V/2W。L_1灯亮为外搭铁式，L_2灯亮为内搭铁式。

2）故障检查。用一只电压可调的直流稳压电源（输出电压在0～30V，电流3A）和一只车用灯泡（代替发电机励磁绕组），按图2-40所示的电路连接好。调节直流稳压电源使输出电压从零逐渐升高，灯泡应逐渐变亮。当电压升到调节器的调节电压[（14±0.2）V或（28±0.5）V]时，灯泡应突然熄灭。再把电压逐渐降低，灯泡又点亮，且随电压降低而亮度减弱。这说明调节器性能良好，否则调节器有故障。

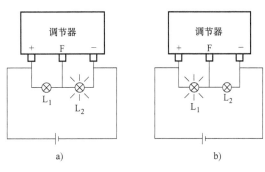

图2-39　晶体管调节器搭铁形式检测

a）内搭铁式调节器　b）外搭铁式调节器

（3）集成电路调节器的检测　集成电路调节器都是用环氧树脂封装或塑料模压而成的全密封结构，与发电机制成一体，成为整体式发电机。

判断集成电路调节器好坏时，可将单独的发电机按图2-41所示的电路连接好，电流表选用5A的电流表或12V/20W车用灯泡。测试时调节直流稳压电源，使电压缓慢升高，直至电流表指示为零或灯泡熄灭，这时电压表上显示的值则为调节器的调节电压值。该值应在规定的调节范围内，否则说明有故障，应予更换。

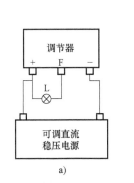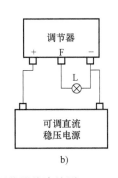

图2-40　晶体管调节器故障检测

a）内搭铁式调节器　b）外搭铁式调节器

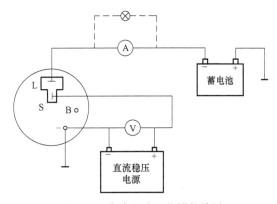

图2-41　集成电路调节器的检测

3. 充电系统的故障诊断与排除

充电系统常见的故障有不充电、充电电流过小或过大、充电电流不稳等，见表2-10。

表2-10　充电系统常见的故障及排除方法

故障	故障现象	可能原因	排除方法
不充电	发电机中速运转时，充电指示灯仍然发亮或电流表仍指示放电	①交流发电机驱动带过松 ②充电系统线路故障 ③发电机不发电 ④电子调节器电压过低	①检查发电机驱动带轮与发动机曲轴驱动带轮之间的驱动带挠度，若挠度过大，应进行调整或更换 ②检查交流发电机端子与蓄电池之间的线路导线有无松脱或断路 ③检查发电机与调节器之间的接线 ④用电压表、电流表或充电指示灯检查发电机是否发电
充电电流过小	发电机中速以上运转时，电流表指示充电电流过小	①发电机驱动带挠度过大而出现打滑 ②充电线路或磁场线路端子松动造成接触不良 ③定子绕组局部短路	①检查交流发电机驱动带挠度是否符合规定 ②检查充电线路或磁场线路连接是否牢靠 ③利用直流电压表和直流电流表就车检测发电机输出功率是否达到额定功率
充电电流过大	①汽车行驶时，充电电流始终保持在10A以上且不减小 ②蓄电池液面降低快	①电子调节器内部电路参数匹配不当使调节器电压过高 ②大功率晶体管短路 ③调节器前级驱动电路断路	确认调节器故障后，更换新品
充电电流不稳	汽车行驶时，电流表或充电指示灯指示充电，但电流表指针左右摆动或充电指示灯闪烁	①发电机驱动带过松而打滑 ②充电线路连接松动、接触不良 ③发电机内部接触不良 ④电子调节器内部元件虚焊	①检查交流发电机驱动带挠度是否符合规定 ②检查充电线路或磁场线路连接是否牢靠 ③用试灯代替磁场绕组，检查发电机线路 ④逐步升高发电机转速，查看充电指示灯发亮情况

2.4　发电机智能控制

　　智能发电机控制系统主要包括 AGM 蓄电池、蓄电池传感器、发电机、电子控制单元等。AGM 蓄电池用于存储发电机产生的能量，并且在需要时为整车电器负载供电；蓄电池传感器用于实时监测蓄电池的充放电电流、蓄电池电量以及电压等信息，并将这些信息数据传输给 ECU，ECU 根据这些信息数据以及 CAN 数据判断蓄电池的状态，从而实现对

发电机智能控制认知

发电机的动态电压控制，并通过 CAN 总线把蓄电池充放电信号发送至仪表，反馈给驾驶人。

2.4.1　智能发电机系统的节油原理和控制策略

1. 智能发电机系统的节油原理

智能发电机根据整车和蓄电池状态控制发电机的输出电压，通过提高制动减速阶段的能量利用率，来达到节能降耗的目的。

2. 智能发电机系统的控制策略

智能发电机系统根据 AGM 蓄电池的荷电状态（State of Charge，SOC）来控制充电情况。AGM 蓄电池的荷电状态有 SOC_{min} 和 SOC_{max} 两个边界点，智能发电机系统通过 ECU 对 AGM 蓄电池状态的实时监测来实现发电机的动态电压输出。当蓄电池荷电状态降低到 SOC_{min} 时，智能发电机控制才开始工作，在此之前，发电机保持持续为蓄电池充电的状态，以保证整车电器负载的用电需求。

1）车辆在制动减速行驶的工况下，ECU 根据车辆状态和蓄电池状态，通过 LIN 总线向发电机发出指示信号，使发电机输出最高电压，对 AGM 蓄电池充电，随着减速次数和时间的持续增加，AGM 蓄电池荷电状态不断提高，荷电状态可以达到 SOC_{max}。

2）当 AGM 蓄电池荷电状态在 SOC_{min} 和 SOC_{max} 之间时，车辆在正常行驶的过程中，由发电机直接为电器负载供电，此时，蓄电池既不充电也不放电。

3）当蓄电池荷电状态超过 SOC_{max} 时，则主要由蓄电池为电器负载供电，此时发电机处于负荷最小的工作状态，与此同时，蓄电池的放电过程，使 AGM 蓄电池又重新具备充电能力。

智能发电机控制系统，根据车速信号、蓄电池状态信号，在车辆处于制动或者减速工况下时，通过提高发电机的输出电压，将化学能更多地转化为电能储存起来；当车辆处于加速工况下时，蓄电池为整车供电，降低发电机的输出电压，从而达到发动机节能降耗的目的。

2.4.2　传统汽车发电机的智能化需求

根据汽车电气系统的工作特点，对发电机的控制需要满足以下要求：

1）稳压。汽车电器中许多电子设备对电压波动较为敏感，因此发电机的电压波动不能过大，以避免电压冲击对敏感电子器件造成的破坏，一般要求发电机电压波动幅值小于 0.1V。

2）电压调节。传统发电机的输出电压基本固定，不能在不同条件下得到最优性能。智能发电机需要针对不同的车辆和蓄电池状态进行电压的自动调节，如蓄电池亏电时调高电压进行快速充电，制动或下坡时提高发电机功率回收能量等。

3）节能。在满足汽车电器使用需求和安全的条件下，尽可能地节约燃料，改变发电机工作模式，提高发电机工作效率，如制动或下坡时回收能量到蓄电池中，当蓄电池电量充足时，关闭发电机、利用回收得到的能量供电，以减少能耗。

2.4.3　传统汽车发电机的智能化控制

根据发电机智能化控制需求，汽车发电机主要有以下基本工作模式：

1）正常模式。与传统的发电机相同的工作模式，发电机正常发电。

2）快充模式。当蓄电池亏电时，提高发电机的输出电压，对蓄电池进行快速充电。

3）回收模式。当车辆制动或下坡时，提高发电机的输出电压，增大能量回收功率。

4）浮充模式。当进行能量回收时，若蓄电池已充满，则使蓄电池保持浮充状态。

5）低压模式。当汽车进行加速或上坡等需要较大动力输出时，调低发电机输出电压。

6）关闭模式。在必要时切断发电机的励磁，停止发电，发电机处于关闭状态，以降低燃料消耗。

2.5　低压电源管理系统

汽车电源管理系统负责对整车的电源系统状态进行监控，并对蓄电池、发电机的供电和负载在不同工况下的工作进行管理。当整车负载较大时，控制发电机使其输出功率增大，当发电机功率输出超出负载的需求及蓄电池的充电需求时，通过控制减小发电机的功率输出。当发电机不工作时，蓄电池电压降低到一定值，限制或禁止某些较大负载的功能，从而降低进一步的电流消耗，保证蓄电池下一次的起动性能。汽车电源管理系统的作用主要是保

低压电源管理
系统简介

证整车静态存放时间，防止蓄电池出现过充或过放，从而延长蓄电池使用寿命，提升车辆的起动性能。汽车电源管理系统主要通过对蓄电池管理、整车静态电源管理和整车动态电源管理三方面进行管控。

1. 蓄电池管理

蓄电池传感器通过对蓄电池的电压、电流和温度进行实时监测，并将数据发送给控制器进行计算，得出蓄电池当前的充电状态和功率，并对后续状态进行预测。蓄电池管理系统向电源管理系统提供蓄电池当前的实时状态和所预测的电性能信息。它不仅能更好地满足用电设备的功率需求，还能提高整车电气系统的经济性。蓄电池管理系统为电源管理系统提供蓄电池的相关参数，如荷电状态、寿命状态、功能状态等信息；预测蓄电池对预先给出的加载工况将如何反应，如在蓄电池的当前状态下，预测发动机能否起动。用基于模型的算法，对监测到的蓄电池电流、电压和温度信号用复杂的软件算法计算，就可以得到上述的蓄电池参数。

2. 整车静态电源管理（发动机不运转）

整车静态电源管理是指在发动机未运转的情况下，可以在汽车停放期间降低整车的电流消耗。在点火开关关断的情况下，它控制对各种不同控制器的电流供给。根据对蓄电池的剩余电量状态和电压的监控，会逐步关闭某些用电器，以避免蓄电池过量放电，由此保障汽车的起动性能，并延长蓄电池的使用寿命。

通过对整车用电负载进行分级管理，蓄电池传感器实时监测蓄电池的状态，在蓄电池不同状态下，对整车用电负载依次关闭电源供给，从而降低电流的消耗，保障汽车的起动能力。当发动机没有运转的情况下，蓄电池传感器监测到蓄电池电压低于某一值时，将会关闭某些不重要的用电器，以减少蓄电池电量的进一步消耗。同时以总线信号发送给仪表进行蓄电池电压过低的报警提示，一般是限制或取消汽车中与舒适相关的功能或对汽车行驶无影响

的功能，而与车辆行车相关的功能则不能取消。由于不同厂家的蓄电池的特性不同，具体的蓄电池低电压阈值需根据蓄电池的类型和供应商来确定，但需保证蓄电池电压达到低电压阈值时，仍能正常起动发动机。

3. 整车动态电源管理（发动机运转）

在汽车行驶期间，通过对整车的动态电源管理，将发电机产生的电流按不同负载的需求分配给不同的用电器。当发电机的输出电流超过整车负载的消耗需求时，它会调节发电机的输出电压，向蓄电池供电，使其达到最佳充电状态。

当发动机处于长时间怠速运转时，如果由于负载电流消耗较大而导致蓄电池电压低于某一电压，蓄电池传感器将发送发动机怠速提升信号给 EMS，请求发动机提高怠速转速到一定值，从而提高发电机的输出电流，以保证电气负载的电流消耗和蓄电池的充电需求。

借助于蓄电池的相关参数，电源管理系统能够优化充电电压，并在蓄电池性能退化时采取减少整车电气系统的负载或增加发电机输出功率（如提高发动机怠速转速）的措施，或者同时采用以上两种措施。采取相应的措施后，若蓄电池的性能状态仍低于规定的阈值，电源管理系统就会发送相关报警信息给仪表进行显示，以提示驾驶人进行相应的处理。

2.6 汽车起停系统

导入

起停系统英文翻译为 Start-Stop 系统。当车辆处于停止状态（非驻车状态）时，发动机将暂停工作（而非传统的怠速保持），暂停的同时，发动机内的润滑油会持续运转，使发动机内部保持润滑；当松开制动踏板后，发动机将再次起动，此时，因润滑油一直循环，即使频繁地停车和起步，也不会对发动机内部造成磨损。

汽车起停系统认知

新型汽车多使用起停系统起动，而车辆处于静止状态时，车内所需的电力将改由 AGM 蓄电池供应，而耗电较大的空调系统也将转为送风机制，因此若静止时间过久，会影响冷房效果或造成车内闷热，这时应手动将起停系统关闭；即便是在起停系统起动的状态下，若车辆静止过久而导致 AGM 蓄电池电量不足时，仪表板右侧的黄色"ECO"灯也会亮起，车辆自行停止起停系统运作，待电力充足后绿色"ECO"灯亮起，系统便会重新运作。

1. 起停系统的功能

起停系统可以在车辆停车等待交通信号灯时临时关闭发动机，并在车辆需要起步时自动重新起动发动机，以此达到节能减排的目的。

车辆起步后，一旦行驶速度超过 3km/h 的时间达到约 4s，起停系统就会自动激活。起停系统的功能由发动机管理系统来执行，该系统已集成在发动机控制单元软件内。值得注意的是，起停系统会评估车辆的状态，以判断在发动机熄火后，是否能够再次起动着机。因此，要对所有涉及发动机再次起动的发动机特性和数值进行分析，其中最重要的是对蓄电池充电状态的分析，这个过程被称为"起动电压预测"，用来判断蓄电池的电量是否足够再次起动发动机，或者是否需要在系统起动发动机时关闭某些用电器，以避免用电需求过大（目前涉及的是座椅加热、后风窗玻璃加热、后视镜加热、转向盘加热和辅助电加热器等部

件。这些用电器会在发动机再次起动前被关闭并锁止，在发动机起动的过程中不会工作）。总而言之，起停系统会一直监视着蓄电池的充电状态和发动机的情况。

起停装置原理图如图 2-42 所示。

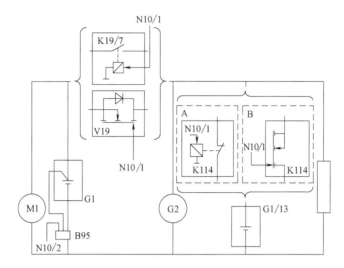

图 2-42　起停装置原理图

图中所示为起停功能下的发动机起动条件（继电器 K19/7、二极管 V19 断开，继电器 K114 闭合）。

起停装置各部件说明图如图 2-43 所示。

B95	蓄电池传感器	M1	起动机
G1	车载电气系统蓄电池	N10/1	带熔丝和继电器模块的前SAM控制单元
G1/13	ECO起停功能附加蓄电池	N10/2	带熔丝和继电器模块的后SAM控制单元
G2	交流发电机	V19	ECO起停功能二极管
K19/7	车载电气系统断开继电器(适用于手动变速器)	A	适用于手动变速器(2013年2月之前)
K114	ECO起停功能附加蓄电池继电器		
		B	适用于自动和手动变速器(2013年3月之后)

图 2-43　起停装置各部件说明图

为了实现起停系统的功能，需要配备开启和关闭起停系统的开关，以及蓄电池监控控制单元。此外，还需要对车辆原有的多个部件进行匹配，具体需要改进的部件及改进要点如下：

（1）控制单元　将涉及的控制单元的程序源代码扩展了一个信息位，用于起停系统（包括控制起停系统工作的控制单元及受起停系统影响的控制单元）。

（2）发电机　通常发电机和电压调节器一直都是通过单独的导线与发动机和车载电网控制单元相连的。对于具备起停系统的车辆，发电机的信息则是通过 LIN 总线传至数据总线

诊断接口的，这样便于通过 CAN 总线为其他控制单元（如发动机控制单元）提供相关信息。

（3）蓄电池　采用吸附式玻璃纤维棉隔膜蓄电池，以提高循环稳定性。吸附式玻璃纤维棉隔膜蓄电池与胶体蓄电池是蓄电池开发领域的新产物，具有极强的工作能力。与普通铅酸蓄电池不同，吸附式玻璃纤维棉隔膜蓄电池的电解液是完全吸附在玻璃纤维棉上的，并由玻璃纤维棉将铅极板电极彼此分隔开。吸附式玻璃纤维棉隔膜蓄电池具有冷起动性能好、深度放电性能好、工作可靠性高、免维护等优点，即使蓄电池壳体破裂也不会出现泄漏。

（4）起动机　选用的起动机耐用性更高。起停系统的频繁工作对起动机提出了较高的要求，因此必须增强其工作的稳定性，齿圈的强度也增大了。

（5）手动变速器　要想在手动变速器上实现起停系统的功能，就必须加装档位识别传感器。该传感器是从上部拧入变速器壳体中的，并以非接触的方式来获知换档轴的位置。

2. ECO 起停功能部件安装位置

起停装置实物图如图 2-44 所示。

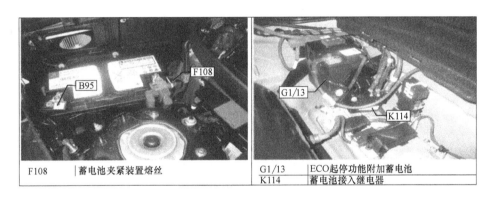

F108	蓄电池夹紧装置熔丝
G1/13	ECO起停功能附加蓄电池
K114	蓄电池接入继电器

图 2-44　起停装置实物图

小　　结

1. 汽车电源系统由蓄电池、发电机和电压调节器组成。在发动机起动时蓄电池向起动机供电，当发电机不工作时向用电设备供电；发电机主要向全车用电设备供电，同时给蓄电池充电。蓄电池与交流发电机并联工作。电压调节器是在发电机转速变化时自动调节发电机的输出电压并使其保持稳定。

2. 蓄电池是一种化学电源，它可以将电能转换为化学能进行储存，也可以将化学能转换为电能供给用电设备，即充电过程和放电过程。其特性包含充电特性、放电特性和外特性。

3. 发电机的基本原理包括发电原理、整流原理和励磁方式。当转子旋转时，定子绕组与磁力线之间产生相对运动，在三相绕组中产生交变电动势，通过整流器将交流变成直流。调节器串联在发电机的励磁电路中，当发电机的转速发生变化时，调节器通过控制晶体管的导通与截止，改变输出电压的大小。

习　题

1. 简述铅酸蓄电池的工作原理，并写出化学反应方程式。
2. 怎样正确使用蓄电池？蓄电池在什么情况下应进行补充充电？
3. 蓄电池的常见故障有哪些？分别分析故障现象、可能原因及排除方法。
4. 发电机由哪些部分组成？各起什么作用？
5. 简述发电机的励磁方式。
6. 简述晶体管调节器的作用和原理。
7. 绘制发电机充电系统的电路图，指出充电电路、他励电路和自励电路。

第3章

汽车用电设备

📚 学习目标

1. 了解起动影响因素和选型计算，掌握起动机的结构、工作原理、工作特性
2. 了解汽车灯光信号系统的作用和组成，掌握前照灯的组成及结构原理
3. 了解汽车电子仪表的基本结构、组成，掌握汽车电子仪表的显示装置和工作原理
4. 掌握汽车电动刮水器、风窗玻璃洗涤器和除霜装置的结构和工作原理
5. 了解汽车电动座椅、电动门窗、天窗和电动后视镜的结构和工作原理
6. 了解汽车空调系统的功能、组成、分类与工作原理

3.1 起动机

📚 导　入

一辆桑塔纳轿车在行驶中抛锚，客户马女士反映该车再次起动时起动机不转。可能是哪儿出了问题？应该怎样检查？

经过维修人员用外接蓄电池进行起动，起动机仍不能正常工作。拖回维修厂后交汽车电器维修组进一步检查，用蓄电池高率放电计对蓄电池进行检测，确认蓄电池正常。

起动机认知

如何诊断起动机不转这一故障呢？倘若是起动机的故障，又该怎样对其进行检修呢？

发动机是靠外力起动的，通常把汽车发动机曲轴在外力作用下，从开始到怠速运转的全过程称为发动机的起动。保证发动机顺利起动所需的曲轴转速称为起动转速。车用汽油机在 0~20℃ 的气温下，一般最低起动转速为 30~40r/min。车用柴油机所要求的起动转速较高，达 150~300r/min。

发动机常用的起动方式有人力起动、辅助汽油机起动和电力起动。电力起动方式具有操作轻便，起动迅速、安全、可靠，可重复起动等优点，所以现在在汽车中广泛采用。一般将这种电力起动机简称为起动机。

起动机的作用就是将电能转换为机械能，带动发动机曲轴旋转，使发动机起动。起动机安装在汽车发动机飞轮壳前端的座孔上。

3.1.1 起动机的结构及工作原理

现代汽车起动系统一般由起动机、起动继电器、点火开关（起动档）、电源（蓄电池）等组成。

起动机由直流电动机、传动机构和控制装置三部分组成（见图3-1）：

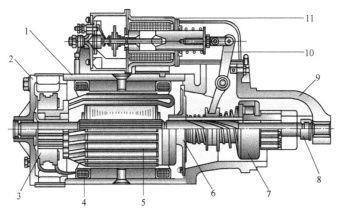

图 3-1　起动机的组成

1—外壳　2—前端盖　3—电刷　4—磁场绕组　5—电枢　6—中间支撑板　7—离合器
8—限位螺母　9—后端盖　10—拨叉　11—电磁开关

1. 直流电动机

功用：将蓄电池输入的电能转换为机械能，产生电磁转矩。

（1）直流电动机的结构　直流电动机主要由电枢（转子）、磁极（定子）、换向器和电刷等主要部件构成。

1）电枢。直流电动机的转动部分称为电枢，又称转子。转子由外圆带槽的硅钢片叠成的铁心、电枢绕组、电枢轴和换向器组成，如图3-2所示。

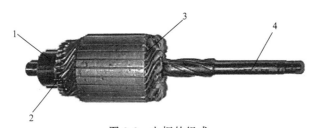

图 3-2　电枢的组成

1—换向器　2—电枢绕组　3—电枢轴　4—硅钢片

为了获得足够的转矩，通过电枢绕组的电流较大（汽油机为200～600A；柴油机可达1000A），因此，电枢绕组采用较粗的矩形裸铜漆包线绕制为成型绕组。

2）磁极。磁极由固定在机壳内的磁极铁心和磁场绕组组成，如图3-3所示。

磁极一般是四个，两对磁极相对交错安装在电动机的壳体内，定子与转子铁心形成的磁通回路如图3-4a所示，低碳钢板制成的机壳也是磁路的一部分。

四个磁场绕组有的是相互串联后再与电枢绕组串联（称为串联式）如图3-4b所示，有的则是两两串联后再并联，再与电枢绕组串联（称为混联式），如图3-4c所示。

起动机内部线路连接方式：磁场绕组一端接在外壳的绝缘接线柱上，另一端与两个非搭铁电刷相连接。

当起动开关接通时，电动机的电路为蓄电池正极→接线柱2→磁场绕组3→正电刷6→换向器5和电枢绕组→搭铁电刷4→搭铁→蓄电池负极。

3）电刷与电刷架。如图3-5所示，电刷架一般为框式结构，其中正极电刷架绝缘地固定在端盖上，负极电刷架与端盖直接相连并搭铁。电刷置于电刷架中，电刷由铜粉与石墨粉压制而成，呈棕黑色。电刷架上具有较强弹性的盘形弹簧。

4）换向器。作用：向旋转的电枢绕组注入电流。

它由许多截面呈燕尾形的铜片围合而成，如图3-6所示。铜片之间由云母绝缘，云母绝缘层应比换向器铜片外表面凹下0.8mm左右，以免铜片磨损时，云母片很快凸出。电枢绕组各线圈的端头均焊接在换向器的铜片上。

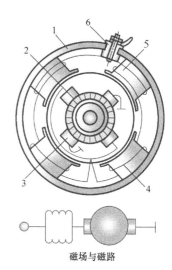

图3-3 磁极的组成

1—外壳 2—换向器 3—电刷
4—磁场绕组 5—磁极 6—绝缘接线柱

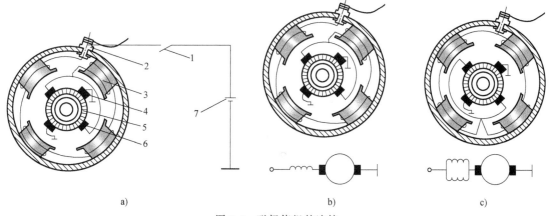

a)   b)   c)

图3-4 磁场绕组的连接

a）起动机内部线路连接 b）四个磁场绕组相互串联 c）四个磁场绕组两两串联后并联

1—起动开关 2—接线柱 3—磁场绕组 4—负电刷（搭铁电刷） 5—换向器 6—正电刷 7—蓄电池

图3-5 电刷及电刷架示意图

1—搭铁刷架 2—电刷 3—绝缘垫 4—绝缘刷架 5—座板 6—弹簧

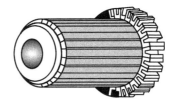

图 3-6　换向器外形图

（2）直流电动机的工作原理

1）工作原理。直流电动机是将电能转变为机械能的设备，它是根据通电导体在磁场中受到电磁力作用这一基本原理进行工作的，其原理示意如图 3-7 所示。

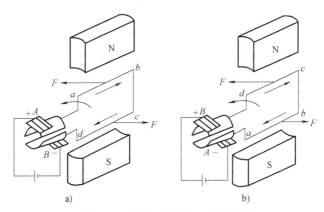

图 3-7　直流电动机的工作原理图

2）直流电动机的转矩，其表达式为

$$M = C_\mathrm{m} I_\mathrm{s} \Phi \tag{3-1}$$

式中，C_m 为电机常数，与电动机的磁极对数 p、电枢绕组总根数 Z 及电枢绕组电路的支路对数 α 有关 $[C_\mathrm{m} = pZ/(2\pi\alpha)]$；$I_\mathrm{s}$ 为电枢电流；Φ 为磁极磁通。

3）转矩自动调节原理。在直流电动机通电时，产生电磁转矩，使电枢旋转，然而电枢旋转时，其绕组又会切割磁力线，按电磁感应理论，在电枢绕组中又会产生感应电动势，该电动势恰好与外加电枢电流方向相反，因此称为反电动势，其大小为

$$E_\mathrm{f} = C_\mathrm{e} \Phi n \tag{3-2}$$

式中，C_e 为与电机结构有关的常数 $[C_\mathrm{e} = pZ/(60\alpha)]$；$n$ 为电动机转速。

由于反电动势的存在，直流电源加在电枢上的电压，一部分用来平衡反电动势，另一部分则降落在电枢绕组的电阻上，称为电压平衡方程式，即

$$U = E_\mathrm{f} + I_\mathrm{s} R_\mathrm{s} \tag{3-3}$$

式中，R_s 为电枢回路的电阻，它包括电枢绕组的电阻以及电刷与换向器的接触电阻。可求出电枢电流为

$$I_\mathrm{s} = \frac{U - E_\mathrm{f}}{R_\mathrm{s}} = \frac{U - C_\mathrm{e} \Phi n}{R_\mathrm{s}} \tag{3-4}$$

当电动机的负载增加时，由于电枢轴上的阻力矩增大，电枢转速降低，而使反电动势随

之减小，电枢电流则增大，因此，电动机转矩将随之增大，并且直到电动机的转矩增大到与阻力矩相等时为止，这时电动机将在新的负载下以新的较低的转速平稳运转。反之，当电动机的负载减小时，电枢转速上升，反电动势增大，则电枢电流减小，电动机转矩相应减小，直至电动机的转矩减小到与阻力矩相等时为止，电动机则在较高转速下稳定运转。

可见，当负载发生变化时，电动机的转速、电流和转矩将会自动地做相应的变化，以满足负载的要求。这就是直流串励式电动机的转矩自动调节原理。

2. 传动机构

起动机的传动机构包括离合器和拨叉两部分。离合器为单向离合器，起着单向传递转矩将发动机起动，同时又能在起动后自动打滑，以防止发动机起动后飞轮带动起动机电枢高速飞转而造成事故的作用。

拨叉的作用是与移动衬套一起使单向离合器做轴向移动，将驱动齿轮与发动机飞轮啮合。

常用的单向离合器有滚柱式、弹簧式和摩擦片式三种。

（1）滚柱式单向离合器　滚柱式单向离合器是目前国内外汽车起动机中使用最多的一种，解放牌汽车、东风牌汽车、北京130、北京212等汽车的起动机均采用此种离合器，如图3-8所示。

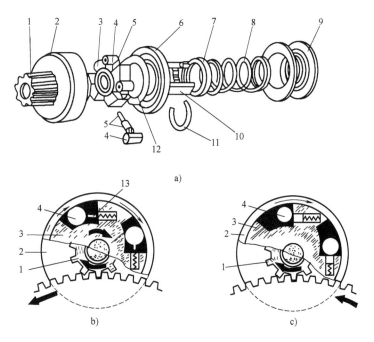

图3-8　滚柱式单向离合器

1—驱动齿轮　2—外壳　3—十字块　4—滚柱　5—弹簧及活柱　6—护盖　7—弹簧座　8—缓冲弹簧
9—移动衬套　10—传动套筒　11—卡簧　12—垫圈　13—压帽与弹簧

离合器的外壳与十字块之间的间隙为宽窄不同的楔形槽。这种离合器就是通过改变滚柱在楔形槽中的位置来实现离合的。发动机起动时，拨叉动作，经拨环将离合器沿花键推出，驱动齿轮啮入发动机飞轮齿环。此时电枢转动，十字块随电枢一起旋转，滚柱滚入楔形槽窄

的一侧而卡住，从而传递转矩，驱动曲轴旋转。

（2）弹簧式单向离合器 弹簧式单向离合器的结构如图3-9所示。主动套筒套在电枢轴的花键上，小齿轮套在电枢轴前端的光滑部分。在对接处有两个月牙形圈，使二者只能做相对转动而不能做轴向移动。在小齿轮套筒与主动套筒的外圆上包有扭力弹簧，扭力弹簧的内径略小于两套筒的外径，有一定的过盈量。在主动套筒上用垫圈封闭传动弹簧，外侧再套装缓冲弹簧和固连拨环。

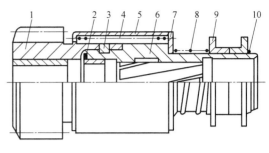

图3-9 弹簧式单向离合器

1—驱动齿轮 2—挡圈 3—月牙形圈 4—扭力弹簧
5—护圈 6—连接套筒 7—垫圈 8—缓冲弹簧
9—移动衬套 10—卡簧

起动发动机时，由于拨叉推动拨环使驱动小齿轮啮入飞轮齿环，起动机转轴只带动花键套筒即主动套筒旋转，使扭力弹簧顺向扭紧并箍死两个套筒，于是就能传递转矩了。

（3）摩擦片式单向离合器 这种离合器多用于大功率起动机上，结构如图3-10a所示。起动机工作时，内接合鼓沿螺旋槽向右移动，将摩擦片压紧，如图3-10b所示，利用摩擦力，将电枢的转矩传给飞轮。

发动机起动后，起动机驱动齿轮被飞轮带动，当其转速超过电枢轴转速时，内接合鼓则沿螺旋槽向左退出，摩擦片松开，如图3-10c所示，这时驱动齿轮虽高速旋转，但不驱动电枢，从而避免了电枢超速飞转的危险。

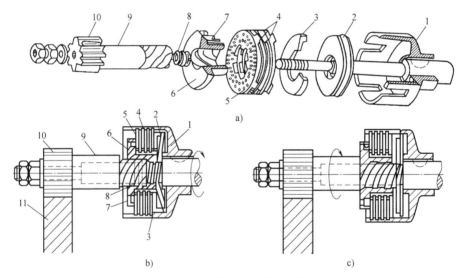

图3-10 摩擦片式单向离合器

a）结构 b）压紧 c）松开

1—外接合鼓 2—弹性圈 3—压环 4—主动片 5—被动片 6—内接合鼓 7—小弹簧
8—减振弹簧 9—齿轮柄 10—驱动齿轮 11—飞轮

如果起动机超载时，弹性圈在压环的凸缘压力下而弯曲，直至内接合鼓的端部顶住弹性圈，此时离合器即打滑，能避免起动机在过载情况下的损坏。

摩擦片式单向离合器虽有传递大转矩、防止超载损坏起动机的优点，但由于摩擦片容易磨损而影响起动机性能，需经常检查、调整或更换。同时其结构也比较复杂，耗用材料较多，加工费时，修理麻烦。

3. 控制装置

控制装置一般称之为起动机的电磁开关，它与电磁式拨叉合装在一起，利用拨叉控制起动机驱动齿轮与飞轮的啮合与分离。

用按钮或钥匙控制电磁铁，再由电磁铁控制主电路开关，以接通或切断主电路。

电磁开关主要由活动铁心、保持线圈、吸引线圈、接触盘、拨叉等组成。

ST614 型起动机的电路图如图 3-11 所示。

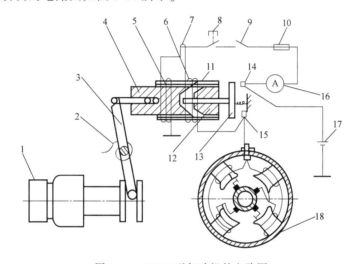

图 3-11 ST614 型起动机的电路图

1—驱动齿轮 2—复位弹簧 3—拨叉 4—活动铁心 5—保持线圈 6—吸引线圈 7、14、15—接线柱
8—起动按钮 9—起动总开关 10—熔断器 11—黄铜套 12—挡铁 13—接触盘 16—电流表
17—蓄电池 18—起动机

当合上起动总开关 9，按下起动按钮 8 时，吸引线圈 6 和保持线圈 5 的电路接通。其电路如下：蓄电池正极→接线柱 14→电流表 16→熔断器 10→起动总开关 9→起动按钮 8→接线柱 7。然后，分两路，一路为保持线圈 5→搭铁→蓄电池负极；另一路为吸引线圈 6→接线柱 15→起动机磁场绕组→电枢绕组→搭铁→蓄电池负极。

这时活动铁心 4 在两个线圈电磁力的共同作用下，克服复位弹簧 2 的弹力向右移动，带动拨叉 3 便将驱动齿轮 1 推出与飞轮齿环啮合。这时由于吸引线圈的电流流经磁场绕组和电枢绕组，产生一定的电磁转矩，所以驱动齿轮是在缓慢旋转的过程中啮合的。当齿轮啮合好后，接触盘 13 将接线柱 14、15 的触头接通，于是蓄电池的大电流流经起动机的电枢和磁场绕组，产生正常的转矩，带动发动机旋转，起动发动机。与此同时，吸引线圈被短路，齿轮的啮合位置由保持线圈 5 的吸力来保持。

当发动机起动后，松开起动按钮瞬间，保持线圈中的电流只能经吸引线圈构成回路。由于此时两线圈所产生的磁通方向相反而相互抵消，于是活动铁心 4 在复位弹簧的作用下回至原位，驱动齿轮 1 退出啮合，接触盘 13 脱离接触，切断起动电路，起动机停止运转。

这种电磁开关是利用挡铁与电磁铁心之间的一定间隙，保证驱动齿轮先部分啮入飞轮齿环后，才接通起动主电路。它具有操作轻便、工作可靠的优点。

3.1.2 起动机的工作特性

1. 转矩特性

转矩特性是指电动机的电磁转矩随电枢电流变化的关系，即 $M=f(I_s)$。由于串励式直流电动机的磁场绕组与电枢绕组串联，故电枢电流与励磁电流相等。在磁路未饱和时，磁通 Φ 与电枢电流 I_s 成正比，即 $\Phi = C_1 I_s$。所以电动机转矩为

$$M = C_m I_s \Phi = C_m C_1 I_s^2 = C I_s^2 \tag{3-5}$$

式中，C 为常数，$C = C_m C_1$；I_s 为电枢电流。

磁路饱和后：$\Phi =$ 常数，电动机转矩为 $M = C_m I_s \Phi$。

由上面两个公式可知，串励式直流电动机的电磁转矩在磁路未饱和时，与电枢电流的二次方成正比；在磁路饱和后，磁通 Φ 几乎不变，电磁转矩才与电枢电流呈线性关系，如图 3-12 所示。

这是串励式直流电动机的一个重要特点，即在电枢电流相同的情况下串励式直流电动机的转矩要比并励式直流电动机大。特别在起动的瞬间，由于发动机的阻力矩很大，起动机处于完全制动的情况下，$n=0$，反电动势 $E_f = 0$。此时电枢电流将达最大值（称为制动电流），产生最大转矩（称为制动转矩），从而使发电机易于起动，这是起动机采用串励式电动机的主要原因之一。

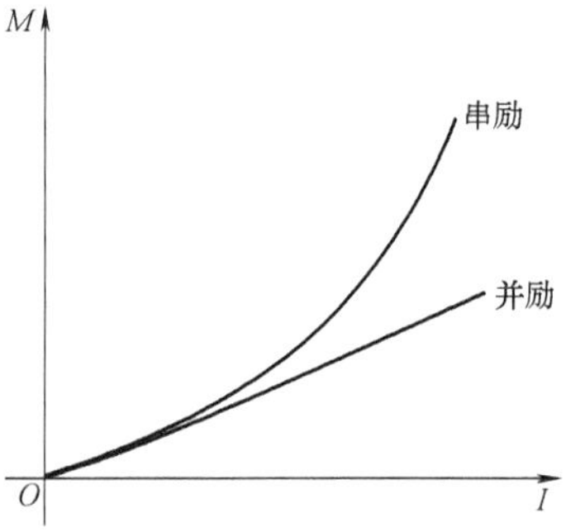

2. 转速特性

电动机转速随转矩而变化的关系，称为转速特性，又称机械特性。

在串励式直流电动机中，由电压平衡方程式可得

$$n = \frac{U - I_s(R_s + R_L)}{C_m \Phi} \tag{3-6}$$

在磁路未饱和时，由于 Φ 不是常数，I_s 增大时 Φ 也增大，故转速 n 将随 I_s 的增加而显著下降，又由于转矩 M 正比于电枢电流 I_s 的二次方，所以串励式直流电动机的转速随转矩的增加而迅速下降，如图 3-13 所示，即具有软的机械特性。

由于串励式直流电动机具有软的机械特性，即轻载时转速高、重载时转速低，故对起动发动机十分有利。因为重载时转速低，可使起动安全可靠，这是起动机采用串励式直流电动机的又一原因。

串励式直流电动机在轻载时转速很高，易造成电动机"飞车"事故。因此对于功率较大的串励式直流电动机不允许在轻载或空载下运行。

3. 起动机的特性曲线

起动机的转矩、转速、功率与电流的关系称为起动

图 3-12 起动机的转矩特性曲线

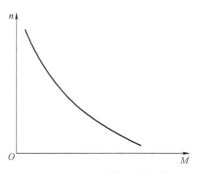

图 3-13 起动机的转速特性曲线

机的特性曲线，如图 3-14 所示为 QDl24 型起动机的特性曲线。

发动机即将起动时，即起动机刚接入瞬间，此时 $n=0$，电流最大（称为制动电流），转矩也达最大值（称为制动转矩）。

在起动机空转时，电流 I_s 最小（称为空转电流），转速达最大值（称为空转转速）。

在起动电流接近制动电流的一半时，起动机的功率最大。因此在完全制动（$n=0$）和空载（$M=0$）时起动机的功率都等于零。当电流为制动电流的一半时，起动机能发出最大功率。由于起动机运转时间很短，允许它以最大功率运转，所以把起动机的最大输出功率称为起动机的额定功率。

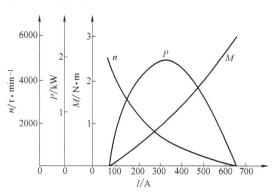

图 3-14　QD124 型起动机的特性曲线

3.1.3　起动机基本参数的选择

1. 起动机功率的选择

起动机功率为

$$P = \frac{M_q n_q}{9550} \tag{3-7}$$

式中，P 为起动机功率，单位为 kW；M_q 为发动机的起动阻力矩，单位为 N·m；n_q 为最低起动转速，单位为 r/min。

发动机的起动阻力矩是指在最低起动转速时的发动机阻力矩。

发动机的最低起动转速是指保证发动机可靠起动的曲轴最低转速。

影响起动机功率的主要因素如下：

1）蓄电池容量的影响。蓄电池容量越小，其内阻越大，放电时产生的电压降越大，因而供给起动机的电压降低，使起动机输出的功率减小。

2）环境温度的影响。当温度降低时，由于蓄电池电解液密度增大，内阻增大，会使蓄电池容量和端电压急剧下降，起动机功率将会显著下降。

3）接触电阻和导线电阻的影响。电刷与换向器接触不良、电刷压簧弹力下降、电刷过短以及导线与蓄电池接线柱接触不良，都会使工作线路电阻增加；导线过长以及导线横截面积过小也会造成较大的电压降。由于起动机工作电流特别大，这些都会使起动机功率减小。

2. 传动比的选择

（1）最佳传动比的计算　所谓最佳传动比，就是起动机工作在最大功率时所对应的传动比，可以通过下式确定：

$$i = \frac{n_{起}}{n_{发}} = \frac{最大功率时起动机转速}{发动机最低起动转速} \tag{3-8}$$

（2）实际传动比的选择　实际上传动比的选择要受到飞轮齿环齿数和起动机驱动齿轮齿数比的限制，传动比往往比最佳值稍小。实际传动比计算如下：

$$i = \frac{Z_2}{Z_1} = \frac{\text{发动机飞轮齿环齿数}}{\text{起动机驱动齿轮齿数}} \qquad (3\text{-}9)$$

通常起动机驱动齿轮齿数一般为 9~13 个（个别有 5~7 个）。汽油机中起动机与发动机曲轴的传动比一般为 13~17；柴油机因转速较高，传动比较小，一般为 8~10。

3. 蓄电池容量的确定

蓄电池容量为

$$C = (450 \sim 600)\frac{P}{U} \qquad (3\text{-}10)$$

式中，C 为蓄电池额定容量，单位为 A·h；P 为起动机额定功率，单位为 kW；U 为起动机额定电压，单位为 V。

3.1.4 新型起动-发电一体机简介

随着汽车行业的不断发展，资源环境问题开始威胁着地球和人们的日常生活。未来很可能是电动汽车的天下，但在这一过渡时期，混合动力汽车便应运而生。混合动力汽车最为核心的技术便是起动-发电一体机技术（ISA）。

传统燃油汽车的电力系统，其发电和起动两项任务分别由直流起动机和交流发电机这两个相对独立的系统承担。而这两个系统都需要单独地研制、测试、提升、装配、维护，造成在整个汽车中这两个系统体积过大、重量超标。但实际情况却是，在这样的分立系统中，起动机只会在起动汽车的短暂时间内工作，当发动机运转到怠速后，起动机便停止工作，而交流发电机则是在起动机停止工作后才开始动作输出电能，由此可见这两个系统在工作时间上并不重叠，可以考虑"分时复用"的策略，这为起动-发电一体机的产生和发展提供了可能，也就可以实现用一个电机代替起动机和发电机，担负起动、发电两项功能。同时，近年来电能供应、燃料消耗和尾气排放量越来越高，传统的汽车原理与结构不能满足要求，急需一种新的技术和架构，起动-发电一体机就是一种比较好的折中方案。

1. ISA 系统功能

（1）快速起动 低转速时，ISA 系统提供的大转矩使发动机转速能在 0.2s 内从零提升到怠速转速，之后才开始正常点火工作。这不但显著改善了发动机起动性能，获得了更快的起动时间、更高的起动转速、更低的起动噪声和排放，也使 ISA 系统通过与点火系统的配合实现了怠速停机功能。所谓怠速停机功能是指车辆怠速时发动机关闭，再次行驶时发动机又可快速起动。在发动机需要频繁起停的城市路况，这一功能可以明显减少由于发动机长时间怠速运转造成的燃油消耗和排放。快速起动时，ISA 系统需在短时间内获得很高的工作电流，这对车辆的储能系统提出了较高的功率要求。同时，随着温度的降低，蓄电池内阻会增加，这增加了发动机冷起动时的困难。综合以上原因，储能系统的功率成为制约发动机冷起动性能的关键因素。

（2）高效率发电 ISA 系统工作在发电机状态时具有很高的效率，500r/min 时具有 70%的效率，1000r/min 以上效率保持在 80%以上，整个工作区间内的平均效率超过 70%。传统发电机在整个工作区间内的平均效率低于 50%，ISA 系统比其有明显提高。高效率的发电特性将显著减少燃油消耗，随着车用电器的不断增加，其节能效果将更加显著。

（3）动力辅助 发动机工作时，ISA 系统可同时工作在电动机状态，向动力系统提供额

外的输出转矩，这种功能被称为动力辅助功能。实现该功能有两个优点：第一，可在不改变车辆动力特性的条件下选用更小排量的发动机，从而降低油耗和排放；第二，整车转矩输出曲线将变得平滑，保证在所有转速下都具有足够的动力输出：低转速时，由 ISA 系统提供起动转矩；高转速时，发动机成为主要的动力源。动力辅助功能对整车性能的影响取决于该功能的应用程度。当该功能的应用不受限制时，可大大提高整车性能，但是这将对储能系统提出很高的功率和能量要求，尤其需要很大的能量吞吐能力。综合考虑现有的能量存储技术和车辆性能要求，动力辅助功能多被限制在低档位时使用。

（4）制动能量回馈　ISA 系统的发电特性在汽车制动时可用于回收制动能量。这部分回馈能量可由储能系统回收并再次利用以降低燃油消耗。制动能量回收的比例与 ISA 系统电机的功率水平和路况有关，通常只有部分能量可以回收利用。但在频繁起停的城市工况，即使 ISA 系统的电机功率较小也能回收相当多的制动能量。

储能系统的瞬时存储能力会制约该功能的使用效果。相对于接收高电流，蓄电池更易于释放高电流，而且储能系统多将高起动电流作为优化目标，所以制动回馈功能一般得不到充分的利用。

（5）主动减振　ISA 系统同时具有发电机和电动机特性，使其可实现主动减振功能，以补偿发动机的瞬时转速波动，提高传动系统的稳定性。这一功能的实质是发动机旋转机构和 ISA 储能系统之间的能量交换：当转速较高时，ISA 系统工作在发电机状态以降低转速，同时回收能量；当转速过低时，ISA 系统可利用回收的能量工作在电动机状态以提高转速。主动减振功能具有比普通机械减振（被动减振）更多的优点，既可实现离散的减振频率和可调的减振强度，也可补偿负载波动。

2. ISA 系统分类

按照连接方式的不同，ISA 系统可分为两类。一类是用 ISA 系统直接替换现有发电机，仍通过传动带与曲轴传动，称为带驱动式。受传动方式的限制，该连接方式的输出功率多在 5kW 以下。开发该类产品的公司包括 Delphi 公司、Denso 公司。另一类是将 ISA 系统直接安装在曲轴的任意一端，称为直列安装式。该连接方式的输出功率较大，多在 5~12kW 之间。当 ISA 系统安装在变速器一侧时，可省去飞轮、传动带等部件，减小了空间要求，但维护时需拆卸较多的部件。当 ISA 系统安装在发动机前端时，维护较方便，但需占用前端一定的空间。开发该类产品的公司包括 GM 公司、Bosch 公司、Visteon 公司、Siemens 公司和 Sachs 公司。各类产品中，安装在变速器一侧的直列式 ISA 系统具有占用空间小、输出功率大等优点，得到了广泛的应用。

3. ISA 系统组成

ISA 系统由电机、能量转换器、储能系统及各部件控制器等主要部分组成。

（1）电机　各厂商开始研究各类型发电机作为 ISA 系统电机的可行性，这些电机类型包括直流电机、感应电机、可变磁阻电机和永磁电机等。感应电机、可变磁阻电机和永磁电机都具有较好的综合性能，但感应电机和永磁电机更适合 ISA 系统的要求。在有限的空间内，永磁电机具有更好的输出功率和输出转矩，但控制会更困难一些，并且费用更高。永磁电机与感应电机的取舍应综合考虑性能和费用之间的平衡。

（2）能量转换器　能量转换器实现两个功能：DC/AC 和 DC/DC。前者完成 ISA 电机所需的三相交流电与储能系统所需的直流电之间的能量转换；后者完成 42V 电源系统与 12V

电源系统之间的能量转换。虽然两者功能上是相互独立的，但多将两者设计在同一部件内，以便共用同一套冷却系统和控制系统。由于 42V 电源系统的峰值电压较低，所以能量转换器一般采用 MOSFET 工艺器件。

（3）储能系统 储能系统是实现 ISA 系统功能的主要制约因素，对应不同的功能，储能系统的功率密度和能量吞吐能力都会有显著变化。其中，快速起动功能和动力辅助功能分别要求储能系统具有很高的冷起动功率和能量吞吐能力。这使得储能系统将冷起动功率作为最重要的设计目标，并且由于现有技术的限制，动力辅助功能的应用将限定在一定范围内。储能系统的其他技术指标还包括能量存储量、可充电程度、可充电次数、机械强度、质量、尺寸、价格等。铅酸电池的功率较低，这将制约 ISA 系统的冷起动性能。而且铅酸电池还有质量大、充放电次数低的缺点，后者将导致储能系统的能量吞吐能力过低。但是，铅酸电池具有价格优势，当只需满足怠速停机功能时，综合考虑价格和技术因素，铅酸电池是最佳选择。镍氢电池具有较高的功率密度和充放电次数，但镍氢电池也有以下明显的缺点：

1）过低的单电池电压，只有 1.3V，使用时必须将大量的单电池串联，这对电能和热量管理都不利。

2）自放电速度过快，一个月内，可能因此而损失初始电量的 10%~20%。

3）低温特性不好，多数性能指标在低温时都有较大幅度的下降，尤其是功率。

4）使用寿命较短，可能只有 1~2 年，这将导致频繁更换电池。超级电容的充放电次数非常高，具有 10 年左右的使用寿命。同时，它的功率密度也非常高，这非常适合动力辅助功能和制动回馈功能的要求。但超级电容也有自放电率较高、能量密度低、价格高的缺点。超级电容可充电能力与电压相关的特性也制约其作为储能系统的应用。

3.2 照明系统

汽车照明系统是汽车安全行驶的必备系统之一。汽车照明系统能够帮助驾驶人和乘员获取车内外信息，同时向外界提供行车信息，以保证行车安全，改善车内外照明条件。

目前应用比较多的是 HID（High Intensity Discharge）灯和 LED（Light Emitting Diode）灯。HID 灯是指高压气体放电灯的总称，它通过灯管中的弧光放电，再结合灯管中填充的惰性气体或金属蒸气产生很强的光线。而 LED 灯是应用二极管发光的原理开发的灯具产品。

照明系统认知

AFS（Adaptive Front-lighting System）即自适应前照灯系统。它根据汽车转向盘角度、车辆偏转率和行驶速度，不断对前照灯进行动态调节，适应当前的转向角，保持灯光方向与汽车的当前行驶方向一致，以确保对前方道路提供最佳照明并对驾驶人提供最佳的可见度，增强了黑暗中驾驶的安全性。在路面无（弱）灯或多弯道的路况中，AFS 可扩大驾驶人的视野，同时可提前提醒对方来车，增加行车安全。

3.2.1 照明系统的组成及结构原理

随着汽车光源的变化，汽车照明系统的发展大体上经历了如下四个阶段：

第一阶段：光源由燃料（蜡烛、煤油或乙炔）直接燃烧发光。但由于发光效率低、光强弱、性能不稳定、操作复杂等缺点，仅能满足早期车灯的要求。

第二阶段：光源是白炽灯。1879 年爱迪生发明白炽灯。汽车灯具发生了革命性的变化，从此汽车照明进入了电气时代。20 世纪 50 年代又出现卤钨灯，很快成为汽车强光源的主要灯泡。

第三阶段：光源是气体放电灯，具有发光效率高、高亮度和高可靠性等优点。

第四阶段：汽车照明系统是半导体发光二极管，即 LED 灯。

近年来又出现了新型 HID 灯以及 LED 灯。国际上高档轿车生产商如奔驰、宝马、丰田、福特等纷纷推出配有五彩缤纷的 LED 灯具的新款式轿车以吸引顾客。

1. 照明系统的组成

汽车照明系统由电源、照明灯具、控制装置等组成。其作用主要是夜间道路照明、车厢内部照明、车辆宽度标示、仪表与夜间检修等。

汽车照明灯按其安装位置和用途不同可分为外部照明灯和内部照明灯。

（1）外部照明灯　外部照明灯有前照灯、后照灯、雾灯、示廓灯（又称驻车灯、小灯）、牌照灯等，其外形如图 3-15 所示。

1）前照灯：又称前大灯、头灯，其作用是夜间运行时照明道路，功率为 40～60W，灯光为白色，包括远光灯和近光灯两种。

2）示廓灯：又称驻车灯、小灯，其作用是汽车夜间行车或停车时，标示其轮廓或存在，前示廓灯为白色，后示廓灯为红色，功率为 5～10W。

3）牌照灯：安装在汽车尾部的牌照上方，灯光为白色，其作用是夜间照亮汽车牌照，功率为 5～15W。

4）雾灯：其作用是雨、雾天气用来照明，灯光为黄色，因为黄色有良好的透雾性，功率为 35～55W。

前照灯

后照灯

雾灯

图 3-15　汽车外部照明灯

（2）内部照明灯　内部照明灯有顶灯、指示灯、警告灯、仪表灯、阅读灯、工作灯、车厢灯、门灯等。车内照明灯如图 3-16 所示。

1）顶灯：安装在驾驶室的顶部，其作用是对驾驶室内部照明，灯光为白色，功率为 5～8W。

2）指示灯：指示某一系统是否处于工作状态，灯光为红色，功率为 2W。如远近光指示灯、转向指示灯、雾灯工作指示灯、空调工作指示灯、驻车制动指示灯、收放机工作指示灯、自动变速器档位指示灯等。

3）**警告灯**：安装在仪表板上，其作用是用来监测汽车各系统的技术状况，当某一系统出现异常情况时，对应的警告灯亮，提醒驾驶人该系统出现故障，灯光为红色、绿色或黄色，功率为2W，如发动机故障警告灯、机油压力警告灯、冷却液温度警告灯等。

4）**仪表灯**：安装在汽车仪表上，用于夜间照亮仪表，灯光为白色，功率为2~8W。

图 3-16　车内照明灯

5）**阅读灯**：装于乘员席前部或顶部，聚光时乘员看书不会使驾驶人产生眩目现象，照明范围小，有的还有光轴方向调节机构。

6）**行李舱灯**：装于轿车或客车行李舱内，当开启行李舱盖时，自动点亮。

7）**门灯**：装于轿车外张式车门内侧底部，光色为红色。夜间开启车门时，门灯点亮，以告示后方行人、车辆注意避让。

8）**仪表照明灯**：装在仪表板反面，用来照明仪表指针及刻度板。

2. 前照灯的要求

为了保证夜间行车安全，对于前照灯的基本要求如下：

1）前照灯应保证车前有明亮而均匀的照明，使驾驶人能看清车前100m以内路面上的任何障碍物。随着车辆行驶速度的提高，前照灯的照明距离也相应要求越来越远，现代高速汽车其照明距离应达到200~250m。

2）前照灯应能防止眩目，确保夜间两车迎面会车时，不使对方驾驶人因眩目而造成交通事故。

3）前照灯光束照射位置在正常使用条件下应保持稳定。

3. 前照灯的结构及工作原理

前照灯一般由反射镜、配光镜、灯泡、插座及灯壳等组成，如图3-17所示。

（1）**反射镜**　其作用是尽可能地将灯泡发出的光线聚合成很强的光束射向远方，达到车前一定范围内的光照度要求。反射镜一般用0.6~0.8mm的薄钢板冲压而成，反射镜的表面形状呈旋转抛物面，其内表面镀银（或镀铬、镀铝）并经抛光。位于反射镜焦点上的灯丝的绝大部分光线向后射在立体角 ω 范围内，经反射镜反射后将平行于主光轴的光束射向远方，使光度增强几百倍甚至上千倍，如图3-18、图3-19所示。

（2）**配光镜**　配光镜又称散光玻璃（见图3-20），它是用透明玻璃压制而成的，是很多块特殊的棱镜和透镜的组合体。配光镜将反射镜反射出的集中光束进行折射与散射，使其成为具有一定分布的灯光光束，均匀照亮车前的路面，如图3-21所示。它还能保护反射镜及灯泡，防止雨、雪及灰尘的侵蚀。

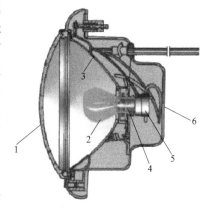

图 3-17　半封闭式前照灯

1—配光镜　2—灯泡　3—反射镜

4—插座　5—接线盒　6—灯壳

图 3-18 前照灯的反射镜

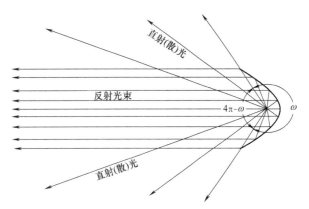

图 3-19 反射镜的聚光作用

图 3-20 配光镜

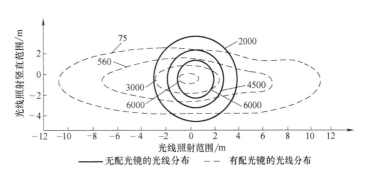

图 3-21 配光镜的光线分布

注：图中曲线上数字表示照度，单位为 lx。

（3）灯泡 前照灯的灯泡有单灯丝和双灯丝两种。对于双灯丝灯泡，功率较大、位于反射镜焦点上的灯丝为远光灯丝，功率较小的灯丝为近光灯丝。为了拆装方便及保证灯丝在反射镜中的正确位置，灯泡的插头通常制成插片式。前照灯的灯泡结构如图 3-22 所示。

1）充气灯泡（见图 3-23）。前照灯的灯泡为充气灯泡，灯丝用钨丝制成。在制造时先将玻璃泡内的空气抽出，然后充以约 96% 的氩和约 4% 的氮的混合惰性气体。但灯丝的钨仍然会蒸发并沉积在灯泡上，使灯泡发黑。

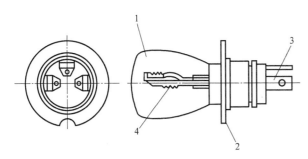

图 3-22 前照灯的灯泡结构

1—玻璃泡 2—插头凸缘 3—插片 4—灯丝

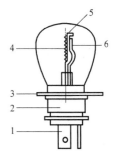

图 3-23 充气灯泡

1—插片 2—灯头 3—定焦盘
4—远光灯丝 5—配光屏 6—近光灯丝

2）卤钨灯泡（见图 3-24）。卤钨灯泡是利用卤钨再生循环反应的原理制成的，在灯泡内所充的惰性气体中渗入某种卤族元素，可有效防止钨的蒸发和灯泡的发黑。目前灯泡使用的卤族元素一般为碘或溴，使用这两种元素的灯泡分别称为碘钨灯泡和溴钨灯泡。我国目前生产的是溴钨灯泡。

3）高压放电氙灯（见图 3-25）。氙灯是利用氙气放电而发光的电光源，有长弧氙灯、短弧氙灯、脉冲氙灯等品种。由于灯内放电物质是惰性气体氙气，其激发电位和电离电位相差较小。

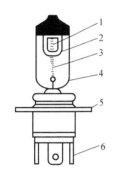

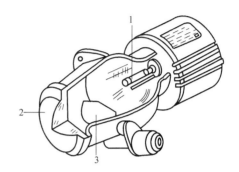

图 3-24　卤钨灯泡

1—近光灯丝　2—远光灯丝　3—定焦盘
4—配光屏　5—凸缘　6—插片

图 3-25　高压放电氙灯

1—弧光灯　2—透镜　3—遮光板

4. 前照灯的分类

前照灯按光学组件的结构不同可分为可拆式、半封闭式和全封闭式三种。

（1）可拆式　其密封性差，易进入灰尘，影响反射镜的反射能力，从而降低照明亮度，已被淘汰。

（2）半封闭式　其配光镜与反射镜用"牙齿"紧固结合为一整体，构成泡体，当需要更换配光镜时，应撬开反射镜缘的"牙齿"，安上新的配光镜后，再将"牙齿"处复原，结构如图 3-26 所示。这种灯泡从泡体后端拆装，维修方便，是目前汽车上前照灯应用最为广泛的一种。

（3）全封闭式　其配光镜与反射镜用玻璃制成整体，灯丝直接焊在反射镜的底座上，泡体内充入惰性气体，可完全避免反射镜被污染，但灯丝损坏时，需整体更换，维修成本高，如图 3-27 所示。

5. 前照灯的布置

前照灯的布置有两灯制、四灯制和六灯制。如图 3-28 所示为前照灯的布置。

6. 前照灯的防眩目措施

"眩目"是指人的眼睛突然被强光照射时，由于视神经受刺激而失去对眼睛的控制，本能地闭上眼睛，或只能看到亮光而看不见暗处物体的生理现象。为了避免前照灯的眩目作用，保证汽车夜间行车安全，一般采用下列方法：

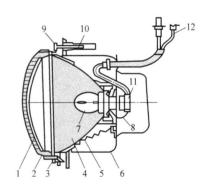

图 3-26　半封闭式前照灯

1—配光镜　2—固定圈　3—调整圈
4—反射镜　5—拉紧弹簧　6—灯壳
7—灯泡　8—防尘罩　9—调节螺栓
10—调整螺母　11—胶木插座　12—接线片

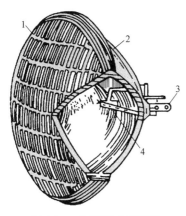

图 3-27　全封闭式前照灯

1—配光镜　2—反射镜　3—接头　4—灯丝

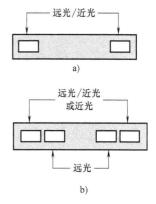

图 3-28　前照灯的布置

a）两灯制　b）四灯制

（1）采用双丝灯泡　功率较大的远光灯丝位于反射镜的焦点，功率较小的近光灯丝在焦点上方。夜间迎面会车时，通过变光开关将远光改为近光，经反射镜反射的光线绝大部分投向路面，从而具有一定的防止眩目的作用，双丝灯泡的远、近光束如图 3-29 所示。

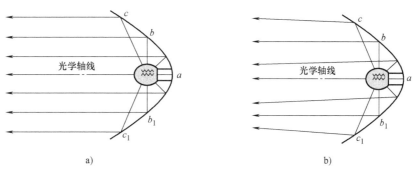

图 3-29　双丝灯泡的远、近光束

a）远光　b）近光

（2）在近光灯丝下方设配光屏　在近光灯丝的下面装有一金属配光屏，它挡住了灯丝 1 射向反射镜下半部的光线，从而消除了近光灯光束向斜上方照射的部分，使防眩目效果得到进一步提高，如图 3-30 所示。

（3）采用非对称近光光形　配光屏安装时偏转一定的角度，与新型配光镜配合使用后，其近光的光形分布不对称，符合欧洲经济委员会制定的 ECE 配光标准，可将车前路面和右方人行道照亮。这是一种比较理想的配光，如图 3-31 所示。

7. 前照灯的检验与调整

前照灯的检验是对前照灯光束的照射方向和照射距离（发光强度）进行检验。目前的检验方法有两种，即仪器检验法和屏幕检

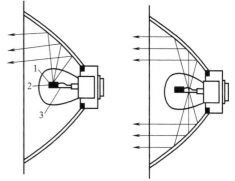

图 3-30　具有配光屏的双丝灯泡工作情况

1—近光灯丝　2—配光屏　3—远光灯丝

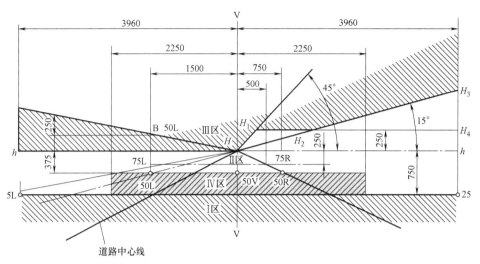

图 3-31　非对称近光配光图

验法（见图 3-32）。

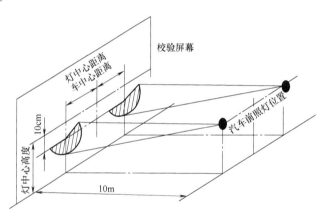

图 3-32　前照灯的屏幕检验法

不合要求时，可松开前照灯的紧固螺母，扳动前照灯进行调整，或通过前照灯的水平、垂直调整螺钉进行调整，如图 3-33 所示。

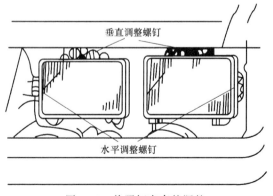

图 3-33　前照灯光束的调整

8. 照明电路常见故障诊断与排除

（1）常见故障及原因　照明电路常见故障及原因见表 3-1。

表 3-1　照明电路常见故障及原因

故障现象	故障原因
所有灯均不亮	蓄电池到点火开关之间火线断；车灯开关损坏；电源总保险断
前照灯远近光不全	变光开关损坏；远近光中的一根导线断路；双灯丝灯泡中某灯丝烧断；灯光继电器损坏；车灯开关损坏
前照灯一侧亮，另一侧暗	前照灯暗的一侧存在搭铁不良；变光开关接触不良；左右两侧灯泡的功率不同
前照灯灯光暗	电源电压低；前照灯开关或继电器触点接触不良；熔丝松；导线接头松动

（2）故障诊断与排除　诊断时，应根据不同的故障现象采取不同的诊断方法。

1）前照灯的远近光均不亮。如果远光灯和近光灯都不亮，应先查仪表灯是否亮，如果仪表灯亮，说明车灯开关的电源线正常，将点火开关接通、车灯开关置于2档位置，测变光开关上的火线接线柱电压是否正常，若电压为零，说明车灯开关至变光开关之间断路或车灯开关有故障；若电压正常，可以连线短接变光开关试验，若灯亮，说明变光开关损坏，应更换，若灯不亮则查变光开关后的线路和灯丝。

2）前照灯一侧亮，另一侧暗。先查两侧灯泡的功率是否相同，可采用互换左右灯泡的办法进行判断。若灯泡功率一致，可用一根导线，一端接车身，另一端接灯光暗淡的灯泡搭铁接柱，若恢复正常，则表明该灯搭铁不良。若灯光无变化，常为变光开关接触不良或连接该灯泡灯丝的插头松动或锈蚀，使接触电阻过大所致，可用电源短接法迅速判明故障部位。灯泡搭铁不良时，灯光暗淡，表现在灯泡远光与近光同时发光微弱。否则就不是灯泡搭铁不良故障，一般是前照灯反射镜有灰尘或氧化，可通过清洁或更换反射镜来排除故障。

3.2.2 HID 灯和 LED 灯

HID 灯和 LED 灯相对于传统的卤素灯，亮度更亮，寿命更长。特别是在夜间开车时，可以大幅降低眼睛的疲劳程度，深受驾驶人的喜爱。

HID 灯即是氙气灯的简称，是一种高压气体放电灯（见图 3-34）。其通过在抗紫外线水晶石英玻璃管内填充氙气等惰性气体，然后再通过安定器将车载 12V 电源瞬间增至 23000V，在高电压下，电离氙气而在电源两极之间产生光源。LED 前照灯是指采用 LED 为光源的汽车前照灯（见图 3-35）。

图 3-34　HID 前照灯

图 3-35　LED 前照灯

1. HID 灯

（1）氙气灯的组成及作用　氙气灯（见图3-36）是指内部充满包括氙气在内的惰性气体混合体的高压气体放电灯，由灯头、电子镇流器、线组等部件组成。氙气灯可以减轻车辆电力系统的负担，提高夜间的行车安全性。

1）灯头：与卤素灯不同的是，氙气灯灯头没有灯丝，是利用电极之间产生电流，促使氙气分子碰撞产生亮度的。

2）电子镇流器：利用蓄电池12V的直流电压，经过一系列的转换、控制、保护、升压、变频等动作后，产生一个瞬间23000V的点火高压对灯头进行点火，点亮后再维持85V的交流电压，起动电流8A左右，工作电流4A左右。

图3-36　氙气灯

3）线组：一般采用阻燃材料做成，通过加大电源线的截面积提高电流通过能力，保证氙气灯的正常工作。

（2）氙气灯的发光原理　氙气灯的发光原理是：在UV-cut抗紫外线水晶石英玻璃管内，以多种化学气体充填，其中大部分为氙气（Xenon）与碘化物等，然后再透过增压器（Ballast）将车上12V的直流电压瞬间增大至23000V，经过高压振幅激发石英管内的氙气电子游离，在两电极之间产生光源，这就是所谓的气体放电。由氙气所产生的白色超强电弧光，可提高光线色温值，类似白昼的太阳光芒，氙气灯工作时所需的电流量仅为3.5A，但亮度是传统卤素灯的3倍，使用寿命比传统卤素灯长10倍。

（3）氙气灯的特点

1）氙气灯的优点如下：

① 安全效果强。氙气灯的色温中6000K的色温与太阳光相似，含较多的绿色与蓝色成分，呈现蓝白色光，这种蓝白色光大幅提高了道路标志和指示牌的亮度。

② 照明效果好。氙气灯亮度是卤素灯的3倍，对提升夜间驾驶视线清晰度有明显的效果。

③ 具有较高的能量密度和光照强度。氙气灯把电能转化为光能的效率比卤素灯提高了70%以上。汽车车灯亮度的提高也有效扩大了车前方的视觉范围，从而营造出更为安全的驾驶条件。

④ 实用性更高，寿命更长。与卤素灯相比，氙气灯省一半的电量。氙气灯没有灯丝，不会产生因灯丝断而报废的问题，使用寿命比卤素灯长，氙气灯使用寿命相当于汽车平均使用周期内的全部运行时间。

⑤ 安全系数高。氙气灯一旦发生故障不会瞬间熄灭，而是通过逐渐变暗的方式熄灭（或者快速点亮），使驾驶人能在黑夜行车中赢得时间，紧急靠边停车。

2）氙气灯的缺点如下：

① 聚光性不好。灯泡和灯杯的搭配不当和安装不到位或者没有调试好，会导致聚光性不好。

② 穿透力差。在大雾以及冰雪天气，氙气灯的穿透力非常弱。

③ 改装后需更换电路模式。由于功率损耗相对小，和原车的线路设定不匹配，改装后需要更改电路模式。

（4）氙气灯的常见故障及排除方法（见表 3-2）

表 3-2　氙气灯的常见故障及排除方法

现象	排除方法
不亮	检查线路是否正确连接,开关是否打开,正负极是否接反
不聚光	检查灯泡是否装平,调整灯泡安装位置,检查灯泡底部是否卡到位,或调整灯座
关启时闪烁	检查连线接头是否牢固,此故障一般会由于氙气灯与原车卤素灯的起动电流不一致而导致
仪表灯在关启前照灯时闪烁	用锡纸包裹安定器线路并连接地线,确定 ECU 是否有前照灯检测系统,并加装解码器

2. LED 灯

LED 车灯（见图 3-37）是指采用 LED（发光二极管）为光源的车灯。LED 车灯是一种利用电子发光原理发光的照明冷光源；具有微发热、低功耗的特点，广泛应用于通信、交通、航天等高科技领域；国外率先运用于汽车仪表及信号照明上，它的发光波长长，穿透力强，瞬态响应好，点亮无延时，使用寿命长，一般无人为外力损坏，可与汽车报废年限相当。

图 3-37　LED 车灯

LED 灯之所以流行起来，最大的原因就在于美观。除了美观，LED 灯还具有节能、亮度高、寿命长、发光单位小、造型丰富等优点。

（1）LED 灯工作原理　LED 的本质就是一种电致发光的半导体二极管。LED 灯的外形图如图 3-38 所示，其核心部分是 PN 结构成的发光芯片，由引线导电，采用环氧树脂密封，起到保护内部芯线的作用，并形成透镜，进行聚光。LED 的发光原理如图 3-39 所示。

图 3-38　LED 灯的外形图

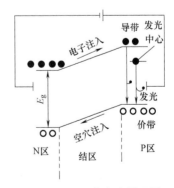

图 3-39　LED 的发光原理图

（2）LED 灯的特点　相对于卤素灯和 HID 灯，LED 灯的优点如下：

1）寿命长。一般可达几万乃至 10 万 h。根据汽车灯光的使用频率，在整车的设计寿命

里，LED 灯几乎不需要更换。

2）效率高、成本低。LED 光源不需要滤色就能直接产生汽车灯具需要的五颜六色，无损耗，电能利用率高达 80% 以上。同时，LED 器件的成本也在逐年降低。

3）亮度衰减低，光线质量高。LED 适合用于前照灯、制动灯、转向灯，属于环保产品，基本上无辐射。

4）体积小，结构简单，便于进行布置和造型设计。设计者可以随意变换灯具模式，令汽车造型多样化。

5）响应速度快。在快速移动的汽车上能提供更好的行车安全性。

6）低压直流便可驱动，负载小，抗干扰性强，耐用性好，对使用环境要求低，抗冲击性、抗振性好，不易破碎。

LED 灯的缺点是对散热要求较高。高温下，LED 灯的发光性能会降低，需要在 LED 器件后面加装散热片或主动散热系统，以便精确地保证 LED 器件所需的工作温度。

3.2.3　自适应前照灯

自适应前照灯系统（AFS）能够实现包括随动转向、动态水平调节、雨天以及起动、紧急制动等行车模式的光束照射角度和范围的控制功能。带 AFS 的汽车与无 AFS 的汽车相比，转向时会具备优势，如图 3-40 所示。

AFS 自适应随动
系统认知

a)　　　　　　　　　　b)

图 3-40　有 AFS 的汽车与无 AFS 的汽车转向对比

a）无 AFS 的汽车转向　b）有 AFS 的汽车转向

1. 自适应前照灯系统（AFS）的功用

传统的前照灯系统是由近光灯、远光灯、行车灯和前雾灯组合而成。在实际使用中，传统的前照灯系统存在着很多不足。例如，在交通状况比较复杂的市区，有些驾驶人为增加视野，将所有灯光打开，不仅使用方法不对，同时对其他车辆造成了潜在的危险；车辆在转弯时，照明存在盲区，严重影响驾驶人对弯道上路况的判断；车辆在雨天行驶时，地面积水反射前照灯的光线，会产生反射眩光等现象。出于安全考虑，AFS 可以根据汽车转向盘角度、车辆偏转率和行驶速度，不断对前照灯进行动态调节，以适应当前的转向角，保持灯光方向与汽车的当前行驶方向一致，确保对前方道路提供最佳照明，并对驾驶人提供最佳的可见度，从而显著提高黑暗中驾驶的安全性。在路面照明差或多弯道的路况中，AFS 可扩大驾驶人的视野，同时还可提醒对方来车注意安全。

2. 自适应前照灯系统（AFS）的组成及工作原理

（1）AFS的组成　AFS是一个由传感器、传输通路、处理单元和执行机构等组成的系统。它会对不同行车状态做出综合判断，是一个多输入多输出的复杂系统，如图3-41所示。

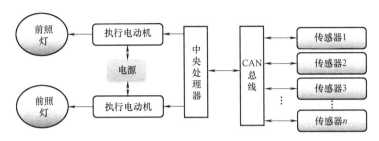

图3-41　AFS的组成

（2）AFS的工作原理　为实现灯光的自适应功能，AFS必须要从各种传感器取得当前的车况信息。系统从转向盘转角传感器获取车轮转角，从车速传感器获取当前车速，从车身高度传感器获取车身倾斜度的信息。这些信息通过中央处理器进行计算，输出信号控制旋转执行器对投射式前照灯进行左右旋转，倾斜度信号控制调高电动机对光束进行上下旋转，从而实现智能化控制。

（3）AFS的工作状况

1）车辆在城市道路行驶时，车速通常较低，道路较拥堵，人多车杂。带有AFS的车辆会转成短而粗的光型适应城市道路的特点。

2）车辆转弯时，传统前照灯的光线因和车辆行驶方向保持一致，经常存在照明的暗区。如果弯道上存在障碍物，驾驶人无法正确判断当前车况，极易引发交通事故。这时，带有AFS的车辆在进入弯道时，产生旋转的光型，给弯道足够的照明，如图3-42所示。

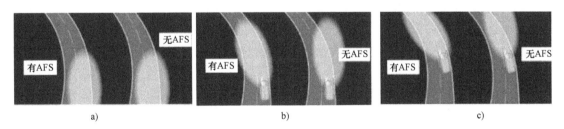

a)　　　　　　　　　　　　　b)　　　　　　　　　　　　　c)

图3-42　有AFS的汽车与无AFS的汽车过弯道对比
a）开始直线行驶时　b）刚进入弯道时　c）到达弯心驶出时

3）在高速公路上，车辆的速度相对较高，常常需要前照灯照射得更远、更宽。传统的前照灯不能根据车速的变化而变化，导致照明不足。带有AFS的车辆可以根据车速传感器识别车速的变化，为车辆提供更合理的照明区域。

4）阴雨天时，地面的积水会将行驶中的车辆打在地面上的光线反射至对面会车驾驶人的眼中，使其感到眩目，造成交通事故发生的危险。这时，带有AFS的车辆，前照灯发出的特殊光型，可以减弱地面可能对会车产生眩光区域的光亮强度。

5）乡村道路上环境照明不好，整体视线较差，驾驶人往往对道路两侧突发状况不能及时发现和处理。带有AFS的车辆会把光形拉长拉宽，增大视野范围，有利于驾驶人及时发

现道路两侧的状况，减少交通事故的发生。

3.3 信号系统

信号系统主要有转向信号、制动信号、倒车信号、喇叭信号等。这些信号都是驾驶人根据道路交通情况向别的车辆和行人发出的，带有较强的随机性，一般只由自身开关控制，如制动灯多由制动踏板联动控制；倒车灯多由变速杆倒档轴联动控制，不用驾驶人特意操作即可接通；喇叭多装在汽车的前方，具有一定的声级（90~110dB）；喇叭按钮多在转向盘上，驾驶人手不离转向盘即可发出信号。

信号系统认知

3.3.1 转向、制动信号系统

1. 汽车信号装置

汽车信号装置包括灯光信号装置和声音信号装置两部分。通过声、光信号向行人或车辆发出警示信号，以引起其注意，安全行车。

（1）灯光信号装置　灯光信号装置有：

1）转向信号灯：装于汽车前后或侧面，用于在汽车转弯时发出明暗交替的闪光信号。

2）危险警告灯：当车辆出现故障停在路面上时，按下危险报警开关，全部转向灯同时闪亮，危险警告灯与转向信号灯共用。

3）示廓灯：装于汽车前后两侧边缘，白色。标示汽车夜间行驶或停车时的轮廓。

4）尾灯：装于汽车尾部，左右各一只，红色。在夜间行驶时，向后面的车辆或行人提供位置信息。

5）制动灯：装于汽车后面。当汽车制动或减速停车时，向车后发出灯光信号，以警示随后车辆及行人。

6）倒车灯：装于汽车尾部，左右各一只，白色。照亮车后路面，并警告车后的车辆和行人，该车正在倒车。

（2）声音信号装置　声音信号装置有电喇叭、倒车蜂鸣器或语音提示器等。

2. 转向信号灯监视电路

转向信号灯系统由闪光继电器（简称闪光器）、转向灯开关、转向信号灯和转向指示灯等组成。当接通危险报警信号开关时，所有转向信号灯同时闪烁，表示车辆遇紧急情况，请求其他车辆避让。根据 GB 7258—2017《机动车运行安全技术条件》规定，危险警告灯操纵装置不得受点火开关控制。

转向灯及危险报警装置位置示意图如图 3-43 所示。

（1）汽车转向灯　用以显示车辆行驶方向。前转向灯为橙色，后转向灯为橙色或红色。转向信号灯的闪光频率国家标准中规定为 60~120 次/min，日本转向信号灯规定为（85±10）次/min，而且亮暗时间比（通电率）在 3∶2 为佳。转向信号灯由转向开关控制，其闪光频率由闪光器控制。

（2）闪光器 常见闪光器有电热式、电容式、电子式三类，其中电热式有直热翼片式和旁热翼片式两种；电子式有晶体管式和集成电路式两种。电热式闪光器结构简单，成本低，但闪光频率不够稳定，使用寿命短，已被淘汰。电容式闪光器闪光频率稳定，电子式闪光器具有性能稳定、可靠等优点，故被广泛应用。闪光器的外形如图 3-44 所示。

1）电容式闪光器。电容式闪光器结构原理图如图 3-45 所示。

工作原理：电容式闪光器是利用电容器充、放电延时特性，使继电器的两个线圈产生的电磁力时而相加、时而相减，使触点周期性地打开或关闭，形成转向信号灯闪烁。

汽车转向时，接通转向开关，电流经蓄电池"+"极→开关→电阻→串联线圈→常闭触点→转向开关→转向灯及转向指示灯→搭铁→蓄电池"–"极，构成回路。

2）电子式闪光器。电子式闪光器分为晶体管式电子闪光器和集成电路式电子闪光器两大类。晶体管式电子闪光器又分为有触点电子式闪光器（见图 3-46）和无触点电子式闪光器两种类型。

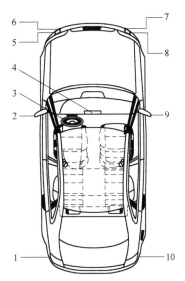

图 3-43 转向灯及危险报警装置位置示意图
1—右后转向信号灯 2—左侧转向信号灯
3—转向信号灯开关 4—危险报警灯开关
5—左侧转向信号灯 6—左前转向信号灯
7—右前转向信号灯 8—右侧转向信号灯
9—右侧转向信号灯 10—右后转向信号灯

图 3-44 闪光器的外形

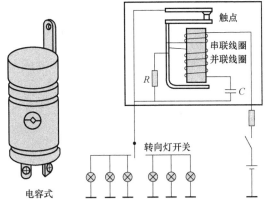

图 3-45 电容式闪光器结构原理图

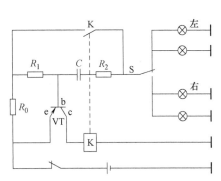

图 3-46 有触点电子式闪光器结构原理图

无触点电子式闪光器如图 3-47 所示。

工作原理：接通转向开关，+12V 电源→B 接柱→R_2→VT_3 发射极→L 接柱→转向开关→转向灯→搭铁→电源负极。VT_3 饱和导通，VT_2、VT_1 截止。由于 VT_3 的发射极电流很小，此时转向灯较暗。同时，电源通过 R_3 对 C 充电（上+下−），使得 VT_3 的基极电位下降，达到一定值时，VT_3 截止。VT_3 截止后，VT_2 通过 R_1 得到正向电流而饱和导通，VT_1 也随之饱和导通，+12V 电源→VT_1→L 接柱→转向开关→转向灯→搭铁→电源负极。转向灯中有较大电流通过而变亮。同时，C 经 R_3、R_2 放电，一段时间后，随着 C 放电电流减小，VT_3 基极电位又逐渐升高，当高于其正向导通电压时，VT_3 又导通，VT_2、VT_1 又截止，转向信号灯由亮变暗。如此循环，使转向灯闪烁。电容 C 的充放电时间决定闪光频率。

集成电路式电子闪光器与晶体管式电子闪光器的不同之处在于用集成电路（IC）取代了晶体管振荡器，集成电路式电子闪光器可用通用集成电路制成，也有专用闪光器集成电路。进口汽车上的集成电路式电子闪光器一般采用的是专用集成电路。因集成电路成本低，所以在汽车上得到广泛应用。这种闪光器也可分为有触点和无触点两种类型。

3. 转向灯及危险报警电路

转向灯及危险报警电路图如图 3-48 所示。

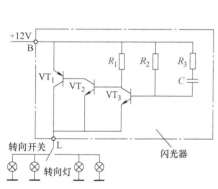

图 3-47 无触点电子式闪光器结构原理图

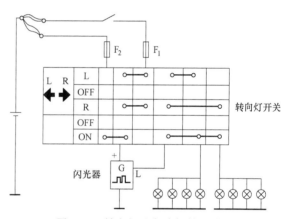

图 3-48 转向灯及危险报警电路图

工作原理：当转向灯开关拨到向左时，电流经蓄电池"+"极→开关→熔丝 F_1→转向灯开关向左→闪光器→搭铁→蓄电池"−"极，闪光器工作。触点 L 输出方波信号，电流经蓄电池"+"极→开关→熔丝 F_1→转向灯开关向左→闪光器 L→左转向灯→搭铁→蓄电池"−"极，左转向灯闪烁。

危险警告灯开关接通时，电流经蓄电池"+"极→开关→熔丝 F_2→危险警告灯开关→闪光器→搭铁→蓄电池"−"极，闪光器工作。触点 L 输出方波信号，电流经蓄电池"+"极→开关→熔丝 F_2→危险警告灯开关→闪光器 L→左转向灯和右转向灯→搭铁→蓄电池"−"极，左右转向灯都闪烁。

转向信号灯的故障监测信号，可以是以下四种之一：

1）指示灯不亮。

2）指示灯一直亮。

3）指示灯闪烁频率明显加快（150 次/min 以上）。

4）指示灯闪烁频率明显减慢（50 次/min 以下）。

有些汽车利用闪光器还可作危险报警之用，当汽车出现危险情况时，只要接通危险报警开关，则汽车前、后、左、右的转向信号灯同时闪烁以示危险。

4. 制动信号灯监视电路

制动灯规定为红色。制动信号装置主要由制动信号灯和制动信号灯开关组成。制动信号灯开关常见的有气压式和液压式两种。

（1）制动信号灯开关

1）气压式。气压式制动信号灯开关，通常安装在制动系统管路中或制动阀上，控制制动信号灯的火线。其结构如图 3-49 所示。

2）液压式。液压式制动信号灯开关，通常安装在制动主缸的前端。其结构如图 3-50 所示。

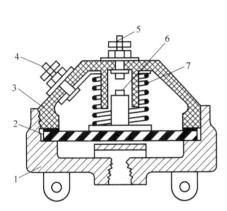

图 3-49　气压式制动信号灯开关
1—壳体　2—橡胶膜　3—胶木盖
4、5—接线柱　6—触点　7—弹簧

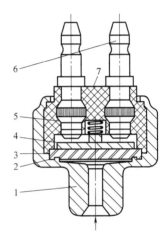

图 3-50　液压式制动信号灯开关
1—管接头　2—橡胶膜　3—壳体　4—动触片
5—弹簧　6—接线柱　7—胶木

（2）制动灯电路　制动灯电路如图 3-51 所示。汽车制动时，踩下制动踏板，制动警告灯发亮，以警告后方行驶的车辆。制动灯监视电路如图 3-52 所示。

图 3-51　制动灯电路图

5. 倒车灯与中性安全开关电路

汽车倒车时，为了警告车后的行人及车辆注意避让，在汽车的尾部通常装有倒车灯、倒车蜂鸣器或倒车语音提示器等信号装置，并由装在变速器上的倒车传感器控制。

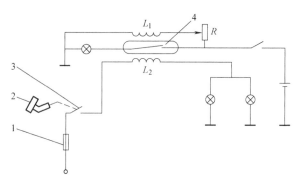

图 3-52　制动灯监视电路

1—熔丝　2—制动踏板　3—制动灯开关　4—干簧管继电器

　　倒车时，汽车挂入倒车档，倒车信号开关触点接通倒车信号灯电路，倒车信号灯亮。同时，声报警继电器和倒车语音芯片接收到倒车传感器传来的倒车信号，接通倒车蜂鸣器和倒车语音提示器喇叭，发出倒车警告音，如图 3-53 所示。

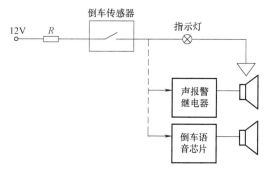

图 3-53　倒车信号电路示意图

3.3.2　电喇叭、蜂鸣器

　　汽车声响信号是指汽车喇叭和蜂鸣器等装置。它们的作用是发出声响以警告行人和其他车辆引起注意，保证行车安全。喇叭有气喇叭和电喇叭两种，目前装车的大部分为电喇叭。

1. 电喇叭

　　电喇叭（见图 3-54）是利用电磁力使金属膜片振动产生音响，其声音悦耳，广泛使用于各种类型的汽车上。电喇叭按照外形分为螺旋形、筒形、盆形，在中小型汽车上多采用螺旋形和盆形的普通电喇叭；按照声频分为高音和低音；按照接线方式分为单线制和双线制。

　　（1）螺旋形电喇叭　其膜片通过中心螺杆与衔铁、调整螺母、锁紧螺母连成一体。当按下按钮时，电喇叭的电流回路为：蓄电池正极（+）→线圈→触点→按钮→搭铁→蓄电池负极（−）。螺旋形电喇叭结构如图 3-55 所示。

　　（2）盆形电喇叭　当按下喇叭按钮时，喇叭线圈的供电电路为：蓄电池正极→喇叭线圈→触点→喇叭按钮→搭铁→蓄电池负极。当电路接通时，励磁线圈产生吸力，上铁心被

图 3-54　电喇叭实物图

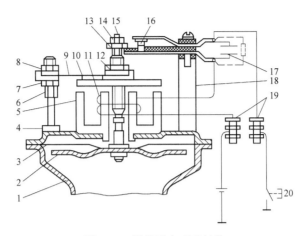

图 3-55　螺旋形电喇叭结构

1—扬声器　2—共鸣板　3—膜片　4—底板　5—山形铁心　6—线螺柱　7、13—调整螺钉　8、14—锁紧螺母　9—弹簧片
10—衔铁　11—线圈　12—锁紧螺母　15—中心杆　16—触点　17—电容器　18—导线　19—接线柱　20—按钮

吸下与下铁心撞击，产生较低的基本频率，并激励膜片及与膜片连成一体的共鸣板产生共鸣，从而发出比基本频率强得多且分布又比较集中的谐音。盆形电喇叭结构如图 3-56 所示。

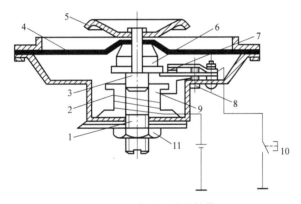

图 3-56　盆形电喇叭结构

1—下铁心　2—线圈　3—上铁心　4—膜片　5—共鸣板　6—衔铁
7—触点　8—调整螺母　9—铁心　10—按钮　11—锁紧螺母

电喇叭按照有无触点可分为普通电喇叭和电子电喇叭。由于普通电喇叭存在触点易烧蚀、氧化，故障率较高等缺陷，所以现在生产的轿车中已开始用无触点的电子电喇叭替代普通电喇叭，其电路如图 3-57 所示。工作原理：VT_1、VT_2 和 C_1、C_2 及 $R_1 \sim R_8$ 组成多谐振荡电路。VT_3、VT_4、VT_5 组成功率放大电路。VD_2 向多谐振荡电路提供稳压电源，VD_1 有温度补偿作用，使振荡频率稳定，VD_3 防止电源反接，起保护作用。C_3 防止电磁波干扰。R_6 可用于调节喇叭的音量。

1）电喇叭的型号。电喇叭的型号如图 3-58 所示。

2）电喇叭的调整。电喇叭的调整包括音调和音量的调整。音调的调整靠调整衔铁与铁心间的气隙来实现，铁心气隙小时，膜片的振动频率高（即音调高），气隙大时，膜片的振动频率低（即音调低）。铁心气隙值（一般为 0.7~1.5mm）的调整方法是：松开锁紧螺母，

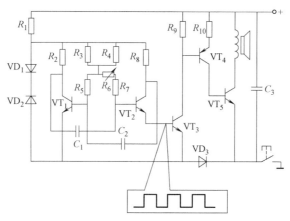

图 3-57　无触点电喇叭电路图

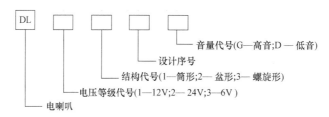

图 3-58　电喇叭的型号

转动下铁心，使上、下铁心间的间隙调至合适量，拧紧锁紧螺母即可，如图 3-59 所示。

3）电喇叭的控制电路。汽车上常装有两个不同音频的喇叭，其耗用的电流较大（15～20A），若用按钮直接控制，容易烧坏按钮，故常采用喇叭继电器控制，其结构与接线方法如图 3-60 所示。

喇叭继电器由一个磁化线圈和一对常开触点构成。当按下喇叭按钮时，喇叭继电器线圈通电产生电磁力，触点闭合，大电流通过触点臂、触点流入喇叭线圈，喇叭发音。由于喇叭继电器线圈的电阻较大，因此通过按钮的电流很小，故可起到保护按钮的作用。

2. 蜂鸣器

倒车蜂鸣器是一种间歇发声的音响装置，发音部分是一只小功率电喇叭，控制电路是一个由无稳态电路（即多谐振荡器）和反相器组成的开关电路，如图 3-61 所示。

倒车语音报警器原理如图 3-62 所示：IC$_1$ 是存储有语音信号的集成电路，集成电路 IC$_2$ 是功率放大集

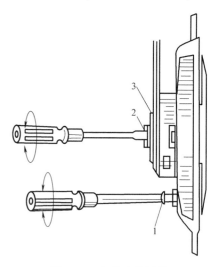

图 3-59　电喇叭的调整
1—音量调整螺钉　2—音调调整螺钉
3—锁紧螺母

成电路，稳压管 VS 用于稳定语音集成电路 IC$_1$ 的工作电压。为防止电源电压接反，在电源的输入端使用了由四个二极管组成的桥式整流电路，这样无论它怎样接入 12V 电源，均可保证电路正常工作。

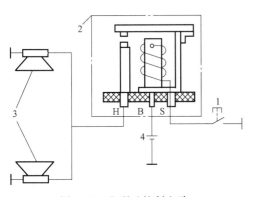

图 3-60 电喇叭控制电路

1—按钮 2—喇叭继电器 3—喇叭 4—蓄电池

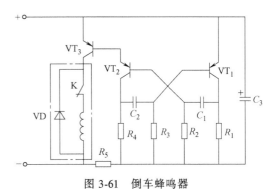

图 3-61 倒车蜂鸣器

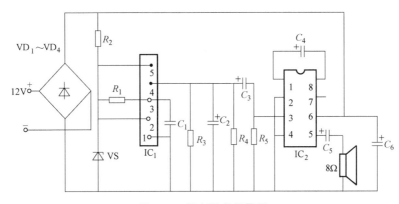

图 3-62 倒车语音报警器

3. 汽车信号系统常见故障及原因（见表 3-3）

表 3-3 汽车信号系统常见故障及原因

	常见故障	故障原因
转向灯	转向灯全不亮	(1)转向信号灯熔丝熔断 (2)配线断路或接触不良 (3)转向灯控制开关损坏 (4)闪光器损坏
	转向灯常亮	(1)闪光器故障 (2)发电机电压调节器的限额电压过高 (3)线路短路
	一侧转向灯不亮	(1)导线接头脱落 (2)闪光器不良 (3)接地不良 (4)转向灯灯泡烧坏
	转向灯闪烁频率慢	(1)转向灯灯泡功率选用不当 (2)闪光器故障 (3)电源电压过低

（续）

常见故障		故障原因
转向灯	转向灯闪烁频率快	(1)转向灯灯泡功率选用不当 (2)闪光器故障 (3)电源电压过高 (4)某转向灯灯泡烧坏 (5)搭铁不良
	转向灯时亮时不亮	(1)闪光器搭铁不良 (2)导线接触不良或断路
	转向灯熔丝常烧坏	(1)转向灯电路的火线直接搭铁 (2)灯泡或灯座短路 (3)转向开关搭铁 (4)闪光器不良
	开示廓灯,转向灯亮但不闪,开 转向灯,示廓灯亮	双丝灯搭铁不良
制动灯	制动灯不亮	(1)灯泡烧坏 (2)制动灯开关失灵 (3)线路中有断路或短路
倒车灯	倒车灯不亮	(1)灯泡烧坏 (2)倒车传感器(倒档开关)失灵 (3)线路中有断路或短路
电喇叭	喇叭无音	(1)喇叭电源线路断路 (2)喇叭线圈烧坏或有脱焊处 (3)喇叭衔铁气隙过大 (4)灭弧电容击穿短路 (5)继电器触点烧蚀、线圈断路或气隙过大,弹簧过紧 (6)喇叭按钮接触不良,接地不良或其导线断路
	喇叭声音嘶哑	(1)蓄电池电压过低或喇叭电源线路接触不良 (2)喇叭触点烧蚀导致接触不良 (3)衔铁与铁心间隙及触点压力不正常 (4)振动膜片破裂或喇叭筒破裂 (5)固定螺钉松动 (6)继电器触点接触不良
	喇叭一直响	(1)喇叭继电器损坏 (2)喇叭开关不能打开 (3)回路短路
	喇叭时响时不响	(1)喇叭本身不良 (2)喇叭接线松脱 (3)按钮搭铁不良 (4)继电器工作不良
	喇叭触点经常烧坏	(1)装有灭弧电阻的喇叭,电阻值增大或断路 (2)装有灭弧电容的喇叭,电容断路或其电容量过大或过小 (3)喇叭触点间隙过小或线圈各匝间短路,工作电流过大 (4)发电机电压过高

3.4 电子仪表

汽车仪表是驾驶人与汽车进行信息交流的桥梁。驾驶人通过仪表收集车辆各种实时状态信息，进而准确判断车况，对行驶安全起着至关重要的作用，同时也起到美化汽车内部装饰的作用。由于汽车使用工况的复杂性，汽车仪表必须耐振动、耐高温、耐高湿，具有较高的可靠性和准确无误的指示性。

电子仪表认知

3.4.1 仪表盘分类

传统的汽车仪表一般是机电式模拟仪表，结构简单，只能为驾驶人提供汽车运行中必要的信息，面对汽车越来越复杂的使用工况，传统汽车仪表已经难以帮助驾驶人对汽车运行工况进行全面、准确的判断。以现代汽车工业和电子技术的发展为基础，汽车电子仪表发生了革命性的变化，功能迅速扩展，信息量显著增加，使汽车仪表的安全性、美观性、智能性、交互性等水平不断提高。

仪表盘总成，根据其组合方式可分为分装式和组合式两种。

分装式仪表盘总成是由一块薄钢板冲压，或用工程塑料整体成型为一块安装模板，采用螺栓、卡子等紧固件将各类仪表单独地安装在仪表安装模板之上，从而形成完整的仪表盘总成。此种结构由于安装烦琐、信息量少、美观性差而趋于淘汰。

现代汽车绝大多数采用组合式仪表盘总成。它是将各种仪表及其照明装置组合安装在同一个表壳内，用玻璃整体密封，如图 3-63 所示。组合式仪表盘由于具有设计美观大方、布局合理、各指示灯分布匀称、能提供非常丰富的行车信息显示功能等优点，从而得到大规模地采用。

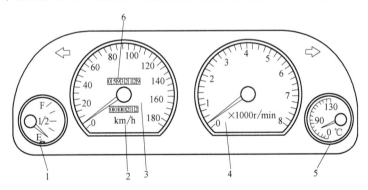

图 3-63 组合仪表

1—油量表 2—区间里程表 3—速度表 4—发动机转速表 5—冷却液温度表 6—总里程表

3.4.2 显示系统

1. 指示灯

汽车的组合式仪表盘信息显示非常丰富，除了一些基本的行车信息，如车速、里程、发

动机转速、冷却液温度等，还包括各种警告信息提示。

由于组合式仪表盘的可用空间有限，对各种开关、信息名称和警告信息大多采用缩写字母或者警示灯来表示。常见的开关和信息名称的缩写字母含义如表 3-4 所示。随着国产汽车的发展，越来越多的国产汽车仪表盘采用中文标记。

表 3-4 常见的开关和信息名称的缩写字母含义

缩写字母	中文含义	缩写字母	中文含义
ON	接通	ODOMETER	里程表
OFF	关闭	TEMP	水温表
ABS	制动防抱死系统	AUTO	自动
EBD	电子制动力分配系统	HI	高速（刮水器摆动）
ESP	车身稳定防侧滑系统	LO	低速（刮水器摆动）
DOOR	车门警示灯	INT	间歇（刮水器摆动）
FUEL	燃油表	A/C	空调开关
P	驻车档	N	空档
R	倒车档	D	前进位
AIRBAG	安全气囊	ISOFIX	儿童保护系统
CONFIG	系统设置	INFO	信息
SET	设置	CLR	清除
MENU	菜单		

现代汽车上采用了多种警告提示，包括视觉提示和语音提示，使用最广泛的是警告指示灯和控制指示灯。指示灯通过颜色的改变来指示不同的含义，一般来说，红色意味着危险、重要提醒，黄色意味着警告、信息、故障，绿色（蓝色）意味着正常、确认、启用。汽车点火开关接通时，作为一项功能测试，大多数指示灯都会短时启亮并随后熄灭。

2. 电子显示装置

汽车电子显示器件具有很高的可靠性，即各种信息的显示必须准确、可靠、及时、清晰，便于驾驶人辨认。电子显示器件大致分为发光型和非发光型两大类。发光型的显示器件有阴极射线管（CRT）、真空荧光管（VFD）、发光二极管（LED）、离子显示器件（PDP）和电致发光显示器件（ELD）等。非发光型的有电致变色显示器（ECD）、液晶显示器（LCD）等。

目前，用作汽车电子显示器件最多的是真空荧光管和液晶显示器，其次是发光二极管。阴极射线管虽然显示容量大，但体积较大，限制了其使用范围。

（1）发光二极管 发光二极管是半导体二极管的一种，是把电能转化成光能的固体发光器件，是显示装置中使用最广泛的。发光二极管结构相对比较简单，由一个 PN 结组成，具有单向导电性，当电流沿正向偏压的方向通过时，PN 结就会发光，其发光强度与通入的电流成正比，如图 3-64 所示。在结构上，发光二极管一般是由二极管散射透镜、导线、芯片等组成，如图 3-65 所示。

发光二极管一般都是用砷化镓（GaAs）、磷化镓（GaP）、磷砷化镓（GaAsP）、砷化铝镓（AlGaAs）等半导体发光材料制成。根据制造工艺，发光二极管可发出红色、黄色、橙

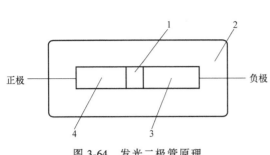

图 3-64　发光二极管原理

1—PN 结　2—外壳　3—N 区　4—P 区

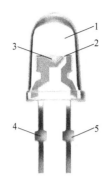

图 3-65　发光二极管结构

1—散射透镜　2—导线　3—芯片　4、5—引线

色或者绿色的光。发光二极管具有工作电压低（2V 左右）、寿命长（1000h）、响应速度快、耗电量少、亮度高等优点，并且根据需要可做成各种不同的形状，具有广泛的灵活性。因此，在电子设备和数字显示器上被广泛采用，在很多情况下，代替了仪表盘中使用的传统的照明装置。

通常，显示器由若干个发光二极管构成，这些发光二极管按照所需要的输出内容布置成合适的形式，将多个光源组成不同的组件，采用笔画式、光点矩阵式、条形图式等结构，一般适用于作汽车信息指示灯、简单数字符号等小型显示。图 3-66 是典型的 7 段式发光二极管显示装置。

（2）液晶显示器　液晶是一种介于固态和液态之间的类结晶阶段的有机化合物，常态下呈不透明或半透明的状态。它的分子排列和固态晶体一样有序，具有固态晶体所具有的某些光学特性。液晶主要由条形分子构成，根据条形分子的排列形式，分为碟状液晶、丝状液晶和扭丝状液晶三种主要液晶结构。机械应力、电场、磁场、压力和温度都能使液晶的分子结构发生变化，同时能将照射到它上面的光散射开。由于这些特性，液晶可以用来显示汽车仪表的字母和数字。

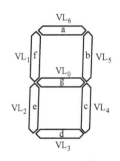

图 3-66　7 段式发光二极管显示装置

一种典型的液晶显示器结构是在两片相互垂直的偏振片中注入液晶，通过让偏振光穿过液晶来实现显示效果。当光线穿过液晶时，光线方向就会偏转 90°，然后再通过第二个偏振片。在该显示器的背部贴了一个反射镜，使光线反射，再次通过第二个偏振片、液晶和第一个偏振片。观察者可以看到反射回来的光线，形成亮区。当将一定的电压加到液晶上时，液晶的分子方向改变，穿过它的光不再偏转 90°。从而，经过第一个偏振片的偏振光将不会穿过第二个偏振片，因而也就不会得到反射。这样在显示器上就会出现一个暗区。利用不同位置的亮区和暗区构建成合适的字符或者形状，从而可以得到所要求的显示类型。

液晶显示的主要优点如下：

1）无眩光，不刺激人眼，同时，不易受到外界光线的影响，不会引起眼睛疲劳。

2）功耗低，节能。

3）无电磁辐射，对人体安全。

4）显示信息形式灵活多样。

5）工艺简单，成本低，寿命长。

虽然液晶显示器具有许多优点，在汽车仪表有着广泛的应用，但也存在一些缺点，例如，与发光二极管的自发光显示不同，液晶显示器本身不发光，只是阻挡或者透过光线，因此在外部光线比较弱的情况下，读数比较困难。通常用在汽车仪表盘上的液晶显示器都需要辅助光源来进行背光照明，一般采用背后照明的光源，来替代显示器背部的反射镜，以获取良好的显示效果。同时，液晶显示器显示响应时间较长，在动态图像方面的表现不理想；液晶显示器的低温响应特性较差，在低温时不能正常工作。

（3）真空荧光管　真空荧光管是一种低压真空装置，它是最常见的显示器，广泛应用于汽车电子仪表，具有很高的可靠性，读数方便，还有多种颜色可供选择。

真空荧光管通常由玻璃容器、电极、栅格和荧光材料构成。它的电极封装在抽真空后充以氩气或氖气的玻璃容器里，使用电流对电极加热而使其达到800℃左右，电极即开始发射电子，电子在电场作用下，向加有正电压的金属栅格射出，高速电子流中的大多数电子通过栅格上的间隙，轰击显示组件，使显示组件上的荧光材料发光，同时，可以通过改变金属栅格的电压大小来控制亮度。真空荧光管的驱动电路连接简单，对显示数字、单词和条形图有着很好的适应性，同时具有更宽的色域。

（4）阴极射线管　阴极射线管也称为显像管，是显示信息较为灵敏的显示系统，曾广泛应用于电视和计算机显示器等通用显示设备。阴极射线管具有极高的灵活性，具有全色彩显示、分辨率和对比度高、响应速度快、显示图像质量高的特点。

阴极射线管通过加热阴极发射电子，电子在栅格正电压的作用下加速后，轰击敷有磷的显示屏，使显示屏出现一个亮点，其亮度与电子束电流成正比。电子束的轨迹由阴极射线管周围的电磁场控制，磁场由扫描线圈产生，使电子束发生偏转，总的偏转量与流经该线圈的电流成正比。电子束可以快速扫描整个显示屏，从而形成图像。

虽然阴极射线管具有很多优点，是一种很好的通用显示设备，但也有一些缺点，限制了它在汽车上的广泛应用。例如，阴极射线管的相对体积和质量大，需要较高的工作电压（10kV以上），驱动电路复杂，安全性较差。

3. 电子仪表

典型的汽车电子仪表及显示系统，其终端显示包括使用数字显示、字母显示、图表显示、灯光显示等形式向驾驶人提供车辆各种工作状态的信号和故障警告信号。该系统由传感器采集相关信号，其输出信号经接口电路输送给微处理器，经微处理器处理后，再以数字信号或开关信号形式，输出至显示驱动电路，在仪表盘上显示相关数据。

汽车电子仪表的基本显示有速度、油量、里程、冷却液温度等各种信息以及各种报警装置等。

（1）冷却液温度表　冷却液温度表用来指示发动机冷却液的工作温度，主要部件包括装在仪表盘上的冷却液温度表和装在发动机缸体水套上的冷却液温度传感器。冷却液温度表的典型结构有双金属式冷却液温度表与热敏电阻式冷却液温度传感器、电磁式冷却液温度表与热敏电阻式冷却液温度传感器等。

1）双金属式冷却液温度表与热敏电阻式冷却液温度传感器。双金属式冷却液温度表与热敏电阻式冷却液温度传感器的结构如图3-67所示。热敏电阻式冷却液温度传感器的主要

元件为负温度系数的热敏电阻。热敏电阻是一种半导体材料，对温度有着非常高的灵敏性，结构简单，可靠性好。其基本原理是：当温度升高时，电阻降低。通常用来制造热敏电阻的材料有二氧化钛和氧化镁的混合物，氧化镍和氧化锰的混合物，氧化锰、氧化镍和氧化钴的混合物等。

当发动机冷却液温度较高时，热敏电阻值变小，电路中电流变大，电热线圈温度升高，冷却液温度表的双金属片变形增大，使指针摆动指向高温。当冷却液温度较低时，热敏电阻的阻值变大，电路中电流相应地减小，冷却液温度表中双金属片变形减小，使指针摆动指向低温。

一般会在电路中串接电源稳压器，其目的是在电源电压波动时，稳定电压。当电源电压提高时，稳压器中电热线圈的电流增大，双金属片温度升高，使触点间接触压力减小，闭合时间缩短，打开时间增长，从而使加热线圈中的电流减小，端电压下降；反之，端电压提高。这样，仪表始终在一个比较稳定的电压下工作，可以保证读数的准确性。

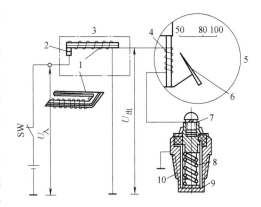

图 3-67　双金属式冷却液温度表与
热敏电阻式冷却液温度传感器
1—双金属片　2—触点　3—稳压器　4—电热线圈
5—指示表　6—指针　7—接线柱　8—弹簧
9—热敏电阻　10—外壳

2）电磁式冷却液温度表与热敏电阻式冷却液温度传感器。电磁式冷却液温度表与热敏电阻式冷却液温度传感器的结构如图 3-68 所示。电磁式冷却液温度表内有互成角度的左、右两个铁心，铁心分别绕有电磁线圈，具中一个与电源并联，另一个与传感器串联。两个线圈的中间，安装有带指针的转子。

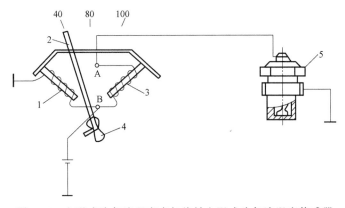

图 3-68　电磁式冷却液温度表与热敏电阻式冷却液温度传感器
1—左线圈　2—指针　3—右线圈　4—软钢转子　5—热敏电阻

当电源电压不变时，通过左线圈的电流强度不变，它所形成的磁场强度保持不变。而右线圈中的电流强度则取决于与它串联的传感器热敏电阻值的变化，而热敏电阻为负温度系数。当冷却液温度较低时，热敏电阻值大，右线圈电流小，磁场强度弱，叠加磁场主要取决于左线圈，使指针指在低温处。当冷却液温度升高时，热敏电阻值减小，右线圈中的电流强

度增大，磁场强度增强，叠加磁场偏移，转子便带动指针转动，指向高温。

（2）燃油表　燃油表用于指示汽车油箱中的存油量，主要部件包括装在油箱中的油量传感器和仪表盘上的燃油指示表。燃油指示表的典型结构有电磁式和电热式两种，其传感器均使用可变电阻式。

1）电磁式燃油表。电磁式燃油表如图 3-69 所示。其指示表结构与原理与电磁式冷却液温度表相同，传感器则由可变电阻及滑片和浮子等组成。指示表表面由左至右标明 0、1/2、1，分别表示无油、半箱油、满油。当油箱内油位发生变化时，浮子随液面的高度变化，带动滑片在可变电阻上移动，从而改变可变电阻的电阻大小。

当油箱无油时，浮子在最低位置，可变电阻被短路。此时右线圈被短路，无电流通过，因此左线圈两端电压为电源电压，电流达到最大，产生的电磁吸力最强，吸引转子使指针停在最左边的"0"位上。

随着油量的增加，浮子上浮，带动滑片移动，接入部分可变电阻，此时左线圈由于串联了电阻，线圈内电流强度减小，使左线圈电磁吸力减弱，而右线圈中有电流通过产生磁场。转子带动指针在叠加磁场的作用下向右偏转，使燃油量指示值增大。当油箱油满时，指针指在"1"位置。

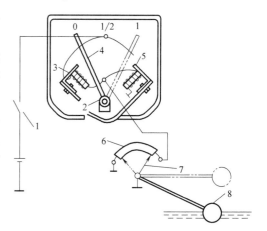

图 3-69　电磁式燃油表
1—点火开关　2—转子　3—左线圈　4—指针
5—右线圈　6—可变电阻　7—滑片　8—浮子

2）电热式燃油表（见图 3-70）。电热式燃油表的传感器与电磁式燃油表相同，电路中串接电源稳压器。

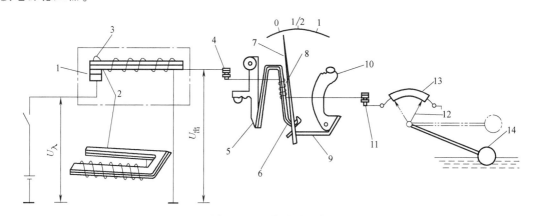

图 3-70　电热式燃油表
1—触点　2、6—双金属片　3—加热线圈　4、11—接线柱　5—调节齿扇　7—指针　8—加热线圈
9—弹簧片　10—调节齿扇　12—滑片　13—可变电阻　14—浮子

当油箱中无油时，浮子在最低位置，将传感器可变电阻全部接入电路，加热线圈中电流强度最小，所以双金属片几乎不变形，指示表的指针指在"0"位，表示无油。当油箱的油量增加时，浮子上浮，带动滑片移动，接入部分可变电阻，于是加热线圈中的电流强度增

大，双金属片受热发生弯曲变形，从而带动指针向"1"位置移动，指示出油量的多少。

（3）车速里程表　车速里程表一般由表示速度大小的速度表、表示累计行驶总距离的里程表以及可以随时复位从零开始重新累计进行计算的区间里程表等组成。车速里程表一般有磁感应式和电子式两种。

1）磁感应式车速里程表。磁感应式车速里程表的结构如图3-71所示。磁感应式车速里程表由变速器输出轴上的一套蜗轮、蜗杆以及软轴来驱动。车速表由永久磁铁、带有轴及指针的铝罩、磁屏和紧固在车速里程表外壳上的刻度盘等组成。车速里程表的主动轴由软轴驱动，而软轴由变速器传动蜗杆驱动。碗形的铝罩与永久磁铁及固定的磁屏之间具有一定的间隙。铝罩与指针一起转动，车速表不工作时，铝罩在游丝的作用下，指针指在刻度盘"0"的位置上。

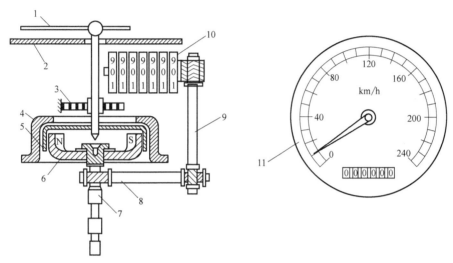

图 3-71　磁感应式车速里程表

1—指针　2—刻度盘　3—游丝　4—磁屏　5—铝罩　6—永久磁铁　7—主动轴
8—蜗轮蜗杆2　9—蜗轮蜗杆1　10—数字轮　11—刻度盘

当汽车行驶时，变速器输出轴上的蜗轮、蜗杆以及软轴等带动永久磁铁转动，永久磁铁的磁力线在铝罩上引起涡流，此涡流也产生一个磁场，与旋转的永久磁铁磁场相互作用产生转矩，克服游丝的预紧力，使铝罩向永久磁铁转动方向转动，带动指针同时旋转一个角度，因为涡流的强弱与车速成正比，所以指针指示的速度也必与汽车的行驶速度成正比。车速越高，铝罩带着指针偏转的角度越大，指示的车速值越高。

里程表由蜗轮、蜗杆和数字轮组成。蜗轮、蜗杆和主动轴具有一定的传动比。汽车行驶时，软轴带动主动轴，并且主动轴经三对蜗轮、蜗杆驱动车速里程表。里程表为满十进位内传动的数字轮，相邻两个数字轮之间，通过本身的内齿和进位数字轮转动齿轮，形成1∶10的传动比。最右边的第一数字轮的数字为0.1km，第一个数字轮转动10周，第二个数字轮转动1周，成十进位递增，这样累计计算出汽车行驶的总里程。一般有7个数字轮，即最大计数里程为999999.9km，计满后，全部数字轮又从0开始重新累计。

有的车速里程表内设置有区间里程表，一般会有复位按键，可以随时复位，从零开始重新累计，以计算区间里程，其工作原理基本与里程表相同。

2）电子式车速里程表。电子式车速里程表主要由车速传感器、车速表、里程表、电子电路、步进电动机等组成，如图 3-72 所示。

车速传感器由变速器驱动，其产生的电信号正比于汽车行驶速度。它由一个舌簧开关和一个含有四对磁极的塑料磁铁转子组成。当转子中磁铁的 N、S 极磁力线作用于舌簧开关的触点时，开关中的触点闭合。当转子中 N、S 极交点对准舌簧开关时，无磁力线作用于舌簧开关的触点，使开关中的触点断开。四对磁极的塑料磁铁转子每转一周，舌簧开关中的触点闭合 8 次，产生 8 个脉冲信号。车速传感器的信号频率与车速成正比。

车速表是一个磁电式电流表，带有通电线圈的指针机构。当汽车以不同车速行驶时，电子电路将车速传感器输入的频率信号，经过整形、触发，输出一个与车速成正比的电流信号，用来驱动车速表指针偏转，指示出相应的车速。

里程表由一个步进电动机及六位数字的十进制齿轮计数器组成。步进电动机利用电磁感应原理，将脉冲信号转换为角位移或线位移。车速传感器输

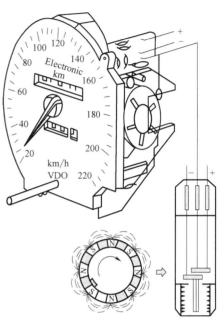

图 3-72　电子式车速里程表

出的频率信号，经分频后，再经功率放大电路放大以驱动步进电动机，带动计数器工作，从而记录汽车的行驶里程。

（4）转速表　转速表用于监控发动机的运转转速，发动机转速表包括机械式和电子式两种。其中电子式转速表由于结构简单、指示准确、可靠性高，因此被广泛应用。

电子式转速表由信号源、电子电路和指示表三部分组成，其获取转速信号的途径有三种，即从点火系统获取点火脉冲电压信号，从发动机的转速传感器获取转速信号，从发电机获取转速信号。汽油发动机电子式转速表基本都是用点火系统的一次侧电路为触发信号，图 3-73 为某轿车电子式转速表电路原理图。

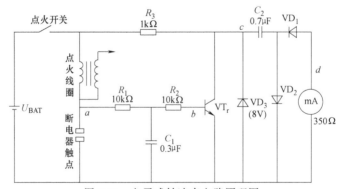

图 3-73　电子式转速表电路原理图

当点火控制器使一次侧电路导通时，晶体管 VT_r 处于截止状态，电容器 C_2 被充电。其充电电路为：蓄电池正极→点火开关→R_3→C_2→VD_2→蓄电池负极。当点火控制器使一次侧

电路截止时，VT_r 的基极得正电位而导通，此时 C_2 便通过导通的 VT_r、电流表和 VD_1 构成放电回路，从而驱动电流表，放电电路为：C_2 正极→VT_r→电流表→VD_1→C_2 负极。

当发动机运转时，一次侧电路不断地导通、截止，触点反复开闭，电容器 C_2 反复充放电，一次侧电路导通、截止的次数与发动机转速成正比，因此电容器 C_2 的放电电流平均值与发动机转速成正比，此电流通过电流表便可驱动指针摆动指示发动机转速。

3.5 汽车辅助电器

现代汽车除前面所述基本电器设备外，还增设了许多其他辅助电器设备，以满足各种需要。

3.5.1 电动刮水器与风窗玻璃洗涤器、除霜装置

1. 电动刮水器

汽车辅助电器认知

为了保证汽车在雨雪天气行驶时驾驶人有良好的视线，从而提高驾驶的安全性，汽车风窗玻璃上通常设置有刮水器。刮水器一般有真空式、气动式和电动式三种。目前汽车上广泛采用的是电动刮水器。刮水器普遍采用铰接式刮水片，在使用中应能根据雨雪的大小来调整刮水片的刮水速度，同时还能间歇地工作，以适应不同的运行条件。

电动刮水器主要由微型直流电动机、蜗轮、蜗杆、连杆、摆杆、刮水片架和刮水片等组成，如图 3-74 所示。电动刮水器由微型直流电动机驱动，通过传动机构，刮水片在风窗玻璃外表面上往复运动，以扫除风窗玻璃上的积水、积雪或灰尘。

目前国内外汽车广泛采用永磁式电动刮水器。永磁式电动机具有结构简单、体积小、重量轻、可靠性强的优点。它的磁极为铁氧体永久磁铁，其磁场的强弱不会改变，为了满足可变速的工作要求，一般采用三刷式电动机。

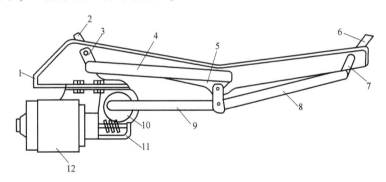

图 3-74 刮水器结构与组成

1—支架 2—刮水片架1 3—摆杆1 4—连杆1 5—摆杆2 6—刮水片架2
7—摆杆3 8—连杆3 9—连杆2 10—蜗轮 11—蜗杆 12—微型直流电动机

永磁式三刷电动机，是利用三个电刷来改变正负电刷之间串联的线圈数实现变速的。当电动机工作时，在电枢内同时产生方向与电枢电流方向相反的反电动势。当外加电压克服反

电动势的时候，电枢旋转，当电枢转速升高时，反电动势也相应升高，当外加电压与反电动势基本相等时，电枢的旋转才趋于稳定状态。

电动刮水器由开关控制电动机电路的切换，实现刮水器的速度变化，其控制电路工作原理如图 3-75 所示。

当控制开关拨向"低速"时，电源电压加在相位相差 180° 的电刷 B_1 和 B_3 之间，如图 3-75a 所示。在电刷 B_1 和 B_3 之间有两条电枢绕组并联支路，一条是由绕组 1、2、3、4 串联起来的支路，另一条是由绕组 5、6、7、8 串联起来的支路，每条支路各有 4 个绕组。两路电枢绕组产生的全部反电动势与电源电压平衡后，电动机便稳定在某一较低转速旋转，从而使刮水器的刮水条慢速摆动。

当开关拨向"高速"位置时，电源电压加在偏置的电刷 B_2 和 B_3 之间，如图 3-75b 所示。在 B_2 和 B_3 之间也有两条电枢绕组，一条由绕组 5、6、7 共 3 个绕组串联而成，另一条由绕组 8、1、2、3、4 共 5 个绕组串联而成。其中绕组 8 的反电动势与绕组 1、2、3、4 的反电动势方向相反，互相抵消后，变为只有两个绕组的反电动势与电源电压平衡，只有转速升高使反电动势增大，才能得到新的平衡，因此电动机在某一较高转速旋转，从而使刮水器的刮水条快速摆动。

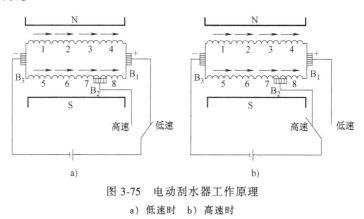

图 3-75　电动刮水器工作原理

a）低速时　b）高速时

同时，为了不影响驾驶人的视线，要求刮水器具有自动复位功能，即不管在什么时候切断电源，刮水器的刮水片都能自动停止在风窗玻璃的下部，控制电路如图 3-76 所示，控制过程如下：

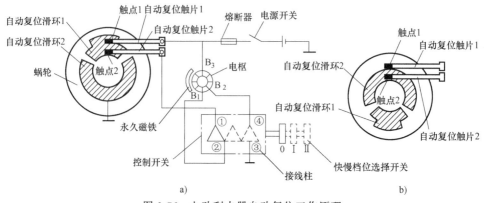

图 3-76　电动刮水器自动复位工作原理

（1）慢速刮水 当电源开关接通，刮水器开关接通"低速Ⅰ"档位置时，电流由蓄电池正极→电源开关→熔断器→电刷 B_3 →电枢绕组→电刷 B_1 →刮水器开关"低速"档搭铁（接线柱②、③）→蓄电池负极形成回路，电动机以低速运转。

（2）快速刮水 当电源开关接通，刮水器开关接通"高速Ⅱ"档位置时，电流由蓄电池正极→电源开关→熔断器→电刷 B_3 →电枢绕组→电刷 B_2 →刮水器开关"高速"档搭铁（接线柱④、③）→蓄电池负极形成回路，电动机以高速运转。

（3）复位 刮水器自动复位机构如图 3-76b 所示，在直流电动机减速器的蜗轮（由尼龙制成）上嵌有自动复位滑环 1、2，其中面积较大的自动复位滑环 2 与电动机外壳相连接而搭铁。自动复位触片 1、2 一般用磷铜片制成，其中一端分别铆有触点 1 和 2，与蜗轮的端面（包括自动复位滑环 1、2）保持接触。

当刮水器开关推到"停止 0"档位置时，如果刮水器的刮水片没有停到规定的位置，那么蜗轮转动的位置将使触点 2 与自动复位滑环 2 接通，电流流入电枢绕组。此时电流从蓄电池正极→电源开关→熔断器→电刷 B_3 →电枢绕组→电刷 B_1 →刮水器开关（接线柱 2、1）→自动复位触片 2→触点 2→自动复位滑环 2→搭铁→蓄电池负极形成回路，电动机以低速运转，直到蜗轮旋转到图 3-76a 所示位置时，触点 1、2 与自动复位滑环 1 接通为止。

当触点 1、2 与自动复位滑环 1 接通时，受到电枢绕组转动惯性力的作用，电动机不能马上停转，而是以发电机运行形式而发电。因为电枢绕组产生的电动势的方向与外加电源电压的方向相反，所以发电流从电刷 B_3 →自动复位触片 1→触点 1→自动复位滑环 1→触点 2→自动复位触片 1→刮水器开关（接线柱 1、2）→电刷 B_1 形成回路，并产生制动转矩，电动机迅速停止转动，此时刮水片恰好复位到风窗玻璃下沿。

（4）间歇刮水 在降雨（雪）量较小或者雾天时，刮水器不宜持续刮拭风窗玻璃上的积水（雪），否则风窗玻璃上的少量水分和灰尘就会形成一个发黏的表面，使玻璃上的积水（雪）不易擦净，玻璃变得模糊不清，严重影响驾驶人视线。因此，刮水器一般都具有间歇刮水功能，可以使刮水器按一定周期自动停止和刮拭，这样，可使驾驶人获得良好的视野。

间歇刮水控制系统由间歇刮水控制器、刮水器开关、刮水电动机等组成。间歇刮水控制器由电子元件与小型继电器组合而成。

1）同步式间歇刮水器。同步式间歇刮水器互补间歇振荡器电路如图 3-77 所示。当刮水器开关置于间歇档位置（即刮水器开关处于"0"档），间歇开关置于接通位置时，电源便向电容 C 充电。随着充电时间的增长，电容 C 两端的电压逐渐升高。当电容 C 两端电压增加到一定值时，VT_1 导通，VT_2 也随之导通，继电器 K 因通过电流而动作，使继电器 K 的常闭触点打开，常开触点闭合，刮水电动机运转。此时的电路为：蓄电池正极→ B_3 → B_1 →刮水器开关→继电器 K 的常开触点→搭铁→蓄电池负极。

当刮水电动机转动使自动复位开关与下边接触时，电容 C 便通过 VD 迅速放电，此时刮水电动机仍继续运转。随着电容 C 放电，使 VT_1 的基极电位降低，从而使 VT_1、

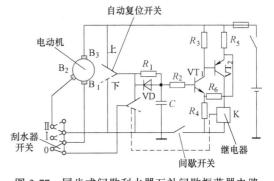

图 3-77 同步式间歇刮水器互补间歇振荡器电路

VT_2 转为截止状态，继电器 K 的电流中断，常闭触点闭合。但由于这时自动复位开关处于闭合状态，所以刮水器仍继续转动，直到刮水片复位到风窗玻璃下沿，自动复位开关常开触点打开且常闭触点闭合时为止，电动机才因电枢短路而停止。

接着电源又通过自动复位开关向 C 充电，如此重复，使刮水片间歇动作，每个起停周期内，雨刷只摆动一次。其停歇时间长短取决于 R_1、C 的充电时间常数，通过调整 R_1、C 的值，可调节间歇时间。

2）集成电路间歇刮水器。一种集成电路间歇刮水器是用 NE555 集成电路接成的振荡器电路，如图 3-78 所示。充电回路由 R_1、VD_1 和 C_1 构成，放电回路由 R_2、VD_2 和 C_2 构成。当间歇开关闭合时，电路输出高电位，继电器通过电流而动作，使常开触点闭合，刮水电动机运转。经过一定时间后，电路翻转，端口 3 输出低电平，继电器断电，使常开触点断开，常闭触点闭合，此时，刮水电动机继续运转，直至自停触点闭合，刮水片复位到风窗玻璃下沿。

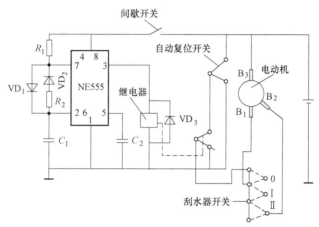

图 3-78　集成电路间歇刮水器电路

（5）自动刮水系统　自动刮水系统能使汽车刮水器根据雨量大小自动开启或关闭，并自动调节间歇刮水时的时间间隔，电路如图 3-79 所示。汽车在风窗玻璃上安装流量检测电极 S_1、S_2 和 S_3，当雨水落在两检测电极之间时，由于雨水的导电效应，其阻值减小，雨水流量越大，其阻值越小。

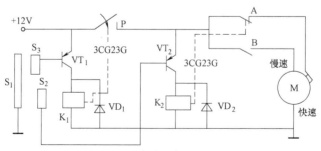

图 3-79　自动刮水系统电路

检测电极 S_1 与 S_3 之间的距离较近，因此晶体管 VT_1 首先导通，继电器 K_1 通电动作，产生电磁吸力，导致开关 P 闭合，刮水电动机低速旋转。随着雨量增大，S_1 与 S_2 之间的电

阻逐渐减小，直至晶体管 VT_2 也导通，于是继电器 K_2 通电动作，产生电磁吸力，导致开关 A 断开，开关 B 接通，刮水电动机转为高速旋转。雨停时，雨水流量逐渐减小至 0，检测电极之间的阻值均随之增大，晶体管 VT_1、VT_2 由导通状态变为截止状态，继电器复位，刮水电动机自动停止工作，刮水片复位。

2. 风窗玻璃洗涤系统

为了及时清洗附着在风窗玻璃上的尘土和脏物，现代汽车上设置了风窗玻璃洗涤系统，与刮水器配合使用，保持驾驶人的良好视线。

风窗玻璃洗涤系统由洗涤器和控制电路组成，洗涤器主要由储液罐、洗涤泵、喷嘴和水管等组成，如图 3-80 所示。储液罐一般由塑料制成，内装洗涤液。洗涤液一般由清水或水与适量的去垢剂和缓蚀剂组成，添加剂有助于清洁。冬季使用洗涤器时，为了防止洗涤液冻结，应添加甲醇、异丙醇、甘醇等防冻剂，再加适量的去垢剂和缓蚀剂，可使凝固温度下降到-20℃以下。如冬季不用洗涤器时，应将洗涤器中的水倒掉。

洗涤泵由永磁高速直流电动机和离心叶片泵组装成为一体，叶片转子固定在水泵轴上，水泵轴用联轴器与洗涤电动机轴连接。电动机空载转速高达 20000r/min，喷射压力可达 70～88kPa。洗涤泵直接安装在储液罐或管路内，在离心叶片泵的进口处设置有滤清器。为避免过载，洗涤泵的连续工作时间不应超过 1min。

喷嘴安装方式一般有两种：一种是安装在风窗玻璃前方的发动机舱盖上，左右各安装一个喷嘴，分别将洗涤液喷洒到风窗玻璃上冲洗预定区域；另一种是将喷嘴安装在刮水器臂内，当刮水器刮水运动时，喷嘴随之向风窗玻璃喷洒清洗液。

洗涤电动机工作时，电枢轴高速转动，通过联轴器驱动水泵轴和泵转子一同旋转，泵转子便将储液罐内的洗涤液输入出水软管，并由喷嘴喷向风窗玻璃。同时，刮水器同步工作，刮水片摆动，从而将风窗玻璃上的尘土和脏物刮洗干净。对于刮水和洗涤分别控制的汽车，应先打开洗涤泵，将洗涤液从缸内由喷嘴射出，洒在风窗玻璃表面，把尘污湿润，再接通刮水

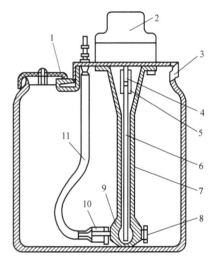

图 3-80 风窗玻璃洗涤器
1—储液罐盖 2—电动机 3—水泵固定盘
4—电动机轴 5—联轴器 6—水泵轴
7—水泵壳 8—水泵转子 9—滤清器
10—接头 11—出水软管

器，利用刮水片的摆动清除尘污。洗涤泵喷水停止后，刮水器应继续刮动 3～5 次，以达到良好的清洁效果。

3. 除霜装置

在雨雪或寒冷天气，由于车内外温差较大，车厢内的水蒸气易凝结于风窗玻璃上而结霜，霜层严重干扰驾驶人视线，因此须及时对其进行清除。

通常在汽车空调系统的风道中设置除霜风门，把空调系统中产生的气流或暖气，吹向前、侧风窗玻璃，达到清除霜层的效果。由于前风窗玻璃位于汽车的迎风面，其玻璃上的霜层消除较容易。后风窗玻璃因为无暖风供给，且不易擦拭到，而多使用除霜热线。除霜热线是把数条电热线（镍铬丝）均匀地粘在后风窗玻璃内部，以两端相接成并联电路。当电流

流过电热线时，即可产生热量加热玻璃，从而实现防止或清除结霜的效果。

根据电路控制方式，除霜热线分为手动和自动两种。自动除霜器一般由开关、自动除霜传感器、自动除霜控制器、除霜热线和电路等组成。后风窗玻璃下面装有自动除霜传感器，用以检测后风窗玻璃是否积霜以及霜层的厚度。霜层厚度越大，传感器的电阻越小。

1) 除霜开关置于自动（AUTO）位置时，如果霜层凝结到一定厚度，传感器电阻减小到某一设定值以下时，自动除霜控制器即可使继电器的电流经控制电路搭铁，在电磁力的作用下，继电器触点闭合，由点火开关"IG"端子来的电源电流经继电器到除霜热线构成回路。同时，另外经分路点亮仪表盘上的除霜指示灯，表示除霜器正在进行除霜。

当后风窗玻璃上的霜层逐渐减少至消失后，传感器的电阻增大，控制器便切断继电器的搭铁回路，电流不再供给除霜热线和除霜指示灯，除霜停止，指示灯熄灭。

2) 将除霜开关置于手动（MANU）位置时，继电器线圈可经由手动触点搭铁，继电器通电动作，使除霜热线和指示灯开始工作。

3) 将除霜开关置于关（OFF）位置时，控制电路不能接通除霜热线和指示灯电路。因此，除霜器和指示灯均不能工作。

3.5.2 电动座椅、门窗、天窗、后视镜

1. 电动座椅

汽车座椅为驾驶人和乘客提供舒适、安全、便捷的使用平台，必须具有良好的静态与动态舒适性，足够的强度、刚度与耐久性。因此，座椅应具有各种调节功能，以适应不同的驾驶人、乘客在不同条件下的不同需求。

按控制方式不同，座椅调节系统分为手动调节系统和自动调节系统两大类，由电动机、传动机构和控制机构三部分组成。

电动机一般采用永磁式直流电动机，数量取决于电动座椅可调节的自由度，一般安装有2~6个电动机，包括座椅前后滑移电动机、座椅高低调整电动机和座椅靠背倾斜角度调整电动机。电动机的内部设有断路器，当电动机负荷过大时，断路器触点自动断开，防止电动机过载；当负荷减小时，断路器触点自动复位，电动机恢复运转。

传动机构由齿轮、蜗轮蜗杆机构、齿条、导轨等组成，用来传递电动机的力矩并将电动机的旋转运动转变为座椅的往复运动。高度调整时，蜗杆在电动机的驱动下，带动蜗轮转动，使心轴旋进或旋出，从而实现座椅的上升与下降，如图3-81a所示；纵向调整时，电动机转矩经蜗杆传至两侧的蜗轮上，经导轨上的齿条，带动座椅前后移动，如图3-81b所示，从而实现座椅位置的调整。

座椅位置控制机构由控制开关和继电器组成。控制开关分为操纵开关和限位开关两种。操纵开关一般设在座椅左右两侧或者车门上，用来操纵座椅高低、前后或者俯仰的位置调整。限位开关用来限制座椅移动的极限位置，安装在传动机构终端。为了防止操纵开关触点烧蚀，还安装有继电器，延长开关的使用寿命。

通过电动座椅调节开关，即可完成电动座椅位置的调节功能，以某型车为例，其控制电路如图3-82所示，工作过程如下：

当座椅需要向上调节时，将电动座椅前端上下调节开关打到"向上"位置时，电路中的电流路径为：蓄电池正极→发动机舱盖下熔断器/继电器→前排乘客席侧仪表盘下熔断器/

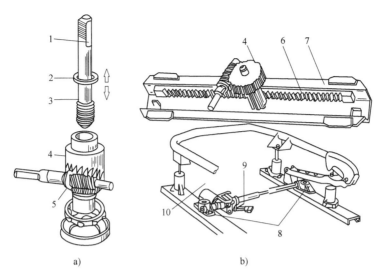

图 3-81 电动座椅传动机构

1—铣平面 2—止推垫片 3—心轴 4—蜗轮 5—蜗杆 6—齿条 7—导轨

8—支撑及导向元件 9—电位计 10—电动机

继电器→电动座椅调节开关端子 B_2→前端上下调节开关端子 A_3→前端上下调节电动机→前端上下调节开关端子 A_4→前端上下调节开关端子 B_5→搭铁→蓄电池负极。前端上下调节电动机起动，产生的力矩经传动机构传递后，驱动座椅向上滑移。当滑移距离达到最大距离时，限位开关被顶开，电动机电流电路被切断，电动机停转，座椅不再滑移。

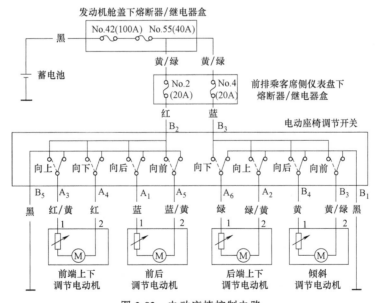

图 3-82 电动座椅控制电路

当座椅需要向下调节时，将电动座椅前端上下调节开关打到"向下"位置时，电路中的电流路径为：蓄电池正极→发动机舱盖下熔断器/继电器→前排乘客席侧仪表盘下熔断器/继电器→电动座椅开关端子 B_2→电动座椅开关端子 A_4→前端上下调节电动机→电动座椅开

汽车电器与电子控制技术

关端子 A_3→电动座椅开关端子 B_5→搭铁→蓄电池负极。前端上下调节电动机起动，由于电动机电流方向与座椅向上移动时电动机电流的方向相反，因此电动机转向反向，产生的力矩经传动机构传递后，驱动座椅向下滑移。

其他方向和角度的调节控制原理与向上向下调节的原理基本相同。

部分轿车上配装了座椅自动调节系统，其座椅位置的调整由电子控制单元（ECU）控制。座椅位置自动调节系统同样是由电动机、传动机构和控制机构三部分组成，如图 3-83 所示。

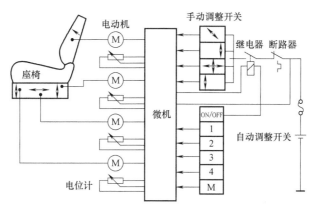

图 3-83　电动座椅自动调节系统

电动机和传动机构等执行器与手动调节系统基本相同，只是控制机构存在区别。座椅自动调节系统的控制机构由控制开关、位置传感器和 ECU 组成。控制开关有操纵开关和限位开关。位置传感器的功能是监测并向座位 ECU 输入座椅不同位置的信号。

自动调节系统一般带存储功能，它能将设定的座椅调节位置进行存储，使用时只要打开开关，电动座椅 ECU 根据电动座椅开关输入的座椅前后、高低、俯仰等位置信号，通过 ECU 内部的继电器分别控制各个驱动电动机动作，座椅就会自动地调节到预先设定的座椅位置和姿态上。

2. 电动车窗

部分汽车配置电动车窗，驾驶人或乘客可利用控制开关使车窗玻璃自动升降，操作便捷，有利于行车安全。

电动车窗系统由车窗玻璃、升降驱动电动机、玻璃升降机构、继电器、总开关（驾驶人位）、各车窗分开关和控制组件等组成。一般电动车窗系统都装有两套控制开关：一套装在驾驶人侧车门扶手上，为总开关，由驾驶人控制每个车窗玻璃的升降；另一套分别装在每个乘客门扶手上，为分开关，由乘客操纵相应的车窗玻璃升降。一般在总开关上还装有断路开关，如果它断开，各个分开关就无法操纵玻璃升降。

玻璃升降驱动电动机常用的有永磁型和双绕组串励型两种。每个车窗都装有一个电动机，改变通过电动机电流的方向，即可改变电动机的旋转方向，使车窗玻璃上升或下降。

玻璃升降机构常用的有绳轮式和交叉臂式两种。绳轮式玻璃升降机构如图 3-84a 所示。当驱动电动机旋转时，通过减速器、钢丝绳和滑轮，即可驱动玻璃沿导向套上升或下降。交叉臂式玻璃升降机构如图 3-84b 所示。当驱动电动机旋转时，通过减速器、传动齿扇、调节支架和导轨，即可驱动玻璃上升或下降。

88

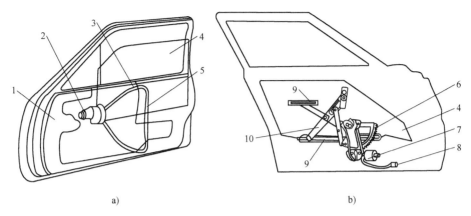

a)　　　　　　　　　　　　b)

图 3-84　电动车窗系统的组成

a）绳轮式玻璃升降机构　b）交叉臂式玻璃升降机构

1—盖板　2—升降驱动电动机与减速器　3—钢绳　4—玻璃　5—导向套

6—齿扇　7—电动机　8—线束插头　9—导轨　10—调节支架

电动车窗系统的控制电路如图 3-85 所示。

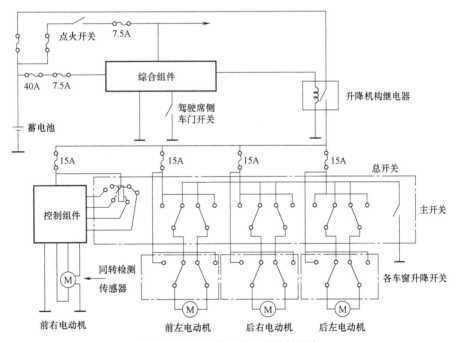

图 3-85　电动车窗系统的控制电路

当点火开关处于 ON（接通）状态时，升降系统内的开关回路控制车窗升降机构的继电器线圈电流接通，产生电磁力，将继电器触点闭合，使控制组件和各开关的电源接通。此时根据各车窗玻璃升降需求，分别操纵总开关处的各个开关或操纵各车窗玻璃的分开关，就可使升降电动机两端分别输入正向或反向电压，使电动机正向或反向旋转，从而使玻璃上升或下降。

当点火开关处于 OFF（断开）状态时，只有在驾驶人侧的车门开关处于 ON（接通）状

态 30s 后，玻璃升降机构才能进行升降动作，实现车门玻璃升降。

电路或电动机内装有一个或多个热敏断路开关，以防止电流过大而使电路过载。当车窗完全关闭或由于结冰、嵌入障碍物等原因使车窗玻璃不能顺利升降时，即使操纵开关没有断开，热敏开关也会自动断路。

3. 电动天窗

部分轿车在汽车顶部安装了汽车电动天窗。行驶中的汽车打开天窗时，依靠气流在顶部的快速流动，形成车内的负压，使车内的空气被迅速吸出车外，进行通风换气，使车厢内空气更加清新、舒适，且可以有效地降低风噪。同时，通过车顶的天窗可以增强自然采光，使车内更加明亮。

电动天窗按开启状态可分为外掀式和内藏式。外掀式天窗在开启后向车顶的外后方升起。内藏式天窗的滑动总成置于内饰与车顶之间，天窗开口大，外形简洁美观。目前大部分轿车多采用内藏式天窗。

电动天窗主要由滑动机构、驱动机构、控制系统和开关等组成。

（1）滑动机构　滑动机构主要由导向块、导向销、连杆、托架和前、后枕座等构成。

（2）驱动机构　驱动机构主要由电动机、传动机构和滑动螺杆等组成。电动机通过传动机构给天窗的开闭提供动力。电动机能双向转动，即通过改变电流的方向来改变电动机的旋转方向，从而实现天窗的开闭。传动机构主要由蜗轮蜗杆传动机构、中间齿轮传动机构和驱动齿轮等组成。齿轮传动机构接受电动机的动力，改变其旋转方向，并减速增矩后将动力传递给滑动螺杆，使天窗实现开闭。同时，又将动力传递给凸轮，使凸轮顶动限位开关进行开闭。

（3）控制系统　控制系统设有控制单元 ECU、定时器、蜂鸣器和继电器等。其作用是接收开关输入的信息，进行逻辑运算，确定继电器的动作，控制天窗的开闭。

（4）开关　开关由控制开关和限位开关组成。控制开关主要包括滑动开关和斜升开关。滑动开关有滑动打开、滑动关闭和断开三个档位。斜升开关有向上倾斜、向下倾斜和断开三个档位。通过操作这些开关，可令天窗驱动机构的电动机实现正、反转，使天窗实现不同状态下的工作。限位开关主要是用来检测天窗所处的位置，犹如一个行程开关。

电动天窗的控制电路如图 3-86 所示。

点火开关接通且天窗开关按到"滑动开启"档位时，信号从天窗开关送到天窗继电器，此时天窗的限位开关 2 接通，继电器动作，电动机工作，打开天窗。点火开关接通且天窗完全打开，限位开关 1 和限位开关 2 均接通时，当天窗开关被按至"滑动闭合"档位后，信号从天窗开关送到天窗继电器，继电器动作，电动机工作，关闭天窗。

如果天窗的限位开关 1 断开，限位开关

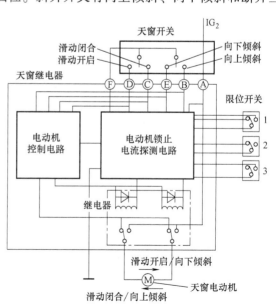

图 3-86　电动天窗的控制电路

2接通，且天窗在全闭位置前某一位置时，信号从限位开关1输送给天窗继电器，该信号使继电器动作，控制天窗停在该位置。为了完全关闭天窗，再一次把天窗开关按至"滑动闭合"档位，使继电器工作，只要按着天窗开关，天窗则完全关闭。

接通点火开关，天窗完全关闭（限位开关2断开）时，当天窗开关按在"向上倾斜"档位后，信号从天窗开关送至天窗继电器，继电器动作，电动机转动。只要天窗开关被按在"向上倾斜"档位，天窗则一直向上倾斜。

点火开关接通，限位开关1和限位开关2均断开时，当天窗开关按在"向下倾斜"档位后，信号从天窗控制开关输送给天窗继电器，继电器动作，电动机转动，天窗下倾。

4. 电动后视镜

驾驶人通过汽车上的后视镜观察车辆后侧和左右两侧的情况，其直接关系到行车安全。采用电动后视镜，可在驾驶人席直接通过开关进行调整，操作便捷。

电动后视镜一般由镜面玻璃、两套永磁式电动机、驱动器、控制开关、传动机构及其外壳等组成。电动机和驱动器可带动镜面上下及左右转动，通常一个电动机控制上下方向的偏转，另一个电动机控制左右方向的偏转。通过改变电动机的电流方向，即可完成后视镜镜面的位置调整。控制开关由旋转开关、摇动开关和线束等组成。

电动后视镜控制系统的基本原理如图3-87所示，将调节开关向下按时，触点B与D、C及E分别闭合，电流经电源正极→触点E→触点C→永磁式电动机→触点B→触点D→搭铁→电源负极，电动机转动使后视镜做垂直方向运动；将调节开关向上按时，触点B与E、C与D分别闭合，电流经电源正极→触点E→触点B→触点C→触点D→搭铁→电源负极，由于流经电动机的电流发生反向，因此电动机反方向转动，后视镜做反方向运动。

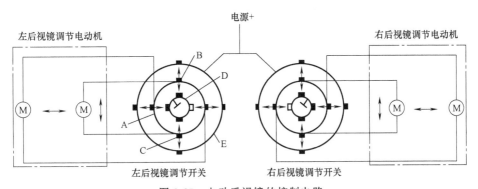

图3-87　电动后视镜的控制电路

3.6　汽车空调

汽车空调系统是实现对车厢内空气进行制冷、加热、换气和空气净化的装置。它可以为乘车人人提供舒适的乘车环境，降低驾驶人的疲劳强度，提高行车安全。空调装置已成为衡量汽车功能是否齐全的标志之一。

汽车空调的功能：调节车内的温度、湿度、空气流速；过滤、净化车内

汽车空调认知

的空气。

汽车空调的特点：抗冲击能力强；动力源多样；制冷、制热能力强；结构紧凑、质量小。

3.6.1 汽车空调的基本知识

汽车空调是空气调节工程的一个重要分支，是空调技术在汽车上的应用，其目的在于创造车内舒适的空气环境，以保障驾驶人和乘员的健康、舒适以及安全驾驶和高效工作。汽车空调器已经成为当代汽车的标准配置，汽车空调器的不断改善也是提高汽车市场竞争力的重要手段之一。

1. 汽车空调的发展

早在 1886 年德国的卡尔·本茨制造出第一辆汽车以来，汽车工业经历了几次飞跃式的发展，使其成为人们的重要交通工具。汽车空调器的问世比汽车的出现整整晚了半个世纪，但随着电子技术和汽车技术的进步，汽车空调也取得了突飞猛进的发展，其发展过程可以概括为以下五个阶段：

（1）单一暖风系统　即利用房间取暖的方法。1925 年首先在美国出现利用汽车冷却液通过加热器的方法取暖。到 1927 年发展到具有加热器、鼓风机和空气滤清器等比较完整的供热系统。在寒冷的北欧、亚洲北部地区，目前仍然使用单一暖风系统。

（2）单一制冷系统　1939 年，由美国通用汽车公司首先在轿车上安装机械制冷降温的空调系统，成为汽车空调系统的先驱。在热带、亚热带地区，目前仍然使用单一制冷系统。

（3）冷暖一体化空调系统　1954 年美国通用汽车公司首先在纳什（NASH）牌轿车上安装了冷暖一体化空调系统，这时的汽车空调系统才基本上具有了调节控制车内温度、湿度的功能。随着汽车空调技术的改进，目前的冷暖一体化空调系统基本上都具有降温、除湿、通风、过滤、除霜等功能，是目前使用量最大的一种形式。

（4）自动控制的汽车空调系统　冷暖一体化空调系统需要人工操纵，增加了驾驶人的工作量，同时控制质量也不太理想。1964 年美国通用汽车公司将自动控制的汽车空调系统安装在凯迪拉克轿车上。这种自动空调系统只要预先设定所需的温度，空调系统就能自动地在设定的温度范围内工作，达到调节车内空气的目的。

（5）微机控制的汽车空调系统　1973 年美国通用汽车公司和日本五十铃汽车公司联合研究微机控制的汽车空调系统，1977 年同时安装在各自生产的汽车上。微机控制的汽车空调系统增加了功能，且数字化显示。微机根据车内外的环境条件控制空调系统的工作，实现了空调运行与汽车运行的相关统一，极大地提高了调节效果，节约了燃料，从而提高了汽车的整体性能和车内的舒适性。

我国的汽车空调器起步较晚，在 20 世纪 60 年代，我国制造的第一台汽车空调器安装在红旗牌轿车上。我国汽车空调器的真正起步是在 20 世纪 80 年代初，特别是近十年来，随着国内汽车行业的快速发展，国产空调器行业取得了长足的进步，如生产汽车空调器的天津三电、大连大洋、上海德尔福、一汽-杰克赛尔等公司现已成为国际同行的有力竞争者。

2. 汽车空调的基本组成

（1）制冷系统

1）制冷系统的功用：对车内空气或由外部进入车内的新鲜空气进行冷却或除湿，使车

内空气变得凉爽舒适。

2）制冷系统的组成：由压缩机、冷凝器、储液干燥器、膨胀阀、蒸发器、冷凝器散热风扇、制冷管道、制冷剂等组成，如图3-88所示。

（2）供暖系统

1）供暖系统的功用：主要用于取暖，对车内空气或由外部进入车内的新鲜空气进行加热，达到取暖除霜的目的。

2）供暖系统的组成：由加热器、水阀、水管、发动机冷却液组成，如图3-89所示。

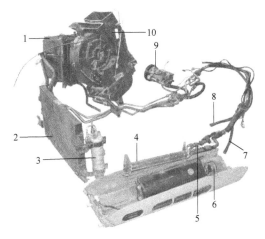

图3-88 汽车空调制冷系统的组成

1—蒸发器总成 2—平行流动式冷凝器 3—干燥瓶
4—管翅式蒸发器 5—膨胀阀 6—鼓风机
7、8—排水管 9—压缩机 10—鼓风机总成

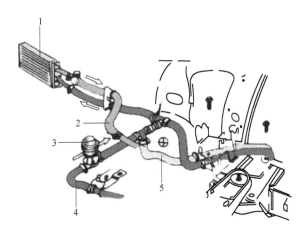

图3-89 供暖系统的组成

1—加热器 2—发动机进水管 3—水阀
4—发动机出水管 5—预热管

（3）通风、配气系统

1）通风、配气系统的功用：将外部新鲜空气吸进车内，起通风和换气作用。同时，通风对防止风窗玻璃起雾也起着良好作用。

2）通风、配气系统的组成：由进气模式风门、鼓风机、混合气模式风门、气流模式风门、导风管等组成，如图3-90所示。

（4）控制系统

1）控制系统的功用：对制冷、供暖和空气配送系统的温度、压力进行控制，同时对车内的温度、风量、流向进行调节，并配有故障诊断和网络通信的功能，完善了控制系统的自动程度。

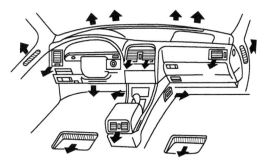

图3-90 通风、配气系统

2）控制系统的组成：由点火开关、A/C开关、电磁离合器、鼓风机开关调速电阻器、各种温度传感器、制冷剂高低压力开关、温度控制器、送风模式控制装置、各种继电器等组成。

（5）空气净化系统 空气净化系统的功用是除去车内空气中的尘埃、臭味、烟气及有

毒气体，使车内空气变得清洁。

3. 汽车空调的分类

（1）按功能分　汽车空调系统按功能可分为单一功能和组合式两种。

1）单一功能：是指冷风、暖风各自独立，自成系统，一般用于大、中型客车上。

2）组合式：是指冷、暖风合用一个鼓风机、一套操纵机构。这种结构又分为冷、暖风分别工作和冷、暖风同时工作两种方式，多用于轿车上。

（2）按驱动方式分　汽车空调系统按驱动方式可分为非独立式汽车空调系统和独立式汽车空调系统两种。

1）非独立式汽车空调系统：空调制冷压缩机由汽车本身的发动机驱动。

2）独立式汽车空调系统：空调制冷压缩机由专用的空调发动机（也称副发动机）驱动。

（3）按控制方式分　汽车空调系统按控制方式可分为手动、半自动和全自动（智能）空调系统三种。

1）手动空调系统：这类系统不具备车内温度和空气配送自动调节功能，制冷、供暖和风量的调节需要使用者按照需要调节，控制电路简单，通常使用在普及型轿车和中、大型货车上。

2）半自动空调系统：这类系统虽然具备车内温度和空气配送调节功能，但制冷、供暖和送风量等部分功能仍然需要使用者调节，配有电子控制和保护电路，通常使用在普及型或者部分中档轿车上。

3）全自动（智能）空调系统：具有自动调节和控制车内温度、风量以及空气配送方式的功能，保护系统完善，并具有故障诊断和网络通信功能，工作稳定可靠，目前广泛应用在中、高档轿车和大型豪华客车上。

3.6.2　汽车空调制冷原理的认知

汽车空调制冷系统故障是汽车空调的常发故障，而汽车空调制冷系统检修操作的前提是掌握汽车空调制冷原理。

1. 制冷技术基本知识

（1）温度　温度是物体冷暖程度的标志。温度越高，物体就越热。常用的温度表示单位是摄氏度，符号为"℃"。温度还可以用华氏度表示，符号为"℉"。

（2）湿度　湿度用来表示空气的干湿程度。$1m^3$ 湿空气中所含水蒸气的重量，称为空气的绝对湿度。

相对湿度就是湿空气中实际所含的水蒸气量与同温度下饱和湿空气所含的水蒸气量的比值。

（3）压力与真空度　压力就是固体、液体或气体垂直作用于物体表面上的力。在实际应用中是以作用于物体单位面积上的力来表示的，常用 p 表示，其单位为帕斯卡，简称帕（Pa）。

（4）汽化与冷凝

1）汽化：物质由液态变为气态的过程称为汽化。1kg 液体转变为气体需要的热量（单位为 J 或 kJ），叫作该物质的汽化热。汽化过程有两种形式，即蒸发和沸腾。

在空调制冷系统中，主要是利用制冷剂在蒸发器内的低压下，不断吸收周围空气的热量进行汽化的过程来制冷的。这种过程通常是在蒸发器中以沸腾的方式进行，但习惯上称它为蒸发过程，并把沸腾时的温度称为蒸发温度，沸腾时所保持的压力称为蒸发压力。

2）冷凝：是指气态物质经过冷却（通过空气或水等热交换方式）使其转变为液体的过程。冷凝过程一般为放热过程。

在汽车空调制冷系统中，制冷剂在冷凝器中由气态凝结为液态的过程就是一个冷凝过程，同时放出热量，放出的热量由冷却空气带走。

2. 制冷剂与冷冻机油

（1）制冷剂 制冷剂也称冷媒或者雪种，目前汽车空调系统中常用的制冷剂有 R12、R-134a 两种。其中字母 "R" 是 Refrigerant（制冷剂）的简称。制冷剂的种类很多，十分庞杂，只要是在空调制冷系统中能进行气液两相转换的物质，均可作为空调制冷系统的制冷剂。

1）R12。制冷剂 R12 的学名为二氯二氟甲烷，分子式为 CCl_2F_2，R12 中第一位数字 1 表示甲烷衍生，第二位数字 2 表示氟的原子数。由于 R12 对大气臭氧有破坏作用，并且会导致温室效应，2006 年我国全面禁止使用。R12 的特点如下：

① R12 具有较好的热力性能，冷凝压力较低。

② R12 是一种无色、无味、透明、几乎无毒性的制冷剂，但在空气中含量（体积分数）超过 80% 时会引起人的窒息。

③ R12 不会燃烧，也不会爆炸。

④ R12 对金属无腐蚀作用。

⑤ R12 能溶解多种有机物。

⑥ R12 液体能与矿物润滑油以任意比例互相溶解。

⑦ R12 是 2000 年之前应用较广泛的中温制冷剂，适用于中、小型制冷系统。

⑧ R12 对大气臭氧层有破坏作用。

2）R134a。R134a 学名为四氯乙烷（CH_2FCF_3），也可记为 HFC-134a。由于 R134a 具有温室效应，《蒙特利尔议定书》中规定中国 2030 年要全面禁止使用。

R134a 具有与 R12 不同的化学性质和物理性质。因此，R134a 空调系统在结构和材料上都与 R12 空调系统有很大的区别：

① R134a 无色、无味、不燃烧、不爆炸，基本无毒性，化学性质稳定。

② 不破坏大气臭氧层，在大气中停留时间短，温室效应影响小。

③ 分子直径比 R12 略小，易通过橡胶向外泄漏，也较容易被分子筛吸收。

④ 黏度较低，流动阻力小。

⑤ 吸水性和水溶解性比 R12 高。

⑥ 与矿物油不相溶，与氟橡胶不相溶。

⑦ 饱和蒸气压与 R12 接近，在 18℃ 左右两者具有相同的饱和压力值；在低于 18℃ 的温度范围内，R134a 的饱和压力值比 R12 略低；在高于 18℃ 的温度范围内，R134a 的饱和压力值比 R12 略高。

⑧ 蒸发潜热高，定压比热大，具有较好的制冷能力。质量流量小，制冷系统与 R12 相当或较之略小。

R12 具有与 R134a 不同的性质，二者不能混用。在空调系统改变制冷剂时，需对空调系统的相关部件做相应的改动后才可以改变制冷剂的种类。

（2）冷冻机油　在空调制冷系统中必须要加注一定量的冷冻机油后才可以运行，冷冻机油的主要作用是润滑、冷却、密封、降低噪声。

1）对冷冻机油性能的要求如下：

① 冷冻机油的凝固点要低，在低温下具有良好的流动性。

② 冷冻机油应具有一定的黏度，且受温度的影响要小。

③ 冷冻机油与制冷剂的溶解性能要好。

④ 冷冻机油的闪点温度要高，具有较高的热稳定性，即在高温下不氧化、不分解、不结胶、不积炭。

⑤ 冷冻机油的挥发性要差。

⑥ 冷冻机油的化学性质要稳定。

⑦ 冷冻机油应无水分。

2）冷冻机油的种类。冷冻机油主要有矿物油和合成油两大类。国内冷冻机油的牌号有 4 种，即 13 号、18 号、25 号和 30 号。牌号越大，其黏度也越大。进口冷冻机油一般有 SUNISO3GS ~ SUNISO5GS 牌号。

3）使用注意事项如下：

① 不允许向系统添加过量机油，否则会影响汽车空调制冷系统的制冷量。

② 不能使用变质浑浊的机油，否则会影响压缩机的正常运转。

③ 冷冻机油易吸水，用后应马上将盖拧紧。

④ 在加注制冷剂时，应先加机油，然后再加注制冷剂。

⑤ 在排放制冷剂时要缓慢进行，以免冷冻机油和制冷剂一起喷出。

⑥ 更换制冷系统部件时，应适当补充一定量的机油。

⑦ 不同性质的制冷剂应该选用不同的冷冻机油，例如 R12 制冷剂和矿物油配合使用，R134a 制冷剂和合成油配合使用。

3. 制冷系统基本结构

目前常用的汽车空调制冷系统有膨胀阀式和节流膨胀管式两种，主要由压缩机、冷凝器、储液干燥器（或集液器）、膨胀阀（或节流膨胀管）、蒸发器、鼓风机、散热风扇、制冷管道及制冷剂等组成，其装配关系如图 3-91 所示。

（1）压缩机　压缩机是汽车空调制冷装置的"心脏"、动力元件，用来压缩和输送制冷剂。

（2）冷凝器　冷凝器是一种热交换器，是把来自压缩机的高温高压气体通过管壁和翅片将其中的热量传递给冷凝器周围的空气。它的作用和原理正好与蒸发器相反。

（3）蒸发器　蒸发器也是一种热交换器，它利用从节流装置来的低温低压的液态制冷剂蒸发时吸收周围空气中的大量热量，从而达到车内降温的目的。

（4）节流装置　节流装置有热力膨胀阀、节流孔管等类型，是汽车制冷中的重要部件，起到节流降压、调节流量、防止"液击"和防止异常过热的控制作用。

（5）辅助控制元件　空调系统中辅助控制元件有很多，主要包括干燥器（储液干燥器或集液干燥器）、控制电路板、各种阀、各种开关、管路、视镜以及各种指示器和控制仪表

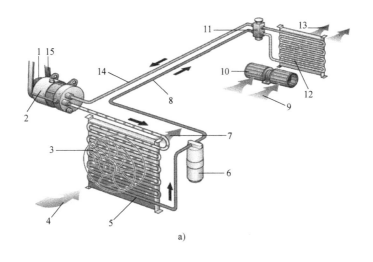

a)

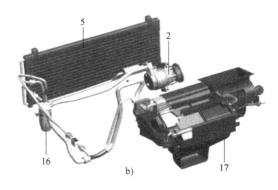

b)

图 3-91　汽车空调制冷系统的组成

a）膨胀阀式空调系统的组成　b）节流膨胀管式空调系统的组成

1—带轮及电磁离合器　2—压缩机　3—轴流式冷却风机　4—车外冷空气　5—冷凝器　6—储液干燥器
7—热空气（吹向发动机）　8—高压管路　9—车内热空气　10—离心式冷却风机　11—节流膨胀阀
12—蒸发器　13—冷空气（吹入车内）　14—低压管路　15—压缩机传动带　16—吸气储液器　17—蒸发器总成

等。它们的作用是提供必要的条件保证系统得以正常的工作。

4．制冷系统工作原理

空调制冷系统是利用液态制冷剂汽化吸热产生冷效应，其工作原理如图 3-92 所示。

制冷系统工作时，制冷剂以不同的状态在这个密闭系统内循环流动，每一循环需进行四个基本过程。

（1）压缩过程　汽车空调制冷系统工作时，空调压缩机将蒸发器送来的低温低压气体压缩为高温高压气体。压缩机把从蒸发器出来的 0℃、0.15~0.2MPa 气态制冷剂变成 70℃、1.0~1.5MPa 过热制冷剂气体并送往冷凝器冷却降温。

（2）冷凝放热过程　高温高压气态的制冷剂流经冷凝器，在这里通过与流动的空气进行热交换，把热量散发出去。在冷凝器里，过热气态制冷剂受到空气冷却，变成 40℃、1.0~1.2MPa 过冷液态制冷剂，流经冷凝器的空气温度上升。

（3）膨胀节流过程　液态的制冷剂流经节流减压装置，在其节流的作用下，急剧降压

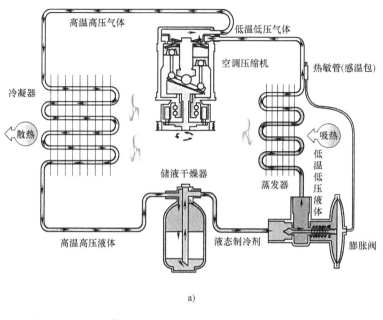

a)

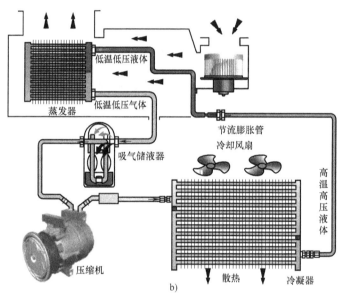

b)

图 3-92　制冷系统工作原理示意图

a）膨胀阀式制冷系统工作循环　b）节流膨胀管式制冷系统工作循环

降温，汽化膨胀，变为低温低压的气液混合体（雾状）。冷凝后的液态制冷剂经过膨胀阀后体积变大，其压力和温度急剧下降，变成-5℃、0.15~0.2MPa 的湿蒸气，以便进入蒸发器中迅速吸热蒸发。

（4）蒸发吸热过程　低温的制冷剂随后在蒸发器吸热（流经蒸发器、进入车内的空气在这里被冷却），变为低温低压的气体。-5℃、0.15~0.2MPa 的湿蒸气不断吸收热量而汽化，转变成 0℃、0.15~0.2MPa 的气态制冷剂，使流过蒸发器的空气温度下降。气态的制冷剂又被吸进压缩机，开始下一个循环的工作。

这样，制冷剂在空调压缩机的驱动下，在空调系统内不停地循环流动，流经蒸发器吸收热量，流经冷凝器散发热量，满足了汽车的制冷要求，如图 3-93 所示。

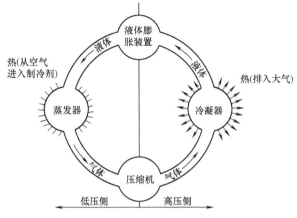

图 3-93　制冷系统循环流程图

3.6.3　汽车空调供暖系统的组成与工作原理

现代空调已经发展成为冷暖一体化装置，除了制冷系统以外，供暖系统也是汽车空调的一个重要组成部分。本节在相关理论知识的引导下，将介绍汽车空调供暖系统的结构和工作原理。

1. 汽车空调供暖系统的功用

1）在冬季向车内提供暖气，提高车内环境温度。

2）当车上玻璃结霜和结雾时，可以输送热风来除霜和除雾。

3）能与蒸发器一起将空气调节到乘员感觉舒适的温度。

2. 汽车空调供暖系统的分类

（1）按获得热量的来源分类

1）水暖式暖风系统：利用发动机冷却液的热量，称为水暖式暖风系统。

2）独立燃烧式暖风系统：安装专门燃烧机构，称为独立燃烧式暖风系统，这种形式多用于商用车或者大型客车上。

3）综合预热式暖风系统：既采用发动机冷却液的热量，又装有燃烧预热器的综合加热装置，称为综合预热式暖风系统，这种形式多用于商用车。

4）气暖式暖风系统：利用发动机排气系统的热量，称为气暖式暖风系统，这种形式多用于风冷式发动机上。

（2）按空气循环方式不同分类

1）内循环式：内循环是指利用车内空气循环，将车室内部空气作为热载体，让其通过热交换的方式升温，升温后的空气再进入驾驶室内供乘员取暖。

2）外循环式：外循环是指利用车外空气循环，全部利用车外新鲜空气作为热载体，通过热交换，使升温后的空气进入驾驶室内供乘员取暖。

3）内外混合式：内外混合式是指既引进车外新鲜空气，又利用部分车内的原有空气，以车内外空气的混合体作为热载体，通过热交换升温，向驾驶室内供暖。

3. 水暖式供暖系统的工作原理

轿车、载货汽车和小型客车经常利用发动机冷却循环水的余热供热，将其引入热交换器，由鼓风机将车厢内或车外部空气吹过热交换器而使之升温。

如图 3-94 所示，水暖式暖气装置工作原理是：通过发动机上的冷却水控制阀将分流出来的一路冷却水送入暖风机的加热器芯子，放热后的冷却水经加热器出水管流回发动机；冷空气被加热器鼓风机强迫通过加热器芯子，被加热后，由不同的风口吹入车厢内，进行风窗除霜和取暖；另一路冷却水通过水箱进水管进入水箱，降温后经水箱出水管回到发动机。通过控制冷却水控制阀的开闭和流水量大小，可调节暖风机的供热量。

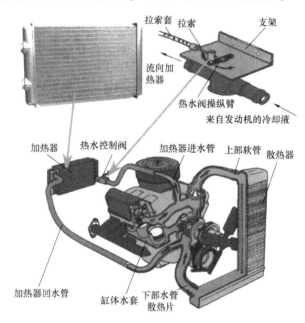

图 3-94　水暖式加热系统

4. 气暖式供暖系统的工作原理

利用发动机排气管中的废气余热或冷却发动机后的灼热空气作为热源，通过热交换器加热空气，把加热后的空气输送到车厢内取暖的装置，称为气暖式暖气装置。

如图 3-95 所示，在发动机排气管装一段肋片管，管外套上外壳，废气通过肋片传热，加热夹层中的空气，在鼓风机作用下，将空气加热后送入车室。

5. 独立燃烧式汽车空调供暖系统

目前大客车普遍采用独立燃烧式取暖装置，其热容量大，热效率可达80%。一般可使用煤油、轻柴油作燃料。

这种装置通常由燃烧室、热交换器、供给系统和控制系统四部分组成。

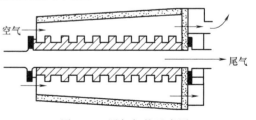

图 3-95　尾气加热示意图

如图 3-96 所示，燃油和空气在燃烧室中混合燃烧，加热发动机的冷却液，加热后的冷却液（热水）进入加热器芯向外散热，降温后返回发动机再进行循环。供给系统包括燃料供给系统、助燃空气供给系统和被加热空气供给系统三个部分。

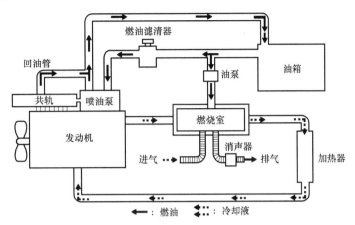

图 3-96　空气加热独立燃烧式暖气装置

3.6.4　汽车空调通风、配气系统的组成与工作原理

在相对封闭的汽车车厢内，只有温度的调节是不能满足舒适度要求的。现代汽车空调不仅能制冷、供暖，还能实现通风、新鲜空气的补充以及对狭小的车厢内部空间的气流进行调配。

1. 汽车空调通风系统的工作原理

如图 3-97 所示，汽车空调通风系统是在汽车运行中从车外引入一定量的新鲜空气，并将车内的污浊空气排出车室外，同时还可以防止车窗玻璃结霜。

汽车空调对新鲜空气的要求是：换气量 $\geqslant 20m^3/h\cdot$ 人，$CO_2<0.03\%$，风速 $\approx 0.2m/s$。

通风系统有三种不同的方式，分别是自然通风、强制通风和综合通风。

1）自然通风：车辆运动所产生的空气压力使车厢外部的空气进入车内。车辆行驶时，某些部位产生正压力，某些部位产生负压力，因此，进气口一般安装在产生正压力的部位，而排气口则安装在产生负压力的部位。

2）强制通风：利用风扇装置迫使空气进入车厢内部。进气口和排气口的安装位置与自然通风装置相同。强制通风装置一般与汽车供暖系统或制冷装置一起装备和使用。

3）综合通风：是指一辆汽车上同时采用自然通风和强制通风。采用综合通风系统的汽车比单独采用强制通风或自然通风的汽车结构要复杂得多。最简单的综合通风系统是在自然通风的车身基础上，安装强制通风扇，根据需要可分别使用和同时使用。这样，基本上能满足各种气候条件下的通风换气要求。

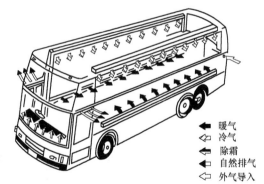

图 3-97　汽车空调通风系统示意图

2. 汽车空调空气净化装置

进入车内的空气由车外新鲜空气和车内再循环空气组成。车外空气受到粉尘、烟尘以及汽车尾气中的 CO、SO_2 等有害气体的污染，车内空气受到乘客呼出的 CO_2、人体汗味以及漏入车内的废气污染，这些因素降低了进入车内空气的洁净度。汽车空调空气净化装置的功能就是除去这些有害气体及粉尘，使车内保持清洁舒适的空气环境。

汽车空调系统采用的空气净化装置通常有空气过滤式和静电集尘式两种。

空气过滤式空气净化装置在空调系统的送风和回风口处设置空气滤清装置，它仅能滤除空气中的灰尘和杂物。其结构简单，只需定期清理过滤网上的灰尘和杂物即可，故广泛用于各种汽车空调系统中。

如图 3-98 所示，静电集尘式空气净化装置则是在空气进口的过滤器后再设置一套静电集尘装置或单独安装一套用于净化车内空气的静电除尘装置。它除具有过滤和吸附烟尘等微小颗粒的杂质作用外，还具有除臭、杀菌、产生负氧离子以使车内空气更为新鲜洁净的作用。

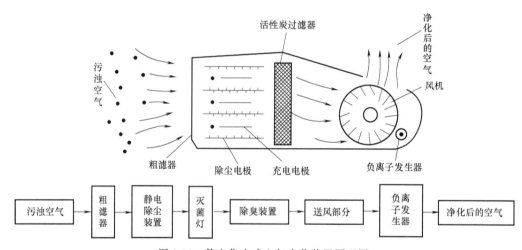

图 3-98　静电集尘式空气净化装置原理图

3. 汽车空调配气系统

（1）汽车空调配气系统的基本组成结构　如图 3-99 所示，汽车空调配气系统的零部件都在汽车空调的空气分配箱里面，空气分配箱的位置一般在车辆的仪表盘下面，通常由三部

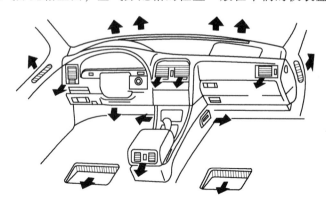

图 3-99　汽车空调的出风口位置分布图

分构成：

1）空气进入段，主要由用来控制新鲜空气和室内循环空气的风门叶片和伺服器组成。

2）空气混合段，主要由加热器、蒸发器和调温风门组成，用来提供所需温度的空气。

3）空气分配段，使空气吹向面部、脚部和风窗玻璃。

汽车空调配气系统的工作过程（见图3-100）如下：新鲜空气+车内循环空气→进入风机→空气进入蒸发器冷却→由风门调节进入加热器的空气→进入各吹风口。

汽车空调配气系统中的风门的驱动方式一般有三种，即手动空调利用的是拉线控制，半自动空调利用的是真空控制，自动空调利用的是伺服电动机控制。

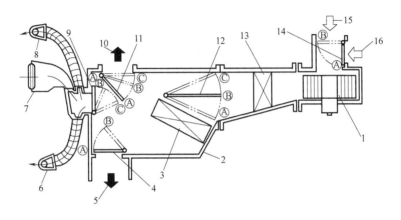

图 3-100　汽车空调配气系统的工作过程

1—风机　2—空调器外壳　3—加热器芯　4—下风门　5—下风口　6、8—侧风口　7—中风口　9—中风门　10—上风口

11—除霜门　12—调温门　13—蒸发器　14—外来空气口　15—外来新鲜空气　16—车内循环空气口

（2）汽车空调配气系统典型的配气方式

1）空气混合式配气系统（见图3-101a）。空气混合式配气系统的优点是能节省部分冷气量，缺点是冷、暖风不能均匀混合，空气处理后的参数不能完全满足要求，即被处理的空气参数精度较差。

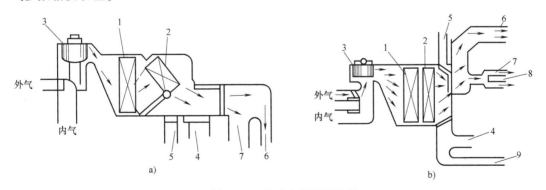

图 3-101　汽车空调送风流程

a）空气混合式　b）全热式

1—蒸发器　2—加热器　3—风机　4—暖风出风口　5—除霜出风口　6—中心出风口　7—冷风出风口

8—侧向出风口　9—尾部出风口

2）全热式配气系统（见图 3-101b）。全热式与空气混合式的区别在于由蒸发器出来的冷空气全部直接进入加热器，两者之间不设风门进行冷、热空气的风量调节，而使冷空气全部进入加热器再加热。

全热式配气系统的优点是被处理后的空气参数精度较高，缺点是浪费一部分冷气。

3）半空调配气系统（见图 3-102）。新鲜空气和车内循环空气经风门调节后，先经过风机吹进蒸发器进行冷却，然后由混合风门调节，一部分空气进入加热器，冷气出口不再进行调节。

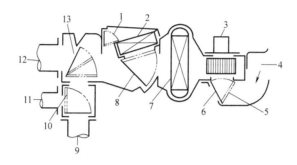

图 3-102　半空调配气系统

1—限流风门　2—加热器芯　3—风机　4—新鲜空气入口　5—新鲜/再循环空气风门　6—再循环空气风口

7—蒸发器芯　8—混合风门　9—至面板风口　10—A/C 除霜风门　11—至除霜器风口

12—至底板风口　13—加热除霜口

3.6.5　控制电路的组成及工作过程分析

将汽车空调的控制与保护元件用电路连接起来，即构成汽车空调的控制系统，如图 3-103 所示。

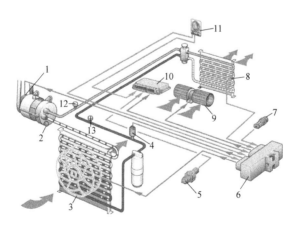

图 3-103　汽车空调控制系统示意图

1—电磁离合器　2—压力安全阀（也称减压安全阀、卸压阀）　3—冷凝器风扇　4—空调三功能开关（高、中、

低压组合开关）　5—冷却液温度开关（5V）　6—散热风扇控制单元 J293　7—散热风扇双温开关

8—蒸发器温度开关　9—蒸发器风机　10—发动机控制单元　11—空调开关（A/C 开关）

12—低压侧检测维修阀　13—高压侧检测维修阀

不同车型，其空调的控制电路有所不同；即便是同一车型，因有手动空调与自动空调之分，其控制电路也是不同的。但自动空调是由手动空调演变而来的，手动空调的基本控制原理大体相同，都是由风机控制电路、压缩机电磁离合器控制电路、风扇电动机控制电路、暖风系统控制电路、发动机转速与温度控制电路、空调系统保护电路等组成，本节主要介绍手动空调的控制电路。

1. 汽车空调基本控制电路

图 3-104 为汽车空调的基本控制电路。

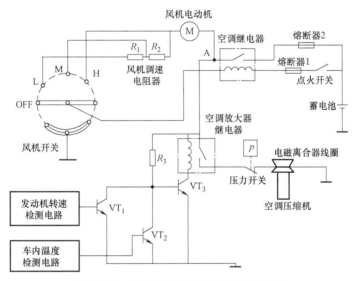

图 3-104　汽车空调基本控制电路原理图

（1）电源电路　电源电路的电流走向：蓄电池正极点火→点火开关→熔断器 1→空调继电器→电磁线圈→风机开关（不能在 OFF 档位）→搭铁→蓄电池负极。

空调继电器电磁线圈通电后，其常开（又称动合）触点吸合，于是有电源电流流过。其电流走向：蓄电池→熔断器 2→已经处于吸合状态的空调继电器触点，之后在 A 点分为两路，一路到风机，一路到压缩机电磁离合器线圈。

（2）风机电路　风机电路的电流走向：蓄电池正极→熔断器 2→空调继电器触点（已经闭合）A 点→风机→电动机→风机开关→搭铁→蓄电池负极。因风机开关位置不同，分为以下几种情况：

1）风机开关处于 OFF 档：由于空调继电器电磁线圈断路，空调继电器触点断开，无电源电流，风机与压缩机均停转。

2）风机开关处于 L 档：蓄电池正极→熔断器 2→空调继电器 A 点→风机电动机→R_2R_1→风机开关（L 档）→搭铁→蓄电池负极。此时，风机电路中电阻最大，风机转速最低，风量最小。

3）风机开关处于 M 档：蓄电池正极→熔断器 2→空调继电器 A 点→风机电动机→R_2→风机开关（M 档）→搭铁→蓄电池负极。此时，风机电路中电阻最小，风机转速居中，风量居中。

4）风机开关处于 H 档：蓄电池正极→熔断器 2→空调继电器 A 点→风机电动机→风机

开关（H档）→搭铁→蓄电池负极。此时，风机电路中电阻最小，风机转速最高，风量最大。

（3）电磁离合器电路　在点火开关置于点火位置、风机开关开启、空调放大器继电器触点吸合、压力开关闭合（若电磁离合器控制电路还串有其他控制开关，其触点也应处于闭合状态）的情况下，压缩机才能工作。其电流走向：蓄电池正极→熔断器2→空调继电器A点→空调放大器继电器→压力开关→电磁离合器→线圈→搭铁→蓄电池负极。

（4）发动机转速控制电路　为了避免发动机低速时接入空调后引起发动机熄火或发动机过热现象，一般空调系统都设有发动机转速控制电路。其工作原理是：发动机转速检测电路将点火线圈传来的点火脉冲信号转变成一个连续变化的电压信号，且发动机转速越低，该电压就越高。

当发动机转速低于规定值（如800r/min）时，该电压便上升使VT_1导通，VT_1导通则VT_3截止，空调放大器继电器电磁线圈断电，触点断开，电磁离合器线圈断电，压缩机停止工作。当发动机转速上升到高于规定值时，转速检测电压又下降，使VT_1截止，VT_3导通（假设此时VT_2也截止），空调放大器继电器线圈通电，触点吸合，电磁离合器线圈恢复通电，压缩机又开始工作。

（5）温度控制电路　空调系统工作时，当蒸发器表面温度下降到一定值时，其表面就会结霜或结冰，这将影响蒸发器的热交换效率，造成制冷能力下降，因此设有温度控制电路。温度控制电路的传感器是一个具有负温度系数的热敏电阻，它安装在蒸发器出风口处，检测蒸发器出风口的冷风温度。

蒸发器出风口冷风温度越低，热敏电阻阻值就越大，输入到温度检测电路后，产生的转换电压就越高。当蒸发器出风口结霜或结冰时，温度转换电压便升高到使VT_2导通，于是VT_3截止，空调放大器继电器电磁线圈断电，触点断开，电磁离合器线圈断电，压缩机停转。当蒸发器表面温度回升后，温度转换电压又下降到使VT_2截止，于是VT_3导通（假设此时VT_1也截止），空调继电器电磁线圈恢复通电，触点吸合，电磁离合器线圈通电，压缩机又开始工作。如此周而复始，将车内温度控制在适宜范围之内，以防止蒸发器结霜或结冰。

2. 自动空调控制电路

对于手动空调而言，驾驶人必须有意地控制进气门、模式门、调温门（混风门）、风机档位开关（转速），进而直接拉动或由电动机带动相应阀门工作，实现对空调系统工作状态的控制。

自动空调系统设置各种传感器、执行器和控制单元，只要驾驶人选定好目标温度，并把功能控制开关调整到"自动"档，则不管外界环境状况如何变化，自动空调系统都能为达到目标温度自动工作（内外循环空气、冷暖风比例、出风模式、风机转速等均为自动控制）。

另外，自动空调系统还具有故障自诊断功能，能随时监控自动空调系统的工作状况，便于故障的诊断与排除。

3.6.6　电动汽车空调

与传统汽车不同，电动汽车主要能源电池，除保障汽车运行外，还需要为空调系统提供能量。传统汽车利用废热可以更容易地加热内部空间，而电动汽车由于缺乏可供使用的热机

废热，汽车所需的能量水平被进一步推高。同时，为防止汽车电池过热还需要额外的制冷机制，这又导致了能耗的进一步提升，也突出了一个适宜的空调系统的重要性。

1. 电动汽车空调种类

电动汽车空调主要分为电动热泵式空调、太阳能供电空调、电动压缩式制冷和电加热供暖空调、冷热联合储能式空调、磁制冷空调。

（1）电动热泵式空调　电动机带动压缩机工作，与家用空调工作方式近似，具有冷暖功能，工作效率比较高，但低温制热能力受到条件限制，还需要进一步改进。

（2）太阳能供电空调　由太阳能电池发电，存储在蓄电池中，作为空调的动力来源，空调其余工作方式与电动热泵式空调相同。同时，布置在车体表面的光伏电池，阻挡了阳光对车体的直接照射，使得车内温升更小，降低了空调的制冷能力需求。

（3）电动压缩式制冷和电加热供暖空调　这种空调是将制冷和制热分开，由 PTC（正温度系数热敏电阻）作为加热装置，以电动空气压缩机制冷。一个明显缺陷是 PTC 热效率比较低，大约只有压缩机供暖的 50% 左右。

（4）冷热联合储能式空调　这种空调是在车上安放装置，储存本身具备制冷（夏天）或者制热（冬天）能力的介质，电力只作为这些介质在车内循环的动力。这种方式制冷或者制热的能力有限，自身储存的能力用光后，就必须更换介质，才能重新具备相应能力。介质占用大量车内空间，不是理想的控温方式。

（5）磁制冷空调　磁制冷是一种利用磁性材料的磁热效应来实现制冷的新技术，这种冷却技术基于磁热效应，包含以下现象：向磁热材料施加磁场时，它的温度会改变。所施加的磁场使磁偶极对齐，从而带来温度的升高。移除磁场后，原子重新变得无序，材料随即冷却。目前这种技术在电动汽车供暖和空调系统中的应用仍处于研究阶段。

2. 电动汽车空调与传统汽车空调的区别

传统汽车空调，由发动机直接带动压缩机工作；而电动汽车空调，动力来源是动力蓄电池，通过电动机带动压缩机工作。这就带来了一系列的不同之处，如图 3-105 所示。

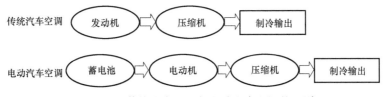

图 3-105　传统汽车空调与电动汽车空调的区别

1）传统汽车空调由于直接由发动机带动，当车速降低时，空调的制冷性能也会随之下降。停车后，若发动机停转，则空调无法工作，因而，想要停车使用空调，车辆必须特意为空调保持在怠速状态。

对电动汽车来说，只要电源保持接通状态，空调的使用与车辆本身是否行驶没有关系。

2）传统汽车中发动机的波动会直接传导到压缩机，造成压缩机效率低下。有调查称，压缩机效率好坏的差距可以达到 70%。

电动汽车的空调则不存在这个问题，电池电源可以提供稳定的功率支持，使压缩机保持在最佳工作状态。

3）电动汽车直接以电力作为电源，使得空调控制器可以发挥作用，实现变频调控，达

到精益节能的目的。

空调在电动汽车上的使用比在传统汽车车上效率已经有了很大提高，尤其是电动热泵式空调，更是给人们进一步提升空调效率带来了希望。

3. 冷暖双模式电动热泵式空调系统工作原理

热泵型空调器是在单冷型空调器的基础上，增加了利用热泵制热的原理而获得制热功能的空调器，在系统中至少增加了一个电磁四通换向阀。电加热型空调器是在冷风型空调器的基础上增加了采用电热原理制热的加热器。电加热器可以是金属丝、合金丝等电阻发热元件，也可以是陶瓷发热元件。上述两种空调器都属于冷暖两用空调器，两者的区别在于制热方式和原理不同。

利用热泵原理制热是一种节能的供暖方式。热泵式空调器制热时的能效比较大，即制热量与耗电量的比值较大，一般可达 2.5 以上，如当耗电功率为 600W 时，室内获得的热量可以在 1500W 以上，因此可以省电。但当室外环境温度较低时，热泵式空调器制热效率会明显降低。以环境温度 7℃ 时制热能力计为 100%，当环境温度为 0℃ 时，制热能力降为 82%，因此热泵式空调器一般运行在 5~43℃，如果有自动融霜功能，则可以在 -5~43℃ 运行。

其简要工作原理如下：

（1）温控过程开始 整车控制器按照驾驶人指令，设定空调工作状态。空调控制器接收整车控制器的指令，切换工作模式。

（2）制冷模式 低温低压制冷剂经过压缩机，被压缩为高温高压的热蒸气；热蒸气流向车室外换热器，在风扇的助力下，将热量散发到车外比自己温度低的空气中；这样，高温高压的制冷剂变成了低温高压的冷凝液体回流到车室内换热器；经历蒸发吸热过程，吸收车内热量，制冷剂汽化成低温低压气体，循环至压缩机入口。制冷剂把热量从车内一次次地带到车外，如图 3-106 所示。

（3）制热模式 制热过程正好相反，当系统处于制热模式时，低温低压气体被送入压缩机，被压缩成高温高压热蒸气；热蒸气流向车室内换热器，散发热量，制冷剂冷凝成低温高压液体；低温高压液体流往车室外换热器，吸收热量，汽化成低温低压气体，再次来到压缩机入口，如图 3-107 所示。

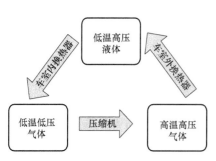

图 3-106　冷暖双模式电动热泵
式空调制冷工作原理

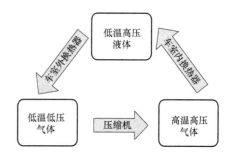

图 3-107　冷暖双模式电动热泵
式空调制热工作原理

热泵式空调，其本质就是热量在不同空间之间的运输，换向四通阀和双向膨胀阀是冷热

一体化的关键部件，也是故障率较高的部件。

热泵式空调是目前最理想的汽车控温方式，但其自身也存在着明显的局限性，如效率仍然不尽如人意、低温制热性能有待提高等。

4. 电动压缩式制冷和电加热供暖空调系统

压缩机空调，把热量从封闭空间内转移到外面，或者把热量从外面带入封闭空间，过程中不会有热量生成，而只是热量的转移。

电动汽车上的压缩机空调，逻辑上受到整车控制器（VCU）的管理，其具体实现形式多种多样，此处只以一种典型形式说明它的详细工作过程。

（1）电气工作过程　从电气角度看，压缩机空调主要由以下几个部分组成：空调控制器、压缩机及热力学系统、压缩机用电动机及其控制器、通信模块、温度压力传感器，如图3-108所示。

把车载空调的电气系统分作两部分看待，即高压部分和低压部分。如图3-109所示，DC+和DC−是高压电源，直接接入压缩机电动机控制器。图中"空调继电器"是空调控制器的电源开关。

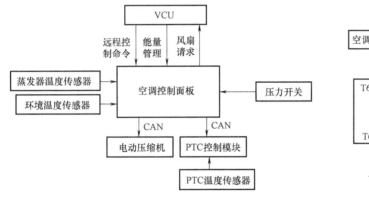

图3-108　压缩机空调系统组成示意图

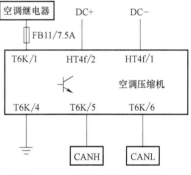

图3-109　车载压缩机空调的电气基本结构图

（2）逻辑关系　空调低压部分受VCU控制，VCU通过控制12V电源回路"空调继电器"来控制整个空调的通断；通过CAN总线向空调控制器传递命令信息，设置工作温度目标值；空调控制器向VCU反馈空调工作状态信息，包括强电回路开关通断信息、压缩机压力、压缩机进出口温度。

空调压缩机高压电源来自车载DC/DC变换器，空调控制器通过接触器触发端口控制电源回路上接触器的通断，继而控制压缩机电动机的工作状态。

压缩机和为它提供动力的电动机及电动机控制器集成到一起，空间相对狭小，空间内的电磁干扰常常是受控电动机误动作的原因。

压缩机电动机一般选用永磁同步电动机或者永磁直流无刷电动机，这是因为它们体积小，控制简单。电动机的转速根据需要，可以大范围调节。

电动汽车点火开关旋至"ON"档，若此时打开空调"A/C"开关，空调则可以开始工作。

（3）制冷制热量的调节　空调控制器闭合高压回路接触器，压缩机则进入工作状态。乘客通过调节风量和温度设置按钮调节车室内温度。风量越大，从冷凝器带入车室内的热量越多，要求压缩机的功率越大。设置的温度与当前温度差距越大，要求压缩机的功率越大。

空调控制器通过控制电动压缩机的电动机转速，达到控制制冷制热量的目的。电动机转速提高，压缩机相应的运转速度提高，制冷剂流量上升，制冷量则提高。

（4）物理工作过程　从物理角度看，空调的五大必备组成部分包括蒸发器、冷凝器、压缩机、膨胀阀和四通电磁阀。四通电磁阀是切换制冷模式和制热模式的转换开关，如图3-110所示。

制冷模式可以看作空调系统把蒸发器放置在车室内，让制冷剂蒸发吸热，带走室内热量；热量通过循环管道被带到室外，由冷凝器把这部分热量以冷凝放热的方式释放到室外的空气中。

制冷剂从室内吸热，变成室温低压气体；经过压缩机升压，成为高温高压气体，流入室外冷凝器（图3-110中车室外换热器），经历放热过程，气体冷凝成为液体；高压液体流入膨胀阀，部分汽化吸热，制冷剂变为低温低压湿蒸气；湿蒸气进入车室内蒸发器，进一步汽化吸热，形成室温气体，回到压缩机。

制热是制冷的逆过程，在双向热泵中，通过电磁阀换向来实现，相当于把冷凝器放到车室内，蒸

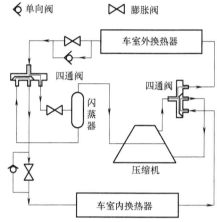

图 3-110　车载压缩机空调
部件组成原理图

发器放到车室外。但在实际应用中，很少单独使用压缩机制热，而是借用其他发热设备提供热源，再借助空调系统使热量向车室内均匀流动，如用 PTC 电加热，或者利用电动机控制器的冷却水加热。车载压缩机空调的制热能力还有待进一步提高。

小　结

1. 直流电动机的作用是产生电磁转矩，传动机构的作用是将转矩传给发动机，控制装置的作用是控制电动机的工作过程。

2. 影响起动机功率的主要因素：①蓄电池容量的影响；②环境温度的影响；③接触电阻和导线电阻。起动机基本参数选择包括起动机功率选择、传动比选择、蓄电池容量选择。

3. 照明系统的功用：保证汽车夜间行车的安全及提高其行驶的速度。按其安装位置和用途不同可分为外部照明设备和内部照明设备。外部照明设备包括前照灯、雾灯、示廓灯、转向信号灯、牌照灯（尾灯）等。内部照明设备包括室内灯（顶灯）、仪表照明灯（仪表灯）、工作灯等。

4. 汽车空调系统是实现对车厢内空气进行制冷、加热、换气和空气净化的装置。汽车空调的功能：调节车内的温度、湿度、空气流速；过滤、净化车内的空气。空调制冷系统由压缩机、冷凝器、蒸发器、节流装置、辅助控制元件等组成。空调的制冷过程经历压缩过程、冷凝放热过程、膨胀节流过程和蒸发吸热过程，四个过程循环往复进行。

习　题

1. 串励式直流电动机负载变化时是如何自动调节转矩的？

2. 起动机特性有哪些？影响起动机功率的因素有哪些？

3. 起动机选型基本参数有哪些？该怎样计算？

4. 什么是卤钨灯再生循环原理？

5. 简述 HID 灯的定义及发光原理。

6. 简述 LED 灯的定义及发光原理。

7. 汽车信号装置的组成有哪些？

8. 汽车空调系统的作用是什么？有哪些种类？

9. 汽车空调制冷系统是如何制冷的？制冷循环经历了哪几个过程？

10. 电动汽车空调主要分为几类？电动汽车空调与传统汽车空调的主要区别有哪些？

11. 简述电动热泵式空调的工作原理。

第4章

汽车整车电路

 学习目标

1. 掌握汽车总电路的组成和特点
2. 掌握汽车电路的表示和分析方法
3. 掌握汽车全车电路的构成及各部分的作用
4. 掌握汽车电路导线的连接方法和导线的种类、作用及特点
5. 掌握汽车电路中开关、电路保护器件、继电器等的作用、结构及连接方法
6. 了解中央接线盒的作用和连接方法

4.1 汽车总电路的组成和特点

导 入

1796 年意大利科学家沃尔兹发明了世界上第一块蓄电池，这项技术的发明为汽车的诞生和发展带来了历史性的转折。在 1859 年法国著名物理学家普兰特发明铅酸蓄电池后，为汽车的用电创造了条件，也为后来汽车的电器与电子控制技术打下了坚实的基础。而现代汽车的主要技术革新都是围绕电器和电子控制技术，电器设备的连接和电子控制系统的元件连接就构成了电路，这样汽车电路的设计就变得尤为重要和复杂。

汽车电路图简介

4.1.1 汽车总电路的组成

汽车电路就是用导线和车体把电源、电路保护装置、控制器件及用电设备等装置连接起来，构成能使电流流通的路径，如图 4-1 所示。

汽车电路作为一个完整的电路，必须有电源、导体和负载三部分，具体由电源、电路保护装置、控制器件、用电设备、中央配电盒及连接导线组成。

（1）电源　由蓄电池、发电机、调节器及工作状况指示装置（电流表、电压表、充电指示灯）等组成。在汽车电路中蓄电池与发电机并联工作，发电机是汽车的主要电源，蓄电池是辅助电源。发电机配有调节器，其主要作用是在发电机转速升高到一定程度时，自动调节发电机的电压并使其保持稳定。在发动机运转时，发电机将发动机的机械能转变为电能，输出的电能补充蓄电池消耗的电能，蓄电池同时可吸收电气系统内各种波动电压，起到

平抑电压的作用，保证汽车各用电设备在不同情况下都能投入正常工作。

（2）电路保护装置　主要有熔断器（俗称保险丝）、电路继电器及易熔线等。其功能是在电路中起到保护作用。当电路中电流超过规定值时切断电路，防止烧坏用电设备和导线，防止车辆出现自燃。

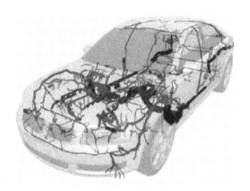

图4-1　汽车电路分布示意图

（3）控制器件　除了传统的手动开关、压力开关、温控开关外，现代汽车还大量使用电子控制器件，包括简单的电子模块（如电子式电压调节器等）和微机形式的电子控制单元（如发动机控制单元、自动变速器控制单元等）。电子控制器件和传统开关在电路上的主要区别是，电子控制器件需要单独的工作电源并需要配用各种形式的传感器。

（4）用电设备　汽车上的用电设备数量众多，大致可分为以下几个系统：起动系统、照明系统、信号系统以及辅助系统。

1）起动系统：其作用是起动发动机，主要由起动机、起动继电器、起动开关及起动保护装置组成。

2）照明系统：包括车内外各种照明灯，以提供夜间安全行车所必需的灯光照明。

3）信号系统：包括电喇叭、闪光器、蜂鸣器及各种信号灯，主要用来提供安全行车必需的信号。

4）辅助系统：包括电动刮水器、风窗洗涤器、空调系统、低温起动预热装置、收音机、点火器、防盗装置、玻璃升降器、座椅调节器等。辅助电器有日益增多的趋势，主要向舒适、娱乐、保障安全方面发展。

（5）中央配电盒　现代汽车一般均设有中央配电盒，汽车电气系统以中央配电盒为核心进行控制。大部分继电器和熔断器都安装在中央配电盒正面，当发生故障时，便于更换和维修。中央配电盒上一般标有线束和导线插接位置的代号及接点的数字号，主线束从中央配电盒背面插接后通往各用电设备。

（6）连接导线　连接导线在电路中连接电源和负载，起传输和分配电能的作用。连接导线通常是由铜、铝、银等金属导体制成，并用绝缘材料加以包装。汽车电路还以发动机的机体、车身及车架等金属部分作为电流的回路。

4.1.2　汽车电路的特点与发展方向

1. 汽车电路的特点

汽车总电路会由于各种车型的结构形式、电器设备的数量、安装位置、接线方法不同而各有差异，但一般都遵循以下原则：

（1）低压　汽车电路系统的电压低，有6V、12V、24V三种额定电压，一般中小型汽车普遍采用12V电路系统，一些重型汽车采用24V电路系统，有的重型汽车只有其柴油发动机系统采用24V电源，其他用电设备仍为12V电路系统，通过电源转换开关来改变电源的电压。汽车电器与电路系统采用低压的主要原因是在满足整车用电需求的前提下具有安

全、电源简单、蓄电池单格数可较少的优点。

（2）直流 汽车电路系统采用直流电是因为需要用蓄电池作为发动机电力起动的电源，蓄电池电能消耗后也必须用直流电充电，因此汽车上的电路系统一直都是直流电。

（3）并联单线 汽车上的用电设备都是并联连接。汽车发动机、底盘等金属体为各种电器的公共并联支路一端，而另一端是用电器到电源的一条导线，故称为并联单线。接成并联电路，能发挥两个电源的优越性：可以满足蓄电池工作的要求，能使任何一个用电设备的启用、停止非常方便；能保证每个用电器正常工作而互不干扰和限制电路的故障范围，便于电器设备的独立拆装和排除故障维护保养。但仍有少数电器设备与某一电路接成串联，如闪光器串接在转向灯电路之中等。

单线制具有节约铜线、减轻重量、简化电路、便于安装、减少电路故障并易于排除故障等优点，但对于某些个别电器设备，为保证其工作可靠，提高灵敏度，仍然采用双线连接方式，如发电机与调节器之间的接地，双线电喇叭、电子控制系统的电控单元及传感器等。

（4）负极搭铁 蓄电池、发电机及用电设备的一极直接与其安装位置的发动机、车身及车架等机体相连，称为"搭铁"。蓄电池负极与车体连接的为负极搭铁，蓄电池正极与车体连接的则为正极搭铁。我国规定汽车电气系统统一采用电源负极搭铁。

（5）网络控制 由于汽车智能化的要求，多数用电设备的工作电流控制已不是由单一的开关信号控制，而大多是由具有一定逻辑关系的多个信号来控制。这些控制构成一个网络，所以称为网络控制，即用电设备是否工作是由网络控制。实现网络控制主要是引入电子控制单元（ECU）。它连接着特定部位的传感器，每个传感器提供一路信号。在各种用电设备的工作电流控制中有些信号是共用的，所以汽车上各控制单元也要靠网络技术连接。随着智能汽车技术的发展，控制系统需要的信号越来越多，需要满足的关系越来越复杂，网络结构也在不断发展进步。

2. 现代汽车电路系统发展方向

（1）汽车电路系统电压升级 现代汽车技术进步的一个显著标志是汽车电器设备和电子控制装置的迅速发展。但是随着汽车用电设备的增多，其用电量也相应增加，传统的12V电路系统已逐渐显得不堪重负，主要问题如下：

1）低电压发电机所能提供的极限功率有限，使汽车电源能量不足问题日渐突出。

2）电源电压低，电路中的电流相对较大，使得电路能耗大、信号传送可靠性较差。

3）电路工作电流大，电路需要用较粗的导线，使得汽车电路的线束显得庞大，线束占用了有限的空间，对汽车其他部件的合理布置造成了影响。

上述这些问题制约着汽车技术的发展，因而提高汽车电路系统电压，以倍增汽车电源供电能力，解决电路信号传送的可靠性等问题，已成为汽车技术进一步发展的关键技术之一。

（2）多路传输系统应用 汽车电器与电子控制装置的增多，也使汽车线束变得更多更长。传统的点对点的布线方式不仅容易使线束布置显得凌乱，也给线束本身和汽车其他零部件的布置带来难度，而且还使电路的故障率增加，降低了汽车电器与电子控制装置的工作可靠性。多路传输系统采用计算机总线方式连接汽车电器与电子控制装置，使汽车电路大为简化，并可提高信号传输的可靠性。多路传输系统已在部分汽车上得到应用，并且随着汽车多路控制技术的日趋成熟和多路传输装置的性能、可靠性的提高，其在汽车上的使用也将快速普及。

4.1.3 汽车电路的表示方法

汽车电路常见的表示方法有电路原理图、线路图、线束图和接线图四大类。通过四种表示方法可以使电器设备线路表示得更加清晰。

1. 汽车电器设备线路的表示方法

（1）电路原理图 电路原理图（见图4-2）是指按规定的图形符号，把仪表及各种电器设备按电路原理由上到下合理地连接起来，然后再进行横向排列形成的电路图。它可以是子系统的电路原理图，也可以是整车电路原理图。电路原理图对分析电路原理及电路故障较为方便。整车电路原理图为了需要，常常要尽快找到某条电路的始末，以便分析确定有故障的路线。在分析故障原因时，不能孤立地仅局限于某一部分，而要将这一部分电路在整车电路中的位置及与相关电路的联系都表达出来。局部电路原理图详细阐述汽车电器的内部结构、各个部件之间相互连接的关系。为弄懂某个局部电路的工作原理，常从整车电路图中抽出某个需要研究的局部电路，必要时可根据实地测绘、检查和试验记录，将重点部位进行放大、绘制并加以说明。

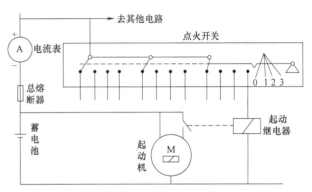

图4-2 起动电路原理图

汽车电路原理图以表达汽车电路的工作原理和相互连接关系为重点，不讲究电器设备的形状、位置和导线的走向等实际情况，对线路图做了高度简化，因此图面清晰、电路简单明了、通俗易懂、电路连接控制关系清楚。对了解汽车电器设备的工作原理和迅速分析排除电气系统的故障十分有利。电路原理图是参考原车线路图、相关资料和实物改画而成的，各系统由主到次、由表及里、由上到下合理排列，然后再将各个系统连接起来，使电路原理变得简明扼要、准确清晰。电路原理图中各电器的电流路线看起来十分清楚，各局部电路的工作原理一目了然。电路原理图具有以下特点：

1）用电器符号表达各种电器部件。

2）在大多数图中，电源线在图上方，搭铁线在图下方，电流方向自上而下。电路较少迂回曲折，电路图中电器串、并联关系十分清楚，电路图易于识读。

3）各电器不再按电器在车上的安装位置布局，而是依据工作原理在图中合理布局，使各系统处于相对独立的位置，从而易于对各用电设备进行单独的电路分析。

4）各电器旁边通常标注有电器名称及代码（如控制器件、继电器、过载保护器件、用电器、铰接点及搭铁点等）。

5）电路原理图中所有开关及用电器均处于不工作的状态，例如点火开关是断开的，发动机不工作，车灯关闭等。

6）导线一般标注有颜色和规格代码，有的车型还标注有该导线所属电气系统的代码。根据以上标注，易于对照定位图找到该电器或导线在车上的位置。

7）电路原理图有整车电路原理图和局部电路原理图之分。

（2）线路图　线路图是传统汽车电路的表示方法，也称为线路分布图（见图4-3），是将所有汽车电器在车上的实际位置用相应的外形简图或原理简图画出来，并用线条一一连接起来。由于汽车电器设备的实际位置、外形与图中所示方位相符，且较为直观，所以便于循线跟踪查找导线的分布和节点，适用于载货汽车等较简单的汽车电路。但由于线路图线条密集、纵横交错，所以线路图的可读性较差，进行电路分析也较为复杂。

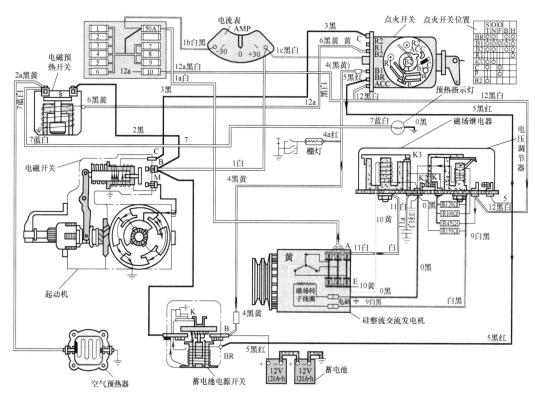

图4-3　电器线路图

（3）线束图　线束图（见图4-4）用于表示汽车电路线束和电器的具体布置，是能反映线束走向和有关导线颜色、接线柱编号等内容的线路图。在这种画成树枝样的图上，着重标明各导线的序号和连接的电器设备名称及接线柱名称、各插接器插头和插座的序号。只要将导线或插接器按图上标明的序号连接到相应的电器接线柱或插接器上，就能完成全车线路的装接，这种图给安装和维修带来了极大的方便。

图4-4　汽车线束图

根据表示的侧重点不同，线束图大致分为线束结构图、线束定位图和布线图三种。线束结构图用以表示汽车电路线束的组成、各条线束的结构和连接部件；线束定位图用于表达一条或几条电路线束的走向、连接点及线束固定等信息；布线图用于表达各电路系统的线束及所连接电器部件的分布情况。

（4）接线图 接线图是一种专门用来标记接线与插接器实际位置、色码、线型等信息的指示图，专门用于检修时查寻线束走向、线路故障及线路复原，并不涉及所连电器的工作原理及型号。虽然接线图中的导线以接近于线束的形式从相应的连接点引出，便于维修时按线、按色查找线路故障，但却不便于进行电路分析。接线图可以是整车电路的接线图，也可以是子系统的接线图。

2. 汽车电路分析方法

通过汽车电路图对汽车电路进行分析时，应注意如下要点：

（1）牢记汽车电路的基本特点 在电路分析时，要牢记汽车电路单线、并联、负极搭铁的基本特点，并应明确如下几点：

1）每个用电设备连接都是一根导线与电源的正极相连接，如果某个用电设备的电源线还连接着其他用电设备，则是与其他用电设备共用电源线。

2）用电设备与电源之间可能串联有熔断器、开关或继电器等部件，但各个用电设备之间仍然是并联关系。

3）一些电器是通过其壳体搭铁连接电源的负极，也有一些电器和电子装置则是通过导线搭铁。

（2）充分了解各种电路图的特点与规定 电路图的符号虽有相关的国际标准，但不同国家、不同的汽车公司都习惯于按自己的风格绘制汽车电路图。在阅读这些汽车电路图之前，必须对该电路图所具有的特点、各电器元件的表示方法、导线与接线柱的标注含义等都能充分地了解，以免读图时感到困难。

（3）熟悉各种电器的结构和原理 汽车电路中各个电器和电子控制装置及各个部件是组成汽车电路的基本要素，熟悉各电器及电子控制装置的结构与基本工作原理，是分析电气系统电路原理、理解电路的连接关系及进行电路故障诊断的基础。

（4）熟悉各种开关及继电器的功能与状态 汽车电路中各电器的工作受开关或继电器控制，汽车电路原理与故障分析，离不开对开关或继电器的控制功能和不同状态的电路通路情况的了解。在汽车电路图中，开关和继电器都是以初始状态表示的，除了要清楚初始状态下开关或继电器的开合情况和受控电路的通断情况外，还要十分清楚对开关进行操作、继电器线圈通电后，其触点开合的变化情况以及受控电路的通断情况。

（5）分清与相关联电路的关系 一些电路和用电设备之间存在某种关联，某一电路的故障就会影响到其他电路的工作。了解这些电路相互之间的关系，对电路原理的理解和故障分析都很有帮助。

1）并联关系。转向信号电路中同一侧的前后转向灯电路是一种并联关系，它们受同一个闪光器控制，当某个转向灯或电路出现了断路或短路故障，就会因回路的等效电阻改变而使闪光频率改变。因此，当出现单边转向灯闪光频率异常时，就会立即联想到该侧的转向灯电路故障。

2）控制与被控制关系。继电器线圈电路与继电器触点所连接电路之间是控制与被控制的关系，清楚这一点，在分析触点所连接的电路不能正常工作的情况时，除了会想到该电路、该电路所连接的电器及继电器触点本身的故障可能性外，还应该会想到继电器线圈电路（包括电路、继电器线圈及控制开关等）也是故障原因之一。

3）控制目标关联关系。汽车电子控制装置的传感器电路与执行器电路都连接电子控制

器，一个是为实现某种控制目标的控制信号源电路，另一个是实施控制目标的控制执行电路，通过控制器相关联。传感器电路的异常会对控制执行电路的工作造成直接的影响。因此，若某控制执行器不工作或工作异常，故障的原因就应该包括所有相关传感器电路。

4.2　汽车电气系统的组成

　　汽车的全车线路由电源、用电设备、导线、开关、熔断装置等构成，其作用是将电源系统、起动系统、点火系统、照明和信号系统、仪表系统、电子控制装置以及辅助电器等，按照它们各自的工作特性和相互内在联系，通过开关、导线、熔断装置等连接起来，构成一个整体。

汽车电气
元件认知

4.2.1　汽车线路中的导线、线束和插接件

　　汽车线路中的导线、线束和插接件是电气系统的基础元件，普通汽车上的线束总重量可以达到60kg左右，这么多的线束你知道该如何进行区分吗？

1. 导线

　　导线是组成汽车电气线路的基础元件。汽车电器设备中的导线按照其用途可分为高压导线（见图4-5）和低压导线（见图4-6）两种，高压导线是指用在混合动力汽车、纯电动汽车中连接高压电池接线端、配电箱和电机之间的连接导线。除此之外其他元器件之间的导线都是低压线。还有一种导线的外面设有屏蔽装置，这种导线可以防止无线电的干扰，也可减少汽车电路系统对环境总成的无线电干扰。

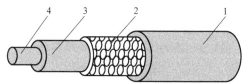

图4-5　高压导线结构

1—护套　2—编织包装　3—绝缘体　4—导体

单色　　　2色(2条子色)　　　软铜导体　　　　　绝缘体

图4-6　低压导线结构

　　汽车导线多使用带绝缘外层的导线，有单根导线和多股编织线。单根导线一般线芯较硬，不宜随意弯曲，多用于电路内部。多股编织线由很多细线编织而成，具有柔性，在汽车上应用广泛。导线材料多为铜或铝，相对来说铝材质较轻、廉价、质脆易断，一般只用于线径较粗且固定不动的地方。铜线芯导线的导电性好，在汽车上使用比较广泛。

　　（1）高压导线　电动汽车高压导线用于连接充电口与电池、电池内部、电池与发动机及其他元器件，作为电力传输的载体。由于车内应用环境恶劣，电动汽车高压导线有着非常高的性能要求。

　　（2）低压导线　低压导线多使用带绝缘外层的多股细铜丝编织而成，外层绝缘层一般

采用聚氯乙烯绝缘包层或聚氯乙烯-丁腈复合绝缘包层。表示低压导线性能的主要参数是导线截面积，为了充分发挥连接导线的作用和降低成本，低压导线的截面积有多种规格。各种线路导线截面积的选择，其主要依据是用电设备绝缘、通过电流的大小和机械强度等，低压导线截面积与允许载流量的关系在一些标准中有所规定。部分低压导线的结构及标称截面积所允许载流值见表4-1。

表 4-1　普通低压导线结构

标称截面积 /mm²	线芯组成		绝缘层厚度 /mm	导线外径/mm	允许电流 /A
	铜丝根数	线芯直径/mm			
1.0	7	0.43	0.6	2.6	11
1.5	17	0.52	0.6	2.9	14
2.5	19	0.41	0.8	3.8	20
4.0	19	0.52	0.8	4.4	25
6.0					35
10					50
13					60

为保证足够的电流通过能力和尽量小的电压降，并且不引起导线过热，汽车上每根导线的粗细及长度都应符合规定。通过电流虽然很小，但考虑到导线本身应具有足够的机械强度，其截面积应大于等于 $0.5mm^2$。起动线路每 100A 电流所产生电压降应不大于 0.15V。对于蓄电池充电线路，当发电机处于额定负载时，电路压降应不大于 0.3V。对于整车回路，总电压降不得超过 0.8V。汽车线路中蓄电池的导线和起动机电源线，需要通过 200~1000A 的电流，因此线径最粗，一般为 25~70mm²。表 4-2 所示为 12V 各用电系统推荐的导线截面积。

表 4-2　汽车 12V 各用电系统推荐的导线截面积

导线使用部位	标称截面积/mm²
尾灯、顶灯、指示灯、仪表灯、牌照灯、刮水器等电路	0.5
转向灯、制动灯、停车灯等电路	0.8
前照灯、电喇叭(3A 以下)电路	1.0
前照灯、电喇叭(3A 以上)电路	1.5
其他 5A 以上电路	1.5~4.0
电源电路	4~25
起动电路	16~95
柴油机预热塞电路	4~6

对于同样材料的导线，导线越细电阻越大，通过电流的能力越弱，导线加长其电阻成比例增大。

（3）导线颜色和符号　由于整台汽车用电设备较多，用线多而复杂，因此为了安装和维护方便，汽车各条线路的导线均采用不同的颜色，不同用电设备的同一元件、不同接线柱上的低压导线常用不同的颜色加以区分。各国对汽车导线的颜色有不同的规定，我国要求截

面积 4.0mm² 以上的导线采用单色，其他导线则采用双色。我国汽车用低压导线的主色、颜色代号和用途见表 4-3。

表 4-3　我国汽车用低压导线的主色、颜色代号和用途

序号	系统名称	主色	颜色代号
1	电源系统	红色	R
2	点火系统、起动系统	白色	W
3	前照灯、雾灯等外部照明系统	蓝色	Bl
4	灯光信号系统	绿色	G
5	车身内部照明系统	黄色	Y
6	仪表、报警装置和电喇叭系统	棕色	Br
7	收音机、点烟器等辅助装置	紫色	V
8	各种辅助电动机及电气操纵系统	灰色	Gr
9	电气装置搭铁线	黑色	B

在导线的接线图和电路图上，低压线路中常常标注有符号。导线的符号由两部分组成：第一部分是数字，表示导线的截面积（mm²）；第二部分是英文字母，表示导线的主色和辅助色（呈轴向条纹状或螺旋状的颜色）。如 2.5RB 表示截面积为 2.5mm²、带有黑色条纹的红色低压导线。

2. 导线的连接

（1）插接器　为提高接线速度和减少接线错误，越来越多的汽车在低压线路中使用插接器。插接器按使用场合的实际需要，其形状不同、脚数多少不等，有的颜色也有区别。插接器由插座、插头、导线接头和外壳组成。外壳上有几个或者更多个孔位，用以放置导线接头，在导线接头上带有倒刺，当嵌入塑料壳后自动锁死，在塑料壳上也有锁止装置，当插头和插座结合后自动锁止，用以防止脱开。连接插接器时，应先对准插头和插座的导向槽后稍用力插入到位，通过锁止装置固定插头和插座。拆开插接器时，应先压下闭锁装置，再用力分开插头和插座，注意要避免强行拉动导线以免损坏导线和插接器。

（2）线束　为确保汽车全车线路条理清晰、连接可靠，并有利于保护导线的绝缘及方便安装，一般除高压导线外，通常将走向相近的不同规格的电线用棉纱编织带或薄聚氯乙烯带缠绕包扎成束，称为线束。线束总成包含导线、端子、插接器、保护套及各种附件，其中导线是构成线束总成的主要部分，端子是线束总成与电器设备实现可靠的电器与机械连接的关键零件，插接器用于传感器、执行器、控制单元与线束、线束与线束或导线与导线之间的相互连接。保护套则是对端子与导线连接部件实行密封保护的零件。线束在汽车上起着非常重要的作用，一般汽车都有数根线束，各种线束在汽车上的布置位置各不相同。近年来，国外汽车为了便于检修，用塑料制成开口的软管，将电线包裹其中，检修时将开口撬开即可。

安装汽车线束时一般事先将仪表和灯光总开关、点火开关等连接好，接下来再往汽车上安装线束。接线时根据导线颜色区分，分别接于相应的电器上。安装时应注意线束应用卡簧或线束夹子固定，以免松动。线束松紧应适宜，各接线柱必须清洁，接线必须牢固，保证接触良好。

4.2.2　开关、继电器和电路保护器件

汽车中的开关、继电器和电路保护器件起到控制和保护电路的作用。

1. 开关

开关的作用是根据用电设备工作需要人为地或自动地将电路接通或中断。为了方便有效地控制各用电设备的工作，汽车电路中安装了许多开关。其中部分开关只控制一种用电设备，功能单一，结构和接线比较简单。有些开关则控制多种用电设备，功能较多，结构和接线比较复杂，如点火开关、灯光开关及组合开关等。按操作方式不同，汽车开关有旋转式、推杆式、顶杆式、扳柄式、翘板式及组合式等。

（1）点火开关　点火开关是一个多功能开关，它具有自动复位的起动档位并配有钥匙以备停车时锁住，所以又称为钥匙开关、点火锁。点火开关主要用来控制点火电路，另外还控制发电机磁场电路、仪表电路、起动继电器电路以及一些辅助电器等，在柴油机汽车上同时还控制柴油机的预热电路，为防止车辆被盗，有些车在点火开关上还设置有转向盘锁止功能。点火开关多为三档位、四档位和五档位。三档位开关有 OFF （断）、ON （通）、START（起动）3 个档位。四档位开关一般有 LOCK （锁止转向盘）、ACC （专用辅助电器）、ON（电路正常接通）、START （起动）4 个档位。五档位开关在四档位开关的基础上增加一个 HEAT （预热）档位。现在大部分汽车常用四档位点火开关。图 4-7 为四档位点火开关的示意图。点火开关一般安装在转向柱管上，有的汽车安装在仪表盘台板上。

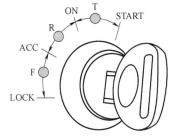

图 4-7　四档位点火开关

（2）组合开关　组合开关是由两种及两种以上开关集装在一起的开关，这样可以使操纵更加方便。组合开关一般安装在便于操纵的转向柱上，将需组合的开关如灯光开关、转向灯开关、警报灯开关、刮水器开关、洗涤开关等组合为一体安装在一个组合体内，但其功能仍为各自独立,该开关也是汽车上最大的一体推拉式组合开关。图 4-8 为组合开关结构图。

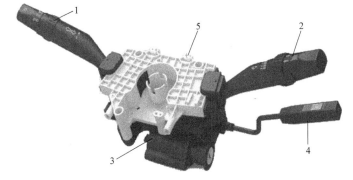

图 4-8　CSW02 系列灯光-刮水器组合开关

1—灯光组合开关　2—刮水器组合开关　3—点火开关　4—缓速器开关　5—组合开关安装支架（含喇叭铜柱）

2. 继电器

（1）继电器的作用　汽车用继电器的主要作用是自动控制电路中电流的通断，还可以在电路中起到保护某些控制开关的作用。

1）保护控制开关。控制开关只控制继电器线圈的通断，由继电器线圈产生的电磁力来接通或断开控制开关要控制的电路。加上继电器后，控制开关只通过很小的继电器线圈电流，因此开关就不容易损坏，使用寿命就得以延长。例如，起动继电器、电喇叭继电器及车灯继电器等，均起保护开关的作用。

2）实现自动控制。继电器线圈电流由汽车电路中的某个工作电压控制，当电路中的受控电压达到设定的继电器动作电压时，继电器触点将改变工作状态，从而实现自动控制。例如，充电指示灯继电器、安全继电器等，其作用是实现电路的自动控制。

（2）继电器的组成及类型　汽车用继电器主要由电磁线圈和带复位弹簧的触点组成，其工作方式是利用通电线圈产生的电磁力来改变触点的原始状态。

汽车上所使用的继电器可分为功能继电器和电路控制继电器。功能继电器在将开关接通后能自动控制电路通断转换，以实现特定功能，如刮水器间歇继电器、闪光继电器等。电路控制继电器是单纯实现电路通断与转换的继电器，它主要起保护开关和电路自动控制的作用。常见的电路控制继电器有起动继电器、喇叭继电器、空调继电器、前照灯继电器等。

电路控制继电器一般由电磁线圈、电磁铁、触点和引脚等组成。继电器在电磁线圈通电后，所有触点转换到相反的状态。为了减小继电器电磁线圈在断电瞬间产生的自感应电动势，两端设置并联电阻或续流二极管。继电器的标称电压有 12V 和 24V 两种，线圈电阻一般分别为 $65\sim85\Omega$ 和 $200\sim300\Omega$。使用时要注意不同标称电压和电流的继电器不能换用。

电控继电器按照外形分为圆形、方形和长方形三种。按引脚数目分为三脚、四脚、五脚等多种。按照触点不工作时的状态分为常开继电器、常闭继电器和混合型继电器三种。

图 4-9 所示为几种常见插接继电器的内部结构及插座、插脚布置图

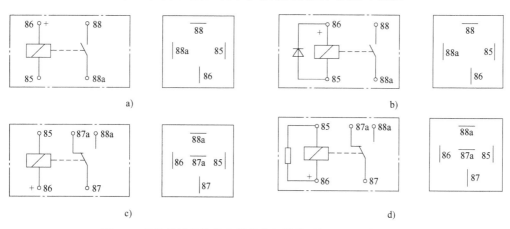

图 4-9　几种常见插接继电器的内部结构及插座、插脚布置图

a）动合型　b）动合型（带保护二极管）　c）混合型　d）混合型（带泄放电阻）

3. 电路保护器件

为防止线路因短路或过载造成用电设备损坏，汽车电气线路中均设有电路保护器件，常用的有熔断器、易熔线和断路器等。使用时，电路保护器件串接在电源和用电设备之间，当出现短路或过载时能够自动切断电源。

（1）熔断器　熔断器中的保护元件是熔丝，所以又俗称保险丝，是不可恢复的电路保护器件，通常用于局部电路的保护。当其所保护的电路过载或出现短路故障时，熔断器的熔

丝因流经的电流超过了规定值而发热熔断，从而保护电路和用电设备不被损坏。汽车用熔断器要求流过的电流为额定电流的110%时不熔断；流过的电流为额定电流的135%时，在60s以内熔断；流过电流为额定电流的150%时，20A以内的熔丝在15s以内熔断，30A熔丝在30s内熔断。

熔断器熔丝固定在可插式塑料片上或封装在玻璃管中，按结构形式可分为金属丝式、管式、片式或平板式等多种形式。几种常见的汽车电路用熔断器如图4-10所示。为便于检查和更换熔断器，汽车上常将各电路的熔断器集中安装在一起，形成熔断器盒。各熔断器都编号排列，有的还在熔断器上涂以不同的颜色，以便于检修时识别。

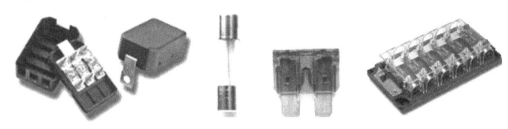

图4-10　几种常见熔断器

（2）易熔线　易熔线由多股熔丝绞合而成，可长时间通过额定电流的铜芯或合金导线，常用于保护工作电流较大的电路或重要电路。易熔线与一般熔丝的不同之处在于其熔断反应慢，而且是导线的形式，与普通导线相比更为柔软。其长度一般为50～200mm，由多股绞合线外包耐热性能好的绝缘护套制成，常接在电路起始端，即蓄电池正极端附近。易熔线的不同规格通常以不同的颜色来区分，几种常见的易熔线规格和特性见表4-4。

表4-4　常见的易熔线规格和特性

标称容量/A	颜色	截面积/mm²	构成	1m长电阻值/Ω	额定电流/A	5s熔断电流/A
20	棕色	0.3	φ0.32mm×5股	0.0475	13	约150
40	绿色	0.5	φ0.32mm×7股	0.0325	20	约200
60	红色	0.85	φ0.32mm×11股	0.0205	25	约250
80	黑色	1.25	φ0.5mm×7股	0.0141	33	约300

（3）断路器　断路器也称为断路保护器，通常用于保护较大容量的电器设备，而且可以重复使用。它的主要组成是一对受热敏双金属片控制的触点，利用双金属片受热弯曲变形的特点进行工作。当双金属片通过大于额定电流一定值的电流时会受热弯曲，此时触点断开，自动切断电路。断路器按其能否自动复位分为自动复位式和手动复位式两种。自动复位式是在电路发生故障时自动断开，待双金属片冷却后，自动复位使触点闭合。手动复位式是在电路发生故障时断开，排除故障后需用手按压才能将双金属片复位。

1）自动复位式断路器。常见的自动复位式断路器的结构和工作原理如图4-11所示，当被保护电路中的电流超过规定值时，双金属片受热弯曲而使触点张开，电路被切断。触点分开后，双金属片上没有电流通过，温度降低到一定值后触点重新闭合。如果电路电流过大的原因还未排除，自动复位式断路器就会使电路时而接通，时而断开，以限制通过电路的电流，起到电路过载保护的作用。部分推拉式照明总开关上的双金属断路器即为这种类型，驾驶人可以从不断闪烁的灯光发现有故障发生。在一部分轿车的刮水器和车窗升降电动机等电

路中也采用这种断路器。

2）手动复位式断路器。当被保护电路中的电流超过规定值时，双金属片受热向上弯曲，使双金属片两端的触点张开而切断电路。由于双金属片有一定弹力，在切断电路、温度降低后，向上弯曲的金属片并不能自动复位。若要重新接通电路，必须按下按钮才能使双金属片复位，才能将触点接通。负载电流的限定值可以通过旋转调节螺钉进行调整。

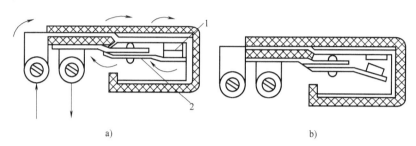

a)　　　　　　　　　　　　　　　　　b)

图 4-11　自动复位式断路器

1—触点　2—双金属片

4. 中央配电器

在现代汽车上常将熔断器、断路器和继电器等集中布置在一块或几块安装板上，形成一个或几个中央接线盒，构成整车电器线路控制和电能配给的中心，不仅使全车线路更加集中，线束走向更合理、规范，而且为检修提供了很大方便。图 4-12 为某型轿车的中央接线盒，该接线盒的正面装有继电器和熔断器的插头，背面是接线插座，如图 4-13 所示。

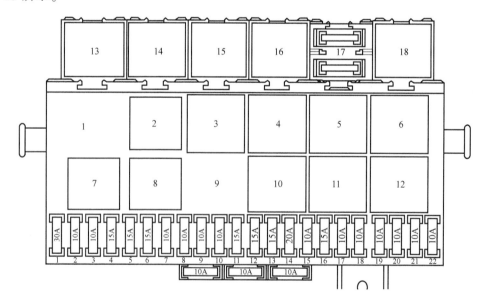

图 4-12　某型轿车中央接线盒正面布置

1、3、9、11、13、14、15、16、17—空位　2—进气管预热继电器　4—档位指示器控制装置　5—空调继电器
6—喇叭继电器　7—雾灯继电器　8—减荷继电器　10—前风窗清洗刮水器间歇继电器
12—报警及转向继电器　18—冷却液不足指示控制器

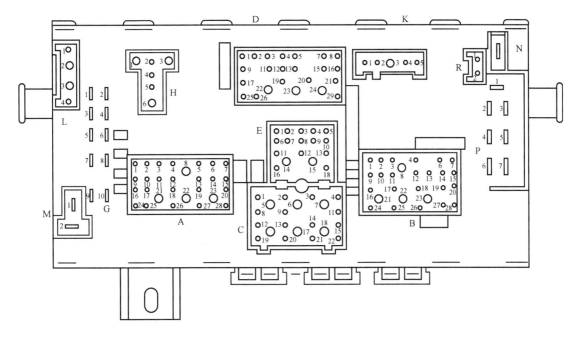

图 4-13 某型轿车中央接线盒背面布置

A—用于仪表板线束，插件颜色为蓝色 B—用于连接仪表板线束，插件颜色为红色 C—用于连接发动机室左边线束，插件颜色为黄色 D—用于连接发动机右边线束，插件颜色为白色 E—用于连接车辆后部线束，插件颜色为黑色 G—用于连接单个插头（主要用于冷却液液面传感器电源） H—用于连接空调装置的线束，插件颜色为棕色 K、M、R—空位 L—用于连接双音电喇叭等线束，插件颜色为灰色 N—用于单个插头（主要用于进气管预热器的加热电阻的电源） P—用于单个插头（主要用于连接蓄电池的 30 相线）

小 结

1. 汽车电路作为一个完整的电路，必须有电源、导体和负载三部分，具体由电源、电路保护装置、控制器件、用电设备、中央配电盒及连接导线组成。

2. 汽车电路系统具有低压、直流、并联单线、负极搭铁、网络控制的特点。

3. 开关的作用是根据用电设备工作需要人为地或自动地将电路接通或中断。

4. 汽车用继电器的主要作用是自动控制电路中电流的通断，还可以在电路中起到保护某些控制开关的作用；断路器按其能否自动复位分为自动复位式和手动复位式两种。

习 题

1. 汽车电路的组成部分有哪些？

2. 线束由哪些部件构成？各组成部分的作用是什么？

3. 汽车电路中的熔断器是如何起到保护作用的？

4. 继电器的作用是什么？

5. 汽车电路图有哪几种？各是什么含义？

6. 如何识读汽车电路图？

第 2 篇

汽车电子控制技术

第**5**章

汽车电子控制基础

学习目标

1. 掌握汽车电子控制系统的组成
2. 了解汽车传感器的功能、结构与分类
3. 掌握执行器的功能与类型
4. 了解 ECU 的组成、特点
5. 掌握输入电路的组成及各部分的作用

汽车电子控制系统主要由传感器、执行器、控制器和机械零件组成。从控制的角度看，传感器是能够感知系统各参数并按照一定的规律转换成可用信号的器件或装置，可以根据具体的应用要求进行选择；执行器是接收控制器信息并对受控对象施加某些动作的装置；控制器的作用是接收并分析传感器的信息，进而完成控制任务而给执行器输出控制指令。

5.1 传感器概述

导 入

汽车传感器作为汽车的"敏感器官"，是将汽车运行中各种工况输入参量，如车速、各种介质的温度、发动机转速等非电信号，按照一定的规律转换为电信号输出，用该电信号调节和控制发动机管理系统、底盘控制系统、车身电子控制系统及通信信息系统等。

传感器认知

5.1.1 传感器的结构与功能

传感器主要包括敏感元件、转换元件和测量电路，如图 5-1 所示。敏感元件是指能直接感受被测量的部分，并与被测量有确定关系的信号；转换元件是将敏感元件输出的非电信号转换为电信号的装置；测量电路是指将转换元件输入的电量经处理转换成电压、电流等，以便进行显示、记录和控制的装置。在汽车结构中，应用传感器的数量根据其控制对象的多少确定，通常控制的对象越多且越复杂，则传感器的数量就越多。

图 5-1　传感器的组成

在考虑干扰输入信号 D_i 后，传感器将物理或化学参量 X 转换为电参量 Y，这一转换工作过程如图 5-2 所示。

5.1.2 传感器的分类

根据传感器的作用，可以将其分为测量温度、压力、流量、位置、气体浓度、速度、光亮度、干湿度、距离等功能的传感器，它们各司其职，一旦某个传感器失灵，对应的装置会出现工作异常甚至不工作。

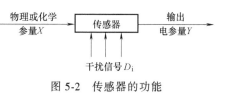

图 5-2　传感器的功能

1. 按照外加能量分类

按照外加能量分类，传感器可以分为主动型传感器和被动型传感器。

主动型传感器是指传感器本身在吸收了能量（光能和热能）经它本身变换后再输出电能。例如，太阳能电池和热电偶输出的电能分别来源于传感器吸收的光能和热能。因此主动型传感器不需要外加电源，它本身是一个能量变换器。例如采用压电效应、磁致伸缩效应、热电效应、光电效应等制成的传感器都属于主动型传感器。

被动型传感器（如红外、声呐等）本身不发射电磁波，它通过接收以目标为载体的发动机、通信、雷达等所辐射的红外线、电磁波，或目标所反射的外来电磁波，来探测目标的位置。与主动型传感器相比具有抗干扰能力强、隐蔽性好等优点，因此受到国内外的普遍重视。汽车上使用的传感器大多数属于被动型传感器，需要外加输入电源（一般为+5V），才能输出电信号。例如温度传感器，它以改变电阻值的方式向外输出电信号，信号的输出需要测试回路提供电源，但电源的输出能量要受测试对象输出信号所控制。采用电阻、电感、电容及应变效应、磁阻效应、热阻效应制成的传感器都属于被动型传感器。

2. 按照信号转换关系分类

按照信号转换关系分类，可以将传感器分为两类：一类是将一种非电量信号转换成另一种非电量信号的传感器；另一类是由非电量信号转换为电量信号的传感器，如压电式加速度传感器。

3. 按照输入物理量分类

按照输入物理量分类，可以将传感器分为位移、速度、加速度、角位移、角速度、力、力矩、压力、真空度、温度、电流、气体成分、浓度传感器等。

4. 按照工作原理分类

按照工作原理分类，可以将传感器分为电阻式、电容式、应变式、电感式、光电式、光敏式、压电式、霍尔式、热电式传感器等。

5. 按照输出信号分类

按照输出信号分类，可以将传感器分为模拟式传感器和数字式传感器两种。输出数字量的传感器就是数字式传感器，输出模拟量的传感器就是模拟式传感器。一般电压、电流等都是模拟信号，而数字信号一般是表示量的符号，在汽车电子控制系统中通常用二进制数表示数字信号。

6. 按照使用功能分类

按照使用功能分类可以将传感器分为温度传感器、转速传感器、压力传感器、流量传感器、位置传感器等，见表 5-1。

表 5-1　传感器类型及其检测量

类型	检测量或检测对象
温度传感器	冷却液、排气、吸入空气、机油、自动变速器油、车内外空气等温度
压力传感器	各种油压、气压、泵压、轮胎气压等
转速传感器	曲轴转速、车轮转速、凸轮轴转速、变速器输入/输出轴转速等
加速度传感器	横向加速度、纵向加速度
流量传感器	吸入空气量、燃油流量、排气再循环量等
位置传感器	节气门开度、车高、排气再循环阀开度、转向盘转角、加速踏板开度等
气体浓度传感器	O_2、CO、NO_x、HC 等
其他传感器	转矩、燃料成分、电池电压、蓄电池容量等
各种开关信号	制动开关、动力转向开关、空调开关、换档开关等

汽车上使用的各类传感器如图 5-3 所示。

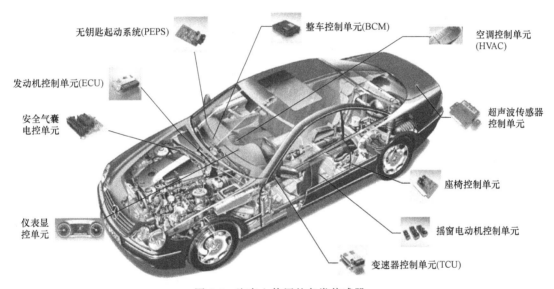

图 5-3　汽车上使用的各类传感器

5.1.3　汽车常用传感器

1. 空气流量计（AFS）

在电控汽油喷射发动机中使用的空气流量计主要有热线式、热膜式和卡门涡流式三种。

（1）热线式空气流量计　其构造如图 5-4 所示。采样管置于空气流道的中央，空气流道装有金属防护网，并用卡环固定在壳体上。在采样管内的支承环上固定一根直径为 $70\mu m$ 的铂金属丝，工作中，铂金属丝被电流加热至 100℃ 以上，故称之为热线。在支承环前端装有铂薄膜温度补偿电阻，支承环后端粘结有精密电阻，而在控制电路板上则装有热线电阻、冷线电阻、精密电阻和高阻值电阻，构成惠斯通电桥电路中的四个臂（见图 5-5），混合电路用来调节供给四个臂的电流，使电桥保持平衡。

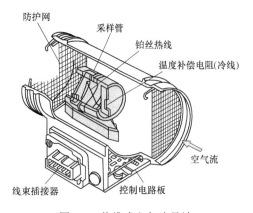

防护网
采样管
铂丝热线
温度补偿电阻(冷线)

空气流

线束插接器　　控制电路板

图 5-4　热线式空气流量计

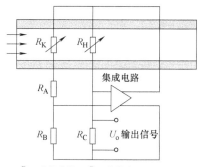

R_K　R_H

集成电路

R_A

R_B　R_C　　U_o 输出信号

R_K：冷线电阻　　R_H：热线电阻
R_A、R_B、R_C：精密电阻

图 5-5　热线式空气流量计电路

当空气流过热线式空气流量计时，热线向空气散热，温度降低，热线的电阻减小，使电桥失去平衡。这时混合电路自动增加供给热线的电流，以使其恢复原来的温度和电阻值，直至电桥恢复平衡。流过热线的空气流量越大，混合电路供给热线的加热电流也越大，即加热电流是空气流量的单值函数。加热电流通过精密电阻产生的电压降作为电压输出信号并输送给电子控制单元，电压降的大小即是对空气流量的度量，温度补偿电阻的阻值也随进气温度的变化而变化，起到参照标准的作用，用来消除进气温度的变化对空气流量测量结果的影响。一般将热线通电加热到高于温度补偿电阻温度100℃。

热线式空气流量计无机械运动件，进气阻力小，反应快，测量精度高。但在使用中，热线表面会受空气中灰尘的污染而影响测量精度。为此，在电子控制单元中装有自洁电路，在发动机熄火后，自动将热线加热至1000℃并维持1s时间，烧掉粘附在热线上的灰尘。

（2）热膜式空气流量计　其测量原理与热线式空气流量计相同，它是利用热膜与空气之间的热传递现象来测量空气流量的。热膜是由铂金属片固定在树脂薄膜上构成的。用热膜代替热线提高了空气流量计的可靠性和耐用性，并且空气中的灰尘不会粘附在热膜上。热膜式空气流量计如图5-6所示。

（3）卡门涡流式空气流量计　卡门涡流式空气流量计是利用卡门涡流理论来测量空气流量的。在卡门涡流式空气流量计进气道的正中间有一个流线型或三角形涡流发生体。当空气流过这个涡流发生体时，在发生体后方的气流中会产生一系列不对称却十分规则的空气旋涡，根据卡门理论，旋涡是依次沿气流流动的方向向后移动，其移动速度与空气流速成正比。因此在单位时间内通过发生体后方某点的旋涡数量与空气流速成正比，即通过测量单位时间内旋涡的数量就可以计算出空气流速和流量。

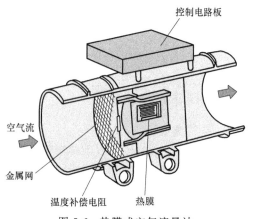

控制电路板

空气流

金属网
温度补偿电阻　　热膜

图 5-6　热膜式空气流量计

测量单位时间内旋涡数量的方法有两种。一种是在卡门涡流式空气流量计的后半部分的两侧设置一对超声波发生器和接收器，如图5-7所示，简称超声波检测方式。发动机运转

时，少数超声波发生器不断地向接收器发出一定频率的超声波。当超声波通过进气气流到达接收器时，由于受到气流中旋涡的影响，使超声波的频率的相位发生变化。接收器测得这一相位的变化，ECU 根据相位的变化频率计算出单位时间内产生旋涡的数量，从而计算出空气的流速和流量。

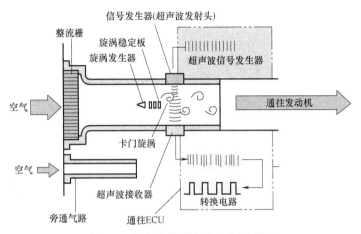

图 5-7　超声波检测方式工作原理图

另一种方法是在流量计内设置一对发光二极管和光电晶体管，如图 5-8 所示，简称光电式。发光二极管发出的光束被一个反光镜反射到光电晶体管，使晶体管导通。反光镜安装在很薄的金属簧片上，簧片在进气气流旋涡的压力作用下振动，其振动的频率与单位时间内产生的涡流数量相同。由于反光镜随簧片一同振动，因此被反射的光束方向又以相同的频率变化，使光电晶体管也随光束的变化以同样的频率导通和截止。频率直接反映出单位时间内涡流产生的数量，ECU 根据光电晶体管导通和截止的频率即可计算出进气量。

卡门涡流式空气流量计的响应速度在几种空气流量计中最快，它能几乎同步地反映出涡流流速的变化；此外，它还有测量精度高、进气阻力小、无磨损等优点。但它的成本高，只有少数高档车型使用这种空气流量计。

2. 温度传感器

（1）冷却液温度传感器（THW 或 CTS）

冷却液温度传感器安装在发动机缸体水套或冷却液管路中，与冷却液接触，用来检测发动机的冷却液温度，如图 5-9a 所示。冷却液温度较低时，燃油蒸发性差，应供给较浓

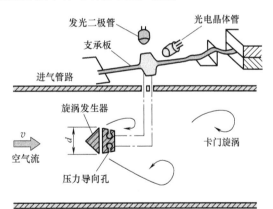

图 5-8　反光镜检测工作原理图

的混合气。由于冷却液温度低，负温度系数热敏电阻阻值大，ECU 检测到的分压值就高。根据这个信号，ECU 增加燃油喷射量，使发动机的冷机运转性能得以改善。冷却液温度高时，发动机已达正常工作温度，混合气形成条件较好，可燃用较稀混合气。这时，ECU 检测到相应的分压值较小，并依此信号减少喷油量。

（2）进气温度传感器（THA 或 ATS） 无论是 D 型 EFI 系统，还是采用卡门涡流式空气流量计的 L 型 EFI 系统，均应考虑空气密度对实际进气量的影响。空气密度是随空气的温度和压力而变化的。进气温度传感器的作用就是检测进气温度，并将检测信息输送给 ECU 作为修正喷油量的参考依据之一。进气温度传感器的原理结构与冷却液温度传感器相同，也是采用负温度系数的热敏电阻，如图 5-9b 所示。

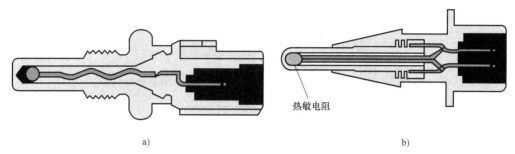

图 5-9 温度传感器

a）冷却液温度传感器 b）进气温度传感器

D 型 EFI 系统中进气温度传感器安装在空气滤清器之后的进气总管上；L 型 EFI（电控燃油喷射）系统中进气温度传感器安装在进气总管或空气流量计内。

冷却液温度传感器与进气温度传感器的共同特点是：环境温度升高，电阻值减小，信号电压变小；环境温度降低，电阻值增大，信号电压变大。两种温度传感器的电路相似，ECU通过内部电路提供 5V 电压，检测热敏电阻与 ECU 内部固定电阻串、并联后的分压输出即可测得冷却液温度。温度传感器的温度输出特性如图 5-10 所示。温度传感器的电路如图 5-11所示。

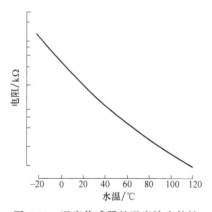

图 5-10 温度传感器的温度输出特性

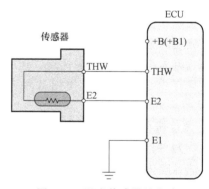

图 5-11 温度传感器的电路

（3）燃油温度传感器 燃油温度传感器一般安装在进油油路中，用来监测燃油温度，ECU 根据该信号计算喷油时间和喷油量。温度不同，燃油密度不同。该传感器采用的热敏电阻具有负温度系数，燃油温度升高，传感器电阻值下降。

3. 位置传感器

汽车电子控制系统中，监测位置与角度的传感器主要有节气门位置传感器、曲轴位置传感器、车身高度传感器、转向盘转角传感器等。根据测量原理的不同，位置传感器主要有电

位计式、磁感应式、光电式、霍尔式、电容式、热敏电阻式等。

（1）节气门位置传感器 节气门位置传感器安装在节气门体上，用于检测节气门的开度及开度变化，并将此信号输入 ECU，控制燃油喷射及其他辅助控制。节气门位置传感器是发动机集中控制系统中的一个非常重要的传感器，其信号不但反映节气门开度（负荷）的大小，判定发动机怠速、部分负荷、全负荷工况，实现不同的控制模式，而且反映节气门变化快慢（加速、减速），实现加速加油和减速减油或断油控制。根据工作时输出信号的类型，节气门位置传感器有开关量输出和线性输出两种，按其结构形式不同，分为触点开关式、电位计式和综合式。

1）触点开关式节气门位置传感器主要由凸轮、活动触点和两个固定触点（即怠速触点和功率触点）组成，如图 5-12 所示。传感器中的凸轮与节气门同轴，活动触点臂的运动受凸轮板上的销钉限制。当节气门关闭时，活动触点与怠速触点接通，此时发动机处于怠速状态；当节气门开度逐渐增大至 50% 以上时，活动触点与功率触点接通，此时开始对节气门开度变化进行监测，并将监测结果转变成电信号输送给 ECU，实现对喷油的控制。触点开关式节气门位置传感器的节气门开度检测精度较差，但结构简单，价格较低。

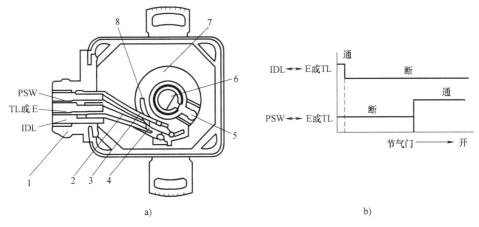

图 5-12 触点开关式节气门位置传感器

a）结构 b）特性

1—线路连接器 2—活动触点 3—全负荷触点 4—怠速触点
5—控制臂 6—节气门轴 7—凸轮 8—导向槽

2）电位计式节气门位置传感器又称为滑动电阻式节气门位置传感器，主要由可变电阻器、节气门轴、滑动触点、怠速触点及壳体等组成，如图 5-13 所示。可变电阻器的滑动触点臂与节气门轴相连。当节气门开度变化时，利用触点在电阻器上的滑动使得电阻器的电阻不同，从而将节气门开度转换为电流或电压信号输送给 ECU。ECU 通过节气门位置传感器可以获得节气门由全闭到全开过程中所有开启角度的连续变化的模拟信号，以及节气门开度的变化速率，精确判断发动机的运行工况，提高控制精度和效果。

（2）发动机曲轴位置及转速传感器 常见的曲轴位置传感器和凸轮轴位置传感器是磁电脉冲式传感器。磁电脉冲式传感器由电磁感应式传感器和脉冲盘等组成，其安装位置一般在曲轴前端的传动带盘上或曲轴后端的飞轮处，如图 5-14a 所示。电磁感应式传感器内部装有绕在永久磁铁上的感应线圈。它安装在缸体一侧靠近飞轮处，用来检测曲轴转角和发动机

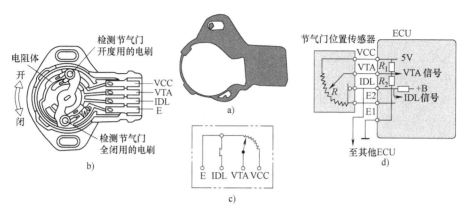

图 5-13 电位计式节气门位置传感器

a）外形 b）结构 c）内部电路 d）与发动机控制单元电路连接

VCC—电源 VTA—节气门位置输出信号 IDL—怠速触点 E—搭铁

转速。脉冲盘安装在曲轴后端，位于飞轮与曲轴之间，脉冲盘在圆周上等份地布置着 60 个转子齿，其中空缺两个转子齿，供 ECU 识别曲轴位置，作为喷油、点火正时的参照基准。发动机运转时，脉冲盘上的转子齿每通过传感器一次，便在传感器内的感应线圈中感应交变电压信号，而在缺齿处产生一个畸变的交变电压信号，如图 5-14b 所示。ECU 根据交变电压信号和畸变的电压信号可以计算出发动机的转速和曲轴位置。

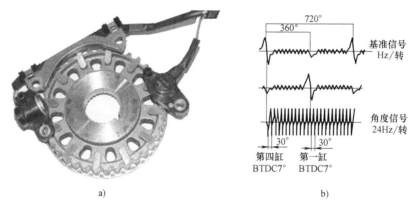

图 5-14 磁电脉冲式传感器

4. 氧传感器

氧传感器检测排气中的氧含量，并转化为电信号输入 ECU，主要有氧化锆式和氧化钛式两种形式。

（1）氧化锆式氧传感器 这种传感器体内有一个由氧化锆陶瓷制成的一端封闭的管状体，称为锆管，如图 5-15 所示。锆管的内外表面各自覆盖着一层透气的多孔性薄铂层，内表面与大气相通，外表面则与废气接触。锆管外部套有一个带缝槽的耐热金属套管，对锆管起保护作用。

发动机运转时，排出的废气从氧传感器锆管外表面流过，在高温状态下氧分子发生电离。由于锆管内外表面上氧分子含量不同，因而使氧离子从含量大的锆管内表面向含量小的锆管外表面移动，从而在锆管内外表面的两个电极之间产生一个微小的电压。当混合气的实

际空燃比小于理论空燃比，即发动机以较浓的混合气运转时，排气中缺氧，锆管中氧离子移动较快，并产生 0.9V 左右的电压；当混合气的实际空燃比大于理论空燃比，即发动机以较稀的混合气运转时，废气中有一定的氧分子，使锆管中氧离子的移动能力减弱，只产生约 0.1V 的电压。因此，氧传感器输出的电压信号是随混合气成分不同而变化的，并以理论空燃比（约 0.45V）为界产生突变，如图 5-16 所示。

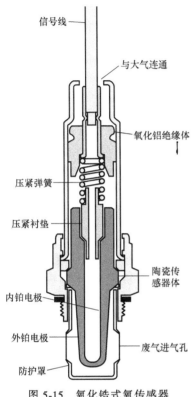

图 5-15　氧化锆式氧传感器

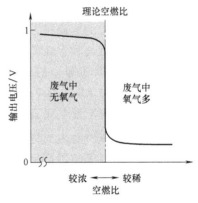

图 5-16　氧化锆式氧传感器特性

氧化锆在温度超过 300℃后，才能进行正常工作。大部分汽车使用带加热器的氧传感器，即传感器内有一个电加热元件，可在发动机起动后的 20~30s 内迅速将氧传感器加热至工作温度。

（2）氧化钛式氧传感器　氧化钛式氧传感器是利用二氧化钛材料的电阻值随排气管中的含量变化特性制成的一种氧传感器。二氧化钛是室温下具有很高电阻值的半导体材料，随排气中氧含量减少（混合气变浓时），材料电阻值随之下降。该传感器的电阻特性除了与氧含量有关外，还与工作温度有关。氧化钛式氧传感器在 300~900℃排气温度中连续使用时，必须进行温度补偿即内装加热器，增设温度修正回路，使高温下性能稳定。

氧化钛式氧传感器结构如图 5-17 所示。它具有两个氧化钛元件：一个是多孔性二氧化钛陶瓷，用来检测排气中氧气含量；另一个

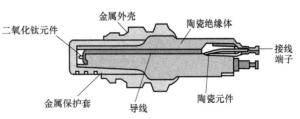

图 5-17　氧化钛式氧传感器

为实心二氧化钛陶瓷，用来作为加热调节，补偿温度误差。在传感器外端加装具有孔槽的金属保护层，可以让废气自由进出，同时可防止二氧化钛元件受到外物撞击。传感器接线端用橡胶材料密封，以防外界气体渗入。

因此通过氧传感器探测废气中含氧量的多少，能获得上次喷油时间过长或不够的信号，供 ECU 对本次喷油时间进行修正。在发动机混合气闭环控制过程中，氧传感器相当于一个氧含量开关，根据混合气空燃比向 ECU 输出脉冲变化的电压脉冲信号。ECU 根据氧传感器输入信号控制喷油量的增减，将空燃比精确地控制在理论值空燃比附近。

氧化钛式氧传感器的特性如图 5-18 所示。其信号电压变化范围为 0~5V，宽带功能好，对空燃比调节范围大，最适合调整汽油机采用缸内直接喷射的极稀混合气。

5. 压力传感器

压力传感器主要用来检测气体压力和液体压力，并将压力信号转变为电压信号。汽车上的压力传感器种类很多，如安装在发动机上的进气歧管压力传感器、进气温度压力传感器、机油压力传感器、高压油轨传感器、气缸压力传感器等，还有安装在整车上的空调压力传感器、油箱压力传感器等，这类传感器准确度与稳定性都很高，非常可靠，不容易受到环境（如高温、振动等）的影响。这里主要介绍进气压力传感器（Manifold Absolute Pressure Sensor，MAP）。

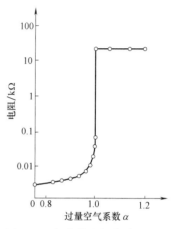

图 5-18　氧化钛式氧传感器特性

D 型汽油喷射系统不设空气流量计，而是采用进气压力传感器测量节气门后进气管内的绝对压力，利用该绝对压力和发动机转速来计算吸入气缸的空气量，并以此作为电子控制单元计算喷油量的主要参数。发动机工作时，节气门开大，进气量增多，进气管压力相应增加，因此进气管压力的大小反映了进气量的多少。

进气压力传感器由压力转换元件和把转换元件输出信号进行放大的集成电路（IC）及真空室构成。压力转换元件是利用半导体的压电效应制成的硅膜片，如图 5-19 所示。硅膜片的一面是真空室，另一面导入进气压力。由于硅膜片的一侧是真空室，因此在进气压力作用下硅膜片产生变形，使扩散在硅膜片上电阻的阻值发生变化。进气管内压力越高，硅膜片的变形量越大。利用惠斯通电桥将硅膜片的电阻变化转换成电压信号，因为输出的电压信号很微小，所以需用集成电路进行放大，经放大处理后的电信号，作为进气压力信号送到

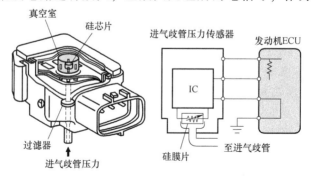

图 5-19　进气压力传感器

ECU，ECU根据此信号和转速信号，即可计算出进气量。

进气压力传感器一般是通过真空软管与节气门后方的进气管相通，部分车辆直接装在节气门体上，可以避免真空软管漏气造成的故障，或与进气温度传感器制成一体安装，其结构与电路如图5-20所示。

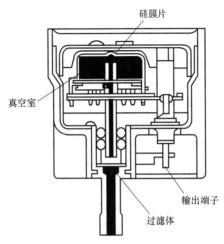

图5-20　进气压力传感器结构

5.2　执行器概述

导　入

执行器是自动控制系统中必不可少的组成部分，它的作用是接收控制器送来的控制信号，改变被控介质的大小，从而将被控变量维持在所要求的数值上或一定的范围内。

执行器认知

5.2.1　执行器的功用

执行器是一种能量转换部件，将输入的各种形式的能量转换为机械动作，如电动机、电磁线圈、离合器阀等都可作为执行器。执行器的任务是根据控制信号执行规定动作以完成控制目标要求，如电磁阀的电流信号、指示灯的开闭信号、规定的周期脉冲信号等。执行器与相应的执行元件配合，完成控制所需要的机械动作。目前汽车上以提高汽车基本性能为目的的发动机、底盘控制系统、电动车窗等系统都广泛采用了电磁线圈、电动机之类的电磁执行元件。

5.2.2　执行器的类型

汽车执行器按其能源形式可分为气动式、液压式和电动式三类；按输出位移的形式，执行器有转角型和直线型两种；按动作规律，执行器可分为开关型、积分型和比例型三类；按输入控制信号，执行器分为输入空气压力信号、直流电流信号、电接点通断信号、脉冲信号等几类。常见的执行机构见表5-2。

表 5-2　常见汽车执行机构

执行器	名称	驱动能源	应用举例
电动机	直流电动机	电能	刮水器、中央门锁、车窗、座椅等
	伺服电动机	电能	节气门开度控制
	步进电动机	电能	转向控制、悬架阻尼控制等
控制阀	2/2 控制阀	液压/气动	防抱死控制、驱动控制、AT 变速器
	3/3 控制阀	液压/气动	防抱死控制、驱动控制、AT 变速器
	比例压力阀	液压/气动	起步离合器、CVT 金属带夹紧力控制、AT 油压
	比例流量阀	液压/气动	CVT 连续速比控制
继电器		电能	电磁阀驱动、电动机驱动
电磁铁	比例电磁铁	电能	电磁离合器、比例压力阀
	开关电磁铁	电能	开关型电磁阀

　　电动执行器是以电源（即蓄电池或发动机）将电能转化为机械能，以驱动执行器转动和移动。电动执行器的特点是响应快、信号传输速度快、便于 ECU 驱动、体积小等，因此在汽车上广泛使用。电动执行器又分为电动机、电磁阀、继电器等，其中电动机有直流电机、伺服电动机和步进电动机。液压执行器是以液压油为动力，即在压力作用下通过液压油来传递能量，从而驱动执行器工作。当液体压力作用于处在受限密闭空间的活塞时，活塞将受到致使其运动的力，如果活塞上的压力差值大于总负荷与摩擦力之和，活塞将会移动，因此产生的净压力能成比例地加速负载运动，这类执行器多用于电控自动变速器系统和悬架控制系统等。气动执行器是以压缩空气或真空度为动力，来驱动执行器工作，通常采用膜片式执行器。

5.2.3　电动执行器

1. 直流电动机

　　直流电动机是用途最多的执行器，具有良好的调速特性、较大的起动转矩、较大的相对功率及响应快速等优点。一般由机座、主极、电枢、电刷装置、换向器及其他附件组成，如图 5-21 所示。直流电动机工作时，首先需要建立一个磁场，可以由永久磁铁或由直流励磁的励磁绕组产生。由永久磁铁构成磁场的电动机叫作永磁直流电动机。对由励磁绕组产生磁场的直流电动机，根据励磁绕组和电枢绕组的连接方式的不同，分为他励电动机、并励电动机、串励电动机、复励电动机。他励电动机是电枢与励磁绕组分别用不同的电源供电，如图 5-22a 所示；并励电动机是指由同一电源供电给并联

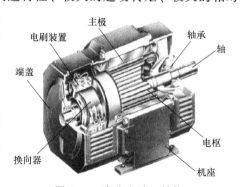

图 5-21　直流电动机结构

着的电枢和励磁绕组，如图 5-22b 所示；串励电动机的励磁绕组与电枢绕组相串联，串励绕组中通过的电流和电枢绕组中的电流大小相等，如图 5-22c 所示；复励电动机是既有并励绕组又有串励绕组，并励绕组和串励绕组的磁场可以相加，也可以相减，前者称为积复励，后

者称为差复励，如图 5-22d 所示。

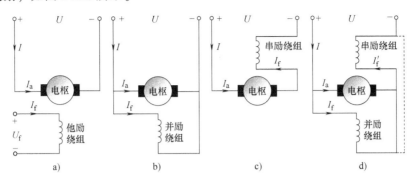

图 5-22　直流电动机各种励磁方式接线图
a）他励　b）并励　c）串励　d）复励

　　直流电动机的驱动方式主要有两种：线性放大器驱动方式和脉冲调制驱动方式，其中脉冲调制驱动方式又可以分为单极性驱动方式和双极性驱动方式。线性放大器驱动方式中，转矩与电枢电流有瞬态的正比关系，电动机的转速与电枢电压有稳定的线性关系。从电动机自身的特性看，线性驱动是一种理想的驱动方式，但是该驱动方式功率较大，尤其电动机处于低速大转矩状态时，大部分功率消耗在功率放大器上且功率管易发热。脉冲调制驱动方式是指使功率管以开关方式工作，通过改变提供给电动机电压的占空比来控制电动机，此时晶体管功率将显著减小。电动机在汽车上的应用主要有刮水器电动机、玻璃升降电动机、空调风机电动机等。

2. 步进电动机

　　步进电动机是一种将电的脉冲信号转换成相应的角位移或线位移的执行元件，每外加一个脉冲信号，电动机就旋转一个确定的角度，由一个脉冲引起的运动被称为一步。步进电动机的基本结构包括转子、绕组和定子，绕组缠绕在定子齿槽上，转子是一个能够绕中心任意转动的永久磁铁或铁心。通常电动机的转速、停止的位置只取决于脉冲信号的频率和脉冲数，同时步进电动机只有周期性的误差而没有累积误差，因此在速度、位置等控制领域使用步进电动机来控制变得简单。但是步进电动机必须在由脉冲信号发生器和功率驱动电路等组成的控制系统驱动下使用。

3. 电磁阀

　　电磁阀用来控制流体（如燃油、机油、变速器油等）或气体的流量和方向，是汽车常用的一种执行器。电磁阀由一个缠绕在可移动的有弹簧负载的铁心上的线圈组成。

　　根据电磁阀工作原理的不同，可以分为直动式电磁阀、先导式电磁阀和分布直动式电磁阀。直动式电磁阀在真空、负压、零压时能正常工作，但流通直径一般不超过 25mm。通电时，电磁线圈产生电磁力把关闭件从阀座上提起，阀门打开；断电时，电磁力消失，弹簧把关闭件压在阀座上。先导式电磁阀使用的流体压力范围较高，可以任意安装，但是必须满足流体压差条件。

　　根据电磁阀的驱动方式不同，可以分为开关型电磁阀、快速开关型电磁阀和比例型电磁阀。开关型电磁阀主要由电磁线圈、衔铁及阀芯组成，只有两种工作状态，在汽车电子控制系统中应用较广，如活性炭罐电磁阀、曲轴箱通风电磁阀、进气歧管电磁阀等。快速开关型

电磁阀主要用于自动变速器的离合器液压控制及锁止液压控制等。比例型电磁阀又称脉冲电磁阀，是一种能进行高速响应的二位二通的换向阀。其结构简单，体积小，重量轻，制造成本低，响应速度快，安装方便，控制方法简单，在汽车上应用比较广泛，通常用于改变液体或气体的流量或压力的大小，如排气再循环的 EGR 电磁阀、自动变速器的油压控制电磁阀等。

4. 继电器

继电器是自动控制电路中常用的一种元件，它是用较小的电流来控制较大电流的一种自动开关，在电路中主要起自动操作、自动调节、安全保护的作用。在汽车电气系统中所使用的继电器体积较小、触点控制的电流也较小，属于小型继电器。在工业控制中使用的中间继电器、热继电器等体积较大，线圈通过的电流或承受的电压较大、触点允许通过的电流较大。下面主要介绍汽车用小型继电器。

根据反映信号不同，继电器可分为电流继电器、电压继电器、中间继电器和热继电器等。

电流继电器是根据电流信号而动作的，特点是线圈匝数少、线束直径较粗、能通过较大电流，其选择依据主要是电路内的电流种类和额定电流大小。如在直流并励电动机的励磁线圈里串联电流继电器，当励磁电流过小时，触点打开，从而控制接触器以切除电动机的电源，防止电动机因转速过高或电枢电流过大而损坏，称为欠电流继电器；反之，为了防止电动机短路或过大的电枢电流（如严重过载）而损坏电动机，要采用过电流继电器，如图 5-23 所示。

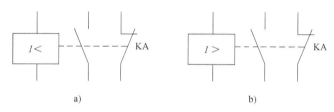

图 5-23　电流继电器

a）欠电流继电器　b）过电流继电器

电压继电器是根据电压信号动作的。如果把上述电流继电器的线圈改用细线绕成，并增加匝数，就成了电压继电器，它的线圈是与电源并联的。电压继电器也可分为过电压继电器和欠（零）电压继电器两种，选择电压继电器时根据线路电压的种类和大小来确定，如图 5-24 所示。

中间继电器本质上是电压继电器，还具有触点多（多至六对或更多）、触点能承受的电流较大、动作灵敏等特点，结构示意图如图 5-25 所示。其主要有两方面用途：一是用作中间传递信号，当接触器线圈的额定电流超过电压或电流继电器触点所允

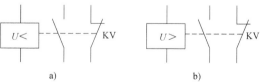

图 5-24　电压继电器

a）欠电压继电器　b）过电压继电器

许通过的电流时，可用中间继电器作为中间放大器控制接触器；二是能够同时控制多条线路。

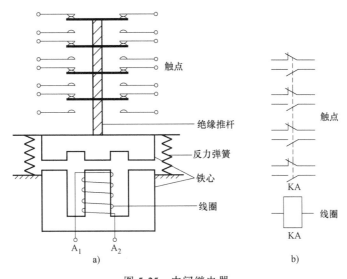

图 5-25　中间继电器

a）中间继电器示意图　b）中间继电器图形符号

热继电器是根据控制对象的温度变化来控制电流流通的继电器，是利用电流的热效应而动作的，主要用来保护电动机的过载、断相运转及电流不平衡，如汽车门窗玻璃升降电动机在玻璃升降至极限位置时的过载保护。

根据继电器触点状态不同，继电器可分为动合（又叫常开）继电器、动断（又叫常闭）继电器和混合式继电器。当线圈有电流通过时，动合继电器触点闭合，而线圈没有电流通过时，触点在其弹簧力的作用下保持张开，触点断开，如图 5-26 所示。当继电器线圈不通电时，动断继电器触点在其弹簧力作用下保持闭合的位置，继电器线圈通电后触点张开，如图 5-27 所示。混合式继电器有动合触点和动断触点，继电器线圈通电后动合触点闭合，动断触点张开，如图 5-28 所示。

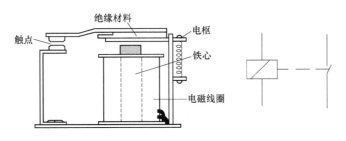

图 5-26　动合继电器

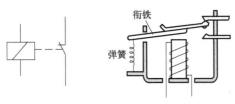

图 5-27　动断继电器

图 5-28　混合式继电器

根据继电器的作用原理不同，继电器可分为电磁式继电器、感应式继电器、电动式继电器、电子式继电器、机械式继电器、干簧式继电器等，其中电磁式继电器是汽车电子控制电路中采用较多的控制执行元件，以电磁系统为主体，主要由线圈、铁心、轭铁、衔铁等构成，如图 5-29 所示。当继电器线圈通以电流时，在铁心、轭铁、衔铁和工作气隙中形成磁通回路，衔铁因受到电磁吸力作用而吸向铁心，此时衔铁带动支杆而将板簧推开，使触点断开。当切断继电器线圈的电流时，电磁力消失，衔铁在板簧的作用下恢复原位，触点闭合。干簧式继电器的触点是一个或几个干簧管，如图 5-30 所示，当继电器通电时，线圈中心工作气隙中形成通路，使干簧管的一对触点吸合。

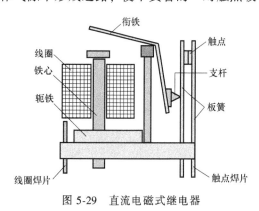

图 5-29　直流电磁式继电器

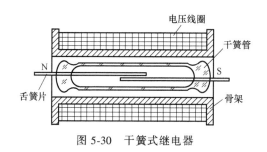

图 5-30　干簧式继电器

5.2.4　液压执行器

液压执行器中通常采用静压能量转换器，根据容积置换原理工作，通过机械功实现液压能与机械能的相互转换，主要应用在被控对象为负载刚性高的场合、对同步性和定位精度有较高要求的闭环控制场合。液压执行器主要包括执行往复运动的液压缸、回转液压缸、液压马达等。在汽车中多采用电控液压执行系统，具有响应快、动作准确的特点，尤其在需要精确控制离合器压力的场合应用广泛。

自动变速器中的液压执行器主要有制动器和离合器，均由液压油驱动，液压油的油量由电磁阀进行控制。例如自动变速器中的换档离合器，多采用多片式结构，通过液压缸中的活塞运动控制离合器的分离和接合。当压力油经过油道进入活塞缸时，油压克服弹簧张力推动活塞右移，将所有主动、从动件依次压紧，即钢片与摩擦片在摩擦力的作用下一同旋转，离合器接合，动力从输入轴经离合器传到输出轴；反之，当油压消除后，离合器分离，动力传递被切断。

自动变速器中的带式制动器由液压缸和制动带组成，如图 5-31 所示。当压力油经过油道进入活塞时，活塞移动，推动推杆，使制动带压紧转动，使转鼓停止转动。

自动液压悬架控制系统中的液压执行器，能够适应汽车重心在不同方向上产生的惯性力，调节悬架系统，达到舒适的乘坐条件，其结构如图 5-32 所示。车身上装有高精度瞬时加速度传感器，并将各种传感器信号传递给电子控制装置，经分析计算后发出指令，通过调节阀对液压缸中的液压进行控制，达到转弯时侧倾较小、制动时抑制前倾及控制恶劣路面上汽车的跳动。

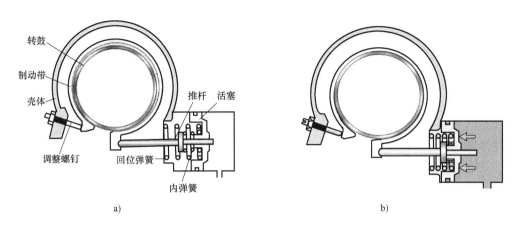

图 5-31 自动变速器中的带式制动器

a) 未制动 b) 制动

5.2.5 气动执行器

气动执行器采用压缩空气作为工作介质，主要有气缸、气压马达等，但由于空气具有可压缩性且黏性差，因此气动执行器不宜用在有高定位精度要求的场合。气动执行器主要应用于汽车空气悬架、电子气压制动、气动巡航等系统中。

一些高档轿车中采用空气悬架，空气悬架中的压缩空气可以通过气压控制阀来控制

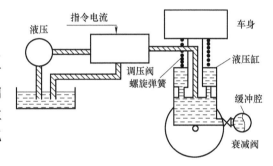

图 5-32 液压悬架系统执行器

其排出或输入，如图 5-33 所示。空气悬架具有控制悬架的阻尼和刚度、控制车身高度的功能。

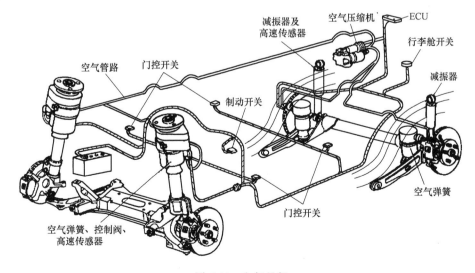

图 5-33 空气悬架

5.3 ECU 概述

汽车电子控制单元简称 ECU（Electronic Control Unit），由集成电路组成，是实现数据分析、处理、发送等一系列功能的控制装置，是汽车电控系统的中枢，其性能直接影响整个系统的控制工作效果。

汽车电子
控制单元
（ECU）认知

5.3.1 ECU 的作用

ECU 根据储存的程序对传感器输入的各种信息进行运算、处理、判断，然后输出指令，控制有关执行器的动作，准确、快速、自动控制被控部件工作。其主要功能概括为以下几个方面：

1）接收传感器和开关及其他装置的输入信号，并进行转换。

2）根据控制要求进行信号的运算。

3）存储特征参数、各种程序及运算所需的数据信号。

4）将输入信号与输出指令信号与标准值比较，确定并存储故障信息。

5）向执行元件输出指令。

6）为传感器工作提供电源及参考电压。

7）故障自诊断。

汽车 ECU 的主要控制内容有燃油多点顺序喷射、燃油量定量修正、控制点火和爆燃、怠速控制、空燃比反馈控制、故障自诊断、炭罐电磁阀及发动机故障指示灯的控制等。

5.3.2 ECU 的特点

汽车电子控制单元主要有以下特点：

1）集成度高，体积小，重量轻，可靠性高，价格低廉。

2）易于标准化、系列化。

3）软件资源丰富，特别适用于汽车各种工况参数间关系复杂的控制系统。

4）控制精度高，响应速度快。

5.3.3 ECU 的组成

ECU 主要由输入回路、A/D 转换器、微型计算机和输出回路四部分组成，如图 5-34 所示。

1. 输入回路

从传感器来的信号，首先进入输入回路。在输入回路中，对输入的模拟信号和数字信号进行预处理，一般是去除杂波和把正弦波变为矩形波，再转换成单片机能够识别和处理的电压信号。其中模拟信号是指信号电压（或电流）随时间变化而连续变化的信号，如叶片式空气流量计和冷却液温度传感器的输出信号等。数字信号是指信号电压（或电流）随时间变化而不连续变化的信号，如节气门位置传感器和转速传感器的输出信号等。

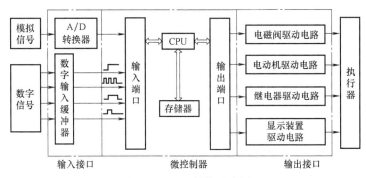

图 5-34　ECU 结构示意图

2. A/D 转换器

A/D 转换器的功用是将模拟信号转变为数字信号，如空气流量传感器、冷却液温度传感器、进气温度传感器、线性输出式节气门位置传感器等向汽车电子控制单元输出模拟信号（即连续变化的信号）。它们经输入电路处理后，都已变成具有一定幅值的模拟电压信号，模拟信号不能送入微型计算机进行运算，须利用 A/D 转换器转换成数字信号，才能送到计算机中进行逻辑运算。

根据 A/D 转换器的原理可将 A/D 转换器分成直接型和间接型。直接型 A/D 转换器的输入模拟电压被直接转换成数字代码，不经任何中间变量；间接型 A/D 转换器，首先把输入的模拟电压转换成某种中间变量（时间、频率、脉冲宽度等），然后再把中间变量转换为数字代码输出。

根据输出数字量的方式，A/D 转换器可以分为并行输出转换器和串行输出转换器两种。并行输出转换器的特点是占用较多的数据线，但转换速度快，在转换位数较少时，有较高的性价比。串行输出转换器的特点是占用的数据线少，转换后的数据逐位输出，输出速度较慢。

3. 微型计算机

微型计算机是汽车电子控制的中心，它能根据需要把各种传感器送来的信号，用内存程序和数据进行运算处理，并把处理结果送往输出回路。微型计算机主要由单片机（CPU）、存储器、输入/输出（I/O）接口、定时器/计数器等组成。

单片机（CPU）又称为微控制器，是汽车计算机控制模块或电子控制单元的核心，主要由运算器、寄存器、控制器等组成。CPU 的工作是在时钟脉冲发生器操作下进行的。

单片机的存储器有程序存储器 ROM 和数据存储器 RAM。ROM 用来存放指令的机器码（目标程序）、表格、常数等；RAM 用来存放程序运行中所需的运算中间结果、采集的数据和经常需要更换的代码等。

输入/输出（I/O）接口是指在接口电路中完成信息传递，是 CPU 与传感器或执行器进行数据交换和下达控制指令的通道，并可由编程人员进行读写的寄存器。CPU 可以通过输入、输出指令向端口存或取信息。端口分为两类：一类是状态口和命令，另一类是数据口。若干个端口加上相应的控制电路构成接口，因此一个接口有好几个端口。

MCS-51 单片机内部有两个 16 位可编程的定时器/计数器，它们既可用作定时器方式，又可用作计数器方式。

4. 输出回路

输出回路是在微控制器与执行器之间建立联系的装置，它将 CPU 的处理结果信号进行放大，转换成能控制执行器工作的指令信号，以驱动执行器工作。由于 CPU 只能输出微弱的电信号（如喷油脉冲、点火信号等），电压一般为 5V，不能直接驱动执行元件，因此必须通过输出回路对控制指令进行功率放大、译码或 D/A 转换，变成可以驱动各种执行元件的强电信号。CPU 输出的控制命令一般为数字信号，电流为毫安级，输出回路具有控制信号的生成与放大等功能。

小　结

1. 汽车电子控制系统包括传感器、控制器和执行器。

2. 传感器主要包括敏感元件、转换元件和测量电路三部分，是将非电量转换成电量的装置。

3. 汽车传感器的类型主要有空气流量传感器、温度传感器、转速传感器、位置传感器、压力传感器、氧传感器等。

4. 执行器机构是一种能量转换部件，将输入的各种形式的能量转换为机械动作，根据其能源形式可分为气动式、液动式和电动式三类，其中电动式执行器主要有直流电动机、步进电动机、电磁线圈、继电器。

5. ECU 主要由输入回路、A/D 转换器、微型计算机和输出回路四部分组成，其中微型计算机是汽车电子控制的中心，能根据需要把各种传感器送来的信号，经运算处理后，将处理结果送往输出回路，主要由单片机（CPU）、存储器、输入/输出（I/O）接口、定时器/计数器等组成。

习　题

1. 汽车电子控制系统使用的传感器有什么特点？
2. 电子控制单元（ECU）由哪几部分组成？简述各部分的功能。
3. 汽车传感器有哪些类型？
4. 简述空气流量传感器的分类及其各自的工作原理和结构。
5. 检测发动机工况的传感器有哪些？
6. 试列举电磁阀在汽车上的应用实例。

第**6**章

汽车动力传动控制系统

学习目标

1. 了解汽车发动机电子控制技术对人们生活的影响
2. 掌握汽油发动机电控燃油喷射系统的分类及组成
3. 掌握汽油发动机电控点火系统的组成与工作原理
4. 掌握柴油发动机电控燃油喷射系统的组成及工作原理
5. 了解四种自动变速器的组成及工作原理

近年来，随着电子技术、计算机技术和信息技术的应用，汽车发动机电子控制技术得到了迅猛的发展，尤其在控制精度、控制范围、智能化和网络化等多方面有了较大突破。汽车发动机电子控制技术已成为衡量现代汽车发展水平的重要标志。本章共分三个部分，分别为汽油发动机电子控制技术、柴油发动机电控燃油喷射系统和自动变速器。

6.1 汽油发动机电子控制技术

导　入

发动机是汽车的心脏，新技术在发动机上的应用，对提高汽车的整车性能有重要意义。尽管现代发动机技术已相当成熟，特别是电子技术的应用已相当广泛，但仍存在一些空白，而且已有技术有些仍存在缺陷。不断完善发动机电子控制技术，开发电子控制技术在发动机上的应用新领域，通过汽车内部网络或无线传输技术的信息通信，完成系统之间的各种必要的信息传送与接收，实现高度集中控制及故障诊断的"整车控制技术"，将是汽车发动机技术发展的必然趋势。在能源与环保的推动下，我国发动机行业引进了许

汽油发动机电控系统简介

多先进的技术。就发动机而言，发动机电子控制技术可以有效地改善发动机的燃油经济性，降低废气污染的排放，并且能够发挥发动机的卓越性能，实现发动机的精确控制，使得发动机动力性能达到最优的效率和最好的性能。

近年来，随着电子技术、计算机技术以及各种控制理论与技术的进步与发展，我国的发动机电子控制技术得到了快速发展与应用。进入 21 世纪以来，电子控制技术已经涉及工业领域的方方面面，在汽车发动机这种比较精密与要求甚高的机械中，电子控制技术更是至关

重要。在各个企业生产的汽车发动机中，出现了大量与现代汽车息息相关的电子控制新技术，这些新技术在提高汽车动力性、燃油经济性、安全可靠性、乘坐舒适性，推进汽车及交通智能化等方面发挥着不可替代的作用。

6.1.1 汽油发动机电控燃油喷射系统

电子控制燃油喷射系统简称电控燃油喷射系统或 EFI（Electronic Fuel Injection），利用安装在发动机不同部位上的各种传感器所测得的信号，按电子控制单元（电控单元 ECU）中设定的控制程序，通过汽油喷射时间的控制，调节喷入进气管或气缸中的喷油量，从而改变混合气浓度，使发动机在各种工况下都能够获得与所处理工况相匹配的最佳混合气，发动机功率得到提高，燃油消耗降低，废气排放量减少，使汽车冷起动更容易，暖机更迅速，应用更广泛。

1. 电控燃油喷射系统的分类

（1）按控制方式分类

1）流量型喷射系统（L-Jetronic）：是指在空气滤清器与节气门体之间装有空气流量计，通过它将空气量的物理量转变成电信号输送到电子控制单元，电子控制单元依此信号控制喷油量，如图 6-1 所示。

2）压力型喷射系统（D-Jetronic，"D"来源于德文"Druck（压力）"的第一个字母）：是电子控制单元根据进气管压力和发动机转速计算出每一循环的进气空气量，并由此计算出循环基本喷油量。这种方式测量方法简单，喷油量调整精度容易控制，如图 6-2 所示。

（2）按喷射位置分类

1）进气管喷射系统：也称为多点喷射系统（MPI），是指在每一个气缸的进气门前都安装一个喷油器，各缸喷油器按照发动机点火顺序在一定的曲轴转角内分别进行喷油（也称为顺序喷射），燃油喷射在进气门外侧，形成可燃混合气，如图 6-1、图 6-2 所示。这种喷射

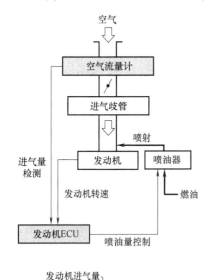

图 6-1 L 型电控燃油喷射系统

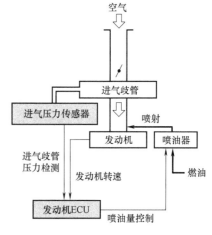

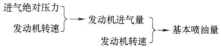

图 6-2 D 型电控燃油喷射系统

系统能较好地保证各缸混合气均匀。

2）缸内直喷系统：在压缩行程后期将汽油直接喷入气缸内。这项技术用于稀薄燃烧的油机，喷射压力较高（3~55MPa），因此对供油装置要求较高。

2. 电控燃油喷射系统的组成

尽管电控燃油喷射系统形式多样，但它们都具有相同的控制原则，即以电子控制单元（ECU）为控制核心，以空气流量和发动机转速为控制基础，以喷油器为控制对象，保证发动机在各种工况下获得最佳的混合气浓度，以满足发动机动力性、经济性和排放要求。相同的控制原理决定了各类电控燃油喷射系统具有相同的组成和类似的结构。电控燃油喷射系统都由以下三个子系统组成：空气供给系统、燃油供给系统和电子控制系统。

（1）空气供给系统 空气供给系统的作用是向发动机提供与负荷相适应的清洁空气，同时测量和控制进入发动机气缸的空气量，使它们在系统中与喷油器喷出的汽油形成符合要求的可燃混合气。空气供给系统主要包括空气滤清器、空气流量计（进气压力传感器）、节气门体、怠速控制阀、进气歧管等，如图6-3所示。

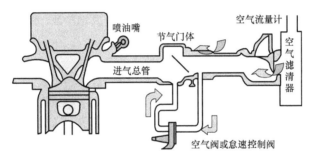

图6-3 电控燃油喷射发动机的空气供给系统

节气门体位于空气流量计之后的进气歧管上，它包括节气门、节气门位置传感器及控制机构。

1）节气门。节气门是正圆形，由驾驶人直接或间接控制其开度大小，改变进入发动机空气量的多少，达到改变发动机动力性的目的。怠速时节气门完全或接近完全关闭，所需要的空气由控制机构提供。

2）控制机构。控制机构是完成对发动机怠速控制和节气门全程控制的机构。怠速控制是自动控制发动机怠速；在发动机热机、有额外负荷（如开空调、动力转向起作用、自动变速器PN档开关进入运行档位、全车电器投入使用等）时，调节进气量，从而调节发动机转速和动力。目前广泛采用智能电子节气门。

智能电子节气门控制系统简称ETCS-i（Electronic Throttle Control System-intelligent）。它是为了满足人们对汽车的动力性、经济性、净化性、舒适性、安全性和方便性提出的更高要求应运而生的多样化智能发动机管理系统。发动机采用无拉索式节气门总成，节气门开启角度不再由加速踏板拉索直接控制，驾驶人通过加速踏板位置传感器把需要的力矩指令，以电压信号的形式输送到电子控制单元，然后通过电子节气门总成控制节气门的开启角度，使发动机的转速和功率调节进入了多功能智能化控制领域，如图6-4所示。

电子节气门（ETC）的结构和外形如图6-5所示。电子节气门一方面执行来自电子控制单元的指令，调节节气门开度以控制进气量，同时还可以输出反映节气门位置的信号，供系

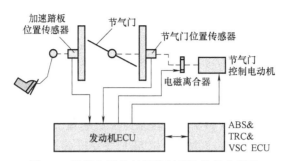

图 6-4　智能电子节气门控制系统的基本原理

统监控节气门的实际开度。

电子节气门轴上的双轨道节气门电位计用来检测节气门的准确开度和变化速率，反馈给 ECU，成为是否满足要求的比较数据，以便 ECU 对节气门的实际开度进行监控和优化调节修正。节气门的实际优化开度，并不等同于主观指令开度（应有一定期望范围的冗余度），它是 ECU 根据行驶工况中各种传感器信号，通过负荷管理系统计算出来的优化实际开度控制参数。它也是双轨道电位器，保持不间断的电压信号反馈输出，使 ECU 及时地验证、修正、调节。因而，它是智能化的反馈控制系统。

节气门位置控制电动机为正反转直流电动机，由 ECU 以"占空比"的方式，控制电流的大小和驱动方向，再经减速齿轮组来驱动节气门的开度大小和速率值的高低。

节气门开度完全由 ECU 控制，它会根据运行情况计算出最低稳定怠速、快怠速及其他工况所需的进气量，然后调整节气门开度，油耗量和排放污染值自然会达到法规的要求。因节气门的控制不是直接地机械驱动，因此节气门的初始位置需要设定，从而使 ECU 准确地得知

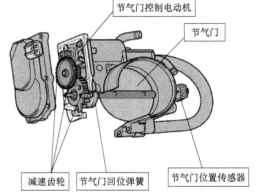

图 6-5　电子节气门的结构和外形

加速踏板位置传感器与节气门开启程度所对应的实际关系位置是否相符。

（2）燃油供给系统　燃油供给系统的功用是用电动汽油泵向喷油器提供足够压力的汽油，喷油器根据来自 ECU 的控制信号，向进气歧管内进气门上方喷射定量的汽油。燃油供给系统由汽油箱、电动汽油泵、汽油滤清器、燃油分配管、回油管、油压调节器、喷油器等组成，如图 6-6 所示。

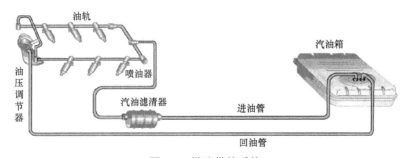

图 6-6　燃油供给系统

　　发动机工作时，电动汽油泵把汽油从油箱中泵送出去，经汽油滤清器除去杂质和水分后，流入燃油分配管，然后分送到各个喷油器。燃油分配管上装有油压调节器，根据进气管内气体的压力对燃油压力进行调整，多余的燃油经油压调节器流回油箱。有些发动机在燃油输送通道中还装有燃油压力脉动衰减器，用以削减燃油的脉动现象。

　　另外有许多车辆的发动机采用无回油管路的单管路供油系统，将汽油滤清器、油压调节器、燃油油位传感器和燃油切断阀一体的模块式汽油泵总成安装在汽油箱中，如图 6-7 所示。该系统燃油分配管内的压力是恒定的，喷油器两端的压力是变化的，多余的燃油在油箱内就完成了回流，能防止油箱内部温度升高，减少燃油蒸气排放量。在固定的喷射时间内喷油量是变化的，但发动机电子控制单元根据进气压力传感器和氧传感器的信号，对喷油量进行修正和补偿，因此喷油量同样会精确。

　　1）汽油箱。汽油箱用以储存汽油，轿车的油箱多装在后排座椅下。汽油箱体的材料一般采用高分子高密度聚乙烯吹塑制成，具有重量轻、强度高、密封性好、防爆以及易制成异形件、充分利用空间的优点，因此被轿车广泛采用。

　　为防止油液面由于行车振荡而外溢，在油箱内部装有隔板。油箱上表面装有液面传感器，底部有辅助油箱，内有滤网。为了便于排除箱内的杂质，有的车在油箱底部装有放油螺塞。油箱加油口用带阀门的油箱盖封闭。汽油箱上有通活性炭罐的软管，以吸收汽油箱内产生的燃油蒸气，这种形式的汽油箱盖上只有空气阀，没有蒸汽阀，安装有扭矩限制器，以保证密封。

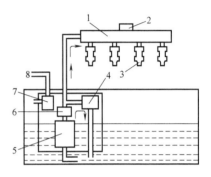

图 6-7　单管路供油系统
1—燃油分配管　2—脉动衰减器
3—喷油器　4—油压调节器
5—电动汽油泵　6—汽油滤
清器　7—单向阀　8—至活性炭罐

　　2）电动汽油泵。电动汽油泵的作用是将汽油从油箱内吸出，加压后经喷油器供入发动机进气管。电动汽油泵广泛采用涡轮式结构。

　　涡轮式电动汽油泵由电动机、涡轮泵、单向阀、限压阀及滤清器等组成，如图 6-8 所示。其涡轮泵大都采用叶片式的，故也叫叶片式电动汽油泵。

　　电动机驱动泵运转时，涡轮泵转子圆周槽内的燃油随转子一起高速旋转，在离心力作用下，使燃油出口处油压增高，同时在进口处产生一定的真空，从而使燃油从进口被吸入并经单向阀流向出口。设置单向阀可使发动机熄火后油路内燃油仍保持一定压力，减少气阻现象，便于发动机热起动。而限压阀是一种保护装置。在电动汽油泵中，当出口及下游油路出现堵塞，油泵工作压力大于 0.4MPa 时，限压阀自动打开，使油泵的高压侧与吸入侧连通，燃油仅在泵和电动机内部循环，避免发生管路破损和燃油泄漏事故。多点喷射系统为 200～350kPa；单点喷射系统为 100kPa。

　　这种电动汽油泵的优点是：运转噪声小、出油压力脉动小、转子无磨损、使用寿命长。电控汽油喷射系统对汽油泵运转控制的基本要求是：只有当发动机处于运转状态时，汽油泵才运转，若发动机不工作，即使接通点火开关，汽油泵也不工作。电控汽油喷射系统油泵控制电路有多种形式，大众车系的桑塔纳电动汽油泵控制电路如图 6-9 所示。

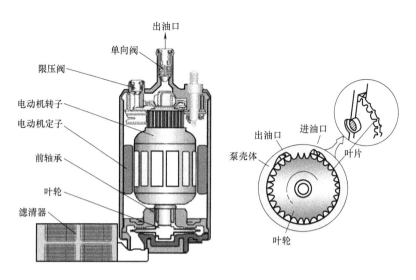

图 6-8　涡轮式电动汽油泵

3）汽油滤清器。汽油滤清器的作用是滤去汽油中的杂质。它是一次性使用，定期更换，更换里程一般是 15000km。

如图 6-10 所示汽油滤清器为内压式纸质滤芯，双层袋状卷筒，套在芯管上，有 12～16 圈，袋口在进油端，袋底在出油端。

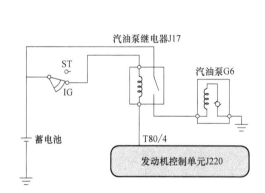

图 6-9　电动汽油泵控制电路

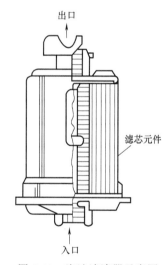

图 6-10　汽油滤清器示意图

内压式袋状滤芯的滤清面积远大于外压式波折状滤芯，滤清面积达 $1500m^2$，过滤面积增大 40 倍，保证了畅通供油。它对安装方向有严格的要求，以防挤扁滤芯，造成供油不畅，加速无力，并对油泵造成负载过大，绕组发热，丧失泵油能力。

4）脉动衰减器。燃油在分配管内呈脉动状态，其成因有三个方面：泵油时油泵内容积的变化形成的"泵油脉动"；回油时油压调节器阀门开闭形成的"回油脉动"；喷油器间歇喷油形成的"喷油脉动"。为此，在燃油分配管进口处或油泵的出油口设有脉动衰减器，利

用其膜片和弹簧的变形使容积随压力的大小而变化，缓和衰减分配管内油压的脉动，使油压稳定，保证了燃油准确的计量，如图6-11所示。

5）油压调节器。喷油器喷油量的大小取决于针阀开启时间的长短，对于采用有回油管的供油系统，其前提是喷油压力保持不变。这里的喷油压力是指喷油器喷孔内外的压力差，即

$$喷油压力 = 燃油压力 - 进气歧管压力$$

实际上，进气歧管压力随节气门开度不同而改变，造成喷油压力不断变化，导致ECU无法通过控制喷油时间的长短来精确地控制喷油量。

如图6-12所示，油压调节器主要由膜片、弹簧和阀门等组成。膜片下方为燃油室，与分配管相通；膜片上方为真空管，与进气歧管相连。出油口由阀门控制，经回油管与燃油箱相连。

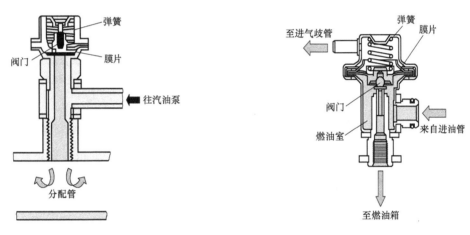

图6-11　脉动衰减器　　　　　　　图6-12　油压调节器

发动机运转过程中，当膜片下方燃油室中的油压与膜片上方的真空吸力和弹簧张力的合力平衡时，膜片位置一定，阀门开度和回油量一定，油压也一定。当进气管真空度增大时，膜片带动阀门上移，使阀门开度增大，回油量增加，油压下降；反之，当进气管真空度减小时，膜片带动阀门下移，使阀门开度减小，回油量减小，油压升高。这样，喷油压力始终随进气管真空度的变化而变化，使燃油压力与进气管真空度之差为一恒定值。当发动机停止工作时，膜片在弹簧力的作用下，使阀门关闭，保持管路中有一定的油压。

6）喷油器。喷油器是电控燃油喷射系统中一个重要的执行元件，在ECU的控制下，将汽油呈雾状喷入进气总管或歧管内。

电控燃油喷射系统中都使用电磁式喷油器。按用途可分为单点喷射系统用和多点喷射系统用；按燃料的进入位置可分为上方供油式和侧方供油式；按喷口形式可分为轴针式和孔式；按电磁线圈阻值可分为低阻式和高阻式；按驱动方式可分为电流驱动和电压驱动。

单点喷射系统的喷油器位于节气门后方进气总管处；多点喷射系统的喷油器安装在各进气歧管或进气道附近的缸盖上，并用分配管固定。

多点喷射系统采用的轴针式喷油器结构如图6-13所示。它的一端为进油口，与分配油

管连接；另一端为喷油口，插入进气歧管中，两端分别用 O 形密封圈密封。喷油器由喷油器体、衔铁、针阀、电磁线圈、回位弹簧等组成。

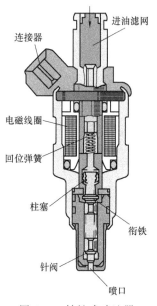

图 6-13　轴针式喷油器

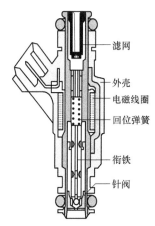

图 6-14　孔式喷油器

孔式喷油器的针阀端部有锥形或球形（见图 6-14）两种形状，采用球形端部的喷油器通常称为球阀式喷油器。孔式喷油器一般采用 1~2 个喷孔，喷孔直径为 0.15~0.30mm。孔式喷油器由于喷孔较小，因此汽油的雾化质量较好，有利于提高汽油汽化速度，但由此带来的不足是喷孔容易堵塞。另外，球形端部针阀的质量仅为轴针式针阀的一半左右，因此具有很好的动态响应特性。

喷油器按电磁线圈的控制方式不同，可分为电压驱动式和电流驱动式两种。电压驱动是指 ECU 驱动喷油器喷油电脉冲的电压是恒定的。这种喷油器又可分为高阻型和低阻型两种。低阻型喷油器是用 5~6V 的电压驱动；电磁线圈的电阻较小，约 3~4Ω；不能直接和 12V 电源连接，否则，会烧坏电磁线圈，如图 6-15a、b 所示。高阻型喷油器是用 12V 电压驱动；电磁线圈的电阻较大，约 12~16Ω；在检修时，可直接和 12V 电源连接。在电流驱动回路中无附加电阻，低阻型喷油器直接与蓄电池连接，如图 6-15b、c 所示，通过电子控制单元中的晶体管对流过喷油器电磁线圈的电流进行控制。电流驱动脉冲开始时是一个较大的电流，使电磁线圈产生较大的吸力，以打开针阀，然后再用较小的电流保持针阀的开启。

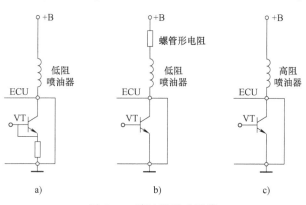

图 6-15　喷油器驱动回路

（3）电子控制系统　电子控制系统包括检测发动机运行状况的各种传感器、开关信号、电子控制单元（ECU）和执行器，如图 6-16 所示。电子控制系统的作用是接收来自显示发动机工作状态的各个传感器输送来的信号，根据 ECU 预置的程序，对喷油时刻、喷油量以及点火时刻等进行确定和修正。

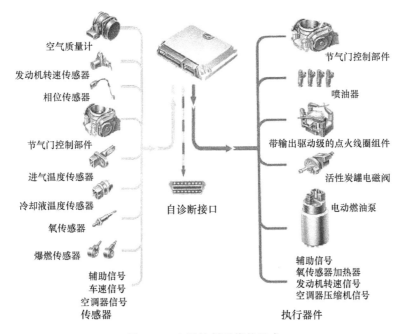

图 6-16　电子控制系统的组成

随着计算机控制功能的不断扩展，其控制项目也在不断增加，如怠速控制、排气再循环控制、发动机闭环工作控制、二次空气控制等，形成多功能控制的集中管理控制系统。

1）检测发动机运行状况的传感器。传感器是一种信号转换装置，安装在发动机的各个部位，其功用是检测发动机运行状态的各种电量参数、物理量和化学量等，并将这些参量转换成电子控制单元能够识别的电量信号输入电子控制单元（ECU）。

检测发动机运行状况的传感器包括空气流量计（或进气压力传感器）、节气门位置传感器、发动机曲轴位置及转速传感器、发动机的热状态传感器、进气温度传感器、汽车的车速传感器和发动机是否处于起动状态等。

2）开关信号

① 起动信号。起动信号（STA）用来判断发动机是否处于起动状态。起动时，进气管内混合气流速慢，温度低，燃油雾化不良，为改善起动性能，必须增加喷油量以加浓混合气。STA 信号与起动开关连在一起，起动开关接通，ECU 便检测到 STA 信号，确认发动机处于起动状态，并自动增加喷油量。

② 空调信号。空调信号（A/C）用来检测空调压缩机是否工作。该信号与空调压缩机电磁离合器的电源接在一起，ECU 根据 A/C 信号控制发动机怠速时的点火提前角和进行怠速喷油量修正等。

③ 空档起动开关信号。空档起动开关信号（NSW）主要用于怠速系统的控制。在装有自动变速器的汽车中，ECU 用空档起动开关信号判定变速器的档位。识别变速器是处于空档或停车（N 或 P 档位）状态，还是处于行驶（OD、D、2、1 或 R 档位）状态。ECU 通过对 NSW 信号的识别，对怠速系统进行控制，在发动机过渡工况时，修正喷油量。

④ 其他开关信号。主要包括点火开关 IGN 信号、蓄电池电压信号 U_{BATT} 等。

3）电子控制单元。电子控制单元（ECU）的作用是按照预置程序对各个传感器输入的信息进行运算、处理、判断，然后发出指令，控制有关执行元件（如喷油器等）动作，以达到快速、准确、自动控制发动机工作的目的。

① 电子控制单元的组成。电子控制单元主要由中央处理器（CPU）、随机存储器（RAM）、只读存储器（ROM）、输入和输出接口电路、驱动电路、固化在 ROM 中的发动机控制程序和原始数据等组成（见图 6-17）。

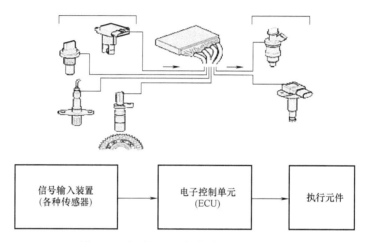

图 6-17　发动机电子控制单元的基本组成

a. 输入回路。它对各种输入信号进行预处理，一般包括去除杂波、把正弦波转换成矩形波及电平转换等。

b. A/D 转换器。因数字计算机只能处理数字信号，所以 A/D 转换器将模拟信号转换成数字信号，再输入给电子控制单元进行处理。

c. 微机。微机是发动机电控系统的神经中枢，它主要由中央处理器（CPU）、随机存储器（RAM）、只读存储器（ROM）、输入/输出（I/O）接口等组成。微机根据需要把各种传感器送来的信号用内存的程序和数据进行运算处理，并把处理结果（如喷油脉冲信号、点火控制信号等）送往输出回路。

d. 输出回路。输出电路是微机与执行器之间的连接部分，它将微机发出的控制指令转变成控制信号来驱动执行器工作，完成控制信号生成和放大等功能。微机输出的是数字信号，而且输出信号很小，用这种信号一般不能直接驱动执行器工作，需要输出电路将其转换成可以驱动执行器工作的控制信号，如喷油器驱动信号、点火控制信号、燃油泵控制信号等。

② 汽油喷射的控制过程。电控汽油喷射系统的工作过程就是对喷油正时和喷油持续时间（即喷油量）的控制过程。

a. 喷油正时控制。正时控制就是对喷油器开始喷油时刻的控制。多点间歇喷射汽油机的喷油时刻控制分为同步喷射和异步喷射两种方式。

同步喷射是指汽油的喷射与发动机运转同步，ECU 根据曲轴的转角位置来控制开始喷射的时刻。在发动机稳定工况的大部分运转时间里，汽油喷射控制系统以同步方式工作，同

步喷射广泛采用顺序喷射。

发动机一个工作循环期间，各缸喷油器都轮流喷油一次，和发动机的点火顺序相对应，喷油是在排气上止点前一定的曲轴转角位置开始，一般在进气门打开之前完成喷油。其喷油器的控制电路如图6-18所示，喷油器驱动回路数与气缸数目相等。顺序喷射控制各缸混合气浓度，分配均匀，控制精度高。喷油系统和点火系统程序控制，广泛使用在无分电器直接点火的发动机上。

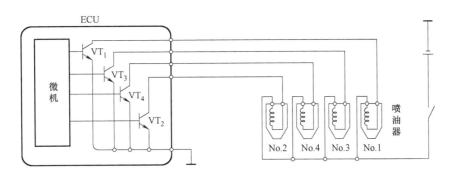

图6-18　喷油器的控制电路

在顺序喷射正时控制中，ECU首先要判断出哪一个气缸的活塞运行至排气上止点前某角度，这就需要根据凸轮轴位置传感器信号、曲轴位置传感器信号和发动机的做功顺序来确定各缸工作位置。当确定某缸活塞运行至排气行程上止点前某一位置时，ECU输出喷油控制信号，接通喷油器电磁线圈电路，该缸开始喷油。如图6-19所示，喷油顺序和做功顺序一致为1-3-4-2。

异步喷射是指ECU只是根据传感器的输入信号控制开始喷油时刻，与曲轴转角位置无关。异步喷射方式是一种临时的补偿性喷射，发动机处于起动、加速等非稳定工况时，燃油喷射控制系统以异步喷射方式或增加异步喷射对同步喷射的喷油量进行补偿。

汽车急加速时，ECU除了对同步喷射进行加速时燃油增量修正外，还控制喷油器进行异步喷射，以提高汽车的加速性能。

异步喷射的时间如图6-20所示，它表明了加速时，节气门开度、吸入空气量与各缸进气行程的对应关系。

G_{a1}是ECU计算同步喷射持续时间T_A所依据的空气质量。在T_A内喷射的油量正好与G_{a1}匹配，达到目标空燃比。假定在进气行程A实际吸入第1缸的空气质量为G_{a2}，此时空气质量增加了ΔG_{a1}，则按同步喷射持续时间T_A喷入第1缸的油量就显得不足，混合气偏稀。按工作顺序，假定在进气行程B实际吸入第3缸的空气质量为G_{a3}，此时空气质量增加了ΔG_2，则按同步喷射持续时间T_B喷入第3缸的油量也显得不足，混合气也偏稀。为了补充与空气增量ΔG_{a1}和ΔG_{a2}相对应的汽油喷射量，就必须进行异步喷射。

ECU根据节气门开度的变化，对异步喷射及喷油量进行控制。在一定时间间隔（如10～20ms），节气门开度变化量越大，吸入空气的增量就越大，异步喷射的喷油量也越多。

b. 喷油持续时间（即喷油量）控制。电控汽油喷射系统对喷油量的精确控制就是通过精确地确定和控制喷油的持续时间来实现的。根据发动机的运行特点，喷油持续时间控制分

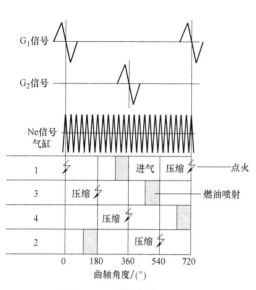

图 6-19　顺序喷射正时图

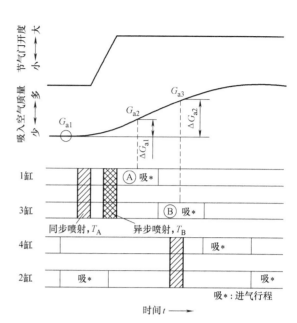

图 6-20　异步喷射的时间

为起动时喷油持续时间的控制和起动后喷油持续时间的控制。

　　发动机起动时的基本喷油时间不是根据进气量（或进气歧管绝对压力）和发动机转速确定的，与发动机起动后的控制方式不同。发动机起动时，由于转速低且波动大，因此，ECU 不能用进气量来计算喷油量，而是根据发动机的热状态决定。即 ECU 根据发动机当时的冷却液温度，从预存的冷却液温度-喷油时间数据图表中找出相应的基本喷油时间，然后进行进气温度和蓄电池电压修正，得到起动时的喷油持续时间。

　　发动机起动后的喷油持续时间由发动机转速、进气量确定的基本喷油持续时间和由发动机运行状态参数决定的修正喷油持续时间构成。

　　c. 断油控制。断油控制是指 ECU 停止向喷油器驱动电路发送喷射信号，喷油器暂停工作。电控汽油机中，ECU 断油控制基于两种情况：以降低燃油消耗，改善排气污染为目的的减速断油控制；以防止发动机超速损坏为目的的超速断油控制。

　　当发动机在高转速运行下节气门突然关闭时，发动机处于强制怠速工况，这种工况一般为汽车减速运行工况，发动机不再需要供应燃油，为避免混合气过浓、燃油经济性和排放变坏，ECU 执行减速断油控制，喷油器停止喷油。当发动机转速降至预设转速或节气门重新打开时，ECU 才使喷油器恢复喷油。

　　断油转速和恢复喷油转速与冷却液温度、空调是否工作、用电器用电情况等因素有关。发动机冷却液温度越低，断油转速越高。减速时断油和恢复供油的转速特性如图 6-21 所示。

　　当发动机转速过高，可能引起发动机损坏时，ECU 执行超速断油控制，对发动机的最高转速进行限制。

　　Bosch 公司的 Motronic 系统中采用切断燃油供给的电子限速装置。当发动机运行时，ECU 将发动机的实际转速与存储在 ROM 中的最高转速进行比较，当实际转速超过最高转速时，ECU 停止输出喷油信号，实际转速下降至最高转速时再恢复喷油，如此反复循环防止发动机转速继续上升。

③ 故障自诊断系统。现代汽车发动机电控系统中，一般都设有故障自诊断功能，该系统还可监测诊断发动机控制系统工作情况及工作中出现的故障。它一般具有如下功能：

a. 及时地检测出电控系统出现的故障。

b. 将故障信息以代码形式存储在 ECU 的存储器内。

c. 发出故障指示或警告信息，如点亮仪表盘上的"故障指示灯"。

d. 维修人员可以读取故障码，为诊断故障原因提供参考。

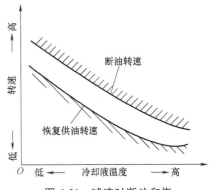

图 6-21　减速时断油和恢复供油的转速特性

一般在仪表盘下方或发动机舱内设有一个专用接口（简称 OBD-II），即故障诊断接口，该接口直接与 ECU 相连，如图 6-22 所示。将解码器或检测设备插入此专用接口，便可将故障或诊断的传感器、执行器等信号的数据流读出，以便在控制系统出现故障时，能及时、快速查找和排除。

④ 安全保险功能。安全保险功能又叫故障保险功能，是电子控制单元检测出故障后，采取的一种保险措施。当某个传感器或执行器出现故障时，如果发动机 ECU 仍然按照正常方式继续控制发动机运转，就有可能使发动机或有关部件出现更严重的问题。安全保险功能主要依靠 ECU 内的软件来实现。当系统诊断出有故障出现时，一方面发出故障警告信号、保存故障码；另一方面，ECU 会自动启用安全保险功能，按照存储器内设定的程序和数据，使控制系统继续工作或制动停机。

⑤ 后备系统。后备系统也叫后备功能，是当 ECU 内电子控制单元控制程序出现故障时，ECU 把燃油喷射和点火正时控制在预定水平上，作为一种备用功能使车辆仍能继续慢速行驶，直到回到修理厂，所以也称之为跛行系统。

图 6-23 是发动机 ECU 后备系统的原理框图。其后备系统为一专用后备电路，由集成电路组成。监视回路中装有监视计数器，正常工作情况下，电子控制单元定时进行清零。出现异常情况时，例行程序不能正常运行。如果这时计数器的定期清零工作不能进行，计算机则显示溢出。当监视器发现计算机溢出，就能检测出异常情况。当监视

图 6-22　故障诊断接口与检测设备

器监测出电子控制单元出现异常情况而满足启用后备系统的条件时，首先点亮"发动机故障灯"，提示驾驶人发动机已出现故障，需要进行维修。与此同时，ECU 自动转换成简易控制的后备功能。

后备系统只是简易控制，只能维持基本功能，使车辆能够慢速行驶，而不能保证发动机运行在最佳状态，不宜在"后备"状态下长时间行驶，应及时检查修理。

3. 汽油机缸内直喷系统

汽油机缸内直喷系统简称 GDI（Gasoline Direct Injection），又因为燃油是分层燃烧的，

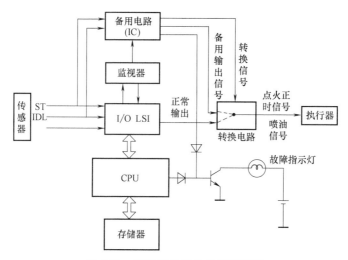

图 6-23　ECU 后备系统的原理框图

又称为 FSI 系统（Fuel Stratified Injection）。

传统式的电控汽油喷射发动机，是将汽油喷射在进气门外侧的进气歧管中，在进气过程和压缩过程中，利用时间和空间的混合方式，完成可燃混合气的形成，再点火燃烧做功。这样，燃油在气缸内滞留时间过长（接近 360° 曲轴转角），燃油的粘结损耗较大，加速响应性低，极易产生"爆燃"，气缸磨损也加大。

在汽油机中采用缸内直接喷射后，能有效提高缸内充气系数，降低爆燃极限，提高压缩比，改善发动机性能，使其燃油经济性提高 25% 左右，动力输出也比进气道喷射的汽油机增加了将近 10%。

（1）缸内直喷汽油机主要结构　缸内直喷汽油机是在传统电控喷射系统的基础上改进研发的，在结构方面无过多的变化，只是在可燃混合气的形成方法上和燃烧过程方面发生了改变，如图 6-24、图 6-25 所示。为此，仅就主要结构简单地介绍如下：

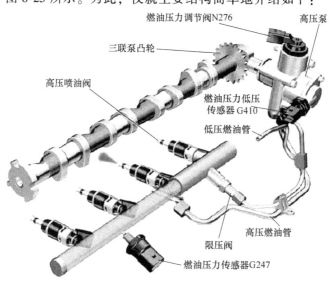

图 6-24　汽油机缸内直喷式结构图

1）轨道燃油压力传感器。为 ECU 提供轨道压力的高低，当压力达 5MPa 时，ECU 指令停供电磁阀动作，推开高压油泵的片状进油阀，使高压油泵停止吸油而停供。此时，低压油泵也同步停止供油，维持规定的油压。

2）停供电磁阀。根据 ECU 通电发令，使其推杆动作，高压油泵的进油片阀即常开，停止供油。

3）限压阀。为柱塞式溢流阀，当轨道油压高于规定值时，即泄油降压，维持轨道油压，起保护作用。

4）柱塞式高压燃油泵。为往复柱塞泵，由凸轮轴驱动，使燃油轨道的油压不断堆积，产生 5MPa 的喷射油压，经喷油器高速喷入气缸，提高雾化质量，形成旋转的燃气涡流。

5）高压旋流式喷油器。安装在发动机缸盖上，采用 65V 高电压控制喷油，为强劲高频量化控制方式，频率响应性高。由 ECU 直接用脉冲电流控制喷油量的多少，利用特殊的喷孔形状，喷出旋转的燃油雾，与挤压涡流快速地混合，以便点火燃烧。

6）直立式进气管。产生大进气流，直接流入气缸，充气效果好。与传统的横向进气管相比，它的进气涡流方向是相反旋转，喷油后能在火花塞处形成浓油雾区。

7）顶面弯曲活塞。引导空气产生进气涡流和挤压高速旋转涡流，以便形成理想的分层燃烧的可燃混合气。

（2）缸内直喷汽油机燃烧模式及技术特征

1）气缸内涡流的运动。在进气过程中，通过直立式进气管，在气缸吸力的作用下，产生强大的下降气流，使充气效率得到提高。又在顶面弯曲活塞的作用下，形成比传统汽油机更强大的滚动涡流。这个滚动涡流，将压缩后期喷射出的旋转油雾，带到燃烧室中央的火花塞附近，然后及时点火燃烧。

2）高压旋转油雾的产生。高压旋转式喷油器，在压缩行程的后期

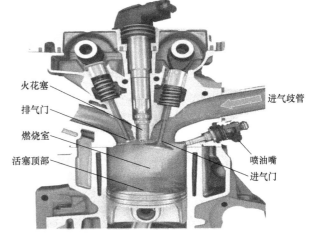

图 6-25　缸内直喷式汽油机结构图

（此时，缸内压力为 0.6～1.5MPa），以 5MPa 的高压喷射出旋转的油雾，卷入滚动涡流中，迅速吸热汽化，以层状混合状态被卷到火花塞附近。此时，火花塞附近为高浓度混合气，极易点燃，缸内的燃气呈"稀包浓"状态（O_2 分子包围 HC 分子），在旋转中逐层剥离，并从内向外稳定、彻底地分层燃烧，如图 6-26 所示。超稀薄的混合气，空燃比可达 30∶1～40∶1，与传统的汽油机相比，节油率可达 40%，可使排气中的 CO、HC、NO 等有害物质大幅降低。

3）空燃比与负荷的关系。中小负荷工况时，在压缩行程后期喷油，以经济超稀薄混合气成分为主。在大负荷工况时，一个工作循环中，ECU 对喷油器发出两次喷油脉冲信号，一次在进气行程时完成，一次在压缩行程后期完成，脉冲宽度各不相同，以加浓可燃混合气。两次喷射的功能也可在起动工况、急加速工况出现，以调节空燃比的大小，改善使用

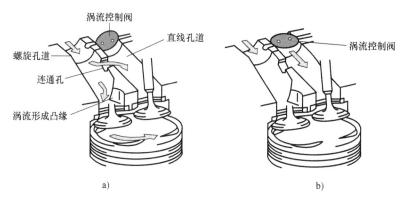

图 6-26　涡流形成图

a）低负荷时　b）高负荷时

性。此时，还可利用燃油的汽化热来降低进气温度，提高充气效率。

4）高压缩比的实现。提高汽油机输出功率的措施是加大进气量、提高压缩比、控制燃烧过程。传统的电控喷射系统，因受燃油质量的制约，压缩比已难突破 10∶1 的大关，还需要使用辛烷值 97 的汽油。而缸内直喷汽油机可使压缩比提高到 12∶1～13∶1，对汽油的辛烷值无过高要求。

① 喷入缸内的燃料汽化，可降低气体温度和增大空气密度，因而不易产生"爆燃"。

② 由于吸入的空气量大幅度增加，进气冷却效果较好，有抑制"爆燃"的作用。

③ 采用缸内直喷是在压缩行程后期喷油，燃油在燃烧室内滞留时间极短，使大幅度地提高压缩比成为可能。

5）进气增压的实现。如果增装废气涡轮增压系统（如奥迪 A6L-2.0T-FSI 乘用车），充气效率将进一步提高，空气密度加大，氧含量提高，燃烧条件进一步改善，动力性、经济性和净化性将明显提高。

6.1.2　汽油发动机电控点火系统

目前，普通电子点火系统已经很少使用，现代轿车电控发动机广泛采用更先进的电子控制点火系统。它可以使发动机在任何工况下均处于最佳点火提前状态，并实现通电时间控制、点火提前角控制和爆燃控制这三个方面的功能。

为了保证发动机在各种工况下可靠并准确地点火，点火系统必须满足以下要求：提供足够高的二次电压，使火花塞极间跳火；火花要具有足够的能量；点火系统应按发动机的做功顺序并以最佳时刻（点火提前角）进行点火。

1. 电子控制点火系统的组成

电子控制点火系统也称微机控制点火系统，与电控喷油系统一样，电子控制点火系统主要由监测发动机运行状况的传感器、处理信号和发出点火指令的电子控制单元（ECU）、对点火指令做出响应的执行器等组成。

（1）传感器　传感器用来检测与点火有关的发动机工况信息，并将检测结果输入电子控制单元（ECU），作为计算和控制点火时刻的依据。虽然各种汽车电子控制点火系统采用的传感器类型、数量、结构和安装位置不尽相同，但主要有曲轴位置（转速与转角）传感

器、凸轮轴位置（上止点位置）传感器、空气流量（负荷）传感器、节气门位置（负荷）传感器、冷却液温度传感器、进气温度传感器、车速传感器和爆燃传感器。这些传感器大多与汽油喷射系统、怠速控制系统等电子控制系统共用，而且都由一个 ECU 集中控制。

在传感器输入 ECU 的信号中，曲轴位置信号和凸轮轴位置信号是保证 ECU 控制电子点火系统正常工作最基本的信号。曲轴位置传感器向 ECU 提供发动机转速、曲轴转角信号，转速信号用于计算确定点火提前角，转角信号用于控制点火时刻（点火提前角）。凸轮轴位置传感器采集凸轮轴的位置信号输入 ECU，以便 ECU 识别气缸压缩上止点，从而进行点火时刻控制和爆燃控制。由于凸轮轴位置传感器能够识别是哪一缸活塞即将达到上止点，所以又称其为判缸传感器。

爆燃传感器是电子控制点火系统专用的传感器，ECU 可根据爆燃传感器提供的信号来判断发动机是否发生爆燃，从而对点火提前角进行修正，实现点火提前角的闭环控制。需要指出的是，由于电子控制点火系统是发动机电子控制系统的一个组成部分，因此，除了专用的部件（爆燃传感器和执行器）外，其他所有传感器包括 ECU，都是共用的。另外，在采用顺序喷射和分组喷射时，为有效提高发动机的性能，需要选取特定的喷油时刻，而这是相对曲轴转角而言的。因此，与空气流量（负荷）传感器、节气门位置（负荷）传感器、冷却液温度传感器等一样，曲轴位置（转速与转角）传感器是电子控制汽油喷射系统和电子控制点火系统所共用的。

（2）电子控制单元　现代汽车发动机大多都采用集中控制系统，电子控制单元（ECU）既是汽油喷射控制系统的控制核心，也是点火控制系统的控制核心。在 ECU 的只读存储器（ROM）中，除存储有监控和自检等程序之外，还存储有由台架试验测定的该型发动机在各种工况下的最佳点火提前角。随机存储器（RAM）用来存储微机工作时暂时需要存储的数据，如输入/输出数据、单片机运算得出的结果、故障码、点火提前角修正数据等，这些数据根据需要可随时调用或被新的数据改写。CPU 不断接收上述各种传感器发送的信号，并按预先编制的程序进行计算和判断后，向点火控制器发出最佳点火提前角和点火线圈一次侧电路导通时间的控制信号。

（3）执行器　执行器主要包括点火控制器、点火线圈及火花塞等。

点火控制器又称为点火模块、点火电子组件、点火器或功率放大器，是微机控制点火系统的功率输出级，它接收 ECU 输出的点火控制信号并进行功率放大，以便驱动点火线圈工作。

由于无分电器点火系统有两个或多个点火线圈一次绕组，在发动机的一个工作循环中，每个点火线圈一次绕组只通断一次（独立点火）或两次（同时点火），所以点火线圈一次绕组能够有较长的通电时间，点火线圈可以采用完全的闭磁路结构，提高能量利用率。点火线圈具体结构因高压配电方式的不同而分为独立点火方式配用的点火线圈、点火线圈配电方式配用的点火线圈和二极管配电方式配用的点火线圈三种。

2. 电子控制点火系统的工作原理

电子控制点火系统的控制原理框图如图 6-27 所示，曲轴位置传感器向 ECU 提供发动机转速、曲轴转角信号，转速信号用于计算确定点火提前角，转角信号用于控制点火时刻（点火提前角）。空气流量传感器和节气门位置传感器向 ECU 提供发动机负荷信号，用于计算确定点火提前角。冷却液温度信号、进气温度信号、车速信号、空调开关信号以及爆燃传

感器信号等，用于修正点火提前角。

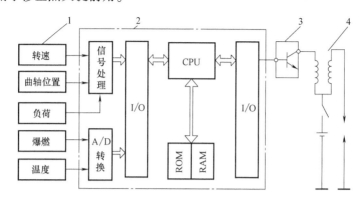

图 6-27　电子控制点火系统的控制原理框图
1—传感器　2—ECU　3—点火控制装置　4—点火线圈

发动机工作时，ECU 通过上述传感器把发动机的工况信息采集到随机存储器（RAM）中，并不断检测凸轮轴位置传感器信号（即判缸信号），判定是哪一缸即将到达压缩上止点。当接收到标志信号后，ECU 立即开始对曲轴转角信号进行计数，以便控制点火提前角。与此同时，ECU 根据反映发动机工况的转速信号、负荷信号以及与点火提前角有关的传感器信号，从只读存储器中查询出相应工况下的最佳点火提前角。在此期间，ECU 一直在对曲轴转角信号进行计数，判断点火时刻是否到来。当曲轴转角等于最佳点火提前角时，ECU 立即向点火控制器发出控制指令，使功率晶体管截止，点火线圈一次电流切断，二次绕组产生高压，并按发动机点火顺序分配到各缸火花塞跳火点着可燃混合气。

上述控制过程是指发动机在正常状态下点火时刻的控制过程。当发动机起动、怠速或汽车滑行工况时，设有专门的控制程序和控制方式进行控制。

3. 电子控制点火系统的分类

电子控制点火系统，按是否有分电器分为有分电器电子控制点火系统和无分电器电子控制点火系统。

无分电器电子控制点火系统［简称 DIS 或 DLD（高电压）］是一种全电子化的点火系统，结构组成如图 6-28 所示。其主要特点是完全取消了传统的分电器总成（包括分火头和分电器盖等），由 ECU 中附加的点火控制电路和分电电路控制点火控制模块，实现对点火的控制。点火线圈二次绕组与火花塞直接相连，即点火线圈产生的高压电直接送给火花塞进行点火。由于没有机械传动，减少了分火头与旁电极这一中间跳火间隙的能量损耗和干扰。由于无分电器，也使发动机各部件的布置更容易、更合理。无分电器电子控制点火系统又可分为两个活塞位置同步缸共用一个点火线圈的同时点火方式（双缸直接点火）和每缸一个点火线圈的独立点火方式（单缸直接点火）。

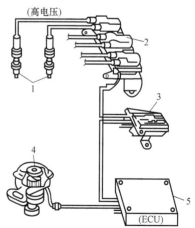

图 6-28　无分电器电子控制点火系统
1—火花塞　2—点火线圈　3—点火控制器
4—传感器　5—电子控制单元

（1）同时点火方式　同时点火是指点火线圈每产生一次高压电，都使两个缸的火花塞同时跳火，即双缸同时点火，二次绕组产生的高压电将直接加在四缸发动机的同步缸——1、4缸和2、3缸（六缸发动机的1、6缸和2、5缸及3、4缸）火花塞电极上跳火，如图6-29所示。

双缸同时点火时，一个气缸处于压缩行程末期，是有效点火，另一个气缸处于排气行程末期，缸内温度较高而压力很低，火花塞电极间隙的击穿电压很低，对有效点火气缸火花塞的击穿电压和火花放电能量影响很小，是无效点火。曲轴旋转一圈后，两缸所处行程恰好相反。双缸同时点火时，高压电的分配有二极管分配和点火线圈分配两种形式。

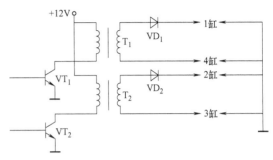

图6-29　双缸同时点火

1）二极管分配式。利用二极管分配高压电的双缸同时点火电路原理图如图6-30所示。点火线圈由两个一次绕组和一个二次绕组构成，二次绕组的两端通过4只高压二极管与火花塞构成回路，4只二极管有内装式（安装在点火线圈内部）和外装式两种。对于点火顺序为1-3-4-2的发动机，1、4缸为一组，2、3缸为另一组。点火控制器中的两只功率晶体管分别控制一个一次绕组，两只功率晶体管由电子控制单元（ECU）按点火顺序交替控制其导通与截止。

当电子控制单元（ECU）将1、4缸的点火触发信号输入点火控制器时，功率晶体管 VT_1 截止，一次绕组 A 中的电流切断，二次绕组中就会产生高压电动势，方向如图6-30中实线箭头方向所示。在该电动势的作用下，二极管 VD_1、VD_4 正向导通，1、4缸火花塞电极上的电压迅速升高直至跳火，高压放电电流经图

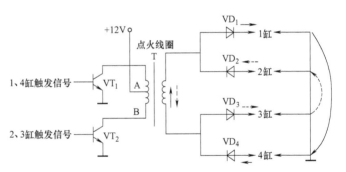

图6-30　二极管分配高压电的双缸同时点火电路原理图

中实线箭头所指方向构成回路；VD_2、VD_3 反向截止，不能构成放电回路，因此2、3缸火花塞电极上无高压火花放电电流而不能跳火。当ECU将2、3缸点火触发信号输入点火控制器时，晶体管 VT_2 截止，一次绕组 B 中的电流切断，二次绕组产生高压电动势，方向如图6-30中虚线箭头方向所示。此时二极管 VD_1、VD_4 反向截止，VD_2、VD_3 正向导通，因此2、3缸火花塞电极上的电压迅速升高直至跳火，高压放电电流经图中虚线箭头所指方向构成回路。

此电路的4只高压二极管是内装式结构。电子点火器中的两只稳压管，用于吸收一次线圈断路时产生的自感电动势，保护功率晶体管。

2）点火线圈分配式。利用点火线圈分配高压电的同时点火电路原理图如图6-31所示，桑塔纳3000 GSI AJR发动机点火系统即采用了这种配电方式。

点火线圈组件由两个（四缸发动机）或三个（六缸发动机）独立的点火线圈组成，每

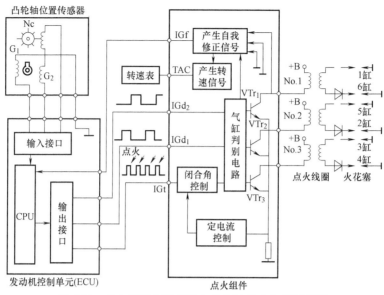

图 6-31　点火线圈分配高压电的同时点火电路原理图

个点火线圈供给成对的两个火花塞工作（四缸发动机的 1、4 缸和 2、3 缸分别共用一个点火线圈，六缸发动机的 1、6 缸和 2、5 缸及 3、4 缸分别共用一个点火线圈）。电子点火控制器中配有与点火线圈数量相等的功率晶体管，分别控制一个点火线圈工作。点火控制器根据电子控制单元（ECU）输出的点火控制信号，按点火顺序轮流触发功率晶体管导通、截止，从而控制每个点火线圈轮流产生高压电，再通过高压线直接输送到成对的两缸火花塞电极间隙上跳火点着混合气。

在部分点火线圈分配高压同时点火的系统中，点火线圈二次侧回路中连接有一只高压二极管，如图 6-32 所示。该高压二极管的作用是防止二次绕组在一次电流接通瞬间产生的感应电压（约为 1000V），在进气行程末期或压缩行程初期加到火花塞电极上而导致误跳火。

（2）独立点火方式　如图 6-33 所示，点火系统采用独立点火方式时，每一个气缸都配有一个点火线圈，且直接安装在火花塞上方，其基本组成和工作原理与同时点火方式相同。独立点火的优点是省去了高压线，点火能量损耗进一步减少。由于每缸都有独立的点火线圈，所以即使发动机的转速高达 9000r/min，线圈也有较长的通电时间（大的闭合角），可以提供足够高的点火能量。

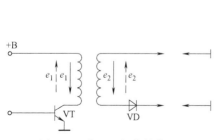

图 6-32　高压二极管的作用

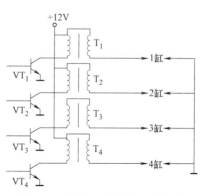

图 6-33　无分电器独立点火方式

6.2 汽油发动机辅助控制系统

　　现代汽油电控喷射式发动机除具有点火与汽油喷射控制等主要的控制功能外，还能对怠速转速、进气增压、废气排放、冷却风扇、发电机、巡航、电子节气门及故障自诊断系统进行综合控制，使发动机在本身结构不发生改变的情况下，在增加输出功率和转矩的同时，降低油耗，控制排放，使车辆行驶稳定，操纵性及安全舒适性增加。这些系统一般称为辅助控制系统。

汽油发动机
辅助控制
系统简介

6.2.1 可变配气相位机构

1. 概述

　　用曲轴转角表示的进、排气门开闭时刻和开启持续时间，称为配气相位。进气配气相位为 $180°+$进气提前角 $\alpha+$进气迟后角 β，排气配气相位为 $180°+$排气提前角 $\gamma+$排气迟后角 δ，如图 6-34 所示。配气相位都是按发动机的性能要求，通过试验来确定某一常用转速下较合适的配气相位，自然它也只能对这一转速最为有利。同一台发动机，转速不同应有不同的配气相位，转速越高，提前角和迟后角也应越大，然而这在结构上很难满足。随着电子技术的发展，一些可变配气相位和可变气门升程的控制机构已在轿车发动机上得到应用。

　　发动机配气相位角的大小因车而异，总的目的是利用气流的惯性和压差，使进气充分和排气彻底，提高动力性和经济性。

　　试验证明，在进、排气门早开、晚关的过程中，进气门的晚关，对充气效率影响最大，其次是重叠角的大小，人们多在进气门方面改善性能指标。

　　过大的进气配气相位角，将使发动机的低速性能变坏。这是因为：低速时，混合气流动速度慢，燃烧速度也较慢，进气提前角过大时，重叠角即加大，有可能将混合气挤出缸外，造成回火和怠速不稳。反之，过小的进气配气相位角，进气门早关，将使发动机高速性能变坏。这是因为：高速时，混合气流动速度快，燃烧速度也加快，惯性能量也加大，进气门应加大早开晚关的角度，才能保证惯性能量的充分利用，防止气流滞留缸外，使进气充分和排气彻底。

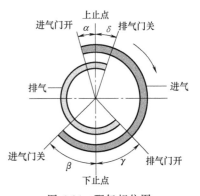

图 6-34　配气相位图

2. 本田车系可变气门升程和可变配气相位机构（VTEC）

　　VTEC 机构在本田轿车车系许多车型上采用，VTEC 是英文缩写，其全称为 Variable Valve Timing & Lift Electronic Control，意思是可变气门相位与升程电子控制。

　　（1）VTEC 机构的组成

　　1）发动机采用四气门结构，两个排气门由单独的凸轮和摇臂驱动，两个进气门由单独的不同升程和相位角的凸轮和摇臂驱动，共有三个摇臂，主次摇臂之间装有中间摇臂，中间

摇臂不与任何气门直接接触，三者依靠专门的柱塞联动，如图 6-35 所示。

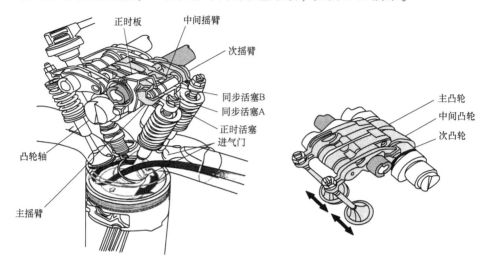

图 6-35　VTEC 机构的组成

2）进气凸轮轴上中间凸轮的升程最大，它是按发动机"双进双排"、高转速、大功率的工作状态设计的。主凸轮的升程小于中间凸轮，它是按发动机"单进双排"、低转速工作状态设计的。次凸轮升程最小，最高处只是稍微高于基圆，其作用是在低转速时微开，以免喷油器喷出的燃油积聚在该气门口外不能进缸。

3）三个摇臂靠近气门的一侧制有柱塞孔，孔中有靠油压控制的滑动柱塞，以便锁止联动。

4）油压由 ECM（电子控制模块）的电磁阀控制，其线圈的电阻值为 $14 \sim 30\Omega$，并由油压报警开关提供 5V 的油压过低报警信号（低于 49kPa 时），一般油压应在 250kPa 以上为好。发动机不运转时或油压过低时，压力开关导通。当 VTEC 机构投入工作时，在油压的作用下，压力开关断开，给 ECM 一个反馈信号，确认凸轮已转换工作。

5）在大负荷、低转速工况时，如 VTEC 机构不及时地投入工作，会使充气效率和进气涡流速度降低，从而产生轻微爆燃现象（如爬坡时）。

（2）VTEC 机构的工作原理

1）发动机低速运转时。ECM 无工作指令，油道内无控制油压，各摇臂中的柱塞都在各自的柱塞孔中，各摇臂独自摆动，互不影响。主摇臂随主凸轮开闭主进气门，供给低速运转涡流混合气。次凸轮推动次摇臂微开次进气门，以防燃油积存。中间摇臂虽然随中间凸轮大幅度地摆动，但只是空转，对任何气门都不起作用。为了减小噪声，中间摇臂的一端设有支撑弹簧。此时，发动机处于"单进双排"的工作状态。

2）发动机高速运转时。当发动机转速达到 $2300 \sim 2500 \text{r/min}$、车速达到 10km/h 以上时，节气门开度达到 25% 以上时，冷却液温度在 60℃ 以上时，ECM 指令 VTEC 电磁阀开启液压油道，油压推动正时柱塞、同步柱塞和限位柱塞移动，将三个摇臂拴为一体。由于中间凸轮的升程大于另外两个凸轮，且凸轮的相位角也加大，主次进气门都大幅度地同步开闭。此时，发动机处于"双进双排"工作状态，功率明显地加大。可见拴联时有轻微噪声是正常现象。

3）汽车在静止状态空转时。VTEC 机构不投入工作。动态行驶时 VTEC 机构投入工作，车速会有明显的提高。

VTEC 机构技术状态的好坏，除电控部件外，主要取决于润滑系统的特设油道油压值。电磁阀的油路进口处有滤网，极易堵塞，对机油品质、润滑系统相关部件和曲轴的轴承配合间隙要求严格（0.02~0.04mm），必须使用本田车系的专用纯正机油。

另外，本田系列采用可调气门间隙的配气机构，气门间隙的调整必须在冷态下进行，缸盖温度低于 38℃时。因其配气相位角较大，只能是逐缸调整，不能采用传统的两遍法调整气门间隙。进气门间隙为（0.26±0.02）mm，排气门间隙为（0.30±0.02）mm。气门间隙的轻微噪声是客观存在的，这是"本田特色"，不要调小间隙，造成动力性、经济性、净化性变坏。

VTEC 机构的正时柱塞处，尚有惯性锁止片，用扭簧控制，片端插入正时柱塞的锁止槽中，该锁止片依靠高速时的惯性力解脱（图中没有画出）。

3. 奥迪车系可变气门升程和可变配气相位机构

在奥迪 A6L BDX 发动机上采用了可变气门升程和可变配气相位机构（Audi Valvelift System，AVS）。

（1）AVS 机构的组成　AVS 机构由凸轮轴、凸轮块、凸轮块调节执行元件及 ECU 组成。

1）凸轮轴和凸轮块。多数发动机的凸轮轴和驱动气门的凸轮是一体的，而 AVS 机构的进气凸轮轴和凸轮是分体的，在这里，齿轮被称为凸轮块。在凸轮轴和凸轮块上均有花键，凸轮轴通过花键驱动凸轮块转动的同时，凸轮块还有 2 个旋向相反的螺旋槽，可使凸轮块在轴上移动约 7mm。如图 6-36 所示，凸轮块上有两个不同的外形凸轮，凸轮的高度和所占角度不同。凸轮块的轴向移动可实现不同升程的凸轮驱动气门的开启，从而实现气门升程的可变。凸轮轮廓所占角度不同，因此配气相位也可以改变。

2）电磁驱动器。在每段凸轮块的两端螺旋槽上端，垂直于凸轮轴在缸盖中安装有电磁驱动器，通过电磁力控制前端的金属销的长度，如图 6-37 所示。

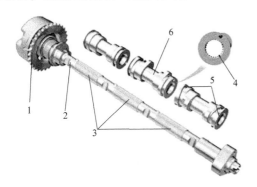

图 6-36　凸轮轴与凸轮块
1—驱动链轮　2—凸轮轴　3—花键轴
4—花键孔　5—螺旋槽　6—凸轮块

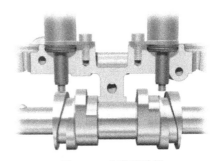

图 6-37　电磁驱动器

电磁驱动器通电，下沉的金属销伸到凸轮块端部的螺旋槽内，在凸轮块转动过程中，螺旋槽曲线使得凸轮块移动。在移动结束处，已断电的电磁驱动器上的金属销被相应形状的槽

底又推回到初始位置。另一个金属销和另一侧的螺旋槽可以使凸轮块返回到原来的位置。

蓄电池通过 Motronic 供电继电器 J271 为凸轮块调节执行元件供电，通过发动机控制单元 J623 接地，每个执行元件最大电流为 3A，所有气缸按点火顺序逐次触发，伸出时间为 18~22ms。

在凸轮轴与凸轮块之间有一个弹簧和钢球，类似于手动变速器的自锁装置，用于在部分负荷和全负荷时对齿轮块的锁止止动。

（2）AVS 机构的工作原理　由以上的结构分析可以看出，气门升程和配气相位的变化是通过控制凸轮轴上的凸轮块的轴向移动来实现的，而对凸轮块的控制由凸轮块电磁驱动器实现。电磁驱动器的结构如图 6-38 所示，当发动机控制单元（ECU）接通电磁线圈后，将金属销伸出并插入到凸轮块的螺旋槽中，于是调节到另一个凸轮工作。

金属销上固定有一块永久磁铁，它用于将金属销保持在伸出或者缩回的位置上。金属销的伸出是通过电磁控制实现的，缩回是机械控制的，即通过凸轮块上螺旋槽轮廓来实现。激活电磁铁后，金属销（其上固定有永久磁铁）开始移动，一直移动到下止点位置。电磁线圈上的激发脉冲只用于使金属销伸出，随后金属销借助于永久磁铁被固定在执行元件壳体上（保持伸出状态）。在凸轮块调整完毕后，凸轮轴上的凸轮块槽底开关会强迫金属销回位。这时永久磁铁就在电磁线圈中感应出一个电压，发动机控制单元就根据这个电压信号判断出回位已完成。

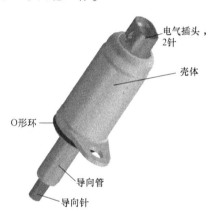

图 6-38　电磁驱动器的结构

当发动机在低负载的情况下，为了追求发动机的节油性能，此时 AVS 系统则将凸轮推至左侧，以较小的凸轮推动气门。

发动机在高负载的情况下，AVS 系统将螺旋沟槽套筒向右推动，使角度较大的凸轮得以推动气门，如图 6-39 所示。在此情况下，气门升程可达到 11mm，以提供燃烧室最佳的进气流量和进气流速，实现更加强劲的动力输出。

如图 6-40 所示，两条实线是普通凸轮的轮廓线，两条虚线是高角度凸轮的轮廓线。可以看到驱动同一气缸内两个进气门的凸轮在升程和相位上也存在差别，也就是说，两个进气门开启和关闭的时间以及升程并不相同。这种不对称的进气设计是为了让空气在流经两个进气门后，同时配合特殊造型的燃烧室和活塞顶部，可以令混合气在气缸内实现涡流和紊流，进一步优化混合气的状态。

奥迪 AVS 机构与本田 VTEC 的气门升程依然是两段式的，没有做到气门升程的无级调节，所以对进气流量的控制还不够精确。然而一个巧妙之处在于对同一气缸内两个进气门采用不同步的开启和关闭时间，从而实现油、气的充分混合。

4. 丰田车系智能可变时系统 VVT-i

合理地、自动地选择配气相位角，可使发动机的功率、转矩、燃油经济性和净化性得到提高，配气相位角中，进气门晚关角度的大小对充气系数影响大。其次就是重叠角的大小，它的大小影响废气排出的多少和回火的发生。

VVT-i（Variable Valve Timing intelligent）系统用来控制进气凸轮轴在 40°曲轴转角范围

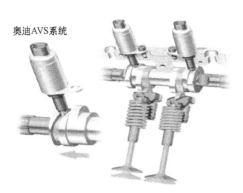

图 6-39　不同凸轮工作情况

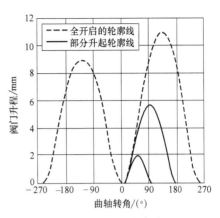

图 6-40　凸轮轮廓线

内保持最佳的气门正时，以适应发动机工作状况，从而实现在所有速度范围提高转矩和燃油经济性，减少废气排放量。这种结构只是改变进气门开、关时间的早晚，配气相位角不变（时间平移，即早开、早关、晚开、晚关），不改变进气门升程的大小。该机构的配气相位角调节范围宽，工作可靠，功率可提高 10%～20%，油耗可降低 3%～5%。这种结构在其他车系也广泛使用，如新款的本田车系等，VVT-i 系统结构原理如图 6-41 所示。

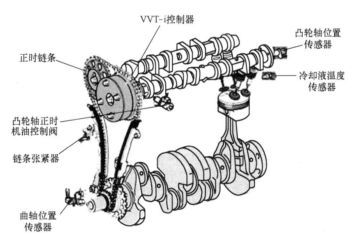

图 6-41　VVT-i 系统结构原理

（1）主要部件结构　丰田车系可变配气正时调节机构 VVT-i 由外壳、四齿转子、锁销、控制油道、电磁控制阀等组成，如图 6-42 所示。

1）其外壳与正时齿轮固接，四齿转子与进气凸轮轴固接。四齿转子与外壳的隔墙，形成 8 个控制油腔，4 个油腔充油，4 个油腔泄油，在进气凸轮轴上的提前或滞后油路传送机油压力，使 VVT-i 四齿转子沿圆周方向旋转，连续改变进气门正时。VVT-i 的结构如图 6-43 所示。

2）当发动机停机时，进气凸轮轴处于滞后状态，以确保起动性能。液压没有传递至 VVT-i 调节机构，锁销锁定 VVT-i 调节机构，以防止产生回火。

3）电磁控制阀。电磁控制阀结构图如图 6-44 所示。凸轮轴正时机油电磁控制阀，根据

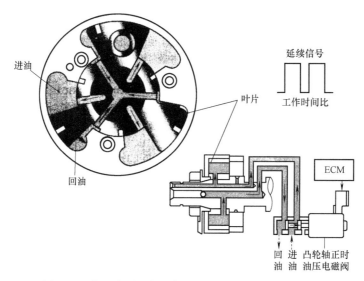

图 6-42　丰田车系可变配气正时调节机构工作原理简图

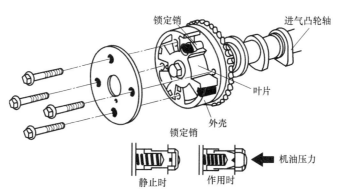

图 6-43　VVT-i 的结构图

发动机 ECU 负荷的变化，改变控制滑阀的位置，从而分配液压控制至提前和滞后侧。当发动机停机时，凸轮轴正时机油电磁控制阀即处在滞后位置。

（2）控制原理　根据来自发动机 ECU 的提前、滞后或保持信号，凸轮轴正时机油电磁控制阀选择控制通路，它的功率调节范围为 1300~3600r/min。即 ECU 是用不同的电流值，调节滑阀的位置，随发动机工况的变化，有保持、提前、滞后等状态，故称智能化配气正时机构。

1）提前时。在中等负荷工况，根据来自发动机 ECU 的提前信号，凸轮轴正时机油电磁控制阀导通的电流值最大。总油压作用到正时提前转子油腔，使凸轮轴向正时提前方向转动，改善缸内废气排出性能，提高功率。

2）滞后时。在怠速和大负荷工况，根据来自发动机 ECU 的滞后信号，电磁控制阀断电，总油压作用到正时滞后转子油腔，使凸轮轴向正时滞后方向转动，防止回火，提高充气效率和转矩。

3）保持时。发动机 ECU 根据移动状况计算出预定的正时角，预定正时被设置后，电磁控制阀控制电流值即变得较小，使滑阀处在空档位置，保持气门正时直到移动状况改变。

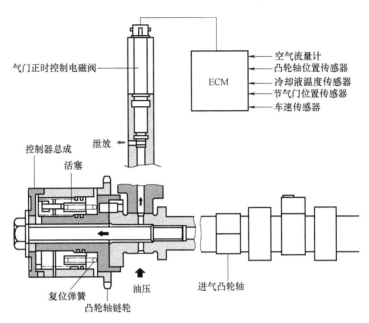

图 6-44　电磁控制阀结构图

根据发动机转速、进气量、节气门位置和冷却液温度，在每个传动条件下，发动机 ECU 计算出一个最优气门正时来控制电磁控制阀工作。此外，发动机 ECU 还根据来自凸轮轴位置传感器和曲轴位置传感器的信号检测实际的气门正时，进行反馈控制，以获得预定的最佳气门正时进排气的配气正时和转矩特性。

6.2.2　发动机进气增压控制系统

发动机吸入的可燃混合气或空气越多，发动机发出的功率和转矩越大。对给定排量的发动机进行进气增压或增压中冷，可增加充气量和充气密度，相应地增加循环供油量，从而大幅度地增加发动机的升功率，改善燃油经济性，有效地控制排放（NO_x 等）。

将进气系统吸入的气体预先压缩，增大密度后再送入发动机气缸的过程叫作增压，实现进气增压的装置称为增压器；而将压缩的气体进行冷却，进一步增大密度后再送入发动机气缸的过程叫作中冷，实现中冷的装置称为中冷器。

发动机增压器有两大类：一类是动能式增压器，如谐波式和废气涡轮式等；另一类是机械驱动式增压器，如叶片式、螺旋式、罗茨式和离心式等。

1. 谐波增压控制系统

（1）谐波增压装置原理　谐波增压装置是利用空气动力学原理形成的，它利用气流惯性产生的压力波来提高充气效率，以提高发动机功率和转矩。一些中高级汽车的进气常采用谐波增压系统，简称 ACIS。

在设有谐波增压装置的汽车进气谐波增压系统中，当气体高速流向进气门时，进气门突然关闭，进气门附近的气体流动突然停止，但后面的气体在惯性的作用下持续推进，使进气门附近的气体被压缩而压力升高；当气体的惯性效应消减后，被压缩的气体开始膨胀，导致气体反向流动而压力降低。膨胀气体的膨胀波传到进气管口而反射回来就形成了压力波。

（2）谐波增压装置的分类　谐波增压是利用气流惯性产生的压力波来实现增压的。谐波增压装置根据进气系统的改变方法的不同分为可变进气管容积式和可变进气管长度式两种。如图 6-45 所示为可变进气管容积式谐波增压装置，图 6-46 所示为可变进气管长度式谐波增压装置。

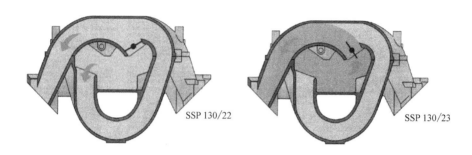

图 6-45　可变进气管容积式谐波增压装置

2. 废气涡轮增压控制系统

（1）废气涡轮增压原理　废气涡轮增压是车用发动机广泛采用的主要增压方式。它是将发动机排出废气的部分能量转化为机械能，从而带动同轴的压气机叶轮旋转，压气机将压缩后的空气充入气缸实现增压。增压器涡轮壳的进气口与发动机排气管相连接，增压器压气机壳的出气口与柴油机进气管相连接，如图 6-47 所示。发动机排出的具有 500～750℃高温和一定压力的废气，经涡轮壳进入喷嘴环。由于喷嘴环的通道面积由大到小，使废气的压力和温度下降，而流速却迅速提高。

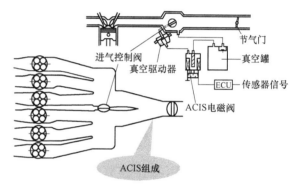

图 6-46　可变进气管长度式谐波增压装置

利用这个高速的废气气流，按一定的方向冲击涡轮，使涡轮高速旋转。废气的压力和温度越高，涡轮转得越快。而与涡轮同轴的压气机叶轮以相同的速度旋转，将经过空气滤清器过滤的空气吸入压气机。高速旋转的压气机叶轮把空气甩向叶轮的边缘，速度增加后进入扩压器。扩压器的形状是进口小出口大，因此，经扩压器的气流速度下降而压力升高，再通过截面由小到大的环形压气机壳，使气流压力进一步提高后，经进气管进入气缸，从而起到了增压的作用。

（2）废气涡轮增压控制系统的结构

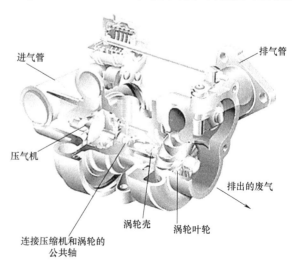

图 6-47　废气涡轮增压器结构图

及作用 图 6-48 所示为四缸电控汽油喷射汽油机所采用的废气涡轮增压控制系统，由废气涡轮和压气机叶轮为一体的增压器、中冷器、废气旁通阀、废气旁通控制电磁阀、空气再循环阀等组成。

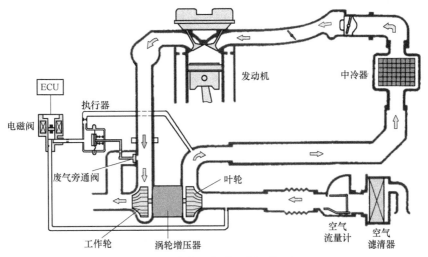

图 6-48 废气涡轮增压器工作原理

1）废气涡轮增压器的结构。废气涡轮增压器由废气涡轮及铸铁外壳、压气机叶轮及铝合金外壳、中间铸铁壳体、转子轴和浮动轴承、隔热密封止推件等组成。离心式压气机的叶轮和废气涡轮同轴旋转，转速高达 100000r/min，一般轴承不能保证转子体在超高速下工作，所以采用浮动轴承。浮动轴承与转子轴和外壳之间都有间隙，当转子轴高速旋转时，具有 250~450kPa 的压力润滑油充满这两个间隙，使浮动轴承在内外两层油膜中浮起，随转子轴旋转（油楔原理）。其转速比转子轴低得多，从而使轴承对轴承孔和转子轴的相对线速度大大下降。因液体摩擦阻力极小，适于超高速运转，使用寿命较长。

增压器所需的润滑油来自润滑系统的主油道，润滑转子轴后再流回曲轴箱，形成一条不间断的润滑和冷却循环油路。可见，润滑油的质量好坏、油压的高低、转子轴密封件的好坏、润滑油管是否畅通，对转子轴及其浮动轴承的寿命起决定作用。

为防止压气机端的压缩空气和涡轮端的废气漏入中间壳体，并为了防止中间壳体的压力润滑油外漏，转子轴的两端都设有隔热件、密封件和止推件。

为使中间壳体温度不致过高，在壳体上还制有冷却液夹层，用软管引来冷却液进行循环冷却。如图 6-49 所示，这套装置由电子水泵驱动，即使是发动机熄火的状态下，也可以继续运行，使冷却循环。应经常检查冷却液面，一旦冷却系统缺液，机体高温不仅带来拉缸故障，也会使增压器壳体过热，轻则使密封件漏油漏气，重则使浮动轴承、转子轴烧结或扭断报废。

2）中冷器（中间冷却器）的作用。中冷器串接在压气机和节气门体之间，位于冷却系统散热器附近，使热空气通过其管道，用来冷却压缩后的空气。离心式压气机的出口压力可达 140~300kPa，其压力升高比简称压比 $\varPi_k$。它是压气机的出口压力 p_k 与进口压力 p_0 的比值，即：$\varPi_k = p_k/p_0$。

压比是压气机的主要性能指标，不同排量的发动机，应选用不同压比的压气机，一般都

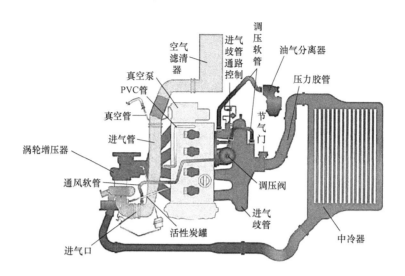

图 6-49　涡轮增压器冷却系统

控制在两倍左右（中增压）。压比升高会使压缩后的空气温度升高，空气密度的增长率会因之下降，发动机的热负荷加大，易产生爆燃，并使排放污染加大（NO）。

3）废气旁通阀的作用。为防止发动机在高转速、大负荷时排气流量过大，造成增压器转速过大和增压过高，即压比过高，专设有调压软管。当排气量过大时，通过调压软管放掉一部分废气，降低增压器转速，控制涡轮的最高转速和压气机的压比。

废气旁通阀是用电磁阀通过 ECU 来控制的，它是用两位三通频率阀（2/3 阀）控制三个管道，完成充气、泄压的任务。当发动机转速高达 3500 r/min 以上时，涡轮转速升高，压比增大，会有爆燃信号发生，爆燃传感器 KNK 将信号传给 ECU，ECU 即以占空比的方式使电磁阀动作，反复关闭空气口，沟通增压口，压缩空气即推动废气旁通阀随动开启。此时，能观察到废气旁通推杆有明显的前后移动，证明功能良好。

4）空气再循环阀的作用。对小排量的汽油机而言，其涡轮和叶轮的尺寸较小，转动惯量也小，涡轮增压器对节气门开度的响应性极高，不存在增压滞后问题。相反，还存在着增压过度问题。因汽油机各工况的喷油量在不断变化，所需的空气量也应按比例变化，以保证最佳空燃比 14.7 的形成。

空气再循环阀是利用进气管真空度 ΔP_X 来自动控制的，用不同的开启度，使增压后的空气回流，进行不同程度的小范围循环，即以小负荷、低增压，大负荷、高增压的变化规律，调节压气机与节气门体间的管道压力。这是因为，怠速工况 ΔP_X 高，阀门开启度大，再循环的空气量多，节气门前的压力低；大负荷工况 ΔP_X 低，阀门开启度小，再循环的空气量少，节气门前的压力高。

3. 机械增压

（1）机械增压原理　机械增压是一种通过发动机直接驱动压气机，以提高发动机进气压力的增压方式，如图 6-50 所示。机械增压器 4 由发动机曲轴 1 经齿轮增速器 5 驱动（图6-50a），或经同步带 9 及电磁离合器 6 驱动（图 6-50b）。机械增压的特点是能有效地提高发动机功率，与涡轮增压相比，其低速增压效果更好。另外，机械增压器与发动机容易匹配，结构也比较紧凑。

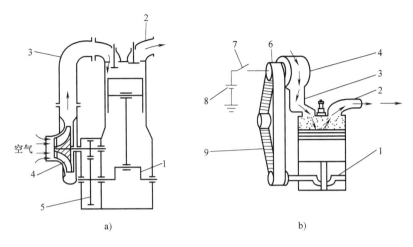

图 6-50　机械增压示意图

1—发动机曲轴　2—排气管　3—进气管　4—机械增压器　5—齿轮增速器

6—电磁离合器　7—开关　8—蓄电池　9—同步带

（2）机械增压系统　机械增压器根据压气机的工作原理分为罗茨式、离心式、叶片式、螺杆式增压器和转子活塞式等。图 6-51 所示为电控汽油喷射式发动机上采用罗茨式压气机的罗茨增压系统的示意图，由发动机曲轴带轮 12 经传动带和电磁离合器带轮 11 驱动罗茨增压器 6 工作，当发动机在小负荷下运转时不需要增压，这时电控单元（ECU）根据节气门位置传感器 3 的信号使电磁离合器断电，增压器停止工作。与此同时，电控单元 17 向进气旁通阀 5 通电使其开启，即在不增压的情况下，空气经进气旁通阀 5 及旁通管路进入气缸。在进入气缸之前，空气先经中冷器 7 降温。爆燃传感器 9 安装在发动机机体上，它将发动机发

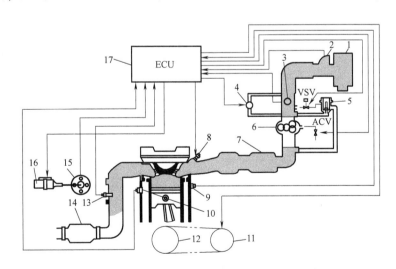

图 6-51　电控汽油喷射式发动机机械增压系统示意图

1—空气滤清器　2—空气流量计　3—节气门及节气门位置传感器　4—怠速空气控制阀　5—进气旁通阀　6—罗茨增压器

7—中冷器　8—喷油器　9—爆燃传感器　10—冷却液温度传感器　11—电磁离合器带轮　12—曲轴带轮

13—氧传感器　14—三效催化转换器　15—分电器　16—点火线圈　17—电控单元

生爆燃的信号传输给电控单元 17，电控单元则发出相应的指令减小点火提前角，以消除爆燃。

1）罗茨增压器。罗茨增压器实质是一种转子式增压器，其结构如图 6-52 所示。它由转子 3、转子轴 4、传动齿轮 7、壳体 9、后盖 5 和齿轮室罩 8 等构成。在增压器前端装有电磁离合器 2 及电磁离合器带轮 1。在罗茨增压器中有两个转子。发动机曲轴带轮经传动带、电磁离合器带轮 1 和电磁离合器 2 驱动其中的一个转子，而另一个转子则由传动齿轮 7 带动与第一个转子同步旋转。转子的前后端支承在滚子轴承 10 上，滚子轴承和传动齿轮用合成高速齿轮油润滑。在转子轴的前后端装置油封，以防止润滑油漏入压气机壳体内。

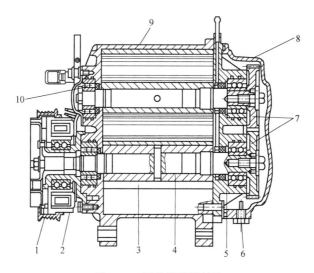

图 6-52　罗茨增压器结构

1—电磁离合器带轮　2—电磁离合器　3—转子　4—转子轴　5—后盖　6—放油螺塞　7—传动齿轮
8—齿轮室罩　9—壳体　10—滚子轴承

罗茨增压器的转子有两叶（齿数）和三叶之分，三叶转子增压器有较低的工作噪声和较好的增压器特性，比两叶式的运转平稳，供气均匀。增压器相互啮合的转子与转子之间，以及转子与壳体之间都有很小的间隙（一般为 0.025～0.050mm），工作时不得接触，且有较好的气密性。转子一般用铝合金制造，其表面涂敷树脂。

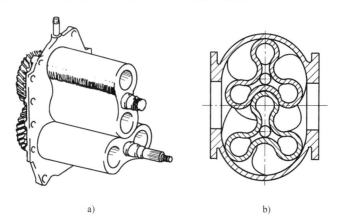

a)　　　　　　　　　　　　　　　b)

图 6-53　罗茨增压器工作原理

罗茨增压器的工作原理如图 6-53 所示。当转子旋转时，空气从增压器进气口吸入，在转子叶片的挤压下空气被压缩，然后从增压器出气口压出。出气口与进气口的压比可达 1.8。罗茨增压器结构简单、工作可靠、寿命长、运转范围宽，同一增压器的供气量与其转速成正比。

2）螺杆增压器。螺杆增压器的工作原理与罗茨增压器相似，只是转子结构不同，进、出气口位置不同。螺杆增压器的结构如图 6-54 所示。两转子的轮齿制成螺杆状，轮齿的升角可达 240°，轮齿数有 3+3、4+4、4+6 等几种。增压器的进、出气口对角布置，空气沿螺杆流动。

螺杆增压器工作时，转子的轮齿啮合是渐变的，空气压缩更平稳。这是它与罗茨增压器相比最大的优点。

（3）电磁离合器　机械增压器一般由发动机曲轴来驱动，车用发动机的工作转速范围为几千 r/min，而增压器的工作转速范围为几万～十几万 r/min。某增压发动机的进气压力，即增压程度与增压器的转速有关，当增压器转速高时，进气压力也高；反之进气压力也低。这种特性不利于增压发动机的低速转矩特性。因此，为了改善发动机的低速性能，通过曲轴经增速装置驱动增压器，以获得最适合的增压器工作转速，保证发动机的低速特性。当发动

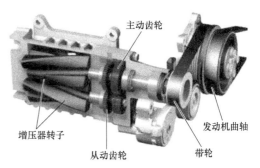

图 6-54　螺杆增压器

机高速工作时，降低增压器的转速，以免发动机过增压。为此，常采用电磁离合器来控制。控制单元根据发动机工况的需要，接通或切断电磁离合器电源，以控制增压器的工作。当电磁线圈通电时，主动板吸引从动摩擦片，使离合器处于接合状态，增压器工作。当电磁线圈断电时，主动板与从动摩擦片分开，增压器停止转动。

4. 双增压系统

当驾驶人踩下加速踏板时，发动机转速发生改变。由于涡轮和增压器有惯性，不能及时跟上这个速度的变化，这个现象称为"涡轮迟滞"现象。"涡轮迟滞"现象会使发动机延迟增加或减少输出功率。有些发动机采用双增压系统，如大众公司在第 6 代高尔夫车型上装备的 1.4L TSI 双增压系统汽油直喷发动机就采用了涡轮增压与机械增压相结合的双增压技术，如图 6-55 所示。

发动机在较低转速下运行时，由机械增压器提供绝大部分的增压压力，发动机输出功率的增加主要来自于机械增压系统，此时涡轮增压器由于"涡轮迟滞"增压效果并不明显。待发动机转速上升到 1500r/min 时，涡轮增压器的增压效果开始增强，并与机械增压器共同为发动机功率的增加提供所需的增压压力。随着转速的不断提高，涡轮增压器的增压效果也在不断增强，与此同时，机械增压器的增压效果开始逐渐减弱。当发动机转速超过 3500r/min 时，由涡轮增压器提供全部的增压压力，发动机输出功率的增加全部来自涡轮增压系统，此时机械增压器已经停止工作，以防止消耗发动机功率。

双增压系统发动机很好地解决了机械增压系统燃油经济性较差和涡轮增压系统在低转速时容易产生"涡轮迟滞"现象的问题，但是，由于双增压系统结构复杂，不易与发动机匹

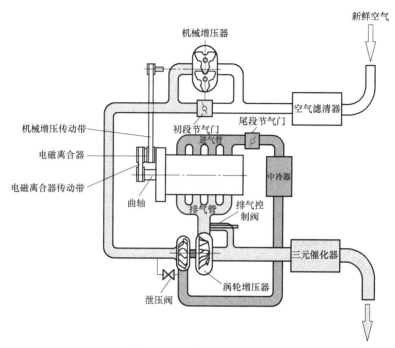

图 6-55　双增压系统示意图

配，对于发动机零部件的制造要求也较高，因此，目前只在个别车型上实现了应用。

6.2.3　发动机排放污染控制技术

发动机排放污染控制技术可分为三类：以改进发动机燃烧过程为核心的机内净化技术、在发动机之外的排气系统中对已生成的有害排放物进行净化的排放后处理技术、控制曲轴箱和供油系统有害排放物的非排气污染控制技术。后两类也统称为机外净化技术。机内净化技术可降低发动机排出的污染物（Engine-out Emissions），而降低汽车尾气排放（Tailpipe E-missions）则是机内净化技术与后处理技术共同作用的结果。

1. 汽油机的机内净化技术

降低汽油机排放的机内净化技术主要有推迟点火时间、排气再循环、改进燃烧室设计以及精确控制空燃比和点火等。尽管目前汽油车的主要排放控制技术是三效催化器，但这些机内净化技术仍被作为重要排放控制手段使用，并与三效催化器相辅相成。

排气再循环（Exhaust Gas Recirculation，EGR）是一种被广泛应用的排放控制措施，主要用于降低 NO_x。排气再循环工作原理如图 6-56 所示，一部分排气经 EGR 阀流回进气系统，与新鲜空气混合进入气缸。

EGR 使残余废气系数 Φ_r 增大，即混合气中的 CO_2 等惰性气体增加，造成燃烧速度降低，同时还使混合气的比热容增高。两者共同导致了燃烧温度的降低，因而可以抑制 NO_x 的生成。

2. 汽油机排气后处理技术

20 世纪 70 年代中期以前，汽车的排放控制主要采用以改善发动机燃烧过程为主的各种机内净化技术，随着排放法规的日益严格，人们开始考虑包括催化转化器在内的各种机外净

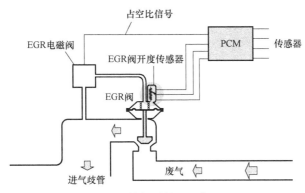

图 6-56 排气再循环工作原理

化技术，也称排气后处理技术（Exhaust After Treatment）。表 6-1 给出了主要机外净化技术的分类及应用。

如表 6-1 所示，汽油机排气后处理技术主要包括热反应器、催化转化器、HC 捕集器，其中催化转化器又可分为氧化型、还原型、氧化还原（三效）型以及稀燃型。

（1）**热反应器的工作原理** 汽油机工作过程中的不完全燃烧产物 CO 和 THC 在排气过程中可以继续氧化，但必须有足够的空气和温度。热反应器一般紧靠排气总管出口处设置，有较大的容积和较高的绝热保温性，反应器内部温度高达 $600 \sim 1000 ℃$。同时在紧靠排气门处喷入空气（二次空气），以保证 CO 和 THC 氧化反应充分进行。热反应器若设计匹配合理，可得到 50% 以上的净化效率，但对 NO_x 无净化效果。为保持较高的排气温度，常采用加浓空燃比以及推迟点火时间等手段，因而会导致燃油消耗率升高。

表 6-1　机外净化技术的分类及应用

分类			处理对象	国外应用现状
排气后处理	汽油机	热反应器	CO、THC	曾用于汽油车，目前用于摩托车
		氧化催化器	CO、THC	曾用于汽油车，目前用于摩托车
		还原催化器	NO_x	曾用于汽油车
		三效催化器	CO、THC、NO_x	欧 I 阶段开始应用，轿车和轻型车必备装置
		稀燃催化器	稀燃条件下的 NO_x、CO、THC	少量应用，继续研制开发中
		HC 捕集器	THC	少量应用
	柴油机	氧化催化器	SOF、CO、THC	欧Ⅲ阶段开始应用
		还原催化器	NO_x	欧Ⅳ阶段开始应用
		颗粒捕集器	PM	欧Ⅳ及美国 2007 法规阶段开始应用
		四效催化器	NO_x、CO、THC、PM	研究中
非排气污染处理	汽、柴油机	曲轴箱强制通风装置	THC	法规要求必备装置
	汽油机	燃油蒸发控制系统	THC	法规要求必备装置

（2）催化转化器的结构与工作原理　催化剂可以提高化学反应速度以及降低反应的起始温度，而本身在反应中并不消耗。以催化剂为核心的催化转化器是目前各类汽油车排气后处理技术中应用最广泛的技术。

1）催化转化器的结构。催化转化器（Catalyst Converter）简称催化器，如图6-57所示，由壳体、减振器、载体及催化剂涂层四部分组成。所谓催化剂（Catalyst）是指涂层部分或载体和涂层的合称。催化剂是整个催化转化器的核心部分，它决定了催化转化器的主要性能指标。

起催化作用的活性材料一般为铂（Pt）、铑（Rh）和钯（Pd）三种贵金属（每升催化剂中贵金属含量为 $0.5 \sim 3.0g$），同时还有作为助催化成分的铈（Ce）、镧（La）、镨（Pr）和钕（Nd）等稀土材料。贵金属材料以极细的颗粒状散布在以 $\gamma\text{-}Al_2O_3$ 为主的疏松的催化剂涂层表面。而涂层则涂覆在作为催化剂骨架的蜂窝状陶瓷载体或金属载体上，目前90%的汽油车催化剂使用陶瓷载体。为节约使用贵金属以及防止高温劣化，纳米技术在催化剂制备中得到应用，贵金属颗粒的平均粒径已可以做到 5nm，使三效催化剂每升容积的贵金属用量由 0.55g 降低到 0.15g。

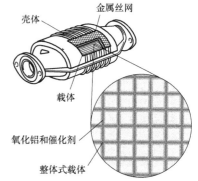

图6-57　催化转化器结构

2）催化剂的分类及工作原理。按照工作原理不同，催化剂可分为氧化型催化剂、还原型催化剂、三效催化剂和稀燃催化剂。目前单纯还原型的催化剂已很少使用，稀燃催化剂将在后面介绍，而氧化型催化剂和最常用的三效催化剂的主要反应如下。

① 氧化型催化剂。在氧化型催化剂（Oxidation Catalyst，OC）中，CO 和 HC 与 O_2 进行氧化反应，生成无害的 CO_2 和 H_2O，但对 NO_x 基本无净化效果。

$$2CO + O_2 = 2CO_2 \tag{6-1}$$

$$4HC + 5O_2 = 4CO_2 + 2H_2O \tag{6-2}$$

$$2H_2 + O_2 = 2H_2O \tag{6-3}$$

② 三效催化剂。所谓三效催化剂（Three Way Catalyst，TWC）是指同时净化 CO、HC 和 NO_x 的催化剂。当混合气浓度正好为化学计量比时，在 TWC 中进行氧化还原反应，即 CO 和 HC 与三种有害成分互为氧化剂和还原剂，生成无害的 CO_2、H_2O 及 N_2。三效催化剂这种巧妙的构思和显著的效果，使它成为汽油机最主要的排气净化技术。

$$2CO + 2NO = 2CO_2 + N_2 \tag{6-4}$$

$$4HC + 10NO = 4CO_2 + 2H_2O + 5N_2 \tag{6-5}$$

$$2H_2 + 2NO = 2H_2O + N_2 \tag{6-6}$$

不同贵金属成分对排气污染物的催化净化效果是不同的，Pt 和 Pd 主要催化 CO 和 HC 的氧化反应，Rh 用于催化的还原反应。为了满足对催化剂综合性能指标的要求，三种贵金属成分往往是搭配使用的，实际三效催化剂中应用最广泛的是 Pt-Rh 系催化剂。

（3）催化转化器的主要性能　催化转化器是一个耦合化学反应、流动、传热和传质等现象的复杂系统，其外在性能主要为活性、耐久性和流动特性。

1）转化效率。催化器的转化效率是催化剂活性和催化器设计的综合结果，其定义为

$$\eta_{\mathrm{Ci}} = \frac{C(i)_1 - C(i)_2}{C(i)_1} \times 100\%$$

式中，η_{Ci} 为排气污染物 i 在催化器中的转化效率；$C(i)_1$ 为排气污染物 i 在催化器入口处的浓度；$C(i)_2$ 为排气污染物 i 在催化器出口处的浓度。

2）空燃比特性。催化剂转化效率随空燃比的变化称为催化剂的空燃比特性，如图 6-58 所示。由图可知，三效催化器在化学计量比（$\Phi_a = 1$）附近的狭窄区间内对 CO、HC 和 NO$_x$ 的转化效率同时达到最高，这个区间被称为"窗口"。实际中常取三项转化效率都达到 80% 的区间来确定窗口宽度。为保证实际供给的混合气浓度都在 $\Phi_a = 1$ 的附近，需要采用具有反馈控制功能的闭环电控燃油供给系统。研究表明，对同样的三效催化剂，开环电控系统的净化效率平均为 60% 左右，而闭环电控系统的净化效率可达 95%。窗口越宽，则表示催化剂的实用性能越好，对电控系统控制精度的要求越低。

3）起燃特性。催化剂的转化效率与温度有密切关系，催化剂只有在达到一定温度时才能开始工作，即起燃。催化转化器的起燃特性有两种评价方法，即起燃温度特性（Light-off Temperature）和起燃时间特性（Light-off Time）。起燃温度特性表示了转化率随催化器入口温度的变化。定义转化率达到 50% 时所对应的温度为起燃温度 T50。显然 T50 越低，催化器在汽车冷起动时越能快速起燃，因此 T50 一直是催化器活性的重要特征值。起燃温度特性是在催化剂小样试验装置或发动机台架上测取的。

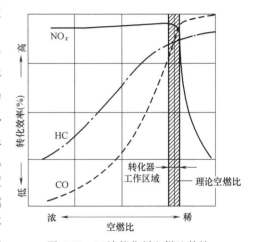

图 6-58　三效催化剂空燃比特性

4）空速特性。单位时间流过催化剂的排气流量（换算到标准状态）与催化剂容积之比称为空间速度，简称空速（Space Velocity，SV）。一般用 h 作为时间量纲，因此空速的量纲为 h^{-1}。催化剂转化效率随空速的变化称为空速特性。空速越高表示反应气体在催化剂中的停留时间越短，因此为保证高的转化效率，高空速工作时的催化剂活性也要高。

汽油机在怠速时，SV 为 $3000 \sim 6000\mathrm{h}^{-1}$；全负荷工作时，SV 为 $120000 \sim 150000\mathrm{h}^{-1}$；而一般三效催化剂性能评价（空燃比特性和起燃温度特性等）时，常用 SV 为 $40000 \sim 60000\mathrm{h}^{-1}$。设计排气后处理系统时，一般三效催化剂容积与汽油机排量之比取 $0.5 \sim 1.2$，明显小于柴油机用催化剂。

5）催化剂的耐久性与快速老化试验。催化剂经长期使用后，其性能会发生劣化，也称失活，表现为起燃温度上升和转化效率下降等。一般要求新车催化剂在至少使用 10 万 ~ 16 万 km 后整车排放仍能满足法规限值。影响催化剂寿命的因素有四类，即高温失活、化学中毒、结焦与机械损伤。化学中毒的来源主要是燃料和润滑油中的 Pb、S、P 和 Mn 等，通过严格限制燃料和润滑油中的有害成分含量可以将化学中毒控制到最小。高温失活是目前汽车三效催化剂最主要的失活方式。

高温失活的原因是在高温氧化氛围中，原本散布均匀的细小贵金属颗粒和助催化剂成分聚合成大颗粒，导致活性下降。同时涂层中的 $\gamma\text{-}Al_2O_3$ 转变为 $\alpha\text{-}Al_2O_3$，导致催化剂活性表

面大大减少。

6.3 柴油发动机电控燃油喷射系统

现在的柴油发动机大多使用了电控喷射系统，与传统的机械喷射系统相比，电控喷射系统可以有效提高柴油机的动力性和经济性，同时大幅度降低尾气的污染。柴油机电控系统以柴油机转速和负荷作为反映柴油机实际工况的基本信号，参照由试验得出的柴油机各工况相对应的喷油量和喷油正时MAP来确定基本的喷油量和喷油正时，然后根据各种因素（如水温、油温、大气压力等）对其进行各种补偿，从而得到最佳的喷油量和喷油正时，然后通过执行器进行控制输出。

电控柴油发动机简介

6.3.1 电子控制柴油喷射系统的组成、分类和功能

柴油机电子控制技术与汽油机电子控制技术有许多相似之处，所用的传感器，如转速、压力、温度等传感器以及加速踏板传感器，与汽油机电子控制系统也都是一样的。电子控制单元在硬件方面也很相似，在整车管理系统的软件方面也有近似之处。柴油机电子控制技术有两个明显特点：一个特点是其关键技术和技术难点就在柴油喷射电子控制执行器上；另一个特点是柴油电子控制喷射系统的多样化。

1. 电子控制柴油喷射系统的组成

电子控制系统由三大部分组成，即传感器、电子控制单元（ECU）和执行器。

传感器实时检测柴油机、车辆运行状态及操作量等信息，并送给电子控制单元。主要的传感器有发动机转速传感器、齿杆位置传感器、喷油提前角传感器及加速踏板位置传感器等。

电子控制单元负责处理所有信息、执行程序，并将运行结果作为控制指令输出到执行器。此外还有通信功能，即和其他的控制系统，如传动装置控制器进行数据传输和交换，同时考虑到其他系统的实时情况，适当修正燃油系统的执行指令，即适当修正喷油量、喷油提前角等。与此同时，还可以向其他控制系统送出必要的信息。

执行器根据控制器送来的指令驱动调节喷油量及喷油正时的相应机构，从而调节柴油机的运行状态。在直列泵系统中，有调速器执行器（调节喷油泵的齿杆位移）和提前执行器（调节发动机驱动轴和喷油泵凸轮轴的相位差，从而调节喷油时间）；在分配泵系统中还有一些独特的执行器。

2. 电子控制柴油喷射系统的分类

电子控制柴油喷射系统按控制方式可分为位置控制和时间控制两类。早期发展与应用的是位置控制系统，20世纪90年代后开发的电子控制柴油喷射系统是时间控制系统。时间控制系统又由传统的柱塞脉冲式燃油喷射系统发展出与之共存的共轨式燃油喷射系统。

（1）位置控制电子控制柴油喷射系统　此系统是在传统喷油泵、高压油管、喷油器的系统上，加装一个电控装置发展而成的，它保留了原来机械式喷油泵结构中的齿杆、柱塞

副、柱塞斜槽等控制油量的机械构件和元素，只增加少量的构件与电控装置来对供油拉杆（或齿杆）的运动进行控制。它不改变传统喷油泵系统的工作原理和基本结构，只是由电控装置取代机械调速器和提前器，对供油拉杆（或齿杆）（直列泵）和油量控制滑套（VE 型分配泵）的位置以及燃油泵主、从动轴的相互位置进行低频连续调节，以实现油量和正时的控制，所以称为位置控制系统。

（2）时间控制电子控制柴油喷射系统　此系统是利用安装在高压油路中的高速、强力电磁溢流阀来直接控制喷油始点和喷油量，与汽油机的电控喷油系统原理相似。不同点在于还是通过实时变更电磁阀升程或改变高压油路中的油压来实现喷油率和喷油压力的控制。它具有每缸一阀（直列泵）、能分缸调控和响应快等优点。

1）柱塞脉冲式柴油喷射系统。此系统仍保持传统的柱塞往复运动脉冲供油方式，直接由电磁溢流阀控制油量正时，柱塞副只起加压、供油作用，没有油量调节功能。为此取消了专用于调节油量和正时的机构调速器、提前器、供油拉杆（或齿杆）、柱塞斜槽乃至出油阀组件等。喷油泵机械系统的结构简化，燃油泵、气缸体及柱塞副的刚度加强，承压能力相应提高。

2）高压共轨式柴油喷射系统。此系统的喷油压力由高压泵产生，经过油轨（Common Rail）蓄压储能后再形成高压，采用压力-时间来计量喷油，系统中的电子控制单元指令通过电磁阀来控制喷油过程。其工作方式与多点汽油喷射相似，但压力要比汽油喷射高很多。

3）泵喷嘴系统。该系统将喷油泵、喷油器连同电磁阀作为一体，称为电控泵喷嘴系统。它直接安装在柴油机气缸盖燃烧室的上方，通过柴油机凸轮轴驱动摇臂，喷油过程由电磁阀开关控制。电磁阀关闭的瞬间决定喷油始点，电磁阀的开启持续时间决定喷油量的多少，电磁阀由柴油机的电子控制单元控制。

3. 电子控制柴油喷射系统的功能

（1）喷油量的控制　在系统控制功能中，最主要的是喷油量控制，电子控制单元（ECU）根据加速踏板位置传感器和柴油机转速传感器的输入信号，首先计算出基本喷油量，并使供油拉杆（或齿杆）移动到目标位置，然后根据冷却液温度、进气温度及进气压力传感器等传来的信号，对这个基本喷油量加以修正，再与来自油量控制滑套位置传感器的信号进行反馈修正，最后确定最佳喷油量。因此，当汽车在低温起动、加速、高原行驶、涡轮增压等运行工况下都可以决定柴油机运转所需要的最佳喷油量。

（2）怠速转速的控制　柴油机的怠速转速在电子控制的情况下，是由电子控制单元控制的。它根据加速踏板位置、柴油机转速、起动等信号，可以决定怠速控制何时开始。其次考虑冷却液温度、空调等信号，算出所设的怠速转速以及相应的喷油量，并根据柴油机转速的反馈信号，不断地对该喷油量进行修正。

（3）起动喷油量的控制　柴油机低温起动时，由于柴油机运动副摩擦大，起动性变得较差。因此，低温起动时必须加大喷油量，使柴油机输出的转矩大于自身的摩擦力矩，才能顺利起动。在电子控制柴油喷射系统中由加速踏板的位置和转速决定基本喷油量，再由冷却液温度传感器的信号等决定起动补偿的喷油量，综合两者的结果就完成了起动喷油量的控制。

（4）各缸喷油均匀性的控制　柴油机转速的不稳定是由于各缸喷油量不均和各缸的燃烧状态不均所造成的。为了减少转速波动，电控系统应先检测各缸工作时的转速波动情况，

并分别调整各缸的喷油量，使喷油均匀，同时检测出各缸每次爆发的转速变化量和所有气缸的转速变化平均值进行比较后，再对各缸喷油均匀性进行精确修正。

（5）喷油正时的控制　在电子控制柴油喷射系统中能够较精确地控制喷油正时，根据柴油机转速、负荷和冷却液温度的信号，在电子控制单元中利用预先存储的喷油正时脉谱，确定喷油始点的目标值。另外，通过检测到的压缩行程上止点及喷嘴针阀升程的信号计算出实际喷油始点，再与目标值比较后决定最佳喷油始点。最佳喷油始点的最终实现是由电子控制单元通过输出一个脉宽可调的信号控制电磁阀的工作来完成的。

6.3.2　柴油机高压共轨基本工作原理

电子控制高压共轨喷射系统是通过传感器和开关信号检测出的发动机实际状态，通过电子控制单元计算处理后，对喷油量、喷油时间、喷油压力和喷油率等进行最佳控制，如图6-59所示，是新一代柴油机电控喷射系统。

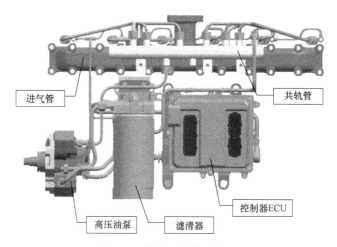

进气管　共轨管　控制器ECU　高压油泵　滤清器

图6-59　供油系统管路布置

电子控制高压共轨喷射系统的突出优点是：

1）广阔的应用领域（用于轿车和轻型载货汽车，每缸功率可达30kW；用于重型载货汽车及机车和船舶的柴油机，每缸功率可达200kW）。

2）更高的喷油压力，目前可达140MPa，不久的将来计划达到180MPa。

3）喷油的始点、终点可以方便地改变。

4）可以实现预喷射、主喷射和后喷射，可以根据排放等要求实现多段喷射。

5）喷油压力与实际使用工况相适应。在电子控制共轨燃油系统中，喷油压力的建立与燃油喷射之间无互相依存的关系，喷油压力不取决于发动机转速和喷油量。在高压燃油存储器即"共轨"中，始终充满喷射用的具有一定压力的燃油。喷油量由电子控制单元通过计算决定，受到其他条件制约很少。

6）喷油正时和喷油压力在ECU中由存储的特性曲线谱（MAP）算出，然后由电磁阀控制装在每个发动机气缸上的喷油器（喷油单元）予以实现。

电子控制高压共轨喷射系统包括供气系统、供油系统、电子控制系统和排气系统等。本节重点讲述供油系统和电子控制系统。

供油系统由低压油路、高压油路构成。低压油路部分由油箱、输油管、燃油滤清器、输油泵、高压油泵低压区组成；高压油路部分由高压油泵高压区、高压油轨（共轨）、高压油轨压力传感器、流量限制器、高压油管、喷油器等组成。供油系统管路布置如图6-59所示。

（1）低压油路部分　低压油路部分为高压油路部分供给足够的油量。

1）输油泵。输油泵的工作是在柴油机各种工作状态、在不同的压力下，在整个工作寿命期都必须向高压油泵供给足够的燃油量。

齿轮式输油泵安装在高压油泵后端，由高压油泵轴驱动，主要零件是两个在旋转时相互啮合的反转齿轮，如图6-60所示。

齿轮式输油泵的供油量与柴油机转速成比例。齿轮式输油泵的供油量由进油口端的节流阀或者出油口端的溢流阀控制。

2）燃油滤清器。燃油滤清器主要的作用是滤出燃油中含有的杂质，防止损坏高压油零件、出油阀、喷油器，其示意图如图6-61所示。有些发动机装配带有油水分离器的燃油滤清器，可以把水从水分收集器中排出。随着柴油机使用时间的增加，燃油滤清器的水分收集器水位达到一定高度时，通过自动报警装置水位报警灯来提示，报警灯点亮时驾驶人需进行水分收集器排水。

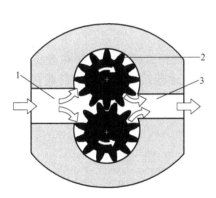

图6-60　齿轮式输油泵

1—吸油端　2—驱动齿轮　3—压力端

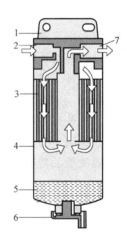

图6-61　燃油滤清器示意图

1—滤清器盖　2—进油口　3—纸质滤芯　4—壳体
5—水分收集器　6—放水螺塞　7—出油口

（2）高压油路部分

1）高压油泵。高压油泵主要功用是供给柴油机足够的高压燃油，同时保证柴油机迅速起动所需要的额外供油量和压力要求。高压油泵不断地产生高压油轨所需的系统压力，这就意味着燃油并不是在每个单一的喷射过程都必须被压缩（相对于传统的系统燃油）。

高压油泵安装在柴油机左侧。它是通过带轮法兰、带轮、齿带由柴油机凸轮轴正时带轮驱动的。高压油泵借低压油路过来的燃油润滑。

高压油泵采用三个径向布置的柱塞泵油元件相互错开120°，由偏心凸轮驱动，出油量大、受载均匀，如图6-62所示。

2）高压油轨（共轨）。高压油轨用于存储高压燃油（见图6-63）。由于高压油泵的供油和燃油喷射产生的高压振荡可以在高压油轨容积中衰减，这样就保证了在喷油器打开时刻，喷射压力维持定值。高压油轨同时起燃油分配器作用。

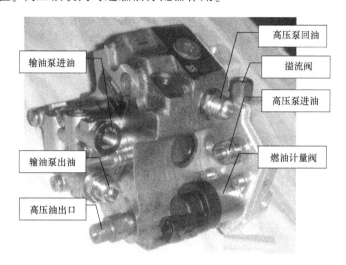

图 6-62　高压油泵

高压油轨上装有用来测量供油压力的高压油轨压力传感器及流量限制器。

由高压油泵过来的高压燃油通过高压油管到达高压油轨的进油口。通过进油口燃油进入高压油轨并被分配到各个喷油嘴。

3）流量限制器。流量限制器的作用是防止喷油器出现持续喷油。活塞在静止时，由于受弹簧的作用力，总是靠在堵头一端。在一次喷油后，喷油器端压力下降，活塞在共轨压力作用下向喷油器端移动，但并不关闭密封座面。只有在喷油器出现持续喷油，导致活塞下移量大时，才封闭通往喷油器的通道，切断供油。

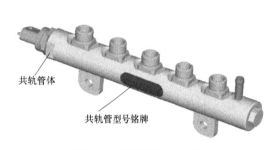

图 6-63　高压油轨（共轨）

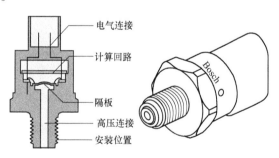

图 6-64　高压油轨压力传感器

4）高压油轨压力传感器。燃油通过高压油轨上的一个小孔流向压力传感器，如图 6-64 所示。压力传感器为半导体压敏应变电阻形的桥式电路，感受到油压变量值后，放大处理输出 0.5～4.5V 的随动电压。它随机检测轨道中的瞬时油压力，将变量压力信号反馈给 ECU。ECU 据此信号发令，使油压控制阀投入调压工作。

5）电磁式喷油器。喷油时刻和喷油量的调整是通过电子触发的喷油器实现的。喷油器由针阀、回油孔、进油孔、控制室和电磁阀等组成，如图 6-65 所示。燃油来自于高压油路，经通道流向喷油嘴，同时经节流孔流向控制腔。控制腔与回油管路相连，途经一个受电磁阀

控制其开关的泄油孔。

泄油孔关闭时，作用于针阀控制活塞的液压力超过了它在针阀承压面的力，针阀被迫进入阀座且将高压通道与燃烧室隔离，最后密封。

当喷油器的电磁阀被触发时，泄油孔被打开，针阀控制腔的压力下降，作用于活塞顶部的压力也随之下降。一旦压力降至低于作用于针阀承压面上的力时，针阀被打开，燃油经喷油孔喷入燃烧室。即采用了一套液压放大系统，电磁阀打开泄油孔使得针阀控制腔压力降低，从而产生控制柱塞的上下压差，在压差作用下打开针阀。

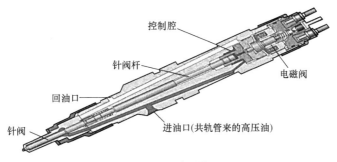

图 6-65　喷油器

此外，燃油还在针阀和控制柱塞处产生泄漏，这些油通过回油管，会同高压油泵和压力控制阀出来的回油共同流回油箱。

在柴油机运转和高压油泵产生压力的状态下，将喷油器工作过程划分为四个阶段：喷油器关闭（有高压时）→喷油器打开（开始喷射）→喷油器完全打开→喷油器关闭（喷射结束）。

在柴油机运转和高压油泵产生压力的状态下，将喷油器工作过程划分为三个阶段：喷油器打开（开始喷射）→喷油器完全打开→喷油器关闭（喷射结束）。

喷油器打开（开始喷射）：喷油器处于它的自由状态，电磁阀通以保证它快速打开的峰值电流。由电磁触发产生的力超过了电磁阀的弹簧力，触发器打开了泄油孔。几乎同时，较高的拾取电流降至较低的电磁铁所需的维持电流，磁路的磁隙变小，使得仅需较小的维持电流就能够使控制保持开启状态。当回油孔打开时，燃油将从针阀控制腔流入位于它上方的空腔，经油管回到油箱。油孔破坏了绝对的压力平衡，最终在针阀控制腔内的压力也下降。这导致针阀控制腔内的压力低于有相同压力水平的喷油嘴承压腔的压力，针阀控制腔内压力的减小，导致作用于控制活塞顶端的压力减小，最终喷油嘴针阀打开，喷射开始。

喷油器关闭（喷射结束）：一旦电磁阀结束触发，电磁阀弹簧使枢轴向下运动，球阀将关闭回油孔。燃油经进油口进入针阀控制腔建立压力。这个压力与高压油轨内的压力相同，这个力再加上弹簧力，超过了由承压腔产生的力，所以针阀关闭。针阀的关闭速度取决于进油孔的流量，一旦喷油嘴针阀下降至针阀座密封位置时，喷射停止。

6.3.3　柴油机排气处理技术

与汽油车的排放控制相比，柴油车的排放控制难度更大，这主要是因为柴油机排气后处理的技术难度和成本都比汽油机高，尚未有像三效催化器那样非常有效的后处理技术，因此

目前尤其是欧Ⅳ阶段之前主要依靠机内净化技术来降低柴油机排放污染。由于柴油机采用扩散燃烧方式，CO 和 THC 排放远远低于法规限值，因而降低排放的主要目标是 NO_x 和 PM。

6.3.3.1 柴油机的机内净化技术

表 6-2 给出了降低柴油机 NO_x 和微粒排放的技术措施，总体上可分为燃烧改善、燃料改善和排气后处理三类，前两类属机内净化技术。在燃烧改善的各项技术措施中，已实用化的有：作为降低 NO_x 有效措施的推迟喷油时间（减小喷油提前角）、EGR 以及改进喷油规律，作为降低炭烟和微粒排放有效措施的增压技术和高压喷射。

需要指出的是，每一种技术措施在降低某种排放成分时，往往效果有限，过度使用则会带来另一种排放成分增加或发动机动力性和热效率的恶化，因而实际中常常是几种措施同时并用。

表 6-2 降低车用柴油机排放的技术措施

分类	对策技术	控制对象
燃烧	推迟喷油时间	NO_x
	EGR	NO_x
	加水燃烧	NO_x
	燃烧室设计	NO_x、PM
	改进喷油规律	NO_x、PM
	高压喷射	PM
	进排气系统	PM
	增压	PM
	HCCI 燃烧	PM、NO_x
燃料	降低含硫量	PM
	降低芳烃含量	PM
	含氧燃料	PM
后处理	三元催化转化器	NO_x
	微粒捕集器	PM
其他	优化活塞组密封性能	PM

6.3.3.2 柴油机排气后处理技术

随着排放法规的不断加严，柴油机单靠燃烧改进等机内净化技术很难满足法规要求，从欧Ⅲ和欧Ⅳ阶段开始，排气后处理技术逐渐开始应用。目前已实用化的柴油机排气后处理技术主要有采用氧化催化器和微粒捕集器，以下分别介绍。

1. 氧化催化器

柴油机氧化催化剂（Diesel Oxidation Catalyst, DOC）一般用 Pt 或 Pd 作为活性成分。氧化催化剂可以使本来已不成问题的柴油机 THC 和 CO 排放进一步降低，并显著降低 PM 中的 SOF，因而使 PM 总质量降低。同时，DOC 对目前法规尚未限制的一些有害成分（如 PAH、乙醛等）以及柴油机排气臭味也有净化效果。

柴油中所含的硫在燃烧后生成 SO_2，经催化器氧化后变为 SO_3，然后与排气中的水分化合生成硫酸盐。催化剂的氧化效果越好，硫酸盐生成越多，甚至可达到没有催化剂时的数倍。硫酸盐的大量生成，不但抵消了 SOF 的减少，甚至使微粒排放反而上升。同时，硫也是催化剂中毒劣化的重要原因。因此，减少柴油中的硫含量就成了氧化催化器实用化的前提条件。

2. 微粒捕集器

微粒捕集器也称柴油机微粒过滤器（Diesel Particulate Filter，DPF），主要通过过滤等物理方法捕集排气中的微粒。以下主要介绍 DPF 的捕集方法和再生问题，并简要介绍与一般 DPF 有所不同的通流式过滤器。

（1）过滤捕集方法　一个好的微粒过滤器除了要有高的过滤效率外，还应具有低的流通阻力，所用材料应耐高温并有较长的使用寿命，同时还应减小 DPF 的体积。

作为 DPF 的过滤材料可以是陶瓷蜂窝载体（如堇青石、$Mg_2Al_4Si_5O_{18}$）、陶瓷纤维编织物（如 Al_2O_3-B_2O_3-SiO_2）和金属纤维编织物（如 Cr-Ni 不锈钢），其结构如图 6-66 所示。另外，也有用金属蜂窝载体的，甚至还有用空气滤清器等纸滤芯做过滤材料的。在图 6-66a 所示的壁流式陶瓷过滤体中，排气进入入口开放而出口堵塞的孔道，经多孔性壁面过滤后，由入口堵塞而出口开放的相邻孔道排出，过滤效率可达 90% 以上，目前使用最多。

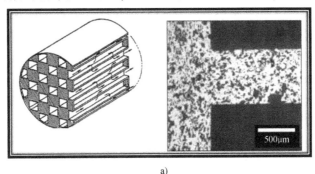

a)

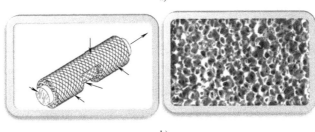

b)

图 6-66　微粒捕集器的过滤材料

a）陶瓷蜂窝材料　b）陶瓷纤维编织物

（2）DPF 的再生及方法　随着过滤下来的微粒的积存，DPF 的过滤孔逐渐堵塞，使排气背压增加，导致发动机动力性和燃油经济性恶化，因此必须及时除去 DPF 中的微粒。除去 DPF 中积存微粒的过程称为再生（Regeneration）。微粒氧化需要足够的高温、富氧和氧化时间，例如在氧浓度（体积分数）5% 以及排气温度 650℃ 条件下，微粒的氧化时间需要 2min，而实际柴油机排气温度一般小于 500℃，城市公交车的排气温度一般不超过 300℃。另外，捕集的微粒如不及时清除，积存过多，一旦遇到合适的温度和氧化气氛就开始氧化燃烧，温度可达 2000℃ 以上，很容易将陶瓷过滤体烧熔，而保证陶瓷过滤体寿命的工作温度应控制在 1000℃ 以下。因此，DPF 的再生问题具有很大难度。

目前主要的 DPF 再生方法可分为两类，即断续加热再生和连续催化再生。

1）断续加热再生。断续加热再生是指在 DPF 每工作一段时间后，采用加热的方法来氧化清除积存的微粒，也称为主动再生（Active Regeneration）。加热再生方式主要有电加热和

燃烧加热。微波加热具有选择性地加热微粒而不加热陶瓷过滤体的优点，但尚处于实验室研究阶段。

① 电加热。在 DPF 前设置电加热器，或直接将电加热丝深入 DPF 入口孔道内进行加热，以促使微粒起燃。前部微粒的氧化放热引起的高温顺序向后传播，使 DPF 内的微粒全部被氧化清除。电加热方法的主要问题是耗电太多。

② 燃烧加热。在 DPF 前设置燃烧器，喷入柴油（或其他燃料）和二次空气进行燃烧，形成高温气氛引燃微粒。燃烧加热要比电加热效果更好，但装置和控制会更复杂。

③ 提高排气温度。用柴油在缸内后喷（Post Injection）、进气节流提高混合气浓度，用排气节流提高排气背压以及推迟喷油时刻等方法，可以提高排气温度，促使微粒氧化再生。这些方法结构最简单，但效果都不如电加热和燃烧加热。

④ 反吹法。这种方法由日本五十铃公司开发，在 DPF 后方（下游）设置空气喷射器，用 0.6~0.8MPa 的压缩空气脉动地喷吹 DPF 陶瓷过滤体，将吹掉下来的微粒聚集到过滤体之外的燃烧室进行氧化燃烧。这种方法的特点是，将过滤与再生的场所分离，以避免烧损陶瓷过滤体，但装置更为复杂。

2）连续催化再生。在 DPF 捕集微粒的同时进行再生的方式称为连续再生方式，也称为被动再生（Passive Regeneration）。连续再生一般离不开催化反应，主要有 CRT 系统、催化过滤器以及催化添加剂。

① CRT 系统。由 JM 公司提出的连续再生捕集器（Continuous Regeneration Trap，CRT）的工作原理如图 6-67 所示。排气首先经过氧化催化器 DOC，在 CO 和 THC 被净化的同时，NO 被氧化成 NO_2，NO_2 本身是一种活性很强的氧化剂。在随后的微粒捕集器中，NO_2 与微粒的氧化反应在 200℃ 的低温下就可进行，因而可以在所有工况下连续进行微粒的氧化去除。CRT 系统目前获得了广泛的应用，但要求柴油硫含量极低。

② 催化过滤器。在微粒捕集器的陶瓷载体表面（主要是入口处）涂覆氧化催化剂（Pt 等），是最早被研发的连续催化再生方法（20 世纪 80 年代）。这种方法可以使微粒与 O_2 反

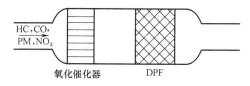

图 6-67　连续再生捕集器的工作原理

应的起燃温度降至 450℃ 左右，同时为保证足够的排气温度，往往进行进气节流。由于起燃温度仍然较高，并且微粒与催化剂表面活性成分接触不充分，因而再生效果不如上述 CRT 方法。

③ 催化添加剂。在柴油中加入含铈（或其他金属）的添加剂，经燃烧产生的排气微粒中就含有铈的化合物，由此可将微粒的起燃温度降至 300℃ 以下，可以在柴油机大部分工况下自动进行再生。这种方法目前应用较少，其原因是添加剂用量较大、成本高，金属铈（或其他金属）的氧化物会残留在 DPF 过滤体表面造成慢性堵塞等。

6.3.4　NO_x 还原催化器

在柴油车上应用 NO_x 还原催化剂要比汽油机难度大，这主要是因为：柴油机稀燃使排气具有很高的氧化氛围，难以进行还原反应；还原催化剂要求的工作温度一般要高于氧化催化剂或氧化还原催化剂（三效催化剂），而柴油机排气温度明显低于汽油机。

柴油机 NO_x 还原方法主要有三种：选择性非催化还原（SNCR）、非选择性催化还原（NSCR）和吸附还原。其中，SNCR 和 NSCR 具有成本低但转化效率也低的特点，在车用柴油机上很少应用。以尿素为还原剂的 SCR 催化剂（尿素-SCR）是目前应用最广泛的 NO_x 催化净化技术，以下将主要介绍，而对有应用可能的以碳氢化合物为还原剂的 SCR 催化剂（HC-SCR）则简要介绍。吸附还原催化剂与上述稀燃汽油机所用的基本相同，仅做补充性介绍。

1. 尿素-SCR 催化剂

目前产业化的尿素-SCR 催化剂主要用 V_2O_5-TiO_2，这种钒基催化剂具有对 NO_x 选择性好、高效以及抗酸中毒的特点。尿素-SCR 催化反应中的还原剂实际是氨（NH_3），但由于氨具有较强的腐蚀性，储运及车载困难，因而现在都使用尿素水溶液作为还原剂的标准，将这种还原剂命名为 AdBlue。

尿素-SCR 催化剂的主要反应机理如下：

$$4NO+4NH_3+O_2=4N_2+6H_2O \qquad (6-7)$$

$$6NO+4NH_3=5N_2+6H_2O \qquad (6-8)$$

$$2NO_2+4NH_3+O_2=3N_2+6H_2 \qquad (6-9)$$

$$6NO_2+8NH_3=7N_2+12H_2O \qquad (6-10)$$

$$2NH_3+NO+NO_2=2N_2+3H_2 \qquad (6-11)$$

由于柴油机 NO_x 排放中 90% 以上是 NO，因此 NO_x 还原反应的主要途径是式（6-7），这一反应也被称为"标准 SCR 反应"，O_2 在此反应中是不可缺少的。低温时，式（6-11）的反应速率比式（6-7）快 17 倍，被称为"快速 SCR 反应"，这有利于提高催化剂低温活性，以应对柴油机排气温度偏低的问题。实际研究也表明，当 NO_2/NO 等于 1 时，可以获得最佳的 NO_x 转化效率。但 NO_2 比例过高时，转化效率反而下降，这是因为经由式（6-10）的反应增多，而该途径的反应速率非常缓慢。

尿素-SCR 在反应温度为 250~450℃ 时可得到最佳的转化效率，低于 200℃ 时反应难以进行，尿素也不能充分水解。温度过高时不仅会由于 NH_3 与 O_2 发生氧化反应导致还原剂损耗，而且还会由此反应生成新的 NO，以及强温室气体 N_2O（氧化亚氮）。

图 6-68 给出了一例重型柴油车尿素-SCR 后处理系统示意图。尿素喷射电控单元（也可以放在柴油机电控系统中）根据由 CAN 总线获得的发动机工况参数以及排气温度传感器测得的排气温度等条件，确定尿素水溶液的喷射量。经过供给单元和喷射装置的精确计量，尿素水溶液在压缩空气辅助下喷入排气管，受热分解出氨气（NH_3），与排气均匀混合后进入 SCR 催化剂进行 NO_x 还原反应。为保证高的转化效率，SCR 催化剂容积一般是发动机排量的 1.5~2.5 倍，载体孔密度一般为每平方英寸 400 目。前置的氧化催化剂是为了应用上述"快速 SCR 反应"原理，生成足够的 NO_2，提高 NO_x 的转化效率。后置的氧化催化剂是为了氧化 SCR 反应剩余的 NH_3，一般要求排入大气的 NH_3 浓度小于 10×10^{-6}。

2. HC-SCR 催化剂

利用燃料或未燃碳氢作为还原剂进行 NO_x 催化还原是 HC-SCR 催化剂的最大优势。主要催化剂材料有 Cu-ZSM-5、Ag-Al_2O_3 以及 Pt-Al_2O_3。研究表明，用柴油机排气中的 HC 作还原剂的 Cu-ZSM-5 催化剂对 NO_x 的转化效率可达 60% 以上，用排气管喷射乙醇作还原剂的

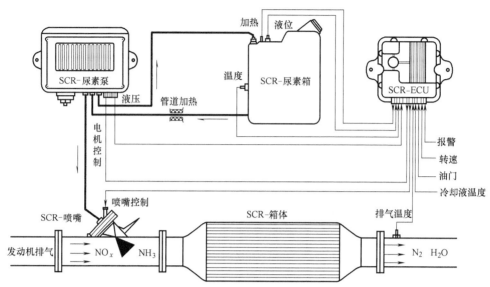

图 6-68　重型柴油车尿素-SCR 后处理系统（Bosch 公司）

Ag-Al$_2$O$_3$ 催化剂可达 90% 以上。

HC-SCR 催化剂的主要问题是工作温度高于尿素-SCR 催化剂，转化效率较低，耐水蒸气中毒性能不理想，因此目前尚未得到产业化应用。

3. 吸附还原催化剂

用于柴油机的吸附还原催化剂也称为稀燃 NO$_x$ 捕集器（Lean NO$_x$ Trap，LNT），工作原理与上述汽油机用吸附还原催化剂（ARC）相同，但贵金属成分除铂（Pt）外也广泛使用铑（Rh），以更好地进行 NO$_x$ 还原反应。

LNT 可以用燃料和未燃-THC 作还原剂，省却了复杂的还原剂喷射装置。但由于使用了贵金属，因而成本高于 SCR 催化剂，而且要求柴油含硫量小于 10μg/g。同时，需要多喷燃料进行 NO$_x$ 还原反应，从而导致了发动机油耗增加。由于 LNT 的这些特点，尤其是系统简单、占用空间小，因此主要用于欧Ⅳ以上排放水平的轻型柴油车，以及尿素供应不便地区的重型柴油车。

6.4　自动变速器

自动变速器认知

变速器是汽车传动系统中最为关键的总成之一。车用内燃机由于固有机械结构的限制，其动力输出特性存在以下缺陷：

1）输出转矩 T_e 较小，难以直接驱动车辆克服行驶阻力，且输出转矩变化范围 ΔT 较小。

2）输出转速 n_e 太高，难以直接驱动车辆安全行驶。

3）发动机动力特性曲线较差，在一定节气门开度遭遇较大的行驶阻力导致转速降低时，无法获取相对应增加的转矩。

4）存在最低稳定转速限制，无法直接驱动车辆完成起步。

电控自动变速器的产生与改善较好地解决了以上问题。电控自动变速器通过电子控制系统对发动机负荷率、发动机转速与车速等诸多参数进行采集与处理，根据换档控制策略在车辆行驶过程中自动实现档位的切换。与传统机械式变速器相比，电控自动变速器具有以下优点：

1）便于换档，且换档时间精确，大幅度降低驾驶人的工作量，提高行驶安全性。

2）由于电控自动变速器通常采用液力变矩器等柔性传动组件，车辆起步与换档过程较为平缓，有效减小了换档机械冲击。同时车辆驱动转矩范围扩大，在起步与爬坡过程中不易发生发动机熄火等问题。

3）车辆行驶过程中发动机始终处于动力性与经济性较好的工况。

随着车辆电控系统的发展，电控自动变速器在乘用车及部分客运车辆中得到了广泛的运用。其按照结构的不同，发展出多种类型，包含电控液力自动变速器（AT）、电控机械自动变速器（AMT）、双离合器自动变速器（DCT/DSG）与电控无级自动变速器（CVT）。

6.4.1 电控液力自动变速器

电控液力自动变速器（AT）是当今汽车行业中使用最为广泛的自动变速器类型。电控液力自动变速器具有以下优点：

1）起步换档平稳，舒适性高，且由于液力传动过程中，其液体工作介质能够吸收过大的瞬态冲击载荷，从而可有效地保护发动机及其他机械传动类组件。

2）通过性好，能够使车辆在行驶过程中以极低的车速通过不良路面。

3）动力性好，液力变矩器能够在一定范围内进行无级调速，部分有利于提高车辆的动力性。

液力自动变速器，按照机械变速的机构形式可分为定轴式（普通直齿轮）自动变速器与动轴式（行星齿轮式）自动变速器；按档位可主要分为3速式（已淘汰）、4速式（已基本停产）、5速式、6速式（主流）、7速式（较少见，过渡型号）与8速式（部分高端车型装配）；按布置主要可分为发动机前置前驱（FF布置）、发动机前置后驱（FR布置）与发动机后置后驱（RR布置，常用于客运车辆）。典型的液力自动变速器的信息见表6-3。

表6-3 典型的液力自动变速器的信息

编号	型号	生产单位	档位数	布置形式	典型使用车型
1	3T40	通用	3	FF	雪佛兰 Lumina APV
2	4T65E	通用	4	FF	通用 Buick GL8
3	MPXA/MPOA	本田	5	FF	本田 Accord
4	AG6	AISIN（爱信）	6	FF	大众 Lavida
5	W7A700	奔驰	7	FR	奔驰 E 系列、S 系列
6	8HP	ZF（采埃孚）	8	FR	宝马 3 系、5 系、7 系

典型的电控液力自动变速器结构包含液力传动装置、机械变速机构、电液控制装置。以ZF公司的Ecomat自动变速器为例（动轴式、RR布置、6速式），其结构图如图6-69所示。

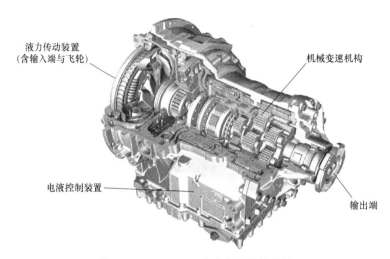

图 6-69　ZF Ecomat 自动变速器结构图

1. 液力传动装置

　　液力传动装置安装于发动机与机械变速机构之间，其主要功用为代替传统的摩擦片式离合器，通过液体工作介质完成发动机至机械变速机构的柔性动力传输，且在一定的范围内，自动对传动速比进行无级调速。常见车用液力传动装置具有液力变矩、液力耦合与机械锁止功能，也称为综合式液力变矩器。

　　典型综合式液力变矩器由泵轮（主动叶轮）、涡轮（从动叶轮）、导轮、锁止离合器等组成，其结构如图 6-70 所示。其中，泵轮通过变矩器壳体与发动机飞轮刚性固定，随发动机曲轴一起旋转，形成液力变矩器的主动部件；涡轮与输出轴通过花键结构连接，是变矩器的从动部件；导轮通过单向离合器安装于泵轮与涡轮之间，用于对涡轮流向导轮的液压油流向进行导向。

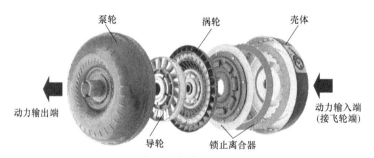

图 6-70　典型综合式液力变矩器结构

　　当发动机运转时，飞轮带动泵轮高速旋转，泵轮中的液压油在离心作用下，高速冲向涡轮外围的叶片，从而冲击并驱动涡轮旋转。随后，涡轮外侧的液压油在惯性作用下，沿涡轮叶片内缘流动。通过导轮叶片的导向，液压油返回泵轮内缘，构成完整的液压油循环流动路径。

　　在液压油从泵轮内缘向外缘运动的过程中，其切向速度不断提高，在此过程中，泵轮对液压油做功，使其动能不断提高。在液压油从涡轮外缘向内缘运动时，其动能逐渐释放，转化为涡轮的动能输出。故可认为液力变矩器的工作原理为：发动机曲轴的动能通过泵轮转换

为液压油的动能，并在循环过程中，液压油再次将自身的动能转化为涡轮的动能输出，从而实现动能的传递过程。典型液力变矩器泵轮、涡轮与导轮的结构如图 6-71 所示，液流循环示意图及工作平面展开图如图 6-72 所示。

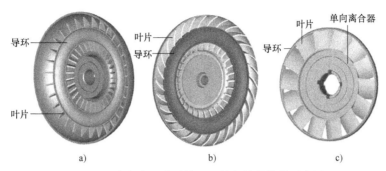

图 6-71　液力变矩器泵轮、涡轮与导轮结构示意图

a）泵轮　b）涡轮　c）导轮

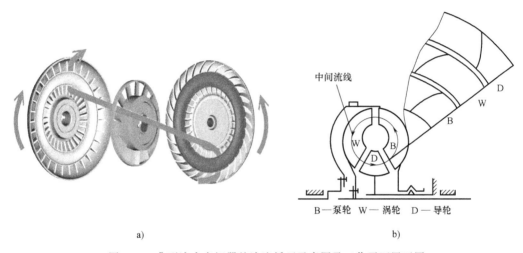

a）　　　　　　　　　　　　　　　　　b）

图 6-72　典型液力变矩器的液流循环示意图及工作平面展开图

a）液力变矩器液流循环示意图　b）液力变矩器工作平面展开图

在车辆行驶过程中，根据不同的工况，综合式液力变矩器工作状态可分为三种：

（1）变矩模式　当车辆在起步等低速工况下，由于液力变矩器主动件（泵轮）与从动件（涡轮）存在较大的转速差，故发动机带动泵轮转动，对油液产生一个大小为 M_b 的输入转矩，油液在泵轮的加速带动下，冲击涡轮叶片上缘，形成推动涡轮旋转的转矩。由于在变矩模式下，涡轮转速较慢，油液沿涡轮叶片流向内缘，并以一定的速度冲向导轮。由于导轮上安装了单向轴承，且锁止方向与此时油液的旋转方向一致，故导轮锁止。在导轮叶片的导向作用下，油液流回泵轮。

在变矩模式下，变矩器泵轮、涡轮与导轮受力情况如下：如图 6-73 所示，自动变速器油在泵轮叶片带动下，以一定的绝对速度沿图中箭头 1 的方向冲向涡轮叶片，因涡轮静止不动，液流将沿着涡轮叶片流出并冲向导轮，液流方向如图中箭头 2 所示，然后液流再从固定不动的导轮叶片沿箭头 3 方向流入泵轮。当油液对涡轮与导轮产生冲击转矩时，涡轮与导轮

也对油液产生一个与该冲击转矩大小相同但方向相反的反作用转矩 M_w 和 M_d。其中，涡轮转矩 M_w 与泵轮所受阻力矩 M_d 方向相反，而导轮转矩 M_d 与 M_b 方向相同。由液力系统受力平衡原理可以推得

$$M_w = M_b + M_d$$

故可认为，在变矩模式下，涡轮所受转矩在数值上等同于发动机通过泵轮输入转矩与回流作用于导轮的反作用转矩和，从而起到变矩的效果。

在发动机转速恒定时（n_b 为常数），涡轮转矩 M_w 的大小与返流油液冲击导轮的流速及涡轮冲击导轮的相对夹角有关。返流油液流速一定时，涡轮与泵轮转速差越大，导轮叶片与液流方向的夹角越大，从而使导轮在油液冲击下的转矩 M_d 增加，变矩器的增力效果增强。故便于车辆在起步等低速工况下具有较高的转矩。定义液力变矩器的变矩系数 $K = M_w/M_b$，常见乘用车液力变矩器最大 K 值可达 2.6 左右。变矩模式下液力变矩器工作原理及受力图如图 6-73 所示。

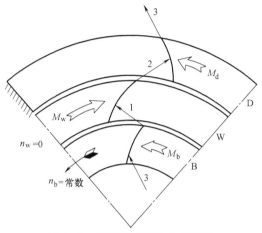

图 6-73　变矩模式下液力变矩器
工作原理及受力图

（2）耦合模式　当车辆起步后，随着车速的增加，涡轮转速随之增加。此时涡轮的返流油液流速 v 为油液沿涡轮叶片的流动速度 u 与涡轮叶片出口的转动速度 w 的矢量合成。随着涡轮转速的提高，其速度分量 w 增加，从而导致冲向导轮的液流与导轮叶片之间的夹角变小，从而使导轮增矩作用随之减小，直至为零。

随着涡轮速度的进一步提高，冲向导轮的液流将冲击导轮叶片的背面，此时如果导轮固定，涡轮的转矩 $M_w = M_b - M_d$，从而降低涡轮的输出转矩，导致传动效率的下降。故此时，导轮单向轴承自由转动方向与油液的旋转方向一致，导轮在液流的推动作用下自由旋转。此时，变矩器成为只有泵轮与涡轮的耦合器，无转矩增大功能。在不考虑泵油阻力及油液黏滞阻力的情况下，可认为存在 $M_b = M_w$，即发动机传递给泵轮的转矩与涡轮的输出转矩相等。导轮进入自由转动的工作点定义为耦合点。耦合模式下液力变矩器工作原理及受力图如图 6-74 所示。

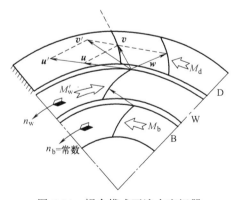

图 6-74　耦合模式下液力变矩器
工作原理及受力图

（3）锁止模式　当车辆在良好路面高速行驶时，由于涡轮与导轮的相对转速差较小，当液力耦合器泵轮与涡轮转速比接近 1 时，变矩器传动效率急剧下降。因此，为了提高车辆在高速工况下的传动效率，有效提高车辆经济性，应将锁止离合器结合进入工作状态。液力变矩器进入锁止模式，锁止离合器包含一套由液压控制的离合器盘，其离合器主动件为变矩器壳体。离合器盘通过花键

与涡轮轮毂和输出轴相连接，可轴向移动完成离合器的结合与脱离工作。

在锁止状态下，自动变速器电液控制装置中的锁止控制阀开启，通过安装于变矩器输出轴中心的控制油道将具有工作压力的油液导入离合器盘背面，从而将锁止离合器片压紧在变矩器壳体上。此时，发动机动力经锁止离合器机械连接直接通过壳体完成动力输出，具有很高的传递效率。同时锁止离合器能够有效降低车辆高速行驶时液力耦合器中由于油液黏滞摩擦所导致的油液温度升高现象，有效保护油液与电液控制系统。锁止离合器工作示意图如图6-75所示。

综合式液力变矩器效率特性是变矩比随涡轮与泵轮转速比的变化曲线，如图6-76所示。其中，A 区域为变矩模式，B 区域为耦合模式，C 区域为锁止模式。可见，在转速比大于60%时，综合式液力变矩器具有较好的传动效率，其常用工况平均传动效率为75%~80%。

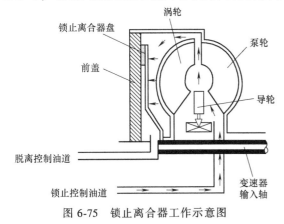

图6-75　锁止离合器工作示意图

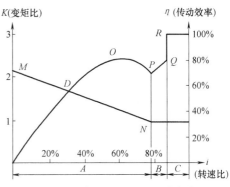

图6-76　综合式液力变矩器效率特性
曲线与变矩比特性曲线

2. 机械变速机构

由于车辆行驶的驱动力矩范围较大，而液力变矩器变矩系数有限，故发动机曲轴的转矩通过液力变矩器变矩后尚难以满足需求，也无法完成车辆行驶过程中的倒车与驻车等功能。故电控液力变速器在液力变矩器后需设置具有多档位的机械变速机构，从而通过变速机构进一步实现减速增矩，以满足车辆对于动力性能的需求。

常见的机械变速机构主要有两种，即定轴式齿轮变速机构（平行齿轮式）与旋转轴式齿轮变速机构（行星齿轮式）。

（1）定轴式齿轮变速机构　定轴式齿轮变速机构将数对平行布置的直齿轮作为变速元件。以 Honda B7XA 型自动变速器为例，其结构简图如图6-77所示，机构展开简图如图6-78所示。

该自动变速器由3根主轴、4套离合器及一只结合套组成，具有共4个前进档与1个倒档。工作过程中不同档位动力流路径如下：

D1档：在D1档时，中间轴1档离合器（16）锁止。输入轴的动力通过输入轴常啮合齿轮（6）、输出轴常啮合空套齿轮（8）与中间轴常啮合齿轮（13）将动力传递至中间轴；此时中间轴1档离合器（16）将中间轴1档齿轮（17）与中间轴刚性锁止，以传递动力。中间轴的转矩通过中间轴1档齿轮（17）传递至输出轴，最后通过输出轴主减速器主动齿轮（19）与主减速器从动齿轮（18）将动力传递至差速器。

D2档：在D2档时，中间轴2档离合器（15）锁止。输入轴的动力通过输入轴常啮合

齿轮（6）、输出轴常啮合空套齿轮（8）与中间轴常啮合齿轮（13）将动力传递至中间轴；此时中间轴2档离合器（15）将中间轴2档齿轮（14）与中间轴刚性锁止。中间轴的转矩通过中间轴2档齿轮（14）传递至输出轴，最后动力由输出轴主减速器主动齿轮（19）与主减速器从动齿轮（18）传递至差速器。

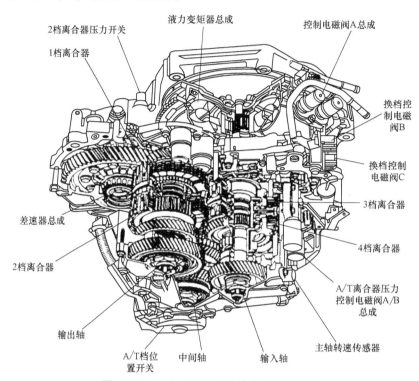

图 6-77 Honda B7XA 型自动变速器结构图

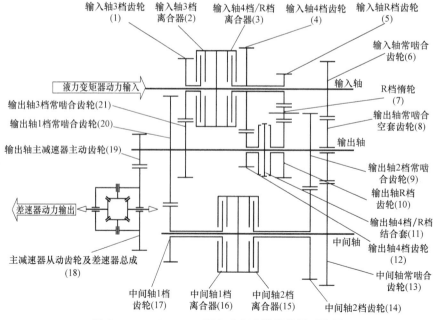

图 6-78 Honda B7XA 型自动变速器机构展开简图

D3 档：在 D3 档时，输入轴 3 档离合器（2）锁止。输入轴的动力通过输入轴 3 档离合器（2）传递至输入轴 3 档齿轮（1），并通过与之啮合的输出轴 3 档常啮合齿轮（21）将转矩直接传递至输出轴，最后动力由输出轴主减速器主动齿轮（19）与主减速器从动齿轮（18）传递至差速器。

D4 档：在 D4 档时，输入轴 4 档/R 档离合器（3）锁止，同时需要输出轴 4 档/R 档结合套（11）与输出轴 4 档齿轮（12）相结合。输入轴的动力通过输入轴 4 档/R 档离合器（3）传递至输入轴 4 档齿轮（4），并通过与之啮合的输出轴 4 档齿轮（12）经输出轴 4 档/R 档结合套（11）将转矩传递至输出轴，最后动力由输出轴主减速器主动齿轮（19）与主减速器从动齿轮（18）传递至差速器。

R 档：在 R 档时，输入轴 4 档/R 档离合器（3）锁止，同时需要输出轴 4 档/R 档结合套（11）与输出轴 R 档齿轮（10）相结合。输入轴的动力通过输入轴 4 档/R 档离合器（3）传递至输出轴 R 档齿轮（10），并经 R 档惰轮（7）传递至输出轴 R 档齿轮（10）并改变输出轴旋转方向，随后通过与之啮合的输出轴 R 档齿轮（10）经输出轴 4 档/R 档结合套（11）将转矩传递至输出轴，最后动力由输出轴主减速器主动齿轮（19）与主减速器从动齿轮（18）传递至差速器。

固定轴式齿轮变速机构具有结构简单、加工难度较小等优点，且由于固定轴系可单独分解，故固定轴式齿轮变速机构维修也较为方便。但是由于平行齿轮结构通常情况下存在相互平行的 3 根主轴，故在布置时存在较大的局限性，难以紧凑布置，同时随着档位数量的增加，变速器外形尺寸增加较大。因此，现阶段固定轴式齿轮变速机构使用较少。

（2）旋转轴式齿轮变速机构　旋转轴式齿轮变速机构是现阶段最为常见的机械变速机构。以简单的单排行星齿轮系为例，其结构包含太阳轮、行星轮、齿圈与行星架，如图 6-79 所示。

在工作过程中，通过切换不同的主动件、从动件与固定件，便可得到不同的传动方案与档位。典型单排行星齿轮的传动方案见表 6-4（其中，α = 齿圈齿数/太阳轮齿数）。

由于单排行星齿轮机构能够提

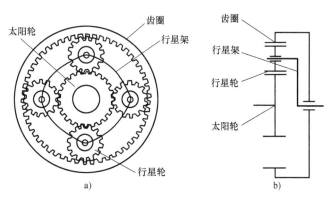

图 6-79　单排行星齿轮系结构简图
a）结构示意图　b）结构简图

供的实际适用传动比数目非常有限，故为了在有限空间内布置尽可能多的档位，满足车辆在行驶过程中所需要的多种传动比，一般会使用多个行星排相互串联的复合式行星齿轮机构。典型的复合式行星齿轮机构包含辛普森（Simpson）式轮系、拉维纳（Ravingeaux）式轮系与双行星排（CR-CR）式轮系。

1）辛普森式轮系。辛普森式轮系是较早在自动变速器广泛使用的复合式行星齿轮机构，由两排完全相同齿轮参数的行星齿轮复合而成。其特点为：前后两个行星排的太阳轮连为一个整体（太阳轮组件 6）；前排行星架与后排齿圈连为一个整体（前行星架和后齿圈组件），动力可以从前齿圈 1 或者太阳轮组件 6 输入；动力的输出通过前行星架和后齿圈组件完成。辛普森式轮系结构简图如图 6-80 所示。

表 6-4　典型单排行星齿轮传动方案

方案编号	主动件	从动件	固定件	传动比	备注	
1	太阳轮	行星架	齿圈	$1+\alpha$	前进档	减速档
2	齿圈	行星架	太阳轮	$(1+\alpha)/\alpha$		
3	太阳轮	齿圈	行星架	$-\alpha$	倒档	
4	行星架	齿圈	太阳轮	$\alpha/(1+\alpha)$	前进档	增速档
5	行星架	太阳轮	齿圈	$1/(1+\alpha)$		
6	齿圈	太阳轮	行星架	$-1/\alpha$	倒档	
7	任意连接两个零件/不固定			1	直接档	转速不变
8	任意连接两个零件/固定			—	驻车档（通常不用）	不传动
9	三元件无连接/无固定			—	空档	无法传动

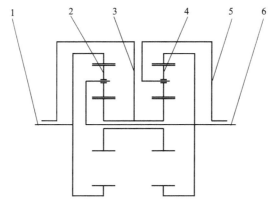

图 6-80　辛普森式轮系结构简图

1—前齿圈　2—前行星齿轮　3—前行星架和后齿圈组件　4—后行星齿轮架　5—后行星轮　6—太阳轮组件

　　典型的辛普森轮系能够构成三个前进档和一个倒档的变速传动方案。辛普森式三档行星齿轮变速器结构简图如图 6-81 所示，其不同档位换档执行元件工作对照表见表 6-5。

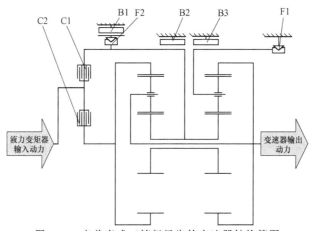

图 6-81　辛普森式三档行星齿轮变速器结构简图

C1—倒档及 3 档离合器　C2—前进档离合器　B1—2 档制动器　B2—倒档及 1 档制动器　B3—低、倒档制动器
F1—1 档单向离合器　F2—2 档单向离合器

表 6-5　辛普森式三档行星齿轮变速器不同档位换档执行元件工作对照表

档位	换档执行元件							传动比	备注
	C1	C2	B1	B2	B3	F1	F2		
1		●				●		$(1+\alpha_1+\alpha_2)/\alpha_1$	超速滑行
		●		●					发动机制动
2		●	●				●	$(1+\alpha_1)/\alpha_1$	超速滑行
		●			●				发动机制动
3	●	●						1	发动机制动
R	●			●				$-\alpha_2$	发动机制动

注：α_1 为前排齿圈与太阳轮齿数比，α_2 为后排齿圈与太阳轮齿数比。

考虑到实际车辆行驶过程中，三个前进档较难满足车辆实际的行驶需求，故通常会在三档辛普森轮系前设置一套超速行星齿轮排（见图 6-82），从而在车辆高速行驶过程中，有效利用超速档，保证车辆高速行驶时的经济性。其不同档位换档执行元件工作对照表见表 6-6。

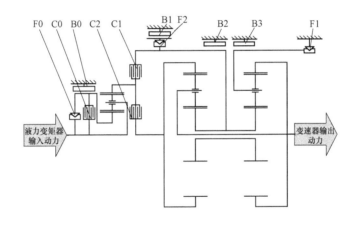

图 6-82　增加超速行星齿轮排的辛普森式四档行星齿轮变速器结构简图

C0—直接档离合器　B0—超速档制动器　F0—直接档单向离合器　C1—倒档及 3 档离合器
C2—前进档离合器　B1—2 档制动器　B2—倒档及 1 档制动器　F1—1 档滑行单向离合器
B3—低、倒档制动器　F2—2 档滑行单向离合器

表 6-6　辛普森式四档行星齿轮变速器不同档位换档执行元件工作对照表

档位	换档执行元件										传动比		备注
	C1	C2	B1	B2	B3	F1	F2	C0	B0	F0	辛普森轮系	超速行星排	
1		●				●		●		●	$(1+\alpha_1+\alpha_2)/\alpha_1$	1	超速滑行
		●		●				●		●		1	发动机制动
2		●	●				●	●		●	$(1+\alpha_1)/\alpha_1$	1	超速滑行
		●			●			●		●		1	发动机制动

（续）

档位	换档执行元件										传动比		备注
	C1	C2	B1	B2	B3	F1	F2	C0	B0	F0	辛普森轮系	超速行星排	
3	●	●						●		●	1	1	发动机制动
	●			●				●		●		1	发动机制动
4	●			●					●		1	$\alpha_0/(1+\alpha_0)$	发动机制动
R	●			●				●		●	$-\alpha_2$	1	发动机制动

辛普森式四档行星齿轮变速器能够在 1 档及 2 档设置滑行功能。但是由于超速行星齿轮排与辛普森轮系为串联结构，故会造成减速器轴向尺寸较大；换档过程中执行元件数量较多（10 个），且在工作过程中，每一档位均需要 4~6 组换档执行元件同时工作。故改进增加超速行星齿轮排的辛普森式四档行星齿轮变速器对控制系统的要求较高。

2）拉维纳式轮系。拉维纳式轮系由一排简单行星齿轮和一排双行星齿轮组成；双排行星齿轮公用一套长行星轮与行星架。动力可以通过前后轮系的太阳轮输入，动力的输出通过齿圈完成。通过一套拉维纳式轮系可以完成四个前进档和一个倒档的设置。拉维纳式轮系结构简图如图 6-83 所示。

拉维纳式四档行星齿轮变速器结构简图如图 6-84 所示，其不同档位换档执行元件工作对照表见表 6-7。

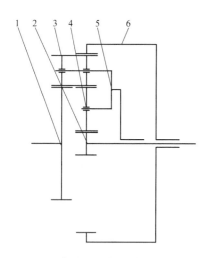

图 6-83 拉维纳式轮系结构简图

1—前排太阳轮 2—后排太阳轮 3—长行星轮
4—短行星轮 5—行星架 6—齿圈

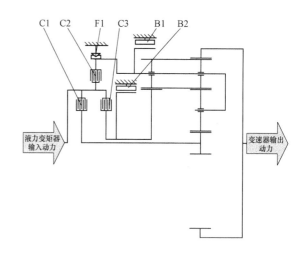

图 6-84 拉维纳式四档行星齿轮变速器结构简图

C1—1、2、3 档离合器 C2—1、3、倒档离合器 C3—4 档离合器
B1—1 档及倒档制动器 B2—2 档及 4 档制动器
F1—1 档滑行单向离合器

与辛普森式轮系相同，拉维纳式轮系在换档时仅需要 6 个换档执行元件配合工作，换档元件较少；而每一档位均只需 2 套换档执行元件同时工作，且能够构成带直接档（D3 档）与超速档（D4 档）的 4 个前进档。故拉维纳式轮系传动比变化范围较大，且结构尺寸（特

别是轴向尺寸）较小，从而有利于车辆（特别是前置前驱车辆）的总体布置。但拉维纳式轮系对加工要求高，生产成本高，且保留1档情况下的超速滑行功能，故不利于车辆在良好路面条件下高速行驶时的燃油经济性。

表6-7 拉维纳式四档行星齿轮变速器不同档位换档执行元件工作对照表

档位	换档执行元件						传动比	备注
	C1	C2	C3	B1	B2	F1		
1	●					●	α_2	超速滑行
		●		●				发动机制动
2	●		●		●		$(\alpha_1+\alpha_2)/(1+\alpha_1)$	发动机制动
3	●	●					1	发动机制动
4			●	●			$\alpha_1/(1+\alpha_1)$	发动机制动
R		●			●		$-\alpha_1$	发动机制动

3）双行星排式轮系。双行星排（CR-CR）式轮系是在辛普森式轮系上发展而来的。其结构特点与辛普森式轮系类似，为具有相同齿轮参数的行星齿轮复合而成。但前排行星架与后排齿圈构成一个整体，前排齿圈与后排行星架形成一个整体，动力的输入通过前行星架后齿圈总成或前排太阳轮完成。双行星排式轮系的结构简图如图6-85所示。

典型的CR-CR式轮系能够构成四个前进档和一个倒档的变速传动方案。其四档行星齿轮变速器结构简图如图6-86所示，不同档位换档执行元件工作对照表见表6-8。

CR-CR式轮系由于前后行星排与辛普森式轮系类似，为两组参数完全相同的行星齿轮结构组成，故相比拉维纳式轮系，其加工难度较低，生产成本较低。CR-CR式行星齿轮变速器在1~3档均具有超速滑行功能，

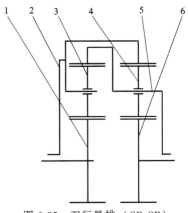

图6-85 双行星排（CR-CR）
式轮系结构简图
1—前排太阳轮 2—前行星架后齿圈总成
3—前排行星轮 4—后排行星轮 5—前齿
圈后行星架总成 6—后排太阳轮

故有利于车辆在较好的路况条件下充分利用滑行节约燃油，提高经济性。但是CR-CR式行星齿轮变速器工作时，其所需的执行元件数量较多（10个），且单一档位通常需要4~5个执行元件同时工作，故CR-CR式行星齿轮对变速器控制系统要求较高。

3. 电液控制装置及控制

控制系统是自动变速器中的核心组成部分，其控制特性将直接影响车辆换档过程中的平顺性。电液控制装置的主要任务如下：

1）调节并控制自动变速器油泵的泵油压力，使之满足自动变速器完成各种工况的需求；在变速器不同工况下，调节控制油压，减小换档冲击。

2）控制换档元件根据变速器手柄位置、发动机工况及车辆行驶工况，完成自动换档工作。

3）保障液力变矩器的工作油压，维持变速器内液压油的正常循环及冷却。实现车辆行驶过程中控制液力变矩器锁止离合器的工作状态。

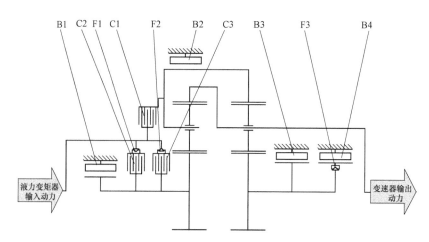

图 6-86　CR-CR 式四档行星齿轮变速器结构简图

B1—4 档制动器　B2—倒档制动器　B3—1 档及 2 档制动器　B4—前进档制动器　C1—2 档离合器　C2—3 档离合器
C3—输入离合器　F1—3 档单向离合器　F2—输入单向离合器　F3—1 档及 2 档单向离合器

表 6-8　CR-CR 式四档行星齿轮变速器不同档位换档执行元件工作对照表

档位	换档执行元件										传动比	备注
	B1	B2	B3	B4	C1	C2	C3	F1	F2	F3		
1				●			●		●	●	$(1+\alpha_1+\alpha_2)/\alpha_2$	超速滑行
			●				●		●	●		发动机制动
2				●	●		○				$(1+\alpha_2)/\alpha_2$	超速滑行
			●		●		○			●		发动机制动
3				○	●		●	●			1	超速滑行
				○	●	●	●	●				发动机制动
4	●				●	○					$\alpha_1/(1+\alpha_1)$	发动机制动
R		●					●		●		$-\alpha_1$	发动机制动

　　自动变速器控制装置技术发展可分为纯液压控制、电子液压控制与智能控制三个阶段。

　　（1）纯液压控制阶段　自动变速器纯液压控制系统起源于 20 世纪 30 年代，通用公司在其生产的车辆上安装了 Hydra-Matic 4 速自动变速器，配置了第一款量产的纯液压控制系统。该控制系统以机械方式将车辆行驶过程中的行驶速度与发动机节气门开度参数转换为液压控制信号，并以预设的换档规律与液压执行机构进行换档操作，从而根据车辆不同行驶工况自动进行档位的切换。纯液压控制系统是现代自动变速器控制系统的基础，但是结构复杂、造价高昂，且其换档规律受机械系统的结构与加工精度等参数影响较大，无法灵活多变地满足车辆行驶过程中的实际换档需求。

　　（2）电子液压控制阶段　在车辆行驶过程中，传感器采集车辆的关键参数（如发动机转速、发动机冷却液温度、节气门开度、车轮转速等）输入至变速器电子控制系统，控制系统根据预设的控制策略对参数进行处理，并将处理后的控制信号传递至相对应的换档电磁阀，从而达到利用液压控制系统实现变速器自动换档的目的。由于电子控制系统可通过较为

灵活的算法针对不同的行驶环境满足不同的驾驶需求，故控制系统的可移植性与通用性大大增加。通过电子控制系统能够精确地调节换档执行元件的工作状态，故有效地提高了系统的可控性与换档品质。

（3）智能控制阶段 自动变速器智能控制阶段起始于20世纪90年代初期，随着人工智能化及对应算法的发展，自动变速器控制系统开始向自适应和智能化发展。在此阶段，自动变速器控制系统能够通过自适应与自学习过程，优化匹配不同驾驶风格和不同路况的最佳换档特性。

例如，宝马公司于1992年推出了自动变速器的自适应变速器系统（Adaptive Gearbox System，AGS）和自适应传输系统（Adaptive Transmission Control，ATC）。在智能控制阶段，变速器控制系统能够自动识别驾驶人的操作习惯、外界环境条件和路况等信息，并决策出最为适合的档位。

三菱公司利用模糊推理技术和神经网络算法，研发出智能车辆电子控制系统（Intelligent and Innovation Vehicle Electronic Control System，INVECS）。该系统不但能够针对路况与驾驶习惯进行换档特性的优化，更能够对不同驾驶者的驾驶习惯进行记忆。随着新一代优化算法的发展，自动变速器智能控制将向换档点智能化和换档高品质化的方向发展。

液压执行系统由液压泵、换档电磁阀、调压阀、蓄能器、控制阀体、换档离合器与制动器等元件组成。其主要功用为在车辆行驶过程中，通过液压泵建立足够高的工作油压，并通过调压阀与蓄能器使不同工况下的自动变速器工作油压稳定在合适的工作范围内；换档电磁阀接收ECU的控制指令，将具有一定工作油压的液压油通过控制阀体导入相对应的液力耦合器锁止离合器、换档离合器与制动器中，从而完成车辆行驶过程中液力耦合器工作状态的切换与档位的切换工作。典型自动变速器电液控制自动换档控制系统工作原理如图6-87所示。

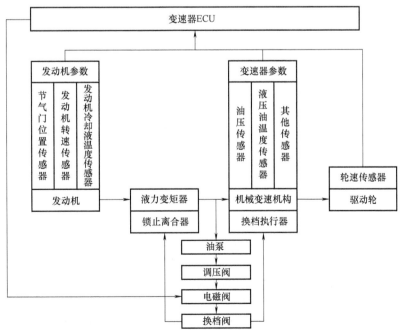

图6-87 典型自动变速器电液控制自动换档控制系统工作原理

以艾利逊3000自动变速器为例（6档），其电子控制系统硬件及线束连接如图6-88所示，液压执行系统工作原理简图如图6-89所示。以下将分别对液压执行系统主要组成部件进行介绍（ECU、液压泵、换档电磁阀、调压阀、蓄能器、控制阀体、换档离合器与制动器等）。

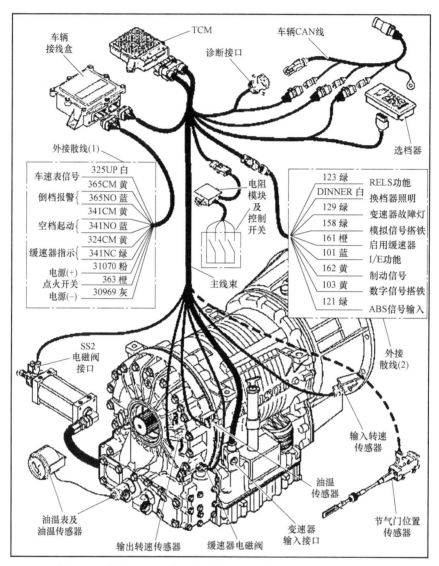

图6-88　艾利逊3000自动变速器电子控制系统硬件及线束连接

4. ECU（电子控制单元）

ECU是电控自动变速器控制系统的核心元件，其主要功能为在车辆行驶过程中，对发动机及变速器上安装的传感器进行信号采集，对车辆行驶状态进行判定，并根据其预设的控制逻辑，对自动变速器的工作模式与状态进行决策与程序控制，从而使车辆发动机工作在较好的工况区间，提高车辆的动力性与经济性。通常情况下，自动变速器的ECU单独设置，也有部分车型的发动机与自动变速器共用一套ECU系统，将发动机与自动变速器作为总成进行控制，以便两者更为协调地工作。典型自动变速器ECU主要功能如下：

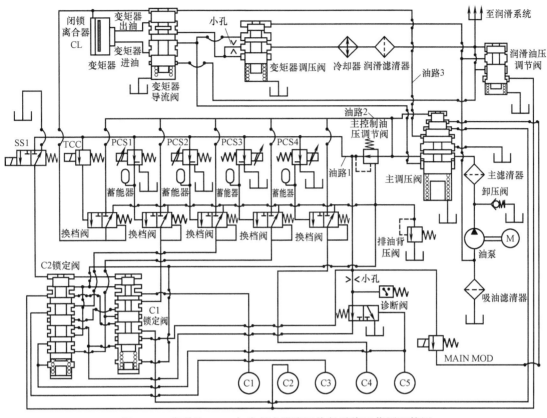

图 6-89　艾利逊 3000 自动变速器液压执行系统工作原理简图

（1）档位及动力控制　ECU 能够根据当前选择的行驶模式（如普通模式、运动模式等），根据预先储存的数据与传感器采集的车辆行驶参数，选择最佳换档时间，实现换档过程的自动操作。

（2）变矩器锁止离合器控制　ECU 可根据当前车辆状态，自动地对变矩器锁止离合器进行控制。其中，包含锁止离合器锁止时间的控制以及锁止压力的控制。当车辆处于暖机（发动机冷却液温度低于 70℃）、油温过低（低于 60℃）时，ECU 会控制闭锁离合器进行分离，从而尽量满足车辆发动机及变速器的暖机需求。在换档过程中，ECU 会控制闭锁离合器暂时性分离，从而防止由于传动系统刚性连接所造成的机械冲击。

（3）控制油路油压控制　在自动变速器工作过程中，ECU 会在不同工况下，选取最为合适的控制油路液压，对压力控制电磁阀与蓄能器等元件进行控制，从而实现对控制系统油路压力的调节工作。

（4）故障诊断与故障控制　在自动变速器工作过程中，ECU 不断地对传感器与电磁阀等元件进行检测，一旦发生故障，ECU 将自动做出判断，自动点亮仪表盘上的故障警示灯，并将出现故障的元件名称与故障形式以代码的形式进行储存，以便维修人员进行故障的解读与查询。同时，当出现故障时，ECU 会自动进入跛行模式。在此模式下，ECU 优先保证车辆的行驶能力，从而保证车辆能够继续行驶至最近的维修点进行维修。

5. 液压泵

自动变速器换档执行元件的控制是通过液压执行系统完成的，液压泵的主要功用为向液

压执行系统提供满足工作流量与工作压力需求的液压油。对于典型乘用车,其液压控制系统的液压油需求主要包含三部分:变速器控制油路执行元件及液力变矩器工作需求、换挡电磁阀与调压阀类元件工作需求、补充密封泄漏需求。其所需要的液压油流量见表6-9。

表 6-9 典型乘用车自动变速器液压控制系统液压油需求流量表

编号	名称	需求流量/(L/min)
1	变速器控制油路执行元件及液力变矩器	4~10
2	换挡电磁阀与调压阀类元件	约 4
3	补充密封泄漏	约 0.05

通常情况下,液压泵安装于液力变矩器后方,由液力变矩器壳体后端的轴套驱动。故只要当发动机运转,无论车辆是否处于行驶状态,液压泵均始终保持工作状态,从而为液力变矩器等部件的润滑提供符合压力与流量要求的液压油。

自动变速器采用的液压泵主要有转子泵与叶片泵等类型,其中使用最为广泛的为转子泵。转子泵的基本工作原理为在转子泵的工作过程中,内外转子互相啮合旋转,两者之间形成的工作容积随转子转动由小变大,从而形成吸油所必需的真空度,直至工作容积达到最大值;随后工作容积由大变小,形成局部高压区域,将油液挤出工作容积。

转子泵根据结构与型线不同可分为渐开线型、双中心型与trochocentric型。其结构如图6-90所示。

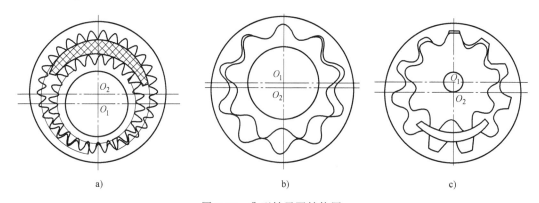

a)   b)   c)

图 6-90 典型转子泵结构图

a) 渐开线型转子泵 b) 双中心型转子泵 c) trochocentric 型转子泵

渐开线型转子泵其啮合型线为渐开线结构,故又称为内啮合齿轮泵。采埃孚(ZF)公司的5hp-19型自动变速器与通用公司的4hp-16型自动变速器均使用渐开线型转子泵。渐开线转子泵具有生产工艺简单、价格较低等优势。但是其工作效率较低,且工作过程中存在较大噪声,现已逐渐被淘汰。

双中心型转子泵是在传统摆线泵的基础上发展而来的一种转子泵结构。其特点在于,内外转子通过偏心结构互相啮合,其内外转子齿数差为1。双中心型转子泵具有结构简单、工作噪声小等特点。但是在工作过程中,泵的高压腔与低压腔的密封通过内外转子的齿顶接触完成,故其密封性与内外转子成形工艺与表面粗糙度有较大的关联性。同时,在油液较脏时,容易导致内外转子密封面划伤造成高压腔内的液压油窜入低压腔,从而造成泵油压力的有效值下降。

6. 可变排量液压泵技术

传统定量泵其每循环排量一定，故在工作压力一定时，其供油流量与转速成正比。故在车辆行驶速率较高时，其泵油流量远超过自动变速器的系统需求。多余的液压油会通过溢流阀释放，从而造成液压油的升温及溢流损失。随着对汽车节能减排要求的提高，可变排量液压泵技术作为降低传统结构定量泵溢流损失的有效手段，在发动机及变速器等诸多系统中得到了应用。

在自动变速器上，可变排量液压泵以叶片泵为主，其结构如图 6-91 所示。

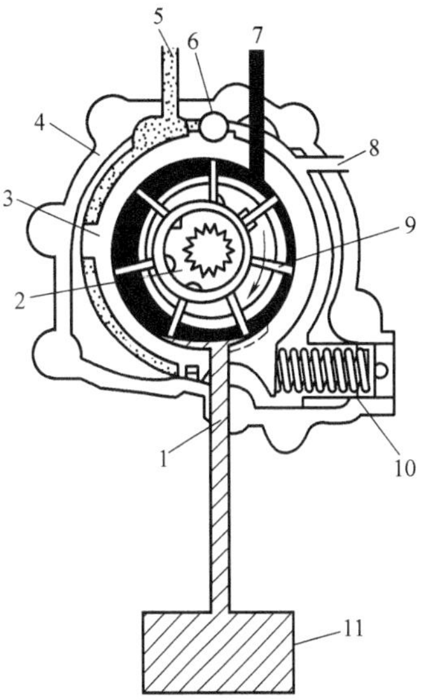

在叶片泵工作过程中，可调节定子 3 可绕定子摆动销轴 6 在一定范围内摆动，从而改变定子 3 与内转子 2 的中心距。当中心距增加时，叶片泵每循环排量增加；反之，叶片泵每循环排量下降。

当变速器输入值转速较低时，此时叶片泵转速较低，供油压力较小，此时，叶片泵反馈油道内的压力较低；从而作用在可调节定子 3 左侧的量不足以克服回位弹簧 10 的作用力，可调节定子 3 在回位弹簧 10 的作用下，向左紧靠泵壳壁面。此时定子与转子的偏心距达到最大，叶片泵处于大排量供油状态。

图 6-91　叶片泵结构图

1—进油口　2—内转子　3—可调节
定子　4—泵壳　5—反馈油道
6—定子摆动销轴　7—出油口
8—泄压口　9—叶片　10—回
位弹簧　11—滤网

随着车速的增加，在叶片泵转速较高时，供油压力上升，叶片泵反馈油道内压力也随之提高，此时，可调节定子 3 在反馈油压的推动下，克服回位弹簧 10 的作用力，绕定子摆动销轴 6 摆动，从而使定子与转子偏心距减小。泵的排量随之减小，直至出油压力下降，从而完成工作过程中叶片泵排量的自动调节。

7. 换档电磁阀

在自动变速器工作过程中，液压执行系统的控制是通过换档电磁阀完成的。现阶段，较为常见的换档电磁阀主要有两种：单级式电磁阀与二级式先导电磁阀。

其中，针对传递动力较小的乘用车自动变速器，由于其工作过程中执行元件对于液压油的流量需求不大，故通常使用结构简单的单级式换档电磁阀即可满足其换档液压油流量需求，其结构图如图 6-92a 所示。

对于有较大动力传递需求的自动变速器，需要较大的液压油流量，以保证液压执行系统的正常工作。如果单纯加大电磁阀阀芯尺寸，将导致电磁阀能耗上升、系统换档响应迟缓等一系列问题。故针对此问题，换档电磁阀通常采用二级式先导电磁阀。常见的二级式先导电磁阀由电磁阀与换档阀两部分组成。其中，先导电磁阀由自动变速器控制器直接控制，具有较快的响应速度，但是由于其阀芯设计较小，无法直接对换档离合器工作状态进行控制，故仅作为先导阀使用；在换档电磁阀工作后，阀芯两侧的油压被改变，阀芯移动，从而完成连通、切断或改变油液的流动方向。目前，运用较多的二级式先导电磁阀主要有主控油压控制先导式换档电磁阀和主油压控制先导式换档电磁阀两种。

主控油压控制先导式换档电磁阀和主油压控制先导式换档电磁阀的结构简图如图 6-92b

和 c 所示。以下将对结构较为复杂的先导式换档电磁阀的工作原理进行阐述。

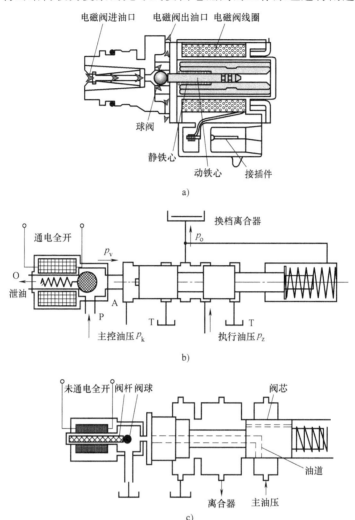

图 6-92　换档电磁阀结构简图

a）单级式电磁阀　b）主控油压控制先导式换档电磁阀　c）主油压控制先导式换档电磁阀

主控油压控制先导式电磁阀由一套常闭电磁阀与主控制阀串联而成，其先导油压为经过了主控油压调压阀后的主控油压 p_k，推动换档离合器工作的油压为经过了主油压调压阀后的执行油压 p_z（主油压）。

当换档电磁阀进行换档工作时，电磁铁对阀芯产生的电磁力克服复位弹簧的弹力，使阀芯离开阀座，从而使主控油压油路内的液压油通过电磁阀进油口（P 端）进入换档电磁阀左侧的油腔内，主控制阀克服复位弹簧的弹力向右侧滑动，接通执行油压至换档离合器的油路，从而完成离合器结合动作。

对于主控油压控制先导式电磁阀，由于其主控油压与执行油压油路分离，换档过程阀芯动态响应不易受主油压波动的影响，故其换档过程稳定。但是此类先导式电磁阀必须在油路中设置两套调压阀（主控油压调压阀与执行油压调压阀），故会增加自动变速器液压控制系统的复杂性与成本。

8. 调压阀

由于自动变速器液压泵多使用定排量转子泵，故其泵油排量与转速呈正比。在高转速工况下，液压泵的供油能力远远超过需求，故需要安装调压阀组对主油压进行控制，从而避免出现过高的主油压，改善换档品质，保证自动变速器的使用寿命并有效降低液压泵损耗功率。在自动变速器中，调压阀组通常采用自调压滑阀。以艾利逊公司 HD4070 自动变速器控制系统为例，其调压阀采用四级定压控制结构，其基本原理如图 6-93 所示。

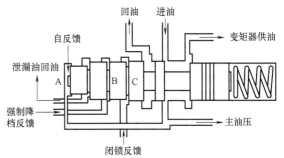

图 6-93　艾利逊公司 HD4070 自动变速器调压阀基本原理图

该主调压阀共有进油油路、变矩器供油油路、回油油路、输出主油压油路、闭锁反馈油路、超速强制降档反馈油路、泄漏油回油油路和自反馈油路 8 条油路。变速器油经液压泵加压后进入主压力调压阀，一路给变矩器供油，另一路流向换档离合器和主控油压调压阀作为输出主油压，还有一路流向自身顶端的反馈油路。

在车辆行驶过程中，随着变速器转速的增加，由液压泵加压进入进油端的液压油流量不断增加，从而造成主油压的增加。此时，从主油压内采集的自反馈油路将液压油导入至自反馈油腔（A），控制阀芯在自反馈油压的推动下，克服预紧弹簧的弹力，向右侧移动，从而减小进油口的实际流量孔径，直至主油压下降至规定数值。

而变速器处于强制降档工况或锁止离合器闭锁时，由于自动变速器需要传递更大的转矩，为了防止多片离合器或锁止离合器打滑，此时液压控制系统需要更高的工作压力与工作流量。故此时，强制降档与闭锁反馈油路分别将液压油接入调压阀的 B 与 C 腔，从而通过对阀芯增加一个向右的附加力，增大调压阀流量与压力。

9. 湿式多片离合器与制动器

由于自动变速器在工作过程中，其档位的切换是通过对行星齿轮机构的元件进行运动约束所达成的，而其约束工作是通过湿式多片离合器与制动器完

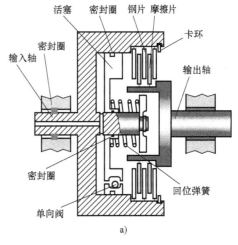

a)

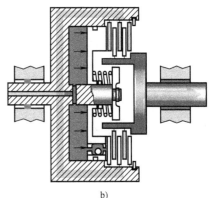

b)

图 6-94　湿式多片离合器结构简图

a) 湿式多片离合器结构简图　b) 湿式多片离合器结合过程简图

成的。

湿式多片离合器的主要作用是对行星齿轮机构中的不同执行元件进行连接。其基本结构如图6-94a所示，包含离合器壳体、钢片与摩擦片、活塞机构、回位弹簧、单向阀与输出轴。

其中，离合器活塞机构安装于离合器壳体内，两者通过密封元件完成密封，并在离合器壳体与离合器活塞机构中形成工作油腔，控制油液通过离合器壳体上的进油口进入该油腔。钢片与摩擦片交替安置，钢片以外花键的形式与离合器壳体上的内花键啮合，而摩擦片以内花键的形式与输出轴的外花键相啮合，从而构成摩擦副，钢片与摩擦片均可沿轴向自由滑动。

当离合器工作时，控制油路内具有较高压力的工作油液通过离合器壳体上的进油口进入工作油腔，推动活塞组件向右侧移动，直至将压力传递至钢片/摩擦片接触副。此时，离合器处于结合状态，动力通过离合器壳体与钢片/摩擦片接触副，传递至输出轴，从而完成动力的传递工作，如图6-94b所示。

而当离合器脱离工作状态时，工作油腔内压力被撤除。离合器活塞在回位弹簧的作用下，移动至离合器壳体的底部，从而使钢片与摩擦片分离，切断动力传递。

由于离合器在工作过程中处于高速旋转的状态，故离合器工作油腔内的油液由于离心作用，被甩至工作油腔外壁面并形成较大的压力。其结果是导致活塞后方存在一个较大的压力区域，从而使活塞无法克服回位弹簧的作用后退，造成离合器分离不彻底、换档冲击、摩擦片过度磨损及变速器油温升高等一系列问题。

因此，通常情况下会在离合器活塞周边设置一系列的单向泄油球阀。当离合器工作时，工作油液具有较高的压力，单向阀芯受油压作用，牢固地压紧至阀座密封面上，从而完成工作油腔的密封工作；而当离合器油压撤除后，由于离心作用，球阀阀芯向边缘移动，从而开启卸油口，使滞留在油腔内的油液可以快速从此孔中排出，从而避免了以上问题。泄油球阀工作示意图如图6-95所示。

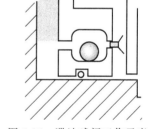

图6-95　泄油球阀工作示意图

制动器的作用是将行星齿轮系统中的某个基本元件固定，使之无法旋转。在实际使用中，箍式制动器使用较为广泛。典型的箍式制动器包含制动带、壳体、转鼓、活塞与回位弹簧等组件。

当制动器工作时，控制油液通过油缸进油口进入活塞后方，从而使活塞克服回位弹簧的预紧力，向前推动制动带，从而使制动带抱住转鼓，完成转鼓的制动工作。箍式制动器的结构原理图如图6-96所示。

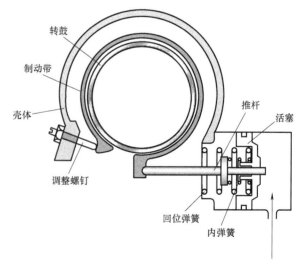

图6-96　箍式制动器的结构原理图

6.4.2 电控机械自动变速器（AMT）

电控机械自动变速器（AMT）是一种在传统手动变速器上安装操作机构实现档位自动切换的自动式变速器。相比电控液力式自动变速器，电控机械自动变速器不使用液力变矩器作为传动系统的过渡元件，而直接使用机械式离合器完成动力的结合与中断。因此，AMT具有较低的生产成本与较为简单的结构，且由于其使用传动效率较高的机械式离合器，故整体传动效率比AT高7%~9%。AMT在发展过程中可分为半自动控制阶段（SAMT）与全自动控制阶段（AMT）。

半自动SAMT在车辆行驶过程中，只对选档、换档操纵的部分进行自动化控制，而不对机械式离合器进行控制，故车辆在起步过程中，其离合器的控制依旧需要驾驶人操纵离合器踏板完成，且在车辆行驶过程中，换档的时刻由驾驶人踩踏离合器踏板予以决定。典型的SAMT变速器包括瑞典斯堪尼亚（Scania）公司的CAG变速器与德国戴姆勒奔驰（Daimler-Benz）公司的EPS系统。全自动控制的AMT不但对车辆选档、换档操纵部分进行自动化控制，同时也对机械式离合器进行实时控制。典型的全自动AMT有美国伊顿（Eation）公司的UltraShift系列产品与德国采埃孚（ZF）公司的AS-Tronic产品等。

典型的电控机械式变速器由齿轮式变速器、电控单元、电控换档执行器与电控离合器组成，其结构图如图6-97所示。

在机械式自动变速器工作过程中，其齿轮式变速器的工作原理与通常的手动式变速器基本相同，仅在档位的切换与离合器的控制是由电控单元通过电控换档执行器予以控制。电控换档执行器可以按照驱动能源分为纯电动驱动、液压驱动与气动驱动。其中后两者适用于传动功率比较大的重型载货车辆上。纯电动驱动形式由于其体积小、效率高、可控性好，常使用于体积与整车质量均较小的乘用车辆上。

由于变速器变速过程中，需要操纵两组以上的拨叉轴进行换档工作，电控换档执行器工作过程中，需要根据当前所需要切入的档位，同时对拨叉轴与档位进行选择，故常

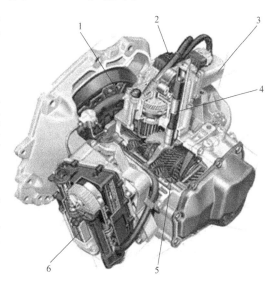

图6-97 电控机械式变速器结构图
1—电控离合器 2、3、4、6—电控换档执行器
5—齿轮式变速器

见的换档电控执行器的自由度为2。以典型的电控换档执行器为例，按电动机数量可分为双电动机电控换档执行器与单电动机电控换档执行器，其外形图如图6-98所示。

现阶段，双电动机布置形式的电控换档执行器使用较多，即在一套电控换档执行器上同时安装两套电动机（选档电动机与换档电动机各一套）与相对应的传动组件，分别完成档位的选择与切换。以图6-98a为例，该型号的电控换档执行器选档轴采用丝杠结构，选档电动机输出和丝杠相连，从而将选档电动机的旋转运动转换为选档拨叉的直线运动，进而带动选档拨头运动至目标单位拨块凹槽内，完成选档工作；换档轴和换档拨头之间采用花键连

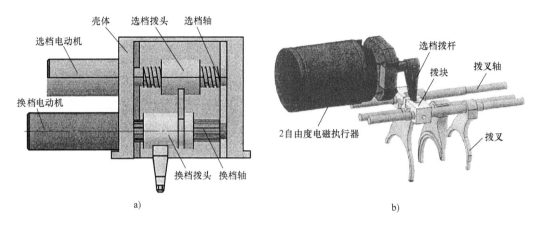

图 6-98　电控换档执行器结构图

a）双电动机电控换挡执行器　b）单电动机电控换挡执行器

接，换档电动机旋转带动换档轴，通过花键将动力传递至换档拨头，完成换档工作。

双电动机电控换档执行器具有较为简单的结构形式，且由于工作过程中，选档与换档动作分别由两套相互独立的电动机与传动系统单独完成，故其可控性好，生产成本低。但是双电动机电控换档执行器具有较大的体积与质量，且传动效率较低，能耗大。

单电动机电控换档执行器是一种结构较为新颖的换档执行器。图 6-98b 中所示的换档执行器为英国 Ricardo 公司与谢菲尔德大学联合研制的一种 AMT 换档执行器。该执行器集成了选档与换档功能，即能够通过单电动机完成变速器的选档与换档工作。

该执行器由旋转电动机、直线电动机与附加组件构成。其中，直线电动机为一台动磁式直线电动机，旋转部分和直线部分通过同一根轴输出。输出轴的旋转方向可实现选档工作，直线运动则完成换档工作。

6.4.3　双离合器自动变速器（DCT/DSG）

双离合器自动变速器是在传统机械式自动变速器的基础上发展而来的一种新型自动变速器。由于传统的机械式自动变速器在工作过程中，档位的切换必须在动力传递断开后才能进行，故在换档过程中不可避免地会出现动力传递停滞情况，从而严重影响车辆的动力性。

为了解决该问题，20 世纪 40 年代，德国达姆施塔特工业大学的 Rudolph Franek 教授率先提出了将离合器单数档与双数档分开进行结合控制的方式，但是受限于当时的控制与机械加工水平，该形式变速器很难实用化。直到在 20 世纪 80 年代，保时捷与奥迪公司率先将该形式的双离合器变速器运用于比赛用车辆并取得较好的效果后，使得双离合器式自动变速器引起了行业内的广泛关注，但是此时的双离合器式自动变速器技术处于起步阶段，故其生产成本、可靠性等依旧较难满足量产车型实用化的需求。

21 世纪初，随着电子控制系统的发展，德国大众与博格华纳联合对双离合器式自动变速器实用化进行了深入研究，并取得了较大突破。在 2003 年，德国大众在其主流车型上推广使用了双离合器式自动变速器并取得了成功。

与传统的机械式自动变速器相比，双离合器自动变速器在发动机后搭载两套离合器作为

动力传递的切换元件。在工作过程中，两套离合器交替工作，从而与传统机械式自动变速器相比，双离合器自动变速器具有换档迅速（换档时间小于 0.2s）、动力传递停滞较短等优势。

以奥迪公司的 7 档双离合变速器为例（见图 6-99），其在发动机后安装了两套离合器（离合器 1 与离合器 2）。离合器 1 驱动 1、3、5、7 单数档齿轮轴，离合器 2 控制 2、4、6 双数档及倒档齿轮轴。输入轴 1 与输入轴 2 呈同心嵌套布置形式。其中，外侧的输入轴 1 与 2、4、6 双数档齿轮啮合，内侧的输入轴 2 与 1、3、5、7 单数档齿轮啮合。

以 1 档切换至 2 档的情况为例，其换档流程如下：

离合器 1 处于结合状态，且 1 档结合套处于结合状态，此时车辆通过离合器 1、输入轴 1 将动力传递至 1 档啮合齿轮，并通过 1 档结合套将动力传递至输出轴。

2 档拨叉将结合套挂入 2 档啮合齿轮，此时，虽然 2 档结合套处于结合状态，但由于离合器 2 处于分离状态，故动力不传递至 2 档，2 档处于空转状态。

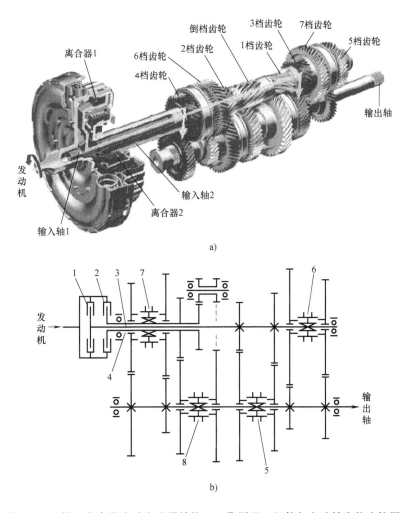

图 6-99　7 档双离合器自动变速器结构、工作原理、组件与主动轴齿轮连接图

a）7 档双离合器自动变速器结构简图　b）7 档双离合器自动变速器工作原理简图

1—离合器 1　2—离合器 2　3—输入轴 1　4—输入轴 2　5、6、7、8—结合套

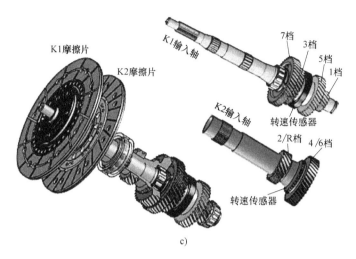

图 6-99　7 档双离合器自动变速器结构、工作原理、组件与主动轴齿轮连接图（续）

c）双离合组件与主动轴齿轮连接示意图

离合器 1 脱离，同时结合离合器 2，此时，输入轴 1 与 1 档啮合齿轮不再进行动力传递。动力流通过离合器 2、输入轴 2 传递至 2 档啮合齿轮，从而完成档位的切换。

双离合器变速器在档位的切换上遵循"预先切入档位—中断前一档位动力传递—结合所需档位"的过程。其换档动作是在离合器切换工作前就已经进行的。因此，与传统单离合器 AMT"离合器中断动力传递—切入所需档位—离合器结合传递动力"的过程相比，其动力传递停滞远小于传统机械式自动变速器。典型 6 档式双离合器自动变速器不同档位的动力流传递路径如图 6-100 所示。

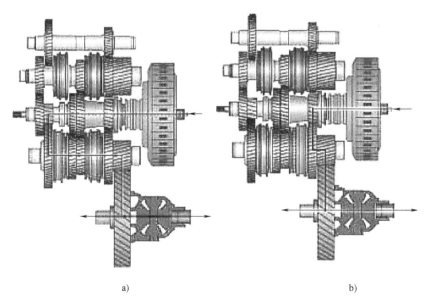

a)　　　　　　　　　　　　　　　　　　　　b)

图 6-100　典型 6 档式双离合器自动变速器不同档位的动力流传递路径

a）处于 1 档　b）处于 2 档

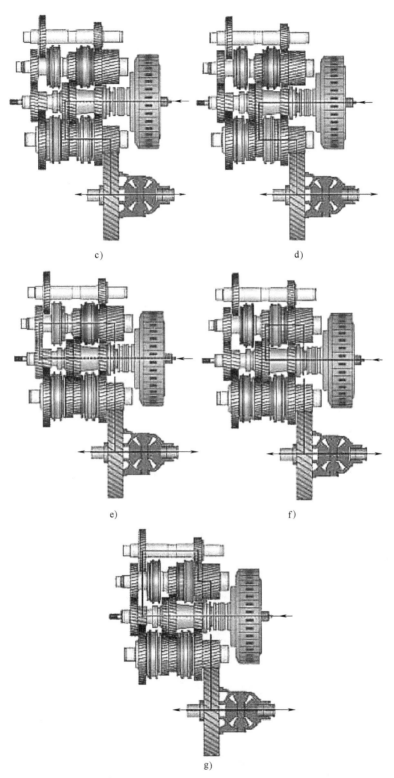

图 6-100　典型 6 档式双离合器自动变速器不同档位的动力流传递路径（续）

c）处于 3 档　d）处于 4 档　e）处于 5 档　f）处于 6 档　g）处于倒档

典型的双离合器式自动变速器主要由双离合器组件、换档控制系统、电子控制系统、机械变速器四部分组成。以下将分别对双离合器组件与换档控制系统进行详细介绍。

1. 双离合器组件

作为双离合器自动变速器的关键组件，双离合器承担着变速器动力结合与中断的重要功能，也是双离合器自动变速器与其他形式自动变速器相比最为特殊的组成部分。常见的双离合器组件包括干式双离合器组件与湿式双离合器组件两种。

（1）干式双离合器组件　干式双离合器组件在结构形式上与手动变速器的膜片弹簧式离合器类似，主要由两组压盘、减振器、摩擦片、膜片弹簧与操纵机构组成。其结构图如图 6-101 所示，工作原理简图如图 6-102 所示。

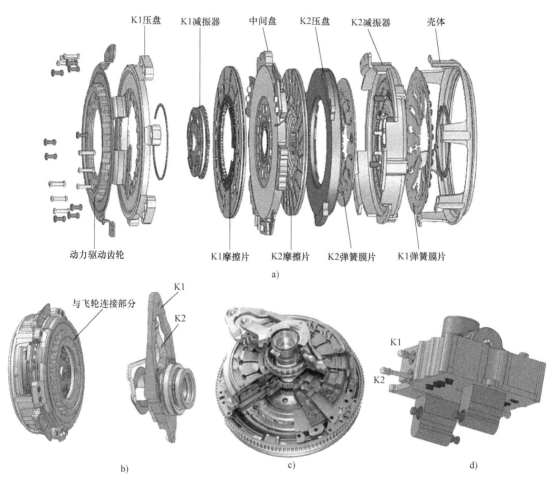

图 6-101　干式双离合器组件外观图与结构分解图

a）干式双离合器组件结构分解图　b）干式双离合器压紧杠杆与离合器本体外观图
c）干式双离合器压紧杠杆与离合器实物图　d）干式双离合器电液操纵装置外观图

当 K1 离合器工作时，K1 压紧杠杆被压紧，通过外侧较大的推力轴承下压 K1 弹簧膜片；此时，由于杠杆作用，离合器壳体被撬动并带动 K1 压盘向上移动，从而压紧 K1 摩擦片。动力通过 K1 摩擦片内的花键轴传递至输入轴 1，从而完成 K1 离合器的动力传递过程。

当 K2 离合器工作时，K2 压紧杠杆被压紧，通过内侧较小的推力轴承，下压离合器 K2 弹簧膜片，从而通过杠杆作用下压 K2 压盘，使之与 K2 摩擦片紧密接触，完成 K2 离合器的动力传递过程。

干式双离合器组件具有结构简单、传递效率较高、成本较低等优点。但是由于其在工作过程中仅仅依靠风冷，无液压油作为冷却介质，若在起步过程中，如长时间处于滑磨状态将导致摩擦片严重磨损。而且，干式双离合器组件占用空间较大，适用于传递功率较小的车辆。

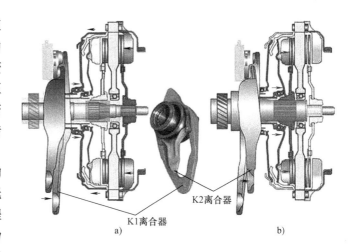

图 6-102　干式双离合器总成工作原理简图
a）K1 离合器工作示意图　b）K2 离合器工作示意图

（2）湿式双离合器组件　湿式双离合器组件是一种基于液压控制的多片式离合器结构，其结构继承于液力式自动变速器上的多片式离合器。图 6-103 所示为大众 DQ250 变速器上安装的湿式双离合器组件。与干式双离合器组件不同，湿式双离合器组件使用液压作为其离合过程中的操纵动力，如图 6-104 所示，其结构包含驱动盘、K1 离合器组件、K2 离合器组件、输入轴 1、输入轴 2 与密封元件。其中，驱动盘通过花键槽分别与 K1 离合器组件的内侧主动摩擦片和 K2 离合器组件的外侧主动摩擦片相啮合，而 K1 离合器组件与 K2 离合器组件的外片支架分别与输入轴 1 和输入轴 2 相连接。

图 6-103　大众 DQ250 变速器上安装的
湿式双离合器组件

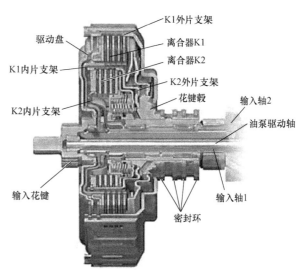

图 6-104　湿式双离合器组件结构示意图

其中，离合器 K1 处于组件外侧，其结构包含钢片与摩擦片。其主要功用为将发动机转

矩通过 K1 内片支架传递至输出轴 1,从而完成单数档位(1、3、5 档)的动力传输。当离合器工作时,离合器电磁阀接通控制油路,从而使离合器 K1 中的活塞组件推动钢片与摩擦片相互压紧,离合器动力通过摩擦片组件传递至输入轴 1;当离合器不工作时,活塞工作腔液压油泄压,K1 活塞被蝶形弹簧压回至初始位置,从而使离合器钢片与摩擦片处于脱离状态,从而中止动力的传递。

离合器 K2 位于组件内侧,其基本工作原理与离合器 K1 相似,承担将动力通过 K2 内片支架传递至输入轴 2 的工作,从而完成偶数档位的动力传递。由于其位于组件内侧,离合器 K2 的半径较小,故当离合器 K2 不工作时,其 K2 活塞回位弹簧使用多组螺旋弹簧,从而保证离合器 K2 具有较小的径向尺寸。

(3)双离合器组件转矩干涉现象 由于双离合器组件在工作过程中,其离合器控制油路油压上升及下降具有一定的延迟,故在两套离合器工作切换过程中(例如离合器 K1 断开,离合器 K2 结合),其结合换档时刻对车辆换档过程中的动力性有较大的影响。图 6-105 所示为发动机转矩干涉示意图。假如在 K1 完全中止传递动力后再对 K2 进行结合,则会存在一个发动机至变速器的动力传递完全中止的时刻,从而导致换档动力中断现象,严重影响了车辆换档过程中的动力性。

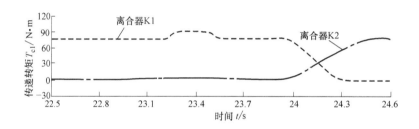

图 6-105 发动机转矩干涉示意图

因此,在双离合器组件换档过程中,其两套离合器的动力过渡是同时进行的:当 K1 离合器在断开传递的过程中,摩擦片与钢片逐渐松开,传递转矩逐渐减小;同时,K2 钢片与摩擦片逐渐压紧,从而逐步结合完成动力的传递过程。故在双离合器组件进行换档的过程中,势必会存在一个两套离合器均处于工作过程的工况点,此工况点称为发动机转矩干涉点。由于在换档过程中,发动机转矩干涉持续的时间非常短,且其重叠转矩也较小,故该情况不会对双离合器组件的工作造成很大的影响。

2. 换档控制系统

双离合器自动变速器在换档过程中,其档位的切换需要通过换档控制系统完成。常见的换档控制系统有电液换档控制系统与电子机械换档控制系统两种。

(1)电液换档控制系统 电液换档控制系统是一种使用液压进行档位切换的控制系统,其结构构成包含电子控制单元、电液控制单元、液压泵、控制阀块及阀组、换档操纵系统与双离合操纵系统。典型的双离合器自动变速器电液控制系统构成框图如图 6-106 所示。

1)控制阀块及阀组。以大众公司的 DQ250 自动变速器为例(6 档、湿式离合器),其电液控制系统油路图如图 6-107 所示,控制阀块及阀组外观图如图 6-108 所示,电磁阀名称及种类见表 6-10。

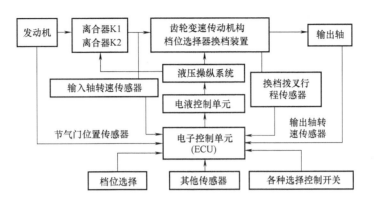

图 6-106　典型的双离合器自动变速器电液控制系统构成框图

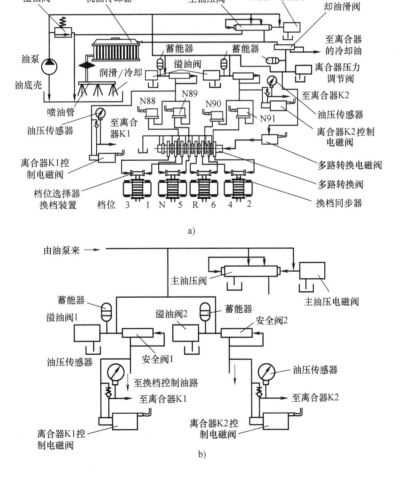

a)

b)

图 6-107　大众 DQ250 双离合器变速器电液控制系统控制油路图

a) 换档控制油路　b) 双离合器控制油路

图 6-108　大众 DQ250 双离合器变速器控制阀块及阀组外观图

表 6-10　大众 DQ250 双离合器变速器电磁阀名称及种类

编号	名称	电磁阀种类
N92	多路转换阀	开关式电磁阀
N88/N89/N90/N91	档位控制阀	开关式电磁阀
N217	主油压电磁阀	脉宽调制（PWM）电磁阀
N218	离合器冷却控制阀	脉宽调制（PWM）电磁阀
N233/N371	安全阀	脉宽调制（PWM）电磁阀
N215/N216	离合器控制电磁阀	电液比例阀

　　在变速器换档过程中，档位的切换通过档位控制阀（N88/N89/N90/N91）与多路转换阀（N92）联合控制完成。其中，每个档位控制阀通过配合 N92 的通断，对两个不同档位进行控制。档位控制阀与多路转换阀的液压油路工作原理如图 6-109 所示，档位切换逻辑见表 6-11。

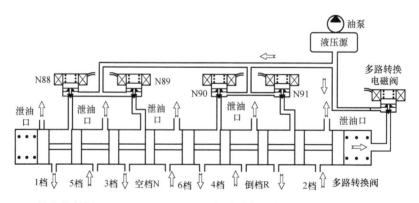

图 6-109　档位控制阀（N88/N89/N90/N91）与多路转换阀（N92）液压油路工作原理图

　　2）换档操纵系统。双离合器自动变速器基本机械结构与传统平行轴式变速器类似，其换档操纵系统通常采用拨叉式换档机构。以大众公司的 DQ250 变速器为例，其电液换档操纵系统包含四组相互独立的换档拨叉组件，布置示意图及结构图如图 6-110 所示。

表 6-11　大众 DQ250 双离合器变速器换档电磁阀工作逻辑图

切换档位	档位控制阀状态				多路转换阀（N92）状态
	N88	N89	N90	N91	
1 档	●				
2 档			●		●
3 档		●			
4 档				●	●
5 档	●				●
6 档			●		
R 档				●	
N 档		●			●

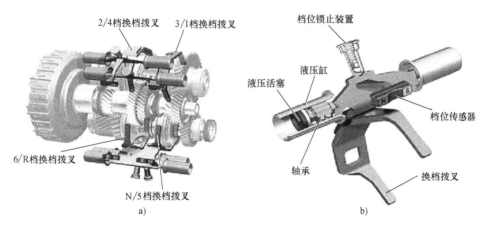

图 6-110　大众 DQ250 自动变速器拨叉布置及拨叉结构图

a）换档机构布置示意图　b）换档拨叉组件结构图

在变速器工作过程中，每组换档拨叉组件均对变速器两个档位进行控制，每组换档拨叉组件均包含液压缸及液压活塞、换档拨叉、档位锁止装置及档位传感器。

当变速器需要进行档位切换时，变速器电液控制系统按照换档逻辑分别接通对应档位的控制电磁阀，使工作油液充入对应拨叉的液压缸内，推动液压活塞机换档拨叉移动，从而完成档位的切换工作。

（2）电子机械换档控制系统　电液换档控制系统在换档过程中具有较好的动态响应特性，结构较为紧凑，但是由于其工作中需要匹配液压系统予以支持才能够工作，故其生产成本较高。另外，电液换档控制系统在使用过程中对油质要求较高，液压阀组在使用了一段时间后不可避免会发生磨损及泄漏等情况，均增加了车辆使用过程中的维修及保养成本。针对以上问题，部分厂家开发了电子机械换档控制系统（如福特、现代等公司），并在乘用车平台上得到了较为广泛的应用。

有别于电液换档控制系统，电子机械换档控制系统使用纯电动/机械结构进行档位切换与离合器控制。以福特公司的 6DCT250 自动变速器为例（6 档、干式双离合器），其电子机械换档机构如图 6-111 所示。

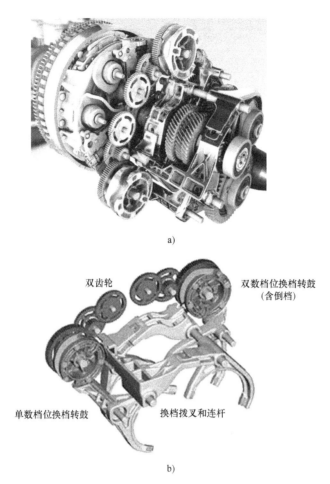

a)

双齿轮　　　　　　双数档位换档转鼓
　　　　　　　　　　　（含倒档）

单数档位换档转鼓　　换档拨叉和连杆

b)

图 6-111　福特 6DCT250 自动变速器电子机械换档机构
a）电子机械换档机构外形图　b）电子机械换档机构结构图

　　电子机械换档机构由换档步进电动机、传动齿轮组、换档转鼓与匹配的换档拨叉组件构

成。在变速器换档过程中，变速器电子控
制单元（ECU）直接将换档信号发送至换
档步进电动机，从而驱动换档电动机按预
设的换档逻辑转动一定角度，并将动力通
过传动齿轮组传递至换档转鼓。

　　在换档转鼓外侧沿旋转方向加工了导
向槽，并与换档拨叉组件中的滑动键相互
啮合（见图 6-112），故随着换档转鼓的
旋转，滑动键随之沿导向槽前后移动，推
动换档拨叉组件沿轴向方向移动，从而完
成变速器的换档工作。

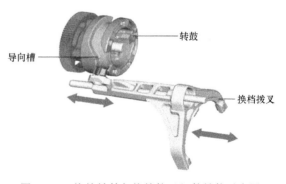

转鼓

导向槽

换档拨叉

图 6-112　换档转鼓与换档拨叉组件结构示意图

　　电子机械换档机构结构简单，无须复杂的电液控制系统，日常所需的保养量较少，且换
档过程可靠。但是由于其换档过程中仅通过换档步进电动机作为换档动力源，其可控性与电

液式换档机构相比较差，并且其控制系统与换档过程的逻辑算法有待进一步完善。

6.4.4 无级式自动变速器（CVT）

传统自动变速器（如 AT、AMT 与 DSG/DCT）档位的切换，是通过改变动力流传递路径完成的，各档位传动比是阶跃的，故在换档的过程中，不可避免地会由于发动机/变速器转速干涉产生换档冲击等一系列问题，且在换档过程中发动机转速波动较大，无法长时间保持在最佳工况点，从而影响车辆的乘坐舒适性、动力性与经济性。针对以上问题，无级变速系统应运而生。

严格意义而言，无级式变速系统具有电力传动式无级变速系统、液压传动式无级变速系统与机械式无级变速系统三种。前两者拥有悠久的历史，具有传动比调节范围大、传动系统体积较小、针对多轮车辆具有很好的布置性等特点。但是由于其本身价格昂贵，且使用过程中需要进行频繁的维修与检查，使用成本高昂。电力及液压传动式无级变速系统广泛应用于军用车辆与工程车辆中（见图 6-113），在民用车辆领域使用很少。

a)

b)

图 6-113 搭载电力与液压传动式无级变速系统的车辆

a）使用电力传动式无级变速系统的俄罗斯布良斯克-M6910E 运输车与驱动电动机

b）使用液压传动式无级变速系统的 SWY-30 液压履带工程车与液压行走马达

20 世纪 70 年代，针对小排量乘用车平台，荷兰的 VDT 公司率先研发出了一种使用钢带作为传动元件的机械式无级自动变速器（VDT-CVT），并很快引起了各大整车厂商的注意。随后，日本富士重工（Subaru）、美国福特（Ford）与意大利菲亚特（Fait）等公司将 VDT 公司的自动变速器搭配于 1.0~1.6L 的小排量平台并投放市场，取得了巨大的成功。现今在车辆上使用的无级式自动变速器依旧沿用着钢带式无级变速结构，其结构如图 6-114 所示。

汽车电器与电子控制技术

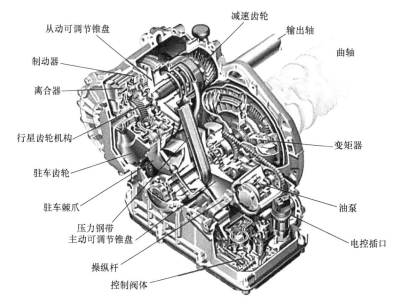

图 6-114　钢带式无级自动变速器结构示意图

无级式自动变速器换档过程中传动比变化连续且动力流不发生改变。相比其他形式的自动变速器，安装无级式自动变速器的车辆能够在行驶过程中尽可能使发动机工作在最佳工况点上（见图 6-115a），同时不存在由于跳档所造成的动力传递中断等现象，其驱动力-行驶速度曲线能够较好地与理论需求相逼近（见图 6-115b）。

由于无级式自动变速器使用摩擦力进行动力的传递，故传递功率较小。因此，现阶段无级式自动变速器主要应用于排量较小的乘用车上。

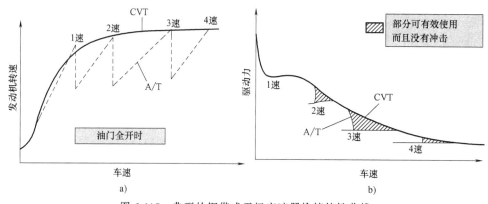

图 6-115　典型的钢带式无级变速器换档特性曲线

典型的无级式自动变速器结构构成包括离合器/变矩器组件、无级变速元件、传动组件及电液控制系统。

1. 无级变速元件

作为无级式自动变速器的核心组成部分，无级变速元件承担着对变速器传动比进行无级连续调节的工作。现阶段，已经广泛运用于整车上的无级变速元件主要为钢带式无级变速元件。钢带式无级变速元件是一种使用钢带进行传动，并通过改变主从动轮有效半径从而改变传动比的传动元件，其结构如图 6-116 所示。

a)　　　　　　　　　　b)

图 6-116　钢带式无级变速元件外观图

a）安装于变速器壳体内　b）分解状态

钢带式无级变速元件由主动工作轮、从动工作轮与金属带三部分组成。其中，主动工作轮与从动工作轮内部均设置了与自动变速器电液控制系统相连通的控制油腔。当向油腔内充入工作油液后，工作轮可轴向进行移动。在工作过程中，动力通过金属带与主/从动工作轮的摩擦力进行传递。常见的金属带结构有拉式（Borg Warner 结构）与推式（Van Doorne 结构），两者外形图如图 6-117 所示。

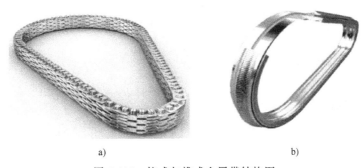

a)　　　　　　　　　　b)

图 6-117　拉式与推式金属带结构图

a）拉式金属带（Borg Warner 结构）　b）推式金属带（Van Doorne 结构）

在变速器工作过程中，如需要减小变速器的传动比，电液控制系统对主动工作轮控制油腔加压，对从动工作轮控制油腔进行泄压。这样，主动工作轮可动部分向固定部分移动，并对钢带进行挤压，从动工作轮可动部分反向移动，并松开钢带，使主动工作轮有效传动半径增加，从动工作轮有效传动半径减小，从而可减小变速器的传动比，如图 6-118a 所示。

当需要增加变速器的传动比时，电液控制系统对从动工作轮控制油腔加压，对主动工作轮控制油腔进行泄压，使从动工作轮有效传动半径增加，主动工作轮有效传动半径减小，从而可增大变速器的传动比，如图 6-118b 所示。

钢带式无级变速元件具有使用寿命长、工作稳定等优点，但是由于其工作过程中，动力是通过钢带与工作轮锥面的摩擦所传递的，故其传递过程总需要在工作轮上加载较大的压紧力，因而钢带式无级变速元件对电液控制系统的液压油流量与油压有着较高的要求，且生产成本较高。

2. 电液控制系统

无级式自动变速器在工作过程中，控制系统担负其离合器/变矩器组件与无级变速元件的控制。常见的无级式自动变速器控制系统采用电液控制形式，其主要控制内容如下：

1）实时调节钢带的压紧力，从而使其与发动机转矩相适应，有效防止无级变速元件打滑现象的出现。

2）根据实际路况、车辆行驶状态与驾驶者档位指令，选择最佳的传动比与前进/倒车模式。

3）对离合器/变矩器组件进行控制，从而对变速器的动力传递进行控制。

4）对电液控制系统中液压油路的工作状态（如工作油路油压、液压油温度等）进行监控与调节。

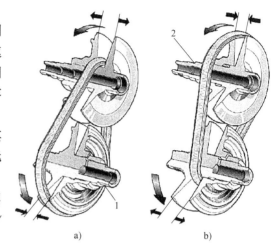

图 6-118　钢带式无级变速元件变速过程示意图
a）传动比减小　b）传动比增大
1—主动带轮总成　2—从动带轮总成

典型的无级式自动变速器电液控制系统根据液压回路数量，可分为单回路电液控制系统与双回路电液控制系统。其中，单回路电液控制系统由于结构简单，所需电磁阀数量少，故在乘用车上有较为广泛的使用。其控制系统原理图如图 6-119 所示。

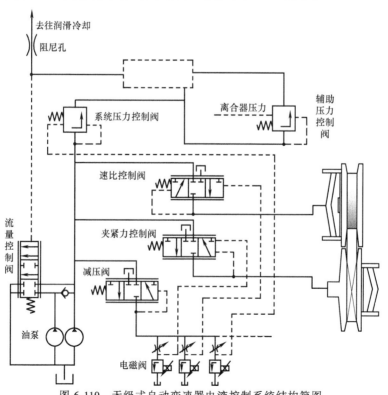

图 6-119　无级式自动变速器电液控制系统结构简图

如图 6-119 所示，无级式自动变速器电液控制系统与其他形式的自动变速器有着较大的不同：工作过程中，无级变速元件的压紧力与传递效率有着非常显著的相关性，故其钢带式无级变速元件配置了针对夹紧力与速比调节的两套控制阀组（通常采用高速开关阀或者比例阀），从而能够较为精准地对夹紧力进行控制与调节。

在无级式自动变速器工作过程中，液压泵向电液控制系统提供一定压力与流量的油液，经流量控制阀后进入主控制油路，输送至速比控制阀与夹紧力控制阀。其中，速比控制阀与 CVT 主动带轮控制油腔连通，主要对无级变速元件传动比变化进行调节与控制；夹紧力控制阀与 CVT 从动带轮控制油腔连通，主要对钢带的压紧力进行调节与控制。在无级变速元件进行传动比变化过程中，其控制通过速比控制阀与夹紧力控制阀的联合控制予以实现。此外，无级式自动变速器的倒档离合器、液力变矩器/锁止离合器的控制模式与液力式自动变速器类似。

无级式自动变速器电液控制系统中，其速比的变化仅通过速比控制与夹紧力控制两套控制阀即可完成，故其电液控制系统的复杂程度远小于液力式自动变速器（5~8 套换档阀）与双离合器式自动变速器（5~6 套换档阀），从而能够有效降低其液压阀块设计难度与电液控制系统生产成本。

6.4.5　电动汽车用自动变速器

随着绿色环保理念的发展，纯电动车辆（EV）、燃料电池车辆（FCV）等一系列绿色环保的新能源车辆逐渐进入大众视野，由于其在行驶过程中无排放、无污染，日益受到消费者的青睐。

现阶段，常见的新能源车通常采用电动机作为动力源。与传统内燃机相比，电动机具有较为宽广的调速范围，低速工作时具有恒转矩特性（见图 6-120），而在高速时具有恒功率特性，能够较好地满足车辆实际行驶工况下对动力系统的需求。因此，现阶段大部分小型电动车辆采用的为电动机直驱的布置形式。

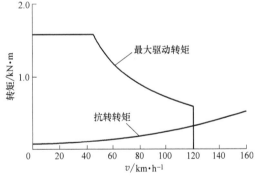

图 6-120　典型车用无刷直流电动机转速-转矩特性曲线

然而与内燃机转速特性相似，电动机也存在最佳工作效率转速区间。以一台 40kW 电动机为例，其低速起动工况下，效率仅为 60%~70%，而随着转速提高至最佳工作转速区间（3300~6000r/min），其效率逐渐上升，直至达到最高效率（90%~95%）。而随着电动机转速继续上升，其效率逐步下降。

以典型的城市工况为例，由于平均行驶车速较低，且频繁起停，所以电动机长时间工作在低速低效率区间。现阶段，动力蓄电池功率密度仍然为限制电动车续驶里程的瓶颈之一，故合理使用变速系统，在不同工况下，使电动机转速尽量处于最佳转速区间（见图 6-121），对提升电动车整体效率，提高续驶里程有着非常重要的意义。

目前，在电动车上使用的自动变速器较多地采用电控机械式自动变速器结构（AMT 结构），也有少量试验性车辆采用双离合自动变速器结构（DCT 结构）或无级式自动变速器结

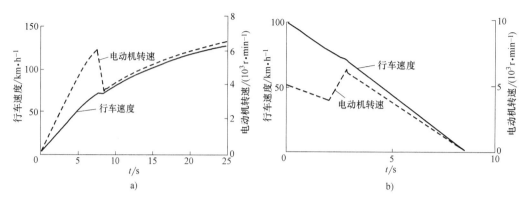

图 6-121　配置两级式变速器的电动车辆加速与减速过程中车速-电动机转速关系曲线

a）加速过程车速-电动机转速关系曲线　b）减速过程车速-电动机转速关系曲线

构（CVT 结构），其档位设置为 2~3 档。

　　由于机械式自动变速器具有结构简单、传动效率高、成本低廉、工作可靠等优点，是纯电动车辆理想的传动形式。有研究资料显示，纯电动车辆配置了 2 档位机械式自动变速器，能够较好地降低车辆行驶过程中的能耗，并减小动力传动系统的尺寸与质量，从而有效地改善了车辆的性能。电动车自动变速器的结构主要有定轴式（平行轴式）与动轴式（行星齿轮式）两种，如图 6-122 所示。

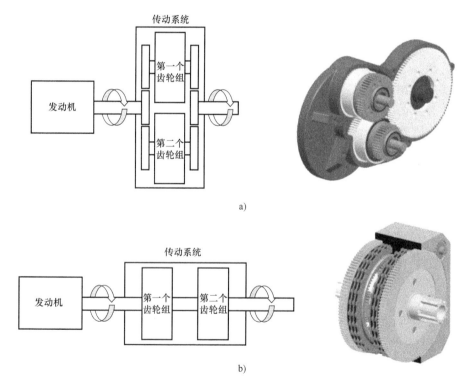

图 6-122　定轴式与动轴式自动变速器结构及布置对比图（两级式）

a）定轴式（平行轴式）自动变速器结构及布置简图　b）动轴式（行星齿轮式）自动变速器结构及布置简图

1. 定轴式自动变速器

定轴式自动变速器其不同档位的齿轮均平行布置，档位的切换通常由机械式拨叉与锁环式同步器完成。以英国 GKN 公司生产的 eAxle 多轴驱动系统为例（见图 6-123），该系统将两级式定制变速器、主减速器与差速器结合于一体，档位的切换由锁环式同步器与电动机械式换档机构完成。一套完整的 eAxle 系统总质量为 27kg，其外围尺寸大小为 325mm（长）×313mm（宽）×562mm（高）。该系统可匹配 100kW 左右的电动机进行工作，并能够非常便捷地布置于乘用车拥挤的前桥内。该驱动系统已经在宝马 i8 等一系列新能源车平台上得到广泛运用。

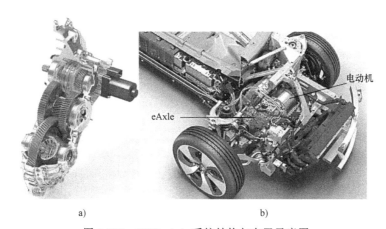

a)　　　　　　　　　　　　　　　　b)

图 6-123　GKN eAxle 系统结构与布置示意图

a）GKN eAxle 系统结构示意图　b）宝马 i8 中前轴电动机及 eAxle 系统布置示意图

定轴式自动变速器具有轴向尺寸小、便于布置、重量轻、结构简单可靠等优点。由于其大部分结构与零件和手动变速器（MT）或机械式自动变速器（AMT）一致，其零件通用性较好，批量生产成本低廉，因此，现阶段电动车自动变速器大部分采用定轴式结构。

然而，由于定轴式自动变速器在换档过程中必须经过中断动力传输环节，不可避免地会对车辆加速过程中的动力性造成影响，且定轴式自动变速器通常不配置离合器，其换档转速同步过程通过电动机转速主动调整与同步器同步，完成换档，因此对控制系统与换档过程中控制算法有着较高的要求。否则容易由于换档冲击造成乘坐舒适性的下降，甚至导致零件冲击损伤。

2. 动轴式自动变速器

由于定轴式自动变速器中圆柱齿轮与锁环式同步器传递功率有限，较难承受大转矩状态下的持续工作。同时，由于圆柱齿轮单级减速比有限（通常不大于4），如需要大减速比必须配置两级以上的多级式齿轮组，从而造成变速器径向尺寸的增加与传动效率的下降。故定轴式变速器较难配置于需要大减速比、大功率的商用车辆。

动轴式自动变速器是一种较为新颖的电动车机械式自动变速器结构，其变速过程通过串联行星齿轮轮系完成。以韩国 SPG 公司与韩国中央大学联合开发的两级式自动变速器为例，其结构采用双排行星轮系，两档减速比分别为 7.5（低速档）与 4（高速档），额定传递功率为 150kW，额定转速为 3500r/min，额定传递转矩为 409N·m。从而能够较好地匹配中小型的新能源商用车辆。该减速器外形图与结构图如图 6-124 所示。

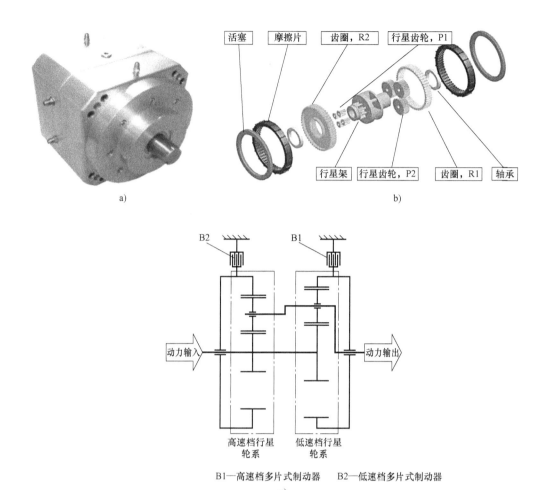

图 6-124　韩国 SPG 公司与韩国中央大学联合开发的电动车用动轴式自动变速器外形图和轮系结构图

a）动轴式自动变速器外形图　b）动轴式自动变速器拆分图

c）动轴式自动变速器轮系布置简图

　　该自动变速器中，双排行星轮系采用辛普森式轮系结构，前后两套行星排共用一套太阳轮与行星架。动力通过太阳轮输入，通过行星架输出，多片式制动器安装于齿圈外侧。

　　当变速器处于低速档时，电液控制系统将工作油注入 B2 低速档多片式制动器活塞内，同时高速档多片式制动器松脱，从而使低速档齿圈处于固定状态，高速档齿圈处于自由状态。此时，动力通过低速档太阳轮输入，经过低速档行星架输出，而高速档处于空档状态，不进行动力传递。

　　当变速器处于高速档时，电液控制单元将工作油注入 B1 高速档多片式制动器活塞内，同时低速档多片式制动器松脱。其动力通过高速档行星轮系进行传递，低速档处于空档状态，不进行动力传递。

　　动轴式自动变速器与定轴式结构相比，具有传递功率大、减速比大、径向尺寸小等优点。特别是其档位的切换是通过多片式离合器完成的，故在换档过程中，离合器之间的摩擦具有缓解换档冲击的作用，故适用于对动力传递需求较高的商用车辆上。

小　结

1. 电控燃油喷射系统由以下三个子系统组成：空气供给系统、燃油供给系统和电子控制系统。电控燃油喷射的燃油供给系统由汽油箱、电动汽油泵、汽油滤清器、燃油分配管、回油管、油压调节器、喷油器等组成。

2. 电控燃油喷射系统中都使用电磁式喷油器。按用途可分为单点喷射系统和多点喷射系统；按燃料的进入位置可分为上方供油式和侧方供油式；按喷口形式可分为轴针式和孔式；按电磁线圈阻值可分为低阻式和高阻式；按驱动方式可分为电流驱动和电压驱动。电控燃油喷射的控制系统包括检测发动机运行状况的各种传感器、电子控制单元（ECU）和执行器。电子控制系统的作用是接收来自显示发动机工作状态的各个传感器输送来的信号，根据ECU预置的程序，对喷油时刻、喷油量以及点火时刻等进行确定和修正。

3. 检测发动机运行状况的传感器包括空气流量计（或进气压力传感器）、节气门位置传感器、发动机曲轴位置及转速传感器、发动机的热状态传感器、进气温度传感器、车速传感器等。

4. AVS机构由凸轮轴、凸轮块、齿轮块调节执行元件及ECU组成。发动机增压器有两大类：一类是动能式增压器，如谐波式和废气涡轮式等；另一类是机械驱动式增压器，如叶片式、螺旋式、罗茨式和离心式等。电子控制高压共轨喷射系统包括供气系统、供油系统、电子控制系统和排气系统等。

5. 供油系统由低压油路、高压油路构成。低压油路部分由油箱、输油管、燃油滤清器、输油泵、高压油泵低压区组成；高压油路部分由高压油泵高压区、高压油轨（共轨）、高压油管、喷油器等零件组成。常见车用液力传动装置具有液力变矩、液力耦合与机械锁止功能，也称为综合式液力变矩器。自动变速器控制装置技术的发展可分为纯液压控制、电子液压控制与智能控制三个阶段。液压执行系统由液压泵、换挡电磁阀、调压阀、蓄能器、控制阀体、换挡离合器与制动器等元件组成。

习　题

1. 电控技术对发动机性能有何影响？
2. 发动机电子控制系统的主要控制内容和功能有哪些？
3. 简述电控燃油喷射系统的工作原理。
4. 发动机电子控制单元的功能是什么？
5. 在供油系统中，为什么设有压力调节器？它是怎样工作的？
6. 简述电控燃油喷射系统的优点。
7. 怠速控制系统的功用是什么？
8. 什么是可变气门正时？可变气门正时系统有哪些类型？
9. 什么是可变气门升程？可变气门升程系统与可变气门正时系统有什么区别？

第**7**章

汽车底盘电子控制系统

 学习目标

1. 掌握汽车防抱死制动系统的理论基础、分类、组成及控制原理
2. 掌握汽车驱动防滑系统的理论基础、组成及控制原理
3. 掌握汽车稳定性控制系统的组成、控制原理
4. 掌握汽车制动能量回收系统的储能装置、工作模式
5. 了解其他汽车制动控制系统
6. 掌握汽车电子助力转向系统的类型、结构、工作原理
7. 掌握汽车电子控制悬架系统的分类、组成、工作原理

7.1 汽车制动控制系统

导 入

汽车制动控制系统作为一项发展已久的汽车主动安全技术，其在车辆行驶安全方面扮演着至关重要的角色。从 20 世纪初期汽车防抱制动理论的提出，到最早的汽车制动控制系统 ABS，再到如今现代汽车上出现的各种形式的汽车制动控制系统，主要有：汽车防抱死制动系统 ABS、驱动防滑系统 ASR、电子差速锁 EDS、电子制动力分配 EBD、电子感应制动系统 SBC、制动辅助系统 BAS、电子稳定程序 ESP、线控动系统 BBW、制动能量回收系统 BERS 等。

7.1.1 汽车防抱死制动系统

汽车防抱死制动系统的英文名称是 Anti-lock Braking System，简称 ABS。ABS 作为目前汽车上最常见的一种主动安全技术，它能够给驾驶人带来更佳的车辆行驶安全性体验。你知道带 ABS 的汽车与无 ABS 的汽车相比（见图 7-1），具备哪些优势吗？

防抱死制动
系统简介

1. ABS 的功用

ABS 能够使传统的汽车制动过程变为不断随路况及制动强度变化的瞬态控制过程，其最大的特点是使得车辆在紧急制动时，每个车轮获得最佳的制动状态，从而使汽车获得最佳的制动效果。具体有以下几方面的功用：

1）使汽车在制动过程中获得最大的地面制动力，以缩短制动距离。一般路面（水泥、沥青等）上最大可缩短 10%；光滑路面（冰、雪等）上最大可缩短 30%。

2）改善汽车制动时的转向能力。无 ABS 的汽车在紧急制动时，车轮抱死，将失去转向操纵性，此时即使转动转向盘，汽车也不能转向，只能沿着原行驶方向前

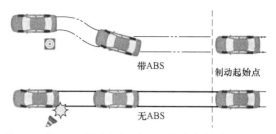

图 7-1　带 ABS 的汽车与无 ABS 的汽车制动过程对比

进，最后无法躲避障碍物。装有 ABS 的汽车，能够防止车轮抱死，使得车辆仍然具备较好的转向能力，有利于躲避障碍物，防止碰撞。

3）使汽车在制动过程中获得足够的抗侧向力的能力，保证汽车有良好的行驶稳定性和操纵稳定性，可以避免汽车侧滑和甩尾。

4）提高轮胎的使用寿命。装有 ABS 的车辆在紧急制动时车轮是处于边滚边滑的状态，避免了车轮抱死而在地面上拖滑，从而减少轮胎在局部的磨损，提高了轮胎的使用寿命，一般能提高 6% ~ 10%。

5）减轻了驾驶人的疲劳程度。装有 ABS 的汽车，驾驶人在紧急制动时，只需要把脚尽力地踏在制动踏板上，ABS 就会使车辆进入最佳制动状态，驾驶人可以把主要的精力放在操作转向盘上。特别是在湿滑的路面上，可以减少驾驶人的不安全感。

2. ABS 的理论基础

（1）车轮制动力分析　如果忽略车轮及与其一起旋转部件的惯性力矩和车轮的滚动阻力，汽车制动时车轮的受力情况如图 7-2 所示。

地面制动力 F_x 是在制动器的制动力矩作用下产生的，在车轮没有拖滑时，地面制动力主要取决于制动器制动力的大小，即 F_μ。但是，地面制动力 $F_x \leqslant \phi_z F_z = \phi_z W$（$\phi_z$ 为地面纵向附着系数）。也就是说，在紧急制动情况下，地面纵向附着系数对制动效果有着直接的影响。

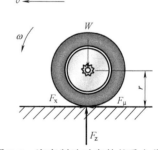

图 7-2　汽车制动时车轮的受力分析

（2）车轮滑移率 S　在汽车的实际行驶过程中，车轮在路面上的纵向运动可以有两种形式——滚动和滑动，车轮相对于路面的滑动又可分为滑移和滑转两种形式。汽车在制动过程中，车轮可能相对于路面发生滑移，滑移成分在车轮纵向运动中所占比例可由滑移率来表征，车轮滑移率可通过式（7-1）确定：

$$S = \frac{v - v_\omega}{v} \times 100\% = \frac{v - r\omega}{v} \times 100\% \qquad (7-1)$$

式中，S 为车轮滑移率；v 为车轮中心的纵向速度，单位为 m/s；v_ω 为车轮的瞬时线速度，单位为 m/s；r 为车轮的有效滚动半径，单位为 m；ω 为车轮的转动角速度，单位为 rad/s。

当车轮在路面上自由滚动时，即做纯滚动时，车轮中心的纵向速度完全是由车轮滚动产生的，车轮与路面间没有滑移，故车轮与路面间的滑移率 $S = 0$；当车轮被制动到完全抱死在路面上做纯滑动时，即车轮不转动，车轮中心的纵向速度则完全是由于车轮滑移产生的，此时 $\omega = 0$，车轮与路面的滑移率 $S = 100\%$。当车轮在路面上边滚动边滑动时，车轮中心纵

向速度的一部分是由于车轮滚动产生的,另一部分是由于车轮滑移产生的,此时,$0<S<100\%$。在车轮中心纵向速度中,车轮滑移所占的成分越高,滑移率 S 的数值就越大。

(3)附着系数 ϕ 与车轮滑移率 S 的关系　在制动过程中,滑移率 S 是与制动的距离、制动时的方向稳定性密切相关的可控制的量。其原因在于滑移率与汽车和地面间的纵向附着系数 ϕ_x 及横向附着系数 ϕ_y 的关系呈一定的非线性曲线关系,如图 7-3 所示。

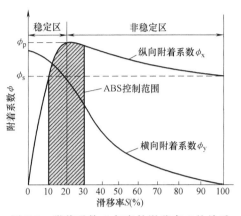

图 7-3　附着系数 ϕ 与车轮滑移率 S 的关系

纵向附着系数最大时的滑移率称为理想滑移率或最佳滑移率。当滑移率超过理想滑移率时,纵向附着系数减小,产生的地面制动力随之下降,制动距离将增长。滑移率大于理想滑移率后的区域称为非稳定制动区域或非稳定区。横向附着系数是研究汽车行驶稳定性的重要指标之一。横向附着系数越大,汽车制动时的行驶稳定性和保持转向控制的能力越强。当滑移率为零时,横向附着系数最大;随着滑移率的增加,横向附着系数逐渐减小。

滑移率 $S=0$ 时,汽车处于非制动状态,纵向附着系数 $\phi_x=0$,横向附着系数 ϕ_y 处于最大值。汽车处于制动状态时,ϕ_x 随滑移率 S 的增大而增大,ϕ_y 随滑移率 S 的增大而减小,当滑移率 S 达到某个数值时,ϕ_x 达到最大,这时的滑移率称为最佳滑移率($10\%\sim30\%$);之后随着滑移率的增大,ϕ_y 和 ϕ_x 不断减小,滑移率 $S=100\%$ 时,车轮完全抱死,ϕ_x 降到一数值,$\phi_y\approx0$,横向附着能力几乎尽失,汽车的制动稳定性、方向稳定性和转向能力将完全丧失。

综上所述,为了获得最佳的制动效能,应将车轮滑移率控制在 $10\%\sim30\%$ 范围内,采用防抱死制动系统即可达到这一目的。

3. 防抱死制动系统(ABS)的分类

到目前为止,汽车上出现过多种类型的 ABS,形式多样,主要有几种分类。

(1)按控制方式分类

1)以车轮滑移率 S 为控制参数的 ABS。控制器根据车速传感器和车轮转速传感器的信号计算车轮的滑移率,作为控制制动力的依据。当计算得到的滑移率 S 超出设定值时,控制器就输出减小制动力信号,通过制动压力调节器减小制动压力,使车轮不被抱死;当滑移率 S 低于设定值时,控制器输出增大制动力信号,制动压力调节器又使制动压力增大。通过这样不断地调整制动压力,控制车轮的滑移率在设定的最佳范围内。

这种直接以滑移率为控制参数的 ABS 需要得到准确的车身相对于地面的移动速度信号和车轮的转速信号。车轮转速信号容易得到,但取得车身移动速度信号则较难。有用多普勒雷达测量车速的 ABS,但到目前为止,此类 ABS 应用还很少见。

2)以车轮角减速度为控制参数的 ABS。控制器主要根据车轮转速传感器的信号计算车轮的角加速度,作为控制制动力的依据。计算机中事先设定了两个门限值:一个为角减速度门限值,作为车轮已被抱死的判断值;一个为角加速度门限值,作为制动力过小而使车轮转速过高的判断值。制动时,当车轮角减速度达到门限值时,控制器输出减小制动力信号;当

车轮转速升高至角加速度门限值时，控制器则输出增加制动力信号。如此不断地调整制动压力，使车轮不被抱死，处于边滚边滑的状态。

这种控制方式传感器信号容易取得，结构较为简单，但仅以车轮角减速度作为控制参数，其控制精度较低。

3）以车轮角减速度和滑移率为控制参数的 ABS。以车轮角减速度和滑移率为控制参数的 ABS，其控制精度较高，制动时车轮在最佳转速值上下波动的范围小。为使结构简单，目前汽车上广泛使用的 ABS，通常是利用车轮转速传感器信号计算得到一个参考滑移率。

（2）按功能和布置的形式分类

1）后轮防抱死 ABS。这种 ABS 只对汽车的后轮进行防抱死控制，在轿车上已很少应用，现在一些轻型载货汽车上还有使用。

2）四轮防抱死 ABS。这种 ABS 对汽车的前后四轮都实施防抱死控制，现代汽车基本上都采用了此种防抱死制动系统。

（3）按系统控制方案分类

1）轴控式 ABS。根据一个车轮转速传感器（或轴转速传感器）信号共同控制同一轴上的两车轮，这种控制方案多用于载货汽车。轴控式又分低选控制（由附着系数低的车轮来确定制动压力）和高选控制（由附着系数高的车轮来确定制动压力）两种方式。

2）轮控式 ABS。也称单轮控制，即每个车轮均根据各自车轮转速传感器信号单独进行控制。

3）混合式 ABS。系统中同时采用轴控式和轮控式两种控制方式。

（4）按控制通道和传感器数分类 ABS 系统中的控制通道是指能独立进行制动压力调节的制动管路，按控制通道分为四种。

1）单通道式 ABS。如图 7-4 所示，通常是对两后轮采用轴控方式，车轮转速传感器用一个或两个。采用一个轮速传感器的将传感器安装在后桥主减速器处，采用两个轮速传感器的则在后轮上各装一个，并采用低选控制。由于前轮未进行防抱死控制，因而汽车制动时的转向操纵性没有

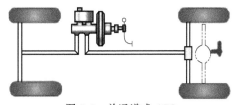

图 7-4 单通道式 ABS

提高。但单通道 ABS 结构简单、成本低，因此在一些载货汽车上还有应用。

2）双通道式 ABS。双通道式 ABS 有不同的形式，如图 7-5 所示。双通道结构比较简单，但难以同时兼顾制动时的方向稳定性、转向操纵性及制动效能，因此目前在汽车上已很少使用。

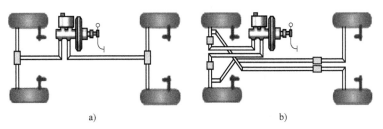

a)   b)

图 7-5 双通道式 ABS

a）前后布置 b）对角布置

3）三通道式 ABS。一般是前轮采用轮控式，后轮采用低选轴控式，如图 7-6 所示。这种控制方式是对两前轮进行独立控制，两后轮则按低选原则进行一同控制，也称混合控制。其性能特点是，可以保证汽车在各种条件下两后轮的制动力相等，使两个后轮的制动力始终保持平衡，保证汽车在各种条件下制动时都具有良好的方向稳定性。三通道式 ABS 在小轿车上被普遍采用。

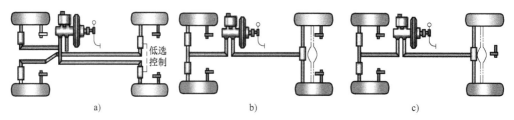

图 7-6　三通道式 ABS

a）对角布置　b）前后布置　c）前后布置

4）四通道式 ABS。四个车轮均采用轮控式，如图 7-7 所示。这种控制方式有四个轮速传感器，在通往四个车轮制动分泵的管路中，各设一个制动压力调节器装置，进行独立控制，构成四通道控制形式。四通道式 ABS 对附着系数利用率高，制动时可以最大限度地利用每个车轮的最大附着力。

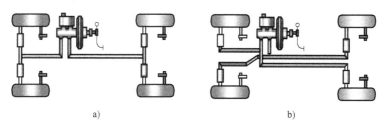

图 7-7　四通道式 ABS

a）前后布置　b）对角布置

4. ABS 的组成

现代汽车 ABS 系统虽然在控制方式上各有不同，但 ABS 系统的组成基本差不多，主要由轮速传感器、电子控制单元和执行元件（液压式制动压力调节器）三部分组成，其基本组成如图 7-8 所示。

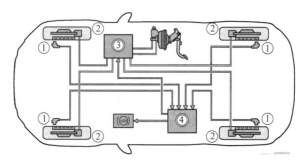

图 7-8　ABS 系统的组成

①—轮速传感器　②—制动卡钳　③—液压式制动压力调节器　④—电子控制单元

（1）传感器

1）轮速传感器。轮速传感器将车轮的转速转变为电信号，并输送给控制器，以使 ABS 能进行防抱死控制。传感器有磁感应式、光电式和霍尔效应式等，目前广泛使用的是磁感应式轮速传感器。

磁感应式轮速传感器的基本组成与原理和磁感应式发动机转速与曲轴位置传感器相同，但具体的结构形式和安装位置则有多种。就传感器磁极轴的形状不同可分为凿式和柱式轮速传感器，如图 7-9 所示。

齿圈 6 旋转时，齿顶和齿隙交替对向极轴。在齿圈旋转过程中，感应线圈内部的磁通量交替变化，从而产生感应电动势，此信号通过感应线圈末端的电缆 1 输入 ABS 的电子控制单元。

磁感应式轮速传感器与普通的交流电机原理相同。永久磁铁产生一定强度的磁场，齿圈在磁场中旋转时，齿圈齿顶和电极之间的间隙就以一定的速度变化，这样就会使

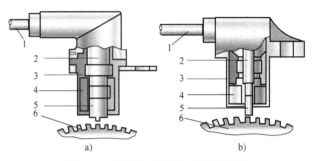

图 7-9 磁感应式轮速传感器剖视图

a）凿式极轴 b）柱式极轴

1—电缆 2—永磁体 3—外壳 4—感应线圈 5—极轴 6—齿圈

齿圈和电极组成的磁路中的磁阻发生变化。其结果使磁通量周期性增减，在线圈两端产生正比于磁通量增减速度的感应电压，如图 7-10 所示。

传感器的齿圈安装在随车轮一起转动的部件上，传感器头则安装在附近不转动的部件上，如图 7-11 所示。安装时，传感头与齿圈之间应留有约 1mm 的间隙。同时注意在安装前应向传感器加注润滑脂，以防止水、泥或灰尘等对传感器工作产生影响。

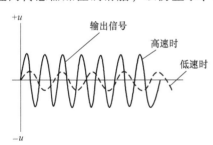

图 7-10 磁感应式轮速传感器输出信号

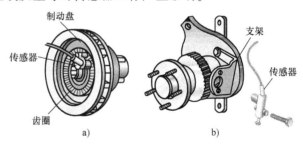

图 7-11 ABS 轮速传感器的安装位置

a）前轮 b）后轮

电磁感应式轮速传感器具有结构简单、成本低等优点，但是也存在以下缺点：

① 输出信号的幅值随转速的变化而变化。若车速过慢，其输出信号低于 1V，电控单元就无法检测。

② 响应频率不高。当转速过高时，传感器的频率响应跟不上。

③ 抗电磁波干扰能力差。

霍尔效应式轮速传感器由传感头和齿圈组成，传感器头包含有永磁体、霍尔元件和电子电路等结构，如图 7-12 所示。永磁体的磁力线穿过霍尔元件通向齿圈，当齿圈处于图 7-12a

所示位置时，穿过霍尔元件的磁力线分散于两齿之中，磁场相对较弱。当齿轮位于图7-12b所示位置时，穿过霍尔元件的磁力线集中于一个齿上，磁场相对较强。穿过霍尔元件的磁力线密度所发生的这种变化会引起霍尔电压的变化，会输出一个毫伏级的准正弦波电压。此电压经波形转换电路转换成标准的脉冲电压信号输入电子控制单元。

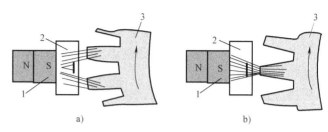

图 7-12 霍尔效应式轮速传感器示意图

1—永磁体 2—霍尔元件 3—齿圈

霍尔元件输出的毫伏级的准正弦波，将由图7-13所示的电子电路转换成标准的脉冲电压。电压首先经放大器放大为伏级电压信号，然后送往施密特触发器转换成标准的脉冲信号，再送到输出级放大后输出给电子控制单元。

图 7-13 霍尔效应式轮速传感器电子电路

霍尔式轮速传感器与前述电磁感应式轮速传感器相比，具有以下优点：

① 输出信号电压的幅值不受车轮转速影响。当汽车电源电压维持在12V时，传感器输出信号电压可以保持在11.5~12V，即使车轮转速接近于零。

② 频率响应高。该传感器的响应频率可高达20kHz（此时相当于车速1000km/h）。

③ 抗电磁波干扰能力强。

2）减速度传感器。减速度传感器又称为加速度传感器，其功用是：监测汽车制动时的减速度大小，电子控制单元可根据该传感器信号，判断路面状况并采取相应的控制措施。比如汽车在冰雪路面上制动时，电子控制单元可依据该路况下的减速度值，选择低附着系数路面的控制方式进行控制，达到优化制动效果的目的。

减速度传感器根据结构形式不同，可分为光电式、水银式和差动变压器式等。

① 光电式减速度传感器。光电式减速度传感器由两只发光二极管、两只光电晶体管、一块遮光板和信号处理电路等组成，其结构如图7-14所示。

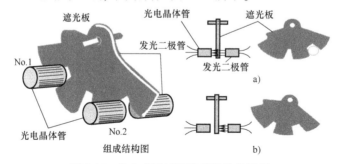

图 7-14 光电式减速度传感器结构原理

a）透光时 b）遮光时

当遮光板上的开口位于发光二极管与光电晶体管之间时，发光二极管发出的光线能够照射到光电晶体管上，使得光电晶体管导通，如图7-14a所示。当遮光板上的齿扇位于发光二极管与光电晶体管之间时，发光二极管发出的光线被遮光板挡住，不能照射到光电晶体管上，此时光电晶体管处于截止状态，如图7-14b所示。

汽车匀速行驶时，减速度传感器的遮光板静止不动；汽车制动时，即减速行驶时，遮光板由于惯性会随着减速度的变化而沿汽车的纵轴方向进行摆动，如图7-15所示。

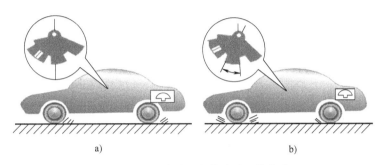

图7-15 光电式减速度传感器工作状态

a）匀速行驶 b）减速行驶

减速度大小不同，遮光板摆动角度就不同，两只光电晶体管"导通"与"截止"状态也就不相同。减速度越大，遮光板摆动角度越大。根据两只光电晶体管的输出信号，就可将汽车减速度划分为四个等级，见表7-1。电子控制单元接收到该传感器信号后，就可判定出路面状况，从而采取相应的控制措施。

表7-1 减速度等级

减速度等级	低减速度1	低减速度2	中等减速度	高减速度
光电晶体管No.1	导通	截止	截止	导通
光电晶体管No.2	导通	导通	截止	截止

② 水银式减速度传感器。水银式减速度传感器利用具有导电能力的水银作为工作介质。在传感器内通有导线两极柱的玻璃管中装有水银体，由于水银的导电作用，传感器的电路处于导通状态，当汽车制动强度达到一定值后，在减速惯性力的作用下，水银体脱离导线极柱，传感器电路断电，如图7-16所示。当汽车制动时，若减速度小，玻璃管内的水银球基本不动，则输出电极1、2均与搭铁接通，意味着汽车处在附着系数较小的路面上，如图7-16b所示；当汽车制动时，减速度大，水银在玻璃管内由于惯性作用前移，则输出电极1与搭铁接通，输出电极2与搭铁断开，意味着汽车处在附着系数较大的路面上，如图7-16c所示。

③ 差动变压器式减速度传感器。传感器由固定的1个一次绕组N_1、2个二次绕组N_2及N_3和可移动的铁心构成，铁心在制动减速惯性力的作用下沿线圈轴向移动，可导致传感器二次绕组电压的连续变化，如图7-17所示。

汽车正常行驶时，铁心处于中间位置，N_2和N_3中产生相位相反、数值相同的电压u_2和u_3，变压器输出信号电压$u_0 = 0$；当汽车制动时，在惯性力作用下，铁心移动，N_2和N_3中产生相位相反、数值不同的电压u_2和u_3，产生与车速成正比的信号电压u_0，经信号处理

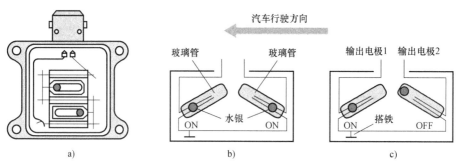

图 7-16 水银式减速度传感器结构原理

a) 整体结构图 b) 减速度小时 c) 减速度大时

电路处理后，送至 ECU。

（2）电子控制单元（ECU） ABS 控制单元简称 ABS ECU 或 ECU，是 ABS 的控制中心，主要功用是：接收轮速传感器、减速度传感器信号和各种控制开关信号，根据设定的控制逻辑，通过数学计算和逻辑判断后输出控制指令，控制制动压力调节器调节制动分泵的制动压力。同时，ABS ECU 实时监测 ABS 系统是否工作正常、有无故障，避免因为系统故障造成汽车制动失效等问题。

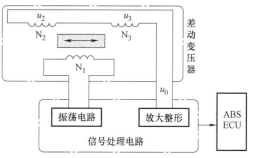

图 7-17 差动变压器式减速度传感器结构原理

ABS ECU 内部电路框图如图 7-18 所示，ECU 的硬件由轮速传感器的输入电路、运算电路、驱动电路、安全保护电路等组成。

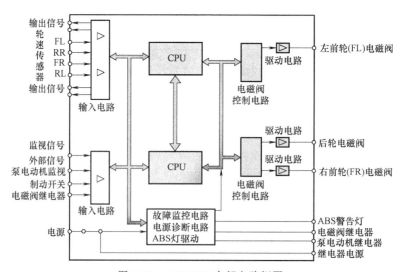

图 7-18 ABS ECU 内部电路框图

注：FL—左前轮；FR—右前轮；RL—左后轮；RR—右后轮。

1）输入电路。轮速传感器的输入电路接收安装在各车轮上的轮速传感器发出的正弦波信号，经放大整形后送往运算电路。输入电路由低通滤波、整形、放大、A/D 转换等电路

组成输入放大电路，用于对车轮转速传感器的交流信号进行预处理，并将其转换为数字信号后送入运算电路（CPU）。输入电路同时传送 ECU 对各轮速传感器的监测信号，并将反馈信号送回 CPU。输入电路还接收点火开关、制动开关、制动液位开关等开关信号和电磁阀继电器、油泵继电器等执行机构电路的反馈信号，经处理后送入 CPU。

2）运算电路。运算电路主要由微处理器（CPU）构成，是 ABS ECU 的核心。运算电路根据传感器等输入的信号，按照设定的程序进行计算、分析和处理，形成相应的控制指令。运算电路通常由两个微处理器组成，以确保系统工作的可靠性。

运算电路主要根据轮速传感器的输入信号及相应的控制策略，进行电磁阀控制参数的运算和监控运算，并将计算出的电磁阀控制参数输送给电磁阀控制电路。

3）驱动电路。驱动电路由电磁阀控制电路、电动机控制电路等组成，其作用是将运算电路的控制指令转换为模拟控制信号，并通过功率放大器向执行器提供控制电流。

4）安全保护电路。安全保护电路由电源控制、故障记忆、继电器控制、ABS 警告灯控制等电路组成。安全保护电路的主要功能是：对汽车电源电压进行监控，并向 ECU 提供工作所需的 5V 标准电压；当 ABS 系统出现故障时，能根据 CPU 的指令，切断 ABS 继电器电路，使 ABS 停止工作，恢复常规的制动状态，仪表板上的 ABS 警告灯亮起，提示驾驶人 ABS 系统处于故障状态；故障记忆电路（存储器）将 ABS 系统出现的故障以故障码的形式储存起来。

（3）制动压力调节器 制动压力调节器是 ABS 系统中主要的执行器，其作用是在制动时根据 ECU 的控制信号，迅速、准确地动作，以控制制动压力的大小，使车轮不被抱死，并处于理想的滑移率状态。制动压力调节器的种类较多，根据制动系统制动压力传递介质的不同，制动压力调节器有气压式和液压式两种。目前汽车上普遍使用的是液压式。

液压式制动压力调节器按调压的方式不同，分为循环式和可变容积式两种；按与制动总泵的结构关系可分为整体式和分离式两种。不同种类的制动压力调节器其结构与工作原理有所不同，下面介绍几种典型制动压力调节器的结构与原理。

1）循环式制动压力调节器。循环式制动压力调节器串联在普通制动管路中，其主要由供能装置（电动泵、储液器等）、电磁阀和控制开关等组成，其结构如图 7-19 所示。该制动压力调节器串联在普通制动管路中，这种形式的制动压力调节器在工作中，会有制动液的循环流动。储液器用于暂时储存制动分泵压力减小过程流出的制动液；回流泵则是将储液器的制动液泵回制动总泵；电磁阀由 ECU 控制其动作，用以实现制动分泵压力的升压、保压和降压控制。

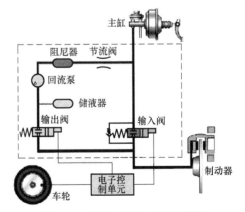

图 7-19 循环式制动压力调节器

① 电动泵和储液器。电动泵和储液器作为 ABS 制动系统的供能装置，可使制动液保持较高的压力，其结构如图 7-20 所示。电动泵一般由直流电动机和柱塞泵组合为一体，电动机根据 ABS ECU 的控制指令，通过凸轮驱动柱塞在泵套内上下运动，电动泵是一个高压泵，它可在短时间内将制动液加压到 15~18MPa，并给整个液压系统提供高压制动液体。电动泵能

在汽车起动 1min 内完成上述工作。电动泵的工作独立于 ABS ECU，如果 ECU 出现故障，电动泵仍能正常工作。

储液器分为低压储液器和高压储液器两种，分别与不同类型的制动压力调节器配合使用。低压储液器主要用于储存 ABS 减压过程中从制动分泵流回的制动液，同时衰减回流制动液的压力波动。高压储液器通常称为蓄压器，用于储存制动时所需的高压制动液。高压储液器大多为黑色气囊，它是制动系统的能源，故又称为蓄能器。

在 ABS 工作过程中，当需要制动压力降低时，制动压力调节器的回液阀打开，具有压力的制动液就会从制动分泵经制动压力调节器的回液阀流入储液器和柱塞泵。此时，ABS ECU 控制电动机转动，驱动柱塞泵的凸轮随电动机的旋转而转动。

当凸轮驱动柱塞上升时，柱塞泵的进液阀打开，出液阀在弹簧弹力作用下关闭，制动液流入柱塞泵泵腔，如图 7-20a 所示。

当柱塞下行时，泵腔内制动液压力升高，克服出液阀弹簧弹力将出液阀打开，制动液流入制动总泵，如图 7-20b 所示。

制动液流入储液器时，推动活塞并压缩弹簧向下移动，使储液器储液容积增大，暂时储存制动液，减小回流制动液的压力波动。

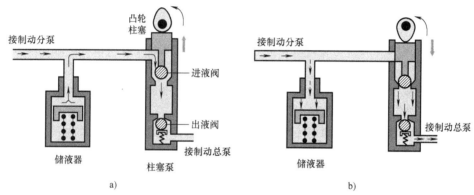

图 7-20　电动泵和储液器
a) 柱塞上行时储液　b) 柱塞下行时回液

② 电磁阀。电磁阀是制动压力调节器的主要部件，通过电磁阀动作便可控制制动压力"升高""保持"和"降低"。ABS 常用的电磁阀有二位二通电磁阀和三位三通电磁阀两种。

a. 二位二通电磁阀。桑塔纳 2000 型和红旗 CA7220E 型轿车 ABS 的制动压力调节器均采用了 8 只二位二通电磁阀。在通向每一个车轮制动分泵的管路中，都设有一只进液阀和一只出液阀。4 只进液阀为常开电磁阀，4 只出液阀为常闭电磁阀。二位二通常开电磁阀与常闭电磁阀的结构相同，基本结构如图 7-21 所示，主要由电磁铁机构、球阀、复位弹簧、顶杆、限压阀和阀体等组成。在电磁线圈未通电时，常开电磁阀的球阀与阀座处于分离状态，常闭电磁阀的球阀与阀座处于接触状态。

二位二通常开电磁阀与常闭电磁阀的工作原理相同，下面以常开电磁阀为例说明其工作过程。

当电磁线圈未通电时，在复位弹簧弹力作用下，活动铁心带动顶杆和限位杆下移复位，直到限位杆与缓冲垫圈相抵为止。顶杆下移时，球阀随之下移，使电磁阀阀门处于开启状

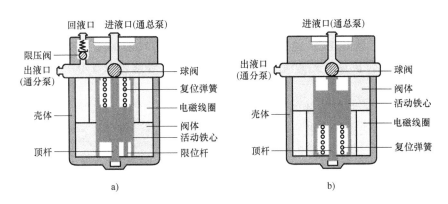

图 7-21　二位二通电磁阀

a）常开电磁阀　b）常闭电磁阀

态，制动液从进液口经球阀阀门、出液口流出。

当电磁线圈有电流流过时，活动铁心产生电磁吸力，压缩复位弹簧并带动顶杆上移，顶杆将球阀压在阀座上，电磁阀阀门处于关闭状态，进液口与出液口之间的制动液通道关闭。

由上可见，该电磁阀是根据电磁线圈通电和断电，使球阀处于开启和关闭两个位置，同时又有进液口和出液口两条通路，因此称为二位二通电磁阀。

b. 三位三通电磁阀。奥迪 100/200 型和丰田系列轿车 ABS 均采用了三位三通电磁阀，其结构如图 7-22 所示。电磁阀的进液口通过制动管路与制动总泵相连，出液口通过制动管路与制动分泵相连，回液口通过回液管与储液器相连，回液球阀和进液球阀均焊接在压板上。球阀与阀座的加工精度极高，在 20MPa 压力下仍能保证密封良好。阀芯采用磁性支承环，以减小摩擦。

三位三通电磁阀的工作状态由 ABS ECU 通过控制电磁线圈中流过电流的大小进行控制。当电磁线圈未接通电流时，在弹簧预紧力的作用下，阀芯下移至极限位置，使进液球阀打开（即进液口打开），回液球阀紧压在阀座上，回液阀关闭

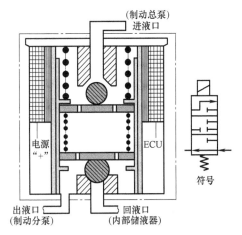

图 7-22　三位三通电磁阀

（即回液口关闭）。因此，来自制动总泵的制动液经进液口、进液球阀、电磁阀腔室、出液口流入车轮制动分泵，从而使制动分泵内制动液压力随制动踏板力的上升而升高。

当电磁线圈通过电流较小（$I=2\mathrm{A}$）而产生的电磁吸力较小时，阀芯向上位移量较小，阀芯上移时，压缩刚度较大的主弹簧并推动压板压缩刚度较小的副弹簧，使进液球阀关闭（即进液口关闭），此时压板位移量很小，不足以使回液阀打开。由于进液口和出液口都被关闭，制动液既不增加也不减少，因此制动分泵中制动液的压力保持不变。

当电磁线圈通过的电流较大（$I=5\mathrm{A}$）而产生的电磁吸力较大时，阀芯向上的位移量较大，阀芯带动压板上移使回液阀开启（即回液口打开），进液阀保持关闭状态。此时制动分

泵的制动液经回液口、回液管流入储液器，使制动压力降低。

2）可变容积式制动压力调节器。可变容积式制动压力调节器是在汽车原有的制动管路上增加一套液压装置，ABS ECU 通过它来控制制动管路容积的增减，制动液在轮缸和压力调节装置间交换，通过机械方式如活塞运动使密闭的轮缸管路容积发生变化，实现增压—保压—减压的循环调节。

可变容积式制动压力调节器的基本组成如图 7-23 所示，主要由组合电磁阀、增压泵、储液器、调压缸等组成。

控制活塞在单向阀的配合下，用于控制制动管路容积变化；组合电磁阀一般采用三位三通电磁阀，上方的是常闭电磁阀，下方的是常开电磁阀，用于产生控制活塞移动的液压，也有采用二位二通电磁阀等其他类型电磁阀的；储液器是控制液压的动力源，有的 ABS 以液力式动力转向助力液压系统作为 ABS 控制液压的动力源；储液器与增压泵的作

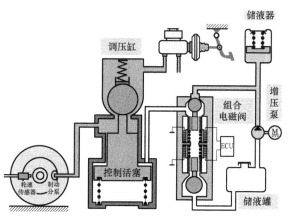

图 7-23　可变容积式制动压力调节器

用是使得控制活塞的液体循环流动，使储液器保持其控制液压。

常规制动时，电磁阀线圈不通电，电磁阀将控制活塞工作腔与回油管路接通，控制活塞在强力弹簧的作用下向上移动，活塞顶端推杆将单向阀打开，使制动总泵与制动分泵的制动管路接通，制动总泵的制动液直接进入分泵，制动分泵压力随总泵压力而变化。

减压制动时，ECU 向电磁阀线圈通入大电流，电磁阀内的柱塞在电磁力作用下，克服弹簧力向下移动，将储液器与控制活塞工作腔管路接通，储液器的压力油进入控制活塞工作腔推动活塞下移，单向阀关闭，制动总泵与制动分泵之间的通路被切断，由于控制活塞的下移，使制动分泵侧容积增大，制动压力减小。

当 ECU 向电磁阀通入较小电流时，由于电磁阀线圈的电磁力减小，柱塞在弹簧力作用下上移，将储液器、回油管和控制活塞工作腔管路相互关闭。此时控制活塞上侧的油压保持一定，控制活塞在油压和弹簧的共同作用下保持在一定位置，单向阀仍处于关闭状态，制动分泵侧的容积也不发生变化，实现保压制动。

需要增压时，ECU 切断电磁阀线圈中的电流，柱塞回到上端的原始位置，控制活塞工作腔与回油管路接通，控制活塞下侧的控制油压解除，控制液流回储液罐，弹簧将控制活塞向上推移，制动分泵侧容积减小，压力升高。当控制活塞处于最上端时，单向阀被打开，制动分泵压力随总泵压力的增大而增大。

该系统具有以下特征：

① ABS 作用时制动踏板无抖动感。

② 活塞往复运动可由滚动丝杠或高压储能器推动。

③ 采用高压储能器作为推动活塞的动力时，储能器中的液体和轮缸的工作液是隔离的，前者仅仅作为改变轮缸容积的控制动力。

④ 采用滚动丝杠时，由电动机驱动活塞，每一通道各设置一台电动机。

5. ABS 的控制原理

高性能的 ABS 必须确保汽车在各种路况下制动时，均能使车轮处获得尽可能大的防侧滑力和纵向制动力，同时使车轮的制动力矩变化幅度尽可能小。ABS 的控制原理是：

根据车轮减速度和滑移率是否达到某一设定值来判定车轮是工作在附着系数-滑移率曲线的稳定区域还是工作在非稳定区域，并通过调节制动分泵的制动液压力，将车轮滑移率控制在 10%~30% 的稳定区域范围内，从而获得最佳制动效能。

ABS 普遍采用逻辑门限值控制方式来实现近似理想的控制过程。控制方法是预先设定车轮加、减速度以及滑移率阈值，通过检测车轮的角速度来计算车轮速度和加、减速度，再利用车轮速度和存储在存储器中的制动开始时的汽车速度计算车轮的参考滑移率。ABS 工作时，将这些控制参数与预先设定的值（又称为门限值）进行比较，根据比较结果控制制动压力调节器的电磁阀动作来改变制动压力大小。

在汽车行驶过程中，轮速传感器不断向 ABS ECU 传递车轮速度信号。ABS ECU 根据轮速信号计算车轮圆周速度，再对车轮圆周速度进行微分计算即可得到车轮的加、减速度。

因为在制动条件相同的情况下，轮胎-道路附着系数不同，制动效果也不相同，所以 ABS 一般都将制动控制过程分为高附着系数、低附着系数和附着系数由高到低三种情况分别进行控制。ABS 工作时，ABS ECU 首先根据减速度信号判定路面状况，减速度大于一定值为高附着系数路面，减速度小于一定值为低附着系数路面，然后根据判定结果调用相应的控制程序，通过控制电磁阀阀门打开与关闭，使电磁阀处于降压、保压或升压状态来改变车轮制动分泵的压力，从而实现防抱死制动。

下面以典型的博世公司的 ABS 为例，说明逻辑门限值控制方式的控制过程，如图 7-24 所示为高附着系数路面的制动控制原理。

在制动的初始阶段，随着制动压力的上升，车轮速度 v_w 下降，车轮的减速度增大。

当车轮减速度达到门限值 $-a$ 时（第 1 阶段末），计算得到的参考滑移率未达门限值 S_1。因此，控制系统使制动压力进入保持阶段（第 2 阶段），以使车轮充分制动。

当参考滑移率大于门限值 S_1 时，则进入制动压力减小阶段（第 3 阶段）。随着制动压力的减小，车轮在惯性力的作用下开始加速，当车轮的减速度减小至门限值 $-a$

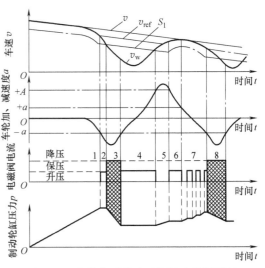

图 7-24 高附着系数路面的制动控制原理

时，又进入制动压力保持阶段（第 4 阶段）。此阶段由于汽车惯性的作用，车轮仍然在加速，车轮加速度达到门限值 $+a$ 时，仍然保持制动压力，直到车轮加速度超过第二门限值 $+A$（$+A$ 为适应附着系数突然增大而设）。这时，制动压力再次增大（第 5 阶段），以适应附着系数的增大。

随着制动压力的增大，车轮加速度下降，当车轮加速度又低于 $+A$ 时，进入制动压力保

持阶段（第6阶段），直到车轮加速度又回落至+a以下。这时的压力稍有不足，对制动压力的控制为增压、保持的快速转换（第7阶段，制动压力有较小的阶梯升高率），以使车轮滑移率在理想滑移率附近波动。当车轮减速度再次超过-a时，又开始进入制动压力减小阶段（第8阶段），此时制动压力降低不再考虑参考滑移率门限值，进入下一个控制循环过程。

6. 典型防抱死制动系统的控制过程实例

各型汽车用三位三通电磁阀式防抱死制动系统的控制过程大同小异，下面以奥迪100/200型轿车装备的ABS为例说明。

在装备三位三通电磁阀式ABS的汽车上，每次接通点火开关时ABS就会自动进入自检状态。在自检过程中，仪表板上的ABS指示灯发亮约2s后自动熄灭，同时能够听到继电器触点断开与闭合的响声以及回液泵电动机起动时的响声，在制动踏板上也能感觉到轻微的振动。

在汽车行驶过程中，当ABS发生故障时，ABS将自动关闭，同时控制仪表板上的ABS指示灯发亮指示，此时常规制动系统将继续保持正常工作状态。

当驾驶人踩下制动踏板时，ABS将投入工作，制动压力调节器中各执行元件的工作状态见表7-2。

表7-2 三位三通电磁阀式制动压力调节器工作状态

执行元件名称	常规制动	保压	降压	升压
进液阀	打开	关闭	关闭	打开
出液阀	关闭	关闭	打开	关闭
回液泵电动机	不运转	运转	运转	运转

（1）常规制动（ABS不工作）时制动系统工作情况　汽车正常行驶或常规制动时，制动压力调节器的工作状态如图7-25所示。此时ABS未工作，电磁阀和回液泵电动机均不通电，三位三通电磁阀在复位弹簧预紧力的作用下进液阀打开、回液阀关闭。进液阀打开将制动总泵与制动分泵之间的制动液管路接通；回液阀关闭将制动分泵与储液器之间的制动液管路关闭。各执行元件的工作状态见表7-2。

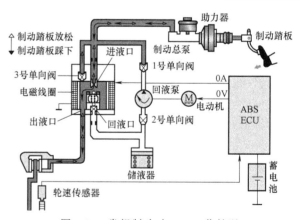

图7-25　常规制动时ABS工作情况

当踩下制动踏板时，制动总泵中制动液压力升高，制动液从制动总泵流入制动分泵，制动液通道为：制动总泵→三位三通电磁阀进液阀→进液阀阀门→出液口→制动分泵。制动分泵中制动液的压力随制动总泵制动液压力的升高而升高。

当放松制动踏板时，制动分泵中具有一定压力的制动液通过两条通道流回制动总泵，一条通道是：制动分泵→三位三通电磁阀出液口→进液阀阀门→进液口→制动总泵；另一条通道是：制动分泵→三位三通电磁阀出液口→电磁阀腔室→2号单向阀→制动总泵。

回液泵管路中2号单向阀的功用是：防止储液器和回液管路中的制动液流入回液泵。

（2）制动压力保持（保压）时制动系统工作情况　在汽车制动过程中，当四个车轮中的任意一个趋于抱死时，制动压力调节器就会根据 ECU 的控制指令，通过调节该车轮制动分泵的制动液压力降压、保压或升压，从而达到防抱死制动的目的。

当制动分泵管路中的制动液压力升高或降低、传感器信号表明车轮减速度或滑移率达到设定阈值需要保持制动压力时，ABS ECU 便控制电磁阀线圈接通较小电流（约 2A），电磁阀阀芯克服复位弹簧弹力移动较小距离（0.1mm），使进液阀和回液阀均处于关闭状态，制动液在管路中不能流动，如图 7-26 所示，压力处于保持状态。保压时各执行元件的工作状态见表 7-2，此时回液泵电动机运转，将储液器中剩余的制动液泵回到主缸。

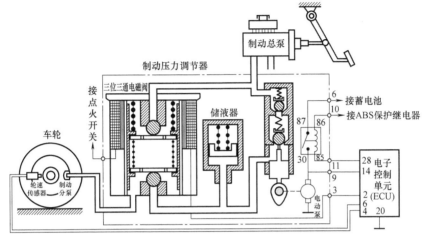

图 7-26　保压制动时 ABS 工作情况

（3）制动压力降低（降压）时制动系统工作情况　当 ABS ECU 根据车速和轮速传感器信号计算并判定某个车轮制动趋于抱死需要降低制动分泵压力时，ABS ECU 便控制电磁阀线圈接通较大电流（约 5A），产生较强的电磁吸力，使三位三通电磁阀的阀芯移动较大距离（0.25mm），使进液阀阀门关闭、回液阀阀门打开，如图 7-27 所示，制动分泵中的制动液便从出液口、电磁阀腔室、回液口流入储液器。与此同时，ABS ECU 还将接通回液泵电动机电源，使电动机和回液泵运转，将储液器和回液管路中的制动液泵回制动总泵，各执行元件的工作状态见表 7-2。回液通道为：制动分泵→出液口→电磁阀腔室→回液阀→储液器→2 号单向阀→回液泵→1 号单向阀→制动总泵。

随着制动分泵中的制动液流回制动总泵，制动液压力降低，从而达到防止车轮抱死的目的。

（4）制动压力升高（升压）时制动系统工作情况　当 ABS ECU 根据车速和轮速传感器信号计算并判定需要升高车轮制动分泵制动压力时，ABS ECU 将切断三位三通电磁阀线圈电流，电磁阀在复位弹簧弹力作用下复位，进液阀阀门打开、回液阀阀门关闭，如图 7-28 所示。进液阀打开使制动总泵与制动分泵之间的管路构成通路；回液阀关闭使制动分泵与储液器之间的油液管路关闭。

制动液从制动总泵流入制动分泵，制动液通道为：制动总泵→进液口→进液阀阀门→电磁阀腔室→出液口→制动分泵。制动分泵的压力随制动总泵制动液压力的升高而升高，各执行元件的工作状态见表 7-2，此时回液泵电动机运转，将储液器中剩余的制动液泵回制动总泵。

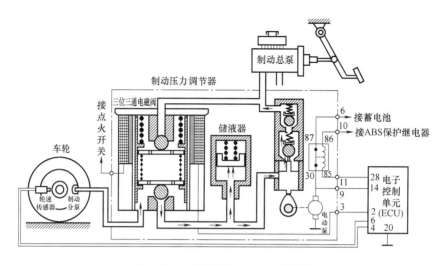

图 7-27　降压制动时 ABS 工作情况

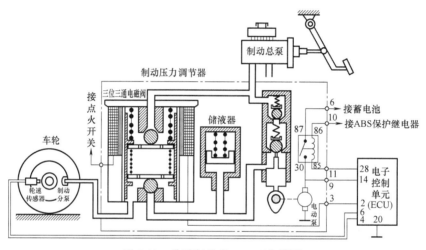

图 7-28　升压制动时 ABS 工作情况

7.1.2　汽车驱动防滑系统

　　当汽车的一侧车轮在低附着系数的路面（例如泥泞或有冰雪的路面）上快速起步或加速行驶时，在低附着系数路面一侧的驱动轮会发生滑转（俗称车轮"打滑"），这时汽车将失去稳定的牵引能力和操纵能力。这种现象是什么原因造成的呢？

1．汽车驱动防滑系统（ASR）的作用

　　汽车驱动防滑系统（Acceleration Slip Regulation，ASR），是继 ABS 后又一种应用于车轮防滑的电子控制系统，ASR 是 ABS 的完善和补充，其作用是防止汽车在起步、加速和滑溜路面行驶时驱动轮的滑转。由于 ASR 都是通过调节驱动轮的驱动力（牵引力）来实现的，因此又被称为汽车牵引力控制系统（Traction Control System，TCS）。

驱动防滑
系统简介

特别是汽车驱动轮在恶劣路面或复杂路面条件下，ASR 可使汽车驱动轮避免打滑，得到最佳的纵向驱动力，使得汽车在驱动过程中保持方向稳定性和转向操纵能力及提高加速性能等，其效果如图 7-29 所示。

ASR 的作用是防止汽车在起步、加速以及在滑溜路面行驶时的驱动轮滑转。当车转动而车身不动或是汽车的速度低于驱动车轮的轮缘速度时，轮胎与地面之间存在相对滑动，称为滑转，以区别于汽车制动时车轮抱

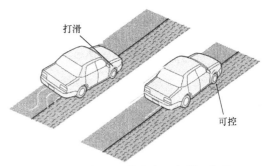

图 7-29　有 ASR 的汽车（右侧）与无
ASR 的汽车（左侧）加速对比

死而产生的车轮滑移。不是只有驱动轮才会产生滑转，包括驱动轮和从动轮在内的所有车轮都有可能产生滑转。

驱动轮的滑转，会使车轮与地面的附着力下降。纵向附着力下降，会使驱动轮产生的牵引力减小，导致汽车的起步性能、加速性能和在附着系数低的路面上通过性能下降；而横向附着力的下降，又会降低汽车在起步、加速以及滑溜路面行驶时的行驶稳定性。ASR 是在车轮出现滑转时，通过对滑转车轮施以制动力或控制发动机的动力输出来抑制车轮的滑转，以避免汽车牵引力和行驶稳定性下降。ASR 通过提升车辆的操纵稳定性，能够有效地降低驾驶疲劳；同时，ASR 减少了驱动轮与地面的滑转概率，能够延长轮胎的使用寿命。

2. ASR 与 ABS 的比较

ASR 和 ABS 都是控制车轮和路面的滑移率，以使车轮与地面的附着力不下降，因此两系统采用的是相同的技术，它们密切相关，常结合在一起使用，共享许多电子系统和共同的系统部件来控制车轮的运动，它们都属于基于车轮滑移率控制的主动安全技术。

ABS 的作用是防止汽车制动过程中车轮抱死打滑，将车轮的滑移率控制在最佳范围内，提升车辆制动效果，大大提高了汽车行驶的安全性。而 ASR 的作用是防止汽车起步、加速过程中驱动轮打滑，特别是防止汽车在非对称路面或转弯时驱动轮空转。ABS 与 ASR 的区别见表 7-3。

表 7-3　ABS 与 ASR 的区别

区别	ABS	ASR
控制原理	ABS 系统是防止制动时车轮抱死滑移,提高制动效果,确保制动安全	ASR 系统是防止驱动车轮原地不动而不停地滑转,提高汽车起步、加速及滑溜路面行驶时的牵引力,确保行驶稳定性
控制车轮	ABS 系统对所有车轮起作用,控制其滑移率	ASR 系统只对驱动轮起控制作用
作用工况	ABS 是在制动时,车轮出现抱死情况下起控制作用,在车速很低(小于 8km/h 时)不起作用	ASR 系统则是在整个行驶过程中都工作,在车轮出现滑转时起作用,当车速很高(80～120km/h 时)不起作用
反应时间	ABS 是一个反应时间近似一定的制动控制单循环系统	ASR 是由反应时间不同的制动控制和发动机控制等组成的多循环控制系统

3. ASR 的理论基础

（1）滑转率　汽车在驱动过程中，驱动轮可能相对于路面发生滑转。滑转成分在车轮纵向运动中所占的比例称为驱动轮的滑转率，通常用"S_A"表示。

$$S_A = \frac{v_\omega - v}{r\omega} \times 100\% = \frac{r\omega - v}{r\omega} \times 100\% \qquad (7-2)$$

式中，S_A 为车轮滑转率；v 为车轮中心的纵向速度，单位为 m/s；v_ω 为车轮的瞬时线速度，单位为 m/s；r 为车轮的有效滚动半径，单位为 m；ω 为车轮的转动角速度，单位为 rad/s。

当汽车未动（$v=0$）而驱动轮转动时，$S_A = 100\%$，车轮处于完全滑转状态；当汽车速度与驱动轮线速度相等（$v=v_\omega$）时，$S_A = 0$，驱动轮处于纯滚动状态；当车轮在路面上一边滚动一边滑转时，$0 < S_A < 100\%$。

（2）滑转率与路面附着系数的关系　滑转率与路面附着系数的关系如图 7-30 所示。

当车轮在路面上自由滚动时，由于轮胎与路面之间没有产生相对运动趋势，其间的纵向附着系数 ϕ_z 就是零。通常，当汽车驱动轮打滑、车轮滑转率 S_A 处于 15%～30% 的范围内时，轮胎与路面间的纵向附着系数 ϕ_z 有其最大值，该最大值称为峰值附着系数。直到车轮将完全滑转（$|S_A| = 100\%$），轮胎与路面之间的纵向附着系数就从最大静摩擦系数变为滑转摩擦系数。

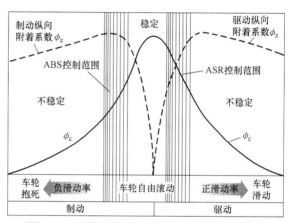

图 7-30　附着系数 ϕ_z 与车轮滑转率 S_A 的关系

车轮在路面上自由滚动时，其间的横向附着系数 ϕ_c 最大，随着车轮滑转率 S_A 数值的增大，横向附着系数 ϕ_c 会迅速减小，当轮胎在路面上完全滑转时（$|S_A| = 100\%$），轮胎的横向附着系数几乎减小到零，轮胎与路面之间的横向附着力也就接近于零，车轮将完全丧失抵抗外界横向力作用的能力，此时，如果车轮上存在外界横向力的作用（如汽车重力的横向分力、路面不平整产生的横向力、横向风力等），车轮将会在路面上发生横向滑移。

综上所述，驱动防滑系统的作用就是在汽车驱动状态下，将驱动轮滑转率控制在 15%～30% 的最佳范围内。在上述最佳范围内，不仅车轮和地面之间的纵向附着系数较大，而且横向附着系数的值也较大，保证了汽车的方向稳定性。汽车装备 ASR 后，当汽车起步、加速或在冰雪路面上行驶时，驾驶人无须特别小心地踩加速踏板，ASR 就能根据路面状况调节驱动力，使驱动力达到最大值。

4. ASR 的控制方法

目前，ASR 的控制方法主要有：控制发动机的输出转矩、控制驱动轮的制动力和控制防滑转差速器的锁止程度三种。这些控制方法的最终目的都是调节驱动轮上的驱动力，并将驱动轮的滑转率控制在最佳范围内。

（1）控制发动机的输出转矩　通过调节发动机的输出转矩来调节驱动轮的驱动力是实现防滑转调节的方法之一。这种控制方法能够保证发动机输出转矩与地面提供的驱动转矩达

到匹配，因此可以改善燃油经济性，减少轮胎磨损，使汽车具有良好的行驶稳定性和乘坐舒适性，对于前轮驱动的汽车，能够得到良好的转向操纵性。控制发动机输出转矩的方法有：控制点火时刻、控制燃油供给量和控制进气量等。

1）控制点火时刻。由发动机电子点火系统控制基本原理可知：减小汽油发动机的点火提前角或切断个别缸的点火电流，均可降低发动机的输出转矩/功率。现代汽车普遍采用电子点火系统，其点火时刻是根据发动机转速、负荷以及冷却液温度等信号确定的。在汽车行驶过程中，防滑转调节电控单元（ASR ECU）根据轮速传感器和车速传感器信号即可计算确定驱动轮滑转率的大小，通过减小点火提前角，即可降低发动机的输出转矩。当驱动轮滑转率很大，延迟点火时刻不能达到控制滑转率的目的时，则可中断个别气缸点火来进一步减小滑转率。

2）控制燃油供给量。短时间中断供油也可微量调节发动机的输出转矩，但响应速度没有减小点火提前角迅速，这种控制方法适用于未采用燃油喷射系统的汽油发动机或柴油发动机汽车。

3）控制进气量。目前广为采用的控制方法是控制进气量，该方法连续性强、过渡圆滑、排气污染较少，并且可以利用发动机制动效应以增强控制效果。控制进气量一般可通过节气门直动控制和设置一个副节气门两种方式来实现。

节气门直动控制如图 7-31 所示，节气门由直流电动机作为执行元件来调节节气门开度，从而调节进气量，达到改变发动机输出转矩的目的。

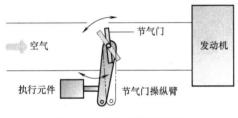

图 7-31　节气门直动控制

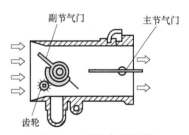

图 7-32　副节气门控制

副节气门控制如图 7-32 所示，具体方法是在发动机主节气门前方设置一个副节气门，正常工作状况或制动状况时副节气门处于初始全开位置。副节气门由步进电动机根据 ECU 控制，通过改变进气系统流通面积，达到控制进气量从而减小发动机输出转矩的目的。

（2）控制驱动轮的制动力　当驱动轮单边滑转时，控制器输出控制信号，对滑转车轮施以制动力，使车轮的滑转率控制在目标范围之内。这时，非滑转车轮仍有正常的驱动力，从而提高了汽车在滑溜路面的起步和加速能力、行驶稳定性及转向操纵能力。这种控制方式的作用类似于差速锁，在一边驱动车轮陷于泥坑部分或完全失去驱动能力时，对其制动后，另一边的驱动轮仍能发挥其驱动力，使汽车能驶离泥坑。当两边的驱动轮都滑转，但滑转率不同的情况下，则对两边的驱动轮施以不同的制动力。

（3）控制防滑转差速器的锁止程度　普通的开式差速器在任何时刻都向左右轮输出相同的转矩，对差速器进行锁止控制就是使左右驱动轮的输入转矩根据控制指令和路面情况而不同，这种称之为防滑差速锁（Limited Slip Differential，LSD）控制。

防滑转差速器锁止控制原理如图 7-33 所示，在防滑转差速器向车轮输出驱动力的输出

端设置有一个离合器，调节作用在离合片上的油液压力，即可调节差速器的锁止程度。油压逐渐降低时，差速器锁止程度逐渐减小，传递给驱动轮的驱动力就逐渐减小；反之，油压升高时，驱动力将逐渐增大，油液压力来自蓄能器的高压油液，压力大小由 ASR 的电控单元（ASR ECU）通过控制电磁阀使压力升高、保持和降低进行调节，并由压力传感器和驱动轮上的轮速传感器反馈给电控单元，从而实现反馈控制。通过调节防滑转差速器的锁止程度，即可调节传递给驱动轮的驱动力，所以汽车在各种附着系数不同的路面上起步和行驶时，都具有较好的稳定性和操纵性。对于越野汽车，则可大大提高越野通过性。

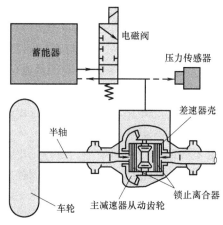

图 7-33　防滑转差速器锁止控制原理图

在汽车实际装备的 ASR 中，为了充分发挥电子控制系统的控制功能并有效地防止驱动轮滑转，一般都将不同的控制方法组合在一起进行控制。常用的组合方式有：组合控制发动机的输出转矩和驱动轮的制动力、组合控制发动机的输出转矩和控制差速器的锁止程度。

5. ASR 系统的基本组成

ASR 系统的基本组成如图 7-34 所示，由电子控制单元（ECU）、传感器和执行机构等组成，各主要部件的功能如下：

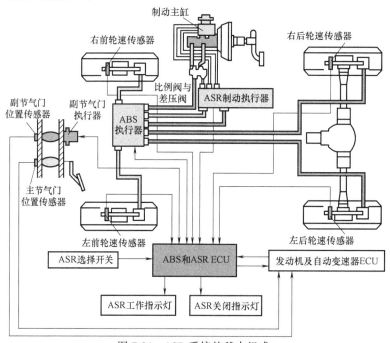

图 7-34　ASR 系统的基本组成

（1）电子控制单元　电子控制单元（ECU）是 ASR 的控制单元，具有运算功能，根据前后轮速传感器传递的信号以及发动机和自动变速器的电子控制单元中节气门信号来判断汽车的行驶条件，分析判断后，对节气门执行器、ASR 制动执行器发出指令，执行器完成对

发动机输出转矩的控制和制动压力的调整。

（2）传感器 ASR系统的传感器主要是轮速传感器和节气门传感器。一般轮速传感器与ABS系统共用，主要来完成对车轮转速的检测，并将轮速信号传送给ABS和ASR电子控制单元。主、副节气门位置传感器用于检测节气门的开启角度，并将这些信号传送给发动机电子控制单元。

（3）执行机构 ASR系统的执行机构主要是节气门驱动装置和ASR制动压力调节器。

1）节气门驱动装置。节气门驱动装置由步进电动机和传动机构组成。步进电动机根据ASR控制器输出的控制脉冲转动规定的转角，通过传动机构带动辅助节气门转动。控制过程如下：ASR不起作用时，辅助节气门处于全开位置，当需要减小发动机驱动力来控制车轮滑转时，ASR控制器输出信号使辅助节气门驱动机构工作，改变辅助节气门开度。

2）ASR制动压力调节器。ASR制动压力调节器执行ASR控制器的指令，通过调整对滑转车轮施加制动力和控制制动力的大小，使滑转车轮的滑转率在目标范围之内。ASR制动压力源是蓄压器，通过电磁阀来调节驱动轮制动压力的大小。与ABS制动压力调节器一样，ASR制动压力调节器也有多种结构形式，有单独的ASR制动压力调节器，也有与ABS制动压力调节器组合成一体的。

① 单独的ASR制动压力调节器。ASR制动压力调节器（见图7-35）和ABS制动压力调节器在结构上各自分开，通过液压管路互相连接。图7-35所示的是一种采用三位三通电磁阀、变容积式ASR制动压力调节器的原理。

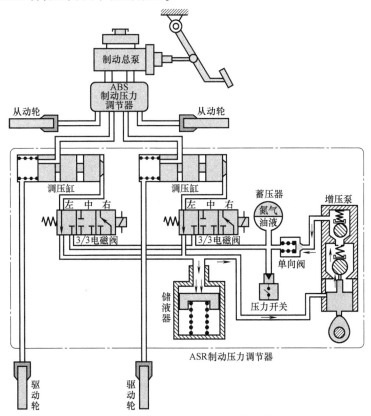

图7-35 单独的ASR制动压力调节器

在 ASR 不起作用、电磁阀不通电时，阀在左位，调压缸的右腔与储液器相通而压力低，调压缸的活塞被回位弹簧推至右边极限位置。这时，调压缸活塞左端中央的通液孔将 ABS 制动压力调节器与车轮制动分泵接通，因此在 ASR 不起作用时，对 ABS 无任何影响。

当驱动轮出现滑转而需要对驱动轮实施制动时，ASR 控制器输出控制信号，使电磁阀通电而移至右位。这时，调压缸右腔与储液器隔断而与蓄压器接通，蓄压器具有一定压力的制动液推动调压缸的活塞左移，ABS 制动压力调节器与车轮分泵的通道被封闭，调压缸左腔的压力随活塞的左移而增大，驱动车轮制动分泵的制动压力上升。当需要保持驱动轮的制动压力时，控制器使电磁阀半通电，阀处于中位，使调压缸与储液器和蓄压器都隔断，于是，调压缸活塞保持原位不动，使驱动轮制动分泵的制动压力不变。当需要减小驱动轮的制动压力时，控制器使电磁阀断电，阀在其回位弹簧力的作用下回到左位，使调压缸右腔与蓄压器隔断而与储液器接通。于是，调压缸右腔压力下降，其活塞右移，使驱动轮制动分泵的制动压力下降。

② 组合方式的 ASR 制动压力调节器。采用三位三通电磁阀、循环流动式 ASR/ABS 制动压力调节器的结构如图 7-36 所示。

ASR 不起作用时，电磁阀 I 不通电，ABS 起制动作用并通过电磁阀 II 和电磁阀 III 来调节制动压力。

驱动轮滑转时，ASR 控制器使电磁阀 I 通电，阀移至右位，电磁阀 II 和电磁阀 III 不通电，阀仍在左位，于是，蓄压器的压力油通入驱动轮制动泵，制动压力增大。

如果需要对左右驱动轮的制动压力实施不同的控制，ASR ECU 则分别对电磁阀 II 和电磁阀 III 实行不同的控制。

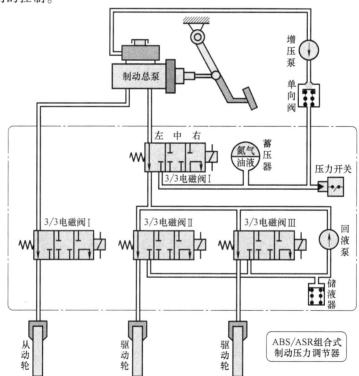

图 7-36　组合方式的 ASR 制动压力调节器

6. ASR 系统实例

下面以丰田雷克萨斯 LS400 型轿车防滑转调节系统（丰田公司称为牵引力控制系统 TRC）与 ABS 组合在一起的控制系统为例说明。雷克萨斯 LS400 型轿车 ABS/TRC 的组成如图 7-37 所示，控制部件的安装位置如图 7-38 所示。在控制驱动轮制动力的过程中，TRC 通过调节副节气门的开度和对驱动轮施加制动力来实现驱动轮防滑转调节。

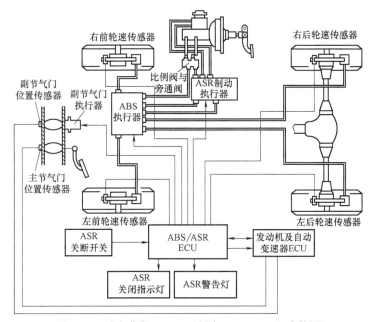

图 7-37 雷克萨斯 LS400 型轿车 ABS/TRC 组成简图

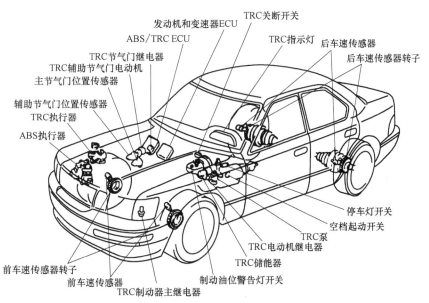

图 7-38 雷克萨斯 LS400 型轿车 ABS/TRC 控制部件安装位置

（1）TRC 液压控制系统 TRC 液压控制系统是在 ABS 液压控制系统的基础上，增设 TRC 制动执行器（即 TRC 液压调节器）而构成的，如图 7-39 所示。TRC 液压调节器由主制

动液压缸关断电磁阀、溢流阀、回液泵、回液泵电动机、蓄压器、蓄压器关闭电磁阀和储油关断电磁阀等组成。TRC ECU 与 ABS ECU 组合为一体，称为 ABS/TRC ECU。

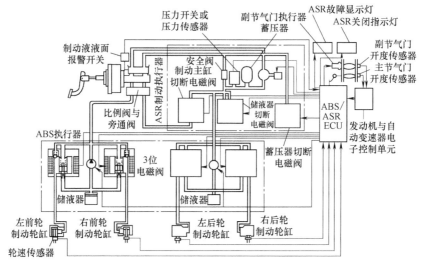

图 7-39　雷克萨斯 LS400 型轿车 ABS/TRC 液压控制系统

（2）TRC 电子控制系统　TRC 电子控制系统由传感器、控制开关、电控单元和执行器组成。TRC 电子控制系统在 ABS 的基础上，增设了传感器、控制开关、电控单元和执行器。雷克萨斯 LS400 型轿车 ABS 电子控制系统与 TRC 电子控制系统电路如图 7-40 所示。

增设的传感器有发动机副节气门位置传感器和 TRC 制动执行器中的压力传感器（开关），左前、右前、左后、右后共四只轮速传感器与 ABS 共用。增设的控制开关有防滑转调节系统关闭开关。增设的执行器有副节气门位置控制步进电动机、主制动液压缸关断电磁阀、回液泵、回液泵电动机、蓄压器关断电磁阀、储油罐关断电磁阀、防滑转调节指示灯、防滑转调节系统关闭指示灯等。

7.1.3　车身稳定性控制系统

汽车在遇到图 7-41 所示的紧急状况时，往往驾驶人的紧急制动不足以使汽车在障碍物前停下，驾驶人只有通过急打转向盘来躲避障碍物，但是驾驶人的这种操作很可能使汽车出现甩尾等更危险状况。那么有没有主动安全技术可以帮助驾驶人完美地处理这种紧急状况呢？

车身稳定性控制系统简介

随着防抱死制动系统 ABS 和防滑转控制系统 ASR 的技术不断成熟，一种新型的主动安全技术——车身稳定性控制系统应运而生。车身稳定性控制系统包含 ABS 和 ASR，是这两种系统功能上的延伸，称得上是当前汽车防滑装置的最高级形式，其应用使车辆的主动安全性大大提高。

车身稳定性控制系统在发展过程中出现了很多名称，最早出现的电子稳定程序（Electronic Stability Program，ESP），是博世公司开发的一种汽车主动安全系统，能够极大提高车辆操控安全系数和驾驶便利性。与此功能相似的系统在其他车系上的名称有所不同，例如丰

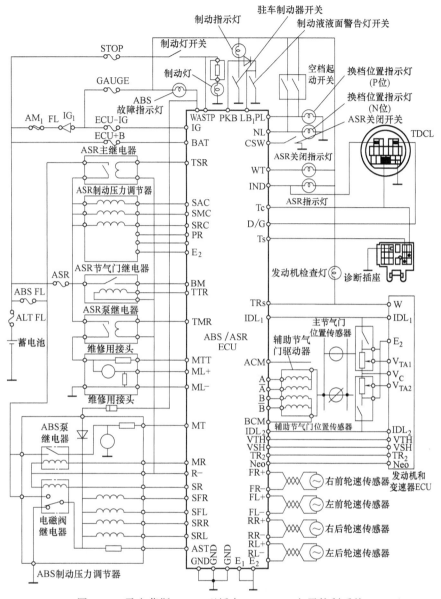

图 7-40　雷克萨斯 LS400 型轿车 ABS/TRC 电子控制系统

田的车身稳定性控制（Vehicle Stability Control，VSC）系统、宝马的动态稳定控制（Dynamic Stability Control，DSC）系统、沃尔沃的动态稳定循迹控制（Dynamic Stability Tracing Control，DSTC）系统和三菱的主动稳定控制（Active Stability Control，ASC）系统等。

这些系统虽然名称上有所区别，但是系统结构和原理大体一致，在本节中统一用 ESP 进行说明。

1. ESP 的功用

ESP 实际是一种牵引力控制系统，与其他牵引力控制系统相比，ESP 不但可控制驱动轮，而且可控制从动轮。ESP 包含 ABS 和 ASR，是这两种系统功能上的延伸。ABS 是在制动的状态下保持车辆的稳定性，避免车轮抱死；ASR 是在起步或加速的状态下保持车辆的

稳定性，避免车轮打滑。ESP 能保证在转向状态下车辆的稳定性（横向），避免车辆产生侧滑。ESP 能以 25 次/s 的频率对驾驶人的行驶意图和实际行驶情况进行检测，在转向状态下，能自动根据车辆的状态，有针对性地单独制动各个车轮或控制发动机、自动变速器的状态，使车辆保持稳定行驶。ESP 具体的功用体现在：

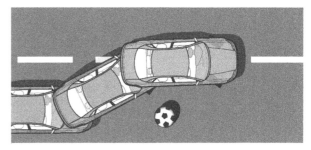

图 7-41　行驶的汽车躲避障碍物

1）躲避前方突然出现的障碍物。

2）使汽车在急转弯车道上稳定高速行驶。

3）使汽车在地面附着力不同的路面上稳定行驶。

2. ESP 的组成

ESP 由传感器、ECU 和执行器三部分组成。ESP 大部分元件与 ABS 和 ASR 共用，其中传感器在原来 ABS 和 ASR 的基础上增加了转向盘转角传感器、横摆角速度传感器、侧向加速度传感器等；ECU 增加了 ESP 的控制功能；执行器则在原来 ABS 和 ASR 执行器的基础上改进了功能，使 ASR 制动供能装置可以对每一个车轮都能进行单独制动（ASR 只能对驱动轮进行制动）。ESP 的系统结构如图 7-42 所示。

（1）传感器

1）转向盘转角传感器。转向盘转角传感器的作用是检测转向盘的转动方向、转动角速度和转动角度，以便ECU 根据转向盘转角的大小和转角变化速率来识别驾驶人的驾驶意图，确定车辆的预期行驶方向。常见的转向

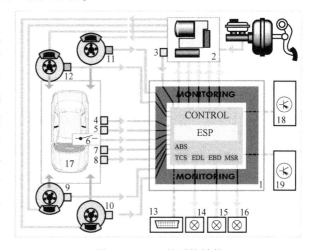

图 7-42　ESP 的系统结构

1—ESP 控制单元　2—液压控制单元　3—制动压力传感器　4—侧向加速度传感器　5—横摆率传感器6—ASR/ESP 按钮　7—转向盘转角传感器　8—制动灯开关　9、10、11、12—轮速传感器　13—自诊断14—制动系统警告灯　15—ABS 警告灯16—ASR/ESP 警告灯　17—车辆和驾驶状态18—发动机控制调整　19—变速器控制调整

盘转角传感器有电位器式、光电式、电磁式、霍尔式、磁阻式等。图 7-43 所示为各向异性磁阻（AMR）式转向盘转角传感器，转向轴带动传动齿轮 1 转动，齿轮 1 驱动两个齿数不等（差一个齿）的测量齿轮 2 转动，两个驱动齿轮中有磁铁 3，磁铁上方有各向异性磁阻传感器 5 及集成电路 4。当转向盘转动时，带动测量齿轮 2 中的磁铁 3 转动，各向异性磁阻传感器 5 中的磁场变化，使磁阻传感器的电阻变化，电阻的变化即反映了测量齿轮的位置，也就反映了转向盘的旋转角度。由于两个测量齿轮的齿数不同，其转速不同，故产生的信号的相位不同，因此可以判断转向盘的转动方向。

2）横摆角速度传感器。横摆角速度传感器也称横摆率传感器、偏航率传感器、陀螺仪

等，其作用是检测车辆绕其垂直轴转动的角速度，以便 ECU 根据横摆角速度信号和侧向加速度信号等判断车辆的实际行驶方向。

图 7-44 所示的 MM2 型横摆角速度传感器为 MEMS 微机械陀螺仪，采用 MEMS 技术制造。MEMS 是英文 Micro Electro Mechanical Systems 的缩写，即微电子机械系统。MEMS 是使用微电子技术和微加工技术相结合的制造技术，可以制造出各种性能优异、价格低廉、微型化的传感器、执行器、驱动器和微系统。

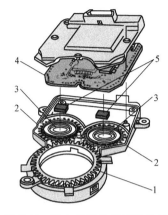

图 7-43　转向盘转角传感器的结构

1—传动齿轮　2—测量齿轮　3—磁铁
4—集成电路　5—各向异性磁阻传感器

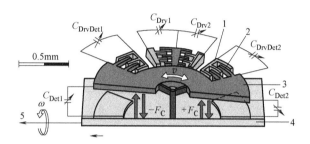

图 7-44　横摆角速度传感器的结构

1—固定梳齿　2—转子梳齿　3—转子　4—基座　5—测量轴
C_{Drv}—驱动电极电容　C_{Det}—检测电容　ω—横摆角速度
F_C—科氏力　v—扭转振动速度

MM2 型横摆角速度传感器是在硅晶体上运用 MEMS 技术制成一个带有梳齿的转子，转子在中心由挠性支轴支撑，转子上的梳齿与固定在基座上的固定梳齿形成梳状结构。在转子与基座之间具有检测电容 C_{Det}。

MM2 型横摆角速度传感器采用静电驱动、电容检测的方式工作。通过在固定梳齿与转子梳齿之间施加交变驱动电压信号，就会产生静电力，在静电力的驱动下，转子将绕支轴扭转振动，如果此时有横摆角速度作用于传感器，转子就会产生科氏加速度。在科氏力 F_C 的作用下，转子将做俯仰运动，其频率与交变驱动电压信号的频率相同，其幅值与横摆角速度的大小成正比。转子的俯仰运动将引起转子与基座之间的间隙变化，从而引起检测电容值的变化。通过测量电容值的变化，即可检测出横摆角速度的大小。

3）侧向加速度传感器。侧向加速度传感器的作用是检测汽车行驶时的侧向加速度，以便 ECU 根据侧向加速度信号和横摆角速度信号判断车辆的实际行驶方向。

侧向加速度传感器结构如图 7-45 所示，如果传感器受到侧向加速度 a 的作用，传感器的弹簧-质量系统将离开其静止位置而偏移，偏移程度与加速度的大小有

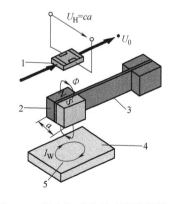

图 7-45　侧向加速度传感器的结构

1—霍尔传感器　2—永久磁铁　3—片状弹簧
4—阻尼板　5—I_W 涡流（产生阻尼）
U_H—霍尔电压　U_0—电源电压
Φ—磁场　a—检测的侧向加速度　c—常数

关。运动的磁铁在霍尔元件中产生霍尔电压 U_H，经信号处理电路处理后输出能够反映加速度大小的信号电压。阻尼板 4 的功用是产生感应涡流 I_W。其磁场与永久磁铁磁场相互作用衰减片状弹簧 3 的振动。

（2）电子控制单元（ECU） 电子控制单元（ECU）是 ESP 系统的控制中心，为保证系统的可靠性，在系统中有两个处理器，两个处理器用同样的软件处理信号数据。它与液压调节器集成在一起组成一个总成，如图 7-46 所示。电子控制单元持续监测并判断的输入信号有：蓄电池电压、车轮速度、转向盘转角、横向偏摆率以及点火开关接通、停车灯开关、串行数据通信电路等信号。根据所接收的输入信号，电子控制单元将向液压调节器、发动机控制模块、组合仪表和串行数据通信电路等发送输出控制信号。

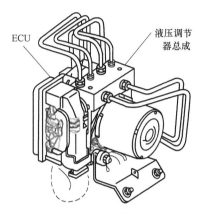

图 7-46　ESP 电子控制单元（ECU）

当点火开关接通时，电子控制单元会不断进行自检，以检测并查明 ESP 系统的故障。此外，电子控制单元还在每个点火循环都执行自检初始化程序。当车速达到约 15km/h 时，初始化程序即启动。在执行初始化程序时，可能会听到或感觉到程序正在运行，这属于系统的正常操作。在执行初始化程序的过程中，电子控制单元将向液压调节器发送一个控制信号，循环操作各个电磁阀并运行泵、电动机，以检查各部件是否正常工作。如果泵或任何电磁阀不能正常工作，电子控制单元会设置一个故障码。当车速超过 15km/h 时，电子控制单元会将输入和输出逻辑序列信号与电子控制单元中所存储的正常工作参数进行比较，以此来不断监测 ESP 系统。如果有任何输入或输出信号超出正常工作参数范围，则电子控制单元将设置故障码。

（3）执行器 ESP 的执行器通常与 ABS 和 ASR 的执行器组合在一起，图 7-47 为典型的 ABS/ASR/ESP 执行器的液压调节器总成，由液压泵、蓄能器、进油阀、出油阀、隔离阀、起动阀等部件组成。其中的进油阀 6 和隔离阀 8 为常开阀，出油阀 7 和起动阀 9 为常闭阀。为了能够独立控制每个车轮的制动回路，采用四通道制动回路，由液压泵供能可以对每一个车轮进行单独制动。

液压系统工作原理：

1）常规制动。液压调节器中的所有电磁阀均不通电，由于隔离阀 8 和进油阀 6 是常开阀，因此处于打开状态，起动阀 9 和出油阀 7 是常闭阀，因此处于关闭状态。来自制动主缸 5 的制动液经隔离阀 8→进油阀 6→制动钳 4，此为常规制动油路。

2）ABS 起作用。如果制动过程中 ABS 起作用，需要对左后轮保压，ECU 使左后轮进油阀 6 通电关闭，左后轮出油阀 7 为常闭阀，处于关闭状态，因此左后轮制动钳 4 中的制动液被密封，压力保持不变；如果左后轮需要减压，ECU 使左后轮出油阀 7 通电打开，进油阀 6 通电关闭，同时使液压泵 2 工作，左后轮制动钳 4 中的制动液经出油阀 7→液压泵 2→后隔离阀 8 回到制动主缸 5，制动压力降低；如果左后轮需要增压，ECU 使左后轮进油阀 6 断电打开，出油阀 7 断电关闭，油路与常规制动相同。

3）ASR 起作用。ASR 起作用时可以通过减小发动机输出转矩和对滑转的驱动轮制动两种措施防止车轮滑转。如果只需要对左后驱动轮制动，ECU 使液压泵 2 工作，后隔离阀 8 通

电关闭，后起动阀 9 通电打开，右后轮进油阀 6 通电关闭，液压泵 2 将制动主缸 5 中的制动液经后起动阀 9→液压泵 2→左后轮进油阀 6 到达左后轮制动钳 4，由于右后轮进油阀 6 关闭，制动液不能进入右后轮制动钳，因此只对左后驱动轮制动。如果 ASR 起作用时需要对两个后驱动轮都制动，则 ECU 只需要在上述控制过程中不给右后进油阀 6 通电，即可以实现对两个后驱动轮同时制动。如果 ASR 起作用时需要保压，则相应的进油阀 6 和出油阀 7 都关闭；如果需要减压，则进油阀 6 关闭，出油阀 7 打开，制动钳 4 内的制动液经后起动阀 9 回到制动主缸 5。

4）ESP 起作用。ESP 起作用的情况与 ASR 起作用时相似，只不过 ASR 起作用时只对一个或两个后驱动轮进行制动，而 ESP 起作用时还可以通过控制前隔离阀 8、前起动阀 9 以及前轮进、出油阀使前轮制动，这样就可以单独对汽车的任何一个车轮或同时对几个车轮进行制动。制动时的液压回路与 ASR 起作用时相同。

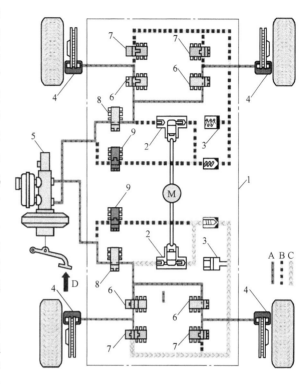

图 7-47　液压调节器总成

1—液压调节器总成　2—液压泵　3—蓄能器　4—制动钳
5—制动主缸　6—进油阀　7—出油阀　8—隔离阀
9—起动阀　A—常规制动液流　B—停止的制动液流
C—液压泵产生的制动液流　D—踏下制动踏板　M—电动机

3. ESP 的控制原理

ESP 用于在高速转弯或在湿滑路面上行驶时提供最佳的车辆稳定性和方向控制。电子控制单元（ECU）通过转向盘转角传感器确定驾驶人想要的行驶方向，通过车轮速度传感器和横向偏摆率传感器来计算车辆的实际行驶方向。当 ESP 检测到车辆行驶轨迹与驾驶人要求不符时，ESP 将首先利用牵引力控制系统中的发动机转矩减小功能并向发动机控制模块（ECM）发送一个串行数据通信信号，请求减小发动机转矩。如果 ESP 仍然检测到车轮侧向滑移，则 ESP 将根据 "从外部作用于车辆上的所有力都会使车辆环绕其重心而转动" 的原理，通过对前、后桥一个以上的车轮进行制动干预，使车辆不偏离正确的行驶轨迹，确保安全。一般而言，车辆在方向上的失控分为两种情况：不足转向和过度转向。

（1）ESP 克服不足转向的控制过程　ESP 工作时，首先通过转向盘转角传感器、轮速传感器信号识别转弯方向、角度、速度，从而判断驾驶人的驾驶意图；与此同时，ESP 通过横摆角速度传感器、侧向加速度传感器识别车辆绕其垂直轴转动的方向、角速度以及旋转角度等，从而确定车辆的实际运动方向。ECU 将车辆实际运动方向与驾驶人的驾驶意图进行比较，如果车辆实际绕其垂直轴转动的角度小于由转向盘转角和轮速确定的车辆应该绕其垂直轴的转角，则判断为不足转向，ECU 立即指令执行器使汽车内侧后轮制动，地面制动力

将对汽车产生一个与转向方向相同的力矩，纠正不足转向，使汽车回到正常的路线，按照驾驶人的驾驶意图行驶，该控制过程如图7-48所示。

（2）ESP克服转向过度的控制过程　如果车辆实际绕其垂直轴转动的角度大于由转向盘转角和轮速确定的车辆应该绕其垂直轴的转角，则判断为过度转向，ECU立即指令执行器使汽车外侧前轮制动，地面制动力将对汽车产生一个与转向方向相反的力矩，纠正过度转向，使汽车回到正常的路线，按照驾驶人的驾驶意图行驶，该控制过程如图7-49所示。ESP起作用时，如果单独

图7-48　ESP克服不足转向的控制过程

制动某一车轮不足以稳定车辆，还可以根据情况同时对两个或多个车轮制动，对各个车轮的制动力也可以不同。此外，还可以根据情况对发动机的工作进行干预，降低发动机的输出转矩，达到迅速有效控制车辆稳定的目的。

（3）ESP紧急避障的控制过程　车辆要快速躲避路上的障碍物时，如图7-50所示，驾驶人必须非常迅速地向左打转向盘，通过转向盘转角传感器、横摆角速度传感器、侧向加速度传感器等传感器提供的信号，ECU识别驾驶人意图，ESP立即指令执行器使车辆左后轮制动，这会促进车辆的转向运动，帮助驾驶人快速避开障碍物；当车辆已避开障碍物后，驾驶人

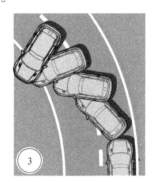

图7-49　ESP克服转向过度的控制过程

便开始向右打转向盘，为防止转向过度，ESP使右前轮被制动，后车轮自由旋转以保证作用于后轴的侧向力逐步增加，使车辆快速转向，回到原有车道。为阻止车辆出现甩尾，限制前轴侧向力的建立，最后左前轮被制动，使车辆行驶方向快速回正。车辆稳定后，ESP结束其纠正措施。

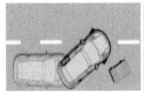

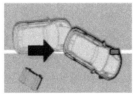
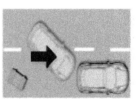

图7-50　ESP紧急避障的控制过程

7.1.4　制动能量回收系统

汽车在行驶过程中需要不断消耗能量，而随着城市交通拥堵情况

制动能量回收系统简介

加重，汽车行驶制动频繁，据相关数据研究表明，在典型城市工况下，根据个人驾驶习惯及路况，制动损失的能量约占汽车总能耗的 30%~50%。因此，现代汽车增设制动能量回收与再利用系统，既能有效改善汽车经济性、安全性问题，也能有效降低燃油消耗，减少有害气体排放，具有重大意义。

1. 制动能量回收概述

汽车制动能量回收，又称回馈制动或再生制动，是指车辆减速或制动时，将其一部分动能转化为其他形式的能量储存起来以备驱动时使用的过程。汽车制动能量回收系统如图 7-51 所示，先将车辆制动或减速时的一部分机械能（动能）经能量转换装置转换成其他形式的能量（旋转动能、液压能、化学能等），并储存于储能装置中，同时产生一定的负荷阻力使车辆减速制动；当车辆再次起动或加速时，再生系统又将储存在储能装置中的能量转化为车辆行驶时需要的动能（驱动力）。

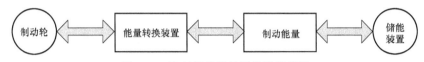

图 7-51　汽车制动能量回收系统简图

对于汽车制动能量回收系统，汽车的驱动方式是一种动力源与蓄能装置的复合动力驱动系统，通常采用的是内燃机与蓄能装置、电力与蓄能装置等。通过动力源与蓄能器的合理匹配，自动控制驱动汽车的方式，实现汽车的节能和环保。

按照蓄能装置形式的不同，常见的汽车制动能量回收系统可分为机械式飞轮储能、液压蓄能器储能、蓄电池储能以及它们之间两种组合的复合储能，其中转换器根据储能形式的不同可分为无级变速器、发动机/电动机、液压泵/马达。

2. 制动能量储能装置的对比

汽车制动能量回收与再利用，所回收的能量以何种方式存储是关键技术问题之一。对于汽车而言，理想的储能装置应具备以下条件：能量密度（比能量）高，以减轻车辆自重，减少油耗；存储与释放能量循环次数足够多，最好与车辆使用年限相同，以降低车辆使用成本；对环境友好，尤其对使用环境温度要求不高；具有足够高的安全系数，能抵御一定等级的交通事故；性价比高，技术成熟；具有足够储能空间，能量转换效率高，储能与释能速度快。

目前制动能量回收的途径主要有三种：一是机械储能，即利用飞轮进行储能，将制动能转化为飞轮的动能；二是液压储能，即把制动能转变为高压油储存在液压缸中；三是蓄电池储能，即把能量转化为电能储存在蓄电池中。

（1）飞轮储能　飞轮储能是机械蓄能的一种形式，以惯性能（动能）的方式，将能量储存在高速旋转的飞轮中。当车辆制动时，飞轮储能系统带动飞轮加速，将车身的惯性动能转化为飞轮的旋转动能。当车辆需起动或加速时，飞轮减速，释放其旋转动能给车身。图 7-52 所示为飞轮储能式制动能量回收系统示意图，该系统主要由发动机、高速储能飞轮、增速齿轮、飞轮离合器和驱动桥组成。

按构成材料分，飞轮主要有两种：金属制飞轮与超级飞轮。金属制飞轮以钢制飞轮为主，此种飞轮能量密度（单位飞轮重量储存的最大能量）较低，但因其价廉，易于加工，并在传动系统中易于连接而得到广泛应用。超级飞轮一般采用强度较高的碳纤维材料，其比

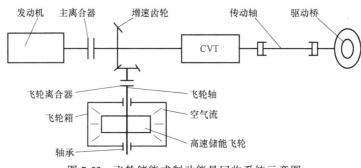

图 7-52 飞轮储能式制动能量回收系统示意图

强度（拉伸强度/密度）是钢制材料的 10 倍，转速可以达到近 80000r/min，所以它的成本相当高，对制造技术要求也极高。

为了使飞轮能充分有效地保存能量，常将飞轮运行于密闭的真空系统中。目前该方面的前沿研究是飞轮轴承采用高温超导磁悬浮技术，利用永磁铁的磁通被超导体阻挡所产生的排斥力使飞轮处于悬浮状态。设计飞轮时，既要考虑本身强度，又需注意系统的共振及稳定性。飞轮储能附加重量较轻、成本低，但技术难度大，节油效果不如液压储能。

（2）液压储能 液压储能以液压能的方式储存能量。系统由一个具有可逆作用的泵/马达实现储能装置中的液压能与车辆动能之间的转化，即在车辆制动时，储能装置将泵/马达以泵的形式工作，车辆行驶的动能带动泵旋转，将高压油压入储能装置中，实现动能到液压能的转化；在车辆起动或加速时，储能装置再将泵/马达以马达的形式工作，高压油从储能装置中输出，带动马达工作，实现液压能到车辆动能的转化。

图 7-53 所示为液压储能式制动能量回收系统示意图，该系统主要由发动机、液压泵/马达、液压储能器、联动变速器、驱动桥、液控离合器和液压控制系统等组成。

起动、加速或爬坡时，液控离合器接合，液压储能器与联动变速器连接，液压储能器中的液压能通过液压泵/马达转化为驱动车辆的动能，用来辅助发动机满足驱动车辆所需要的峰值功率。减速时，电控元件发出信号，使系统处

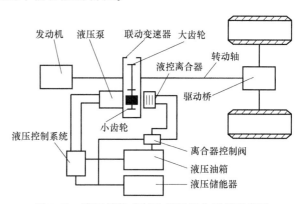

图 7-53 液压储能式制动能量回收系统示意图

于储能状态，将动能转化为压力能储存在液压储能器中，车辆行驶阻力增大，车速降低直至停车。

储能装置主要有重锤式、弹簧式和充气式，其中以充气式使用最为广泛。该储能器是在钢制的压力容器内装有气体和油，中间以某种材料隔开，按隔离方式分为活塞式和皮囊式两种，都是利用密封气体的可压缩性原理制成的。

液压储能的能量密度比飞轮储能与蓄电池储能都小，但其在三者中，具有最大的功率密度，能在车辆起步和加速时提供给车辆所需要的大转矩。同时，液压储能系统可较长时间储能，各个部件技术成熟，工作可靠，整个系统实现技术难度小，便于实际商业化应用。

液压储能装置也有较多缺点，如压力高、密封性能要求较高，并且系统的体积庞大。所以，液压储能式再生制动能量系统一般应用在工程机械、城市客车或其他大型车辆上，以提高其起步加速性能。

（3）蓄电池储能 蓄电池储能以电能方式储存能量。该系统以具有可逆作用的发电机/电动机实现蓄电池中的电能和车辆动能的转化。在车辆制动时，发电机/电动机以发电机形式工作，车辆行驶的动能带动发电机将车辆动能转化为电能并储存在蓄电池中。

在车辆起动或加速时，发电机/电动机以电动机形式工作，将储存在蓄电池中的电能转化为机械能供给车辆。蓄电池储能非常适合于电动汽车。现在由于人们环保意识增强，对汽车排放有日趋严格的限制，同时为进一步缓解非再生石油燃料紧张的现状，电动汽车以无污染、行驶噪声小的优点受到人们的广泛关注。

图 7-54 所示为蓄电池储能式制动能量回收系统示意图。当汽车以恒定速度或加速度行驶时，电磁离合器脱开。当汽车制动时，行车制动系统开始工作，汽车减速制动，电磁离合器接合，从而接通驱动轴和变速器的输出轴。这样，汽车的动能由输出轴、离合器、驱动轴、驱动轮和从动轮传到发动机和飞轮上。制动时的机械能由电动机转换为电能，存入蓄电池。

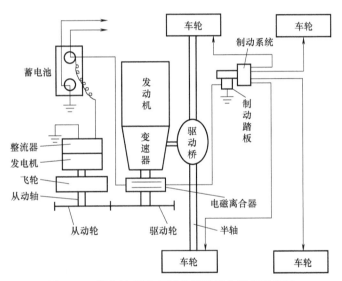

图 7-54 蓄电池储能式制动能量回收系统示意图

蓄电池储能具有较多优点，如转矩输出大、能量释放便于控制、技术成熟，已在电动汽车领域广泛应用。

3. 电动汽车制动能量回收系统

续驶里程短是制约电动汽车普及发展的关键因素，制动能量回收技术是提高电动汽车续驶里程的有效手段。制动能量回收即汽车在制动时，通过制动装置将动能转化为电能储存在动力蓄电池、超级电容等储能设备中，供驱动时使用，以达到延长电动汽车续驶里程的目的，同时还可起到减少制动器工作强度、延长机械制动系统寿命的作用。因为具备上述优点，制动能量回收技术已成为电动汽车等新能源汽车节能减排的主要技术之一。

（1）电动汽车制动能量回收系统工作模式 电动汽车制动能量回收系统主要包括两部

分：电动机再生制动部分和传统液压摩擦制动部分。电动机再生制动虽然可以回收制动能量并向车轮提供部分制动力，但是电动机再生制动效果受电动机特性、电池、车速等诸多条件的限制，在紧急制动和高强度制动时不能独立完成制动要求，为了保证整车制动的安全性，在采用再生制动的同时，还要采用传统液压摩擦制动作为辅助。这种混合制动机构，按照两者作用的方式可以分为串联制动和并联制动。

1）串联制动。串联制动的工作方式是随整车制动力的大小而变化，始终秉持着再生制动系统工作的优先性且最大限度参与的原则。当需求的制动力较小时，仅再生制动系统工作就可以满足整车制动的要求，因此电动汽车的制动力由电动机提供。当需求的制动力较大时，由于再生制动系统所能提供的制动力是固定的，达不到整车对于制动力的需求，此时必须有机械制动系统参与工作，以提供不足的制动力，串联制动系统的控制原理如图 7-55 所示。

串联制动系统一般是需要通过与 ABS 系统联合形成集成控制，它可以调整单个车轮的液压制动力，并能够最大限度地利用再生制动力与路面附着条件。串联制动系统的工作原则决定了在再生制动力利用上比其他方式更为彻底，因此所能回收的能量相对比较高。同时，串联制动系统也有一定的局限性，结构复杂、成本相对较高，而且需要集成的控制系统。

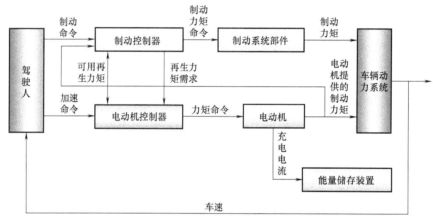

图 7-55　串联制动系统的控制原理

2）并联制动。并联制动系统与串联制动系统相比，再生制动系统利用方面不如串联方式充分，所能回收的能量也相对较少。但并联制动系统也具有一定的优越性，只需要对原有传统机械制动系统稍加变动即可实现，因此，结构相对比较简单，制造成本低。并联制动系统的控制原理如图 7-56 所示。

与串联制动相比，尽管所回收的制动能量相对要少，但是该方法不需要控制机械制动力的大小，仅需要控制电动机再生制动力的大小，结构简单可靠，制造成本低，当再生制动失效时，仍可安全制动。

（2）电动汽车制动能量回收的影响因素

1）储能装置。电动汽车上常用的储能装置有蓄电池、燃料电池、超级电容、飞轮电池等，其中最常用的还是蓄电池。因此，在制动能量回收进行时要充分考虑蓄电池的状态，如果制动过程中蓄电池 SOC 值超过上限值，表明蓄电池电量充足不需充电，此时不宜进行制动能量回收，否则会损害蓄电池寿命，并且有可能引发安全问题。另外，为了保护蓄电池，

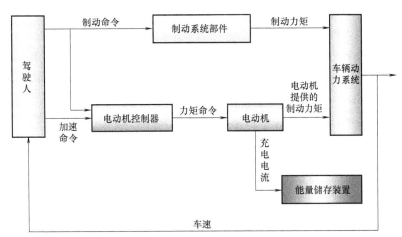

图 7-56 并联制动系统的控制原理

制动能量回收过程还要充分考虑蓄电池能承受的最大充电电流和充电功率。

2）制动力分配比例。由于电动汽车运行速度较高，制动时仅仅依靠再生制动很难及时减速，这就需要机械制动提供相应的制动力，因此制动过程中再生制动力和机械制动力的比例就显得尤为重要，在保证制动稳定性的前提下，再生制动力所占比例越高，越有利于制动能量回收。

3）驱动类型。从车型角度考虑，目前对于电动汽车研究涉及最多的是双轴电动轿车，但无论双轴电动轿车为两驱型还是四驱型，制动过程中能够回收的能量均只是驱动轮上的行驶动能，而从动轮上的动能只能依靠机械摩擦制动产生热量消耗掉。因此，在保证制动安全的前提下，尽可能多地向驱动轮分配制动力，有利于提高制动能量回收效率。

4）电动机性能。作为再生制动系统的关键部件，电动机的制动能力越好，就可在分配再生制动力与机械制动力时提高再生制动力比例，增加制动能量回收效果。此外，电动机的发电效率也对制动能量回收有很大影响，另外在低速和高速时也不利于电动机进行制动能量回收。

5）行驶工况。行驶工况对于制动能量的回收影响最直接，若电动汽车行驶在城市交通较拥挤的道路上，需要频繁起步、加速、减速，则制动工况较多，提高了再生制动次数，能够增加能量回收效果；若电动汽车行驶在高速公路时，很少会出现制动减速工况，制动能量回收较少。

6）控制策略。制动控制策略是电动汽车的软件核心。对于再生制动技术，提高能量回收效率需要依靠合理的再生制动控制策略。再生制动控制策略最关键的内容是在保证制动安全的前提下，最优地分配再生制动力和前、后轮机械摩擦制动力，最大限度地实现能量回收以及优化驾驶人感受。

除上述六大主要影响因素外，在制动能量回收及传递过程中，各个部件自身的效率等也会对制动能量回收效果产生影响。

4. 典型汽车制动能量回收系统实例

下面以典型的丰田普锐斯混合动力汽车的 THS-II（第二代再生制动）制动系统为例，介绍制动能量回收系统的工作原理。

丰田普锐斯混合动力汽车的 THS-Ⅱ制动系统属于 ECB（电子控制制动）系统。THS-Ⅱ制动系统可根据驾驶人踩制动踏板的程度和所施加的力计算所需的制动力。然后，此系统施加需要的制动力（包括再生制动力和液压制动系统产生的制动力）并有效地吸收能量。

THS-Ⅱ制动系统的组成包括制动信号输入、电源和液压控制部分，取消了传统的真空助力器。正常制动时，主缸产生的液压力换成液压信号，而不是直接作用在轮缸上，通过调整作用于轮缸的制动执行器上液压源的液压获得实际控制压力。THS-Ⅱ制动系统控制原理图如图 7-57 所示。

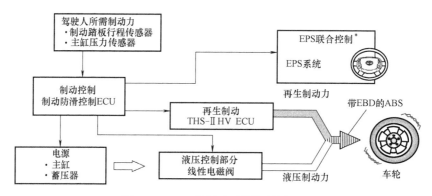

图 7-57　THS-Ⅱ制动系统控制原理图

根据车辆运行状况，制动能量回收系统的能量回收具备不同的模式。

（1）发动机关闭时滑行/制动状态下的能量回收模式　在发动机关闭时滑行/制动状态下的能量回收模式如图 7-58 所示。在发动机关闭时滑行/制动状态下，发动机与电动机离合器打开，电动机/发电机离合器闭合，能量仅通过电动机/发电机回收。

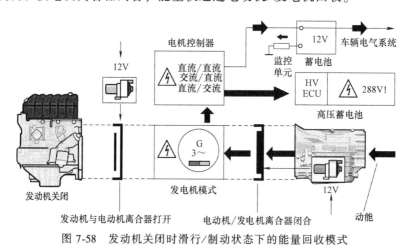

图 7-58　发动机关闭时滑行/制动状态下的能量回收模式

（2）发动机倒拖时滑行/制动状态下的能量回收模式　在发动机倒拖时滑行/制动状态下的能量回收模式如图 7-59 所示。在发动机倒拖时滑行/制动状态下，发动机与电动机离合器闭合，电动机/发电机离合器闭合，能量除了通过电动机/发电机回收外，一部分用于发动机制动（此时发动机切断燃油供给）。

（3）发动机起动时滑行/制动状态下的能量回收模式　在发动机起动时滑行/制动状态

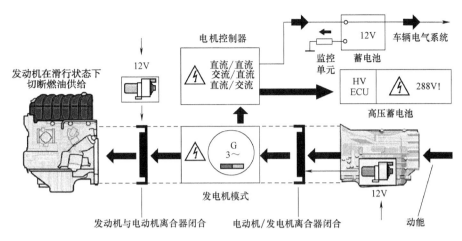

图 7-59　发动机倒拖时滑行/制动状态下的能量回收模式

下的能量回收模式如图 7-60 所示。在发动机起动时滑行/制动状态下，发动机离合器打开，电动机/发电机离合器闭合，能量仅通过电动机/发电机回收。

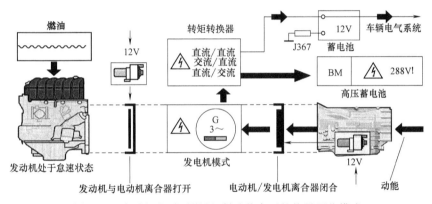

图 7-60　发动机起动时滑行/制动状态下的能量回收模式

7.1.5　其他制动控制系统

1. 电子制动力分配系统（EBD）

ABS 解决了汽车紧急制动时附着系数的利用，并可获得较好的制动方向稳定性及较短的制动距离，但是，它不能在制动的全过程中，随路面附着情况的不同，对所有车轮的制动力的大小随机进行有效的分配和调节。如在高速行驶过程中有转向工况时，因离心力的作用，内外车轮附着力有差异，制动力不能随机调节，影响了行车的方向稳定性。因此 ABS 就进一步发展衍生出了新的主动安全技术——电子制动力分配系统。

电子制动力分配系统简介

电子制动力分配系统（Electronic Brake-force Distribution，EBD），可自动调节前、后轮的制动力分配比例，提高制动效能（在一定程度上可以缩短制动距离），并配合 ABS 提高制动稳定性。它能在制动的全过程中，根据四个车轮的附着情况，用高速计算机处理车轮的感应信号，瞬间计算出滑移率的量值，在运动中不断地高速调节制动压力，以获得最佳的制动

效果，提高了制动的平稳性和安全性，并延长了制动蹄的使用寿命。

（1）EBD 的功用　电子制动力分配系统（EBD）主要作用有：

1）紧急制动时，防止因后轮先被抱死造成汽车滑动及甩尾。

2）取代 P 阀（又称比例阀）的功能，比机械式分配阀可提高后轮制动力，缩短了制动距离。

3）可分别控制四个车轮的制动。

4）确保 ABS 工作时的制动安全性。

5）实现后轮制动压力左右独立控制，确保转向制动时的安全性。

6）提高后轮的制动效果，减少前轮制动摩擦片的磨损量及温度的上升。

（2）EBD 的组成及工作原理　电子制动力分配系统（EBD）由转速传感器、电子控制器和液压执行器三部分组成，其结构示意图如图 7-61 所示。电磁感应式转速传感器安装在四个车轮上，检测车轮转速。液压执行器主要由控制前、后轮压力的常开阀、常闭阀和低压蓄能器组成。低压蓄能器的作用是暂存降压时所排出的制动液。

EBD 的工作原理：轮速信号送至电子控制器，电子控制器根据这些信号计算汽

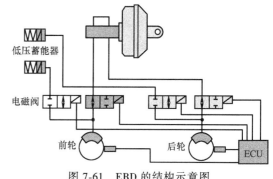

图 7-61　EBD 的结构示意图

车参考车速、车轮的转速及前后轮的滑移率之差，并按一定的控制规律向液压执行器中的电磁阀发出信号，对车轮实行保压、减压和加压的循环控制，使前、后轮趋于同步抱死。在制动结束后，制动踏板松开，制动主缸内的制动压力为零。此时，再次打开常闭阀，低压蓄能器中的制动液经常闭阀、常开阀返回制动主缸，低压蓄能器排空，为下一次电子制动力分配调节做好准备。在紧急制动车轮抱死的情况下，EBD 在 ABS 动作之前就已经平衡了每一个车轮的有效地面抓地力，可以防止出现甩尾和侧滑，并缩短汽车制动距离。

（3）EBD 的控制原理　当汽车载荷发生变化时，理想的前、后轮制动力分配关系会随之发生改变。如果制动系统安装了机械式制动压力调节阀，虽然可以避免出现后轮先抱死，但制动力调节曲线与理想的制动力分配曲线相差较大，导致制动效率不高。因此，制动效能较低，前轮可能因抱死而丧失转向控制能力，后轮也可能因抱死而发生甩尾现象。

如果制动系统安装了 EBD，其制动力调节曲线在各种载荷下均能与理想的制动力分配曲线靠近，以获得较高的制动效率，如图 7-62 所示。当汽车制动时，ABS/EBD ECU 首先根据制动减速度信号，从存储器中的制动力数据 MAP 中查询得到前、后车轮制动力的分配数值，然后向 ABS 的制动压力调节器发出升压、减压或保压的控制指令，从而实现前、后车轮制动力的最佳分配。

汽车制动力分配系统 EBD 和防抱死制动系

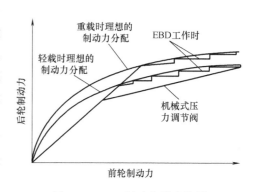

图 7-62　EBD 制动力分配控制

统 ABS 等主动安全技术是一个控制功能相互协调的有机整体。当 EBD 分配给车轮的制动力大于车轮附着力时，车轮就会抱死滑移，此时防抱死制动系统 ABS 就会投入工作，通过调节（减小）车轮的制动力将滑移率控制为 10%～30%，从而提高制动效能。

当汽车在弯道制动时，整车轴荷向外侧移动，内侧车轮的轴荷减小，外侧车轮的轴荷变大。因此，内侧车轮附着力未能充分利用，外侧车轮也需要增大制动力来充分利用其附着力。ABS/EBD ECU 即可实现弯道制动时，内、外侧车轮制动力的最佳分配。

2. 电子制动辅助系统（EBA）

在正常情况下，大多数驾驶人开始制动时只施加很小的力，然后根据情况增加或调整对制动踏板施加的制动力。如果必须突然施加大得多的制动力，或驾驶人反应过慢，这种方法会阻碍他们及时施加最大的制动力。许多驾驶人也对需要施加比较大的制动力没有准备，或者他们反应得太晚，造成制动距离过长，导致追尾等交通事故。电子制动辅助系统（Electronic Brake Assist，EBA）的出现很好地解决了这个问题，为驾驶人提供了及时的制动辅助。

配备了 EBA 的车辆，EBA 会监控驾驶人踩制动踏板的频率和力量，在紧急的时刻辅助驾驶人对车辆施加更大的制动力，从而缩短制动距离，确保车辆安全。作为辅助制动操作系统，EBA 可以在紧急情况下提高制动时的制动力，达到理想的制动效果，防止交通事故的发生。

电子制动辅助
系统简介

（1）EBA 的功用　EBA 通过驾驶人踩踏制动踏板的速率来理解它的制动行为，如果它察觉到制动踏板的制动压力恐慌性增加，EBA 会在几毫秒内启动全部制动力，其速度要比大多数驾驶人移动脚的速度快得多。

EBA 可显著缩短紧急制动距离并有助于防止在停停走走的交通中发生追尾事故。它一旦监测到踩踏制动踏板的速度陡增，而且驾驶人继续大力踩踏制动踏板，它就会释放出最大的制动力。

驾驶人一旦释放制动踏板，EBA 系统就转入待机模式。由于更早地施加了最大的制动力，紧急制动辅助装置可显著缩短制动距离。同时，EBA 可以减轻驾驶人的疲劳程度。如果没有 EBA 系统，驾驶人在驾驶过程中会操纵很困难，当遇到紧急情况时由于制动不及时、不到位，会导致事故的发生，同时使得驾驶人驾驶过于紧张、疲劳。在 EBA 的帮助下，驾驶人的操作可变得更加顺利、轻松。

（2）EBA 系统的组成及工作原理　EBA 系统主要由传感器、执行器和 ECU 组成，其结构示意图如图 7-63 所示。

EBA 所使用的传感器主要包括汽车 ABS 系统所使用的车速传感器、轮速传感器，同时，在主缸上安装了一个主缸压力传感器，在制动踏板上安装了一个制动踏板行程传感器，在行车过程中感应驾驶人对制动踏板踩踏的力度与速度。

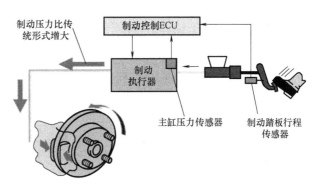

图 7-63　EBA 结构示意图

EBA 系统的核心执行器是电子真空助力器（Electronic Vacuum Booster，EVB）。EVB 在

普通真空助力器的基础上加装了电磁铁和电动套管两个部件。电磁铁作为电子真空助力器独立于驾驶人之外的动力装置，主要由线圈及铁心两部分组成。当驾驶人未施加制动，EVB开始工作时，电磁铁将代替驾驶人对真空助力器内部的真空阀和大气阀进行操作，以调节制动压力。若EVB接收到EBA等驾驶辅助系统发出的需要增加制动压力的指令，电磁铁加电，实现对原车制动压力的电控主动加压调节。如果是紧急制动，ECU会启动电子真空助力器内部的电磁机构，快速将制动压力提升至助力器的最大伺服点，达到助力器的最大伺服压力。

通常情况下，EBA的响应速度都会远远快于驾驶人，这对缩短制动距离，增强安全性非常有利。此外，对于脚力较差的驾驶人及高龄驾驶人闪避紧急危险的制动，帮助也很大。

7.2 汽车电子助力转向系统

电子助力转向
系统简介

汽车的转向系统是对驾驶人来说十分重要但又不能轻易看到的结构，其性能优劣直接影响到人们的驾乘体验和车辆的运行状态。由于机械式转向系统操作费力，而且不安全，随着液压助力转向系统的出现大为改善了汽车转向性能。汽车转向系统经历了四个发展阶段：从最初的机械式转向系统（Manual Steering，MS）发展为液压助力转向系统（Hydraulic Power Steering，HPS），然后又出现了电控液压助力转向系统（Electro-hydraulic Power Steering，EHPS）和电动助力转向系统（Electric Power Steering，EPS）。

7.2.1 电子助力转向系统概述

1. 电子助力转向系统的作用

助力转向系统是在驾驶人的控制下，借助汽车发动机产生的液体压力或电动机驱动力来实现车轮转向，所以助力转向系统也称为转向动力放大装置。助力转向系统由于具有可使转向操纵灵活、轻便，同时能吸收路面对前轮产生的冲击等优点，因此在中型载货汽车，尤其是在重型载货汽车上得到了广泛使用。但是，传统的助力转向系统所设定的固定放大倍率不可能同时满足汽车在不同行驶工况下都有最佳助力作用的要求，因此，使汽车的转向盘操纵总不能达到令人满意的程度。

电子助力转向系统是根据车速、转向情况等对转向助力实施控制，使助力转向系统在不同的行驶条件下都有最佳的放大倍率：在低速时有较大的放大倍率，可以减轻转向操纵力，使转向轻便、灵活；在高速时则适当减小放大倍率，以稳定转向手感，提高高速行驶的操纵稳定性。同时其还具有以下优点：

1）增强了转向跟随性。转向盘与转向轮之间具有准确的一一对应关系，同时能保证转向轮维持在任意转向角位置。

2）有高度的转向灵敏度。转向轮对转向盘具有灵敏的响应。

3）良好的操纵稳定性。具有很好的直线行驶稳定性和转向自动回正能力。

4）电子助力转向系统的能耗是液压助力转向系统能耗的1/3以下，使整车油耗下降可

达 3%～5%。

2. 电子助力转向系统的类型

电子助力转向系统主要由机械转向机构、转向助力系统和电子控制系统组成。根据转向动力源不同，可分为液压式电子助力转向系统和电动式电子助力转向系统。

液压式电子助力转向系统又称为电控液压助力转向系统（EHPS），是在传统的液压动力转向系统的基础上增设了控制液体流量的电磁阀、车速传感器和电子控制单元等。电子控制单元根据检测到的车速信号控制电磁阀，使转向动力放大倍率实现连续可调，从而满足高、低速时的转向助力要求。

电动式电子助力转向系统又称为电动助力转向系统（EPS），是在传统的机械式转向系统的基础上，利用直流电动机作为动力源，电子控制单元根据转向参数和车速等信号，控制电动机转矩的大小和转动方向。电动机的转矩由电磁离合器通过减速机构减速增矩后，加在汽车的转向机构上，使之得到一个与工况相适应的转向作用力。

7.2.2　电子助力转向系统的结构与原理

1. 液压式电子助力转向系统（EHPS）

液压式电子助力转向系统在轿车上应用较多。根据控制方式不同，液压式电子助力转向系统分为流量控制式、反力控制式和阀灵敏度控制式三种形式。

（1）流量控制式电子助力转向系统　流量控制式电子助力转向系统是 ECU 根据车速传感器的信号，控制电磁阀的开启程度，从而控制转向动力缸活塞两侧油室的旁路液压油流量，以控制转向力的大小。该系统结构如图 7-64 所示，它是在一般液压助力转向系统上增加了旁通流量控制阀、车速传感器、转角速度传感器、电子控制单元和控制开关等元件。

流量控制式电子助力转向系统工作原理如图 7-65 所示，在转向液压泵与转向器本体之间设有旁通管路，在旁通管路中又设有旁通流量控制阀。按照来自车速传感器、转角速度传感器和控制开关的信号，控制器向旁通流量控制阀发出控制信号，控制旁通流量，从而调整向转向器供油的流量。当向转向器供油的流量减少时，动力转向控制阀灵敏度下降，转向助力作用降低。

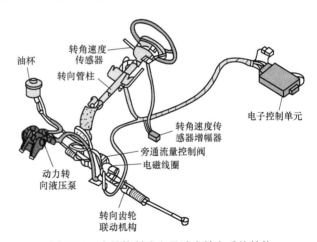

图 7-64　流量控制式电子助力转向系统结构

当车速很低时，控制器输出的脉冲控制信号的占空比很小，电磁阀开启程度也很小，旁路液压油流量小，液压助力作用大，使低速时转向盘操纵轻便。

当车速提高时，电子控制单元输出的脉冲控制信号的占空比增大，通过旁通流量控制阀线圈的平均电流增大，旁路液压油流量增大，从而使液压助力作用减小，以增加高速时转向盘的路感。

（2）反力控制式电子助力转向系统　反力控制式电子助力转向系统是根据车速大小，

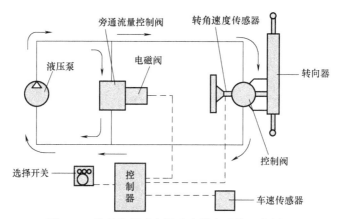

图 7-65　流量控制式电子助力转向系统工作原理

控制液压反力腔油压，从而改变输入、输出增益幅度以控制转向力。

反力控制式电子助力转向系统结构如图 7-66 所示，主要由转向盘、分流阀、电磁阀、动力缸、泵、储油罐、车速传感器及电子控制单元（ECU）等组成。

当汽车低速行驶时，ECU 输出较大的通电电流，使电磁阀的开度增加，由分流阀分出的液体流过电磁阀回到转向储油罐中。因此，油压反力室的压力减小，柱塞推动控制阀杆，利用转向盘的转向力来增大扭杆扭力。回转阀按照扭杆角做相对的旋转，使液压泵油压作用于转向动力缸的右室，活塞左右运动，从而使转向轻便、灵活。汽车在中高速行驶转向时，汽车转向盘微量转动时，控制阀杆根据扭杆的旋转角度而转动，回转阀的开度减小，回转阀里面的压力增加，流向电磁阀和油压反力室中的液流量增加，反力增大，使得柱塞推动控制阀杆的力变大。液流从量孔流进油压反力室中，这也增大了油压反力室中的液体压力，故当转向盘的转动角度增加时，将需要更大的转向操控力，从而在高速行驶中保证良好的转向特性。

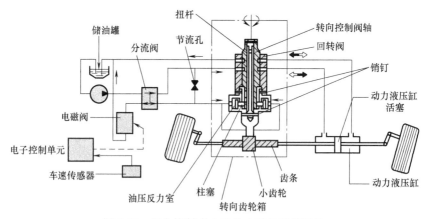

图 7-66　反力控制式电子助力转向系统结构

（3）阀灵敏度控制式电子助力转向系统　阀灵敏度控制式电子助力转向系统是根据车速控制电磁阀，直接改变动力转向控制阀的油压增益（阀灵敏度）来控制油压的方法。这种转向系统结构简单、部件少、价格便宜，而且具有较大的选择转向力的自由度，可以获得自然的转向手感和良好的转向特性。

阀灵敏度控制式电子助力转向系统结构如图 7-67 所示。转子阀的可变小孔分为低速专用小孔（1R、1L、2R、2L）和高速专用小孔（3R、3L）两种，在高速专用小孔的下边设有旁通电磁阀回路。

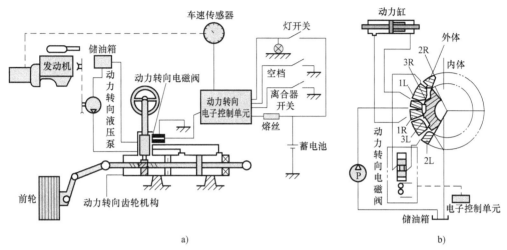

图 7-67 阀灵敏度控制式电子助力转向系统结构

a）系统示意图 b）转子阀

图 7-68 所示为该系统的控制阀等效液压回路，其工作过程如下：当车辆停止时，电磁阀完全关闭，如果此时向右转动转向盘，则高灵敏度低速专用小孔 1R 及 2R 在较小的转向转矩作用下即可关闭，转向液压泵的高压油液经 1L 流向转向动力缸右腔室，其左腔室的油液经 3L、2L 流回储油箱，所以此时具有轻便的转向特性。施加在转向盘上的转向力矩越大，可变小孔 1L、2L 的开口面积越大，节流作用越小，转向助力作用越明显。

随着车辆行驶速度的提高，在电子控制单元的作用下，电磁阀的开度也线性增加，如果向右转动转向盘，则转向液压泵的高压油液经 1L、3R 旁通电磁阀流回转向油罐。此时，转向动力缸右腔室的转向助力油压就取决于旁通电磁阀和灵敏度低的高速专用小孔 3R 的开度。车速越高，在电子控制单元的控制下，电磁阀的开度越大，旁路流量越大，转向助力作用越小；在车速不变的情况下，施加在转向盘上的转向力越小，高速专用小孔 3R 的开度越大，转向助力作用越小，当转向力增大时，3R 的开度逐渐减小，转向助力作用随之增大。由此可见，阀灵敏度控制式电子助力转向系统可使驾驶人获得非常自然的转向手感和良好的速度转向特性。

2. 电动助力转向系统（EPS）

液压式电子助力转向系统由于工作压力和工作灵敏度高，外廓尺寸较小，因此获得了广泛应用，但这类转向系统的缺点是结构复杂、消耗功率大，容易产生泄漏，转向力不易有效控制等。随着电子技术的进一步发展，越来越多的轿车上采用电动助力转向系统（EPS），它是一种直接依靠电动机提供辅助动力的电控动力转向系统。

电动助力转向系统（EPS）是当前世界最先进的转向助力系统，是助力转向系统的主流发展趋势。

（1）EPS 的特点 相比传统液压助力转向系统，电动助力转向系统具有以下优点：

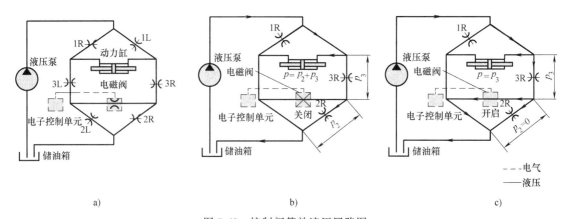

图 7-68　控制阀等效液压回路图

a）等效液压回路　b）助力作用增大　c）助力作用减小

1）能耗低。传统的液压助力转向系统由发动机带动转向液压泵，不管转向或者不转向都要消耗发动机部分动力。而 EPS 只是在转向时才由电动机提供助力，不转向时不消耗能量，可以显著降低燃油消耗。因此，电动助力转向系统可以降低车辆的燃油消耗。与液压助力转向系统对比试验表明：在不转向时，EPS 可以降低燃油消耗 2.5%；在转向时，可以降低 5.5%。

2）助力特性优越。EPS 转向助力大小可以通过软件调整，能够兼顾低速时的转向轻便性和高速转向时的操纵稳定性，回正性能好。传统的液压助力转向系统所提供的转向助力大小不能随车速的提高而改变，这样就使得车辆虽然在低速时具有良好的转向轻便性，但是在高速行驶时转向盘太轻，会产生转向"发飘"的现象，驾驶人缺少显著的"路感"，降低了高速行驶时的车辆稳定性和驾驶人的安全感。

EPS 提供的助力大小可以通过软件方便地调整。在低速时，电动助力转向系统可以提供较大的转向助力，提供车辆的转向轻便性；随着车速的提高，电动助力转向系统提供的转向助力可以逐渐减小，转向时驾驶人所需提供的转向力将逐渐增大，这样驾驶人就感受到明显的"路感"，提高了车辆稳定性。

EPS 还可以施加一定的附加回正力矩或阻尼力矩，使得低速时转向盘能够精确地回到中间位置，而且可以抑制高速回正过程中转向盘的振荡和超调，兼顾了车辆高、低速时的回正性能。

3）EPS 结构紧凑，重量轻，生产线装配好，易于维护保养。

电动助力转向系统取消了液压转向液压泵、液压缸、液压管路、油罐等部件，而且电动机及减速机构可以和转向柱、转向器做成一个整体，使得整个转向系统结构紧凑，重量轻，在生产线上的装配性好，可节省装配时间，易于维护保养。

4）通过程序的设置，EPS 容易与不同车型匹配，可以缩短生产和开发的周期。

由于 EPS 具有上述多项优点，因此近年来获得了越来越广泛的应用。

（2）EPS 的类型　根据电动机和减速器安装位置的不同，EPS 分为转向轴助力式、齿轮助力式、齿条助力式三种类型，如图 7-69 所示。

1）转向轴助力式。这种转向助力系统的电动机安装在转向轴侧面，通过电磁离合器和减速机构与转向轴相连，直接驱动转向轴实施转向助力，如图 7-69a 所示。

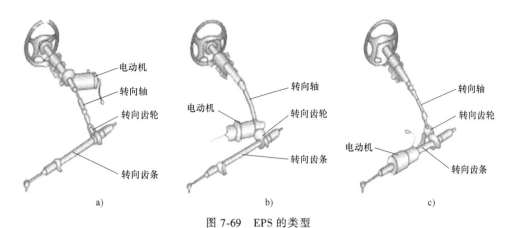

图 7-69 EPS 的类型

a）转向轴助力式 b）齿轮助力式 c）齿条助力式

特点：①转向系统的重量轻，占用的空间小；②助力要通过输入轴传递到转向器上，输入轴需要承受助力，降低了安全性；③电动机距离驾驶人较近，产生的振动、噪声通过转向操纵机构和仪表板向外辐射，影响舒适性。

应用：因为这种转向系统的助力功率较小，所以只能运用在轻型车上。

2）齿轮助力式。这种转向助力系统的转矩传感器、电动机和减速机构以及离合器集成在一起，安装在转向器齿轮处。电动机的输出力矩经离合器、蜗轮蜗杆减速机构直接作用在小齿轮上，如图 7-69b 所示。

特点：①助力直接作用在转向齿轮上，转向管柱、输入轴和万向节上只承受驾驶人施加在转向盘上的转向力矩，提高了转向器的安全性；②与液压助力转向器相比，它提供了更高的转向器精确性、安全性和行驶舒适性。

应用：与转向轴助力式相比，齿轮助力式可以提供更高的助力，适用于中型车。

3）齿条助力式。这种转向助力系统的转矩传感器单独安装在转向小齿轮附近，电动机和减速机构集成在一起安装在齿条上。电动机的输出力矩通过循环球减速传动机构传递到齿条上，如图 7-69c 所示。

特点：助力机构的位置可以在齿条的周向和轴向上任意选择，保证了转向器空间布置的弹性。

应用：该方案的系统刚度好，传动能力大，适用于前轴负荷较大的汽车，如越野车和厢式货车。

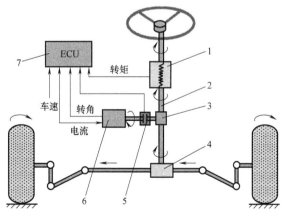

图 7-70 EPS 的结构示意图

1—转矩传感器 2—转向轴 3—减速机构 4—齿轮齿条式转向器 5—离合器 6—电动机 7—电子控制单元（ECU）

（3）EPS 的结构、原理 EPS 基本结构主要包括机械式转向器、转矩传感器、减速机构、离合器、电动机、电子控制单元（ECU）等，其结构如图 7-70 所示。

其基本工作原理是：当转向轴转动时，转矩传感器将检测到的转矩信号转化为电信号送

至电子控制单元 ECU，ECU 再根据转矩信号、车速信号等进行计算，得出助力电动机的转向和助力电流的大小，完成转向助力控制。EPS 可实现在全速范围内的最佳控制，在低速行驶时，减轻转向力，保证汽车转向灵活、轻便；在高速行驶时，适当增加阻尼控制，保证转向盘操纵稳重、可靠。

1）转矩传感器。转矩传感器的作用是测量驾驶人作用在转向盘上力矩的大小与方向。转矩传感器有接触式与非接触式两种，非接触式因其体积小、精度高而被广泛采用，但其成本较高。目前采用较多的是电磁感应式转矩传感器，它是在转向轴位置加一根扭杆，通过扭杆检测输入轴与输出轴的相对扭转位移得到转矩。

转矩传感器的结构与原理如图 7-71 所示，在输出轴的极靴上分别绕有 A、B、C、D 四个线圈，连接成一个桥式回路。在线圈的 U、T 两端输入持续的脉冲电压 U_i，当转向杆上的转矩为 0 时，定子与转子的相对转角为 0，这时转子的纵向对称面处于图示定子 AC、BD 的对称平面上，每个极靴上的磁通量均相等，因而由线圈组成的电桥处于平衡状态，在 V、W 两端的电位差 U_0 为 0。右转向时，由于扭杆与输出轴极靴之间发生相对的扭转变形，定子与转子之间产生角位移 θ。这时，极靴 A、D 的磁阻增大，B、C 的磁阻减小，各极靴的磁通量产生了差别，使电桥失去平衡。于是，在 V、W 之间就出现电位差 U_0。这个电位差与扭杆的扭转角和输入电压 U_i 成正比（$U_0 = k\theta U_i$，k 为比例系数）。由于扭转角与作用于扭杆上的转向力矩成比例，因此，由 U_0 就可获得转向盘的转向力矩。

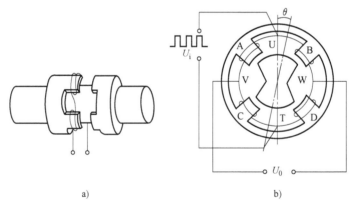

图 7-71 转矩传感器的结构与原理

a）结构图 b）原理图

2）电动机。电动机作为 EPS 的动力源，其根据 ECU 的指令产生相应的输出转矩，通常 EPS 采用无刷永磁式直流电动机。电动机要求低速转矩大、波动小、惯量小、尺寸小、重量轻、可靠性高、控制性能好。电动机的输出转矩控制是通过控制其输入电流来实现的，而电动机的正转和反转则是由 ECU 输出的正、反转触发脉冲控制，其控制电路如图 7-72 所示。

a_1 和 a_2 端为触发信号端，从微机系统的 D/A 转换器得到的直流信号输入到 a_1 和 a_2 端，用以触发电动机产生正、反转。当 a_1 端得到输入信号时，晶体管 VT_3 导通，VT_2 得到基极电流而导通，电动机有电流流过，电动机正转。当 a_2 端得到输入信号时，晶体管 VT_4 导通，VT_1 得到基极电流而导通，电动机有反向电流流过，电动机反转。

控制触发信号端电流的大小，就可以控制电动机通过电流的大小。

3）离合器。EPS 通常采用干式单片式电磁离合器，其功能是保证 EPS 在预先设定的车速范围内闭合。当车速超过设定车速范围时，离合器断开，电动机不再提供助力，转入手动转向状态。另外，当电动机发生故障时，离合器将自动断开。其原理如图 7-73 所示。

安装在电动机输出轴上的主动轮内装有电磁线圈，通过集电环引入电流。当离合器通电时，电磁线圈产生的电磁力使压板与主动轮端面压紧。于是，电动机的动力经主动轮、压板、花键、从动轴传递给减速机构。

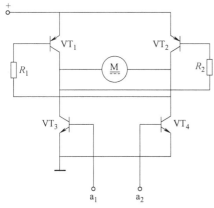

图 7-72　电动机正、反转控制电路

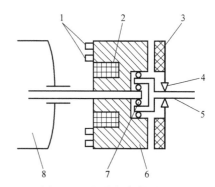

图 7-73　电磁离合器原理图
1—集电环　2—线圈　3—压板　4—花键　5—从动轴
6—主动轮　7—滚子轴承　8—电动机

4）减速机构。EPS 减速机构有多种组合方式，一般采用蜗轮蜗杆传动与转向轴驱动组合方式，也有的采用两级行星齿轮传动与传动齿轮驱动组合方式。为了抑制噪声和提高耐久性，减速机构中的齿轮有的采用特殊齿形，有的采用树脂材料制成。

5）ECU。ECU 的功能是根据转矩传感器和车速传感器传来的信号进行逻辑分析与计算，并发出指令控制电动机和离合器工作。此外，ECU 还有安全保护和自我诊断功能，通过采集电动机的电流、发电机电压、发动机工况等信号判断其系统工作状况是否正常。一旦系统工作异常，将自动取消助力作用，同时还将进行故障诊断分析。

7.3　电子控制悬架系统

电子控制悬架系统可以调整悬架自身参数，使车身的离地高度保持在合理的数值，进而提高汽车的操纵稳定性、行驶平顺性和通过性。同时还可以改善车轮载荷波动，提升附着性能，并减轻轮胎的磨损。

电子控制悬架
系统简介

悬架是连接车身和车轮之间一切传力装置的总称，主要由弹簧（如钢板弹簧、螺旋弹簧、扭杆等）、减振器和导向机构三部分组成。当汽车在不同的路面上行驶时，由于悬架系统实现了车身和车轮之间的弹性支承，有效地降低了车身与车轮的振动，从而改善了汽车行驶的平顺性和操纵稳定性。

汽车的平顺性和操纵稳定性是衡量悬架性能好坏的主要指标，但是机械装置的基本规律指出：良好的行驶性能和良好的操纵性能在使用定刚度弹簧和定阻尼减振器的传统悬架系统中不能同时满足。例如，为提高汽车的行驶平顺性，要求降低弹簧的刚度，使车身加速度减小，以满足汽车行驶在不平路面上时车轮有较大的运动空间，行驶平顺性变好，但同时会导致汽车在行驶过程中，由于路面的颠簸而使车身位移增大，使汽车的操纵稳定性变差；另一方面，为提高汽车的操纵稳定性，增加弹簧刚度和减振器阻尼力，限制车身过大的运动（如汽车转弯行驶时的车身侧倾，汽车紧急制动时的点头和加速行驶时的后部下沉现象），但硬弹簧将导致汽车对路面不平度很敏感，即使行驶在光滑、平坦的良好道路上也会产生车身颠簸，降低汽车的行驶平顺性。

理想的悬架应在不同的使用条件下具有不同的弹簧刚度和减振器阻尼，同时满足行驶平顺性和操纵稳定性的要求。传统的被动悬架的悬架刚度和阻尼系数均不可调节，在结构上不能同时满足平顺性和操纵稳定性的要求，无法达到悬架控制的理想目标。为了克服被动悬架对车辆性能改善的限制，现代汽车中采用了电子控制悬架系统，该系统可以根据不同的路面附着条件、不同的载质量、不同的行驶速度等控制悬架系统的刚度，调节减振器阻尼力的大小，甚至可以调节车身高度，使车辆的平顺性和操纵稳定性在各种行驶条件下都能达到理想的匹配。

7.3.1　电子控制悬架的分类与系统组成

1. 电子控制悬架的分类

电子控制悬架根据控制系统有源和无源，可分为主动悬架和半主动悬架；根据悬架工作介质的不同，可分为油气式悬架和空气式悬架。

（1）主动悬架　主动悬架是指能通过油压、气压供给能量，根据检测到的环境和车体状况来控制悬架特性，主动限制车身摇动的装置，它能显著提高汽车的操纵稳定性和乘坐舒适性。主动悬架是一种有源控制系统，是具有做功功能的悬架，需要外加能量源，通常包括产生力和转矩的主动作动器（液压缸、气缸、伺服电动机、电磁铁等）、测量元件（加速度、位移和力传感器等）和反馈控制器等，其结构如图7-74所示。当汽车载荷、行驶速度、路面附着状况等行驶条件发生变化时，主动悬架系统根据车速、转向、制动、位移等传感信号，经ECU处理后，控制执行器，自动调整悬架系统的刚度和阻尼系数（包括整体调整和单轮调控），以适应复杂的行驶工况对悬架的要求，满足汽车行驶平顺性和操纵稳定性等各方面的性能要求，如图7-75所示。此外，主动悬架还可以根据车速的变化控制车身高度。但由于主动悬架的结构和控制复杂，硬件要求高、能耗大、成本高，这些缺点也限制了主动悬架在汽车上的推广与使用。

主动悬架系统主要有以下几个功能和特点：

1）增强汽车的行驶平顺性和乘坐舒适性。

2）改进轮胎和路面的接触和轮胎的动态载荷。

3）改善汽车的操纵稳定性。

4）改进汽车的安全性。

5）有助于解决悬架设计中操纵稳定性要求和平顺舒适性要求之间存在的矛盾。

6）有助于解决在悬架设计中重载和轻载要求之间存在的矛盾。

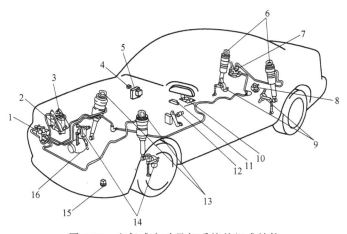

图 7-74　空气式主动悬架系统的组成结构

1—车身高度控制阀　2—干燥器与排气阀　3—高度控制压缩机　4—高度控制连接器　5—悬架控制器
6—后空气悬架执行器　7—车后高度控制阀　8—后加速度传感器　9—车后高度传感器
10—高度控制开关　11—转向传感器　12—停车灯开关　13—前空气悬架执行器
14—加速度及高度传感器　15—空气悬架继电器　16—集成电路调压器

　　车身高度自动调节系统可以看作为主动悬架的一个部分，它对汽车悬架系统的设计和汽车的动态特性具有较好的加强作用。该系统必须与悬架中的液压或空气气囊组件一起工作，通常有液压式和气压式两种。它通过悬架中的液压装置或气囊来调节汽车的静态高度，使之不随载荷变化，从而可以使优化悬架系统的设计具有更大的空间，达到保证舒适性、操纵稳定性和其他动态性能的目的。有的汽车前后悬架都装有车身高度调节系统，有的车辆只在后轴安装。

　　主动悬架能依靠自身的能源，通过执行元件，采用一种以力抑力的方式"主动"抑制路面的冲击力和振动。主动悬架由控制系统和执行机构组成。控制系统是由电子控制单元ECU和传感器等组成的闭环控制系统，通过传感器监测道路条件、汽车运行状态，按照设定的控制规律向执行机构（空气弹簧、动力源等）适时地发出控制信号，以调节悬架刚度和阻尼系数，主动地调整和产生所需的控制力，使悬架始终处于最佳的减振状态。汽车主动悬架的动力学模型如图 7-76 所示。

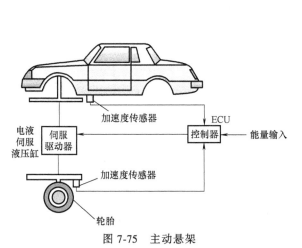

图 7-75　主动悬架

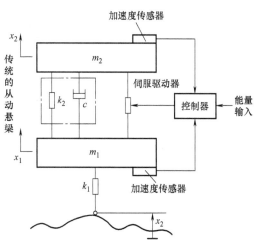

图 7-76　汽车主动悬架的动力学模型

（2）半主动悬架　半主动悬架是指悬架组件中的弹簧刚度和减振器的阻尼系数之一可以根据需要进行调节。因为调节阻尼仅消耗能量，不需要外加能量源，所以为减少执行组件所需的功率，主要采用调节减振器的阻尼系数。该方法只需提供调节控制阀、控制器和回馈调节器所消耗的较小功率即可。因此可以根据路面的激励和车身的响应对悬架的阻尼系数进行自适应调整，将车身的振动控制在某个范围之内。半主动悬架是无源控制系统，结构简单，工作时几乎不消耗车辆能量，能获得与主动悬架接近的性能。半主动悬架分为刚度可调和阻尼可调两大类，目前针对半主动悬架的研究中，对阻尼控制的研究较多。阻尼可调半主动悬架按阻尼级别可以分为有级可调半主动悬架和连续可调半主动悬架，有级可调半主动悬架的阻尼系数只能取几个离散的阻尼值，连续可调半主动悬架的阻尼系数在一定的范围内可连续变化。

有级可调减振器的阻尼一般设置 2~3 个级别，阻尼系数可在几档之间快速切换，切换时间通常为 10~20ms。有级可调减振器实际上是在减振器结构中采用简单的控制阀，由驾驶人选择或根据传感器信号自动进行选择所需要的阻尼级，使通流面积在最大、中等或最小之间进行有级调节。通过减振器顶部的电动机控制旋转阀的旋转位置，使减振器的阻尼在"软、中、硬" 3 档或"软、硬" 2 档之间变化。即有级可调减振器可以根据路面条件（好路或坏路）和汽车的行驶状态（转弯或制动）等调节悬架的阻尼级，使悬架适应外界环境的变化，从而可较大幅度地提高汽车的行驶平顺性和操纵稳定性。有级可调减振器的结构及其控制系统相对简单，但在适应汽车行驶工况和道路条件的变化方面有一定的局限性。

连续可调减振器是在有级可调减振器的基础上，通过 ECU 进行控制，使减振器阻尼按照行驶状态的动力学要求做无级调节，使其在几毫秒内由最小变到最大，对阻尼变化响应快，可以提高汽车的安全性、操纵稳定性和舒适性。连续可调减振器结构如图 7-77 所示。通常有两种实现方式：一种是通过调节减振器节流阀的面积而改变阻尼特性的孔径调节方式，其孔径的改变一般可由电磁阀或其他类似的机电式驱动阀实现；另一种是电流变或磁流变可调阻尼器，其工作原理是通过改变电场或磁场强度来改变流变体的阻尼特性，进而实现减振器的阻尼系数在一定范围内的连续变化。

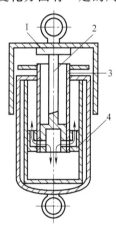

图 7-77　连续可调式半主动悬架减振器结构
1—步进电动机　2—驱动杆
3—活塞杆　4—空心活塞

（3）油气式悬架　油气式悬架的介质为油和气，常以油液为媒介将车身与车轮间的力和力矩传送至气室中的气体，按照气体状态方程实现悬架的刚度控制，并通过改变油路小孔的节流作用实现减振器阻尼控制。

（4）空气式悬架　空气式悬架的介质是空气，通常是用改变主、副空气室通气孔的截面积改变气室的压力，实现悬架刚度控制，并通过对气室充气或排气实现汽车高度的控制。

（5）主动横向稳定杆　当车辆转向或做曲线运动时，离心力使汽车车身产生侧倾力矩，该侧倾力矩一方面会引起车身侧倾，另一方面会使车轮的簧载质量发生由内轮向外轮的转移。加装主动横向稳定杆的车辆，可以主动地让稳定杆左右两端做垂直方向的相对位移，产

生一个可以连续变化的反侧倾力矩，以平衡车身的侧倾力矩，使车身的侧倾角接近于零，既可以减小车身的侧倾运动，又提高了舒适性。由于汽车前后两个主动稳定杆可调节车身的侧倾力矩的分配比例，从而可以调节汽车的动力特性，提高汽车的安全性和机动性。

主动横向稳定杆有两种结构：一种是将被动侧倾稳定杆从中间分开，通过一个旋转电机把稳定杆的左右两部分连接起来，旋转电机能让左右两部分进行相对转动，其转矩可以通过ECU调节，如图7-78所示；另一种是在被动稳定杆其中一端安装一个差动液压缸机构，差动液压缸机构一端与稳定杆连接，另一端与同车轮的横向摆臂连接，其两端的距离可以通过ECU调节，如图7-79所示。

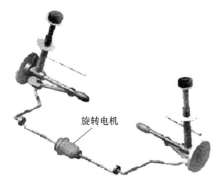

图7-78　旋转电机式主动横向稳定器

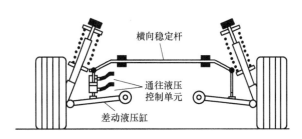

图7-79　差动液压缸式主动横向稳定器

2. 电子控制悬架系统的组成

电子控制悬架在高级轿车上应用广泛，主要由相关传感器、电子控制装置和悬架控制系统执行器部件组成。常用的传感器有车速传感器、转向盘转角传感器、加速度传感器、车身高度传感器、节气门位置传感器等，执行器部件主要有空气弹簧电磁控制阀、油气弹簧用压力控制阀、模式控制继电器、空气压缩机排气阀等。

（1）传感器

1）车速传感器。车速信号是电子控制悬架系统的主要控制信号，汽车车身倾斜程度取决于车速和汽车转向半径的大小。通过检测车轮的速度获得车辆的车速信息，用于路面感应控制、车身姿态控制和车身高度控制，以提高汽车行驶安全性。

2）转向盘转角传感器。转向盘转角传感器安装在转向器上，用来检测转向时转向盘的转向角度、转向力、转动速度和汽车的转弯方向等，是电子控制悬架系统的主要控制信号，用于检测汽车转向轮的偏角及偏转方向。电子控制装置根据车速传感器和转向盘转角传感器信号，判断汽车转向时的侧倾程度，以控制车身倾斜，提高汽车转弯时的操纵稳定性。图7-80是光电式转向盘转角传感器的安装位置和结构。

3）加速度传感器。在车轮打滑时不能以转向角和车速判断车身倾向力的大小，采用加速度传感器可直接测量车身横向加速度和纵向加速度。加速度传感器安装在汽车的四个角位置，常用的有差动变压器式和钢球位移式加速度传感器，图7-81为差动变压器式加速度传感器结构图。

4）车身高度传感器。车身高度传感器通常安装在车身上，并通过转轴、连杆与悬架臂相连（图7-82），通过检测车身与悬架摆臂之间的距离变化，检测汽车高度和因道路不平坦

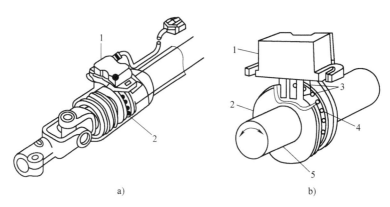

图 7-80　光电式转向盘转角传感器的安装位置和结构

a）安装位置　b）结构

1—转角传感器　2—传感器圆盘　3—遮光器　4—窄缝　5—转向轴

而引起的悬架位移量。车身高度传感器主要有磁性滑阀式、霍尔式和光电式三种形式。光电式车身高度传感器结构如图 7-83 所示。

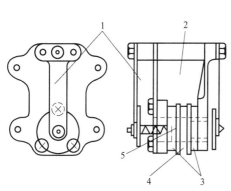

图 7-81　差动变压器式加速度传感器结构图

1—弹簧　2—封入硅油　3—检测线圈　4—励磁线圈　5—芯杆

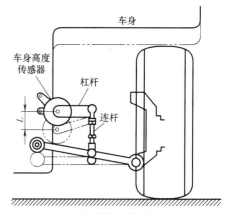

图 7-82　车身高度传感器的位置

5）节气门位置传感器。节气门位置传感器安装在发动机的节气门体上，用以检测节气门的开启角度和开启速度，间接获取汽车加速度信号。在电子控制悬架系统中利用节气门位置传感器来判断汽车是否处于急加速状态。ECU 利用此信号作为汽车车身后仰控制的工作状态参数。

6）车门开关。车门开关是为了防止行驶过程中车门未关而设置的。

7）模式选择开关。模式选择开关用于选择悬架的"软、中、硬"状态，ECU 检

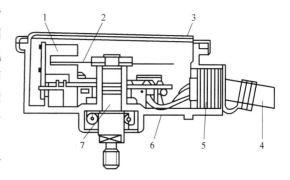

图 7-83　光电式车身高度传感器结构

1—信号发生器　2—遮光盘　3—盖　4—电缆

5—金属封油环　6—壳体　7—轴

测到该开关的状态后，操纵悬架执行机构，从而改变悬架的弹簧刚度和阻尼系数。

（2）电子控制装置　电子控制装置的组成和功能见表7-4。

表 7-4　电子控制装置的组成和功能

结构	功能
稳压电源	向控制装置内部电路和各种传感器供电
传感器信号放大	用接口电路将输入信号（如传感器信号、开关信号）中的干扰信号除去，然后放大、变换极值、比较极值，变为适合输入控制装置的信号
输入信号的计算	电子控制装置根据预先写入只读存储器中的程序对各输入信号进行计算，并将计算结果与内存的数据进行比较后向执行机构（电动机、电磁阀、继电器等）发出控制信号。输入控制装置的信号除了开/关信号外还有电压值时，还应进行 A/D 转换
输出驱动电路	通过输出驱动电路将输出驱动信号发送给执行器
故障检测电路	检测传感器、执行器、线路等的故障，并存储和显示故障信息，供维修诊断用

电子控制悬架的控制过程是：预先将电子控制装置的控制程序写入只读存储器 ROM，悬架控制过程中，按控制程序规定的顺序进行计算、分析、比较。系统启动后，首先对控制装置内部存储器 RAM、执行机构进行初始化，然后读取各种传感器输入信号和各种开关信号，根据驾驶人所选择的系统控制模式，对输入信号进行计算、分析，并发出控制信号进行汽车行驶姿势控制，然后再读取各种输入信号，如此反复循环。

（3）执行器部件　不同类型的电子控制悬架系统具有不同的执行机构，空气悬架的执行器为空气弹簧控制阀，油气悬架的执行器为油气弹簧用压力控制阀，变阻尼半主动悬架可采用电动式、电磁式或磁流变式可调阻尼减振器作为执行器。

图 7-84 所示是一种空气弹簧用控制车身高度的控制阀，它由芯杆、电磁线圈和柱塞等组成。当对电磁线圈通电时，在电磁力的作用下芯杆推动柱塞移动，关闭空气通路，形成 ON/OFF 动作。

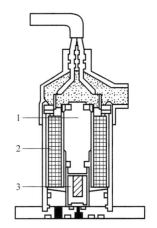

图 7-84　空气弹簧用控制
车身高度的控制阀
1—芯杆　2—线圈　3—柱塞

7.3.2　电子控制悬架系统的工作原理

1. 悬架系统的工作原理

（1）主动空气悬架系统的工作原理　主动空气悬架系统的组成与工作原理如图 7-85 所示。

在汽车行驶中，悬架 ECU 采集影响平顺性的信号，经分析计算后，向执行器发出指令，通过改变空气弹簧的刚度、减振器的阻尼及车身高度的方式，使车辆在行驶过程中车身姿态的改变尽可能小，并在保持良好的操纵稳定性的同时，将车身振动控制在理想范围之内。由直流电动机驱动的空气压缩机产生压缩空气，作为主动空气悬架系统的动力源。压缩空气经干燥器干燥后，由空气管道经空气控制电磁阀送至各空气弹簧的主气室。

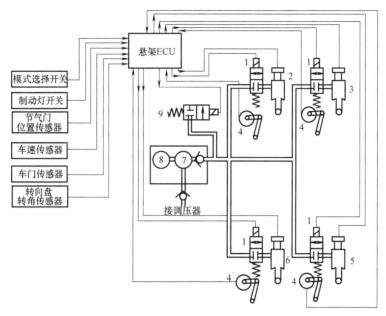

图 7-85　主动空气悬架系统的组成与工作原理

1—空气控制电磁阀　2—右前空气悬架　3—左前空气悬架　4—车身高度传感器
5—左后空气悬架　6—右后空气悬架　7—干燥器　8—空气压缩机　9—排气电磁阀

当汽车载荷减小（即需减小悬架刚度和降低车身高度）时，悬架 ECU 控制排气电磁阀打开，使空气悬架主气室中部分压缩空气排到大气中，以使空气悬架压缩变形适当，保持车身高度及振动在理想范围内。当汽车载荷加大（即需增加悬架刚度和车身高度）时，悬架 ECU 使空气控制电磁阀打开，压缩空气进入空气悬架主气室，以减少空气弹簧的压缩变形量，并保持车身高度及振动仍在理想范围内。此外，空气悬架上部的执行器控制着空气弹簧主、副气室之间的连通阀。悬架 ECU 在对各传感器输入的信号进行分析计算后，输出控制信号，控制执行器动作，通过空气悬架主、副气室之间的连通阀改变主、副气室的通路，以改变空气弹簧的刚度，满足汽车行驶的需要。

（2）主动油气悬架系统的工作原理　主动油气悬架系统的工作原理如图 7-86 所示。油气悬架以油液为介质将车身与车轮间所受的力和力矩传递给气室中的气体，按照气体 p-V 状态方程，实现悬架刚度特性的调整，通过电磁阀控制油液管路中的小孔节流，改变阻尼特性。

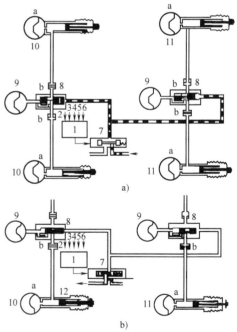

图 7-86　主动油气悬架系统的工作原理

1—悬架 ECU　2—转向盘转角信号　3—汽车加速度信号　4—汽车制动信号　5—车速传感器信号
6—车身高度传感器信号　7—电磁阀　8—辅助油气阀
9—刚度调节器　10—前油气弹簧
11—后油气弹簧　12—泄油道

汽车在平直的良好道路上以中、低速行驶时，悬架ECU经信号采集和计算后，发出指令使电磁阀活塞向右移动，如图7-86a所示，接通液压油管，促使辅助油气阀中的阀芯向右移动，使刚度调节器中的气室与前、后油气弹簧的气室相通，因此使总气室容积增大，气室压力减小，使前、后油气弹簧的刚度减小，此时称系统为软状态。系统气路中增设起阻尼器作用的节流孔a、b，以提高汽车的平顺性。

当汽车处于满载、高速、转向、起步、制动运行工况，或在不平路面上行驶时，悬架ECU经信号采集和计算后发出指令，中断电磁阀电流，电磁阀内的阀芯在回位弹簧作用下向左移动，如图7-86b所示，使液压油道关闭，原来用于推动辅助油气阀阀芯的液压油通过电磁阀左边的泄油道排出，使辅助油气阀容积减小，压力、刚度增大，既提高了车辆的操纵稳定性，又保证了悬架的振幅在允许范围内，提高了车辆的行驶平顺性和乘坐舒适性，此时弹簧处于硬状态。

（3）半主动悬架系统的工作原理 半主动悬架系统一般可以通过调节悬架减振器阻尼的方法，将汽车的振动控制在理想的范围内，其控制模型如图7-87所示。

半主动悬架通常以车身振动加速度的方均根值 σ 作为控制目标参数，其控制过程如图7-88所示。控制目标参数 σ 是以汽车行驶平顺性最优控制为目的设计的，在汽车行驶中，加速度传感器将车身振动加速度信号经整形放大为相应的电信号输入悬架ECU。ECU计算当前车身振动加速度方均根值 σ_i，并与设定的目标参数进行比较，根据比较结果输出悬架减振器阻尼控制信号。

如果 $\sigma_i = \sigma$，悬架ECU不输出调整悬架阻尼控制信号，减振器保持阻尼不变；如果 $\sigma_i < \sigma$，ECU则输出减小悬架阻尼控制信号，使悬架的阻尼增大；如果 $\sigma_i > \sigma$，ECU则输出增加悬架阻尼控制信号，使悬架的阻尼适当减小。

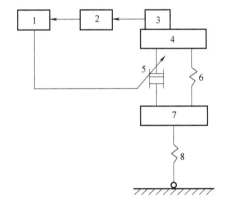

图7-87 半主动悬架系统的电子控制模型
1—控制器 2—整形放大电路 3—加速度传感器
4—悬架质量 5—阻尼可调减振器 6—悬架弹簧
7—非悬架质量 8—轮胎质量模型

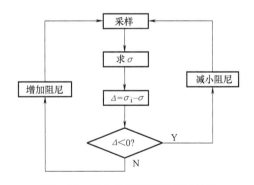

图7-88 半主动悬架阻尼控制过程

半主动悬架的悬架系统中只有减振器的阻尼是可以被控制的。系统根据不同的路面条件和汽车行驶工况，通过实时控制，连续不断地自动调节减振器的阻尼，使其始终在最佳值附近工作。

2. 悬架系统的控制过程

（1）悬架刚度控制　ECU 接收由车速传感器、转向盘转角传感器、加速度传感器、加速踏板加速度传感器和车身高度传感器传来的信息，计算并控制弹簧刚度。基于不同传感器输入的信号，弹簧刚度的控制主要有防前倾、防侧倾和前后轮相关控制等方面的操作。

1）防前倾控制。前倾一般是在汽车高速行驶时突然制动发生的现象，防前倾主要是防止紧急制动时汽车前端的下垂。防前倾控制可以分别用停车灯开关和汽车高度传感器检测制动状况和前倾状况，如果判断为汽车处于紧急制动时，自动地将弹簧刚度增加，使在正常行驶条件下时空气弹簧刚度的"中"设置变为"硬"设置，当不再需要时则恢复到一般状态的设置。

2）防侧倾控制。当紧急转向时，空气弹簧刚度应由正常行驶的"中"刚度转换为"硬"刚度，以防止产生侧倾。

3）前后轮相关控制。当汽车行驶在弯曲道路或凸起路上时，通过前后轮弹簧刚度的相关控制并结合协调阻尼力大小控制，使在正常行驶时空气弹簧刚度从"中"的设置转换到"软"的设置，以改善平顺性。但在高速运行时，空气弹簧刚度"软"的状态会导致汽车出现行驶不稳定的问题，因此"软"的状态仅限于车速低于 80km/h。ECU 通过来自前左侧的高度传感器信号来判断凸起路，若前轮检测到凸起路后，控制后轮悬架空气弹簧刚度由"中"变"软"。图 7-89 所示为这种控制的示例，可以看

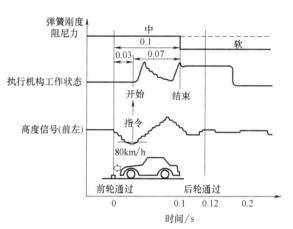

图 7-89　前后轮相关控制

出，在后轮通过凸起之前改变后轮的刚度和阻尼力，在"软"状态运行 2s 之后，再恢复到原来的状态。

（2）减振器阻尼控制　ECU 根据车速传感器、转向传感器、停车灯开关、自动变速器空档开关和节气门位置传感器等不同信号控制减振器的阻力，实现"软、中、硬"三种速度特性的有级转换。减振器的速度特性如图 7-90 所示，主要完成防止加速和换档时后倾、高速制动时前倾、急转弯时侧倾和保证高速时具有良好的附着力等控制功能，从而提高汽车行驶的舒适性和安全性。

当汽车低速行驶时，突然加速会出现后倾现象，防后倾控制的结果依赖于油门被踩下的速度和大小。例如，为了改善舒适性，在车速低于 20km/h 时，减振器的阻尼设置成"软"的状态；当突然踩下油门

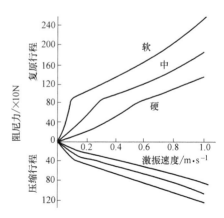

图 7-90　减振器的速度特性

使之超过油门全开的80%时，将阻尼设置为"硬"的状态；而当车速超过30km/h时，返回到一般情况下的阻尼力设置。

（3）车高控制　ECU根据汽车高度传感器的信号来判断汽车的高度状况，当判定"车高低了"时，则控制空气压缩机和高度控制阀向空气弹簧主气室内充气，使车高增加；反之，则打开高度控制阀向外排气，使汽车高度降低。

系统根据车速、车高和车门开关传感器信号来监视汽车的状态，控制执行机构来调整车高，实现如下功能：

1）自动水平控制。控制车高不随乘员数量和载荷大小的变化而变化，由此抑制空气阻力和升力（迫使汽车漂浮）的增加，减小颠簸并保证平稳行驶。

2）高速行驶时的车高控制。汽车高速行驶时，操纵稳定性一般要受到破坏，此时，降低车高有助于抑制空气阻力和升力的增加，提高汽车直线行驶的稳定性。

3）驻车时的车高控制。乘员下车后自动降低车高，有利于改善汽车的外观，通过调整车高也利于在限高车位中停车。

小　结

1. 汽车防抱死制动系统（Anti-lock Braking System，ABS）的功用：缩短制动距离、改善汽车制动时的转向能力、获得足够的抗侧向力的能力、提高轮胎的使用寿命、减轻驾驶人的疲劳程度。ABS的理论依据：根据附着系数 ϕ 与车轮滑移率 S 的关系，为了获得最佳的制动效能，应将车轮的滑移率控制在 10%~30% 范围内。ABS的分类，重点了解以控制通道和传感器数分类，可以分为单通道式ABS、双通道式ABS、三通道式ABS和四通道式ABS。ABS主要由轮速传感器、电子控制单元和执行元件（液压式制动压力调节器）三部分组成。

2. 汽车驱动防滑系统（Acceleration Slip Regulation，ASR）的作用是防止汽车在起步、加速和滑溜路面行驶时驱动轮的滑转。ASR和ABS都是控制车轮和路面的滑移率，以使车轮与地面的附着力不下降，二者共享许多系统部件来控制车轮的运动。ABS的作用是防止汽车制动过程中车轮抱死打滑，来提升车辆制动效果。而ASR的作用是防止驱动轮空转打滑。ASR的理论基础：在汽车驱动状态下，将驱动轮滑转率控制在 15%~30% 的最佳范围内。ASR的控制方法主要有：控制发动机的输出转矩、控制驱动轮的制动力和控制防滑转差速器的锁止程度三种。ASR系统主要由电子控制单元（ECU）、传感器、节气门驱动装置和ASR制动压力调节器等组成。

3. 车身稳定性控制系统的功用：能自动根据车辆的状态，有针对性地单独制动各个车轮，或控制发动机、自动变速器的状态，使车辆保持稳定行驶。ESP由传感器、ECU和执行器三部分组成。ESP大部分元件与ABS和ASR共用，传感器在原来ABS和ASR的基础上增加转向盘转角传感器、横摆角速度传感器、侧向加速度传感器等。电子控制单元（ECU）通过转向盘转角传感器确定驾驶人想要的行驶方向，通过车轮速度传感器和横向偏摆率传感器来计算车辆的实际行驶方向。当ESP检测到车辆行驶轨迹与驾驶人要求不符时，ESP将通过输出功率限制及制动干预保证车辆不偏离正确的行驶轨迹。

4. 汽车制动能量回收，又称回馈制动或再生制动，是指车辆减速或制动时，将其一部分动能转化为其他形式的能量储存起来以备驱动时使用的过程。目前制动能量回收的途径主

要有三种：一是机械储能；二是液压储能；三是蓄电池储能。电动汽车制动能量回收系统工作模式可以分为串联制动和并联制动模式。电动汽车制动能量回收的影响因素：储能装置、制动力分配比例、驱动类型、电动机性能、行驶工况、控制策略。

5. 电子制动力分配系统（Electronic Brake-force Distribution，EBD），可自动调节前、后轮的制动力分配比例，提高制动效能，并配合 ABS 提高制动稳定性。EBD 由转速传感器、电子控制器和液压执行器三部分组成。EBD 的控制原理：如果制动系统安装了 EBD 系统，其制动力调节曲线在各种载荷下均能与理想的制动力分配曲线靠近，获得较高的制动效率。

6. 电子制动辅助系统（Electronic Brake Assist，EBA）。配备 EBA 的车辆，EBA 会监控驾驶人踩制动踏板的频率和力量，在紧急的时刻辅助驾驶人对车辆施加更大的制动力，从而缩短制动距离，确保车辆安全。EBA 所使用的传感器主要包括汽车 ABS 系统所使用的车速传感器、轮速传感器，同时，在主缸上安装了一个主缸压力传感器，在制动踏板上安装了一个制动踏板行程传感器。EBA 系统的核心执行器是电子真空助力器（Electronic Vacuum Booster，EVB）。

7. 电子助力转向系统主要由机械转向机构、转向助力系统和电子控制系统组成。根据转向动力源不同，可分为液压式电子助力转向系统和电动式电子助力转向系统。根据控制方式不同，液压式电子助力转向系统分为流量控制式、反力控制式和阀灵敏度控制式三种形式。电动助力转向系统（EPS）是当前世界最先进的转向助力系统，是助力转向系统的主流发展趋势。根据电动机和减速器安装位置的不同，EPS 分为转向轴助力式、齿轮助力式、齿条助力式三种类型。EPS 基本结构主要包括机械式转向器、转矩传感器、减速机构、离合器、电动机、电子控制单元（ECU）等。

8. 悬架是连接车身和车轮之间一切传力装置的总称，主要由弹簧、减振器和导向机构三部分组成。主动悬架是一种有源控制系统，是具有做功功能的悬架，需要外加能量源；半主动悬架是无源控制系统，结构简单，工作时几乎不消耗车辆能量，能获得与主动悬架接近的性能。油气式悬架的介质为油和气，空气式悬架的介质是空气。电子控制悬架主要由相关传感器、电子控制装置和悬架控制系统执行器部件组成。

习　题

1. 汽车防抱死制动系统的作用是什么？防抱死制动系统有哪些种类？
2. 简述汽车防抱死制动系统的控制原理。
3. ABS 的基本组成部件有哪些？各部分的作用是什么？
4. ABS 的主要传感器有哪些？描述其输出信号的特点。
5. 简述 ABS 的控制过程。
6. 请分析 ASR 与 ABS 的相同点及差异。
7. 简述 ASR 的控制方法。
8. 简述 ESP 系统的结构组成。
9. 汽车制动能量回收系统储能方式有哪些？简述它们的特点。
10. 简述 EBD 的结构及工作原理。
11. 简述电动助力转向系统的结构及工作原理。
12. 电子控制悬架的分类有哪些？

第**8**章

汽车车身电子控制系统

 学习目标

1. 了解安全气囊和安全带的结构和工作原理
2. 了解防碰撞控制系统的组成及工作原理
3. 了解汽车电子防盗控制系统的组成和工作原理
4. 了解指纹控制系统及其在汽车防盗系统中的流程运用
5. 掌握汽车电子防盗系统的中央门锁控制机构
6. 掌握射频识别技术在汽车方面的应用
7. 掌握无钥匙系统在汽车防盗中的原理及功能
8. 了解车载信息娱乐系统的构成
9. 了解车载信息娱乐系统的发展

8.1 安全气囊的结构与工作原理

安全气囊认知

导 入

安全气囊（英文名称为 Supplemental Restraint System 或 Supplemental Restraint Safe Airbag System，缩写 SRS，即辅助防护系统或辅助防护安全气囊系统）是一种被动安全系统，是美国机械工程师约翰·赫缀克（John W. Hertrick）1953 年发明的。从 20 世纪 70 年代开始采用座椅安全带和驾驶人正面气囊以来，已经挽救了许多人的生命。

正面气囊只能避免或减轻来自前方的伤害，即只有在汽车遭到正面碰撞时才能起到保护作用，对侧面碰撞没有保护作用。侧面辅助防护安全气囊 SSRS（Sidle Supplemental Restraint Safe Airbag System）是侧面碰撞保护的有效装置之一。

8.1.1 安全气囊系统的类型

1. 按气囊触发机构分类

可分为机械式、电子式和电气-机械式三大类。目前汽车上采用的安全气囊系统普遍都是电子式。

2. 按气囊的数量分类

可分为单安全气囊系统、双安全气囊系统和多安全气囊系统。单安全气囊系统只装备有驾驶席气囊。双安全气囊系统装备有驾驶席和前排乘员席两个安全气囊。多安全气囊系统装备有三个或三个以上的安全气囊。

3. 按保护对象分类

可分为以下几类：

1）驾驶人防撞安全气囊。驾驶人防撞安全气囊装在转向盘上。

2）前排乘员防撞安全气囊。由于乘员在车内位置不固定，因此为保护其撞车时免受伤害，设计的防撞安全气囊也较大。

3）后排乘员防撞安全气囊。装在前排座椅上。

4）侧面防撞安全气囊。装在车门上，防止乘员受侧面撞击。

8.1.2 安全气囊系统的组成结构

尽管各款汽车的安全气囊在控制部件的结构、数量和安装位置不同，但其基本组成大致相同，主要由传感器（碰撞传感器）、安全气囊组件、气囊指示灯和 SRS ECU（安全气囊电子控制单元）四部分组成。安全气囊系统的基本结构如图 8-1 所示。

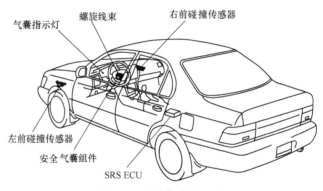

图 8-1　安全气囊的组成

1. 碰撞传感器

对于不同汽车制造厂生产的车辆，碰撞传感器的安装位置不尽相同，而且碰撞传感器的名称也不统一，例如有些碰撞传感器按照工作原理也称为加速度传感器。

1）按照用途的不同，碰撞传感器分为触发碰撞传感器和防护碰撞传感器。触发碰撞传感器也称为碰撞强度传感器，用于检测碰撞时的减速度或惯性，并将碰撞信号传给 SRS ECU，作为 SRS ECU 的触发信号；防护碰撞传感器也称为安全碰撞传感器，它与触发碰撞传感器串联，用于防止气囊误爆。

2）按照结构的不同，碰撞传感器分为机电式碰撞传感器、电子式碰撞传感器以及机械式碰撞传感器。防护碰撞传感器一般采用电子式结构，触发碰撞传感器一般采用机电式结构或机械式结构。

机电式碰撞传感器是利用机械的运动（滚动或转动）来控制电气触点动作，再由触点断开和闭合来控制气囊电路的接通和切断，常见的有滚球式和偏心锤式碰撞传感器，如图 8-2 所示为滚球式传感器结构。

电子式碰撞传感器没有电气触点，目前常用的有电阻应变式和压电效应式两种。电子式加速度计对汽

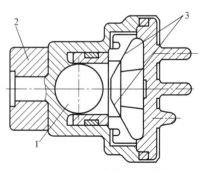

图 8-2　滚球式传感器结构

1—滚球　2—磁铁　3—触点

车正向减速度进行连续测量，并将测量结果输送给 ECU，ECU 内有一套复杂的碰撞信号处理程序，能够确定气囊是否需要膨开。若需要气囊膨开，ECU 便会接通点火电路，安全传感器同时也闭合，则引发器接通，气囊膨开。图 8-3 所示为电子式碰撞传感器结构。

机械式碰撞传感器常见的是水银开关式（见图 8-4），它是利用水银导电的特性来控制气囊电路的接通和切断的。

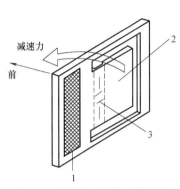

图 8-3　电子式碰撞传感器结构

1—集成电路　2—惯性质量　3—变形针

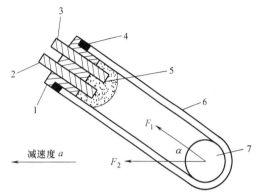

图 8-4　水银开关式传感器

1—盖　2、3—电极　4—O 形圈　5—水银撞上后位置
6—壳体　7—水银　F_1—水银运动分力　F_2—撞击力

3）对于早期的汽车，一般设有多个触发碰撞传感器，安装位置一般在车身的前部和中部，例如车身两侧的翼子板内侧、前照灯支架下面以及发动机散热器支架两侧等部位。随着碰撞传感器制造技术的发展，有些汽车将触发碰撞传感器安装在 SRS ECU 内。防护碰撞传感器一般都与气囊电脑组装在一起，多数安装在驾驶舱内中央控制台下面。

2. 安全气囊组件

安全气囊组件主要由气囊、气体发生器、点火器、地板和装饰盒等组成。

3. 气囊指示灯

气囊指示灯安装在仪表板上，用于指示气囊系统功能是否处于正常状态。正常情况下，打开点火开关后，气囊指示灯应点亮几秒钟后熄灭。如果气囊指示灯不亮、一直亮或在行驶途中突然点亮，表示气囊系统有故障，应及时检修。

4. SRS ECU

SRS ECU 是气囊系统的核心部件，大多安装在驾驶舱内中央控制台下面。气囊爆炸后，在 SRS ECU 中会存储碰撞数据和故障码，这些故障码用普通仪器无法清除。为了保证气囊工作的可靠性，很多汽车生产厂家建议 SRS ECU 一次性使用。但是 SRS ECU 的价格很高，因此很多具有 SRS ECU 数据修复功能的仪器被开发出来，通过读取并修复碰撞数据，可以实现 SRS ECU 的再次使用。

8.1.3　安全气囊系统的基本工作原理

由于汽车生产厂家不同和汽车型号、结构不同，安全气囊控制系统布置方式也有所不同。其中主要的类型有多点式安全气囊控制系统、单点式安全气囊控制系统、两点式安全气囊控制系统和防侧撞安全气囊控制系统。虽然布置方式不相同，但是工作原理是一样的。其

工作原理如图 8-5 所示。

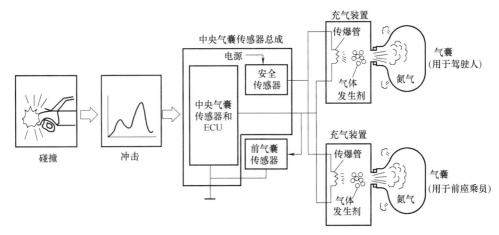

图 8-5　安全气囊系统工作原理

当汽车遭受前方一定角度范围内的碰撞时，车体会受到强烈的撞击，车速急剧下降。安装在汽车前端的碰撞传感器和安装在 SRS ECU 内部的中央传感器都会检测到汽车突然减速的信号，并将此信号输送给 SRS ECU，以判断是否发生碰撞。当汽车遭受碰撞且减速度达到设定值时，SRS ECU 发出控制指令，由驱动电路将气囊组件中的点火器电路接通，引爆雷管引燃点火剂，点火剂引爆时，迅速产生大量热量，使气体发生剂受热分解出大量气体并经过过滤后进入安全气囊，气囊便冲开气囊组件上的装饰盖迅速打开，在驾驶人和乘员面部和胸部前形成弹性气垫，并及时泄漏和收缩，将人体与车内构件之间的碰撞变为弹性碰撞，通过气囊产生变形和排气节流来吸收人体碰撞产生的动力，从而有效地保护人体。

8.1.4　安全气囊的工作过程

由于车辆型号和安全气囊的种类不同，安全气囊的工作过程受到多种外界因素的影响。但是其工作过程大体上是相同的。其作用过程如下：碰撞→碰撞传感器→电子控制器→（电脉冲）→气体发生器→气囊展开→乘员保护。从汽车开始碰撞时计时，如图 8-6 所示，其具体过程如下：

1）0~10ms：在汽车特定的敏感部位处，装置碰撞传感器。碰撞传感器受到足够的碰撞冲量作用时，在 10ms 的瞬间内，将触发信号输送到中央电子控制器。

2）10~20ms：在中央电子控制器中，有对安全气囊系统进行监测和控制的微处理器，能够对传感器输入的触发信号立即进行计算、比较和判断。如果碰撞冲量超过预先的设定值，中央电子控制器立即释放一个电脉冲火花，使气体发生器中的雷管急速爆炸。

3）20~60ms：雷管的爆炸击穿装气体发生器的燃料盒，将固体燃料点燃并产生高温、高压气体（氮气），快速地经过滤器过滤、冷却后充入安全气囊。气囊在 20~60ms 内胀开达到最大容积，在乘员与车内装备之间形成一个气垫。在同一瞬间，乘员因惯性力的作用，可能向前冲出 150~200mm，头部、脸部和胸部正好与迎面而来的气囊相接触。高压气囊膨胀的能量，会把乘员"回弹"到座椅上，使得乘员身体受到一定损伤。

4）60~100ms：与此同时，装在气囊后面的排气孔打开，气囊泄气并收缩。由于气体的

阻尼作用，吸收了碰撞的能量，缓解了气囊对乘员头部和脸部的压力，使乘员陷入较柔软的气囊中。由于安全气囊将乘员与车内装备隔开，而使得乘员得到保护。最后气体全部从排气孔排出，气囊瘪下。

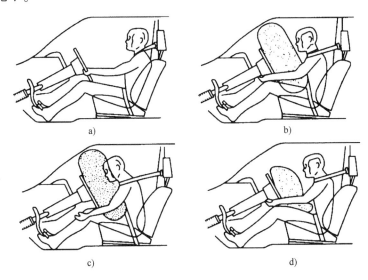

图 8-6 安全气囊工作过程

a）10ms 时 b）40ms 时 c）60ms 时 d）110ms 时

整个碰撞——安全气囊展开对乘员的安全保护过程，大约 60～100ms。安全气囊展开进行保护的过程，是一种不可逆的过程，在完成保护过程后，必须重新安装安全气囊控制器和安全气囊总成。

一般来说，车辆的轻微碰撞不会使气囊打开，只有在车辆正面一定角度范围内碰撞才能使气囊打开。安全气囊打开需要合适的速度和碰撞角度。从理论上讲，只有车辆的正前方左右大约 60°之间位置撞击在固定的物体上，速度高于 30km/h 时，安全气囊才可能打开。这里所说的速度不是通常意义上所理解的车速，而是在试验室中车辆相对刚性固定障碍物碰撞的速度，实际碰撞中汽车的速度高于试验速度气囊才能打开。后碰、侧碰、翻转都不会引发气囊打开。

安全气囊可将撞击力均匀地分布在头部和胸部，防止乘客的身体与车身产生直接碰撞，大大减少受伤的可能性。此外，气囊爆发时的音量大约只有 130dB，在人体可忍受的范围；气囊中 78% 的气体是氮气，十分安定且不含毒性，对人体无害；爆出时带出的粉末是维持气囊在折叠状态下不粘在一起的润滑粉末，对人体亦无害。

安全气囊同样也有它不安全的一面。据计算，若汽车以 60km/h 的速度行驶，突然的撞击会令车辆在 0.2s 之内停下，而气囊则会以大约 300km/h 的速度弹出，由此所产生的撞击力约有 1764N，这对于头部、颈部等人体较脆弱的部位就很难承受。因此，如果安全气囊弹出的角度、力度稍有差错，就有可能酿出一场"悲剧"。

需要强调的是：安全气囊只是起到辅助作用。在不系安全带的情况下安全气囊不但不能对乘员起到防护作用，还会对乘员有严重的杀伤力。安全气囊的爆发力是惊人的，足以击断驾驶者的颈椎。因此，系好安全带是安全气囊发挥保护作用的一个重要条件。

8.2 安全带的结构与工作原理

安全带是一种乘员约束装置，是为了在碰撞时对乘员进行约束以及避免碰撞时乘员与转向盘及仪表板等发生二次碰撞，或避免碰撞时冲出车外导致死伤的安全装置。

8.2.1 安全带的作用

汽车安全带是重要的被动安全件，起着约束位移和缓冲作用。当碰撞事故发生时，安全带通过内部锁止机构锁紧，从而将乘员"束缚"在座椅上，减少乘员发生二次碰撞的危险，同时避免乘员在车辆发生滚翻等危险情况下被抛离座椅，起到防护、防止乘员受到严重或致命伤害的作用。

8.2.2 安全带的分类

如图 8-7 所示，安全带可分为：两点式安全带（也称为安全腰带，见图 a）、斜挂式安全带（也称为安全肩带，见图 b）、三点式安全带（见图 c）、全背带式安全带（见图 d）。

安全带认知

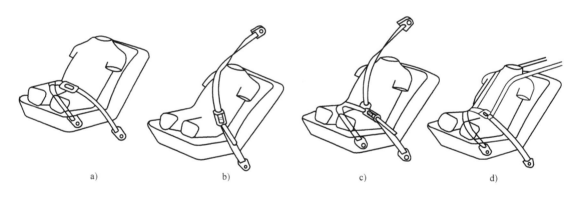

| a) | b) | c) | d) |

图 8-7 安全带的类型

8.2.3 安全带系统的结构

安全带系统主要由织带、卷收器、带扣、上导向器、长度调整机构、预紧器和锁紧装置等构成。

1. 卷收器的功能

1）在正常情况下，可将织带放长或收短，以适应使用者身材的不同，一旦使用者将安全带扣好以后，卷收器可以将过长的织带收回，让织带以适当的收卷力将使用者拉控住。

2）当汽车发生事故时，卷收器可以在瞬间将织带锁起来而不让它伸展，从而可以拉控固定使用者不致前冲。

2. 卷收器的分类

卷收器一般分为无锁式卷收器、自锁式卷收器、紧急锁止式卷收器三种。其中，紧急锁止式卷收器又分为织带拉出加速度敏感式（又称织带敏感式）、汽车加速度敏感式（又称车体敏感式）、对上述两者均敏感的复合敏感式三种。

8.2.4 卷收器的工作原理

在典型的安全带系统中，安全带与一个卷收器相连。卷收器中的核心元件是卷轴，它与安全带的一端相连。在卷收器内部，螺旋形弹簧（见图8-8）为卷轴提供旋转作用力（或转矩），它会旋转卷轴，以便卷起任何松弛的安全带。

当拉出安全带时，卷轴将逆时针旋转，并使相连的弹簧也沿相同方向旋转。这样，旋转的卷轴就反扭了弹簧。因为弹簧想要恢复到原状，因此它会抗拒这一旋转运动。如果松开安全带，弹簧将收紧，并顺时针旋转卷轴，直至使安全带张紧。

卷收器有一个锁定机构，可在汽车发生碰撞时停止卷轴的旋转。目前，有以下两种常用的锁定系统：

（1）由汽车运动触发的系统　这种系统在汽车迅速减速（如当汽车撞上某物体）时锁定卷轴。图8-9是这种设计的示意图。

图8-8　螺旋形的弹簧

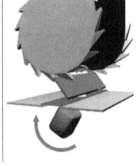

加重摆锤

图8-9　安全带卷轴

这种机构中的核心元件是一个加重摆锤。当汽车突然停止时，惯性会导致摆锤向前摆动。摆锤另一端的棘爪会抓住固定在卷轴上的一个带齿棘轮。由于棘爪卡住了其中一个轮齿，因而齿轮便无法逆时针旋转，从而使与之相连的卷轴也无法旋转。当撞击后再次松开安全带时，齿轮会顺时针旋转，并与棘轮分开。

（2）由安全带运动触发的系统　这种系统在猛拉安全带时锁定卷轴。多数设计利用卷轴旋转的速度作为激活动力。图8-10所示为一种常见配置方式。这种设计的核心元件是一个离心式离合器——一种安装在旋转卷轴上的加重摆杆。当卷轴缓慢旋转时，摆杆不摆动，一个弹簧使它保持在原来的位置。但当猛拉安全带时，卷轴将快速旋转，离心力驱使摆杆的加重端向外摆动。伸长的摆杆会推动卷收器壳上的凸轮。凸轮通过滑动销与一个枢转棘爪相连。当凸轮移到左侧时，滑动销会沿棘爪的槽口移动，将棘爪拖入与卷轴相连的旋转棘轮。当棘爪锁入轮齿中时，禁止逆时针旋转。在某些新型安全带系统中，还会使用预紧器来收紧安全带。

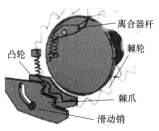

离合器杆

棘轮

凸轮

棘爪

滑动销

图 8-10　卷轴工作过程图

8.2.5　安全带预紧器

预紧器的设计理念是：在发生碰撞时收紧安全带的任何松弛部分。卷收器的传统锁定机构使安全带无法进一步拉伸，而预紧器的作用则是拉回安全带。这种拉回力可将乘客移到座位中的最佳撞击位置。预紧器通常与传统锁定机构一起使用，而不是代替它们。

市场上有多种不同的预紧器系统。某些预紧器会将整个卷收器向后拉，某些则会旋转卷轴本身。通常，预紧器会连接到激活汽车安全气囊的中央控制处理器。处理器监控机械或电子运动传感器，这些传感器可响应因撞击产生的突然减速。当探测到撞击时，处理器将激活预紧器，然后激活安全气囊。

某些预紧器采用了电动机或螺线管，但目前多数设计采用点火方式来拉入安全带。图 8-11 给出了一个具有代表性的模型。

这种预紧器中的核心元件是一个燃气室。在燃气室内，还有一个包含易爆点火材料的小燃烧室。这个小燃烧室带有两个电极，并连接至中央处理器。

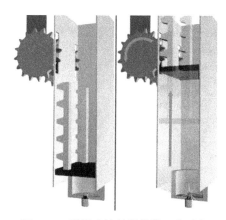

图 8-11　预紧式旋转卷收器工作过程

当处理器探测到撞击时，它会立即在电极上施加一个电流。电极产生的火花将点燃点火材料，从而将燃气室中的燃气点燃。燃烧的气体会产生很大的外推力，该压力推动位于燃气室内的活塞，使其高速向上运动。

活塞的一侧固定有一个齿条，当活塞弹起时，齿条将与一个连接到卷收器卷轴的齿轮啮合。高速运动的齿条会快速旋转卷轴，从而卷起安全带。

8.2.6　安全带负载限制器

在剧烈撞击中（如当汽车与某障碍物高速相撞时），安全带会造成严重的伤害。随着乘客惯性速度的增加，需要更大的力才能使乘客停下来。换言之，撞击时乘客的运动速度越快，安全带对乘客施加的作用力就越大。

某些安全带系统使用负载限制器来尽可能减少安全带造成的伤害。负载限制器的设计理念是：当有巨大的作用力施加到安全带上时，额外释放更多安全带。最简单的负载限制器是缝制在安全带中的折叠带束。当施加到安全带上的作用力达到特定值时，用来固定折叠带束的缝线将会断裂。当缝线断开时，安全带的折叠部分便随即展开，从而使安全带能够再伸长

一些。

更高级的负载限制器在卷收器中采用了一个扭杆。扭杆就是一个长金属杆，当向其施加足够的作用力时会发生扭曲。在负载限制器中，扭杆的一端固定在锁定机构上，另一端固定在旋转的卷轴上。在轻度事故中，扭杆将保持形状不变，卷轴将使用锁定机构进行锁定。但是当有巨大的作用力施加到安全带上时（因而也施加到卷轴上），扭杆将略微扭曲。这会使安全带延伸得更多一些。

在过去多年中，安全带已被证明是汽车中最重要的安全装备。但是，它们并不总是非常可靠，今天的汽车安全工程师在设计中也发现了许多可以改进的地方。将来，汽车将装配更好的安全带和气囊，并且更有可能装配全新的安全技术。

8.3 车辆防碰撞控制系统

车辆防碰撞系统认知

导 入

安全是每个汽车厂商永恒的话题，各知名厂商也一直在致力于研发对车内乘员和外界环境来说更安全的措施来保证安全，因此各类安全技术层出不穷，如从安全气囊这些被动措施到 ESP 车身稳定等主动安全系统等。而伴随着社会科技的进步和人类对汽车安全的更加重视，现代社会已经不满足于仅仅保障车辆自身的安全，而是要在危险事故发生前就规避它。

因此，汽车防碰撞系统（Automatic Bump-shielded System of The Automobile）应运而生。汽车防碰撞系统是防止汽车发生碰撞的一种智能装置。它能够自动发现可能与汽车发生碰撞的车辆、行人或其他障碍物体，发出警报或同时采取制动或规避等措施，以避免碰撞的发生。

尽管碰撞报警、碰撞避免等系统在 20 世纪 50 年代就开始研发，但由于电子和雷达等技术水平的发展有限，之前很难形成实用、经济的产品。近年来，这些技术迅速发展，汽车上的先进防碰撞电控系统也迅速发展起来了。其主要目的是为了减少由于车与车之间的碰撞而引发的事故，减轻驾驶人的紧张和疲劳，提高驾驶舒适性，增强汽车安全性。

8.3.1 防碰撞系统的工作原理及硬件组成

统计资料显示，80%以上的车祸是由于驾驶人反应不及时引起的，超过65%的车辆相撞属于追尾事故，其余则属于侧面相撞和正面相撞。有关研究表明，若驾驶人能够提早 1s 意识到有事故危险并采取相应的措施，则90%的追尾事故和60%的正面碰撞事故都可以避免。汽车发生碰撞的主要原因在于汽车距其前方物体（如汽车、行人或其他障碍物）的距离与汽车本身的车速不相称，即距离近而相对速度高。为了防止汽车与前方物体发生碰撞，汽车的车速就要根据与前方物体的距离变化做出相应的调整，使汽车始终在安全车速下行驶。

汽车防碰撞控制系统是一种主动安全系统。在正常行驶时，该系统处于非工作状态。当本车的车头非常接近于前车的车尾或某一障碍物时，该系统将发出防碰撞警告。在发出警告后，如果驾驶人没有采取制动减速措施，该系统便自动启动紧急制动装置，以避免发生碰撞事故。

在系统中，汽车 ECU 的 CPU 利用安装在汽车头部的测距传感器，实时测量自车与前方目标物间的距离和相对速度，再由主控单元判断当前的行车安全状态，采取相应的报警方式，系统的硬件原理框图如图 8-12 所示。

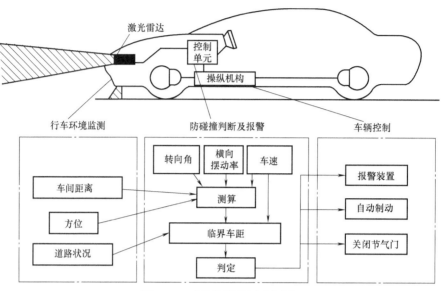

图 8-12　系统的硬件原理框图

8.3.2　防碰撞系统的组成

汽车防碰撞控制系统主要由三部分组成，即行车环境监测系统、防碰撞判断及报警系统、车辆控制系统。

1. 行车环境监测系统

行车环境监测系统主要由车距传感系统和车况探测系统构成，用以监测车间距离和前面车辆方位的路面状况。通过收集汽车周边环境的障碍物与汽车的相对位置和相对速度，判读汽车"行驶环境"，并结合自身的车速传感器等传感器件信息做出反应。

（1）车距传感系统　传感测距装置是汽车防碰撞系统的重要部件，对其基于要求如下：

1）能够区分前面的车辆或其他路标和路障。

2）能够确定前面和两边车辆的方位和速度。

3）能够识别弯道和车道分隔线。

4）能够辨别是同一行车道上的车辆还是邻近车道上的车辆，尤其是处于弯道上的时候。

5）在各种天气和道路情况下工作可靠。

6）相适应的系统敏感度。

汽车防碰撞系统要收集及判断自身状态和环境状态，故该系统的核心在于快速、准确地测量出汽车与障碍物间的距离，为驾驶人提供准确的判断信息，避免汽车追尾碰撞。这就使得测距传感器在系统中显得非常重要，测距传感器性能的优劣将直接影响整个系统的性能。目前主流传感器有激光雷达、超声波传感器、红外测距传感器、电磁波传感器、CCD 照相

机等。

① 激光雷达。自 1961 年激光器出现后，激光雷达就开始出现了。在工作机理上，可将激光测距雷达分为脉冲激光测距雷达和连续激光测距雷达。目前，激光雷达测距方法主要有干涉测距法、三角测距法、相位测距法、反馈测距法和脉冲测距法。

② 超声波传感器。超声波是指谐振频率在 20kHz 以上的机械波。超声波发射器不断发射超声波信号，遇到障碍物（汽车）后反射回来，超声波接收器接收到信号，测出与发射信号的时间差，因为超声波的速度是已知的，所以距离就很容易求出。超声波测距的方法很多，如相位检测法、声波幅值检测法和渡越时间检测法等。

超声波的特点是对雨、雾、雪的穿透能力强，传输过程能量衰减较小，反射能力较强，因此汽车声呐雷达能够在雨、雾、雪等恶劣天气条件下工作。超声波测距原理简单，制作方便，成本低。其缺点是：

a. 超声波速度受外界风速和温度的影响较大。

b. 超声波能量与距离的二次方成正比衰减，距离越远，衰减越严重，反射回的声波越少，灵敏度下降越快，只适合于测低速较短的距离。

如果车速太快或者距离太远，测量误差就会很大。因此，超声波传感器作为高速行驶车辆上的测距传感仪器不可取，日本研制成功了样机，但没有投入使用。而速度较低的倒车声呐装置得到了广泛的应用。

如图 8-13 所示，倒车声呐装置向车辆后方反射超声波，当车后无障碍物时，随着距离的增加，超声波逐渐减弱，就是说，根据向车后反射的超声波是否返回，可以判断检测范围内是否有障碍物。如向车后反射的超声波遇有障碍物返回时，测定所用的时间，再根据时间与距离的正比例关系，就可判断并显示出汽车到障碍物的距离。此外，将车辆后方划分为左、中、右三个区域，可以判断出障碍物在何处。这种系统还具有自我检验功能，用以检验本系统工作状况。

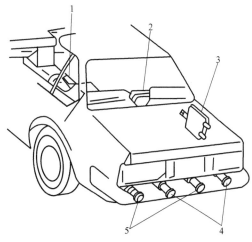

图 8-13　倒车声呐装置
1—主开关　2—显示　3—ECU　4—信号
接收器　5—信号发射器

③ 红外测距传感器。红外测距传感器（Infra-red Sensor）利用红外信号遇到障碍物距离的不同反射的强度也不同的原理，进行障碍物远近的检测。红外传感器的测距基本原理为发光管发出红外光，光敏接收管接收前方物体反射光，根据发射光的强弱可以判断物体的距离。目前，使用较多的红外测距传感器是夏普 GP2Y0A21 和 GP2D12 红外测距传感器。

夏普 GP2Y0A21 红外测距传感器采用三角法（见图 8-14）测距，模拟输出噪声小，更新频率达到 25Hz，平均功耗小于 40mA，测量范围为 10~80cm，测量精度和采集的 AD 位数以及转换计算公式有关，10 位 AD 一般可以达到 0.1cm，输出模拟电压与测量距离成反比的非线性关系。

④ 电磁波传感器。电磁波传感器采用的是振荡检测原理，电路中的电磁波发射部分设

有一个振荡线圈，当这一部分产生高频（如 2.45GHz）的电磁波时，振荡线圈像一个天线一样，将电磁波发射到其周围的区域。通过发射电磁波信号可以检测车辆周围是否有物体出现。

如果有一个人在电磁波检测范围内活动，那么就会在高频电磁波上叠加一个低频干扰信号。电路中与电磁波发射部分相连的是一个干扰信号分离部分，其中的低通滤波器将信号中的低频干扰信号送入到其后的干扰程度比较部分中。干扰程度比较部分将干扰信号与预定的参考值加以比较，如果在一段时间内，干扰信号超过了参考信号，则它向输入/输出连接器输出一个警示信号，告知驾驶人其车辆周围环境内有障碍物。

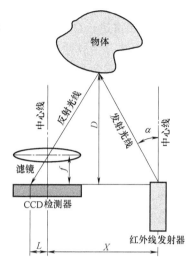

图 8-14　红外三角法测距原理

⑤ CCD 照相机。CCD（Charge Coupled Device）电荷耦合器件，自 1970 年由美国贝尔实验室的 W. S. Boyle 和 G. E. Smith 首先提出以来，随着半导体微电子技术的迅猛发展，其技术研究取得了惊人的进展。由于 CCD 具有光电转换、信息存储等功能，在图像传感、信号处理、数字存储三大领域内得到了广泛应用，尤其是在图像传感领域内的应用前景最为广阔，因而受到世界各国的普遍重视，CCD 技术也因此成为当今世界高新技术研究的一大热点。CCD 技术之所以能得到如此迅速发展，是因为 CCD 器件本身具有许多优点：

a. CCD 器件是一种固体化器件，体积小、重量轻、功耗低、可靠性高、寿命长。

b. 图像畸变小，尺寸重现性好。

c. 具有较高的空间分辨率。

d. 光敏元间距的几何尺寸精度高，可获得较高的定位精度和测量精度。

e. 具有较高的光电灵敏度和较大的动态范围。

作为一种有效的非接触测量方法，CCD 尺寸检测技术被广泛用于工件尺寸的在线检测。实际上，任何能够用光学方法成像的零件都可以用这种方法实现非接触尺寸的在线检测，从而达到自动控制的目的。图 8-15 是一种 CCD 平行光成像测量系统，可用于尺寸为 2~30mm 的物体目标的测量，它能够满足工业和车辆上所要求的较高精度。

（2）车况探测系统　汽车相互运动状态监控系统由探测、处理、显示执行三大部分组成，具有三种功能，即行车环境监测功能、防碰撞判定功能和车辆警报与控制功能。图 8-16 是它的原理框图，该系统的工作流程图如图 8-17 所示。

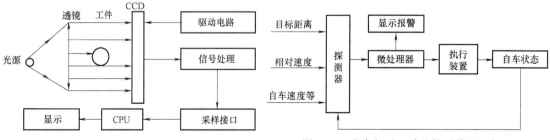

图 8-15　平行光成像测量系统　　　　图 8-16　汽车相对运动监控系统原理框图

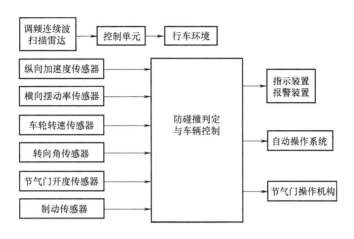

图 8-17 汽车环境监测系统流程图

该系统采用环境状态—自车状态的闭环控制方式，由人机系统变为机电系统，这样可使反应时间大大减少。该系统不改变汽车本身的操作和控制装置，驾驶人与汽车相互运动状态监控系统可各自独立地操作控制汽车制动装置。在汽车行驶过程中，通过雷达和传感器连续探测主车前方目标的距离、相对速度、前面车辆的方位和自车的速度等，通过系统的微处理器对探测得到的信号按预置的状态数学模型进行实时处理，同时向报警装置和执行装置输出命令信号，再由快速执行装置带动制动器和节气门等工作，实现距离、速度、反应时间的控制。在状态数学模型中，距离是速度和时间所处环境状态的函数。

2. 防碰撞判断及报警系统

车辆/物体探测装置安装在汽车前方，用以测量本车与前方车辆/物体的距离。当本车与前面车辆的距离处于危险范围时，表示碰撞将有可能发生，系统就向驾驶人报警。在汽车的两侧有物体探测装置——盲区探测系统，测量本车与两边车辆/物体的距离，加强驾驶人换道时的安全性。在换道时，如果它邻近的车道上在危险区域内存在其他车辆/物体，系统就以某种方式向驾驶人报警，这种盲区探测系统对在停车场倒车很有帮助，特别是对大货车和大客车更有效。还有的防碰撞报警系统在汽车前方和两侧面都装有物体探测装置，测量本车与前面和两边邻近车道上的车辆/物体的距离，在汽车前行和换道时，都能帮助驾驶人进行判断。现在一些防碰撞报警系统还装有摄影机，具有实现图像识别的功能，这种系统不仅能够帮助识别行车道两侧的分隔线，也能识别行驶前方的弯道，从而能够准确判断前方的行车和物体是否在同一行车道上。当汽车不小心驶离路面和自己的行车道上时，系统就会报警（即偏离车道报警功能）。倒车辅助系统可以说是最简单、最早得到应用的防碰撞报警系统。

防碰撞判断系统由目标识别系统和危险估计系统组成。

目标识别系统的功能是将毫米波雷达、激光雷达、CCD 照相机等传感器的信息经融合处理后，估计出本车前方距离最近的车辆或障碍物的距离和相对速度，并将此信号传送给危险估计系统。

危险估计系统的功能是根据路面状况（湿/干）、本车的状况（如车速、转向角及横向摆动速率）、距前车的距离和相对速度以及驾驶人的反应状况计算出临界车间距离，并将实际测量的车间距离与临界车间距离进行比较，在实际测量的车间距离非常接近临界车间距离

的某一时刻，报警器发出警告信号。当实际测量的车间距离等于或小于临界车间距离时，自动启动制动控制系统。

3. 自动制动操作机构的车辆控制

由国际公路委员会对驾驶人反应时间做的调查可知，驾驶人反应时间平均为 0.5～3s。若驾驶人的反应时间是 1.5s，那么在汽车的车速为 40km/h 时，反应时间内汽车的行驶距离是 16.7m；车速为 80km/h 时，行驶的距离将达 33.4m。自动制动系统的反应时间远比驾驶人少得多，它的反应距离只有 0.5m。

在系统工作时，汽车 ECU 的 CPU 不断地根据测出的两车之间的距离、本身的车速、相对车速等有关信息，通过数据处理得出安全距离，并与雷达测出的实际距离相比较。如实测距离小于安全距离时，就发出报警信息，如驾驶人仍未采取措施，且安全距离小于极限安全距离时，系统通过执行机构对汽车的常规制动系统起作用，使汽车减速，当距离超过极限距离时，制动机构恢复正常。

避撞系统在自动驾驶和碰撞报警的基础上，兼有避撞的功能。避撞系统是目前正在开发的更高一级的主动安全技术，必要时，该系统能够主动地辅助驾驶人，达到避免与其他车辆碰撞或偏离行车道的目的。当系统监测到有可能出现碰撞危险时，它不仅能够像自动行驶系统一样辅助驾驶人控制车速，同时也能帮助驾驶人改正方向，使之避免与前面或两边的车辆/物体发生碰撞。该系统能够辅助驾驶人主动防止由于不小心驶离车道的情况发生。

为了实现防碰撞这一辅助功能，整车系统必须具备实现 ACC（Adaptive Cruise Control，自适应巡航控制）系统的两个必要条件，同时，汽车还必须具备电子控制的转向系统，如电动助力转向或线控转向系统，各系统之间联网交流，从而在一定程度上实现对转向的主动控制。

8.4 汽车电子防盗控制系统

汽车电子防盗控制系统认知

据有关数据统计，2004 年我国的汽车产量为 507 万辆，同时销售量超过 506 万辆，民用汽车保有量将近 2700 万辆，而且呈逐年递增趋势。特别是到了 21 世纪的今天，融合电子信息技术、数据通信技术、传感器技术、控制技术、计算机处理技术和汽车网络技术于一身的汽车防盗技术正朝着高度智能化、功能多样化和网络化发展。综合考虑，汽车防盗系统的功能主要包括以下三方面：防止非法进入汽车、防止破坏或非法搬运汽车、防止汽车被非法开走。换句话说，汽车防盗一般应从三个方面考虑：门锁的工作可靠性、发动机的防盗性、汽车的防盗报警功能。

8.4.1 汽车电子防盗控制系统的组成

狭义的防盗系统主要是指一些防盗设备，如各种防盗锁和各类报警器，广义的防盗系统应包括中控门锁、发动机控制单元和报警系统。特别是汽车先进的门锁控制系统和发动机控制单元是先进的防盗系统不可或缺的一部分。最基本的汽车防盗系统如图 8-18 所示，通常包括三个部分：报警启动/解除操作部分、控制电路部分、执行机构部分。

点火开关首先启动防盗系统，接着由装在各类开关上的各类传感器检测是否出现非法进入汽车并开始起动发动机或非法搬运汽车的情况。当探测到汽车出现异常时，防盗 ECU 向执行机构部分发出命令，一方面要求其发出报警信号，包括尖锐的警示声音和灯光闪烁，另一方面要求其阻止起动机和发动机运转，使汽车失去运动能力。汽车防盗装

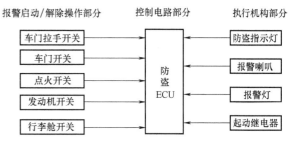

图 8-18　汽车防盗系统的组成

置按其发展过程可分为：机械防盗锁装置、机电式防盗装置和电子式防盗装置三个阶段。

1. 机械防盗锁装置

机械防盗锁是靠其坚固的金属材质，来锁止汽车的操纵装置（如转向盘、变速器操纵杆等）或车门。其主要存在的问题是：门锁的锁筒容易被开启或被撬；被锁汽车操纵装置（如变速杆等）的材料一般强度较低，容易破坏；机械防盗锁使用也不方便，同时防盗不可靠。其优点是制造简单、费用低廉。机械防盗锁虽说有造价低等优点，但是由于它的防盗作用很差，已趋于淘汰。

2. 机电式防盗装置

随着科技的进步，出现了机电一体式的防盗装置（中央门锁）。中央门锁就是通过电控机械的方式来控制单个或全部车门的打开及锁止，其功能、原理将在 8.4.2 节详细介绍。

3. 电子式防盗装置

随着电子技术的发展，在轿车上电子门锁应用也越来越广泛。汽车电子防盗系统是在原有中央门锁的基础上加设了防盗系统的控制电路，以控制汽车移动的同时并报警。电子防盗是目前较为理想的防盗装置。如果有行窃者盗窃汽车或汽车上的物品，防盗系统不仅具有切断起动电路、点火电路、喷油电路、供油电路和变速电路，将制动锁死等功能，同时，还会发出不同的求救声光信号，以阻止盗窃行为。汽车防盗系统的组成详见图 8-19。

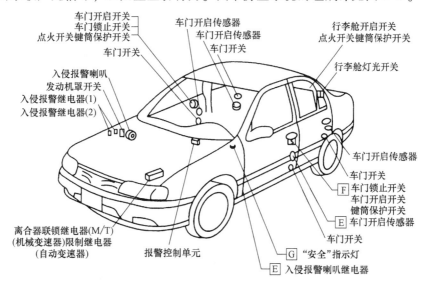

图 8-19　防盗系统的组成

汽车防盗系统的组成主要有：钥匙存在开关、开门开关、锁门开关、钥匙操作开关、警报状态开关电路、是否为盗窃检测电路、30s定时器、解除警戒状态电路、LED指示器、报警器、报警灯、起动继电器、报警电路。

当行窃者试图解除门锁或打开车门时（当所有输入开关均设定为关状态时），系统则会发出警报。当车主用其钥匙开启门锁时，这种警戒状态或报警状态解除。警报一般以灯光闪烁（汽车转向信号灯同步闪烁）或发声警报（报警扬声器鸣叫）的形式发出，以中止盗窃行为。警报发生后持续时间为1min，但起动电路在车主用钥匙打开汽车门锁之前始终处于断路状态。

8.4.2　中央门锁控制系统

中央门锁是以电来控制门锁的开启或锁止，并由驾驶人集中控制所有车门门锁的锁止或开启。中央门锁系统具有下列功能：当锁住（或打开）驾驶人侧车门门锁时，其他几个车门及行李舱都能锁止（或打开）；在车内个别门锁需要打开时，可分别拉开各自门锁的按钮。

中央门锁认知

1. 中央门锁控制电路和执行机构

（1）控制电路　控制电路主要由门锁开关、定时装置和继电器等组成。

1）门锁开关。门锁开关实质上是一个电路开关（见图8-20），它用来控制各车门和行李舱锁筒的锁止和开启。用钥匙来拨动门锁锁芯转过一定的角度或者用遥控式钥匙发射信号

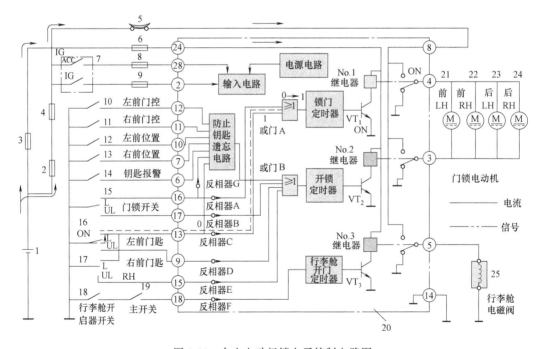

图 8-20　中央电动门锁电子控制电路图

1—蓄电池　2、3、4、6、8、9—熔丝　5—熔断器　7—点火开关　10—左前门控开关　11—右前门控开关　12—左前位置开关　13—右前位置开关　14—钥匙开锁报警开关　15—门锁控制开关　16—左前钥匙控制开关　17—右前钥匙控制开关　18—行李舱门开启开关　19—主开关　20—防盗和门锁控制ECU　21—左前门锁电动机　22—右前门锁电动机　23—左后门锁电动机　24—右后门锁电动机　25—行李舱门开启电磁阀

即可接通门锁执行机构的电路，使电磁线圈产生吸力将门锁锁止或开启。

2）定时装置。接通门锁开关的时间与电动机锁止门锁所需的时间不可能相等，往往开关接通电路时间较长，因此多会使执行机构过载而损坏门锁的机械传动装置或电气设备。于是在此电路中根据其特点设有定时装置，来设定门锁的锁止或开启所需的时间，以防止执行机构过载。定时装置的基本原理是利用电容器的充放电特性，来控制执行机构的通电时间，使执行机构锁止或开启，电容器的电恰好放完，继电器的电流中断而丧失吸力则触点断开。

3）继电器。在定时装置的控制作用下，接通或断开执行机构的电路。

（2）中央门锁执行机构 中央门锁执行机构的作用是，执行驾驶人的指令，将门锁锁止或开启。门锁执行机构常见的有电磁线圈式、电动机式和永磁型电动机式。

（3）中央门锁的工作原理 汽车门锁有开锁、闭锁两种状态，闭锁时通过内外把手无法打开车门。中央门锁控制装置是控制门锁状态的电气设备，在汽车电器中属于安全、舒适系统。当旋转车钥匙或拉动门提手时，会带动锁止机构运动，带动两个状态开关动作，电容器放电，继电器吸合，执行电动机通电带动锁止机构动作。放完电后继电器释放，电动机停止，闭锁过程自动完成。将汽车所有车门（包括行李舱）的执行电动机连在一起，同时动作，就可以实现门锁集中控制，使用很方便。

（4）中央门锁的控制方式

1）钥匙控制式。通过用钥匙将门锁打开或锁止，同时将防盗报警系统进行设置或解除。当驾驶人将车门锁锁住的同时，即接通了防盗报警系统电路，防盗报警系统开始进入工作状态。一旦有行窃者触动车身或非法打开车门，防盗报警系统就会用喇叭报警，起到了防盗报警的作用。

2）遥控式。遥控电子防盗系统是利用发射和接收设备，通过电磁波或红外线对车门进行锁止或开启，也就是控制防盗报警系统进行防盗启动或解除。遥控电子防盗系统种类繁多，常见的有电磁波遥控电子防盗系统和红外线控制防盗系统。遥控电子防盗系统在夜间无须灯光帮助就能方便快捷地将门锁锁止或开启。

2. 射频识别技术在汽车上的应用

射频识别（Radio Frequency Identification，RFID）技术在汽车上的应用大约在20年前就开始了，如基于RFID技术的电子熄火器等。RFID在汽车电器方面的应用主要有：无钥匙系统、轮胎气压监测系统（TPMS）、汽车生产线、电子不停车收费系统（ETC）、车辆自动识别（AVI）等。专家认为，汽车RFID市场最大的增长潜力在于改进汽车生产过程，实现生产过程自动化。

RFID技术是一种利用射频通信实现的非接触式自动识别技术。RFID标签具有体积小、容量大、寿命长、可重复使用等特点，支持快速读/写、非可视识别、移动识别、多目标识别、定位及长期跟踪管理。RFID技术与互联网、通信等技术相结合，可实现全球范围内的物品跟踪与信息共享。RFID通过射频信号自动识别目标对象并获取相关数据，识别工作无须人工干预，可工作于各种恶劣环境。RFID技术可识别高速运动物体并可同时识别多个标签，操作快捷方便。

一套完整的RFID系统，是由阅读器（Reader）、电子标签（TAG）也就是所谓的应答器（Transponder）及应用软件系统三部分组成的。其工作原理是：工作时，它通过"读写器"不断发射用于激活电子标签的低频无线电波，当装有电子标签的物体在0~10m距离范

围内接近阅读器时，电子标签就被激活，被激活后的电子标签发射出加密的载有目标识别码的高频无线电波，经微处理器中的软件处理后，分离提取出真正的目标代码，并将这种数字信息传送到控制计算机，工作原理如图 8-21 所示。

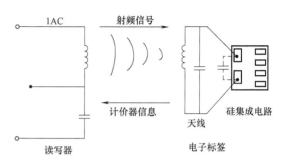

图 8-21　RFID 工作原理图

以 RFID 卡片阅读器及电子标签之间的通信及能量感应方式来看，大致上可以分成感应耦合（Inductive Coupling）及后向散射耦合（Backscatter Coupling）两种。一般低频的 RFID 大都采用第一种方式，而较高频大多采用第二种方式。阅读器根据使用的结构和技术不同可以是读或读/写装置，是 RFID 系统信息控制和处理中心。阅读器通常由耦合模块、收发模块、控制模块和接口单元组成。阅读器和应答器之间一般采用半双工通信方式进行信息交换，同时阅读器通过耦合给无源应答器提供能量和时序。在实际应用中，可进一步通过 Ethernet 或 WLAN 等实现对物体识别信息的采集、处理及远程传送等管理功能。应答器是 RFID 系统的信息载体，目前应答器大多是由耦合元件（线圈、微带天线等）和微芯片组成无源单元。图 8-22 所示为射频识别技术原理图。

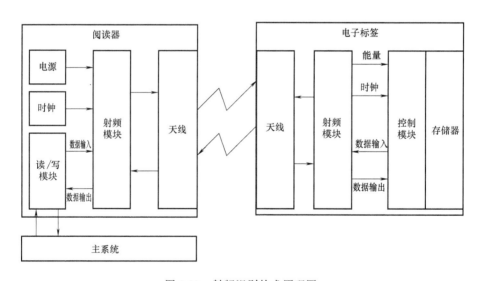

图 8-22　射频识别技术原理图

3. 无钥匙系统的概念、原理与功能

（1）概念　无钥匙系统（Keyless System）（见图 8-23）是指无须拿出钥匙即可完成开门、落锁等工作的一种安全门禁系统。汽车无钥匙系统一般包括两个部分：无钥匙进入以及无钥匙起动。

（2）原理　无钥匙系统在硬件上主要由遥控钥匙与遥控钥匙控制模块组成。它的钥匙控制模块相当于一个阅读器，不停地发出低频信号，而智能钥匙就是一个应答器，收到信号

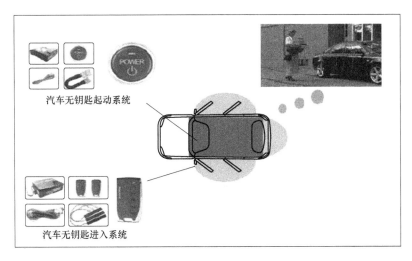

图 8-23　无钥匙系统

后，反馈回高频认证信号，从而实现无钥匙系统的各种功能。

　　汽车无钥匙系统是由射频识别技术、无线编码技术等发展起来的，所以它的工作原理为：当遥控钥匙的携带者进入到距离车辆一定范围内，或者是按下车门上的触动开关，即可唤醒遥控钥匙控制模块。此时，遥控钥匙控制模块发射出低频信号，唤醒遥控钥匙。接着，遥控钥匙上的高频模块开始工作，发送出高频解码信号给接收天线，天线收到信号后传送给钥匙控制模块，微控制器首先查看密钥信息，如果正确就对钥匙进行区域检测，判断钥匙的位置，从而做出相应的动作，如控制车门的开、闭锁等。如果密钥不正确，则不做任何动作。其基本结构如图 8-24 所示。

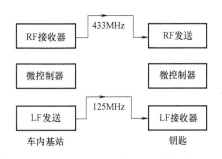

图 8-24　无钥匙系统基本结构图

　　（3）功能　汽车无钥匙系统是针对汽车便利性与安全性而设计的，它除了自动门禁功能外，针对车辆安全问题，它还能实现以下功能：

　　1）自动落锁。当车主进入车内起动车辆后，在车辆行驶前，各车门、车窗将会自动落锁，关闭好车门、车窗，这样可以防止一些意外情况的发生。

　　2）自动辨识身份。车辆能自动辨识智能钥匙，若车门打开，但智能钥匙却不在车内，则车辆是无法起动的，如果此时有人试图起动车辆，车辆将马上报警。

　　3）无线加密功能。由于采用了最新的射频识别芯片，完全做到了双向识别、动态密钥，解决了遥控式钥匙遥控信号容易被破解的问题。

　　4）整车防盗功能。无钥匙系统对油路、电路以及起动这三个点都进行了锁定，其中任何一点的防盗器在没有正确密钥的情况下被拆除，车辆都将被锁死而无法起动。

　　5）防误报功能。无钥匙系统中采用了防冲突技术，使系统在工作过程中更可靠，具备了较高的可靠性，有效地减少了警报系统的误报。

　　6）自动闭窗功能。如果车主离开车辆后忘记了关闭车窗，无钥匙系统会自动升起车窗。

8.5 车载信息娱乐系统

车载信息娱乐系统认知

车载信息娱乐系统（In-Vehicle Infotainment，IVI），是采用车载专用中央处理器，基于车身总线系统和互联网服务，形成的车载综合信息处理系统。IVI 能够实现包括三维导航、实时路况、IPTV、辅助驾驶、故障检测、车辆信息、车身控制、移动办公、无线通信、基于在线的娱乐功能及 TSP 服务等一系列应用，极大地提升了车辆电子化、网络化和智能化水平。

车载信息娱乐系统是通过专门的车载处理器和操作系统来对整个车载信息娱乐设备进行协调和控制的一套系统，如图 8-25 所示，可为用户提供专业的地理信息服务、多媒体娱乐服务、智能交通服务等，极大地提升了驾驶的安全性和舒适性。

图 8-25　车载信息娱乐系统

8.5.1 车载信息娱乐系统的构成

IVI 根据产品功能形态的差异，可以将车载信息娱乐系统分为娱乐系统（见图 8-26）和信息系统（见图 8-27）。前者主要通过 CD、VCD、收音机、多媒体等音视频设备为车内驾乘人员提供娱乐服务；后者主要通过导航引擎与软件、电子地图、无线广播信息、远程通信等设备为驾乘人员提供信息服务。

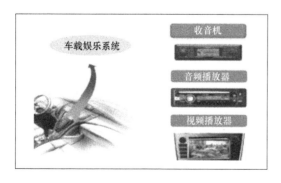

图 8-26　车载娱乐系统

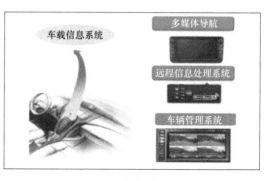

图 8-27　车载信息系统

8.5.2 车载信息娱乐系统的发展

车载信息娱乐系统（见图8-28）是汽车车内的重要部件之一，它是由车载收音机逐步发展形成的，有着很长的历史沿革。早在1924年，雪佛兰汽车便搭载了世界上第一款车载收音机，正式开启了车内搭载娱乐系统的时代。随着汽车工业的发展变迁，人们对于车载收音机的功能要求也逐步提高，继而出现了包括车内音响、卡式磁带播放机、播放器在内的产品演进。早期的车载收音机由于功能过于单一，并不足以称为信息娱乐系统。随着信息技术以及消费电子的快速发展，移动设备上的功能概念、设计思路也逐步地被移植到车载系统中，而车载信息娱乐系统就是在这一背景下出现并得到快速发展。原来的车载收音机，被逐步附加了音频播放、视频播放、车载地图以及导航服务、行车信息服务、驾驶辅助、蓝牙与网络连接、在线服务等诸多功能，从而形成了集信息化、娱乐、驾驶辅助与行车安全于一身的信息娱乐系统。

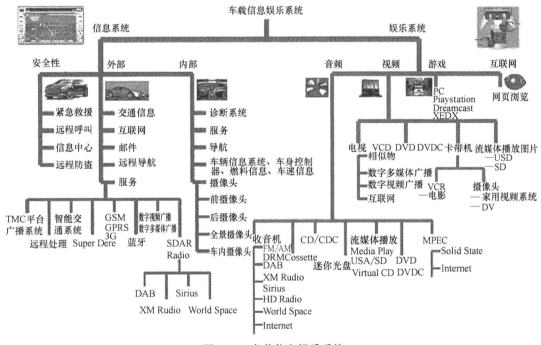

图 8-28 车载信息娱乐系统

车载信息娱乐系统伴随着汽车电子而快速发展，逐渐成为车载电子发展的主要领域。随着汽车电子硬件水平的逐渐提高，车载信息娱乐系统越来越多地运用于各种车型，无论是高端车型，或者是中低端车型，车载信息娱乐系统的功能越来越多，集成化程度越来越强。随着人们对驾驶行车的舒适性、便捷性和安全性要求的提高，车载信息娱乐系统的产品发展与沿革也追循着这样的市场需求方向。娱乐系统继承了传统车载收音机提供行车过程中的休闲娱乐功能，并在收音、多媒体音视频播放、前后座影音系统、在线媒体播放等方面深入地进行了功能的拓展。信息系统则通过集成电子地图、导航服务、倒车辅助等功能模块，为驾驶者提供驾驶帮助。除此之外，信息娱乐系统还可以将胎压监测、故障诊断设备状态信息反映给驾驶人，从而保证驾驶的安全性，其主要功能详见表8-1。

表 8-1　信息娱乐系统的主要功能

主要功能	具体内容
信息娱乐	收音机、音频播放、视频播放、移动电视、电子相册、生活资讯查询等
导航定位	同步精确定位、最佳路径搜索、同步语音导航、地图精确导航
通信网络	蓝牙通信、3G/4G、Wi-Fi、移动上网、移动应用
消费安全	监控防盗、呼叫服务、道路救援、远程诊断、辅助驾驶、行车安全、城市交通等

8.5.3　车载信息娱乐系统的重要性

当汽车的机械设计开始走向瓶颈，通过机械设计来控制能耗已逐渐不能满足人们对能耗和动力这个看似相悖的两个命题的解答。因此，为了解决能耗问题，新汽车车载信息娱乐系统出现，这个问题开始有了新的转机，如通过汽车车载信息娱乐系统利用互联网对实时获得的路况信息进行整合，选择一条交通最为便捷和拥堵量较为缓和的路线在交通拥堵的城市就显得尤为必要，如果车载信息娱乐系统获得普及，通过云端对交通资源进行调配成为可能的话，将会极大地促进交通系统的畅通。其次，通过信息系统对交通状况的收集，提供一个合适的驾驶速度和协调的内部动力分配也是一个降低能耗的主要方法。

当汽车车载信息娱乐系统整合了互联网，对于驾车者来说，其无穷大的信息处理及娱乐能力就开始大放异彩。比如汽车车载信息娱乐系统能即时根据用户的需要接入互联网下载其想要听到的歌曲或需要的文件、视频、新闻资讯，及时推送用户的工作日程、未接来电和未读短信等。

通过对汽车内部结构的分析和对汽车音响进行合理的布局，用户可以得到家庭影院级别的声级享受，让音质不再是大型音响设备和高端耳机的专利，而这在目前的汽车上已经使用得相当成熟。

现在，汽车车载信息娱乐系统已经由原来的辅助系统开始慢慢变成了汽车的标准配置，尤其是在电控设备比较复杂的中高端汽车上，汽车车载信息娱乐系统就应用得更为广泛和深入，这也是其区别于普通轿车的最大卖点之一。可以这么说，在部分中高端汽车中，汽车车载信息娱乐系统已经融入了汽车的核心，成为提高舒适性、驾驶乐趣必不可少的一个重要部分。

8.5.4　车载信息娱乐系统的未来发展

随着车联网渗透率的快速提高，为车载信息娱乐系统指明了方向。车联网是由车辆位置、速度和路线等信息构成的巨大交互网络，以车内网、车际网和车载移动互联网为基础，通过无线网络通信模块，实现车与人、车与车、车与互联网之间的连接，为用户提供丰富多彩的服务体验。车联网主要包括车内网、车际网和车载互联网三个维度。其中车内网通过总线技术将行车状况反映到网络终端，通过终端接口发送到云平台或者后台进行分析判断和计算；车际网是指车与外界其他车辆、路边传感器以及一些基础设施之间的网络；车载互联网是指车与互联网相连，以获取互联网上的一些信息进行交互，详见图 8-29。

车联网背后是汽车制造商、车载信息终端企业、电信运营商、信息技术企业、硬件供应商、交通信息运营商等及服务商组成的巨大产业链。TSP（Telematics Service Provider，汽车

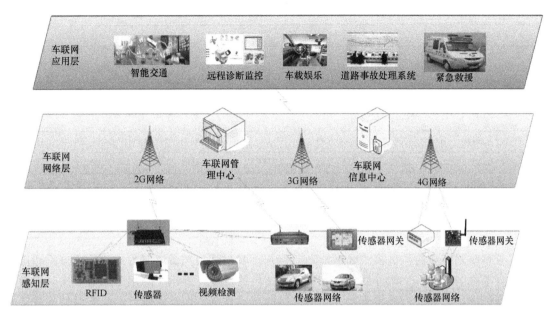

图 8-29　车联网交互网络

远程服务提供商）在现阶段车联网产业链中处于核心地位，其上接汽车制造商、车载信息终端制造商、网络运营商，下接软件及数据提供商，将车联网产业链核心转变为枢纽，使数据在所有行业之间高速流动。运用车联网技术，不仅能给乘车人员提供通信、娱乐休闲等服务，增加驾驶体验，还能够最大限度地降低交通拥堵、交通事故等带来的损失，提升通行效率。在车联网的应用层面，可以将车联网分为智能服务、智能检测、智能交通、智能驾驶四大领域。车联网的运用目前尚处于初级阶段，主要包括多媒体娱乐、车载导航、车载/蓝牙电话、手机互联等功能。车联网的主要运用场景详见表 8-2。

表 8-2　车联网的主要运用场景

运用场景	功能细分
智能服务	多媒体娱乐、车载导航、车载/蓝牙电话、手机互联、广告投放、LBS
智能检测	OBD 检测、UBI 车险、4S 店 CRM 客户管理
智能交通	ETC 电子收费、智能停车、车队管理和电子车牌
智能驾驶	辅助驾驶、无人驾驶

虽然目前车联网的整体行业生态链还没构建完成，但其衍生出的巨大市场已经吸引了大量的企业争相进入。汽车有望成为继计算机、手机、电视之外的另外一个信息终端，巨大的市场空间成为众多厂商追逐的对象。整车企业作为车联网的源头，凭借汽车的生产资质对车联网系统掌握着主动权。整车企业纷纷推出自身的车联网产品，通过在汽车出厂前预装自家的车联网系统，一方面可以提升品牌吸引力，以智能汽车为卖点吸引客户，另一方面可以通过预装的车联网系统对客户进行后续收费。整车厂商主要的车联网系统包括通用 OnStar、丰田 G-book、宝马 iDrive、奥迪 MMI、福特 SYNC、马自达 Connect、奔驰 COMAND、上汽 inkaNet 等，详见表 8-3。

表 8-3　主要整车企业车联网系统

车联网系统	主要搭载车系	主要功能
通用 OnStar	凯迪拉克全系、别克君威、君越、英朗、GL8、昂科拉、昂科雷，雪佛兰迈锐宝、科鲁兹等	安防、导航、呼叫中心、手机应用、语音识别、远程遥控
丰田 G-book	雷克萨斯全系，广汽丰田凯美瑞、汉兰达，一汽丰田皇冠等	安防、导航、上网、呼叫中心
宝马 iDrive	7、6、5、3、X3、Z4 系列	安防、导航、呼叫中心、手机应用、信息娱乐
福特 SYNC	锐界、翼虎、新蒙迪欧、新福克斯等	导航、上网、呼叫中心、语音识别
奥迪 MMI	A8L、A6L、A4L、TT、Q7、Q5 等	安防、导航、呼叫中心、手机应用、信息娱乐
奔驰 COMAND	S、E、G、C、GLK、SL 级	导航、上网、呼叫中心、语音识别
上汽 inkaNet	荣威 350、550，MG5	导航、上网、呼叫中心、语音识别

尽管车联网行业的盈利模式尚不清晰，但是互联网巨头凭借高度智能化数据分析和算法纷纷进入车联网行业，从国外的谷歌、苹果到国内的百度、腾讯、阿里巴巴等巨头纷纷渗透到车联网领域。未来的汽车将会变成一个复杂的移动终端，而终端背后的生态链的构成是互联网的必争之地。互联网巨头主要通过车联网系统渗透到车联网，目前互联网企业主打的车联网系统主要包括谷歌 Android Auto、苹果 CarPlay、百度 CarLife、阿里巴巴 AliOS、腾讯 AIinCar 等。由于没有汽车企业的优势，互联网巨头大多通过跨界合作或者收购增强自身实力，跨入车联网领域，详见表 8-4。

表 8-4　互联网企业参与到车联网中

互联网企业	车联网产品	整车合作企业
苹果	车载 iOS 系统 CarPlay	丰田、通用、福特、宝马、奔驰
谷歌	车载互联网系统 Android Auto	开放汽车联盟（OAA）
百度	智能车载产品 CarNet 与车联网系统 CarLife	北汽、金龙汽车、奥迪、现代、上海通用
腾讯	OBD 设备"路宝盒子""趣驾 WeDrive"	广汽集团、奔驰、宝马
阿里巴巴	车联网系统（AliOS）	上汽、神龙汽车
乐视网	发布 LeUI Auto 版	

作为智能汽车重要的一环，车联网和智能驾驶相辅相成，二者缺一不可。近年来，国家为了推动和引导车联网产业井然有序地发展，先后出台了一些鼓励和支持政策。国家将智能网联汽车产业发展上升到战略高度，表明政府长期助推行业发展的坚定信心，整个行业发展有望步入快车道。

小　　结

1. 安全气囊是一种被动安全系统，只有在汽车遭到正面碰撞时才能起到保护作用，对侧面碰撞没有保护作用。

2. 安全带预紧器通常与传统锁定机构一起使用。

3. 汽车防碰撞系统是防止汽车发生碰撞的一种智能装置。它能够自动发现可能与汽车

发生碰撞的车辆、行人或其他障碍物体，发出警报或同时采取制动或规避等措施，以避免碰撞的发生。

4. 汽车防盗系统是指防止汽车本身或车上的物品被盗所设的系统。它由电子控制的遥控器或钥匙、电子控制电路、报警装置和执行机构等组成，并且应当具备音响报警、阻止车辆行走、报警调制/解调和电源供给四大功能。

5. 中央门锁是以电来控制门锁的开启或锁止，并由驾驶人集中控制所有车门门锁的锁止或开启。中央门锁的控制方式有钥匙控制式和遥控式。

6. 车载信息娱乐系统是采用车载专用中央处理器，基于车身总线系统和互联网服务，形成的车载综合信息处理系统。

7. 车联网是由车辆位置、速度和路线等信息构成的巨大交互网络，主要运用于多媒体娱乐、车载导航、车载/蓝牙电话、手机互联等。

习　　题

1. 安全气囊系统由哪几部分组成？
2. 简述安全带系统的结构。
3. 防碰撞系统由哪几部分组成？
4. 简述汽车防盗系统的组成及工作原理。
5. 汽车指纹识别控制系统的作用及功能是什么？
6. 简述汽车中央门锁执行机构的组成。
7. 简述 RFID 的构成及工作原理。
8. 什么是车载信息娱乐系统（IVI）？

第**9**章

车辆网络控制系统

📖 学习目标

1. 掌握 CAN 和 LIN 总线发展历程、总线布置、结构、基本特点、基本概念；掌握 CAN 和 LIN 总线数据交换基本原理和故障诊断基本方法

2. 了解 MOST 总线发展历程、总线布置、结构；掌握 MOST 基本特点、总线数据交换基本原理和总线故障诊断基本方法

3. 了解 FlexRay 总线发展历程；掌握 FlexRay 总线布置、结构和基本特点

4. 了解车载以太网发展历程、基本概念和基本特点

5. 了解车载 LVDS 基本概念、基本特点和拓扑类型

传统的电气系统大多采用点对点的单一通信方式，相互之间少有联系，这样必然造成庞大的布线系统。据统计，一辆采用传统布线方法的高档汽车中，其导线长度可达 2000m，电气节点达 1500 个，该数字大约每 10 年增长 11 倍，从而加剧了粗大的线束与汽车有限的空间之间的矛盾。同时，系统中将存在较多的冗余传感器。因此，无论从材料成本还是工作效率看，传统布线方法都将不能适应汽车的发展。

通过总线将汽车上的各种电子装置与设备连成一个网络，实现相互之间的信息共享，既减少了线束，又可更好地控制和协调汽车的各个系统，使汽车性能达到最佳，做到布线简单，设计简化，节约铜材，降低成本。车载网络具有如下优点：可靠性提高，可维护性大为提高；实现信息共享，提高汽车性能；满足现代汽车电子设备种类、功能越来越多的要求。总之，使用车载网络不仅可以减少线束，而且能够提高各控制系统的运行可靠性，减少冗余的传感器及相应的软硬件配置，实现各子系统之间的资源共享，便于集中实现各子系统的在线故障诊断。

目前存在的多种汽车网络标准，其侧重的功能有所不同，为方便研究和设计应用，美国汽车工程师协会（SAE）下属的汽车网络委员会将汽车数据传输网划分为 A、B、C、D 四类。

A 类：面向传感器执行器控制的低速网络，数据传输速率通常只有 1~10kbit/s。主要应用于电动门窗、座椅调节、灯光照明等控制。典型的系统如 LIN。

B 类：面向独立模块间数据共享的中速网络，数据传输速率一般为 10~125kbit/s。主要应用于电子车辆信息故障诊断、仪表显示、安全气囊等系统，以减少冗余的传感器和其他电子部件。典型的系统如低速 CAN。

C 类：面向高速、实时闭环控制的多路传输网络，数据传输速率为 125kbit/s~1Mbit/s。

主要用于悬架控制、牵引控制、先进发动机控制、ABS 等系统，以简化分布式控制和进一步减少车身线束。典型的系统如高速 CAN。

D 类：数据传输速率一般为 250kbit/s～400Mbit/s，主要用于车载多媒体与无线通信。典型的系统如 MOST。

网络功能均向下涵盖，即 B 类网支持 A 类网的功能，C 类网能同时实现 B 类网和 A 类网功能。

9.1 CAN 总线网络

CAN 总线网络认知

CAN（Controller Area Network）即控制器局域网络，是 20 世纪 80 年代（1983 年）德国 Bosch 公司为解决众多的测量控制部件之间的数据交换问题而开发的一种串行数据通信总线。CAN 总线是当前汽车上应用最广泛的总线技术，你知道 CAN 总线有哪些特点吗？

9.1.1 CAN 技术的发展

20 世纪 80 年代，Bosch 公司的工程人员开始研究用于汽车的串行总线系统，因为当时还没有一个网络协议能完全满足汽车工程的要求。参加研究的还有 Mercedes-Benz 公司、Intel 公司，还有德国两所大学的教授。

1986 年，Bosch 公司在 SAE 大会上提出了 CAN。1987 年，Intel 公司推出了第一片 CAN 控制芯片——82526；随后 Philips 半导体公司推出了 82C200。1993 年，CAN 的国际标准 ISO 11898 公布，从此 CAN 协议被广泛用于各类自动化控制领域。1992 年，CIA（CAN in Automation）用户组织成立，之后制定了第一个 CAN 应用层 "CAL"。1994 年开始有了国际 CAN 学术年会（ICC）。1994 年 SAE 以 CAN 为基础制定了 SAEJ1939 标准，用于货车、公共汽车的控制和通信网络。

到今天，几乎每一辆轿车上都有 CAN，高级乘用车上有多路 CAN，通过网关互联。但是轿车上基于 CAN 的控制网络至今仍是各大公司自成系统，没有一个统一标准。

9.1.2 CAN 总线的特点

CAN 主要负责车辆内的数据交换，也即各控制模块之间的信息共享。CAN 网络的数据传输有很多特点，主要包括多主结构、双绞线传输、压差驱动、高速传输和容错特性等。

1. 多主结构

CAN 网络采用多主结构通信。总线上各节点之间没有主从之分，任一节点都可向其他节点发送信息。当总线空闲时，所有的节点都可开始发送消息，但必须先访问总线；当多个节点同时开始发送时，由优先权决定先后，如图 9-1 所示。

2. 双绞线总线

CAN 网络采用双绞线作为数据总线，以增加总线的抗干扰能力，如图 9-2 所示。

1）两根双绞线分别命名为 CAN H 和 CAN L，它们每相隔 25mm 绞接一次。

2）在汽车上，此双绞线允许的总长度一般为 30m（25m 接节点，5m 接诊断仪）。

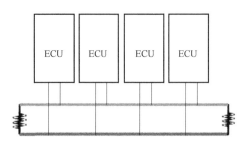

图 9-1　多主结构

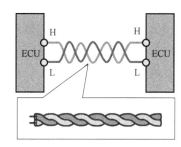

图 9-2　双绞线总线

3）在汽车上，最多允许接 16 个节点（15 个模块和 1 个诊断仪）。

3. 压差驱动

CAN 网络采用电平差的方式识别数字信号，从而判断所传输的信息的含义，如图 9-3 所示。图 9-4 所示为 CAN 总线的电压波形，CAN H 与 CAN L 形成了对称的阵列布置方式。高速 CAN 中，CAN H 的电压在高位时为 3.5V，在低位时为 2.5V；CAN L 的电压在高位时为 2.5V，在低位时为 1.5V，如图 9-5 所示。

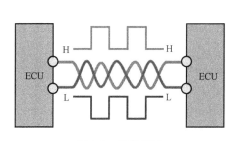

图 9-3　压差驱动

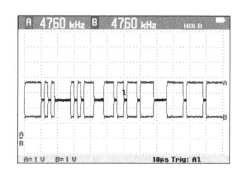

图 9-4　CAN 总线实测信号

4. 高速传输

CAN 的网速高达 1Mbit/s，一般采用 800kbit/s、500kbit/s、250kbit/s 及 125kbit/s 等速率，如图 9-6 所示。

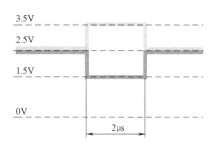

图 9-5　CAN 总线信号特点

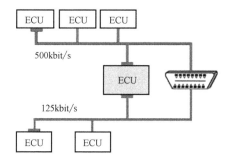

图 9-6　高速传输

5. 容错特性

当 CAN 总线或节点出现故障时，网络依然具有一定的信号传输能力。当节点出现严重

故障时，可以自动关闭输出功能，以使总线上其他节点的操作不受影响；当总线出现故障时，视严重程度而表现不一，轻则不影响信号传输，重则网络瘫痪，如图 9-7 所示。

6. 终端电阻

在 CAN 数据总线的 CAN H 和 CAN L 线路端（或节点内）均以终端电阻连接，单个终端电阻的阻值为 120Ω，两个电阻并联之后形成 60Ω 的终端电阻，如图 9-8 所示。终端电阻也存在其他连接形式，如奔驰一般采用两个 30Ω 的电阻串联形成。终端电阻的作用是消除电压信号在线路上出现的回流现象，以保证总线上的数据准确性；终端电阻也为 CAN 总线的故障诊断提供了参考。

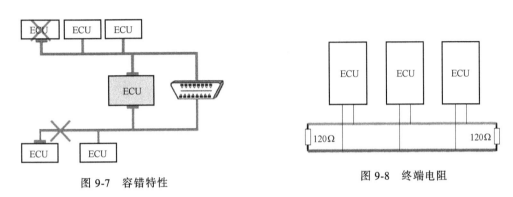

图 9-7　容错特性　　　　　　　　　　　　　图 9-8　终端电阻

9.1.3　CAN 网络基本原理

CAN 网络为多主结构，因此任何一个节点都可以发送与接收信号，为了实现此功能，连接在 CAN 网络上的节点必须按照特定的结构设计，并在传输信号时遵守特定协议。此外，当 CAN 网络出现总线故障时，还应具备一定的容错能力，如图 9-9 所示。

1. CAN 网络硬件结构

CAN 网络的硬件结构主要涉及总线与节点，在本节中将分别介绍节点在总线上的连接特点和节点的结构组成，并重点强调节点的 CAN 收发器的结构特点。

（1）节点连接　每一个节点都通过 CAN H 与 CAN L 两根线分别连接在总线上，这些节点属于并联关系，如图 9-10 所示。

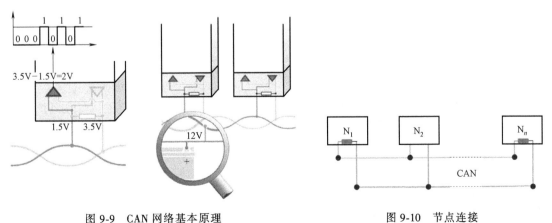

图 9-9　CAN 网络基本原理　　　　　　　　　图 9-10　节点连接

（2）节点结构　不管节点是否带有终端电阻，其中均包含 CAN 网络收发器、控制器和中央处理器等节点组成元件，如图 9-11 所示。

（3）CAN 收发器　CAN 收发器共有 8 个引脚，如图 9-12 所示，主要实现以下功能：

1）将"0"或"1"逻辑信号转换为规定的电平，并向总线输出。

2）将总线电压转换为逻辑信号，并向控制器反馈。

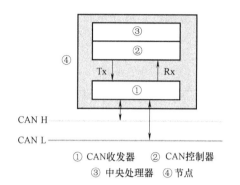

① CAN收发器　② CAN控制器
③ 中央处理器　④ 节点

图 9-11　节点结构

图 9-12　CAN 收发器

CAN 收发器控制电路如图 9-13 所示，其引脚定义和功能如下：

Tx（1 脚）：接收控制器的驱动指令；　　GND（2 脚）：接地；

Vcc（3 脚）：电源；　　　　　　　　　　Rx（4 脚）：向控制器反馈信息；

Vref（5 脚）：向控制器提供参考电压；　CAN L（6 脚）：连接总线 CAN L；

CAN H（7 脚）：连接总线 CAN H；　　　Rs（8 脚）：接收控制器的斜率/延迟控制指令。

带终端电阻的节点，其收发器结构有所区别。在节点内部的总线接口处，串联了两个 60Ω 的电阻，并使用一个电容消除总线的电压波形，如图 9-14 所示。

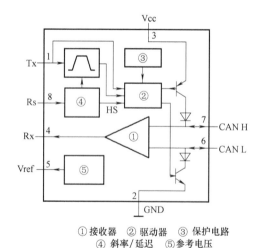

① 接收器　② 驱动器　③ 保护电路
④ 斜率/延迟　⑤ 参考电压

图 9-13　CAN 收发器控制电路

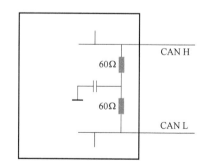

图 9-14　CAN 终端电阻

（4）CAN 控制器　CAN 控制器有 28 个引脚，主要实现数据链路层的全部功能和物理层的位定时功能，如图 9-15 所示。

（5）中央处理器 用集成电路组成的中央处理器是节点的核心元件，主要用于执行控制部件和算术逻辑部件的功能，如图9-16所示。

图9-15 CAN控制器

图9-16 中央处理器

2. CAN网络信号传输

CAN网络上的节点会根据工作需要访问总线，因为CAN网络为多主结构，所以各节点既可以发送信号，也可以接收信号。不管是发送还是接收信号，均需要通过CAN收发器和控制器完成，下面以示意图的方式，说明CAN网络的信号发送和接收过程。

（1）信号发送 中央处理器将需要传输的信息发送给CAN控制器，控制器以数字信号的形式驱动收发器电路，收发器中的驱动器向总线发出模拟信号：CAN H为2.5～3.5V；CAN L为1.5～2.5V，如图9-17所示。

（2）信号接收 节点需要从总线上采集信号时，差动放大器将CAN H与CAN L的电压值进行差动处理，并将结果发送给控制器，如图9-18所示。控制器依据数字信号识别原则，得到"0"或"1"的数字结果。

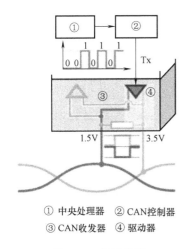

① 中央处理器 ② CAN控制器
③ CAN收发器 ④ 驱动器

图9-17 信号发送

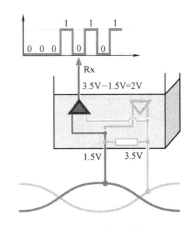

图9-18 信号接收

3. CAN网络数据结构

CAN网络总线上所传输的数据，包括数据帧、远程帧、错误帧、过载帧和帧间隔五种，其作用分别为：数据帧用于将数据传输到其他节点；远程帧用于从其他节点请求数据；错误帧用于错误的信号通知；过载帧用于增加后继帧的等待时间；帧间隔用于将数据帧及远程帧与前面的帧分离开来。

（1）数据帧 数据帧由7个数据区构成，如图9-19所示。这些数据区的作用分别为：帧起始表示数据帧开始的段；仲裁区表示该帧优先级的段；控制区表示数据的字节数及保留

位的段；数据区表示数据的内容，可发送 0~8 个字节的数据；CRC 区用于检查帧的传输错误的段；ACK 区表示确认正常接收的段；帧结束表示数据帧结束的段。

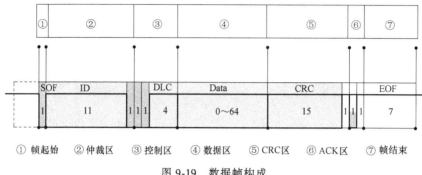

① 帧起始　② 仲裁区　③ 控制区　④ 数据区　⑤ CRC区　⑥ ACK区　⑦ 帧结束

图 9-19　数据帧构成

1）帧起始。帧起始（SOF）表示帧（包括数据帧或远程帧）开始的区，包含 1 个位的显性位，如图 9-20 所示。此外，还用于确定与其他节点硬件的同步。在 CAN 总线上，逻辑值"0"表示显性电平、"1"表示隐性电平。"显性"具有优先功能，只要有一个节点输出显性电平，总线上即为显性电平。"隐性"具有包容功能，只有所有的单元都输出隐性电平，总线上才为隐性电平。

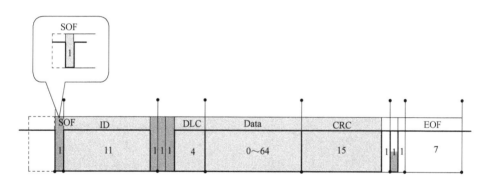

图 9-20　帧起始

2）仲裁区。仲裁区包括 11 个位，表示数据的优先级，如图 9-21 所示。显性值"0"的优先级比隐性值"1"高。例如，与包括发动机冷却液温度信息的数据帧相比，一个包括车辆打滑信息的数据帧通常具有更低值的优先级。仲裁区的末端是远程传输请求（RTR）位，通常为显性。

在总线空闲态，最先开始发送信息的节点获得发送权。当同时有两个以上的节点需要向总线发送信号时，依靠仲裁区决定优先级。从第一位开始进行仲裁，连续输出显性电平最多的节点可继续发送。如图 9-22 所示，节点 1 在与节点 2 的仲裁中失利，则退出发送。

3）控制区。控制区表示数据段的字节数，由 6 个位构成。前两位为保留区，以备将来应用，其为显性；后四位为数据长度码（DLC），包括随后的数据区中字节的数量，其值为 0~8，如图 9-23 所示。

4）数据区。数据区（Data）包括即将传输的数据信息，最多可达 64 位（8 字节），如图 9-24 所示。数据从最高位开始输出。

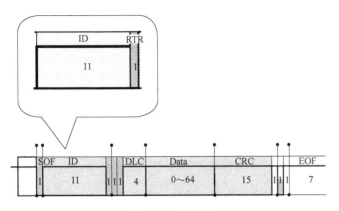

图 9-21　仲裁区

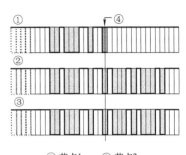

① 节点1　　② 节点2
③ 总线电压　　④ 仲裁失利

图 9-22　仲裁

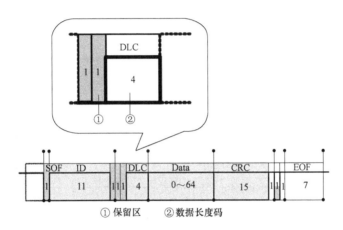

① 保留区　　② 数据长度码

图 9-23　控制区

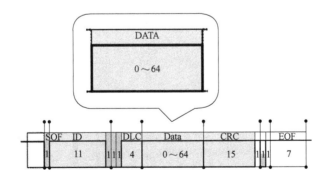

图 9-24　数据区

5）CRC 区。循环冗余检验区（CRC）用于检查帧传输的错误，包括一个用于错误检测的 15 位 CRC 数列和一个 CRC 定界符位（用于分隔），如图 9-25 所示。

6）ACK 区。证实区（ACK）用来确认是否正常接收，由 ACK 槽（ACK Slot）和 ACK 定界符 2 个位构成。ACK 定界符位通常为隐性；发送节点在 ACK 槽发送隐性位；接收到正确消息的节点在 ACK 槽发送显性位，通知发送单元正常接收结束，如图 9-26 所示。

7）帧结束。帧结束（EOF）表示数据帧完成，它通常包括 7 位隐性位，如图 9-27 所示。

（2）远程帧　远程帧是接收节点向发送节点请求发送数据所用的帧，图 9-28 所示为远程帧的构成，它由 6 个区组成，分别如下：

1）帧起始：表示帧开始的区。

2）仲裁区：表示该帧优先级的区，可请求具有相同 ID 的数据帧。

3）控制区：表示数据的字节数及保留位的区。

4）CRC 区：检查帧的传输错误的区。

5）ACK 区：表示确认正常接收的区。

6）帧结束：表示远程帧结束的区。

远程帧与数据帧的区别：①远程帧没有数据区；②在远程帧中，RTR 位通常为隐性；③远程帧的数据长度码以所请求数据帧的数据长度码表示；④没有数据段的远程帧可用于各节点的定期连接确认与应答，或用于仲裁区本身带有实质性信息的情况。

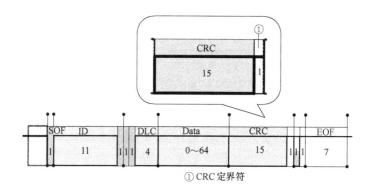

图 9-25　CRC 区

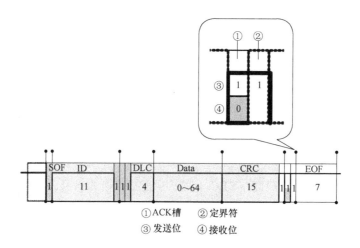

图 9-26　ACK 区

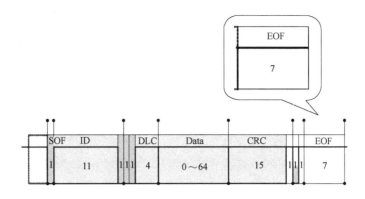

图 9-27　帧结束

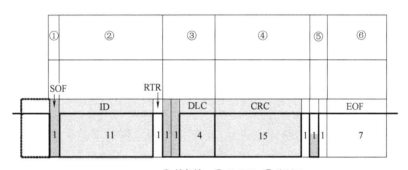

① 帧起始　② 仲裁区　③ 控制区
④ CRC区　⑤ ACK区　⑥ 帧结束

图 9-28　远程帧构成

（3）错误帧　错误帧用于在接收和发送消息时检测出错误通知的帧，它由错误标志和错误定界符构成。错误标志包括主动错误标志和被动错误标志。主动错误标志由 6 个位的显性位构成；被动错误标志由 6 个位的隐性位构成。错误定界符由 8 个位的隐性位构成，如图 9-29 所示。

（4）过载帧　过载帧是用于接收单元通知其尚未完成接收准备的帧。过载帧由过载标志和过载定界符构成，如图 9-30 所示。过载标志是 6 个位的显性位，其构成与主动错误标志的构成相同；过载定界符是 8 个位的隐性位，其构成与错误定界符的构成相同。

（5）帧间隔　帧间隔是用于分隔数据帧和遥控帧的帧。数据帧和遥控帧可通过插入帧间隔将本帧与前面的任何帧（数据帧、遥控帧、错误帧、过载帧）分开；过载帧和错误帧前不能插入帧间隔。帧间隔由 3 个位的隐性位组成。总线空闲是隐性位，无长度限制（可能是 0 位）。总线处于本状态下，要发送信息的节点可以访问总线，如图 9-31 所示。

①		②
		8
6	6	

① 错误标志　② 错误定界符

图 9-29　错误帧构成

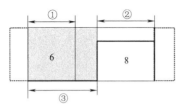

①过载标志　②过载标志重叠部分　③过载帧定界符

图 9-30　过载帧构成

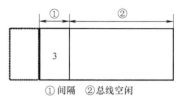

①间隔　②总线空闲

图 9-31　帧间隔构成

4. CAN 网络容错特点

CAN 的特性之一就是，在总线出现特定故障（断路、短路）的情况下，能够继续保持通信能力。当总线出现故障时，节点将会识别各种错误，并存储相应的故障码。然而，在某些致命的故障原因下，CAN 网络将会丢失通信能力，例如 S60 车辆的诊断插头的 6 号引脚对地短路，则所有连接在 HSCAN 网络上的模块均无法互相通信。下面将分别介绍车辆 CAN 网络在哪些情况下具有容错能力，在哪些情况下会失效。

（1）CAN 节点故障　当网络上的任一节点出现故障，包括节点自身故障、节点电源或接地损坏等，此节点将无法与 CAN 总线上的其他节点进行通信，如图 9-32 所示。其他节点可以继续通信，且会存储关于节点通信丢失的 DTC（Diagnostic Trouble Code，诊断故障代码）。

（2）CAN 支路断路（不带终端电阻）　当不带终端电阻的节点的支路断路（CAN H 或 CAN L），则此节点无法与其他节点通信，如图 9-33 所示。其他节点的通信不受影响。

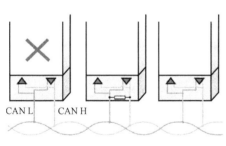

图 9-32　节点故障

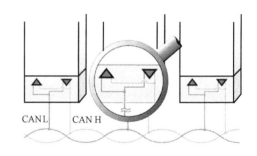

图 9-33　CAN 支路断路（不带终端电阻）

（3）CAN 支路断路（带终端电阻）　当带终端电阻的节点的支路断路，则此节点无法进行通信，如图 9-34 所示。其他节点以信噪比降低后的值继续工作，CAN 使通信继续进行。

（4）CAN 总线断路　总线上的 CAN H 或 CAN L 断路，则断路对侧的节点之间无法进行通信，如图 9-35 所示。断路同侧的节点之间可以进行通信，但是由于终端电阻的合成作用，此时的通信降低了抗扰度。

（5）CAN H 对地短路　当 CAN H 对地短路时，总线整体失效，所有节点之间不能通信，如图 9-36 所示。

（6）CAN H 对电源短路　当 CAN H 对电源短路时，CAN 总线具有继续工作的能力，如图 9-37 所示。

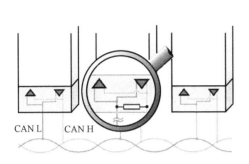

图 9-34　CAN 支路断路（带终端电阻）

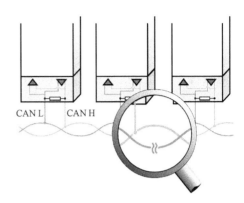

图 9-35　CAN 总线断路

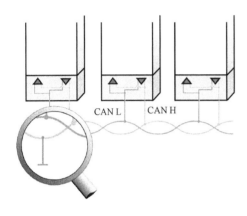

图 9-36　CAN H 对地短路

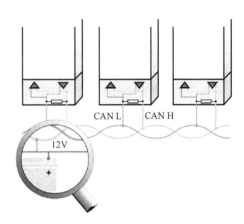

图 9-37　CAN H 对电源短路

（7）CAN L 对电源短路　当 CAN L 对电源短路时，总线整体失效，CAN 网络不能工作，如图 9-38 所示。

（8）CAN L 对地短路　当 CAN L 对地短路时，可以实现网络通信，因为 CAN 总线电压在共模电压范围内，如图 9-39 所示。但是总线的抗扰度降低，电磁辐射增加。

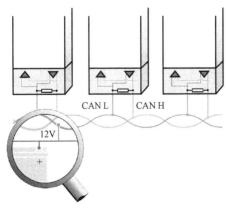

图 9-38　CAN L 对电源短路

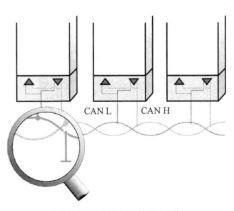

图 9-39　CAN L 对地短路

（9）CAN H 与 CAN L 短路　当 CAN H 与 CAN L 短路时，总线整体失效，所有节点之间不能通信，如图 9-40 所示。

（10）CAN H 与 CAN L 互接　当节点的支路 CAN H 与 CAN L 互接时，此节点无法与其他节点通信，如图 9-41 所示。其他节点的通信不受影响。

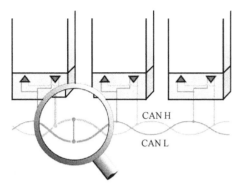

图 9-40　CAN H 与 CAN L 短路

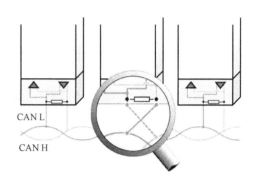

图 9-41　CAN H 与 CAN L 互接

9.1.4　CAN 网络的故障诊断方法

CAN 网络的故障诊断方法，包括网络测试、电阻测量、电压测量和波形测量等几种常用方法。此外，对故障现象的合理分析也可以作为故障原因的初步判断手段。

1. 故障现象

因为 CAN 网络的故障与节点或网络总线有关，所以发生故障后单个模块或部分模块的通信将会丢失，因此从仪表上可以观察到相关模块的集中异常信息，如图 9-42 所示。

2. 网络测试

通过诊断仪可以判断 CAN 网络上的模块是否存在通信异常现象。此方法可以快速而准确地找到故障原因的方向。执行网络测试时，诊断仪会与各个模块进行通信，并展现测试结果，如图 9-43 所示。

图 9-42　仪表显示异常

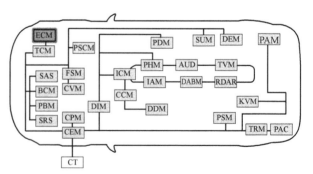

图 9-43　测试结果

3. 终端电阻测量

在对 CAN 的故障诊断过程中，可以利用终端电阻来判断 CAN 网络的总线是否出现故障。

测量 CAN 总线电阻前，需断开蓄电池，以使 CAN 网络断电。测量时应将万用表的两个

表笔分别连接在总线的 CAN H 和 CAN L 上，测量点可以在 DLC（诊断口）或总线的其他位置。如图 9-44 所示，可以从 DLC 位置，用万用表分别测量 6 号和 14 号引脚之间的电阻值。因为 CEM 与 ECM 中的终端电阻分别为 120Ω，它们形成了并联关系，所以万用表的测量结果应为 60Ω。如果测量结果为 120Ω，则说明有一个终端电阻或一侧总线断路；如果测量结果无穷大，则说明两个终端电阻或 DLC 支路断路；如果测量结果为 0Ω，则说明 CAN H 与 CAN L 互相短路。

如图 9-45 所示，MS CAN 网络的终端电阻分别在 CEM 与 DIM 中。从 DLC 的 3 号和 11 号引脚测量 MS CAN 的电阻，同样得到 60Ω 的结果。

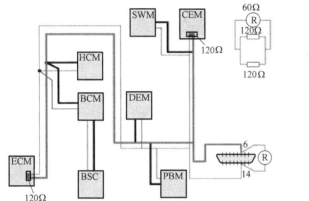

图 9-44　CAN 总线电阻测量一　　　　　图 9-45　CAN 总线电阻测量二

4. 总线电压测量

通过测量 CAN 总线的对地电压，可以判断 CAN 总线是否能够正常传输信号。测量时使用万用表的直流电压档，且需要使 CAN 总线处于工作状态，如打开点火开关。测量点可以在 CAN 总线的任意位置，如图 9-46 所示，可以从 DLC 的 6 号引脚处测量 CAN 的对地电压。因 CAN 总线的 CAN H 与 CAN L 电压信号不一样，所以测量结果也有所区别。CAN H 的对地电压为 2.6V 左右；CAN L 的对地电压为 2.4V 左右。

注意：当总线处于工作状态时，如果无法测到以上电压信号，则说明总线存在异常；但如果测到了以上电压信号，并不能判定总线是无故障的。

5. 总线波形测量

如果总线存在故障，通过测量和识别 CAN 总线的波形，可以直观地判断其问题所在，例如，若 CAN H 与 CAN L 呈现两条重叠的直线，则说明它们存在互相短路的故障。图 9-47 所示为 CAN H 对地短路时的信号波形，CAN H 与 CAN L 的电压均为 0V，因此 CAN 总线整体失效；图 9-48 所示为 CAN H 对电源短路时的信号波形，CAN H 的电压为 12V，CAN L 在 12~7V 之间变化。此时 CAN 网络仍然具备数据传输的能力。

图 9-49 所示为 CAN L 对电源短路时的信号波形，CAN H 与 CAN L 的电压均为 12V，因此 CAN 总线整体失效；图 9-50 所示为 CAN L 对地短路时的信号波形。CAN L 的电压为 0V，CAN H 在 0~3V 之间变化，此时 CAN 网络能够继续传输信号。

图 9-51 所示为 CAN H 与 CAN L 短路时的信号波形，CAN H 与 CAN L 的电压相等，均为 2.5V，因此 CAN 总线整体失效。

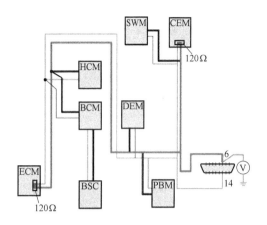

图 9-46　CAN 总线电压测量

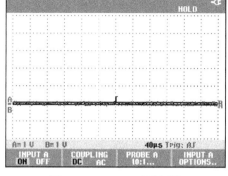

图 9-47　CAN H 对地短路

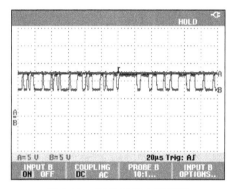

图 9-48　CAN H 对电源短路

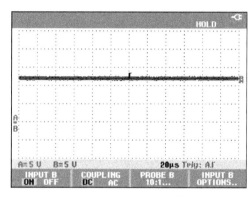

图 9-49　CAN L 对电源短路

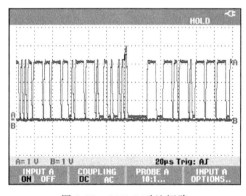

图 9-50　CAN L 对地短路

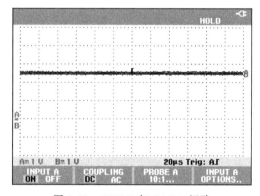

图 9-51　CAN H 与 CAN L 短路

9.2　LIN 总线网络

　导　入

LIN 是 Local Interconnect Network 的缩写，意为局部互联网。在 LIN 网

LIN 总线网络认知

络内，某个主要的节点能够对其他节点实现功能控制。LIN 作为一种低成本、高效率的串行通信网络，已经普遍应用于现在的汽车上，它可以为现有的汽车网络（CAN 网络）提供辅助功能。LIN 和 CAN 之间的不同之处在于 CAN 网络遍布整个车辆，而 LIN 通常用于对传输速率和性能要求不那么高的较小的单独网络。你知道 LIN 总线在车辆上有哪些具体应用吗？

9.2.1　LIN 总线技术的发展

LIN 联盟成立于 1999 年，并在同年发布了 LIN 1.0 版本。最初的成员有奥迪、宝马、克莱斯勒、摩托罗拉、博世、大众和沃尔沃等。

2000 年，LIN 联盟再次发布了 LIN 1.1 版本。

2001 年，第一辆采用 LIN 1.1 版本的量产汽车面世。

2003 年，LIN 2.0 版本出现。

2006 年，LIN 2.1 版本面世并沿用至今。

LIN 总线产品已经成为汽车总线的第二大市场，第一大市场是 CAN 总线，其在 2006 年已经达到顶峰。

9.2.2　LIN 网络的特点

LIN 网络与 CAN 网络有较大的区别，具有主从结构、单线传输、偏压驱动、低速通信和低容错特性等特点。

1. 主从结构

LIN 网络属于单主多从结构，即一组网络中，只有一个主节点，从节点可以有多个，如图 9-52 所示。主节点能向任一从节点发送信号；从节点仅在主节点的控制下向 LIN 总线发送数据；从节点一旦将数据发布到总线上，任何节点都可以接收该数据，但只有一个节点允许回应。

2. 单线传输

LIN 使用单根非屏蔽导线作为数据总线连接主节点与任何一个从节点，如图 9-53 所示。总线不与诊断仪连接；总线的最长允许长度为 40m；连接在总线上的从节点数量一般不超过 16 个。节点过多将减少网络阻抗，会导致环境条件变差。

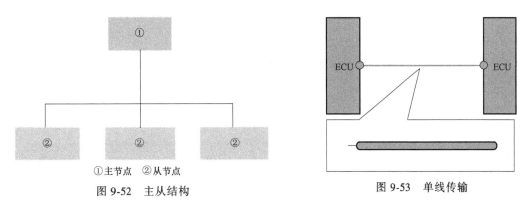

①主节点　②从节点

图 9-52　主从结构

图 9-53　单线传输

3. 偏压驱动

主从节点之间使用电压的高低变化，表示数据信息的含义（逻辑数据"0"和"1"），

图 9-54 所示。图 9-55 所示为 LIN 总线的电压波形，其电压范围为 0~12V。

4. 低速通信

LIN 网络的传输速率接近 20kbit/s，多数厂家使用 9.6kbit/s 的速率，相对于 CAN 网络而言，其属于"低速"传输，如图 9-56 所示。因此，LIN 网络并不适用于高速率的系统控制（如发动机控制）。

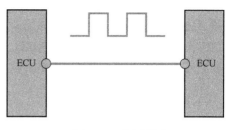

图 9-54　偏压驱动

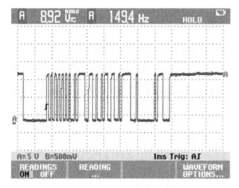

图 9-55　LIN 总线实测信号

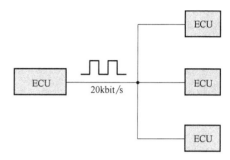

图 9-56　低速通信

5. 低容错特性

当 LIN 网络出现以下故障时，则无容错能力：①总线接地，如图 9-57 所示；②总线断路；③主节点故障。

如果从节点损坏或其支路断路，则其他从节点与主节点的通信不受影响，如图 9-58 所示。

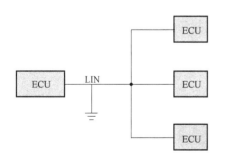

图 9-57　总线接地

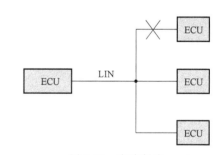

图 9-58　支路断路

9.2.3　LIN 网络基本原理

LIN 为单主多从结构，主从节点之间通过数字信号传输信息。为了实现 LIN 网络的信号传输功能，主节点和从节点必须按照特定的协议规范设计其硬件结构，并按照协议发送和接收数字信号，如图 9-59 所示。

1. LIN 网络硬件结构

一组 LIN 网络由一个主节点和多个（或单个）从节点组成，这些节点均通过单线路连

接在 LIN 总线上。主从节点具有类似的硬件结构。

（1）节点结构　图 9-60 所示为主节点与从节点的结构。两者的结构类似，区别在于从节点没有主节点的功能。

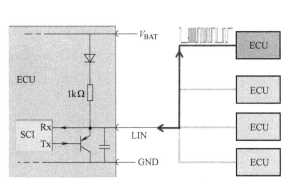

图 9-59　LIN 网络基本原理

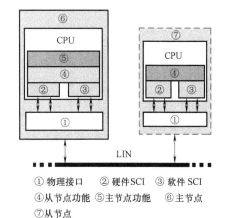

① 物理接口　② 硬件SCI　③ 软件 SCI
④从节点功能　⑤主节点功能　⑥主节点
⑦从节点

图 9-60　节点结构

（2）节点物理接口　主节点与从节点的物理接口结构类似，如图 9-61 所示。LIN 总线通过上拉电阻与电源线（V_{BAT}）连接，电源线连接外部电源。上拉电阻为 1kΩ（主节点）或 30kΩ（从节点）。与上拉电阻串联的二极管可以防止当电源电压下降时从 LIN 总线消耗电能。GND 为信号发送提供接地回路。LIN 总线与接地之间的电容可以消除 LIN 信号波动，电容的大小为 2.2nF（主节点）或 220pF（从节点）。

2. LIN 网络信号传输

采用主从结构的 LIN 网络，主节点用于控制 LIN 总线，它通过对从节点进行查询，将数据发布到总线上。从节点仅在主节点命令下发送数据，从而在无须仲裁的情况下实现双向通信。因为节点物理结构类似，因此主节点和从节点的信号收发控制原理是一样的，下面以主节点的角度说明信号的发送和接收过程。

（1）信号发送　SCI 通过 Tx 控制晶体管，使 V_{BAT} 与 GND 通过上拉电阻接通，LIN 总线形成了接地效果。此时 LIN 总线为低电平（0V），如图 9-62 所示。当 SCI 不可控制晶体管时，晶体管处于截止状态。此时 LIN 总线为高电平（等于 V_{BAT}），如图 9-63 所示。

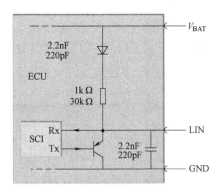

图 9-61　物理接口

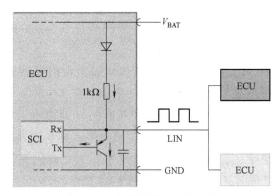

图 9-62　信号发送——低电平

（2）信号接收　从节点中的 SCI 在接通与断开内部晶体管的过程中，会在总线上产生高低电平的变化。主节点的 Rx 线可以接收这个高低变化的电压，从而判断其含义，如图 9-64 所示。

注意：如果 LIN 总线处于待用状态一定时间，从节点就会转为睡眠模式，以便降低功率消耗。

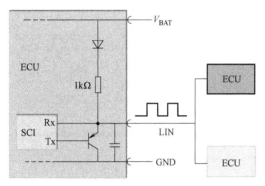
图 9-63　信号发送——高电平

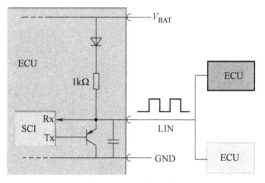
图 9-64　信号接收

3. LIN 网络数据结构

一个 LIN 网络的数据帧是由一个数据标题（Message Header）和一个数据响应（Message Response）组成的，如图 9-65 所示。

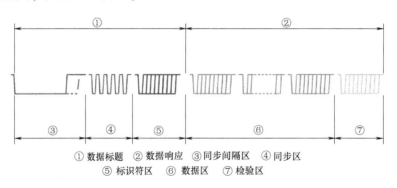

① 数据标题　② 数据响应　③ 同步间隔区　④ 同步区
⑤ 标识符区　⑥ 数据区　⑦ 检验区

图 9-65　LIN 网络的数据结构

（1）数据标题　数据标题包括一个同步间隔区（Synch Break Field）、一个同步区（Synch Field）和一个标识符区。

1）同步间隔区。同步间隔区由间隔和同步定界符组成。间隔用于唤醒处于睡眠模式中的从节点。它是一个持续 T_{SYNBRK} 或更长时间（即最小是 T_{SYNBRK}，不需要很严格）的显性总线电平；同步定界符是最少持续 T_{SYNDEL} 时间的隐性电平，它允许用来检测下一个同步区的起始位，如图 9-66 所示。

2）同步区。同步区包含了时钟的同步信息，用

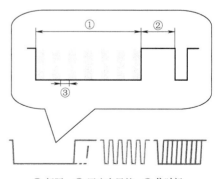
① 间隔　② 同步定界符　③ 位时间
图 9-66　同步间隔区

于帮助从节点与主节点的时钟频率同步，以便能够正确接收所发送的信息。同步区由 1 个起始位、8 个同步位和 1 个结束位组成，如图 9-67 所示。

3）标识符区。标识符区定义了数据的内容和长度，其内容是由 6 个标识符位（ID0～ID5）和 2 个奇偶校验位（P0、P1）组成的。ID0～ID4 定义了数据的类型、发送的目标节点等信息；ID4 和 ID5 定义了数据区数量（即数据长度）；P0 和 P1 用于检验 ID0～ID5 的正确性（不能全部为隐性或显性数据），如图 9-68 所示。

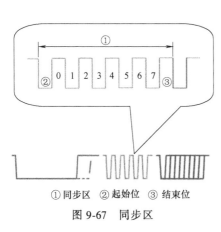

①同步区　②起始位　③结束位

图 9-67　同步区

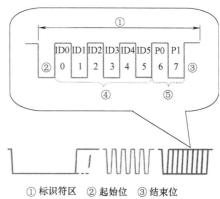

①标识符区　②起始位　③结束位
④标识符位　⑤奇偶校验位

图 9-68　标识符区

（2）数据响应　数据响应由多个数据区（Data Field）和一个校验和区（Checksum Field）组成，数据区由间隔字节区相隔。根据应用，如果信息和节点无关（例如不知道或错误的标识符），则数据的响应区可以不需要处理，在这种情况下，校验和的计算可以忽略。

1）数据区。数据区定义了数据的含义，如驱动指令等。数据长度可为 2～8 个字节，在发送数据信息时，最不重要的字节先发送。每个字节由 8 位数据组成，传输由 LSB 开始，如图 9-69 所示。

2）校验和区。校验和区是数据区所有字节的和的补码，让从节点可以检查所收到的信息是否正确传送，或者在传送期间是否可能发生任何干扰而破坏了数据。如果从主节点到从节点的传送期间信息中发生错误，也就是说，从节点计算的检核总和不一致，从节点就会清除信息，并且等待主节点发送下一条信息，如图 9-70 所示。

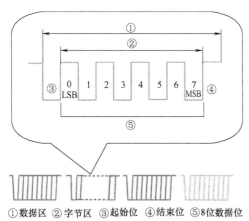

①数据区　②字节区　③起始位　④结束位　⑤8位数据位

图 9-69　数据区

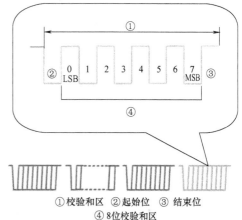

①校验和区　②起始位　③结束位
④8位校验和区

图 9-70　校验和区

9.2.4 LIN 网络的故障诊断方法

LIN 总线本身不能进行诊断，因此无法通过诊断仪等设备对其进行网络测试来进行故障诊断，但可以通过读取模块参数的方法来进行故障判断。LIN 网络总线的常用诊断方法还包括节点电阻测量、总线电压测量、总线波形测量等。

1. 参数读取

LIN 网络的主节点一般都连接在 CAN 网络上，因此使用诊断仪可以读取到主节点的参数。一般情况下，LIN 总线的从节点都作为主节点的特定参数，因此通过诊断仪读取这些参数信息，并配合相应的功能操作，即可判断从节点或总线的性能是否良好。

2. 节点电阻测量

通过 LIN 网络节点的硬件结构可知，LIN 总线与电源之间有一个上拉电阻，因此测量此电阻值可以作为判断节点故障的方法之一，如图 9-71 所示。测量时，万用表的红表笔应放在电源线端，黑表笔放在总线端。测量结果应为：主节点为 1kΩ；从节点为 30kΩ。

3. 总线电压测量

在正常电源电压和正常通信下，LIN 总线上的平均电压大约为 7~8V。通过测量 LIN 总线的电压，可以作为判断 LIN 网络是否工作的依据，如图 9-72 所示。测量 LIN 总线工作电压时，使用万用表的直流电压档，测量结果约为 10.5V（存在小范围的波动）。

图 9-71　节点电阻测量

图 9-72　总线电压测量

4. 总线波形测量

通过测量 LIN 总线工作时的波形，可以直观地判断 LIN 总线是否正在传递信号。如果 LIN 总线存在故障，则其波形也表现出异常特征。图 9-73 所示为 LIN 总线工作时的正常波形。

当 LIN 总线出现对地短路时，其波形如图 9-74 所示。LIN 总线因电压保持为 0V，所以失去了通信能力。

当 LIN 总线对电源短路时，其波形如图 9-75 所示，此时 LIN 总线同样失去了通信能力。

当 LIN 总线断路时，依然可以从主模块发出数据信号，但信号波形有所变化，如图 9-76 所示。

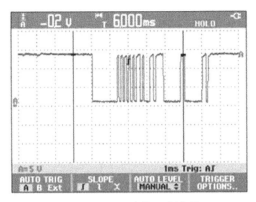

图 9-73　LIN 总线正常波形

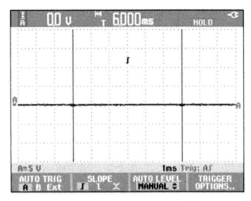

图 9-74　LIN 总线对地短路

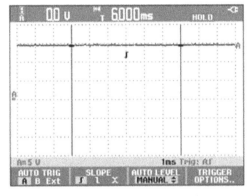

图 9-75　LIN 总线对电源短路

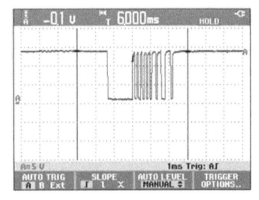

图 9-76　LIN 总线断路

9.3　MOST 总线网络

 导　入

MOST 总线
网络认知

MOST（Media Oriented Systems Transport）是一种用于多媒体数据传送的网络系统。MOST 网络采用光纤作为物理层的传输介质，将视听设备、通信设备以及信息服务设备相互连接起来。你知道 MOST 总线在车辆上应用于什么系统中吗？

9.3.1　MOST 总线技术的发展

1996 年，宝马、别克和 SMSC（Smart Mixed-Signal Connectivity）展开合作，在 D2B（家用数字）总线基础上开始对 MOST 总线技术进行讨论。1998 年，宝马、戴姆勒-克莱斯勒、别克和 SMSC 四家公司成立了 MOST Cooperation 组织，之后联合 17 家国际顶级的汽车制造商和超过 50 家的汽车关键组件供应商，共同展开了对 MOST 总线技术的研究。

经过二十几年的发展，MOST 总线标准已由第一代发展到了如今的第三代。MOST25 作为第一代总线标准，最高可支持 24.6Mbit/s 的传输速率，以塑料光纤（Plastic Optic Fiber，POF）作为传输介质中；第二代标准 MOST50 的传输速率是 MOST25 的两倍，除了采用塑料

光纤作为传输介质外，还可采用 UTP（Unshielded Twisted Pair）作为传输介质；第三代标准 MOST150 有了很大的发展，不仅最高可支持 147.5Mbit/s 的传输速率，还解决了与 Ethernet 的连接等问题，MOST150 已成为当今车载 MOST 总线的主流标准。

9.3.2 MOST 网络的特点

MOST 是一个用于多媒体应用程序的标准化网络通信系统，在制订上符合 OSI 的 7 层数据通信协议参考模型。MOST 网络为光纤网络，其优点包括以下几点：

1）总线不可能出现电流短路的情况，降低了节点损坏的风险。

2）网络与电磁兼容不会有问题。

3）线路对于来自其他线路的电流交叉感应不敏感。

4）容易实现新增功能以及安装附件。

MOST 网络的特点主要体现在主从结构、光纤通信、光数据传输、单向传输、高速率通信和无容错能力等方面。

1. 主从结构

MOST 网络使用主从结构。例如，在沃尔沃车辆上，信息娱乐控制模块（ICM）作为主模块对 MOST 网络上的通信可全权控制，如图 9-77 所示。

2. 光纤通信

MOST 使用单根光纤作为总线，光纤用塑料做成，如图 9-78 所示。各个节点串联在光纤上，其数量可达 64 个。

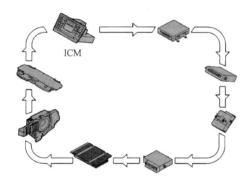

图 9-77　主从结构

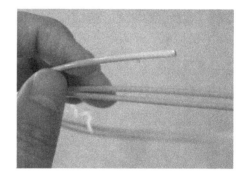

图 9-78　光纤通信

3. 光数据传输

MOST 网络的节点与节点之间，使用光波作为媒介传输数据信息。光波使用波长为 650nm 的红光，如图 9-79 所示。

4. 单向传输

MOST 网络的通信具有单向性，它允许大量不同的指令与信息在同一总线上以同一方向被传送与接收。因为单向传输的特点，MOST 网络一般设计成环形拓扑关系，如图 9-80 所示。

5. 高速率通信

MOST 网络的传输速率比 CAN 网络高出许多，最高可达 150Mbit/s，因此能够满足高质量的音频和视频数据传输，如图 9-81 所示。

图 9-79　光数据传输

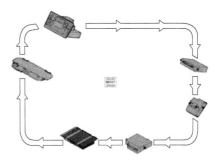

图 9-80　单向传输

6. 无容错能力

若光信号无法被接收或发送，则 MOST 网络通信一般会被主模块关闭，如图 9-82 所示。如果节点存在内部故障，则可以通过旁通模式直接将光波发送至下一个节点。

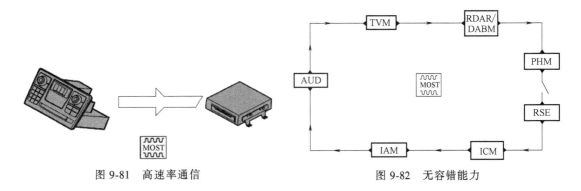

图 9-81　高速率通信

图 9-82　无容错能力

9.3.3　MOST 网络基本原理

MOST 网络采用光纤传输光信号，以实现信息传输的目的。光信号与普通电信号不同，其硬件结构、信号收发方式、网络控制模式等也有自己的特性。

1. 光信号介绍

发光二极管通电后可以发出光。利用此原理，控制模块可以按照一定的规律控制发光二极管，使其产生有规律的光线。可以对光线的"亮""灭"变化规律赋予特定的含义，于是产生了光信号。当发光二极管发出光线时表示"1"，无光线时表示"0"。因此从发光二极管发出的光线即可表示特定的二进制数字信号，如图 9-83 所示。

光纤通信，其实就是以光纤作为传输介质，以光波作为信息载体进行的通信，如图 9-84 所示。光波即为光信号，它在传输过程中加入了特定含义的信息。

2. MOST 网络硬件结构

光纤通信系统主要包括控制模块和光传输设备两大部分，其中控制模块的核心是光接收器和光发送器。

（1）控制模块　因为 MOST 网络为环形单向传输网络，因此每一个控制模块都与光纤形成了一进一出的连接。图 9-85 所示为 MOST 网络控制模块的结构。输入光纤与光接收器连接，输出光纤与光发送器连接。

光接收器内有一个光电二极管，可以将光信号转换为电信号。光发送器内有一个发光二极管，可以将电信号转换为光信号，如图 9-86 所示。

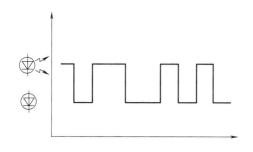

图 9-83　光信号

图 9-84　光纤通信

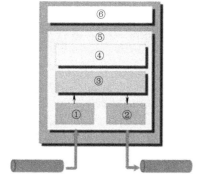

①光接收器　②光发送器　③MOST收发器
④网络服务　⑤网络接口芯片　⑥CPU

图 9-85　MOST 网络控制模块结构

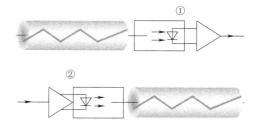

①光接收器　②光发送器

图 9-86　光接收器与光发送器

光信号从发送器输出，通过光传输设备传递到另一控制模块的接收器，如图 9-87 所示。

（2）光传输设备　光传输设备包括光纤电缆、铜管和光纤连接器。

1）光纤电缆。光纤电缆由光纤、涂层和保护层组成，如图 9-88 所示。光纤为光信号提供反射效应，以使光波从发送设备发出且快速、无损地传输到接收设备中。

2）铜管。光纤电缆安装到连接器，需要通过铜管（或塑料管）完成，如图 9-89 所示。安装时需保证铜管与光纤电缆和连接器的紧密配合。

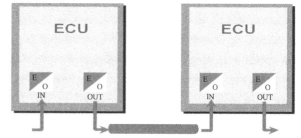

图 9-87　控制模块连接

3）光纤连接器。光纤连接器用于连接光纤和模块，连接器分为插头和插座两部分，如图 9-90 所示。插头上的指示箭头表示光纤的接入和接出方向，接入光纤后，可使用锁销将光纤锁紧。插头还分为有内芯和无内芯两种类型。

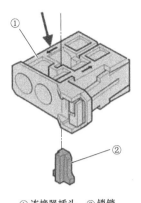

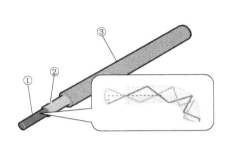

① 光纤　② 保护层　③ 涂层

图 9-88　光纤电缆

图 9-89　铜管

① 连接器插头　② 锁销

图 9-90　光纤连接器

3. MOST 信号发送与接收

MOST 的功能就相当于一条环形布置的铁路，各个串联在铁路上的模块形成了沿路的站点。承载着数据的火车在铁路上行驶，按特定方向依次驶入和驶出各个站点。

（1）MOST 数据传输　例如，在图 9-91 所示的 MOST 网络中，数据从 ICM 出发，沿 IAM、AUD、PHM、RSE 传输，最后返回 ICM。

（2）MOST 数据发送　控制模块按照 MOST 协议，驱动发送器工作，并输出光信号。CPU 向发送器发送电信号，发送器驱动发光二极管工作，并产生光波信号向光纤输出，如图 9-92a 所示。

图 9-91　MOST 数据传输

（3）MOST 数据接收　光波信号从总线连接器进入接收器，并照射在光电二极管上，使其产生电信号。控制模块识别这些转换后的电信号，并按照 MOST 协议解读信号含义，如图 9-92b 所示。

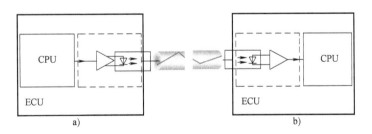

图 9-92　MOST 数据发送

a）发送　b）接收

4. MOST 网络数据结构

MOST 网络需要 16 个数据帧组成一个数据区，数据区是最小的 MOST 信息单元。一个数据帧由 64 个字节（512 位数据）组成，它包括管理数据、同步数据、非同步数据和控制数据，如图 9-93 所示。其中，B 即字节（Byte），bit 即位、比特。

（1）管理数据　管理数据由两部分组成，分别占用一个字节。第一部分在数据帧的开

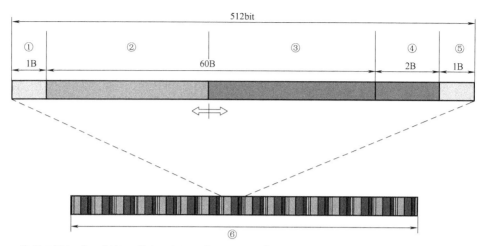

① 管理数据　② 同步数据　③ 非同步数据　④ 控制数据　⑤ 管理数据　⑥ 1个数据区（16个数据帧）

图 9-93　MOST 数据结构

始，它说明所传送的数据有多少是同步的、有多少是非同步的。第二部分在数据帧的结尾，用于检查在 MOST 网络上的控制模块是否运作正常，如图 9-94 所示。

（2）同步数据　同步数据和非同步数据共享数据帧，主模块（如 ICM）控制哪一个模块传递同步数据和哪一个模块接收同步数据，如图 9-95 所示。同步数据用于传输即时信息，例如从 IAM 播放声音。

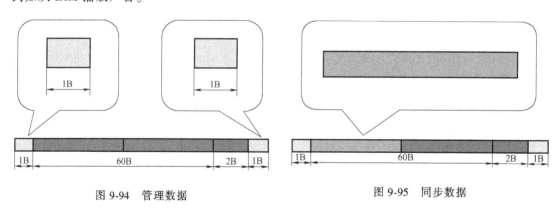

图 9-94　管理数据

图 9-95　同步数据

（3）非同步数据　非同步数据用于发送大量的数据，例如 TCP/IP 和数码影像，但它是非实时的，如图 9-96 所示。当发出信息时，会运行检查以确保它被正确地接收到。

（4）控制数据　控制数据用于检查和分配控制模块的功能以及 MOST 网络中的功能，它从 ICM 传送到另一个特定的控制模块。控制数据信息自动地检查接收器是否接收到信号并且整个信息在传送和接收控制模块之间是否正确地传送。每个数据帧的控制数据中包括 2 个字节，要发送控制信息需要用到一个数据区（即一个控制信息包含 32 个字节），如图 9-97 所示。控制信息是启动或解除 MOST 网络上各功能的最小信息单位，例如，CD 机上的改变曲目或停止命令。

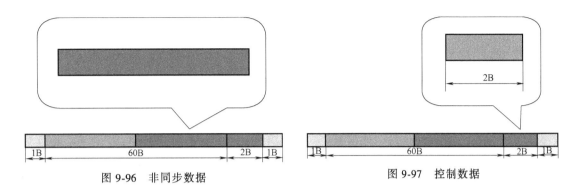

图 9-96　非同步数据　　　　　　　　　　图 9-97　控制数据

9.3.4　MOST 网络故障管理及检修

MOST 网络由 ICM 监测，如果它探测到 MOST 网络上有故障，将会储存 DTC。如果 MOST 网络中的光波消失，则整个网络将停止工作，同时所有在 MOST 网络上的控制模块也将停止工作。处理的故障类型有控制模块通信中断和通信故障。

（1）控制模块通信中断　ICM 知道有哪些控制模块连接在 MOST 网络上。如果 MOST 网络中任何一个控制模块通信中断，ICM 中都会储存一个 DTC，如图 9-98 所示。该故障对于 MOST 网络中的每一个控制模块都有一个 DTC。

（2）通信故障　对于任何导致 MOST 网络不能发送信息的故障，如模块内部故障、模块电源或接地丢失、光纤故障等，ICM 都会存储故障码。针对此故障码，可以对 MOST 网络执行环路断点诊断，如图 9-99 所示。

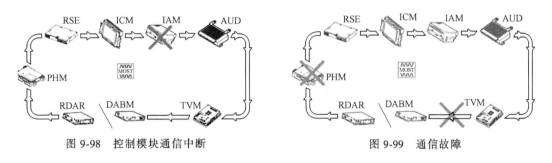

图 9-98　控制模块通信中断　　　　　　　图 9-99　通信故障

1. MOST 网络故障的诊断方法

MOST 网络的故障主要表现在节点损坏（包括电源或接地丢失）和总线开路上。如果某模块无法接收或发送光信号，或某区域的光纤出现断路，则 MOST 网络就会关闭全部功能。为了诊断 MOST 网络故障，可以使用以下方法进行。

（1）MOST 网络测试　使用诊断仪执行网络测试，可以查看 MOST 网络各模块的通信情况，从而判断 MOST 系统是否存在故障。执行网络通信时，ICM 将会检测 MOST 网络中各个模块的通信。如果 MOST 通信异常，则车载 MOST 网络中的模块将显示红色。

（2）MOST 网络故障码诊断　使用诊断仪读取 MOST 系统是否存在 DTC，有则按照 DTC 的故障追踪执行环路断点诊断，以便找到故障发生区域。在 MOST 网络中，由主模块 ICM 发送光信号并检测总线的光纤传输性能。如果检测到环路断路故障，则存储 DTC "MOST 环完整无通信"。

（3）环路断点诊断　在 MOST 网络中有开路以及 DTC "MOST 环完整无通信" 被储存到 ICM 时，使用环路断点诊断。推测原因包括：光纤连接器松动、脏污或损坏；光纤交叉连接；光纤损坏、弯折、挤压；控制模块电源或接地丢失；控制模块内部硬件损坏。

2. MOST 网络的维修规范

因为 MOST 网络总线的特殊性，因此其维修规范与普通电路不同。

对 MOST 网络进行检查和维修时，应考虑影响光信号传输的因素，这些因素包括：光纤长度，光纤弯折、变形或破损，连接器污染，如图 9-100 ~ 图 9-102 所示。若光纤的长度过长，则会影响光信号的传输效率。因为光信号在光纤中传输时除了反射，还存在折射现象。因此，更换光纤时，应尽量选用与原长度一样的光纤进行替换。

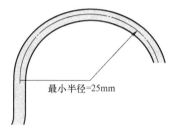

最小半径=25mm

图 9-100　光纤的长度　　　　图 9-101　光缆弯折要求　　　　图 9-102　连接器污染

如果检查发现光纤存在弯折，则应将其校正，如果光纤的弯折半径小于 25mm，则会影响光信号的传输效果。如果光纤存在拉伤、挤压或部件摩擦现象，则应及时排除。如果光纤损坏，则必须更换新光纤。

连接器上的油污、杂质等会削减光信号的传输效果，所以维修时应注意保持插头清洁，不能使用润滑脂来润滑插头，不能使用有机溶剂清洗插头。

9.4　FlexRay 总线网络

导　入

FlexRay 总线
网络认知

FlexRay 通信协议运用于可靠的车内网络中，是一种具备故障容错的高速汽车总线系统。你知道为什么在车辆上已有 CAN、LIN、MOST 等网络的情况下依然要引入 FlexRay 吗？

9.4.1　FlexRay 总线技术的发展

随着汽车中增强安全和舒适体验的功能越来越多，用于实现这些功能的传感器、传输装置、电子控制单元（ECU）的数量也在持续上升。如今高端汽车有 100 多个 ECU，如果不采用新架构，该数字可能还会增长，ECU 操作和众多车用总线之间的协调配合日益复杂，严重阻碍了线控（X-by-Wire，即利用重量轻、效率高、更简单且具有容错功能的电气/电子系统取代笨重的机械/液压部分）技术的发展。即使可以解决复杂性问题，传统的车用总线也缺乏线控所必需的确定性和容错功能。例如，与安全有关的信息传递要求绝对的实时，这类高优先级的信息必须在指定的时间内传输到位，如制动时，从制动踏板踩下到制动起作用

的信息传递要求立即、正确地传输，不允许任何不确定因素。同时，汽车网络中不断增加的通信总线及传输数据量，要求通信总线有较高的带宽和数据传输速率。目前广泛应用的车载总线技术 CAN、LIN 等由于缺少同步性、确定性及容错性等并不能满足未来汽车应用的要求。

宝马和戴姆勒-克莱斯勒公司很早就意识到，传统的解决方案并不能满足汽车行业未来的需要，更不能满足汽车线控（X-by-Wire）系统的要求。于是在 2000 年 9 月，宝马和戴姆勒-克莱斯勒联合飞利浦和摩托罗拉成立了 FlexRay 联盟。该联盟致力于推广 FlexRay 通信系统在全球的采用，使其成为高级动力总成、底盘、线控系统的标准协议。其具体任务为制定 FlexRay 需求定义、开发 FlexRay 协议、定义数据链路层、提供支持 FlexRay 的控制器、开发 FlexRay 物理层规范并实现基础解决方案。

9.4.2　FlexRay 总线的特点

FlexRay 提供了传统车内通信协议不具备的大量特性，包括以下几点：

1. 高传输速率

FlexRay 的每个信道具有 10Mbit/s 带宽。由于它不仅可以像 CAN 和 LIN 网络这样的单信道系统一样运行，而且还可以作为一个双信道系统运行，因此可以达到 20Mbit/s 的最大传输速率，是当前 CAN 最高运行速率的 20 倍。

2. 同步时基

FlexRay 中使用的访问方法是基于同步时基的。该时基通过协议自动建立和同步，并提供给应用。时基的精确度介于 $0.5 \sim 10\mu s$ 之间（通常为 $1 \sim 2\mu s$）。

3. 确定性

通信是在不断循环的周期中进行的，特定消息在通信周期中拥有固定位置，因此接收器已经提前知道了消息到达的时间。到达时间的临时偏差幅度会非常小，并能得到保证。

4. 高容错

强大的错误检测性能和容错功能是 FlexRay 设计时需要考虑的重要方面。FlexRay 总线使用循环冗余校验（Cyclic Redundancy Check，CRC）来检验通信中的差错。FlexRay 总线通过双通道通信，能够提供冗余功能，并且使用星形拓扑可完全解决容错问题。

5. 灵活性

在 FlexRay 协议的开发过程中，关注的主要问题是灵活性，反映在如下几个方面：

1）支持多种方式的网络拓扑结构。

2）消息长度可配置。可根据实际控制应用需求，为其设定相应的数据载荷长度。

3）使用双通道拓扑时，既可用于增加带宽，也可用于传输冗余的消息。

4）周期内静态、动态消息传输部分的时间都可随具体应用而定。

9.4.3　FlexRay 总线网络拓扑

FlexRay 的拓扑主要分为三种：总线型、星形、总线星形混合型。

通常，FlexRay 节点可以支持两个信道，因而可以分为单通道和双通道两种系统。在双通道系统中，不是所有节点都必须与两个通道连接。

与总线结构相比，星形结构的优势在于：它在接收器和发送器之间提供点到点连接。该

优势在高传输速率和长传输线路中尤为明显。另一个重要优势是错误分离功能。例如,如果信号传输使用的两条线路短路,则总线系统在该通道不能进行进一步的通信。如果使用星形结构,则只有到连接短路的节点才会受到影响,其他所有节点仍然可以继续与其他节点通信。图 9-103~图 9-108 所示为不同拓扑类型的 FlexRay 总线结构。

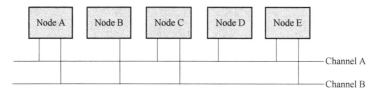

图 9-103　双通道总线型

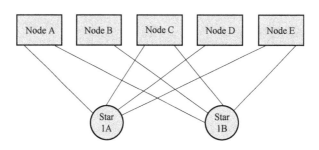

图 9-104　双通道星形

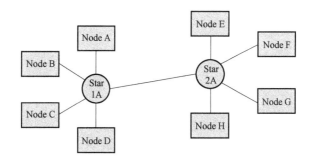

图 9-105　单通道级联星形

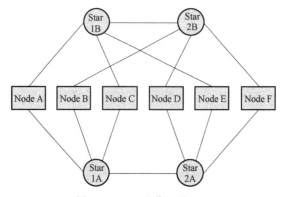

图 9-106　双通道级联星形

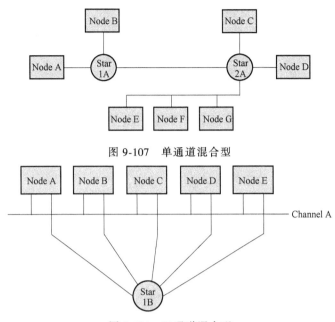

图 9-107　单通道混合型

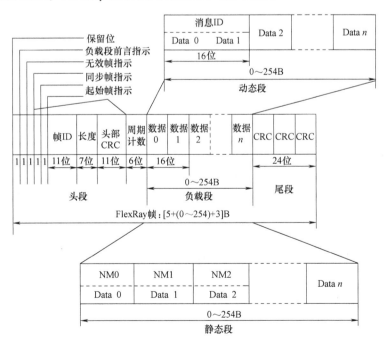

图 9-108　双通道混合型

9.4.4　FlexRay 通信协议

1. 数据帧

一个数据帧由头段（Header Segment）、有效负载段（Payload Segment）和尾段（Trailer Segment）三部分组成。FlexRay 数据帧结构如图 9-109 所示。

图 9-109　FlexRay 数据帧结构

351

（1）头段　共由 5 个字节（40 位）组成，包括以下几位：

1）保留位（1 位）：为日后的扩展做准备。

2）负载段前言指示（1 位）：指明负载段的向量信息。

3）无效帧指示（1 位）：指明该帧是否为无效帧。

4）同步帧指示（1 位）：指明这是否为一个同步帧。

5）起始帧指示（1 位）：指明该帧是否为起始帧。

6）帧 ID（11 位）：用于识别该帧和该帧在时间触发帧中的优先级。

7）负载段长度（7 位）：标注一帧中能传送的字数。

8）头部 CRC（11 位）：用于检测传输中的错误。

9）周期计数（6 位）：每一通信开始，所有节点的周期计数器增 1。

（2）负载段　是用于传送数据的部分，FlexRay 有效负载段包含 0~254 个字节数据。

对于动态帧，有效负载段的前两个字节通常用作信息 ID，接收节点根据接收的 ID 来判断是否为需要的数据帧。对于静态帧，有效负载段的前 13 个字节为网络管理向量（NM），用于网络管理。

（3）尾段　只含有 24 位的校验域，包含了由头段与有效负载段计算得出的 CRC 校验码。计算 CRC 时，根据网络传输顺序将从保留位到负载段最后一位的数据放入 CRC 生成器进行计算。

2. 编码与解码

编码的过程实际上就是对要发送的数据进行相应的处理"打包"的过程，如加上各种校验位、ID 符等。编码与解码主要发生在通信控制器与总线驱动器之间，如图 9-110 所示。

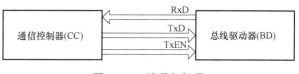

图 9-110　编码与解码

其中，RxD 为接收信号，TxD 为发送信号，TxEN 为通信控制器请求数据信号。信息的二进制表示采用"不归零"码。对于双通道的节点，每个通道上的编码与解码的过程是同时完成的。

静态数据帧编码如图 9-111 所示，动态数据帧编码如图 9-112 所示。

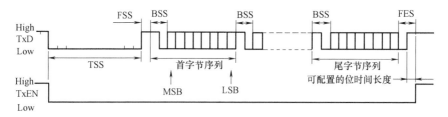

图 9-111　静态数据帧编码

TSS（传输启动序列）：用于初始化节点和网络通信的对接，为一小段低电平。

FSS（帧启动序列）：用来补偿 TSS 后第一个字节可能出现的量化误差，为一位的高电平。

BSS（字节启动序列）：给接收节点提供数据定时信息，由一位高电平和一位低电平

组成。

FES（帧结束序列）：用来标识数据帧最后一个字节序列结束，由一位低电平和一位高电平组成。

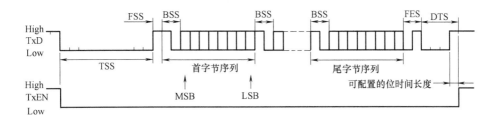

图 9-112 动态数据帧编码

DTS（动态段尾部序列）：仅用于动态帧传输，用来表明动态段中传输时隙动作点的精确时间点，并防止接收段过早地检测到网络空闲状态，由一个长度可变的低电平和一位高电平组成。

将这些序列与有效位（从最大位 MSB 到最小位 LSB）组装起来就是编码过程，最终形成能够在网络中传播的数据位流。

3. 媒体访问方式

在媒体接入控制中，一个重要的概念就是通信周期（Communication Cycle），如图 9-113 所示。一个通信周期由静态段（Static Segment）、动态段（Dynamic Segment）、符号窗（Symbol Window）和网络空闲时间（Network Idle Time）四个部分组成。FlexRay 提供两种媒体接入时序的选择：静态段采用时分多址方式（TDMA），由固定的时隙数组成，不可修改，且所有时隙的大小一致，用来传输周期性的数据信息；动态段采用灵活的时分多址（FTD-MA），由较小的时隙组成，可根据需要扩展变动，一般用于传输事件控制的消息。符号窗用于传输特征符号。网络空闲时间用于时钟同步处理。

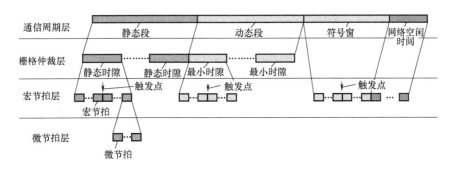

图 9-113 媒体访问方式

仲裁层包含仲裁网络，它构成了 FlexRay 媒介仲裁的主干部分。在静态段中，仲裁网络由叫作静态时隙（Static Slots）的连续时间间隔组成；在动态段中，由称为最小时隙（Mini Slots）的连续时间间隔组成。

仲裁网络层是建立在由宏节拍（Marcotick）组成的宏节拍层之上的。每个本地宏节拍的时间都是一个整数倍的微节拍的时间。已分配的宏节拍边缘叫作行动点（Action Points）。

行动点是一些特定的时刻，在这些时刻上，将会发生传输的开始和结束。

微节拍层是由微节拍组成的。微节拍是由通信控制器外部振荡器时钟刻度选择性地使用分频器导出的时间单元。微节拍是控制器中的特殊单元，它在不同的控制器中可能有不同的时间。节点内部的本地时间间隔尺寸就是微节拍。

4. 时钟同步

如果使用基于 TDMA 的通信协议，则通信媒介的访问在时间域中控制。因此，每个节点都必须保持时间同步，这一点非常重要。所有节点的时钟必须同步，并且最大偏差（精度）必须在限定范围内，这是实现时钟同步的前提条件。

时钟偏差可以分为相位偏差和频率偏差。相位偏差是两个时钟在某一特定时间的绝对差别。频率偏差是相位偏差随时间推移的变化，它反映了相位偏差在特定时间的变化。

FlexRay 使用一种综合方法，同时实施相位纠正和频率纠正，包含两个主要过程：时间同步校正机制（最大时间节拍生成 MTG）和时钟同步计算机制（时钟同步进程 CSP），如图 9-114 所示。MTG 控制时隙初值，即周期计数器和最大时钟节拍的计数器，并对其进行修正。CSP 主要完成一个通信循环开始的初始化，测量并存储偏差值，计算相位和频率的修正值。

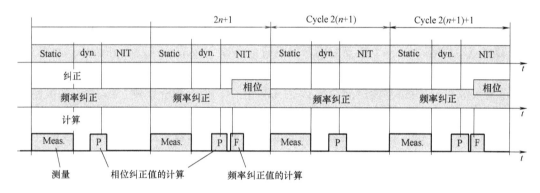

图 9-114　时钟同步机制

相位修正仅在奇数通信周期的 NIT 段执行，在下一个通信周期起始前结束。相位改变量指明了添加到 NIT 相位修正段的微节拍数目，它的值由时钟同步算法决定，并有可能为负数。相位改变量的计算发生在每个周期内，但修正仅应用在奇数通信周期的末尾。

在频率纠正中，需要使用两个通信循环的测量值。这些测量值之间的差值反映每个通信循环中的时钟偏差变化。它通常用于计算双循环结束时的纠正值。在整个后来的两个通信周期中，都使用该纠正值。

5. 唤醒与启动

为了节省资源，部分节点处于不工作状态时，进入"节电模式"。当这些节点需要再次工作时，就需要"唤醒"它们。主机可以在通信信道上传输唤醒模式，当节点接收到唤醒特征符（Wakeup Symbol）后，主机处理器和通信控制器才进行上电。

在通信启动执行之前，整个簇需要被唤醒。启动节点工作需要在所有通道上同步执行。初始一个启动过程的行为被称为冷启动（Coldstart），能启动一个起始帧的节点是有限的，将它们称作冷启动节点（Coldstart Node）。在至少由三个节点组成的簇中，至少要有三个节点被配

置为冷启动节点。冷启动节点中,主动启动簇中消息的节点称之为主冷启动节点(Leading Coldstart Node),其余的冷启动节点则称之为从冷启动节点(Following Coldstart Node)。

当节点被唤醒并完成初始化后,它就可以在相应的主机控制命令发出之后进入启动程序。在非冷启动节点接收并识别至少两个相互通信的冷启动节点前,非冷启动节点一直等待。同时,冷启动节点监控两个通信通道,确定是否有其他的节点正在进行传输。当检测到通信信道没有进行传输时,该节点就成为主冷启动节点。

冷启动尝试以冲突避免操作符(Collision Avoidance Symbol,CAS)开始,只有传输 CAS 的冷启动节点能在最开始的四个周期传输帧。主冷启动节点先在两个通道上发送无格式的符号(一定数量的无效位),然后启动集群。在无格式符号发送完毕后,主冷启动节点启动该节点的时钟,进入第一个通信周期。从冷启动节点可以接收主冷启动节点发送的消息,在识别消息后,从冷启动节点便可确认主冷启动节点发送的消息的时槽位置。然后等待下一个通信周期,当接收到第二个消息后,从冷启动节点便开始启动它们的时钟。根据两条消息的时间间隔,测量与计算频率修正值,尽可能地使从冷启动节点接近主冷启动节点的时间基准。为减少错误的出现,冷启动节点在传输前需等待两个通信周期。在这期间,其余的冷启动节点可继续接收从主冷启动节点及已完成集群冷启动节点的消息。

从第五个周期开始,其余的冷启动节点开始传输起始帧。主冷启动节点接收第五与第六个周期内其余冷启动节点的所有消息,并同时进行时钟修正。在这个过程中没有故障发生,且冷启动节点至少收到一个有效的起始帧报文时,主冷启动节点则完成启动阶段,开始进入正常运行状态。

非冷启动节点首先监听通信信道,并接收信道上传输的信息帧。若接收到信道上传输的信息帧,便开始尝试融入启动节点。在接下来的两个周期内,非冷启动节点要确定至少两个发送启动帧的冷启动节点,并符合它们的进度。若无法满足条件,则非冷启动节点将退出启动程序。非冷启动节点接收到至少两个启动节点连续的两组双周期启动帧后,开始进入正常运行状态。非冷启动节点进入正常工作状态,比主冷启动节点晚两个周期。

图 9-115 描述了正确的启动过程。其中,A 是主冷启动节点,B 是从冷启动节点,C 是非冷启动节点。

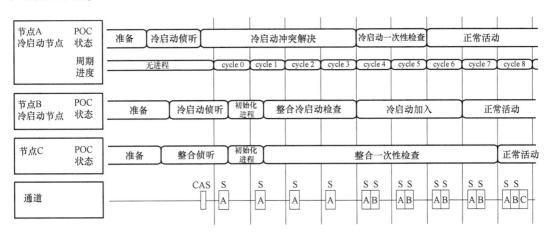

图 9-115 FlexRay 启动过程

9.4.5　FlexRay 总线信号

在物理层，FlexRay 根据 u_{BP} 和 u_{BM} 的不同电压，使用不同的信号 BP 和 BM 进行通信。四个信号代表了 FlexRay 总线的各种状态：

Idle_L：低功率状态；Idle：无通信状态；Data_1：逻辑高；Data_0：逻辑低。（注意在 Data_1 和 Data_0 之间不允许有冲突），如图 9-116 所示。

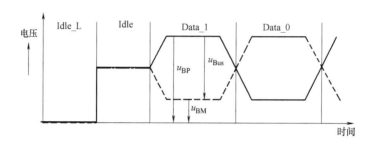

图 9-116　FlexRay 总线信号

FlexRay 总线信号必须在规定界限内。图 9-117 给出了总线信号的正常图形和非正常图形。无论在时间轴上还是在电压轴上，电气信号都不得进入内部区域内。FlexRay 总线系统是数据传输率较高且电压电平变化较快的一种总线系统。

电压高低（电平）以及电压上升沿和下降沿斜率有严格规定，必须位于指定数值内，不得进入所标记的"区域"（见图 9-118 中平行六边形区域）。因电缆安装不正确、接触电阻等产生的电气故障可能引起数据传输率问题。

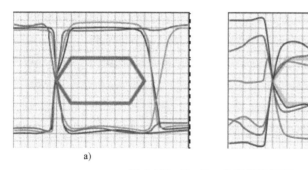

a)　　　　　　　　　　　　　　b)

图 9-117　FlexRay 总线信号特征
a）正常图形　b）非正常图形

FlexRay 总线系统的电压范围（电压值以对地测量方式得到）：

系统接通——无总线通信 2.5V；

高电平信号——3.1V（电压信号上升 600mV）；

低电平信号——1.9V（电压信号下降 600mV）。

9.4.6　FlexRay 总线的应用

目前 FlexRay 最主要的应用领域即是汽车，业界正致力于在汽车设计中转向全电子系

统，它将通过创新的智能驾驶辅助系统为驾驶人和乘员提供更高的安全性以及更舒适的车内环境。而这种智能系统必然需要大量的采样、通信以及协调控制，对车载网络提出了较高的要求，这也应该是 FlexRay 联盟研发 FlexRay 的动力所在。

1. 车载骨干网络

FlexRay 的拓扑结构非常灵活，包括单/多通道总线结构，单/多通道星形结构，多种不同总线、星形混合结构等，网络可与现有其他各种总线（如 LIN、CAN 等）系统兼容。同时，其灵活的系统结构，也可使设计者针对不同的应用背景选择不同的可靠等级以控制成本。

2. 线控系统

FlexRay 的重要目标应用之一是线控操作（如线控转向、线控制动等），即利用容错的电气/电子系统取代机械/液压部分。汽车线控系统是从飞机控制系统引申而来的，飞机控制系统中提到的 Fly-by-Wire 是一种电线代替机械的控制系统，它将飞机驾驶员的操纵控制和操作命令转换成电信号，利用机载计算机控制飞机的飞行。这种控制方式引入到汽车驾驶上，就称为 Drive-by-Wire（电控驾驶），引入到制动上就产生了 Brake-by-Wire（电控制动），引入到转向控制上就有了 Steering-by-Wire（电控转向），因此统称为 X-by-Wire。这些创新功能的基础是一种能够满足严格容错要求的宽带总线结构，而 FlexRay 的高传输速率和良好的容错性使其具有该方面的应用潜力。

3. 企业上的实际应用

在企业方面，首个投入生产的 FlexRay 应用是宝马公司 X5 运动型多功能车（SAV）上名为 Adaptive Drive 的系统。Adaptive Drive 基于飞思卡尔半导体的 32 位 FlexRay 微控制器，可以监视有关车辆速度、转向盘转度、纵向和横向加速度、车身和轮子加速度以及行驶高度的数据。当驾驶人按下按钮选择"运行"或"舒适"驾驶时，Adaptive Drive 会通过控制抗侧倾杆中的旋转发动机和减振器上的电磁阀来相应调整车辆的侧角和阻尼，控制单元相互作用以防止紧急翻车，宝马公司的工程师选择了带 10Mbit/s 带宽的 FlexRay 以获得这些控制单元之间的快速数据传输。

宝马 7 系中配备的博世 ESP 至尊版是全球第一个带有 FlexRay 界面的制动控制系统。通过这一新数据总线，系统能够与相应的传感器、自适应巡航控制（ACC）、集成底盘管理系统（ICM）、发动机以及传输控制单元通信。

新款奥迪 A8 轿车采用恩智浦的 FlexRay、CAN、LIN 和 SBC 收发器打造车载网络（IVN），为轿车增加了高级驾驶辅助系统、自适应巡航控制和主动底盘稳定系统等一系列最新应用。恩智浦的 IVN 技术通过集线器连接众多电子器件，集线器由几根轻质铜线构成，不仅减轻了车身重量，更节约了油耗。轻质结构还令轿车提速更快、碳排放更低。

尽管 FlexRay 目前还只是应用在豪华车上，但随着通信要求的进一步提高和技术的进一步成熟，其在汽车上的普及只是时间的问题。然而，从更长远的角度来看，汽车发展的趋势是实现全自动无人驾驶（或近乎全自动驾驶），这将需要大量的不同功能的传感器、传输装置以及电子控制单元，而这些零部件的相互通信和协调控制则对车载网络提出了更高的要求。因此，FlexRay 及车载网络还有待进一步研究和发展。

9.5 车载以太网简介

车载以太网是一种用以太网连接车内电子单元的新型局域网技术。在进入汽车领域之前，以太网已经获得了广泛的应用，同时还具有技术成熟、高度标准化、带宽高以及低成本等优势。为什么以太网进入汽车领域如此之晚？

9.5.1 车载以太网技术的发展

2011 年，博通（Broadcom）公司将 BroadR-Reach 技术应用于车载网络，基于 BroadR-Reach 技术形成了行业标准以太网协议规范。2013 年，作为备份摄像头的车载以太网首次应用到宝马汽车上。近两年来，使用以太网技术及架构作为下一代车载网络的发展方向受到了汽车行业内部及通信业技术人员的广泛关注，国外主要汽车制造商（如宝马、通用、梅赛德斯-奔驰等）和半导体公司（如博通、恩智浦、麦瑞半导体等）相继推出了适应车载环境并符合标准以太网的应用或实体层元件，密切关注并积极推动了标准以太网介入车载网络的发展，积极参与讨论和制定了适用于车载环境及应用的以太网标准，支持车载以太网项目的研究并联合成立了一些行业标准组织，如 SEISPROJECT、Ethernet/IP、BroadR-Reach 技术、以太网音视频桥接技术（AVB）、时间触发以太网（TTE）、IEEE PoDL 工作组、IEEERT-PGE 工作组、AVnu 联盟、OPEN 联盟等。

9.5.2 车载以太网的优势

以太网成为下一代车载网络的发展趋势主要因为以下三个主要特点：

1. 以太网的通用性

就目前采用的车载网络技术，都是难以与外部设备及网络服务连接的封闭标准。究其原因，目前占主流的车载网络标准 CAN、LIN 及 FlexRay，以及面向媒体的系统传输标准 MOST 等都具有浓重的"汽车行业"色彩，导致其应用的局限性，反之以太网是一种简单、成熟的开放标准。伴随不断增长的高级驾驶辅助系统（ADAS）的复杂性，行业内需求一种简化和标准化的方法，在面对越来越多的互相隔离的子系统时，可以把车载系统看作一个网络去管理和运营，以收获更好的重用性和互操作性。对于车载网络，以太网提供的先决条件就是这种整体性的办法，是适合作为主干网络连接各个应用领域，特别是需求更高带宽的应用。由于以太网的灵活性及可扩展的带宽，远程信息处理和多媒体娱乐系统、基于 IP 的 WEB 应用程序与车载网络的接口过渡得平滑，车辆与外部世界的交互将会更加频繁。

2. 以太网的高带宽

现在智能电子产品与车载设备的交互越来越多，云概念的兴起，搭载了 ADAS、智能视觉安全应用（如车道偏离检测、驾驶人意图预测）及信息娱乐设备的新型信息平台主导了新一代汽车电子的发展趋势。从功能性的角度，车载子系统增加，不同的子系统之间对共享数据的需求越来越多；另外，随着摄像头分辨率的提升，显示需求大量增加，传统车载网络在带宽上面临巨大挑战，目前主导车载网络标准的 CAN 和 FlexRay 无疑将遭遇发展的瓶颈，

在这方面最有竞争力的是 MOST。MOST 总线目前最大带宽为 150Mbit/s，但 MOST 常用架构为多个设备共享带宽。与 MOST 相比，以太网可以采用更为灵活的星形连接架构，使得每一条链路都可以专享 100Mbit/s 甚至更高的带宽。

3. 以太网的低成本

随着汽车电子技术的迅猛发展，ECU 数量、ECU 的运算能力需求都呈现爆发式增长，在 ADAS 时代和即将到来的无人驾驶时代将更加明显，同时对运算带宽的需求也开始爆发。这会造成汽车电子系统成本大增，一方面是 ECU 系统数量和质量的增加，由于是分布式计算，大量的运算资源被浪费了，由此产生的成本增加为 300~500 美元，如果沿用目前的电子架构体系，产生的成本增加最少也是 1000 美元。另一方面是线束系统，一辆低端车的线束系统成本只要大约 300 美元，重量约 30kg，长度约 1500m，线束约 600 根，1200 个接点。而目前一辆豪华车的线束系统成本为 550~650 美元，重量约 60kg，线束约 1500 根，长度约 5000m，3000 个接点。如果沿用目前的电子架构体系，无人车时代的线束成本不会低于 1000 美元，重量可达 100kg。车载以太网使用单对非屏蔽电缆以及更小型紧凑的连接器，使用非屏蔽双绞线时可支持 15m 的传输距离（对于屏蔽双绞线可支持 40m），这种优化处理使车载以太网可满足车载 EMC 要求，可减少高达 80% 的车内连接成本和高达 30% 的车内布线重量。

9.5.3 车载以太网的主要技术

1. 物理层

100M 车载以太网的物理层采用了 1G 以太网的技术，通过使用回声抵消在单线对上实现双向通信。车载以太网的物理层与标准的 100BASE-TX 的物理层主要区别有：

1）与 100BASE-TX 所使用的扰频器相比，车载以太网数字信号处理器（DSP）采用了高度优化的扰频器，可以更好地分离信号，比 100BASE-TX 系统的频谱效率更高。

2）车载以太网的信号带宽为 66.7MHz，只有 100BASE-TX 系统的一半。较低的信号带宽可以改善回波损耗，减少串扰，并确保车载以太网可满足汽车电磁辐射标准要求。

2. "一对数据线供电" PoDL

以太网供电 PoE 技术是 2003 年推出的，可通过标准的以太网线缆提供 15.4W 的供电功率。在一条电缆上同时支持供电与数据传输，对进一步减少车上电缆的重量和成本很有意义。由于常规的 PoE 是为 4 对电缆的以太网设计的，因此专门为车载以太网开发了 PoDL，可在一对线缆上为电子控制单元（ECU）的正常运行提供 DC 12V 或者 DC 5V 供电电压。

3. 先进电缆诊断 ACD

ACD 功能可以通过分析反射信号的幅度和延迟来检测电缆的故障位置，这对于实现车载以太网连接的高度可靠性至关重要。

4. 高能效以太网

当关闭发动机时，车上电子单元并不是全部关闭，这时需要用电池供电，而电池的电量又是有限的，这种情况下可采用高效能以太网技术通过关闭不用的网络以降低耗电量。

5. 时间同步

车内某些应用需要实现不同传感器之间的时间同步，或者在执行某次测量时需要知道不同节点的时刻，这就需要在全部参与测试的节点间做到同步，某些精度甚至需要达到亚微秒

级别。车载以太网采用了 IEEE802.1AS 的定时同步标准，该标准通过 IEEE1588V2 的 Profile，从而用一种更简单、快速的方法确定主时钟，规定了广义的精确时间协议（gPTP）。

6. 时间触发以太网

车内的许多控制要求通信延迟要在微秒级。在传统以太网中，只有当现有的包都处理完后才会处理新到的包，即使是在 Gbit/s 的速率下也需要几百微秒的延迟，满足不了车内应用的需求。为了解决这一问题，IEEE802.3 工作组开发了一种高优先级的快速包技术，使得快速包可插入到正在处理的包队列中被优先处理，以保证延迟在微秒级范围内。

7. 音视频桥接 AVB

为了满足车内音视频应用的低延迟和可保证的带宽要求，可在车内使用 IEEE802 工作组开发的 AVB 相关标准。AVB 技术提供了优先级、流预留协议（SRP）、流量整形协议（FQTSS）等核心功能。AVB 在车内的应用案例有唇同步多媒体播放、在线导航地图等汽车联网应用、ADAS 以及诊断功能等。IEEE 同时还制定了 AVB 的传输协议，包括：

1）IEEE1722—2016：桥接局域网中的时间敏感应用第二层传输协议标准，也被称为音视频传输协议（AVTP）。

2）IEEE1733—2011：桥接局域网中的时间敏感应用第三层传输协议标准。由于该协议是一个第三层协议，预计不会被汽车行业广泛采用。

为了提升 AVB 的适应性，满足工业等更多应用场景，IEEEAVB 任务组已更名为"时间敏感性网络"TSN 工作组，现在是 IEEE802.1 五大任务组之一，致力于开发实现超低时延的控制网络。该工作组已经制定了如下标准：

其中 AVB 标准包括：

IEEE802.1AS：精准时钟定时和同步（gPTP）；

IEEE802.1Qat：流预留协议（SRP）；

IEEE802.1Qav：时间敏感流的转发和排队（FQTSS）；

IEEE802.1BA：音视频桥接系统，定义 AVB 配置文件。

在更名为 TSN 后，对部分原标准进行了修订，同时增添了几个性能改进标准，包括：

IEEE802.1ASbt：增强功能和性能改进，基于 IEEE802.1AS—2011 修订定时和同步；

IEEE802.1Qbu：新增项目，基于 IEEE802.1Qav 修订框架抢占切换；

IEEE802.1Qbv：新增项目，基于 IEEE802.1Qav 修订增强流量调度；

IEEE802.1Qca：支持路径控制和登记冗余网络；

IEEE802.1Qcc：流预留协议（SRP）的增强功能和性能改进；

IEEE802.1CB：帧复制和消除的可靠性，支持无缝冗余 IEEE802 网络。

9.5.4　车载以太网的发展趋势

在汽车行业，以太网以新型网络的姿态介入汽车网络当然无法一蹴而就，在短期内是无法取代现有的车载网络的，因此以太网在进入汽车网络时考虑分阶段、从子系统开始逐步深入，并最终统合汽车网络的进程。

1. 第一阶段：子系统级别

单独在某个子系统使用以太网，这一阶段的衍生产品目前已经在整车上实施，如基于 DoIP 标准的车载诊断系统（OBD）和 ECU 软件刷新。以 ECU 软件刷新为例，和原有的

CAN（1Mit/s）相比，刷新时间将缩短为原来的 1%，该应用将大大提升诊断和刷新效率，节省时间，降低生产及服务成本。

2. 第二阶段：架构级别

将几个子系统功能整合，形成一个拥有功能集合的小系统，基于 AVB、SOME/IP 等的技术将逐步推广使用。车载以太网将以单节点或多个节点的形式进行搭载，如使用高分辨率的 IP 摄像头的全景泊车等驾驶辅助系统、多屏互动的高清信息娱乐系统等。

3. 第三阶段：域级别

前两个阶段专注于一个特定的应用领域，在经历了前两个阶段的积累和磨炼后，第三阶段将使用以太网为车载网络骨干，集成动力总成、底盘、车身、多媒体、辅助驾驶，真正形成一个域级别的汽车网络。如图 9-118 所示，该车载网络以高速以太网作为骨干，将 5 个核心域控制器（动力总成、底盘控制、车身、娱乐、ADAS）连接在一起。各个域控制器在实现专用的控制功能的同时，还提供强大的网关功能。这种基于域控制器的架构改变了传统的车载网络中 ECU 到 ECU 的点到点通信方式，例如：在车身控制域内部，各部件通过 CAN、LIN 沟通实现数据共享（类似于传统车载网络架构），在娱乐子网中，娱乐域控制器与其子部件的通信将通过以太网实现；当一个域需要与其他域交换信息时则经由网关、以太网路由来实现。

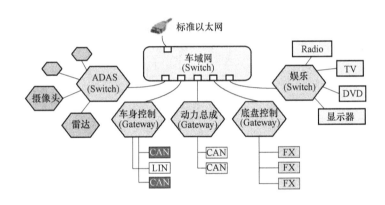

图 9-118 面向域控制器的混合车载网络架构

9.6 LVDS 低压差分信号网络简介

LVDS（Low Voltage Differential Signaling）即低压差分信号，是一种电流环路信令技术，其电流流动的方向（顺时针或者逆时针）决定了逻辑电平（高或低）。汽车上采用 LVDS 的优势是什么？一般哪些系统采用 LVDS 进行信息传输？下面进行说明。

LVDS 低压差分信号网络认知

9.6.1 LVDS 概述

LVDS 是 20 世纪 90 年代才出现的一种数据传输和接口技术，这种技术的核心是采用极低的电压摆幅高速差动传输数据，来实现点对点或一点对多点的链路连接。该技术具有低功耗、低误码率、低串扰和低辐射等特点，其传输介质可以是铜质的 PCB 连线，也可以是平衡电缆。LVDS 在对信号完整性、低抖动及共模特性要求较高的系统中得到了越来越广泛的应用。

随着汽车内部整合的安全和辅助电子设备的增加，汽车领域对高速互联的需求急剧增长，主要集中在用于驾驶支持（电子后视镜、导航、自动泊车、超视距显示等）的视频显示系统、车载娱乐系统（电视和媒体播放器）等，如图 9-119 所示。这些应用要求高速数据传输，以满足图像传递的要求。

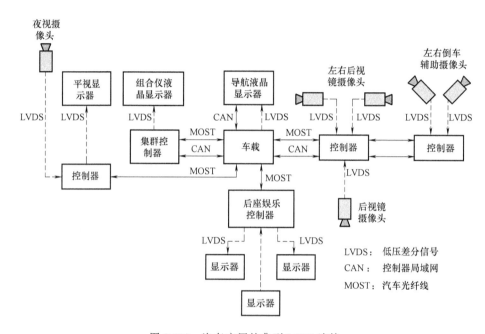

图 9-119　汽车应用的典型 LVDS 连接

9.6.2　LVDS 特点

1. 高速率

LVDS 是一种小振幅差分信号技术，使用非常低的幅度信号（大约 350mV）通过一对差分印制电路板走线或平衡电缆传输数据。LVDS 技术拥有低压差分信号和快速过渡时间，如图 9-120 所示。这可以让产品达到自 100bit/s 至超过 1Gbit/s 的高数据传输速率，标准推荐的最高数据传输速率是 655Mbit/s，而理论上，在一个无衰耗的传输线上，LVDS 的最高传输速率可达 1.923Gbit/s。

2. 低功耗

LVDS 驱动器由一个恒流源（标称值 3.5mA）驱动一对差分信号线组成，接收器有很高的 DC 阻抗（几乎不会消耗电流）。几乎全

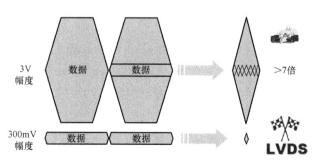

图 9-120　LVDS 高速传输

部的驱动电流将流经 100Ω 的终端电阻并在接收器输入端，产生大约 350mV 的压降，如图 9-121 所示。

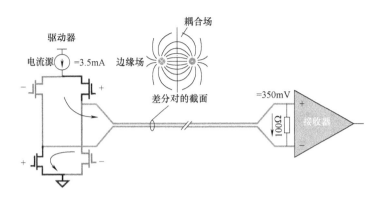

图 9-121　LVDS 驱动器和接收器

就给总体的系统功耗带来的优势而言，没有哪种总线驱动技术堪与 LVDS 相比的。LVDS 的片上功耗最低，恒定的总线驱动电流为 3.5 ~ 10mA。它仅用 10mA 就可以驱动重负载的总线，还可以最大限度减小来自其他与总线相连的收发机对总线的加载效应。在系统总体性能方面带来的另一个巨大的好处是端接的低成本和端接器的低功率耗散。

3. 低 EMI

LVDS 采用两根导线，其磁场相互抵消，差分信号辐射出的噪声也要低于单端信号。另外，电流模式驱动器不易产生振铃和开关尖峰，从而进一步降低了 EMI（Electro Magnetic Interference，电磁干扰）。

4. 高噪声抵抗能力

对于共模噪声，LVDS 差分数据传输方法的敏感性低于单端方案，差分传输使用有相反电流/电压摆幅的两根导线，而不是单端方案中传送数据的单根导线。差分方法的好处是，如果噪声以共模方式耦合到两根导线中（两根线上出现同样的噪声），则它会被接收器抑制掉，接收器只识别两个信号差。

5. 容易终结

传输介质必须终结于它的特性差分阻抗上，以完成电流环路，并终结高速（边沿速率）的信号，无论 LVDS 传输介质是一根电缆，还是印制电路板上可控制阻抗的走线，对终结的要求都是相同的，如果介质没有正确终结，则电缆或走线的端点会产生信号反射，干扰后续的信号。正确的终结还降低了无用的电磁辐射，提供最佳的信号质量。

为避免反射问题，LVDS 需要一个与实际电缆或印制电路板走线的差分阻抗相匹配的终端电阻，采用 100Ω 的介质与终端电阻。该电阻完成电流环路，并正确地终结信号。电阻应布置在尽量靠近接收器输入端的差分信号线上。

9.6.3　LVDS 网络拓扑

LVDS 基本的拓扑结构有两种：点到点和多点/多分支。点到点拓扑只用到一个信号驱动器和一个信号接收器；多点/多分支拓扑则可有多个驱动器和接收器。

1. 点到点拓扑

由于点到点拓扑只需要单个驱动器和接收器对，介质可以非常简单，一种介质至另一种介质之间的转换结构（即从印制电路板与电缆连接时所经过的连接器）的数量一般很少，如图 9-122 所示。数量很少的转换结构往往意味着信号路径的阻抗可以得到很好的控制，阻抗受控的环境可以保证极高的数据率。虽然所有的差分信号技术都可用于点到点的拓扑链路，但 LVDS 是专门针对点到点信号传输而设计的，采用 LVDS 的接口器件可以提供快速边沿的驱动器输出信号，该信号可保证数 Gbit/s 的传输速率。这些快速切换的信号沿对于任何的阻抗不连续点都极为敏感，需要人们对互连进行精心的设计。

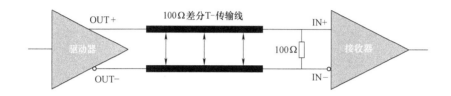

图 9-122　点到点拓扑

2. 多点/多分支拓扑

与点到点拓扑不同，多点/多分支拓扑采用了互连的多个驱动器和接收器，如图 9-123 所示。采用单个驱动器和多个接收器的多点拓扑形式被称为多分支拓扑。

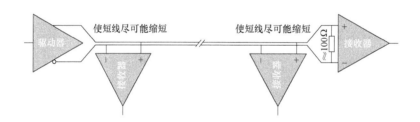

图 9-123　多分支拓扑

在多点拓扑中，另一种频繁使用的具体实现方式是半双工拓扑，它由两对驱动器/接收器构成，这些驱动器和接收器可通过单个互连的形式在两点间发送和接收信号，如图 9-124 所示。

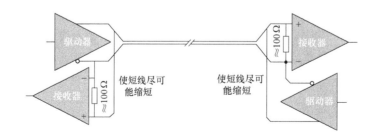

图 9-124　半双工拓扑

小　结

1. CAN 网络总线从本质上讲是种多主或对等网络，网络上任一节点均可主动发送报文；废除了传统的站地址编码，而代之以对通信数据进行编码，通过报文过滤，可实现点对点、多点播送（传送）、广播等几种数据传送方式；采用短帧结构，传输时间短，受干扰概率低；具有多种检错措施及相应的处理功能，检错效果极好、处理功能很强，保证了通信的高可靠性。位错误和位填充错误检测、CRC 校验、报文格式检查和应答错误检测及相应的错误处理；通信介质（媒体）可为双绞线、同轴电缆或光纤，选择灵活（汽车上一般采用双绞线）；通过报文标识符来定义节点报文的优先级，比较不同优先级，从而保证高优先级的节点报文得到优先发送；采用非破坏性逐位仲裁机制来解决总线访问冲突，即使在网络负载较重时，也不会出现网络瘫痪现象；发生严重错误的节点具有自动关闭输出的功能，以使总线上其他节点的通信能够继续进行。

2. LIN 网络总线物理层采用单线连接，双向通信，两个电子控制单元间的最大传输距离为 40m；低传输速率，小于 20kbit/s，一般选用 9.6kbit/s；单主/多从媒体访问、无须仲裁。在总线拓扑结构的 LIN 网络中，由主节点控制对传输介质的访问，从节点只是应答主节点的命令；LIN 总线的网络节点数不能超过 16 个，节点增加将会减少网络阻抗，导致环境条件变差，每增加 1 个节点，就会降低 3% 的阻抗；同步机制简单，LIN 通信中的从节点采用简单的自我同步机制（不需要晶体或陶瓷共鸣器），主节点在报文帧的头部发送同步间隙，标记报文帧的开始，从节点根据此间隙与总线同步，不需要专门的时钟同步装置，降低硬件成本；通信确定性，主节点控制整个网络的通信，控制不同节点的传输时间；每个报文帧的长度是预知的，采用调度表，可保证信号的周期性传输、保证总线不会出现超负载现象；采用奇偶校验和求和校验相结合的双重校验机制；报文的数据长度可变，LIN 应答帧报文的数据域长度可在 0~8 个字节之间变化，便于不同任务的通信应用。

3. MOST 网络总线在保证低成本的条件下，可以达到 147.5Mbit/s 的数据传输速率；无论是否有主控计算机都可以工作；支持声音和压缩图像的实时处理；支持数据的同步和异步传输；发送器/接收器嵌有虚拟网络管理系统；支持多种网络连接方式，提供 MOST 设备标准，具有方便、简洁的应用系统界面；通过采用 MOST，不但可以减轻连接各部件的线束的重量、降低噪声，而且可以减轻系统开发技术人员的负担，最终在用户处实现各种设备的集中控制；光纤网络不会受到电磁辐射干扰与搭铁环的影响。

4. FlexRay 总线具有高速、可靠及安全的特点，它不仅能简化车载通信系统的架构，而且还有助于汽车电子单元获得更高的稳定性和可靠性；FlexRay 在物理上通过两条分开的总线通信，每一条的数据传输速率是 10Mbit/s，而 FlexRay 总数据传输速率可达到 20Mbit/s。因此，应用在车载网络，FlexRay 的网络带宽可能是 CAN 的 20 多倍；FlexRay 具备的冗余通信能力可实现通过硬件完全复制网络配置，并进行进度监测；FlexRay 提供灵活的配置，可支持各种拓扑，如总线型、星形和总线星形混合型拓扑；FlexRay 本身不能确保系统安全，但它具备大量功能，可以支持以安全为导向的系统（如线控系统）的设计。

习　题

1. 车载 CAN 总线具有哪些特点？车载 CAN 总线的终端电阻阻值是多少？终端电阻有什么作用？CAN 节点的硬件结构由哪几部分组成？各部分的作用是什么？CAN 总线有哪几种帧类型？每种帧的作用是什么？

2. 简述 CAN 总线高可靠性、高安全性、实时性好的原因。CAN 总线仲裁的原则和原理是什么？在 CAN 总线系统正常工作的情况下，用万用表检测 CAN-H 和 CAN-L 的电压，其电压值分别是多少？为什么？

3. LIN 总线与 CAN 总线有哪些区别？LIN 总线主控制单元的作用是什么？LIN 总线如何保证数据传输的安全性？LIN 总线的高电平（隐性）、低电平（显性）一般分别是多少？若主节点与从节点之间的 LIN 线断路，则主节点侧与从节点侧对地电压分别是多少？为什么？

4. MOST 总线有哪几种数据类型？MOST 总线系统的状态有哪几种模式？各自有什么特点？MOST 光纤导线常见故障有哪些？维修时要注意哪些事项？MOST 环路传输信息是单向的还是双向的？

5. FlexRay 联盟的目标是什么？FlexRay 总线协议有哪些特点？FlexRay 总线载波电压是多少？有信息传输时，FlexRay 总线上的信号电压是多少？FlexRay 总线终端电阻阻值为多少？

第3篇

智能网联与新能源汽车技术

第10章

先进驾驶辅助系统

1. 了解先进驾驶基本概念
2. 掌握夜视辅助系统分类、工作原理、系统构成及其主要运用
3. 掌握盲点辅助系统分类及其构成
4. 了解盲点辅助系统工作原理及代表车型
5. 掌握自适应巡航控制系统工作原理、关键技术及作用
6. 了解车道偏离预警系统分类、系统组成及工作原理
7. 了解驾驶人防疲劳系统基本组成及原理

先进驾驶辅助系统（Advanced Driver Assistance System，ADAS）是利用安装于车上的各式各样的传感器，在第一时间收集车内外的环境数据，进行静、动态物体的辨识、侦测与追踪等技术上的处理，从而能够让驾驶者在最快的时间察觉可能发生的危险，以引起注意和提高安全性的主动安全技术。ADAS 采用的传感器主要有摄像头、雷达、激光和超声波等，可以探测光、热、压力或其他用于监测汽车状态的变量，通常位于车辆的前后保险杠、侧视镜、驾驶室内部或者风窗玻璃上。早期的 ADAS 技术主要以被动式报警为主，当车辆检测到潜在危险时，会发出警报提醒驾车者注意异常的车辆或道路情况。对于最新的 ADAS 技术来说，主动式干预也很常见。

10.1 先进驾驶概述

ADAS 认知

ADAS 是利用环境感知技术采集汽车、驾驶人和周围环境的动态数据并进行分析处理，通过提醒驾驶人或执行器介入汽车操纵，以实现驾驶安全性和舒适性的一系列技术的总称。

10.1.1 先进驾驶辅助系统的类型

先进驾驶辅助系统按照环境感知系统的不同可以分为自主式和网联式两种。

1. 自主式先进驾驶辅助系统

自主式先进驾驶辅助系统是基于车载传感器完成环境感知，依靠车载中央控制系统进行分析决策的，技术比较成熟，多数已经装备量产车型。自主式先进驾驶辅助系统按照功能可以分为避险辅助类、视野改善类、倒车/泊车辅助类、驾驶人状态监测类等。

（1）避险辅助类 避险辅助是指自动监测车辆可能发生的碰撞危险并提醒，必要时系统会主动介入，从而防止发生危险或减轻事故伤害。避险类先进驾驶辅助系统主要有汽车自适应巡航控制系统（ACC）、车道偏离预警系统（LDW）、车道保持辅助系统（LKA）、汽车并线辅助系统、汽车自动制动辅助系统（AEB）等。

（2）视野改善类 视野改善是指提高在视野较差环境下的行车安全。视野改善类先进驾驶辅助系统主要有汽车自适应前照明系统、汽车夜视辅助系统、汽车平视显示系统等。

（3）倒车/泊车辅助类 倒车/泊车辅助是指帮助驾驶人进行倒车、泊车操作，防止在该过程中发生碰撞危险。倒车/泊车类先进驾驶辅助系统主要有倒车影像监视系统、全方位车身影像系统、自动泊车辅助系统等。

（4）驾驶人状态监测类 驾驶人状态监测是通过监测驾驶人自身的身体状态及驾车行为，以保证驾驶人处于安全健康的驾车状态。驾驶人状态监测先进驾驶辅助系统主要有驾驶人疲劳检测系统、禁酒闭锁系统等。

2. 网联式先进驾驶辅助系统

网联式先进驾驶辅助系统是基于车与外界的通信互联完成环境感知，依靠云端大数据进行分析决策，例如汽车自动引导系统等，目前还处于试验阶段。

网联式先进驾驶辅助系统的功能主要有交通拥挤提醒、闯红灯警示、弯道车速警示、停车标志间隙辅助、减速区警示、限速交通标志警示、现场天气信息警示、违反停车标志警示、违规穿过铁路警示、过大车辆警示等。警示不仅可以告知车辆和驾驶人违反安全，而且可以通过 V2V（Vehicle to Vehicle，车车通信）、V2I（Vehicle to Infrastructure，车路通信）警示附近的车辆，从而协助防止相撞，例如有车辆在十字路口的死角闯红灯或违反停车标志时，就会发出警告。

目前主要以自主式先进驾驶辅助系统为主，网联式先进驾驶辅助系统尚处于实验中，自主式和网联式融合是智能网联汽车先进驾驶辅助系统的发展趋势。

10.1.2　自动驾驶的分级

2013 年，美国国家公路交通安全管理局（NHTSA，制定各种监管和标准）发布了汽车自动化的五级标准，将自动驾驶功能分为五个级别：0~4 级，以应对汽车主动安全技术的爆发增长。NHTSA 对自动驾驶级别的定义如图 10-1 所示。

1）L0：人工驾驶。没有任何自动驾驶功能、技术，驾驶人对汽车所有功能拥有绝对控制权。驾驶人需要负责起动、制动、操作和观察道路状况。任何驾驶辅助技术，只要仍需要人控制汽车，都属于 L0。所以现有的前向碰撞预警、车道偏离预警，以及自动刮水器和自动前灯控制，虽然有一定的智能化，但是都仍属 L0。

2）L1：辅助驾驶。驾驶人仍然对行车安全负责，不过可以放弃部分控制权给系统管理，某些功能已经自动进行，如常见的自适应巡航（Adaptive Cruise Control，ACC）、应急制动辅助（Emergency Brake Assist，EBA）和车道保持（Lane-Keep Support，LKS）。L1 的特点

自动驾驶级别	NHTSA	L0	L1	L2	L3	L4	
	SAE	L0	L1	L2	L3	L4	L5
名称		人工驾驶	辅助驾驶	部分自动驾驶	条件自动驾驶	高度自动驾驶	完全自动驾驶
定义		由人类驾驶者全权驾驶汽车	车辆对转向盘和加减速中的一项操作提供驾驶，人类驾驶员负责其余的驾驶动作	车辆对转向盘和加减速中的多项操作提供驾驶，人类驾驶员负责其余的驾驶动作	由车辆完成绝大部分驾驶操作，人类驾驶员需保持注意力集中以备不时之需	由车辆完成所有驾驶操作，人类驾驶员无须保持注意力，但限定道路和环境条件	由车辆完成所有驾驶操作，人类驾驶员无须保持注意力
驾驶操作		人类驾驶员	人类驾驶员和车辆	车辆	车辆	车辆	车辆
周边监控		人类驾驶员	人类驾驶员	人类驾驶员	车辆	车辆	车辆
接管		人类驾驶员	人类驾驶员	人类驾驶员	人类驾驶员	车辆	车辆
应用场景		无		限定场景			所有场景

图 10-1　NHTSA 和 SAE 对自动驾驶的分级比较

是只有单一功能，驾驶人无法做到手和脚同时不操控。

3）L2：部分自动驾驶。驾驶人和汽车来分享控制权，驾驶人在某些预设环境下可以不操作汽车，即手脚同时离开控制，但驾驶人仍需要随时待命，对驾驶安全负责，并随时准备在短时间内接管汽车驾驶权，如结合了 ACC 和 LKS 形成的跟车功能。L2 的核心不在于要有两个以上的功能，而在于驾驶人可以不再作为主要操作者。Tesla（特斯拉）公司推送的 Autopilot 软件也是 L2 的功能。

4）L3：条件自动驾驶。在有限情况下实现自动控制，如在预设的路段（如高速和人流较少的城市路段），汽车自动驾驶可以完全负责整个车辆的操控。但是当遇到紧急情况时，驾驶人仍需要在某些时候接管汽车，但有足够的预警时间，如即将进入修路的路段（Road Work Ahead）。L3 将解放驾驶人，即驾驶人对行车安全不再负责，不必监视道路状况。

5）L4：完全自动驾驶（无人驾驶），无须驾驶人或乘客的干预。在无须人协助的情况下由出发地驶向目的地，仅需起点和终点信息，汽车将全程负责行车安全，并完全不依赖驾驶人干涉。行车时可以没有人乘坐（如空车货运）。

另一种对自动驾驶的分级来自美国汽车工程师协会（SAE），其定义的自动驾驶技术共分为 0~5 级，如图 10-1 所示。SAE 的定义在自动驾驶 0~3 级与 NHTSA 一致，分别强调的是人工驾驶、辅助驾驶、部分自动驾驶与条件自动驾驶。唯一的区别在于 SAE 对 NHTSA 的完全自动驾驶进行了进一步细分，强调了行车对环境与道路的要求。SAE-L4 下的自动驾驶需要在特定的道路条件下进行，如封闭的园区或者固定的行车线路等，可以说是面向特定场景下的高度自动化驾驶。SAE-L5 则对行车环境不加限制，可以自动地应对各种复杂的车辆、行人和道路环境。

综上所述，不同的自动驾驶分级所实现的功能是逐层递增的，如图 10-1 所示。L0 中实

现的功能仅能够进行传感探测和决策报警，如夜视系统、交通标志识别、行人检测、车道偏离警告等。L1可实现单一控制类功能，如支持主动紧急制动、自适应巡航控制系统等，只要实现其中之一就可达到L1。L2实现了多种控制类功能，如具有AEB和LKA等功能的车辆。L3实现了特定条件下的自动驾驶，当超出特定条件时将由人类驾驶员接管驾驶。SAE中的L4是指在特定条件下的无人驾驶，如封闭园区固定线路的无人驾驶等，例如百度公司在乌镇景区运营的无人驾驶服务。而SAE中的L5就是终极目标，实现完全无人驾驶。无人驾驶就是自动驾驶的最高级，它是自动驾驶的最终形态。

10.2 夜视辅助系统

夜视辅助系统认知

导入

汽车夜视辅助系统是一种利用红外成像技术辅助驾驶人在黑夜中看清道路、行人和障碍物等，减少事故发生，增强主动安全的系统。你知道为什么红外成像技术可以在夜晚使用吗？

10.2.1 汽车夜视辅助系统的类型

按照工作原理不同，汽车夜视辅助系统可以分为主动夜视辅助系统和被动夜视辅助系统两种。

（1）主动夜视辅助系统 主动夜视辅助系统采用主动红外成像技术，把目标物体反射或自身辐射的红外辐射图像转换成人眼可观察的图像。这种系统本身必须具备光源，不发出热量的物体也可以看到，通过图像处理提高清晰度，道路标志清晰可见。

（2）被动夜视辅助系统 被动夜视辅助系统采用热成像技术，基于目标与背景的温度和辐射率差别，利用辐射测温技术对目标逐点测定辐射强度而形成可见的目标热图像。这种系统本身没有光源，仅依靠对物体本身发出的光线进行识别，不发出热量的物体看不清或看不到。图像清晰度取决于天气条件和时间段，图像与实际景象不完全符合。

10.2.2 汽车夜视辅助系统的组成

汽车主动夜视辅助系统主要由红外发射单元、红外成像单元、电子控制单元（ECU）和图像显示单元等组成。

（1）红外发射单元 红外发射单元位于两个前照灯内，当它被激活时，产生的红外线用于照射车辆前方区域，相应的夜视图等同于在远光灯下透过风窗玻璃所见到的情景。

（2）红外成像单元 红外成像单元主要是红外图像摄像头，记录车辆前方区域内的图像，并提供其探测范围内是否存在行人或障碍物的信息，然后通过数字视频线将数据发送给ECU。

（3）电子控制单元 ECU分析红外成像单元传来的数据，再通过集成化数据处理，将画面传输给图像显示单元，其中识别的行人和动物以高亮度显示。一般对于数字化的CCD摄像头，采集到信号后，会进行必要的去噪声、信号增强等处理，然后再送给图像显示单元。

（4）图像显示单元 图像显示单元接收电子控制单元传来的信号并显示，驾驶人就可

以清晰地看到前照灯照射范围之外的景物，避免出现意外。

汽车被动夜视辅助系统没有红外发射单元，主要由红外成像单元、电子控制单元（ECU）和图像显示单元等组成。

10.2.3　汽车夜视辅助系统的原理

1. 汽车主动夜视辅助系统原理

汽车主动夜视辅助系统将摄像头安装到汽车前照灯，通过卤素灯泡照射，使用多套照射系统和摄像机来识别红外反射波，利用目标反射红外光源。红外光源发出的短红外线是主动照射目标，红外 CCD 探测器接收的目标再反射短红外光线，通过 ECU 处理后，可以把图像信息传递给驾驶人。主动夜视系统对比分辨度高，且图像较清晰、可靠。由于不依靠物体的热源，即使不发热的物体也能清晰可见，如道路上的行人、车辆、道路标志牌等都可以被发现。

2. 汽车被动夜视辅助系统原理

汽车被动夜视辅助系统利用热成像摄像头接收人、动物等发热物体发出的不同的红外热辐射原理（远红外线）映射出不同的图像，并对图像进行放大和处理后输出。由于不同物体对红外线反射强弱不同，行人、动物等可以发热的物体在反射中特别突出，通过传感器的捕捉，带有热源的物体影像输出到车载显示屏上。被探测到的物体看起来就像是照相机的底片一样。但是被动红外夜视系统本身无法克服的缺点是，对于无生命、无热源特征的目标，如道路的标志牌、车道线、车道护栏等物体，被动夜视系统无法检测到图像。此外，由于汽车前风窗玻璃不能传输长波的远红外线，摄像头必须安装在车外，需经常进行清洁，且在汽车前端碰撞时易受损伤。

在被动夜视辅助系统中，关键零部件是红外摄像头，它与主动夜视辅助系统的红外摄像头原理相同，但接收对象存在差异，因此其软硬件设计也有所不同。主动夜视辅助系统红外摄像头主要接收物体对红外光源的反射光线，而被动夜视辅助系统红外摄像头主要接收物体本身发出的红外辐射。被动夜视辅助系统红外摄像头主要装配于车辆前保险杠，一般安装在一个防撞击的盒子里，风窗玻璃清洗系统同时负责相机的清洁，当外界气温低于 5℃时，镜头盖则被加热，拍摄距离 300m，部分车型红外摄像头也可以随着车速的增加，通过镜头焦距的改变使得远距离的目标放大，使目标更清晰。

10.3　并线辅助系统

盲点辅助
系统认知

由于汽车后视镜本身存在视觉盲区，以致驾驶人无法及时、准确地获知盲区内车辆的动向，因此，车辆并线刮蹭或碰撞便成为常见的一种交通事故。汽车并线辅助系统也称盲区监测系统，它是通过车载传感器检测后方来车，通过左右两个后视镜或者仪表、转向盘或音响等提醒驾驶人后方安全范围内有无来车，从而消除视线盲区，提高行车安全。汽车盲区检测除检测车辆以外，还应包括哪些内容？

10.3.1　汽车并线辅助系统的组成

汽车并线辅助系统一般由信息采集单元、电子控制单元和预警显示单元等组成。

（1）信息采集单元 信息采集单元利用传感器检测汽车盲区里是否有行人或其他行驶车辆，并把采集到的有用信息传输给电子控制单元。传感器有超声波传感器、摄像头或探测雷达等。

（2）电子控制单元 电子控制单元对采集到的信息进行分析判断，向预警显示单元发送信息

（3）预警显示单元 预警显示单元接收电子控制单元的信息，如果有危险，则发出预警显示，此时不可变道。

并线辅助系统的传感器一般安装在后保险杠两侧，可以实现盲区检测、并线辅助和倒车辅助。

10.3.2 汽车并线辅助系统的原理

汽车并线辅助系统是通过安装在车辆尾部或侧方的传感器检测后方来车或行人，传感器有视觉传感器、激光雷达等，电子控制单元对于传感器采集的信息进行分析处理，如果盲区内有车辆或行人，预警显示单元发出报警。对于智能网联汽车，也可以采用 V2V 和 V2I 通信，告知驾驶人盲区内是否有车辆或行人。汽车并线辅助系统具有以下要求：

（1）实时性 汽车并线辅助系统是一种以预防为主的车载装置，需要及时发现盲区内潜在的危险并发出警告，这无疑要求系统必须具有良好的实时性。尤其在高速公路上，车速快，如何实现实时检测是一个技术难点。实时性是整个系统具有实用价值的前提。

（2）有效性和可靠性 系统的功能由其有效性来实现，同时需要一定的可靠性来保障。由于实际道路的复杂性、多样性，系统的有效性和可靠性受到挑战。骑行者作为非刚性物体，由于各种因素导致其外形在不断变化，对检测的有效性造成干扰；车道线残缺、其他交通工具的遮挡以及建筑或桥梁的遮挡等都会使得弯道检测失真。

实时性要求对传感器获取的数据进行快速的分析和处理，这将对准确性有所影响，从而使整个检测过程更加困难。

10.3.3 系统功能需求及人机交互原则

换道前，驾驶人需要预测对其他道路使用者可能造成的威胁。按照相关法规要求，驾驶人在进行换道前有责任确保自车后方和侧方的安全。其中明确指出，驾驶人必须在换道前观察车外后视镜和车内后视镜，并且需要观察车辆两侧的情况。如果驾驶人不注意观察侧方情况，或者后视镜的角度调整不合适抑或驾驶人注意力不集中，则都有可能注意不到处于视觉盲区内的其他道路使用者。如果换道操作在这种情况下进行，则有可能使自车与邻车道的旁车相撞。

另一个常导致交通事故的场景是，在换道过程中错误估计了自车后方超车车辆的速度。尤其是在高速公路上，驾驶人经常低估了距离自车较远但车速非常快的后车车速。这种情况下，超车车辆可能来不及制动，换道操作不仅会造成自车与超车车辆的碰撞，还可能进一步引起超车车辆与其后车的追尾。因为超车车辆减速较快，其后车可能来不及反应。

在驾驶人向副驾驶方向换道时也需要辅助，对换道辅助提出了以下功能需求：

1）换道辅助系统应在驾驶人进行换道操作时对其进行辅助，检测因驾驶人对行车环境的不正确判断而可能引起的危险。

2）辅助系统需要检测自车后方快速接近的其他道路使用者，以及处于自车盲区的道路使用者。

3）辅助系统对左右换道操作都要兼顾。

4）理想工况下，辅助系统应适用于所有路况、天气和交通状况。

设计良好的人机交互界面（Human Machine Interface，HMI）对换道辅助系统来说很重要。如果系统检测到自车周围的情况不适合换道，则将以合适的方式向驾驶人提供及时的提示信息。提示信息可以通过视觉、听觉和触觉等方式来表达。设计 HMI 时，需要注意使 HMI 发出的提示信息诱导驾驶人注意后视镜。即便有换道辅助系统的帮助，驾驶人也不应放松对后视镜的关注。将视觉提示信息安置于车外后视镜中或旁边，是一种比较合适的方式。由于空间上较接近，驾驶人可以同时关注两方面的信息。视觉提示信息的亮度要合适，以使驾驶人能在各种环境下看清提示信息。同时，视觉提示还不能让驾驶人和其他道路使用者分神或感到眩晕，尤其是在夜晚。

设计 HMI 时，还需要考虑是否采用分级提示的方式。在两级提示的系统中，一旦检测到驾驶人有换道意图，HMI 便会从一级提示变为二级提示，这种变化在单级提示系统中是没有的。

1）一级提示状态下，即便驾驶人没有换道意图，HMI 也会向驾驶人提示与换道存在冲突的其他邻车。提示信息需要被驾驶人察觉，同时又不能让驾驶人分神。视觉提示信息安置于车外后视镜附近是很好的解决方案，可以满足以上要求，但需要注意根据环境适当调整提示信息的亮度。

2）二级提示状态下，系统已经检测到驾驶人的换道意图，亦即检测到驾驶人已经开启转向灯。如果驾驶人企图进行换道操作，同时系统根据所感知的环境状态判断当前工况下不适合换道，则会向驾驶人提供更强的提示信息。除了加强在车外后视镜附近提供的视觉提示信息（可以通过加强亮度和闪烁方式）以外，还可以通过触觉、听觉的方式，或是直接施加横向辅助控制。横向辅助控制可以借助横向电子稳定系统（Electronic Stability Program，ESP）或电控转向系统来实现。

换道辅助的信息提示要智能化，让人感到舒适。同时，为了提高系统的用户接受度，换道辅助应适用于各种交通场景，提供正确的提示信息，不能出现误警示。例如，如果自车后方较远处的邻车道存在一辆缓慢行驶的车辆，换道操作不会引发危险，则不应对驾驶人进行不必要的提示。因此，在综合传感器获取环境信息后，系统需要合理分析是否向驾驶人进行提示。系统处于禁用状态时，不能向驾驶人发出提示信息。该状态表示系统处于断电状态或待机状态。待机状态中的系统可以检测目标车辆，但不能向驾驶人提供提示信息。

系统向启用状态转换的条件可能有多个。例如，当自车车速超过一定限值且驾驶人按下启用按钮时，系统启用。而当驾驶人按下禁用按钮，或车速低于限值时，系统应恢复到禁用状态。处于启用状态时，系统不能随意向驾驶人提供提示信息，除非特定条件得到满足。例如，当盲区中检测到目标车辆，或自车后方存在快速接近的车辆时，系统可以向驾驶人提供必要的提示信息，否则不能做出任何提示。

系统向驾驶人提供的提示信息可以分为不同的等级，级别二的提示信息比级别一的提示信息更紧急。发出级别二的提示信息表明系统已经识别到驾驶人有换道意图，识别的准则包括：

1）转向灯开启。

2）自车在车道中位置的变化。

3）自车相对于邻车道车辆的横向距离变化。

4）转向角或转向力矩增大。

10.4　泊车系统（自动、遥控）

泊车系统认知

导　入

自动泊车辅助系统（Park Assist，PA）是利用车载传感器探测有效泊车空间并辅助控制车辆完成泊车操作的一种汽车先进驾驶辅助系统。相比于传统的电子辅助功能，如倒车雷达、倒车影像显示等，自动泊车辅助系统智能化程度更高，减轻了驾驶人的操作负担，有效降低了泊车的事故率。哪些场景适用于自动泊车？

10.4.1　自动泊车辅助系统的组成

自动泊车辅助系统主要由信息检测单元、电子控制单元和执行单元等组成。

（1）信息检测单元　信息检测单元是自动泊车系统的耳目，利用摄像头或雷达传感器等对路面环境和车辆位置等进行检测，可采集图像数据及周围物体距车的距离数据，并通过数据线传输给电子控制单元。

（2）电子控制单元　电子控制单元是自动泊车辅助系统的核心，将信息检测单元上传的数据进行分析处理后，得出汽车的当前位置、目标位置以及周围的环境参数，依据这些参数做出自动泊车策略，并将其转换成电信号。

（3）执行单元　执行单元接收电子控制单元的指令，精确控制转向盘的转动、加速踏板和制动踏板的运动，以使汽车能准确跟踪路径，并随时准备接收中断指令并紧急停车。

10.4.2　自动泊车辅助系统的原理

自动泊车辅助系统工作原理是通过车载传感器扫描汽车周围环境，通过对环境区域的分析和建模，搜索有效泊车位，当确定目标车位后，系统提示驾驶人停车并自动启动自动泊车程序，根据所获取的车位大小、位置信息，由程序计算泊车路径，然后自动操纵汽车泊车入位。

从原理上分析，自动泊车辅助系统的工作过程如图10-2所示。

（1）激活系统　汽车进入停车区域后缓慢行驶，人工开启自动泊车辅助系统，或者根据车速自动启动泊车辅助系统。

（2）车位检测　通过车载传感器获取环境信息，传感器主要采用测距传感器（如雷达）和视觉传感器（如摄像头），然后识别出目标车位。

（3）路径规划　根据所获取的环境信息，电子控制单元对汽车和环境建模，算出一条能使汽车安全泊入车位的路径。

（4）路径跟踪　通过转角、节气门和制动器的协调控制，使汽车跟踪预先规划的泊车路径，实现轻松泊车入位。

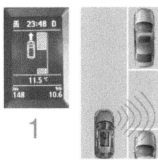

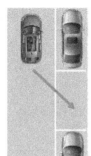

速度小于30km/h时按下开关，开
始监测车位，显示屏显示车位状况；

车位识别完毕；
表示可以泊车；

显示屏出现标志；

挂入倒档，松开转向盘，只控制
节气门和制动，自动泊车入位；

车辆位置靠后，显示屏提示前移，
挂入D位，仍不要碰转向盘；

车辆位置靠前，显示屏提示后移，
再次挂入倒档，仍不要碰转向盘，
前后移动可能需要多次；

泊车完毕，显示屏提示接管转向盘，
此时车辆已经停好。

图 10-2　自动泊车辅助系统工作过程

10.4.3　自动泊车辅助系统的分类

1. 半自动泊车辅助

（1）驶入车位转向控制泊车系统　这种辅助系统使用超声波雷达来辨识合适的车位，然后用电动转向单元执行泊车动作。所有的转向运动都由辅助系统执行，而驾驶人只需要通过操作制动踏板和加速踏板来控制泊车。

在泊车操作中，驾驶人必须将手离开转向盘。如果驾驶人在半自动泊车时接触转向盘，系统会切换到驾驶人接管车辆的模式。对于这种转向系统，ECE-R79（ECE 2006）给出了严格的要求。关键的问题是，驾驶人必须在任何时候都可以接管车辆控制。只要半自动系统准备好，信息必须立即提供给驾驶人，而且当车辆速度超过 10km/h 的 20%，或当 ECU 接收不到用来计算转向的信号时，自动转向控制必须自动关闭。如果控制停止，必须用清晰的声音、光学或触觉信号警告驾驶人。

大多数半自动泊车系统的决策基于超声波雷达或摄像头的数据。由于光照和天气条件差异，二者表现出不同性能。与超声波雷达相比，由于镜片污染或光照阴暗，摄像头系统对天气的敏感程度较高。图 10-3 显示了半自动泊车系统的系统结构（泊车转向控制，Park Steering Control，PSC）。PSC 系统的 ECU 与 EPS（Electric Power Steering，电动转向）的 ECU 通过 CAN 总线相连。

半自动泊车系统已经出现在市场上。如果自车与后车靠得非常近，则系统给驾驶人停止信号，驾驶人必须制动停车，然后挂上前进档，而后系统打满转向盘，并修正车辆在车位中的位置。此功能对于纵向车位泊车非常可靠，目前也扩展到了横向车位泊车。

（2）驶出车位辅助系统　驶入车位的辅助系统也能用于驶出车位。首先，其帮助驾驶人进入正确的初始位置，然后执行转向操作将车辆安全地驶出车位。驾驶人的任务是留意交通情况，在正确的时刻操作加速踏板和制动踏板。要将此功能关闭，驾驶人需要做的只是接管转向盘。

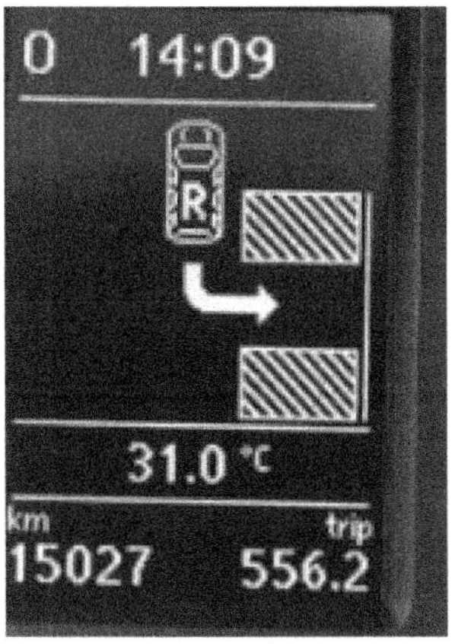

2. 全自动泊车辅助

全自动泊车辅助除具有半自动泊车辅助系统的全部功能外，也能控制纵向运动。当进入车位时，视与其他车辆和障

图 10-3　半自动泊车系统的系统结构

碍物的位置，系统自动转向、加速或制动。驾驶人需要做的是换档和放开转向盘，余下的操作由系统完成。不过，驾驶人依然需要对泊车操作做出反应，在必要的时候接管车辆。

3. 自主式泊车系统

20 世纪 90 年代在欧洲启动的 PROMETHEUS（Programme for a European Traffic with Highest Efficiency and Unprecedented Safety）项目中，大型汽车公司和供应商的研究部门提出了完全自主式泊车的概念。现在，现代汽车的所有组件都通过总线相连，可以通过总线交换数据，无须驾驶人坐在车中的自主式泊车已经出现。驾驶人在车外通过长按车钥匙上的按键启动泊车程序，车辆就会缓慢移动到车库。系统使用超声波雷达和摄像头作为传感器。这种系统能在私人区域内车位狭窄的车库中使用。

10.4.4　泊车辅助系统的功能限制

超声技术在功能上有一些限制条件：

1）吸声材料（如塑料泡沫）不能被系统检测。但实际上，这一缺陷在现实中没有影响。对于穿吸声材质衣物的人（如穿着皮衣的人）来说，系统的检测距离变短。

2）车辆附近的其他物品有可能发生声学干扰，特别是压缩空气噪声（如货车制动）和有轨车辆的金属摩擦噪声。

视频技术有下列限制：

1）不好的天气条件，如雾或雨可能会显著减小摄像头的视距。

2）在恶劣天气条件下，摄像头镜头可能会被泥或雪覆盖，必须及时清理。

由于其性能限制，基于超声波雷达和摄像头的泊车系统被定义为舒适系统。超声波雷达和视频摄像头完全基于不同的物理原理，因此有很好的互补性。每项技术有其各自的优势和劣势，因此基于相机的系统可以与测量物体距离的超声系统结合。这使摄像头系统看不见或被遮挡的物体的检测成为可能，同时泊车辅助系统的视频图像也可以包含更多的信息。这是系统迈向检测安全和功能安全的重要一步。雷达有更长的检测距离，可以安装在塑料保险杠上，它可用于泊车辅助，也可用于安全功能，如避撞或减轻碰撞。

10.5　自适应巡航控制系统

定速巡航控
制系统认知

汽车自适应巡航控制（Adaptive Cruise Control，ACC）系统是在定速巡航控制系统基础上发展起来的新一代汽车先进驾驶辅助系统。它将汽车定速巡航控制系统（Cruise Control System，CCS）和车辆前向撞击报警系统（Forward Collision Warning System，FCWS）有机结合起来，既有定速巡航控制系统的全部功能，还可以通过车载雷达等传感器监测汽车前方的道路交通环境，一旦发现当前行驶车道的前方有其他前行车辆，将根据本车和前车之间的相对距离及相对速度等信息，对车辆进行纵向速度控制，使本车与前车保持安全距离行驶，避免追尾事故发生，如图 10-4 所示。

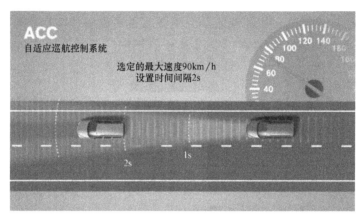

图 10-4　汽车自适应巡航控制系统

10.5.1　汽车自适应巡航控制系统的组成

汽车典型的 ACC 系统主要由信息感知单元、电子控制单元（ECU）、执行单元和人机交互界面等组成。

（1）信息感知单元　信息感知单元主要用于向电子控制单元（ECU）提供自适应巡航控制所需要的各种信息。它包括测距传感器、转速传感器、转向角传感器、节气门位置传感器、制动踏板传感器等。测距传感器用来获取车间距离信号，一般使用激光雷达或毫米波雷达；转速传感器用于获取实时车速信号，一般使用霍尔式转速传感器；转向角传感器用于获取汽车转向信号；节气门位置传感器用于获取节气门开度信号；制动踏板传感器用于获取制动踏板动作信号。

（2）电子控制单元（ECU）　ECU 根据驾驶人所设定的安全车距及巡航行驶速度，结合信息感知单元传送来的信息确定当前车辆的行驶状态，决策出车辆的控制作用，并输出给执行单元。例如，当两车间的距离小于设定的安全距离时，ECU 计算实际车距和安全车距之比及相对速度的大小，选择减速方式，同时通过报警器向驾驶人发出报警，提醒驾驶人采取相应的措施。

（3）执行单元　执行单元主要执行电子控制单元发出的指令，它包括节气门控制器、制动控制器、档位控制器和转向控制器等。节气门控制器用于调整节气门的开度，使车辆做加速、减速及定速行驶；制动控制器用于紧急情况下的制动；档位控制器用于控制车辆变速器的档位；转向控制器用于控制车辆的行驶方向。

（4）人机交互界面　人机交互界面用于驾驶人设定系统参数及系统状态信息的显示等。驾驶人可通过设置在仪表盘或转向盘上的人机界面启动或清除 ACC 系统控制指令。启动 ACC 系统时，要设定当前车辆在巡航状态下的车速和与目标车辆间的安全距离，否则 ACC 系统将自动设置为默认值，但所设定的安全距离不可小于设定车速下交通法规所规定的安全距离。

10.5.2　汽车自适应巡航控制系统的原理

在车辆行驶过程中，安装在车辆前部的车距传感器（雷达）持续扫描车辆前方道路，同时轮速传感器采集车速信号。当车辆前方无障碍物时，车辆按设定的速度巡航行驶；当行驶车道的前方有其他前行车辆时，ACC 系统电子控制单元将根据本车和前车之间的相对距离及相对速度等信息，通过与 ABS、发动机控制系统、自动变速器控制系统协调动作，对车辆纵向速度进行控制，使本车与前车始终保持安全距离行驶。

1. 汽车 ACC 系统的状态

汽车 ACC 系统的状态可分为 ACC 关闭状态、ACC 等待状态和 ACC 工作状态三种。

（1）ACC 关闭状态　直接的操作动作均不能触发 ACC 系统。

（2）ACC 等待状态　ACC 系统没有参与车辆的纵向控制，但可随时被驾驶人触发而进入工作状态。

（3）ACC 工作状态　ACC 系统控制本车的速度和（或）车间时距。车间时距是指本车驶过连续车辆的车间距所需的时间间隔，它等于车间距与车速之比。

2. 自适应巡航控制的目标检测

ACC 系统能否成功地检测出相关的目标车辆是车辆控制的基础，其先决条件是在车辆的周围区域，有一组必不可少的环境传感器来检测物体，并判断检测到的物体可否作为目标物体。现在雷达和激光雷达已成功用于环境传感器，以下列出的要求同时适用于这两者。

（1）测量距离和精度　根据 ISO 15622（2018）标准的细分，在与前方物体的距离小于 10m 时，ACC 系统总是会控制车辆减速。另外，在低于最低车速的任意场景下，ACC 系统都会要求驾驶人接管车辆，因此没有必要检测低于 10m 距离的物体。可以假定目标在达到离自车这样近的距离前，驾驶人已经中断 ACC 系统的控制过程。类似的情况在换道过程中也有所体现，如在自车非常接近邻车时，驾驶人不会依赖于 ACC 系统，而是通过自己控制制动来调节车速和距离。

当然，ACC 系统要求检测到的物体最大距离必须能受目标最大设置距离的影响。例如，设置的最大时间间隔受设置的最大速度影响。控制裕度通常用于保障系统控制的舒适性。由于要求最小时间间隔为 1.5s，因此最大时间间隔只能被减小到这一限度。因为 ACC 系统对距离的波动不敏感，所以对测量距离的精度没有高要求。

（2）相对速度　对相对速度的精度要求，远比对距离的精度要求高。任意相对速度的波动都会导致加速度的变化。静态偏移导致距离的稳定偏差，如 1m/s 的偏移会导致 5m 左

右的距离波动。由于后续加速度的波动处于驾驶人的接受范围内，ACC 系统可以接受 0.25m/s 的速度波动（有效值为 0.1~2Hz 波段）。尽管过滤速度信号可以有效减小波动，但是必须控制过度的时延，否则会影响控制效果。

（3）横向检测距离　全方位覆盖车辆正前方区域的目的在于获取自动前行功能。这在实践中很难实现，但其最低要求远低于新兴的 FSRA ISO 22179 标准。因此，使用开度角 $\Delta\varphi_{max}=16°(\pm8°)$ 的中央位置传感器可以满足这一要求。奥迪 Q7 装备的 ACC+系统便属于全速范围自适应巡航控制系统。

低速时，在车辆前方开度角 $\pm8°$ 且 10~20m 范围内，跟车距离较近。通常发生在拥挤路况，后车不能位于目标车正后方。即使目标车辆缓慢换道，因后车活动范围受限，跟踪目标车将变得越来越困难，可能无法在不发生碰撞的情况下通过这一路段。如果传感器的航向角范围太窄，跟踪目标将脱离跟踪范围。

在换道时，可以预期最小检测范围将减小。如在低速时的 2~4m，覆盖周边的车道也很有用（至少有一半的车道宽），这可以确保对换道车辆的及时检测。可靠的角度检测是非常重要的，只有通过计算角度值，横向运动才能减少 ACC 系统对换道车辆的响应。

（4）纵向检测距离　纵向覆盖需要检测所有与 ACC 系统相关的对象（货车、轿车和摩托车），由于这些对象离地面不是很高或低于正常传感器的安装高度，所以 ACC 系统动力学只需考虑俯仰角的斜率参数和静动态变化即可。

因为仰角很少作为测量变量，所以不准确的仰角通常只有很小的负面影响。例如，二维激光雷达利用若干个叠加的水平线来扫描环境。然而，在使用雷达传感器的情况下，仰角偏移 0° 以上会改变天线模式。此外，为保证上述要求，应防止可用区域的仰角因偏差而减小。

（5）多目标检测能力　由于在传感器监测范围内可能存在多个对象，因此 ACC 系统具有多目标检测能力是很重要的，尤其是区分驾驶通道中相关对象与邻车道中非相关对象的能力。这些对象至少由一个测量变量来进行精确区分，这些变量包括距离、相对速度和航向角。然而，精确区分不能以牺牲关联约束为代价，这是为防止产生重复识别同一目标为最新目标的关联问题。

3. 目标选择

目标选择对 ACC 系统的性能影响很大，同时相关对象漏检和误检对 ACC 系统的性能也有严重影响。这两种情况下，系统用户的期望将不能实现。目标选择主要涉及以下几方面内容：

（1）路径曲率的测量　曲率作为距离的函数，用于描述车辆方向的变化，曲率的常数部分是曲线半径的倒数。车辆轨迹的曲率可以由各种车载传感器来计算。对于所有计算，均假定它们在动态车辆的限制外使用。因此，它们对于打滑场景或车辆滑移场景无效。

曲率的测量有多种方法，即由转向盘转角计算曲率、由横摆角计算曲率、由横向加速度计算曲率及由车轮速度计算曲率等。在不同的工作条件下它们有各自的优势，尤其是在侧风、横向道路倾斜度、车轮半径误差和敏感度方面，以及不同的速度范围下，其优势更为明显。

（2）轨迹预测　系统需要预测 ACC 车辆未来的行驶路径及车道选择以实现轨迹预测，事实上还包括潜在的目标车辆。在没有图像处理系统或者车-车通信系统的情况下，这些信息是不可能获取的，因此提出了简化的系统使用假设。

　　假设当前的曲率会被保留，该假设将一直使用，直到得到进一步的可用信息。这种方法忽视了入口和出口处的转弯、车道标线的变化以及驾驶人的转向错误。如果之前的道路标记任务可行，则将继续使用以下假设：目标车辆和 ACC 车辆将继续保持在原先的车道行驶。然而，当目标车辆切入或者切出，以及驾驶人变道时，该假设是无效的，且对初始分配也没有帮助。

　　折中的办法是在早期路径曲率的基础上，将对象的数据进行一半的时间差延迟与分配。在转弯开始和结束时，该方法有很好的鲁棒性。因为在延时的情况下，目标车辆与 ACC 车辆之间道路的曲率可以使用，即使曲率是变化的，赋值也是可以使用的。然而，这种方法并不能构成初始赋值的初值的替代值。

　　通过将 GPS 导航与数字地图，以及存储在其中的曲率信息结合，可提供路径预测的附加选项。但是这种地图不是实时更新的，道路也是没有标记的。采用静态对象在路边确定曲率的方法，只会缺失部分有用对象，且包含在大多数 ACC 路径预测算法中。前车的横向运动也可用于改善路径预测，因为在大多数情况下，这预示着道路中即将出现弯曲。对于由照相机图像处理得到的车道标志信息的应用是非常有前景的。对于现在的标准相机像素而言，超过 100m 距离的对象，其对应图像显示宽度不能满足车道标记检测的要求。此外，黑暗环境中，在前照灯光束下基于图像的路径预测是不可能的，尤其是在路面湿滑时。

　　（3）驾驶通道　驾驶通道是一个专家经常使用的术语，指用于 ACC 目标选择的通道。它的最简形式由宽度确定（不依赖于距离），且以预测路径为中心线。最初，人们将驾驶通道的宽度视为车道宽度，但是现在已发现这一假设是不恰当的。如图 10-5 所示，在某个区域中，若仅基于测得的横向位置，则不可能得到明确的驾驶通道分配。

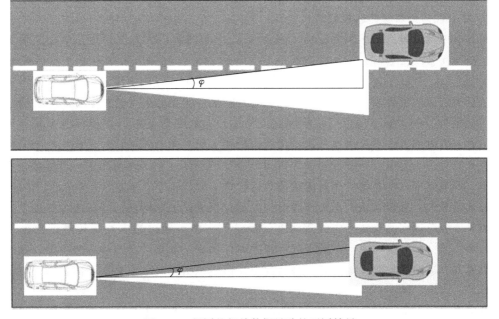

图 10-5　相同的相关数据导致的不同结果

　　然而，由于无法假设测得的对象横向位置即为该对象的中心，因此必须考虑对象的左右两侧边缘。车辆偏离中心行驶进一步增加了分配的不确定性，同时包括 ACC 车辆和潜在车

辆目标。如果测得的横向位置（无差错）位于预测路径中心（无差错）的±1.2m范围内，则实际车道的分配是唯一确定的。如果位置位于路径中心至少2.3m范围内，则目标到相邻车道的分配是唯一确定的。这些数值与3.5m的车道宽度相关。即使车道宽度仅为3.5m，误识别也一定会出现，同时，在更狭窄的驾驶通道内出现目标损失也是可以预料的。

有三项措施可用来改进目标选择：可变的驾驶通道宽度（取决于道路类型）、近似的驾驶通道轮廓及用于目标选择的局部与时间滞后功能。

（4）目标选择的更多判据　除车道指定外，还有一些可使用的判据是很有意义的。目标选择最重要的判据是对象的运动速度。为了达到控制目的，迎面而来的车辆是被完全忽略的。静态对象也不会被选定为目标对象，除了那些已被检测为在行进方向移动的对象（所谓的停止对象）。这些判据就像同向移动的对象一样是有价值的，尤其是对于全速度范围ACC功能而言。永久静态对象通常用于其他功能，因此隶属于单独的滤波器，基本的ACC功能则只扮演次要角色。

另一个简单但非常有效的方法是，将距离限制为移动速度的函数。因此，以50km/h的速度行驶时，对超过80m外目标的响应，既没有必要也不合适，因为误判风险会随着距离的增加而上升。

4. 车辆跟踪控制

虽然ACC车辆的跟踪控制经常被描述为远程控制，但它并不是一种差异制导的远程控制方式。进一步考虑后，假定控制器输出直接表现为无时滞的车辆加速度。此外，ACC车辆在设定时间间隔内跟踪目标车辆。不论车辆长度是多少，ACC车辆都能在一个时间间隔后到达目标车辆的位置。如果ACC车辆回应目标车辆位置时出现时间差，则不论速度是多少，该时间差都将被保留下来。同样，前方车辆的速度与加速度的模仿都会有时间差。

5. 目标跟丢策略和曲线控制

在弯道中行驶时有可能跟丢目标，因为ACC传感器的最大方位角不足以用来检测目标对象。甚至在直线行驶时，跟丢临时目标也是有可能的，例如反射率较低（如摩托车）或对象区分失败。这些情况下，在目标车辆丢失后立即加速至设定速度是不妥的。通常这两种方案是有区别的。目标车辆丢失后，目标的合理性因车道的消极分配测量而降低，对象在这种"目标丢失"的情况下仍可以被检测到。相反，在狭窄弯道中行驶或者出现其他目标丢失情况时，应对的方法不是迅速加速，因为目标跟丢与对象检测错误以及最后已知测量车道的积极分配有关。出现以下差异时，应对设计也有所不同：第一种情况下，目标跟丢后应快速加速，除非出现一个新的目标对象限制加速；第二种情况下，加速度一开始就受限。这种情况要持续多久，接着又该采用什么策略呢？目标丢失前的时间间隔是抑制加速度的持续时间。如果目标车辆在测量范围内因进入弯道而消失，则可通过相应时间间隔行驶后的ACC车辆证明，因为此时的曲率已不同于目标跟丢时的曲率。如果满足这种曲线准则，则加速抑制策略就可以被曲线控制代替。另一种情况下，假定该目标对象不在车道内行驶，则速度也将调整以适应新的情况。

通过使用数字地图信息可以应对与曲线有关的目标跟丢，不过这些数字地图要包含精确的车道定位信息（目前量产车尚不能提供）。曲率会提前得到检测并调节出适应高速公路出口的控制策略。

ACC开发人员面临的另一个挑战是目标车辆在车道拐弯的情况。前方车辆速度矢量方

向上的变化，使后续车辆的减速可察觉。当传感器仅测量此项时，ACC 车辆的减速是不相称的，车辆必须以适当的方式减速。

6. 基本结构和执行器协调

纵向控制代表了自适应速度控制的转换，即将从不同的控制器中获得的最终参考加速度，转化为实际的加速度。为此，要调整行驶和制动测量系统各自包含的从属控制电路的总力（或总转矩），从而实现预期的加速度。一般会避免行驶转矩和制动转矩同时起动，从而独立控制各元件。

（1）制动系统　无须制动系统干预的 ACC 系统最初主要由日本汽车制造商提供，但在欧洲未获好评，这源于发动机阻力矩与换档过程所导致的最小减速，迫使驾驶人不得不频繁制动。自 1995 年某些高级车型装备了支持驾驶人进行紧急制动的 ESP 和制动辅助系统以来，ACC 系统进行适当制动干预的动作过程被大大简化。如今，ACC 系统不再需要制动系统的干预。作为参考转矩要求，发动机转矩接口已经引入 ASR 和 ESP 系统，这对将制动转矩的具体参数作为制动参数来说很有意义。其优点在于，ACC 控制器的各种制动器分布非常简单，它们的细节对控制器的设计几乎没有影响，极大地简化了不同车辆和模型之间的转移性。

对于舒适性功能，如 ACC，通常会要求高达 5m/s 的减速度。这将导致所需的动态压力变化达 3~4MPa/s。为了动态地跟随规定的转矩和压力变化趋势，制动系统必须要达到 15MPa/s 的变化率。

系统要求在从足够快速的增压到制动开始时，参考值能有动态的跟踪，以及在压力调整时它尽可能有无延迟的跟踪。在这种情况下，最大的时间延迟应保持<300ms。这样的前提条件除了需要一个相应大小的泵之外，还主要是需要泵入口区域中液压系统的阻流，以便能够提供所需体积的流体，这与温度没什么关系。对参考值的控制必须不受干扰，否则会导致驾驶人感觉极不舒适。连同动态参考值的快速跟踪，有必要无级跟踪少量或缓慢变化的基准值，因为正是这种小差量的控制才是典型的 ACC 操作。还应避免固定偏差，因为它们会转变为速度和距离误差，可能导致周期振荡。

（2）控制舒适性　车辆对压力变化的响应非常敏感。为了确保一位敏感的驾驶人感知到的压力增加是连续的，制动系统必须能够处理小于 50kPa 的制动增量。制动压力的增加和减少应尽可能保持无声、平顺以及持续。超过 100kPa 的非故意压力变化应当避免。其他泵元件有利于压力的均匀增加，而连续调节阀有利于压力的降低。在声学方面，要求泵速较低，特别要将液压单元和制动器放置到合适位置，以防其受从机箱传出的振动的影响。其他的复杂因素是在制动干预情况下，作为车辆中大量噪声排放源之一的发动机，其噪声应减少到驱动范围内的最小值。

（3）驱动系统　接下来对内燃机、自动变速器以及手动变速器等特殊情况进行综述。混合动力与其的组合同样适用。原则上，电动机和内燃机之间的转换应尽可能不让 ACC，特别是不让驾驶人察觉到。此外，驱动器将用于为 ACC 提供转矩，因为如何产生转矩与系统功能无关。对于有电机的制动能量回收，确保能从能量回收状态顺利切换到制动系统工作状态是非常重要的。

ACC 要求制动器能针对必要的控制范围覆盖整个可能的转矩范围，以囊括所有相关驾驶情景。伺服动态性对应的是驾驶人要求的动态性，它在大部分现代系统中不应产生问题，

因为驾驶人参考值也可以以电子形式传送。因此，驾驶人和 ACC 预设传送的途径原则上相同。

驱动能最优地在相应的工况点实现 ACC 功能所需的车辆总转矩（与加速踏板类似）。发动机、变速器和其他附件单元用于提供参考值。坐标系应尽可能处于驱动系统中。若这样不可行，则要求在 ACC 控制单元或纵向动态模块中能实现到发动机转矩的转换，对此必须已知当前的齿轮变速器状态。

出于舒适性目的，ACC 功能会在不同运行模式间进行转换，这些模式与驾驶人实际选择的不同协同有关（例如超速燃油截断、换档、附件协同）。因此，可以避免或允许例如在进行溢出燃油截止时转矩加载中的轻微不稳定。另外，也可以避免或允许比如在自动多级减速齿轮中附加变速时转矩加载中的更为严重的不稳定。

10.6　车道保持系统

车道保持系统认知

导　入

车道保持是车辆控制的主要任务之一，但长时间的车道保持操作会使驾驶人感到单调而枯燥，尤其是在非城市道路的长途驾驶过程中。一个小疏忽或者短暂的困倦，都有可能导致无意识的车道偏离，从而可能导致下面的后果：与静止物体碰撞、与同向行驶的其他车辆碰撞、与逆向行驶的车辆碰撞、翻车事故、与路边行人或非机动车辆碰撞、由于不正确地转向和制动引起进一步的交通事故（车辆失控）。

10.6.1　系统功能

从系统功能的角度出发，可以把防止无意识车道偏离的车道保持系统划分为四类：主动车道保持系统、车道偏离预警系统（LDWS）、车道保持辅助系统（LKAS）、综合性横向辅助系统。

1. 主动车道保持系统

主动车道保持系统在数十年前就已经是学术和工程应用领域的研究对象。二十多年前，第一辆测试车便已经实现了 90% 以上行驶路程的自动横向控制。2016 年联合国对于《维也纳公约》中自动驾驶汽车的修正案正式生效，明确自动驾驶技术可以被应用到交通运输当中。

2. 车道偏离预警系统（LDWS）

LDWS 是一种车载系统，当车辆在高速路或快速路行驶过程中偏离 1 个或 2 个（根据系统类型的不同而不同）车道线时，它会向驾驶人发出警告。LDWS 并不通过执行器对车辆的航向做调整，而仅向驾驶人发出警告，以提示其采取合适的措施，避免无意识的车辆控制。最简单的 LDWS 通常会定义两个预警区域。

LDWS 系统的结构如图 10-6 所示。根据车辆位置检测模块发出的车道线检测结果，预警系统决定是否发出预警提示。为实现该功能，通常需要估计距离车道边缘的横向偏移量。如果考虑横向偏移速度和前方道路的曲率，则可以进一步提高系统的性能，但这并不是必需的。

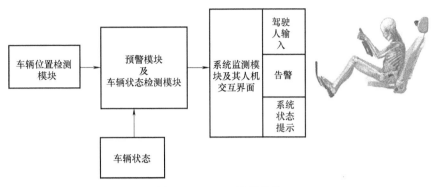

图 10-6 LDWS 系统结构

实际上，仅检测车辆一侧的车道线已经能实现 LDWS 的功能。这种情况下，通常假设车道宽度为常数，通过传感器所检测的单侧车道线估算另一侧的车道线位置。从技术上讲，车辆位置检测模块既可通过带有车道标志识别功能的摄像头来实现，也可通过激光雷达来实现。在此基础上，预警系统决定是否向驾驶人发出预警提示，最简单的做法是以跨道距离（Distance to Line Crossing，DLC），即自车距离车道边缘的横向距离作为判断依据。

更成熟的预警系统通常使用预测算法，即以跨道时间（Time to Line Crossing，TLC，也可写作 TTLC）作为准则，在车辆即将跨道时提前发出预警提示。

系统监测模块用于实时监测并对用户显示 LDWS 当前的工作状态。系统监测模块的功能主要包括对驾驶人所给出的系统启动操作的监测，以及对从车辆状态检测模块中获取的车速信号的预处理。LDWS 的启动通常通过开关控制，一般在发动机熄火后仍然保持 LDWS 当前的开关状态。

车辆状态检测模块可以从原车的车内网（如 CAN 总线、车速传感器脉冲信号等）中获取车速信息，并通过分析转向灯信号来判断驾驶人的换道意图。车速信号也可以通过 GPS 来获取。简单的 LDWS 也可以在不检测车辆状态的情况下进行预警，因为系统不能对驾驶人的主动换道意图做出预判，所以这种系统的误报率较高。

预警模块是人机交互界面最重要的部分，好的预警模块设计不仅能提高 LDWS 的效率，还能对系统的用户接受度产生积极影响。预警模块可以利用多种方式向驾驶人提供预警，如视觉方式、听觉方式和触觉方式等。

第一款商用 LDWS 于 2000 年在欧洲应用于重型货车，之后引进到美国。奥迪、宝马、标致、戴姆勒、菲亚特、福特、通用、现代、纳智捷、日产、萨博、沃尔沃等汽车厂商在世界各地相继推出了用于轻型轿车、高端轿车和货车的 LDWS。Mobileye 公司在向汽车制造商提供 LDWS 集成系统的同时，还推出了后装式系统。后装式 LDWS 在重型货车市场中取得了一定的成功。近年来还出现了基于内置摄像头智能手机的 LDWS 方案。最近的发展趋势是实现摄像头的一物多用，在保证 LDWS 基本功能的基础上，还将摄像头用于识别限速标志（主要在欧洲）和对向来车（用于远光灯控制）等。

3. 车道保持辅助系统（LKAS）

LKAS 辅助驾驶人保持在原车道上行驶，它通常会对车辆行驶的方向做微调，但并不能代替驾驶人的操作，系统控制的是车辆在车道中的位置。现有的大部分商用 LKAS 采用对车

辆转向机构施加辅助控制力矩的方式，实现对车辆行驶方向的调整。一般来说，LKAS 需要由驾驶人在进入高速路后主动开启，也有些 LKAS 的启动是与自适应巡航系统耦合在一起的。所有商用 LKAS 对车辆的控制操作优先级都低于驾驶人的主动控制，驾驶人的操作可以覆盖 LKAS 对车辆的控制。该特性对 LKAS 至关重要，因为这关系到系统可靠性和驾驶人的驾驶感受。

根据控制车辆力矩变化方式的不同，可以把 LKAS 划分为图 10-7 所示的三种类型。图中给出了控制力矩随车辆距车道中心横向距离变化的曲线，图 10-7a 为"轻辅助"方式，仅在车辆跨越车道边界时，通过施加转向修正力矩进行辅助控制。有些系统施加的辅助力矩较小，仍需要驾驶人完成车辆行驶方向的最终修正；有些系统施加的辅助力矩已经足够让车辆保持在原车道行驶。采用这种控制方式的 LKAS 主要考虑了行车安全性，却忽视了舒适性。大众公司于 2008 年在欧洲，以及于 2009 年在日本销售的车辆所采用的 LKAS 即使用这种力矩控制方式。

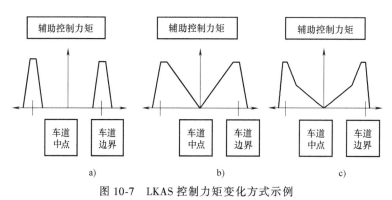

图 10-7　LKAS 控制力矩变化方式示例

a）轻辅助　b）重辅助　c）舒适型辅助

图 10-7b 为"重辅助"力矩控制方式。这种系统在车辆轻微偏离车道中心时，也会施加较大的控制力矩，以迫使驾驶人沿车道中心线行驶。如果控制力矩足够大，这种 LKAS 已经能够实现主动车道保持功能。

图 10-7c 所示为一种考虑舒适性的折中力矩控制方式，即驾驶人可以适当偏离车道中心线，但在接近车道边界时会感受到适当的修正力矩。日产（2001 年在日本）和本田（2002年在日本，2006 年在欧洲）采用了这种力矩控制方式。本田的 LKAS 可实现驾驶人与车辆之间的协同控制，即一方面通过系统减轻驾驶人的驾驶负担，另一方面不让驾驶人对 LKAS产生依赖。

除上述力矩控制特性外，现有的大多数 LKAS 也会采用与 LDWS 一样的视觉、听觉措施向驾驶人提供预警。相较于 LDWS，LKAS 系统对设备的要求更高，所需要的设备也更多。LKAS 与 LDWS 之间在硬件结构上的最大不同在于，LKAS 装有用于控制航向的车道保持控制器和执行器。车道保持控制器根据车辆的横向位置/航向角来计算执行器的控制输出量，也可以把车辆前方的道路曲率作为考虑因素，以实施预瞄控制。因此，LKAS 对车辆定位的要求比 LDWS 更高。现有的 LKAS 都使用摄像头采集车辆两侧的车道线信息，并利用图像处理技术计算自车在车道中的横向位置。执行器把控制器的输出转换为实际的修正转向动作，典型的修正转向方式是电动机施加的辅助转向力矩，或者采用分散的电控执行器。通常，驾

驶人可以感受到辅助转向力矩的影响。车道保持控制器的具体控制特性，需要根据车辆的转向特性和执行器的动态特性来调整和标定，以保证系统的稳定性和车辆的驾驶舒适性。

除辅助转向力矩方式外，还可以采用车轮制动的方式实现对航向角的修正，如日产于2007年推出的车道偏离预防系统（Lane Departure Prevention Systems），戴姆勒于2010年也推出了类似系统。其他执行器修正方式还包括叠加转向技术（Superposition Steering）和悬架参数自适应等。这些执行器修正方式不会给驾驶人直接的触觉反馈感受，除非额外加装执行器。与LDWS不同，LKAS通常需要对车辆实施直接控制，这一点在系统设计时就需要进行考虑。

相较于LDWS，LKAS还有一些附加的扩展功能，如对驾驶人放开转向盘动作的检测，以防驾驶人双手离开转向盘。它还可以检测驾驶人的其他动作，以识别其主动的转向控制（如快速、大力矩的转向操作）。另外，也可以在驾驶人进行主动制动时，暂时让LKAS处于不工作状态。

4. 综合性横向辅助系统

除以上介绍的单独的LDWS和LKAS外，还有将两者结合的驾驶辅助系统。如戴姆勒最近在欧洲推出的LDWS，该系统在紧急工况下可以通过对后轮施加制动来调整车辆的行驶方向角。这里的紧急工况指车辆压实线，或者存在与邻车道车辆碰撞的危险。邻车道车辆可以通过盲区预警系统（Blind Spot Warning）的雷达来检测。对于非紧急工况的跨越虚线行驶，该LDWS会通过对转向盘施加振动来提示驾驶人。

10.6.2 LDWS与LKAS的开发

1. 车道线识别

对目前的辅助系统而言，车道边界由车道线界定，因此可靠的车道线检测对LDWS和LKAS来说至关重要。第一种车道线检测算法在几十年前就已经问世，并经过不断完善和扩充。

道路曲率和曲率变化率可以用螺旋线或多项式的方式描述。前者适用于LDWS，而后者适用于LKAS。以上参数检测的精度、稳定性、可靠性等性能都会对系统的效果产生影响。对LKAS而言，车道线的识别能力决定了系统的车道保持性能，进而影响了驾驶人的直观感受。因此90%~95%的识别准确率是对LKAS的基本要求。但要注意，车道线识别准确率并不等同于车道保持性能，因为系统还会对识别结果进行滤波处理，以防止系统在启用状态和禁用状态之间频繁切换。常用的滤波方法有卡尔曼滤波和粒子滤波。

对某辆特定的车辆，需要根据其对应的市场量身设计车道识别算法，因为不同国家的车道线之间存在差异。例如，各国车道线的宽度在80~300mm间不等，有单、双线之分，虚、实线之别，虚线段的长度和间隔也不一样。另外，车道线的颜色也有白色、黄色或红色等。这些差异在各个国家中都有不同的具体含义。根据LDWS和LKAS的功能，系统需要检测并识别不同车道线的含义。例如，在某些地域，施工区的临时标志线使用特定的颜色，如果辅助系统要支持施工区的驾驶辅助，则需要识别不同颜色所代表的含义。

进一步看，车道的几何参数范围以及车辆动力学都可以加以利用。前者包括了车道宽度、半径，以及倾角的最大、最小限值。后者包括方向角、侧偏角，以及车道偏移速度的大小限值。考虑到系统的工作车速范围，对车速也要做出限定，即系统仅在限定的车速范围内

工作，这也是对车道识别算法的要求。车辆航向角通过车辆纵向速度与横向车道偏移速度耦合。另外，车速也决定了图像处理运算的负荷，并且车速的增加会增加图像模糊的可能，进而影响图像的曝光时间和帧率。

除上述参数外，车道保持效果还取决于车道线的识别效果。该参数可用于调整警示阈值以减少误警示。也可以作为输入量，以检测驾驶人疲劳或其精神集中状态。车道线识别时的环境、光线等因素的变化范围很大，需要考虑阳光直射、夜景、隧道、雨天等工况。某些道路表面的状态，可能会引起干扰反射。有些情况下，白色车道线可能比道路表面更暗。其他因素还包括新、旧车道线的成像差异，以及道路表面特性的不均衡等。早期基于图像处理的车道识别是通过检测和跟踪车道线的方式实现的，而目前的做法是尝试"理解"车辆前方的场景。例如，通过感知前方行驶车辆的信息，可以推测出被这些前方车辆所遮挡的车道线信息。

目前市场上的产品通过两种方式检测车道线：基于摄像头的方式和基于红外线雷达的方式。后者被供应商法雷奥（Valeo）所采用，以研制车道偏离预警系统，并用于在欧洲销售的雪铁龙和标致品牌的某些车型。该系统中，共有 6 个传感器安装于车辆前保险杠，向下探测自车前部正下方的道路表面状况。这种系统只能探测自车当前位置的实际车道线，而不能感知前方的道路几何信息。因此，这种传感器配置只适合于 LDWS，而不能用于 LKAS。另外，这种 LDWS 只能应用基于横向距离的车道偏离预警算法，而不能采用基于跨道时间的车道偏离预警算法。

2010 年 7 月前，大多数 LDWS 与 LKAS 都用安装于前风窗玻璃后视镜旁边的单目黑白摄像头识别车道线，而目前已经出现使用彩色摄像头的辅助系统，并且使用彩色摄像头的比例会越来越大。黑白摄像头与彩色摄像头的其他不同还包括灵敏度（尤其对夜视场景）、动力学范围以及空间分辨率等。

上述车道线识别方法都需要地面上有清晰的车道线，目前除这种方式外还有其他方法。例如，通过在道路中铺设磁钉或发射声频信号的线缆来实现横向定位。这些方式除需要提供车道线供驾驶人识别外，还需要额外的基础设施建设。由此带来的好处是，即使地表车道线损坏或能见度不高，也不会妨碍系统对车辆横向位置的识别。因此，磁钉方式曾用于铲雪车的定位。然而，这种方式目前并没有被广泛应用，并且未来也不太可能推广。

还有些辅助系统利用毫米波雷达或激光雷达获取前方道路信息，作为视觉图像信息的补充。也可以将 GPS 与地图匹配融合，以提前获取道路信息，作为视觉辅助系统的先验信息。但 GPS 数据的使用在未来数年内都会受到定位精度和地图信息精度的影响。

2. 警示方式

警示方式是 LDWS 人机交互界面中最重要的元素。警示的初衷是提醒驾驶人自车即将跨道行驶，让其采取适当的补救措施。首先，警示模块需要利用人类的感官以引起驾驶人的注意。LDWS 常利用视觉、听觉和触觉方式实现该目的，嗅觉和味觉方式虽颇具想象力，但目前的 ADAS 系统暂时不会采用这两种方式。

警示不仅要引起驾驶人的注意，还要向其提示即将发生的危险，甚至危险发生的方位。例如，强踩加速踏板振动可能引起驾驶人注意，但并不会让驾驶人把注意力放在车辆横向位置控制上。表 10-1 中列举了目前 LDWS 实用的警示方式。可以将不同的方式结合起来使用，其中最典型的是将图像提示与蜂鸣器结合。

表 10-1　LDWS 实用的警示方式举例

告警方式	相应感官	类型	应用厂商
转向盘振动	触觉	非直接	宝马、戴姆勒
座椅振动	触觉	直接	雪铁龙、标致
模拟停车振动带振动声	听觉	直接	奔驰货车
蜂鸣声	听觉	非直接	本田、丰田
图像提示	视觉	非直接	本田、丰田
转向力矩	触觉	直接	本田、丰田、大众

注："类型"指出该告警方式是否带方向提示。

　　带方向提示的警示方式能够在警示的同时，指明车道偏离的方向，这可以让驾驶人更迅速地做出正确反应。指向性的转向力矩不仅能提供 LKAS 所需的辅助力矩，还能作为触觉信息反馈给驾驶人。根据力矩特性不同，可以向驾驶人传递不同信息。

　　根据 ISO 17361—2017 中的要求，辅助系统需要提供一种能较易被感知的触觉或听觉警示信息。另外，该标准指出，如果所提供的触觉或听觉警示信息不能给出危险方向信息，则可以通过视觉方式来弥补。因此，现有 LDWS 往往会结合不同的警示方式。其中，视觉警示信息会通过设备的小显示屏给出。

　　最后需要指出，警示方式的选择及相关性能的调试会影响警示策略在正确警示工况下的警示效果。在选择警示方式时，需要充分考虑警示效果的下限，警示效果可以用正确警示率来量化。因为这种评价方式需要针对不同驾驶人及不同交通状况进行大量试验才能得到，所以有时会比较麻烦且昂贵。反应时间是另一个评价警示方式效果的参数，但需要先定义合适的反应时间。

　　除有效性外，警示方式还有许多特性与要求，例如用户接受度、系统稳定性等。如果某种警示方式总能引起驾驶人的惊慌，其误警示时就有可能导致交通事故，这种情况需要避免。表 10-2 总结了对警示方式的一些基本要求。其中，有些要求是相互矛盾的，因此需要根据不同车型和不同厂商的特点限制警示强度。例如，公开式警示不适合公交车，因为这样会让乘客对驾驶人的驾驶技术产生怀疑。另外，这样的警示方式对运动型车辆也不适合，因为开运动型车辆的驾驶人往往不愿意接受这种限制。地域和厂商差异也会影响警示强度的选择，例如日系车通常会使用蜂鸣器产生警示信息，而德系车则很少采用这种方式。

表 10-2　对警示方式的一些基本要求

要求	描述
有效性	正确警示率
反应时间	从警示发出时刻到驾驶人做出转向动作时刻之间的时差
物理接受度	警示不能对驾驶人或其他乘客造成伤害
公开性	如果警示信息能被车辆中的乘客察觉到，则其会对驾驶人的驾驶技术进行主观判断，这可能会引起不良后果
唯一性	警示方式应能让驾驶人自然地联想到相关事件，ISO 17361—2017 中要求"警示信息要能被驾驶人准确区分，无论采用触觉、听觉、视觉，还是多种方式的组合方法"。例如，车道偏离警示信息不能与冷却液泄漏的警示信息一样

（续）

要求	描　述
主观效果	主观效果指驾驶人使用辅助系统后对安全行驶的信心,这可以通过问卷调查的方式获取,而客观效果则可以通过分析驾驶人特性得到
客观干扰	警示信息有可能会引起驾驶人下意识的不良反应,在误警示时可能产生危险,因此需要进行分析以尽量避免

3. 车道保持辅助控制器与执行器（仅针对 LKAS）

对 LKAS 控制器的主要要求如下：

1）向驾驶人提供有效的车道保持辅助功能。

2）考虑驾驶人感受。

3）驾驶人可以在任何时候进行干预。

4）保证系统稳定性。

5）防止驾驶人对系统过度依赖。

其中，有些要求是相互矛盾的。例如，系统既要保证驾驶人不依赖辅助系统，又要实现最大的辅助效果。

控制器的主要输入来自车道线识别模块，包括横向偏移距离、行驶方向角和道路曲率。利用这些输入进行前馈和反馈控制，以求出车道保持所需要的辅助控制力矩。为保证驾驶人对转向盘的持续控制，通常所求取的力矩需要乘以因数 K。此外，为防止控制器过分干预驾驶人的操作，还需要再进行输出饱和控制。控制器计算的控制力矩经过驾驶人手离转向盘检测模块和驾驶人力矩接口模块后，输出给转向控制器。由转向控制器将控制器的输出转换为车道保持力矩。执行器可以用电控转向系统实现，对于大型车辆而言，可以将电控执行器与液压机构结合，以实现电控转向。手离转向盘检测模块每隔 5～10s 检测并分析一次驾驶人的转向操作，以判断驾驶人是否仍手握转向盘正常驾驶。驾驶人力矩接口模块会检测驾驶人有意识的主动转向操作，以在恰当时机暂时性屏蔽 LKAS 功能，避免干扰驾驶人的操作。

10.7　驾驶人防疲劳系统

防疲劳系统认知

驾驶人防疲劳系统是指驾驶人精神状态下滑或进入浅层睡眠时，系统会依据驾驶人精神状态指数分别给出语音提示、振动提醒、电脉冲警示等，警告驾驶人已经进入疲劳状态，需要休息，如图 10-8 所示。其作用就是监视并提醒驾驶人自身的疲劳状态，减少驾驶人疲劳

图 10-8　驾驶人防疲劳系统

驾驶的潜在危害。

10.7.1 驾驶人防疲劳系统的组成

驾驶人防疲劳系统一般由信息采集单元、电子控制单元（ECU）和预警显示单元等组成。

（1）信息采集单元　信息采集单元主要利用传感器采集驾驶人信息和汽车行驶信息。驾驶人信息包括驾驶人的面部特征、眼部信号、头部运动性等；汽车行驶信息包括转向盘转角、行驶速度、行驶轨迹等。这些信息的采集取决于系统的设计。

（2）电子控制单元　ECU 接收信息采集单元传送的信号，进行运算分析，判断驾驶人疲劳状态。如果经计算分析发现驾驶人处于一定的疲劳状态，则向预警显示单元发出信号。

（3）预警显示单元　预警显示单元根据 ECU 传递的信息，通过语音提示、振动提醒、电脉冲警示等方式对驾驶人疲劳进行预警。

10.7.2 驾驶人疲劳检测方法

驾驶人疲劳检测方法主要有基于驾驶人自身特征（包括生理信号和生理反应）的检测方法、汽车行驶状态的检测方法和多特征信息融合的检测方法等。

1. 基于驾驶人生理信号的检测方法

驾驶人在疲劳状态下，一些生理指标如脑电、心电、肌电、脉搏、呼吸等会偏离正常状态，因此，可以通过生理传感器检测驾驶人的这些生理指标来判断驾驶人是否处于疲劳状态。

（1）脑电信号检测　脑电信号是人脑机能的宏观反映，利用脑电信号反映人的疲劳状态，客观并且准确，脑电信号被誉为疲劳监测中的"金标准"，人在疲劳状态下，慢波增加，快波降低。利用脑电信号检测驾驶疲劳状况，判定的准确率较高，但是操作复杂且不适合车载实时监测。

（2）心电信号检测　心电图指标主要包括心率及心率变异性等。其中，心率信号综合反映了人体的疲劳程度与任务和情绪的关系；心率变异性是心脏神经活动的紧张度和均衡度的综合体现。心电信号是判定驾驶疲劳的有效特征，准确度高。利用心电信号检测人体疲劳状况需要将电极与人身体相接触，会给驾驶人的正常驾驶带来不便。

（3）肌电信号检测　通过肌电信号的分析，反映人体的疲劳程度。肌电图的频率随着疲劳的产生和疲劳程度的加深呈现下降趋势，而肌电图的幅值增大则表明疲劳程度增大。该方法测试比较简单，结论较明确。

（4）脉搏信号检测　人体精神状态不同，心脏活动和血液循环也会有差异，而人体脉搏波的形成依赖于心脏和血液循环，因此，利用脉搏波监测驾驶人的疲劳状态具有可行性。

（5）呼吸信号检测　人体疲劳状态的一个重要表现就是呼吸频率降低，呼吸变得平稳。在正常驾驶过程中，驾驶人精神集中，呼吸的频率相对较高，如果驾驶期间与他人交谈，呼吸波的频率变得更高，同时呼吸的周期性变差。当驾驶人疲劳驾驶时，注意力集中程度降低，思维不活跃，此时呼吸变得平缓。因此，通过检测驾驶人的呼吸状况来判定疲劳驾驶也

成为研究疲劳驾驶预警系统的一个重要方面。

基于驾驶人生理信号的检测方法客观性强，准确性高，但与检测仪器有较大关系，而且都是接触式检测，会干扰驾驶人的正常操作，影响行车安全。而且，由于不同人的生理信号特征有所不同，并与心理活动关联较大，在实际用于驾驶人疲劳检测时有很大的局限性。

2. 基于驾驶人生理反应特征的检测方法

基于驾驶人生理反应特征的检测方法一般采用非接触式检测途径，利用机器视觉技术检测驾驶人面部的生理反应特征，如眼睛特征、视线方向、嘴部状态、头部位置等来判断驾驶人疲劳状态。

（1）眼睛特征检测　驾驶人眼球的运动和眨眼信息被认为是反映疲劳的重要特征，眨眼幅度、眨眼频率和平均闭合时间都可直接用于检测疲劳。目前被认为是最有应用前景的实时疲劳检测方法——PERCLOS（Percent of Eye Closure，指在一定的时间内眼睛闭合时所占的时间比例）检测指出，PERCLOS 的 P80（单位时间内眼睛闭合程度超过 80% 的时间占总时间的百分比）与驾驶疲劳程度的相关性最好。为了提高疲劳检测的准确率，可以综合检测平均睁眼程度、最长闭眼时间的特征作为疲劳指标，可以达到较高的疲劳检测准确率。通过眼睛特征检测驾驶人的疲劳程度，不会对驾驶人行为带来任何干扰，因此它成为这一领域现行研究的热点。

（2）视线方向检测　把眼球中心与眼球表面亮点的连线定为驾驶人视线方向，正常状态下，驾驶人正视车辆运动前方，同时视线方向移动速度比较快；疲劳时，驾驶人视线方向的移动速度会变慢，表现出迟钝现象，并且视线轴会偏离正常的位置。通过摄像头获取眼睛的图像，对眼球建模，把视线是否偏离正常范围作为判别驾驶人是否疲劳的特征之一。

（3）嘴部状态的检测　人在疲劳时往往有频繁的哈欠动作，如果检测到哈欠的频率超过一个预定的阈值，则判断驾驶人已处于疲劳状态。基于此原理，可以完成对驾驶人的疲劳检测。

（4）头部位置检测　在驾驶过程中，驾驶人正常和疲劳时其头部位置是不同的，可以利用驾驶人头部位置的变化检测疲劳程度。利用头部位置传感器，对驾驶人的头部位置进行实时跟踪，并且根据头部位置的变化规律判定驾驶人是否疲劳。

基于驾驶人生理反应特征的检测方法的优点是表征疲劳的特征直观、明显，可实现非接触测量；缺点是检测识别算法比较复杂，疲劳特征提取困难，且检测结果受光线变化和个体生理状况的变化影响较大。

3. 基于汽车行驶状态的检测方法

基于汽车行驶状态的疲劳检测方法，不是从驾驶人本人出发去研究，而是从驾驶人对汽车的操控情况去间接判断驾驶人是否疲劳。该种检测方法主要利用 CCD 摄像头和车载传感器检测汽车行驶状态，间接推测驾驶人的疲劳状态。

（1）基于转向盘的检测　基于转向盘的检测包括转向盘转角信号检测和转向盘力信号检测。驾驶人疲劳时对汽车的控制能力下降，转向盘转角左右摆动的幅度会较大，然后在一段时间内其值没有明显变化，同时操纵转向盘的频率会下降，通过对转向盘转角时域、频域和幅值域的分析，将转向盘转角的方差或平方差作为疲劳驾驶评价指标。通

过检测驾驶人驾驶过程中转向盘的转角变化情况来检测驾驶人的疲劳情况，是疲劳预警系统研究的热点方向，这种方法数据准确、算法简单，并且该信号与驾驶人疲劳状况联系紧密。

驾驶人疲劳时，其对转向盘的握力逐渐减小。通过传感器实时检测驾驶人把握转向盘的力，通过一系列分析，判断驾驶人的疲劳程度。驾驶人对转向盘的操纵特征能间接、实时地反映驾驶人的疲劳程度，具有可靠性高、无接触的优点。由于传感器技术的限制，其准确度有待提高。

（2）汽车行驶速度检测　通过实时检测汽车的行驶速度，判断汽车是处于有效控制状态还是处于失控状态，从而间接判断驾驶人是否疲劳。

（3）车道偏离检测　驾驶人疲劳驾驶时，由于注意力分散，反应迟钝，汽车可能偏离车道。

基于汽车行驶状态的检测方法优点是非接触检测，信号容易提取，不会对驾驶人造成干扰，以汽车的现有装置为基础，只需增加少量的硬件，具有很高的实用价值。其缺点是受到汽车的具体型号、道路的具体情况和驾驶人的驾驶习惯、驾驶经验和驾驶条件等限制，目前此方法测量的准确性不高。

4. 基于多特征信息融合的检测方法

依据信息融合技术，将基于驾驶人生理特征、驾驶行为和汽车行驶状态相结合是理想的检测方法，大大降低了采用单一方法造成的误警或漏警现象。信息融合技术的应用，使疲劳检测技术得到更进一步的发展和提高，能客观、实时、快捷、准确地判断出驾驶人的疲劳状态，避免疲劳驾驶所引起的交通事故，是疲劳检测技术的发展方向。

10.7.3　预警形态

驾驶人工作可能受到预警方式的影响。任何被选择的预警方式必须满足所有驾驶人的要求，不论其年龄、性格、性别等；此系统也应与车辆中的其他警报集成。虽然选择适当的预警模式和设计尚且没有标准的准则，但至少三种类型的模式（视觉、听觉和触觉）及其组合都可能用于任何预警设计。

1. 视觉显示

显示器用于信息交流，这些信息是制定决策、执行适当的控制动作所必需的。在飞机上，当有足够的时间做出反应时，与听觉相比，飞行员更偏好视觉警告。在昏睡状态下，视觉警告不太有效，因为昏睡会导致驾驶人注意力不集中。这些视觉预警不能唤醒一个沉睡的驾驶人，但可能会警告可能入睡的驾驶人。例如，如果驾驶人有较高的入睡可能性，那么视觉警告可以通过仪表板的消息或符号与驾驶人进行交互。在靠近前方视野的抬头显示器（HUD）中提供的警告是更有效的。HUD图像与现实世界和其他预警系统的集成，使其非常符合驾驶需求。这种警告使得人眼的调节要少得多，特别有益于老年驾驶人。

HUD图像也有一些问题，包括眼部固定、视觉显示的弱化等。车载HUD的信息提供给注意前方的驾驶人，它不能预警或警告注意力不集中、走神或疲劳驾驶带来的潜在危险。

2. 听觉（声音）

大部分驾驶人利用的信息都是视觉显示的，因此，其他的预警符号可能更受欢迎。音频警报信号可能最适合汽车，因为驾驶人需要与道路保持几乎恒定的目光接触，以保持适当的

车道位置。利用诸如铃声、蜂鸣和电子音的音频信号，取代传统的视觉指示器，可减少视觉仪器扫描的需要，从而允许用户将注意力集中于其他视觉任务。音频显示还具有以下优点：一旦产生预警，它们不要求用户调整视线接收信息。因此，疲劳驾驶时，在驾驶人由于昏睡而无法集中注意力的情况下，这类系统将非常有价值。驾驶环境中声音的提醒效果需要注意以下六种重要情况：高频情况、可听度情况、色调曝光情况、声压级情况、变异情况、不协调情况。

（1）预警实现（紧急性）　预警实现是指驾驶人对预警信号所表达的真实消息和紧急程度的理解。预警实现的缺乏也是一大问题。根据紧急性映射原理，情景的紧急性应与感知到的预警的紧急性相匹配。声音的紧迫性可能会引导人们对高度紧急事件给予高度重视。在驾驶环境中，合适的紧迫性映射对增强预警解读是必要的。诸如避撞和疲劳驾驶预警等高度紧急的情况应该被映射为高度紧急的声音；安全带未系好等低紧急度的情况应该被映射为低紧急度的声音。不合适的映射可能会削弱预警的重要性，导致不适当的响应，并可能造成预警指示不被接受。研究人员已经提出了许多通过改变信号参数，以提高感知到的预警信号紧急性的方法。预警紧急性可以通过改变以下参数来增加：

1）基频（高频声音被感知为高紧急性）。

2）声压级（提高声压也增加了紧急性）。

3）脉冲间隔，也就是两个连续的音调之间的间隔（减少脉冲间隔也会增加紧急性）。

预警设计应考虑声音参数如何影响紧急性、厌烦性和适度性。含义不明的预警可能会延迟驾驶人的响应，并增加驾驶人的精神负荷。紧急性与厌烦性或接受度之间始终需要折中设计。

（2）铃声与语音信息　音频预警可以提供方向提示，音频激励比视觉激励的处理更加迅速；在正常条件下，铃声比语音需要的注意力少，但语音可以传达更详细的信息；铃声独立于语言；在高度紧张的情形下，讲话可能更有效；符合驾驶人的心理模型的音频标识能提供更迅速、更适度的反应。

（3）音频预警的局限性　音频预警也具有一定的局限性，需要加以考虑。

1）虽然使用听觉信息可能有助于缓解视觉上的混乱，但是由于其本身的性质，音频显示具有侵入性和分散性。

2）驾驶人可能会被音频预警惊吓或厌烦，或两者皆有，尤其是非紧急情况下误预警过多时。

3）有听力障碍的驾驶人（主要是老年人）无法正确适应。

4）铃声无法传达详细信息，而语音信号依赖于对语言的理解。

5）在疲劳或高噪声环境的情况下，信号缺失可能会导致问题。

6）含有大量的语言信息和其他预警信号，可能会分散驾驶人的注意力。

3. 触觉

触觉预警是指通过触摸或身体接触感应到信号，如在转向盘或驾驶人座椅上施加的振动信号等。与音频界面相比，触觉界面也同样有干扰较小的突出优势，但同样也可能因指示消息无法传达而缺失信息。由于预警对车上的其他人不太明显，从而减少驾驶人的尴尬，触觉界面也可能是驾驶人的偏好。触觉显示是一种将预警信息传达给驾驶人的有潜力的方式。许多研究人员的结论表明，与音频相比，驾驶人更喜欢触觉警告。触觉

警告被认为更受欢迎，更值得信赖。它们有许多优点和一些缺点：驾驶人精神负担更小；可能更短的驾驶人反应时间；乘客不会察觉到预警；通过触摸或身体接触感测到的触觉警告无须任何特定方向；触觉提示为驾驶人提供最快的反馈，并产生最快的反应；触觉提示无须传感接收器特定的检测方向，且能被非常快速地感测；触觉提示不受大多数残疾和损伤的影响，可以被大多数人检测到；触觉显示是侵入性的，不容易被拒绝；虽然能有效地获得驾驶人注意，但触觉提示仅能传递有限的信息；当在即将发生预警的情况下使用时，还应补充显示信息。

10.7.4　预警时刻

避撞系统的一个重要组成部分是用于确定预警时刻的算法，不合时宜的预警实际上可能会危害驾驶人的安全。若无法感知预警的原因，则太早发出的预警可能被驾驶人忽略。另一方面，若预警太迟，则它可能被认为无效。

一般而言，驾驶人只有很短的时间来警觉并采取纠正措施，因而预警时刻非常关键，它是确定预警有效性的关键因素。可以假设，若预警较早，则驾驶人将有更多的时间做出反应，并采取纠正措施。早预警比晚预警更有帮助和有效。可以认为，预警的有效性与预警时刻成比例，且越早越好。但早预警意味着将阈值设定在较低水平，这将导致很高的误预警率。为了避免不希望的误预警并设计最优的系统，需要做出折中。

系统被接受的程度高度依赖于误预警率，哪怕它不是一个真正的误预警，但被驾驶人认为是。这种感觉在很大程度上取决于预警时刻。若预警太晚，驾驶人在警报发出之前已经意识到危险，或者预警太早，驾驶人知道他/她必须采取纠正措施但为时尚早，则预警将被视为误预警。这种对由驾驶人对情况的判断与预警之间的不匹配而产生的误预警的判断，与对真实预警与误预警的判断一样，对系统接受度具有相同的影响。预警时刻和感知之间的关系非常重要，但仍需更多的研究和关注。

许多研究人员建议，用户对自动化系统的态度在很大程度上取决于其对该系统的信任。真正的误预警会导致信任的下降和预警响应的延迟，与早、中期预警相比，晚预警会导致信任的降低。预警响应的时刻、驾驶人对预警系统的信任，以及驾驶人对预警的可信度的判断，很大程度上是基于预警时刻，而不管其有效性，并且可能对系统的有效性产生不利影响。驾驶人可能更容易接受预警时刻适中的预警系统。

早预警比晚预警益处更多，但是否真正有益取决于预警增加了多少误预警率。驾驶人对预警的响应就像自动重新集中注意力，而非自动触发响应。预警通过将驾驶人的注意力重新引导至路面而影响驾驶人的反应。根据一些研究，早预警为驾驶人带来额外的时间以便对当时的情况做出理解和响应，其益处可能胜过误预警引起的代价。

小　　结

先进驾驶辅助系统是当前国际智能交通系统研究的重要内容，利用机器视觉和传感器技术实现对驾驶人周围环境状况实时通报，并在本车可能发生潜在危险时及时警示驾驶人采取有效措施，消除事故隐患。先进驾驶辅助系统有夜视辅助系统、并线辅助系统、泊车辅助系统、自适应巡航控制系统、车道偏离保持系统和驾驶人防疲劳系统等。

习　　题

1. 智能驾驶分为哪些等级？各自的工作职责是什么？
2. 夜视辅助系统的工作原理及系统构成是什么？
3. 并线辅助系统的工作原理是什么？
4. 简述泊车辅助系统的基本组成。
5. 简述自适应巡航控制系统的工作原理。其关键技术有哪些？
6. 简述车道偏离保持系统的组成及工作原理。
7. 驾驶人防疲劳系统的预警方法有哪些？

第**11**章

智能网联汽车技术

⏩ 学习目标

1. 了解汽车线控技术的含义、工作原理及其核心技术
2. 了解环境感知传感系统的分类、工作原理
3. 了解路径规划与决策控制技术的主要技术
4. 了解典型无线通信技术

智能网联汽车（Intelligent Connected Vehicle，ICV），是指车联网与智能车的有机联合，是搭载先进的车载传感器、控制器、执行器等装置，并融合现代通信与网络技术，实现车与人、车、路、后台等智能信息交换共享，实现安全、舒适、节能、高效行驶，并最终可替代人来操作的新一代汽车。

智能网联汽车主要是在车载传输感应装置应用的基础上，结合控制器、执行器及现代传输信道，实现运行环境感知、自动化控制、智能化决策等多种功能。智能网联汽车体系在车辆与外部节点间搭建了一个高效、便捷的信息通信渠道，可在保证车辆行驶安全的同时，最大限度地降低交通拥堵及车辆事故的发生。针对信息时代对智能网联企业提出的新挑战，对其应用技术的标准发展体系进行进一步分析就变得非常重要。

11.1 汽车线控技术

⏩ 导　入

汽车线控技术认知

"线控技术"这个词起初是出现在飞机应用中。在飞机操作控制装置中，线控技术是一种通过将飞行员操纵指令转变为电信号输送至控制器，由控制器控制飞行的控制技术。现如今，将此系统与汽车电子技术相结合也就成为常说的线控技术（X-By-Wire）。你知道其中的"X"代表什么吗？

11.1.1 车辆线控技术简介

车辆技术中，线控指驾驶人输入与车辆动态执行机构间的电子通道。这意味着驾驶人输入与轮胎之间没有机械连接，车辆动力学由电控单元控制。为了降低成本，可以提供机械后备系统。

线控驾驶的巨大挑战在于如何以合理的价格维持系统的可靠性和可用性，并从中获得满

足需求的功能。

线控驾驶的一大优势是可轻易实现附加的舒适性及安全性功能。舒适性系统可在日常驾驶场景下辅助驾驶人，如（主动）巡航控制、停车辅助及可变转向比等。特定场景下的功能，如可变转向比及踏板最佳车速反馈等，均可很容易地实现。当驾驶人误操作时，安全性功能（如防抱死制动系统及动力学控制系统）将会工作。主动安全系统，如紧急制动、避撞及车道保持系统等，将使用线控功能。在概念车中，则会实现高度自动化驾驶。

由于机械部分的省略，线控技术的另一大优势是具备较大的设计空间。这带来许多好处，例如：车辆前部的发动机布置空间更整洁；左右转向系统的集成减少了结构差异性；同时，由于车辆碰撞时可能冲击到乘客的部件减少，车辆被动安全性也有所改善。通用部件可用于不同的设计概念以减少设计变量，而车辆差异化可由软件体现。

输入与输出部件不再需要连接，轴系设计的要求降低了，而且方向稳定性及驾驶人反馈等需求功能可由软件来实现，所以线控系统的能源消耗较低。

最后，线控为带刚性元素的输入系统带来了像操纵杆这样的崭新的设计形式。

线控系统的挑战是必须提供高可靠性及可用性，这意味着对高冗余度的要求。对无机械后备系统的线控系统的安全要求，意味着系统必须具备容错能力，在一个容错系统中，驾驶人必须可以处理每一个可能发生的故障。这意味着所有电子部件必须配置两套或更多，这将增加成本，也可能导致重量的增加。

与容错系统不同的是，故障安全系统包含一个机械后备系统。机械部分被设计成可以在需要时正常工作，这与电子部分是不同的。尽管一个具备保险设计的转向柱不会发生故障，但一台具备保险设计的电动机却依然可能发生小故障。包含机械后备系统的电子系统，应该被设计成所谓的无故障系统。这意味着若发生电子故障，且系统停止运行时，转向和制动功能将完全由机械后备系统执行。

最新的防抱死制动系统就被设计成了无故障系统。驾驶人通过踩下制动踏板来给定车辆的减速度，这时，制动踏板力转化为液体压力。当轮胎滑移率超过一个特定值时，电控单元开始自动降低液压。当 ABS 系统失效时，阀门打开，制动主缸与制动钳之间建立起直接的液力连接。

由助力转向组成的叠加转向系统可以实现转向盘与转向力矩的独立控制。因此，大多数线控功能性的要求可由这些主动转向系统来实现。大多数情况下，设计优势并不取决于后备机械系统。

11.1.2 线控系统人车交互

为了更好地了解线控系统的效果，图 11-1 展示了普通车辆中驾驶人、车辆及环境之间的交互。

驾驶人通过控制元素，如转向盘、加速踏板及制动踏板，来实现不同的驾驶意

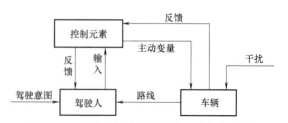

图 11-1　普通车辆中的驾驶人、车辆与环境

图及路径选择。控制元素将驾驶人的输入转变为具体的变量，如车轮纵向滑移率及侧偏角等。控制元素的触觉反馈，主要是转向反馈，为驾驶人提供车、路交互情况，使驾驶人了解当前的驾驶状况。除主动变量外，也会有侧风及由道路条件改变等引起的对车辆的干扰，驾

驶人也会通过控制元素了解到这些干扰。

一般车辆的机械系统，如转向盘、转向柱、转向齿轮、转向连接杆，或者制动踏板、制动缸、液力制动钳以及制动盘，被定义为控制元素。电力、液力及气动伺服系统，如助力转向或制动助力器，会放大驾驶人的输入。尽管如此，哪怕支撑系统失效，系统功能依然可以保障。

与一般系统不同，纯线控系统的特点是驾驶人与车辆执行器之间无机械连接，控制元素被分布在控制单元及执行模块中，如图11-2所示。

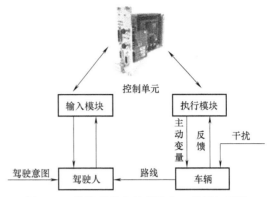

图11-2　线控系统中的驾驶人、车辆与环境

输入模块通过合适的传感器探测到驾驶人的输入，并向驾驶人传递反馈。执行模块探测到车轮上的力与位移，由此调节执行变量。两模块都与控制单元通信，车辆动态功能及安全要求都在控制单元中控制。

11.1.3　纵向动态线控系统

1. 电子加速踏板

从无机械连接的电子节气门装置来看，如今线控驾驶已经非常普及和完善了。图11-3所示为通过两个冗余的电位器记录驾驶人操作的原理。

其优点是便于机械融合，且可以不依赖于驾驶人而自由改变电动机的转矩。此外，执行器不需要移动整个机械连接，只需控制发动机的转矩即可。而现代汽车中，只需要控制发动机的喷油量，因此控制更迅速。另外，更容易实现加速踏板的阻尼回位，可以减少污染。即使完全踩下加速踏板，降低发动机的转矩也是可能的，例如在加速过程中自动模式发生改

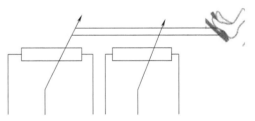

图11-3　线控驾驶中，通过两个冗余的
电位器记录驾驶人的操作

变。当然，也有其他影响发动机转矩的可能因素，如非常快的点火调整和较慢的进气压力调整。

2. 力度反馈加速踏板

主动的力反馈踏板可通过在踏板上施加反力，来提供合理且实时的加速踏板角度的参考。这一特性可用在经济驾驶工况下，依据国家法规对限速的要求，对驾驶人的加速踏板操作进行提示，甚至根据导航系统提示的下一个弯道的过弯速度进行加速踏板操作辅助。德国大陆集团（以下称大陆公司）最近新公布的力度反馈加速踏板技术（AFFP）就可以通过振动加速踏板和增强踏板阻力的方式警示驾驶人前方的危险情况（见图11-4）。这一功能可以提醒驾驶人将脚移开加速踏板并准备制动。

这一特性还帮助驾驶人以更加平稳和经济的方式来驾驶汽车，从而起到降低油耗和 CO_2 排放的作用。该系统读取雷达和摄像头的信息并计算出最佳的跟车速度。当驾驶人加速过

图 11-4　力度反馈加速踏板

快、跟车过近或者即将超过限速时，踏板将利用较深的力反馈来提示驾驶人。这项功能可以让汽车更多地行驶在平稳的工况下，避免了频繁加速和制动造成的不适。但是该系统仅起到干预作用，对于实际的操纵并不会产生超越驾驶人的任何影响。AFFP 对于纯电动汽车、混动汽车也是有利的。在混动汽车的行驶过程中，该系统可以给驾驶人合适的踏板角度反馈，以告知驾驶人何时内燃机开始介入工作。而针对纯电动汽车，该系统可以将驾驶人的每一个操作对车辆续驶里程的影响更为直观地反馈给驾驶人。

3. 力度反馈制动踏板

踏板反馈领域的另一个重点是主动力反馈制动踏板。如前文所述，目前已知的给驾驶人提供力学反馈的系统，仅用于加速踏板。小部分反馈制动踏板装备在实验车上，以研究驾驶人对不同踏板力反馈的主观感受。尽管现在很多可对驾驶人制动操作进行响应的系统已经应用，但这些系统往往基于固定的机械、液压结构提供辅助功能，而非主动控制。一个典型例子就是当 ABS 启动时，驾驶人会感到制动踏板的强烈振动，但需要主观察觉当前路况。

4. ABS/ESP 系统

ABS 系统是当今应用在制动系统中最为知名的技术，而基于 ABS 开发的 ESP 或 DSC 系统，则起到了通过辅助制动来控制车辆稳定性的效果。这两个系统并非典型的线控制动系统，因为驾驶人不直接使用它们进行制动控制。但与此同时，这两个系统又具备了大部分线控制动系统的特点：这两套制动系统可独立于驾驶人控制的介于制动踏板与制动钳之间的传统液压系统，来控制车辆的减速度。因为这些系统是电子控制的，所以可称其为线控。更进一步就是带有自动制动控制功能的巡航系统，该系统通常基于 ESP 或者 DSC 来发挥作用，因此可将其视为线控制动。驾驶人可以通过踩下制动踏板，或按下速度调节按钮、拨杆的方式来降低车辆巡航速度。因此，驾驶人减速度输入和期望速度输入，与制动执行器之间的连接是线控的。然而，制动压力仍由制动主缸调节，且驾驶人仍可在系统进行制动时，用制动踏板施加制动，因此，ESP 不属于线控系统。

5. 电子液压复合制动（EHCB）

由大陆公司开发的电液复合制动器，是一个由线控和传统液压控制系统共同组成的制动系统，该系统对前轮应用传统液压制动系统，而对后轮应用电动机械制动系统。基于不同的应用位置（前、后）及车重，该电子制动系统可以使用 12V 或 42V 电压。由于该电子制动

总成内包含电动机，所以其制动钳会比传统液压制动钳大。

基于这样的系统，之前描述的独立于驾驶人制动踏板操作的功能，可以应用于使用电动机械制动控制的车轮。因此，通过对该系统的控制来调节巡航速度或进行制动辅助，不会对驾驶人的实际制动操作产生任何反馈，因此这是一个完全电子控制的系统。但是，如果因轮胎打滑、转向过度或不足而需要另一个传统液压系统介入时，基于传统液压系统的结构，驾驶人能够从制动踏板的力回馈上感受到区别。

6. 电子液压制动与模拟制动

在了解电子液压混合制动工作方式的缺点后，再进一步讲解完全电子控制（线控），即对制动踏板本身力度不产生干扰的四轮制动系统，而这套系统应能给予驾驶人与传统液压系统一致的反馈感受。这样，当电子制动系统出现故障时，驾驶人还可以通过对制动力度回馈的判断来合理施加制动力。目前，有两套这类系统已经应用在量产车上，特别是混动车型：其一是比较知名的博世电子液压混合制动（EHB）（戴姆勒称之为传感器控制制动系统，即SBC）或 Advic 的电控制动（ECB），其二是大陆公司的模拟制动系统。

图 11-5 所示为传感器控制制动系统的工作原理。该制动系统每次从高压蓄能器中获得可完成多次制动的充足的高压制动液。一个由电动机控制的活塞泵保证制动液压达到 14 ~ 16MPa。制动踏板的位移是由传感器捕捉的，而制动踏板的力回馈则通过模拟器反馈给驾驶人。制动过程中，EHB 控制器分别计算出每个车轮需要的制动力，而每一个车轮的制动液压都是通过电子控制的阀门来独立保证的。一般来讲，这时制动主缸是与下级制动系统独立开来的，制动力给驾驶人的回馈也是模拟器模拟出的力度。

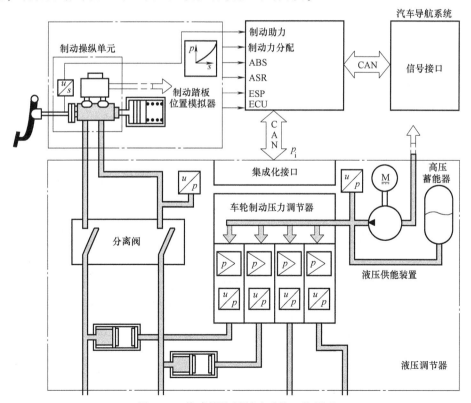

图 11-5 传感器控制制动系统工作原理

对于模拟制动系统来说（见图11-6），液压控制器和真空助力器与传统的液压制动系统是相似的。其中，真空助力器是进一步改进的主动式真空助力器，因此适用于自适应巡航系统等需要自动控制制动的系统。这一系统中，最主要的部分就是制动踏板与真空助力器间的机械连接有一个空隙。当没有机械连接时，制动力回馈是通过模拟器来实现的。驾驶人踩下制动踏板时，制动踏板位移信号会传送到ECU，ECU计算出制动需要的合适制动液量和液压。而当该电子系统出现问题时，踏板反馈模拟器关闭，驾驶人继续踩下制动踏板，直至与真空助力泵产生机械硬连接，从而使传统液压制动系统发挥作用，这会带来更长的踏板空行程。

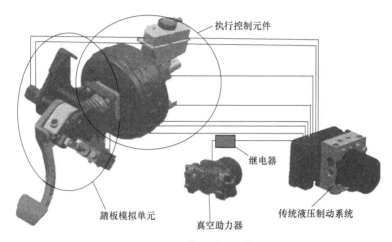

图11-6　模拟制动系统

7. 全机电制动系统

最高级的线控制动系统是不通过液压制动系统而直接应用于各制动器上的系统。该系统没有实际的机械反馈。一般来讲，这类系统有4个机电执行器，每个车轮各有一个。每一个执行器中都集成有一个通过总线和ECU连接的电子控制单元。

驾驶人对系统的输入可以由制动器位移传感器提供，或者在自动驾驶工况下由ECU对周围行车环境以及速度设定的判断来提供。这种完全的线控系统应可以通过踏板模拟器和传感器判断驾驶人减速的意图。而这种踏板模拟器和传感器应可以集成到前文所述的所有液压、电子混合和纯电子制动系统中，并且不会对驾驶人的实际感受造成任何干扰（见图11-7）。

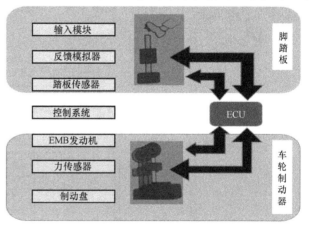

图11-7　全机电制动系统

11.1.4　线控转向

图11-8所示为一种真实的线控转向系统（SBW）的组成结构。该转向系统分为转向

盘单元和操控单元，两者通过 ECU 连接。

转向盘单元由输入单元（例如转向盘或操纵杆）、反馈电动机和传感器组成。操控单元包括转向电动机、传感器和转向齿条。这两个单元通过电线连接，由使用车辆基本参数（例如车速、加速度等）的电子控制单元（ECU）进行控制。与具有动力转向盘的叠加转向系统相比，线控转向系统的优点如下：

1）在传统的汽车设计中，车内只有一根转向杆，左右转向需事先确定。而线控转向没有汽车前部的转向杆，系统能在不相互干涉的情况下更好地设计。

2）因为转向柱不会进入乘客区域，所以防撞设计能够加强。

3）与叠加转向不同的是，叠加转向系统确定了车轮侧向力和转向力矩间的时间关系。而在线控转向系统中，车轮转角和转向力矩可相互独立设计。

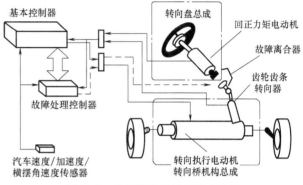

图 11-8　线控转向系统的组成结构

与具有动力转向盘的叠加转向系统相比，线控转向系统的缺点如下：

1）实际的线控转向系统中，没有实际有效的额外转向功能。

2）因为不能利用驾驶人输入的转向力矩，所以输入电动机和转向电动机的动力需求更高。

3）力矩的反馈实现起来更加复杂。

4）对功能安全性和可用性的需求意味着更多的电子组成结构，以及由此带来的更高的成本和更大的重量。

为了降低成本和重量，可以采用带有液压装置但无转向柱的简单机械备份系统。然而，对于同样的安全和可靠性需求，线控转向系统相较于带动力转向盘的叠加转向系统而言，成本更高、结构更复杂，因此，其还没有运用到当今的量产车中。额外的组件和设计空间相对于成本和结构而言，还不是主要的考虑因素。

11.1.5　线控系统功能安全和有效性

对于线控系统来说，在安全关键工况下，系统的功能安全性是一个重要话题。一般来说，线控系统确实有能够与优秀驾驶人媲美的迅速而精准的操控技能，同时，也意味着任何不在期望中的操作都可能导致极大的纵向或横向偏差，从而引发严重事故。另外，没有机械回馈联动装置的系统，在失效时并不能代表一种安全状态，此时的系统有效性需要在设计时就考虑到。因此，线控转向和线控制动这类没有机械补偿的系统，必须在功能失效的时候做

出故障提示，这与线控驱动系统和驾驶辅助系统这类故障沉默系统是不同的。

此外，消费者总是希望所有系统在所有时间都是完全有效的。图 11-9 列出了安全性、有效性和成本在故障管理中的平衡关系，从中可以看出，成本并不仅仅指多余部件的成本，还涵盖了开发成本和时间、包装集成及系统重量。

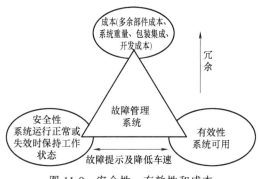

图 11-9　安全性、有效性和成本在故障管理中的平衡关系

一个必须具备故障报错功能的系统也需要一些便捷的功能，例如适时的故障保持。以线控制动系统为例，既要在第一次系统失效后保持降低车速的能力，又要在同时采用高级功能，例如稳定制动干预、巡航控制时降低性能。这样，系统在关闭时车辆依然能够处于安全状态。线控转向的反馈电动机对驾驶体验来说非常重要，然而一旦它失效，一个简单的备份系统就会像一个瘫软的弹簧一样，只能满足较低的动力学需求。而一个良好的预警和降级理念，能够通过降低功能性来提高系统的安全性和可用性，以此节约成本。

1. 安全关键系统的基本设计

功能安全性意味着系统必须在所有工况下都保持良好的工作状态。系统必须让驾驶人能够控制车辆，并把车辆控制在一种安全状态。为设计一个安全关键系统，必须知道系统对车辆和安全状态的所有影响。首先，要了解执行器及其限制，从中可以得到车辆相应的响应。这对于估计一个驾驶人是否能够处理系统失效，并将车辆控制在安全状态来说是必要的。大多数情况下，这取决于执行器及速度。然后，要分析车辆的响应，还要根据系统的最大失效时间来判断失效对车辆产生潜在影响的最大时间。最后，要设计一个功能作用或者降级的策略，尤其对于安全要求高的线控系统，需要设计备份系统。如上所述，某些系统或功能被关闭，车辆依然能正常行驶，而有些系统对于控制车辆来说是非常必要的，在所有情况下都不应该被关闭。基于这个考虑，前者可以被设计为故障保持系统，即只要检测到一个故障，系统就会关闭；后者必须具备失效功能，即一旦该子系统被识别到失效，主系统就必须调整功能策略以使系统的基本功能得到保障。当然，必须让驾驶人知道系统的降级以提前采取预防措施，防止再有其他系统失效时引发严重的事故。

在设计一个安全关键系统（例如线控驱动系统）时，还需要考虑相关的法规，特别是一些有用的法规，例如欧洲制动系统认证法规（ECE R 13）、国际工业标准的电气/电子/可编程电子安全相关系统（IEC 61 508/EN61508）安全功能，以及调整后适用于汽车领域的《道路车辆功能安全》标准（ISO 26262—2018）。

2. 搭载该系统的车辆安全状态

首先，在系统的安全状态能够辨别的情况下，系统和车辆的响应必须是能够被识别的。这意味着万一系统被发现失效，所谓的最佳控制和执行策略对系统是不会产生伤害的。通常，这并不容易表述，需要更多地考虑车辆运行的如下情况。例如，当车辆静止时，能够轻易判断出车辆的安全状态。在大多数情况下这是成立的，当车辆停在横道线上时，这就是一个最安全的状态。因此，安全状态应该针对一辆运动的车辆而言，哪怕运动速度非常缓慢。

然而，这意味着内燃机必须要有备份，以保证一台发动机失效时车辆仍是能够移动的。这就是目前现状的限制，通常情况下，没有汽车会装两台内燃机。然而，考虑混动汽车，这一观念就可以改变。当内燃机失效时，混动汽车依然可以移动一小段时间。

如前所述，是能够区分故障沉默和功能故障的。故障沉默系统不工作时有自己的安全状态，因此是沉默的。例如，巡航控制系统在不运作时是关闭的，驾驶人可以自行控制自车相对前车的车速和车距；制动系统在失效时也应该具备一些功能。因此，液压制动系统配备了两个独立的液压回路。对其来说，安全状态制动系统不会无意识地制动，但是当驾驶人试图减速时，制动系统的控制策略会满足车辆减速和制动力的法规要求。

3. 危险分析

接下来，不只是对完整的系统，还要对系统的所有功能会带来怎样的危险进行分析。必须了解系统可能带来的影响及在所有情况下的功能，还包括可能出现的功能故障。任何非预期的操作都会导致系统的响应，因而产生对驾驶人或者车辆的影响。功能故障除包含功能本身的作用外，还包括对执行器进行的不同操作，例如过于频繁使用、极少使用、过早起动、过晚使用、过度用力使用等。

另外，也需要考虑系统的响应是否能够被驾驶人控制。很多情况下，考虑车辆的行驶工况也是十分必要的。尤其是对车辆底盘系统，车辆的响应会很大程度因路面附着水平、车速、车辆动力学性能而变化。对于驾驶辅助系统，考虑驾驶工况是十分重要的，尤其是在缺少车道线的施工区域或者交通拥堵、车距狭小的工况。

然后，须评估在某种工况下的可操控性。系统出现故障时，驾驶人能否控制车辆，使其回到一个安全行驶的状态？这种情况下，系统是否需要关闭，或者驾驶人能否支配系统？问题又回归到该系统是否是一个故障保持系统。如果系统无法被支配，则问题在于，系统被关闭前或者误操作被撤销前，故障会持续多久。这一时间就是当前有大量需求的"系统降级"概念中的故障等待时间。

4. 降级

当一个系统不能被设计为一个完全的故障沉默系统时，就必须考虑哪些功能在主功能无法正常起作用时仍必须提供。当然，故障沉默是一种以故障形式呈现给驾驶人的降级方式。驾驶人无法支配的系统降级相对于一些能够被支配的驾驶操作，例如转向、制动而言，更加重要。特别像线控转向和线控制动系统，能够控制车辆并支配驾驶人的操作。这些系统应该基于驾驶人的转向或制动意图，失效的情况下依然能保持主要功能。鉴于此，系统降级后应变成备用系统。如果机械回馈能够控制车辆的话，那么电控功能就可以是故障沉默的。否则，它就必须被设计为能够在故障时控制主要功能，且具备故障功能的系统。在其他系统的帮助下，这是通常能够实现的。例如，当制动系统不再发挥全部作用时，则限制最高车速就是明智之举。此外，驾驶人必须被告知系统降级，以采取预防措施。

5. 线控安全驾驶系统的使用环境

安全关键系统的另一个方面就是信息对必要功能的可用性。当今车辆通常采用控制器局域网（CAN）和本地互联网络（LIN）进行控制信息与诊断信息的传输。实际的线控驾驶架构需要安全关键数据总线具备固有的容错性和高宽带。目前，汽车制造商正在考虑时间触发协议（TP）和 FlexRay 这两种协议架构。时间触发技术在这两种协议中，被认为是确保信息在数据总线上的传递实时性所必需的。

11.2 环境感知技术

　　智能交通系统能够有效缓解交通压力，合理调配公共交通资源和道路资源。基于机器传感技术和控制技术，驾驶系统采用信息传输技术和计算机视觉技术监测道路路面、交通标志、其他车辆、行人以及交通事故等道路环境状况，有效保证智能车辆在各种路况下的安全行驶，并能对一些异常状况进行及时处理。在过去的 10 多年里，相关技术取得了很大的进步，有些国家已经成功开发了一些基于视觉的道路识别和跟踪系统，其中，感知外部环境模块是智能车辆的核心技术。

11.2.1 环境感知系统

1. 环境感知对象

　　智能网联汽车环境感知对象主要包括以下几个方面：

　　（1）行驶路径识别　结构化道路的行驶路径识别包括道路交通标线、行车道边缘线、路口导向线、导向车道线、人行横道线、道路出入口标线、道路隔离物识别；非结构化道路的行驶路径识别主要是可行驶路径的确认。

　　（2）周边物体感知　周边物体感知主要包括车辆、行人、地面上可能影响车辆通过和安全行驶的其他各种移动或静止物体的识别，各种交通标志的识别，交通信号灯的识别。

　　（3）驾驶状态检测　驾驶状态检测主要包括驾驶人自身状态、主车自身行驶状态和周边车辆行驶状态的检测。

　　（4）驾驶环境检测　驾驶环境检测主要包括路面状况、道路交通拥堵情况、天气状况的检测。

　　由此可见，智能网联汽车环境感知对象非常多，而且情况复杂，这里主要介绍对道路、车辆、行人、交通信号灯的检测或识别。

　　环境感知在智能网联汽车中的典型应用如图 11-10 所示。

2. 环境感知方法

　　环境感知方法主要通过惯性元件、超声波传感器、激光雷达、毫米波雷达、视觉传感器进行车辆环境感知，并且通过自组织网络和融合传感等获取车辆周边环境多种不同形式信息。

　　（1）惯性元件　惯性元件主要是指汽车上的轮速传感器、加速度传感器、微机械陀螺仪、转向盘转角传感器等，通过它们感知汽车自身的行驶状态。

　　（2）超声波传感器　超声波传感器主要用于短距离探测物体，不受光照影响，但测量精度受测量物体表面形状、材质影响大。

　　（3）激光雷达　激光雷达可以获取车辆周边环境二维或三维距离信息，通过距离分析识别技术对行驶环境进行感知。激光雷达能够直接获取物体三维距离信息，测量精度高，对光照环境变化不敏感；但它无法感知无距离差异的平面内目标信息，体积较大，价格较高，不便于车载集成。

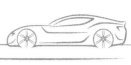

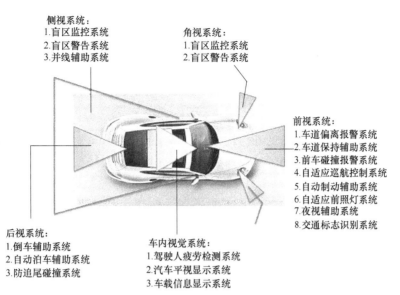

图 11-10　环境感知在智能网联汽车中的典型应用

（4）毫米波雷达　毫米波雷达与激光雷达一样，也可以获取车辆周边环境二维或三维距离信息，通过距离分析识别技术对行驶环境进行感知。毫米波雷达抗干扰能力强，受天气情况和夜间的影响小，体积小；传播损失比激光雷达少，行人的反射波较弱，难以探测。

（5）视觉传感器　视觉传感器能够获取车辆周边环境二维或三维图像信息，通过图像分析识别技术对行驶环境进行感知。视觉传感器获取的图像信息量大，实时性好，体积小，能耗低，价格低；但易受光照环境影响，三维信息测量精度较低。

（6）自组织网络　通过车载自组织网络可以获取车辆行驶周边环境信息和周边其他车辆行驶信息，也可以把车辆本身的信息传递给周边其他车辆。通过车载自组织网络能够获取其他传感手段难以实现的宏观行驶环境信息，可实现车辆之间信息共享，对环境干扰不敏感。

（7）融合传感　融合传感是指运用多种不同传感手段获取车辆周边环境多种不同形式信息，通过多信息融合技术对行驶环境进行感知，如视觉与毫米波雷达、视觉与激光雷达、视觉与超声波传感器的融合等。其优点是能够获取丰富的车辆周边环境信息，具有优良的环境适应能力，为安全、快速辅助驾驶提供可靠保障；缺点是系统复杂，成本高。

3. 环境感知系统组成

智能网联汽车环境感知系统由信息采集单元、信息处理单元和信息传输单元组成。

（1）信息采集单元　对环境的感知和判断是智能网联汽车工作的前提和基础，感知系统获取周围环境和车辆信息的实时性和稳定性，直接关系到后续检测或识别的准确性和执行的有效性。

（2）信息处理单元　信息处理单元主要是对信息采集单元输送来的信号，通过一定的算法对道路、车辆、行人、交通标志、交通信号灯等进行识别。

（3）信息传输单元　信息处理单元对环境感知信号进行分析后，信息送入传输单元，传输单元根据具体情况执行不同的操作，如分析后的信息确定前方有障碍物，并且本车与障碍物车辆之间的距离小于安全距离，则将这些信息送入控制执行模块，控制执行模块结合本

车速度、加速度、转向角等自动调整智能网联汽车的车速和方向，实现自动避障，在紧急情况下也可以自动制动；信息传输单元把信息传输到传感器网络上，实行车内部资源共享；也可以把信息通过自组织网络传输给车辆周围的其他车辆，实现车辆与车辆之间的信息共享。

11.2.2 道路检测

1. 道路检测分类

道路检测的任务是提取车道的几何结构，如车道的宽度、车道线的曲率等，确定车辆在车道中的位置、方向；提取车辆可行驶的区域。根据道路构成特点，道路可以分为结构化道路和非结构化道路两类。

（1）结构化道路　结构化道路具有明显的车道标志线或边界，几何特征明显，车道宽度基本上保持不变，如城市道路、高速公路。结构化道路检测一般依据车道线的边界或车道线的灰度与车道明显不同实现检测。结构化道路检测方法对道路模型有较强的依赖性，且对噪声、阴影、遮挡等环境变化敏感。结构化道路识别技术比较成熟。

（2）非结构化道路　非结构化道路相对比较复杂，一般没有车道线和清晰的道路边界，或路面凹凸不平，或交通拥堵，或受到阴影和水迹的影响。多变的道路类型、复杂的环境背景，以及阴影与变化的天气等都是非结构化道路识别方法所面临的困难，道路区域和非道路区域更难以区分，所以针对非结构化道路的道路检测方法尚处于研究阶段。非结构化道路检测主要依车道的颜色或纹理进行检测。

2. 道路识别方法

为了能在智能网联汽车的先进辅助驾驶系统中应用视觉识别技术，视觉识别必须具备实时性、鲁棒性、实用性这三个特点。实时性是指系统的数据处理必须与车辆的行驶速度同步进行；鲁棒性是指智能网联汽车上的机器视觉系统对不同的道路环境和变化的气候条件具有良好的适应性；实用性是指智能网联汽车先进辅助驾驶系统能够被普通用户所接受。

道路识别算法大体可以分为基于区域分割的识别方法、基于道路特征的识别方法、基于道路模型的识别方法和基于道路特征与模型相结合的识别方法。

（1）基于区域分割的识别方法　基于区域分割的识别方法是把道路图像的像素分为道路和非道路两类。分割的依据一般是颜色特征或纹理特征。基于颜色特征的区域分割方法的依据是道路图像中道路部分的像素与非道路部分的像素的颜色存在显著差别。根据采集到的图像性质，颜色特征可以分为灰度特征和彩色特征两类。灰度特征来自于灰度图像，可用的信息为亮度的大小。彩色特征除了亮度信息外，还包含色调和饱和度。基于颜色特征的车道检测的本质是彩色图像分割问题，主要涉及颜色空间的选择和采用的分割策略两个方面。当然，由于不同道路的彩色和纹理会有变化，道路的颜色也随时间变化而变化，基于区域的分割是一个很困难的问题。同时，路面区域分割方法大多计算量大，难以精确定位车道的边界。

（2）基于道路特征的识别方法　基于道路特征的识别方法是结合道路图像的一些特征，如颜色、梯度、纹理等特征，从所获取的图像中识别出道路边界或车道标志线，适合于有明显边界特征的道路。基于特征的车道检测过程一般分为两个阶段：第一个阶段为特征提取，主要是利用图像预处理技术、边缘检测技术提取属于车道线的像素集合，并利用相位技术确定车道线像素的方向；第二个阶段是特征聚合，即把车道线像素聚合为车道线，包括利用车

道线宽度恒定的约束进行车道线局部聚合，再利用车道线平滑性约束和平行车道线交于消隐点的约束进行车道线的长聚合。

基于道路特征的车道线识别算法中的特征主要可以分为灰度特征和彩色特征。基于灰度特征的识别方法是根据车辆前方的序列灰度图像，利用道路边界和车道标志线的灰度特征完成的对道路边界及车道标志线的识别；基于彩色特征的识别方法是利用获取的序列彩色图像，根据道路及车道标志线的特殊色彩特征来完成对道路边界和车道标志线的识别。目前应用较多的是基于灰度特征的识别方法。

基于道路特征的识别方法与道路形状无关，鲁棒性较好，但对阴影和水迹较为敏感，且计算量较大。

（3）基于道路模型的识别方法　基于道路模型的识别方法主要是基于不同的（2D 或3D）道路图像模型，采用不同的检测技术（霍夫变换、模板匹配技术、神经网络技术等）对道路边界或车道线进行识别。

在道路平坦的假设前提下，道路图像中的车道线可以认为在同一平面上，这时道路模型有直线模型、多项式曲线模型、双曲线模型以及样条曲线模型等。目前最常用的道路几何模型是直线道路模型。

为了更准确地描述道路形状，提出了曲线道路模型。常用的弯道模型有同心圆曲线模型、二次曲线模型、抛物线模型、双曲线模型、直线-抛物线模型、线性双曲线模型、广义曲线模型、回旋曲线模型、样条曲线模型、圆锥曲线模型和分段曲率模型等。

在道路不平坦的情况下，可以利用双目视觉系统获得立体道路图像，通过建立 3D 道路图像模型进行车道检测。

基于 2D 道路图像模型的识别方法便于采用，且不需要精确地标定或知道车辆的自身参数，其不利之处是很难对车辆位置进行估计。基于 3D 道路图像模型的识别方法主要用于对距离的分析要求不是很高的、没有标志的道路识别。其缺点是模型比较简单或噪声强度比较大时，识别精度比较低；模型比较复杂时，模型的更新比较困难。

由于道路模型在结构上有规律可循，从而可以利用少量信息求解出整个道路模型，进而对阴影、水迹等因素具有较高的抗干扰性。一般基于视觉的道路模型需要满足以下几个特点：

1）准确度高。模型最基本的一个特点是要求准确地描述道路的实际特征。现实道路形状多样，为模型的建立增加了难度，所以如何根据实际的应用需求选择和求解模型是关键。

2）鲁棒性高。模型的鲁棒性主要体现在对外界 干扰因素的适应性。当由于外界干扰造成局部特征信息的获取失败或失效时，不会影响整体模型的求解。

3）实时性好。基于视觉的导航系统中，实时性是一个重要因素。通常为了提高模型拟合的准确度，必须尽可能多地利用道路特征信息，并利用复杂的算法排除干扰，这将会大大增加运算。因此如何在保证模型有效性的情况下减少算法计算量，是影响模型是否高效的重要因素。

4）灵活性好。为了适应显示道路形状多样性的特点，模型还需要具备构造和求解的灵活性。极少或不会因为道路相撞的变化，而造成模型求解方式的改变或失效。

基于模型的识别方法检测出的道路较为完整，只需较少的参数就可以表示整个道路，所以基于模型的方法对阴影、水迹等外界影响有较强的抗干扰性，不过在道路类型比较复杂的

情况下，很难建立准确的模型，降低了对任意类型道路检测的灵活性。

（4）基于道路特征与模型相结合的识别方法　基于道路特征与模型相结合的识别方法的基本思想在于利用基于道路特征的识别方法在对抗阴影、光照变化等方面的鲁棒性，对待处理图像进行分割，找出其中的道路区域，再根据道路区域与非道路区域的分割结果找出道路边界，并使用道路边界拟合道路模型，从而达到综合利用基于道路特征的识别方法与基于道路模型的识别方法的目的。

基于道路特征与模型相结合的识别方法能否取得好的识别效果，其关键之处在于分割与拟合这两个过程。基于特征的分割过程能否准确地分割待处理图像的道路区域与非道路区域，将直接影响拟合的准确性；道路模型的拟合过程能否排除分割过程残留的噪声的影响，能否适应复杂环境中道路形状的变化，将直接影响道路检测的最终结果。因此，能否找到一种鲁棒性强的分割方法以及一种能适应多种道路形状变化的道路模型，是算法成功的关键之处。

11.2.3　运动车辆识别技术

前方车辆检测是判断安全车距的前提，车辆检测的准确与否不仅决定了测距的准确性，而且决定了是否能够及时发现一些潜在的交通事故。

识别算法用于确定图像序列中是否存在车辆，并获得其基本信息，如大小、位置等。摄像机跟随车辆在道路上运动时，所获取道路图像中车辆的大小、位置和亮度等是在不断变化的。根据车辆识别的初始结果，对车辆大小、位置和亮度的变化进行跟踪。由于车辆识别时需要对所有图像进行搜索，所以算法的耗时较大。而跟踪算法可以在一定的时间和空间条件约束下进行目标搜索，还可以借助一些先验知识，因此计算量较小，一般可以满足预警系统的实时性要求。

目前用于识别前方运动车辆的方法主要有基于特征的识别方法、基于机器学习的识别方法、基于光流场的识别方法和基于模型的识别方法等。

1. 基于特征的识别方法

基于特征的识别方法是在车辆识别中经常使用的方法之一，又叫作基于先验知识的方法。对于行驶在前方的车辆，其颜色、轮廓、对称性等特征都可以用来将车辆与周围背景区别开来。因此，基于特征的车辆检测方法就以这些车辆的外形特征为基础从图像中检测前方行驶的车辆。当前常用的基于特征的方法主要有使用阴影特征的方法、使用边缘特征的方法、使用对称特征的方法、使用位置特征的方法和使用车辆尾灯特征的方法等。

（1）使用阴影特征的方法　前方运动车辆底部的阴影是一个非常明显的特征。通常的做法是先使用阴影找到车辆的候选区域，再利用其他特征或者方法对候选区域进行下一步验证。

（2）使用边缘特征的方法　前方运动车辆无论是水平方向还是垂直方向都有着显著的边缘特征，边缘特征通常与车辆所符合的几何规则结合起来运用。

（3）使用对称特征的方法　前方运动车辆在灰度化的图像中表现出较为明显的对称特征。一般来说对称特征分为灰度对称和轮廓对称这两类特征。灰度对称特征一般指统计意义上的对称特征，而轮廓对称特征指的是几何规则上的对称特征。

（4）使用位置特征的方法　一般情况下，前方运动车辆存在于车道区域之内，所以在

定位出车道区域的前提下，将检测范围限制在车道区域之内，不但可以减少计算量，还能够提高检测的准确率。而在车道区域内如果检测到不属于车道的物体，一般都是车辆或者障碍物，对于驾驶人来说都是需要注意的目标物体。

（5）使用车辆尾灯特征的方法　在夜间驾驶场景中，前方运动车辆的尾灯是将车辆与背景区别出来的显著且稳定的特征。夜间车辆尾灯在图像中呈现的是高亮度、高对称性的红白色车灯对。利用空间以及几何规则能够判断前方是否存在车辆及其所在的位置。

因为周围环境的干扰和光照条件的多样性，如果仅仅使用一个特征实现对车辆的检测难以达到良好的稳定性和准确性。所以如果想获得较好的检测效果，目前都是使用多个特征相结合的方法完成对前方运动车辆的检测。

2. 基于机器学习的识别方法

前方运动车辆的检测其实是对图像中车辆区域与非车辆区域的定位与判断的问题。基于机器学习的检测方法一般需要从正样本集和负样本集提取目标特征，再训练出识别车辆区域与非车辆区域的决策边界，最后使用分类器判断目标。通常的检测过程是对原始图像进行不同比例的缩放，得到一系列的缩放图像，然后在这些缩放图像中全局搜索所有与训练样本尺度相同的区域，再由分类器判断这些区域是否为目标区域，最后确定目标区域并获取目标区域的信息。

机器学习的方法无法预先定位车辆可能存在的区域，因此只能对图像进行全局搜索，这样就造成检测过程的计算复杂度高，无法保证检测的实时性。

3. 基于光流场的识别方法

光流场是指图像中所有像素点构成的一种二维瞬时速度场，其中的二维速度矢量是景物中可见点的三维速度矢量在成像表面的投影。通常光流场是由于摄像机、运动目标或两者在同时运动的过程中产生的。在存在独立运动目标的场景中，通过分析光流可以检测目标数量、目标运动速度、目标相对距离以及目标表面结构等。

光流分析的常用方法有特征光流法和连续光流法。特征光流法是在求解特征点处光流时，利用图像角点和边缘等进行特征匹配。特征光流法的主要优点是：能够处理帧间位移较大的目标，对于帧间运动限制很小；降低了对于噪声的敏感性；所用特征点较少，计算量较小。其主要缺点是：难以从得到的稀疏光流场中提取运动目标的精确形状；不能很好地解决特征匹配问题。

光流场在进行运动背景下的目标识别时效果较好，但是也存在计算量较大、对噪声敏感等缺点。在对前方车辆进行识别尤其是当车辆距离较远时，目标车辆在两帧之间的位移非常小，有时仅移动一个像素，因此这种情况下不能使用连续光流法。另外，车辆在道路上运动时，车与车之间的相对运动较小，而车与背景之间的相对运动较大，这就导致了图像中的光流包含了较多的背景光流，而目标车辆光流相对较少，因此特征光流法也不适用于前方车辆识别。但是在进行从旁边超过的车辆识别时，由于超越车辆和摄像机之间的相对运动速度较大，所以在识别从旁边超过的车辆时采用基于光流的方法效果较好。

4. 基于模型的识别方法

基于模型的识别方法是根据前方运动车辆的参数来建立二维或三维模型，然后利用指定的搜索算法来匹配查找前方车辆。这种方法对建立的模型依赖度高，但是车辆外部形状各异，难以通过仅建立一种或者少数几种模型的方法来对车辆实施有效的检测，如果为每种车

辆外形都建立精确的模型又将大幅增加检测过程中的计算量。

多传感器融合技术是未来车辆检测技术的发展方向。目前，在车辆检测中主要有两种融合技术，即视觉和激光雷达传感器的融合技术以及视觉和毫米波雷达传感器的融合技术。

11.2.4　行人识别技术

1. 行人检测类型

行人检测技术是利用安装在车辆前方的视觉传感器（摄像头）采集前方场景的图像信息，通过一系列复杂的算法分析处理这些图像信息实现对行人的检测。根据所采用摄像头的不同，又可以将基于视觉的行人检测方法分为可见光行人检测和红外行人检测。

（1）可见光行人检测　可见光行人检测采用的视觉传感器为普通光学摄像头，由于普通摄像头基于可见光进行成像，非常符合人的正常视觉习惯，并且硬件成本十分低廉；但是受到光照条件的限制，该方法只能应用在白天，在光照条件很差的阴雨天或夜间则无法使用。

（2）红外行人检测　红外行人检测采用红外热成像摄像头，利用物体发出的热红外线进行成像，不依赖于光照，具有很好的夜视功能，在白天和晚上都适用，尤其是在夜间以及光线较差的阴雨天具有无可替代的优势。红外行人检测相比可见光行人检测的主要优势包括：红外摄像头靠感知物体发出的红外线（与温度成正比）进行成像，与可见光光照条件无关，对于夜间场景中的发热物体检测有明显的优势；行人属于恒温动物，温度一般会高于周围背景很多，在红外图像中表现为行人相对于背景明亮突出；由于红外成像不依赖于光照条件，对光照明暗、物体颜色变化以及纹理和阴影干扰不敏感。随着红外成像技术的不断发展，红外摄像头的硬件成本也在慢慢降低，由原来的军事应用慢慢开始转向了民事应用。

2. 行人识别方法

从国内外当前的研究进展来看，行人识别的理论研究和实际应用已经取得了令人瞩目的成果，但仍然没有研发出一种广泛使用在各种场景下的通用识别方法，这主要是由行人的特性所决定的。行人属于非刚体，所以行人的姿态、穿着和尺度大小以及周围环境的复杂性、是否遮挡等都会对行人识别带来不同程度的难度，其难点主要表现在五个方面。

（1）复杂场景　复杂场景主要包括光照不均所造成的阴影目标以及雨雪大风天气等恶劣环境的影响；动态背景的影响，包括波动的水流、摆动的树叶、涌动的喷泉以及转动的风扇等；识别行人时，当行人运动过慢、过快以及行人着装和周围环境相似时，都会容易造成将前景目标识别为背景，从而影响后续行人识别的准确度。另外，场景中多目标的相互遮挡以及行人尺度过小等都会给识别带来不同方面的困难。

（2）行人着装和姿态的多样化　人属于非刚体，具有丰富的姿态特征，如坐下、站立、蹲下、骑车、躺下和拥抱等，针对不同姿态下的行人，识别算法都要具体分析，往往一个针对站立行人识别很有效的算法，可能就无法有效地识别出骑车的行人。有时候身材和着装的不同，行人的外观差异性也很大，如冬天和夏天，行人是否戴围巾、眼镜、头盔和口罩，晴天和雨天，行人是否撑雨伞、穿雨衣等，一个人在不同年龄段的高矮胖瘦、衣服的颜色、穿裙子或穿裤子都会影响到头部、躯干、手部及腿部的外观。

（3）行人特征选取　常见的行人特征包括颜色特征、轮廓特征、HOG 特征、Haar 小波特征、Edgelet 特征等，行人识别往往利用其中的一种特征或者融合其中的多个特征来联合识别行人，增加识别的准确度。但是具体需要选择哪种特征能获得比较好的识别效果，不仅

与选择的特征有关，还与采用的算法、场景的复杂性、行人运动的特性，甚至和摄像头获取视频序列的属性都有关，所以很难用某一种特征或通用的算法来解决行人识别问题。

（4）行人目标遮挡　行人目标遮挡是行人识别中比较难解决的问题，行人遮挡不仅表现在行人被场景内的静态物体部分遮挡或全遮挡，还表现在行人目标间的相互遮挡以及全遮挡等。遮挡极易造成行人目标信息的丢失，造成误检或漏检，从而影响识别的准确性，给后续的行人跟踪、识别带来巨大挑战。为了减少行人目标遮挡带来的歧义性，必须正确处理遮挡时所获取的特征与行人目标间的对应关系。

（5）行人识别窗口自适应调整问题　在摄像头所获取的视频帧中，当行人目标与摄像头的距离发生变化时，往往导致视场内行人的尺寸也会发生相应的变化。在识别过程中，如何有效地调整行人识别窗口的大小，使之更符合行人尺寸大小，是保证行人识别算法鲁棒性的重要指标，同时也是后续跟踪、识别算法提取更加准确信息的有力保障。

目前，行人识别方法主要有基于特征分类的识别方法、基于模型的识别方法、基于运动特性的识别方法、基于形状模型的识别方法、基于模板匹配的识别方法以及基于统计分类的识别方法等。

（1）基于特征分类的识别方法　基于特征分类的识别方法着重于提取行人特征，然后通过特征匹配来识别行人目标，是目前较为主流的行人识别方法，主要有基于 HOG 特征的行人识别方法、基于 Haar 小波特征的行人识别方法、基于 Edgelet 特征的行人识别方法、基于形状轮廓模板特征的行人识别方法、基于部件特征的行人识别方法等。

（2）基于模型的识别方法　基于模型的识别方法是通过建立背景模型识别行人，常用的基于背景建模的行人识别方法有混合高斯法、核密度估计法和 Codebook 法。

（3）基于运动特性的识别方法　基于运动特性的行人识别就是利用人体运动的周期性特性来确定图像中的行人。该方法主要针对运动的行人进行识别，不适合识别静止的行人。基于运动特性的识别方法中，比较典型的算法有背景差分法、帧间差分法和光流法。

（4）基于形状模型的识别方法　基于形状模型的行人识别主要依靠行人形状特征来识别行人，避免了由于背景变化和摄像机运动带来的影响，适合于识别运动和静止的行人。

（5）基于模板匹配的识别方法　基于模板匹配的行人识别是通过定义行人形状模型，在图像的各个部位匹配该模型以找到目标。建立的行人形状模型主要有线性模型、轮廓模型以及立体模型等。

（6）基于统计分类的识别方法　基于统计分类的行人识别是从样本中训练得到行人分类器，利用该分类器遍历图像各窗口进行判别。训练是离线进行的，不占用识别时间，分类器具有鲁棒性。

11.2.5　交通标志识别技术

在智能网联汽车中，交通标志的检测是通过图像识别系统实现的。交通标志识别系统如图 11-11 所示，首先使用车载摄像机获取目标图像，然后进行图像分割和特征提取，通过与交通标志标准特征库比较进行交通标志识别，识别结果可以与其他智能网联汽车共享。

1. 交通标志识别方法

交通标志识别主要有基于颜色信息的交通标志识别、基于形状特征的交通标志识别、基于显著性的交通标志识别、基于特征提取和机器学习的交通标志识别等。

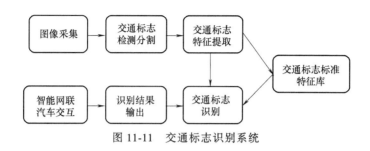

图 11-11　交通标志识别系统

（1）基于颜色信息的交通标志识别　颜色分割就是利用交通标志特有的颜色特征，将交通标志与背景分离。颜色特征具有旋转不变性，即颜色信息不会随着图像的旋转、倾斜而发生变化，与几何、纹理等特征相比，基于颜色特征设计的交通标志识别算法对图像旋转、倾斜的情况具有较好的鲁棒性。目前大部分的文献中所采用的颜色模型包括 RGB 模型、HSI 模型、HSV 模型及 XYZ 模型等。

（2）基于形状特征的交通标志识别　除颜色特征外，形状特征也是交通标志的显著特征。我国警告标志、指示标志、禁令标志共 131 种，其中 130 种都是有规则的形状，即圆形、矩形、正三角形、倒三角形、正八边形。颜色检测和形状检测是交通标志识别中的重要内容。检测方法通常都以颜色分割做粗检测，排除大部分的背景干扰；再提取二值图像各连通域的轮廓，进行形状特征的分析，进而确定交通标志候选区域并完成定位。

（3）基于显著性的交通标志识别　显著性作为从人类生物视觉中引入的概念，用来度量场景中具有最显眼的特征、最容易吸引人优先看到的区域。由于交通标志被设计成具有显眼的颜色和特定的形状，在一定程度上满足显著性的要求，可以采用显著性模型来识别交通标志。

（4）基于特征提取和机器学习的交通标志识别　无论是基于颜色和形状分析的算法，还是基于显著性的算法，由于它们能包含的信息有局限性，在背景复杂，或者出现与目标物十分相似的干扰物时，都不能很好地去除干扰，因此，需要通过合适的特征描述符更充分地表示交通标志，再通过机器学习方法区分标志和障碍物。

基于特征提取和机器学习的交通标志识别，一般使用滑动窗口的方式或者使用之前处理得到的感兴趣块进行验证的方式。前者对全图或者交通标志可能出现的感兴趣区域进行操作，以多尺度的窗口滑动扫描目标区域，对得到的每一个窗口均用训练好的分类器判断是否是标志。后者则认为经过之前的处理，如颜色、形状分析等，得到的感兴趣块已经是一整个标志或者干扰物，只需对其整体进行分类即可。

2. 交通信号灯识别系统组成

交通信号灯识别系统包括检测和识别两个基本环节。首先是定位交通信号灯，通过摄像机，从复杂的城市道路交通环境中获取图像，根据交通信号灯的颜色、几何特征等信息，准确定位其位置，获取候选区；然后是识别交通信号灯，检测算法中已经获取交通信号灯的候选区域，通过对其分析及特征提取，运用分类算法实现对其分类识别。

交通信号灯有各种识别系统，它主要由图像采集模块、图像预处理模块、检测模块、识别模块、跟踪模块和通信模块等组成。

（1）图像采集模块　摄像机成像质量的好坏会影响后续识别和跟踪的效果，一般采用彩色摄像机，其中摄像机的镜头焦距、曝光时间、增益、白平衡等参数的选择，都对摄像机

成像效果和后续处理有重要影响。

（2）图像预处理模块　图像预处理模块包括彩色空间选择和转换、彩色空间各分量的统计分析、基于统计分析的彩色图像分割、噪声去除、基于区域生长聚类的区域标记，通过图像预处理后得到交通信号灯的候选区域。

（3）检测模块　检测模块包括离线训练和在线检测两部分。离线训练通过交通信号灯的样本和背景样本的统计学习得到分类器，利用得到的分类器完成交通信号灯的检测。

（4）识别模块　通过检测模块在图像中的检测定位，结合图像预处理模块得出的信号灯色彩结果、交通信号灯发光单元面积大小和位置先验知识完成交通信号灯识别功能。

（5）跟踪模块　通过识别模块得到的结果可以得到跟踪目标，利用基于彩色的跟踪算法可以对目标进行跟踪，有效提高目标识别的实时性和稳定性。运动目标跟踪方法可分为四类，分别是基于区域的跟踪方法、基于特征的跟踪方法、基于主动轮廓线的跟踪方法和基于模型的跟踪方法。

（6）通信模块　该模块是联系环境感知模块、规划决策模块与车辆底层控制模块的桥梁，通过制定的通信协议完成各系统的通信，实现信息共享。

3. 交通信号灯识别方法

交通信号灯的识别方法主要有基于颜色特征的识别算法和基于形状特征的识别算法。

（1）基于颜色特征的识别算法　基于颜色特征的交通信号灯识别算法主要是选取某个色彩空间对交通信号灯的红、黄、绿三种颜色进行描述。在这些算法中，通常依据对色彩空间的不同，主要有以下三类：

1）基于 RGB 颜色空间的识别算法。通常采集到的交通信号灯图像都是 RGB 格式的，因此，如果直接在 RGB 色彩空间中进行交通信号灯的识别，由于不需要色彩空间的转换，算法的实时性会很好；缺点是 R、G、B 三个通道之间相互依赖性较高，对光学变化很敏感。

2）基于 HSI 颜色空间的识别算法。HSI 色彩模型比较符合人类对色彩的视觉感知，而且 HSI 模型的三个分量之间的相互依赖性比较低，更加适合交通信号灯的识别；缺点是从 RGB 色彩空间转换过来会比较复杂。

3）基于 HSV 颜色空间的识别算法。在 HSV 颜色空间中，H 和 S 两个分量是用来描述色彩信息的，V 则是表征对非色彩的感知。虽然在 HSV 颜色空间中进行交通信号灯的识别对光学变化不敏感，但是相关参数的确定比较复杂，必须视具体环境而定。

（2）基于形状特征的识别算法　基于形状特征的识别算法主要是利用交通信号灯和它的相关支撑物之间的几何信息。这一识别算法的主要优势在于交通信号灯的形状信息一般不会受到光学变化和天气变化的影响。也可以将交通信号灯的颜色特征和形状特征结合起来，以减少单独利用某一特征所带来的影响。

11.3　路径规划与决策控制技术

导　入

路径规划与决策控制技术认知

路径规划，即为车辆规划合理的行驶路线。根据路径规划的范围，可分为全局的路径规划和局部的路径规划。全局的路径规划指在已知全局地图的情况下，从车辆当前位置规划出

一条到目的地的全局路径。局部的路径规划指根据环境感知的信息（道路及障碍物信息），在换道、转弯、躲避障碍物等情况下，实时规划出一条安全、平顺的行驶路径。决策控制，包括决策和控制两部分。决策，在整个无人驾驶系统中，扮演着"驾驶人大脑"的角色，根据定位、感知及路径规划的信息，决定无人车的形式策略，包括选取哪条车道、是否换道、是否跟车行驶、是否绕行、是否停车等。控制，主要包括转向、驱动、制动三方面的控制，执行规划决策模块下发的期望速度和期望转向角度，也包括转向灯、喇叭、门窗等的控制。

11.3.1　路径规划的主要技术

路径规划技术中最为关键的问题是算法的设计与编码。根据规划算法的发展可以将其分为四类：传统路径规划算法、图形学路径规划算法、仿生学路径规划算法、人工智能路径规划算法。

1. 传统路径规划算法

根据传统路径规划算法的时序和实现的过程不同，又包括人工势场法、模糊逻辑算法等算法。Khatib 于 1985 年首次提出了人工势场法这一概念，他通过将机器人的工作环境模拟成虚拟的人工受力场模型，在该模型中障碍物对其产生斥力阻碍机器人前进，而目标点则是吸引机器人向其行驶，通过设置合适的引力场函数和斥力场函数使机器人最终到达目标点的一种路径规划算法。模糊逻辑算法是通过对驾驶人的驾驶经验进行模拟，将生理上的感知与实际操作联系起来，实现对路径的规划。该算法是按照人类的思想，通过模拟逻辑路径规划算法所提出的理论依据，不需要建立准确的模型，具有较好的实时性。该算法是利用生物反射的原理，通过感知模拟区域环境中的障碍物的大小、位置信息作为模糊逻辑路径规划算法的输入，通过计算推理出的机器人的行驶速度、车轮的转速等作为模糊逻辑路径规划算法的输出，实时对机器人进行控制，实现对路线的寻优。

2. 图形学路径规划算法

传统路径规划算法在解决实际问题时通常会遇到许多问题，尤其是在环境建模问题方面表现得最为突出。图形学路径规划算法主要包括栅格法、可视图空间法等，栅格法最早由 Moraveshe 和 Elfes 提出。栅格法通常是指将区域环境分解为连接却不重叠的等大小的空间单元的一种路径规划算法。栅格法由于表示简单，在编程中容易实现，同时所形成的路径点在图上的表示相当简单，所以栅格法是移动机器人路径规划中最为常用的规划算法之一。栅格法路径规划算法通常是先对作业环境进行栅格化处理，然后再对栅格环境进行编码，将机器人的作业环境利用编码的栅格表示。移动机器人在同一区域环境行驶的过程中，栅格所占据的空间越大，环境的分辨率越低；反之，则越高。可视图空间法又被称为 C 空间法，该方法是将移动机器人在行驶的过程中根据环境区域中障碍物的大致形状扩展为相应的多边形的形状，以移动机器人的初始位置（起始点）、目标位置（终点）和根据障碍物的形状构造的多边形的顶点间进行两两直线连接，根据两两所连直线的距离的长短进而搜索出最短的可行路径。

3. 仿生学路径规划算法

仿生学路径规划算法是通过模拟人或者其他生物的某些生理或生活特征来进行对区域环境的路径搜索，例如蚁群算法和遗传算法。蚁群路径规划算法是研究者通过模拟蚂蚁寻找食

物时所表现出来的特征而形成的一种搜索算法。蚂蚁在搜寻食物的过程中对走过的路线具有一定记忆，用集合 ktabu 来表示蚂蚁 k 经过的路径节点，防止第 k 只蚂蚁重复访问同一个节点，ktabu 随着迭代过程的进行不断地进行着调整。遗传路径规划算法是研究者通过模拟生物进化特征而探寻出的一种搜索算法，具有较强的全局优化能力。该算法表现出极强的兼容性，可以与多种算法一起使用，大大提高了寻优的效果，但是缺点是该算法的运算效率不高。遗传算法在搜索路径的过程中对优化函数的连续性没有要求，在对节点进行搜索时不是单方向搜索，而是采取多点或群体对路径节点进行搜索，而且该算法源于群体进化论和遗传学，在自然生存法则中选择、交叉和变异，在群体进化的过程中通过一定的概率一代一代进行，对路径搜索过程中的目标点直接以目标函数的方式进行描述，从而使得该算法在全局路径规划方面具有很强的能力，弥补了其他一些算法的不足，通过模仿自然界的选择与遗传的机理来寻找最优解而得到了广泛的应用。

4. 其他算法

其他算法包括 Dijkstra 算法、A∗算法等。Dijkstra 算法是以初始位置为中心逐层向外不断地扩展，直至搜寻到目标位置为止的一种路径搜索算法，由于需要搜寻所有的节点，寻优的效果较高。A∗算法是由 Hart 等人首先提出的，其利用了评价函数合理地选择扩展节点的方向，在很大程度上提高了路径节点的搜索效率。

11.3.2　决策控制技术

智能汽车是一个集环境感知、规划决策、多等级辅助驾驶等功能于一体的综合系统。

环境感知单元是通过传感器感知周围环境信息，将其提供给控制决策单元作为输入，其作用类似于人的眼睛。决策控制单元对采集的信息进行进一步处理，根据信息包含的内容进行决策，进而指导驾驶行为。该系统相当于智能汽车的"大脑"，通过"眼睛"获取信息，指挥"手脚"做出活动。对于智能汽车，决策控制系统是关键部分，其所有的动作都是由该决策控制系统控制。智能汽车的决策控制系统可以分为两层，即决策层和控制层。决策层根据环境感知的结果，通过数据融合进行判断，输出控制指令，发送给控制层；控制层根据决策层的指令分别对车辆的方向、节气门和制动器进行控制。智能汽车系统获得汽车周围道路、障碍物和车辆等信息后，可以依据这些信息进行车辆运动的决策和控制。决策控制单元是整个智能车系统的中枢神经，具有高度智能化和复杂度。

决策控制系统涉及很多关键技术，除了已经介绍的路径规划技术，还有如信息融合技术、车辆控制技术等。它们决定决策控制单元的可行性、可靠性和稳定性等，是整个智能汽车系统的核心部分。

1. 信息融合技术

信息融合利用计算机技术将多源的观测信息进行分析、综合处理，从而得出决策和估计任务所需的信息的处理过程。单一的信息源具有误报可能性、可靠性低和容错性差等缺点；信息融合技术把多个信息源的数据整合在一起，实现互补和冗余，能够提高系统的可靠性、鲁棒性、安全性以及信息的精度和可信度。信息融合系统有三层结构：数据层、特征层和决策层，如图 11-12 所示。数据层是直接对源数据进行融合，特征层根据对象的统计特性和概率模型进行融合，决策层把每个传感器对目标的识别结果进行融合。信息融合有很多方法，比较常用的方法有加权平均法、贝叶斯估计及 D-S 证据法、模糊神经网络法。

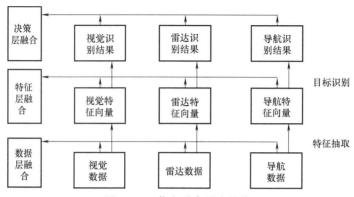

图 11-12　信息融合层次结构

加权平均法就是将一组传感器的信息进行加权平均，并将加权结果作为融合值。这是一种最简单、直观、易理解的底层数据融合方法。自适应加权法不需要知道传感器数据的先验知识，能自动调整权值来获得最好效果。

贝叶斯估计法也是一种融合静态环境中的传感器底层数据的方法，它根据已发生的事实对未发生的事件进行概率判断，但是数据特征要相同。在贝叶斯估计的基础上，D-S 证据法使用概率区间和不稳定区间，来避免贝叶斯法的不足。它依据人类的推理模式，采用概率区间和不确定区间来确定多证据下的假设似然函数，给定假设，即可确定该假设下的似然函数。它还能融合不同层次的信息，区分位置信息和不确定信息，容错能力也较强。

模糊神经网络法利用模糊逻辑法，使用一种模型来反映信息融合过程中的不确定性，并通过模糊推理来完成数据融合。该过程中，模糊聚类是按照一定标准对样本群进行分类，也就是对样本的特征参数进行融合。同时，模糊神经网络法利用神经网络法的可塑性、容错性、自适应性、联想学习能力来调整控制规则。

神经网络法是在神经生物学和认知科学研究人类信息处理的基础上提出的，是具有较高智慧的方法。信息融合还有其他一些方法，如卡尔曼滤波、遗传算法和小波分析等。目前，较多采用多种方法的结合，以避免采用一种方法带来的局限性。

2. 车辆控制技术

车辆控制技术是根据车辆位姿，对智能汽车进行控制，使其按规划行驶。车辆控制一般分为纵向控制和横向控制。纵向控制就是对智能汽车的档位、节气门和制动器的控制，横向控制是对转向盘的调节控制。

车辆纵向控制的方法有模糊控制、PID 控制和滑模控制等。车辆控制可以通过数学模型来表现，其包含发动机的数学模型、制动器和车辆纵向控制的数学模型，这样可以很定量地描述纵向控制。SAM（Signal Acquisition Module，信号采集控制模块）研究纵向模糊控制器是发动机的数学模型，该发动机数学模型是一个经过简化的时间上纯时延的线性模型，制动器模型也是静态的，未考虑时变。滑模控制则是较为复杂的发动机模型。纵向控制考虑的不仅是车速问题，还要考虑测距的控制灵敏度和行车舒适度等问题。

车辆横向控制的方法比纵向控制的方法多，有模糊控制、PID 控制、神经网络、遗传算法、预测控制、滑模控制等。需要注意的是，在车辆控制中，纵向控制和横向控制具有很强的耦合性，纵向控制质量对横向控制有很大的影响。

11.4 无线通信技术

无线通信技术认知

无线通信是利用电磁波信号可以在自由空间中辐射和传播的特性进行信息交换的一种通信方式，你知道它可以传输哪些类型的数据吗？

无线通信系统一般由发射设备、传输介质和接收设备组成，其中传输介质为电磁波，发射设备和接收设备上需要安装天线，完成电磁波的发射与接收，如图11-13所示。

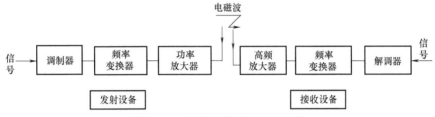

图11-13 无线通信系统组成框图

发射设备是将原始的信号源转换成适合在给定传输介质上传输的信号，其中包括调制、频率变换、功率放大等。调制器将低频信号加到高频载波信号上，频率变换器进一步将信号变换成发射电波所需要的频率（如短波频率、微波频率等），经功率放大器放大后，再通过天线发射出去进行传输。

接收设备是将收到的信号还原成原来的信息送至接收端。接收设备把天线接收下来的射频载波信号，经过信号放大、频率变换，最后经过解调的过程再将原始信息恢复出来，完成无线通信。

11.4.1 蓝牙技术

蓝牙（Bluetooth）技术是由爱立信、诺基亚、东芝、IBM 和英特尔五家公司于1998年联合宣布共同开发的一种短距离无线通信技术。

1. 蓝牙技术定义

蓝牙是一种支持设备之间进行短距离无线通信的技术，它能在包括移动电话、无线耳机、笔记本计算机、智能汽车、相关外设等众多设备之间进行无线信息交互。利用蓝牙技术能够有效地简化移动通信终端设备之间的通信，也能够简化设备与因特网（Internet）之间的通信，使数据传输变得更加迅速高效，为无线通信拓宽道路。蓝牙采用分散式网络结构以及快跳频和短包技术，支持点对点及点对多点通信，工作在全球通用的 2.4GHz ISM（即工业、科学、医学）频段，采用时分双工传输方案实现全双工传输。

2. 蓝牙技术特点

蓝牙技术具有以下特点：

1）全球范围适用。蓝牙工作在 2.4GHz 的 ISM 频段，全球大多数国家 ISM 频段的范围是 2.4~2.4835GHz，使用该频段无须向各国的无线电资源管理部门申请许可证，便可直接使用。

2）通信距离为 0.1~10m，发射功率 10mW 时可以达到 100m。

3）同时可传输语音和数据。蓝牙采用电路交换和分组交换技术，支持异步数据信道、三路语音信道以及异步数据与同步语音同时传输的信道。蓝牙有两种链路类型，异步无连接（ACL）链路和同步面向连接（SCO）链路。

4）可以建立临时性的对等连接。根据蓝牙设备在网络中的角色，可分为主设备和从设备。主设备是组网连接主动发起连接请求的蓝牙设备，几个蓝牙设备连接成一个皮网（Piconet）时，其中只有一个主设备，其余都是从设备。皮网是蓝牙最基本的一种网络形式，最简单的皮网是一个主设备和一个从设备组成的点对点的通信连接。

5）抗干扰能力强。工作在 ISM 频段的无线电设备有很多种，为了很好地抵抗来自这些设备的干扰，蓝牙采用了跳频方式来扩展频谱。蓝牙设备在某个频点发送数据之后，再跳到另一频点发送，而频点的排列顺序是伪随机的，每秒钟频率改变 1600 次，每个频率持续 $625\mu s$。

6）蓝牙模块体积很小，便于集成。

7）功耗低。蓝牙设备在通信连接状态下，有四种工作模式：激活模式、呼吸模式、保持模式和休眠模式。激活模式是正常的工作状态，另外三种模式是为了节能所规定的低功耗模式。

8）接口标准开放。蓝牙技术联盟（SIG）为了推广蓝牙技术的应用，将蓝牙的技术标准全部公开，全世界范围内的任何单位和个人都可以进行蓝牙产品的开发，只要最终通过 SIG 的蓝牙产品兼容性测试，就可以推向市场。

9）成本低。随着市场需求的扩大，各个供应商纷纷推出自己的蓝牙芯片和模块，蓝牙产品价格逐渐下降。

3. 蓝牙技术应用

蓝牙技术的实质是建立通用的无线接口及其控制软件的开放标准，使计算机和通信进一步结合，使不同厂家生产的便携式设备在没有电缆或电线连接的情况下，能在短距离内互联。

蓝牙技术主要有三方面的应用，即外围设备互联、个人局域网（PAM）、语音/数据接入。外围设备互联是指将各种设备通过蓝牙链路连接到主机；个人局域网主要用于个人网络和信息的共享；语音/数据接入是将一台计算机通过安全的无线链路连接到广域网。

蓝牙技术在汽车上的应用主要有车载蓝牙电话、车载蓝牙音响、车载蓝牙导航、蓝牙汽车防盗、蓝牙后视镜、利用蓝牙技术对汽车进行解锁等。

（1）车载蓝牙电话　车载蓝牙电话是专为行车安全和舒适性而设计的。其功能主要有：自动辨识移动电话，不需要电缆或电话托架便可与手机联机；使用者不需要触碰手机（双手保持在转向盘上）便可控制手机，用语音指令控制接听或拨打电话。使用者可以通过车上的音响或蓝牙无线耳麦进行通话。若选择通过车上的音响进行通话，当有来电或拨打电话时，车上音响会自动静音，通过音响的扬声器/传声器进行话音传输。若选择蓝牙无线耳麦进行通话，只要耳麦处于开机状态，当有来电时按下接听按钮就可以实现通话。

（2）车载蓝牙音响　车载蓝牙音响是基于稳定的、高度通用的蓝牙无线技术的无线有源音响，蓝牙音响内设锂电池，可以随时充电。车载蓝牙音响的使用方式就是将手机和音响

进行蓝牙配对即可，方便快捷。在开车的时候，可以通过蓝牙接手机，播放手机的歌曲，同时，还可以作为手机的音响，接打电话；想户外听歌的时候，可以插卡播放，充当人便携式音响。

（3）车载蓝牙导航　具备蓝牙功能的车载 GPS，在为驾驶人提供定位导航的同时，还能作为蓝牙耳机，实现免提接听，极大地方便驾驶人，也大大加强了驾驶人行车途中接打电话的安全性；还可以传送图片和文件，充分支持用户的各种需求。

（4）蓝牙汽车防盗　蓝牙汽车防盗把驾驶人的蓝牙手机当作汽车的第二把锁，如果蓝牙手机不在车内，一旦汽车被起动，系统就会认定汽车被盗，从而开启报警装置。

（5）蓝牙后视镜　汽车后视镜通过蓝牙与手机相连，手机来电时，后视镜显示来电号码。除此以外，该后视镜还集成了免提电话功能，可以通过汽车供电，同时也包含一个内置的电池进行供电。

智能蓝牙连接技术将在车辆与可穿戴技术连接的实现过程中发挥至关重要的作用，包括实现监测驾驶人疲劳驾驶、血液中酒精含量以及血糖水平等生物计量指标的连接。智能手表、血压计、脉搏监测仪、酒精监测仪或者血糖监测仪等将成为与车辆连接的可穿戴设备。随着蓝牙技术的不断发展，蓝牙技术在汽车上的应用会越来越多。

11.4.2　Wi-Fi 技术

Wi-Fi（无线保真）是由接入点（Access Point，AP）和无线网卡组成的无线局域网络。目前，国内平均每天 Wi-Fi 联网请求用户数超过 1 亿，Wi-Fi 已经成为人们生活中必不可少的工具。

1. Wi-Fi 技术定义

Wi-Fi 是以 IEEE 802.11 标准为基础发展起来的短距离无线通信技术。随着技术的发展以及 IEEE 802.11a、IEEE 802.11g、IEEE 802.11n 等标准的出现，现在 IEEE 802.11 这个标准已统称为 Wi-Fi 技术。

IEEE 802.11 有各种不同的版本，版本不同，所对应的 Wi-Fi 特性也有差别。例如 IEEE 802.11g 工作在 2.4GHz 频段，所支持的最大传输速率为 54Mbit/s；IEEE 802.11n 工作在 2.4GHz 或 5.0GHz 频段，最大传输速率为 600Mbit/s。

2. Wi-Fi 技术特点

Wi-Fi 技术具有以下特点：

1）覆盖范围大。覆盖半径可以达到数百米，而且解决了高速移动时数据的纠错问题和误码问题，Wi-Fi 设备与设备、设备与基站之间的切换和安全认证都得到了很好的解决。

2）传输速率快。不同版本传输速率不同，基于 IEEE 802.11n 的传输速率可以达到600Mbit/s。

3）健康安全。IEEE 802.11 规定的发射功率不可超过 100mW，实际发射功率为 60 ~ 70mW，辐射非常小。

4）无须布线。可以不受布线条件的限制，不需要网络布线，适合移动设备。

5）组建容易。只要在需要的地方设置接入点，并通过高速线路将互联网接入，用户只需将支持无线局域网的设备拿到该区域，即可进入互联网。

Wi-Fi 信号会随着离接入点距离的增加而减弱，而且无线电信号遇到障碍物会发生不同

程度的折射、反射、衍射，使信号传播受到干扰；无线电信号也容易受同频率电波的干扰和雷电天气的影响，这些都会造成网络信号的不稳定和传输速率的下降。

Wi-Fi 技术作为高速有线接入技术的补充，具有可移动性、价格低廉的优点，Wi-Fi 技术广泛应用于有线接入需要无线延伸的领域。

Wi-Fi 技术也是蜂窝移动通信的补充。蜂窝移动通信可以提供广覆盖、高移动性和中低等数据传输速率，它可以利用 Wi-Fi 高速数据传输的特点弥补自己数据传输速率受限的不足；Wi-Fi 不仅可以利用蜂窝移动通信网络完善鉴权和计费机制，而且可结合蜂窝移动通信网络广覆盖的特点进行多接入切换功能，这样就可实现 Wi-Fi 与蜂窝移动通信的融合。

3. Wi-Fi 技术应用

由于 Wi-Fi 的频段在世界范围内是无须任何电信运营执照的，因此，无线局域网提供了一个世界范围内可以使用的、费用极其低廉且数据带宽极高的无线空中接口。用户可以在 Wi-Fi 覆盖区域内快速浏览网页、随时随地接听拨打电话、收发电子邮件、下载音乐、传递数码照片等。Wi-Fi 在掌上设备上的应用也越来越广泛，如智能手机。Wi-Fi 手机与早前应用于手机上的蓝牙技术不同，Wi-Fi 具有更大的覆盖范围和更高的传输速率。如今 Wi-Fi 的覆盖范围在国内越来越广泛，宾馆、商场、飞机场、车站以及咖啡厅等都有 Wi-Fi 接口。厂商在人员较密集的地方设置"热点"，并通过高速线路将因特网接入这些场所。由于"热点"所发射出的电波可以达到距接入点半径数十米至数百米的地方，用户只要将支持 Wi-Fi 的笔记本计算机、智能手机等拿到该区域内，即可高速接入因特网。

Wi-Fi 技术凭借其低成本、低功耗、灵活、可靠等优势在物联网产业中发挥着重要作用。Wi-Fi 技术在物联网中广泛应用于电力监控、油田监测、环境监测、气象监测、水利监测、热网监测、电表监测、机房监控、供水监控等。

采用 Wi-Fi 互联技术的车载影音系统，可以直接与手机相连，实现手机与车载影音系统的同步互联操作，除了具备传统的视频播放、车载导航功能之外，还可以实现同屏传送、收发邮件、网络登录、网络下载等移动互联功能。基于 Wi-Fi 互联技术的车载影音系统具有以下功能：

1）Wi-Fi 双屏互动功能，可将手机屏幕显示内容传送到车载影音屏幕上。

2）支持导航功能。

3）Wi-Fi 上网、蓝牙通信。

4）支持耳机模式和外部功放模式。

5）支持标清视频播放。

汽车制造商可以把汽车变成带有 Wi-Fi 功能的系统，连接车载仪表设备与各种通信设备，让整辆车就好比一个可以移动的 Wi-Fi 热点。在 IEEE 802.11ac 标准的基础上集成 5G Wi-Fi 技术，将能够让驾驶人与乘客通过畅通的 5GHz 信道，把移动设备中的内容同步并传输到车辆的信息娱乐系统以及后座显示屏上。

对于智能网联汽车，驾驶人可以使用移动设备远程查看其车辆位置、轮胎气压、油量与里程等，同样也可以在移动设备上接收关于车辆性能与诊断的预警信息。此外，车载 Wi-Fi 技术还可以搭建移动热点，在不依赖蜂窝设备且移动的状态下实现与网络的连接。Wi-Fi 同样有望在 V2X 通信和实现无人驾驶的过程中发挥关键作用。在支持千兆及以上速率的相关标准不断发展的情况下，Wi-Fi 的优势更加明显。

11.4.3 IrDA 技术

IrDA（红外）技术是由红外线数据标准协会制定的一种无线协议。

1. IrDA 技术定义

IrDA（红外）技术是一种利用红外线进行点对点短距离无线通信的技术。

红外线是波长在 $0.75 \sim 1000 \mu m$ 之间的电磁波，它的频率高于微波而低于可见光，是一种人的眼睛看不到的光线。红外线可分为三部分，即近红外线，波长为 $(0.76 \sim 1) \sim (2.5 \sim 3)$ μm；中红外线，波长为 $(2.5 \sim 3) \sim (25 \sim 40)$ μm；远红外线，波长为 $(25 \sim 40) \sim 1000 \mu m$。

IrDA 通信一般采用红外波段内的近红外线，波长的范围限定在 $0.85 \sim 0.9 \mu m$ 之内。

IrDA 通信发送端采用脉冲位置调制方式，将二进制数字信号调制成某一频率的脉冲序列，并驱动红外发射管以光脉冲的形式发送出去；接收端将接收到的光脉冲转换成电信号，再经过放大、滤波等处理后经解调电路进行解调，把它还原为二进制数字信号后输出。总之，IrDA 通信的本质就是对二进制数字信号进行调制与解调，使它有利于使用红外线进行传输。

IrDA 通信按发送速率分为三大类：串行红外（SIR）、中速红外（MIR）和高速红外（FIR）。SIR 的速率覆盖了 RS-232 端口通常支持的速率（$9.60 \sim 115.2 kbit/s$）；MIR 可支持 $0.576 Mbit/s$ 和 $1.152 Mbit/s$ 的速率；FIR 通常用于 $4 Mbit/s$ 的速率，最高达到 $16 Mbit/s$ 的速率。

2. IrDA 技术特点

IrDA 技术具有以下特点：

1）稳定性好。红外传输采用的是模拟传输方式，并不像蓝牙、无线射频等技术采用数字信号传输，所以几乎没有任何相似的信号对它产生干扰。

2）私密性强。红外传输技术是一种利用红外线作为载体进行数据传输的技术。在日常生活中，红外传输技术随处可见，最典型的是电视机、空调等家用电器通过红外遥控器进行控制。

3）功率低。功率小于 $40 mW$。

4）成本低廉。红外传输技术已非常成熟，上下游产业链也极为发达，相对于蓝牙、Wi-Fi 等无线传输技术，在成本上有明显优势。

IrDA 技术具有以下局限性：

1）IrDA 技术是两个具有 IrDA 端口的设备之间的数据传输，中间不能有阻挡物，这在两个设备之间是容易实现的，但在多个电子设备间就必须彼此调整位置和角度等。

2）由于红外线发射角度一般不超过 $30°$，所以可控性比较小，发送和接收方的位置要相对固定，移动性差。

3）如果红外线频率过高，就会导致人类眼睛与皮肤受到损伤，所以在设置红外无线通信时，需要严格控制红外发射强度。

3. IrDA 技术应用

IrDA 技术可应用在家庭生活、军事、医学、遥感探测和智能汽车等方面。

（1）家庭生活 IrDA 技术在家庭生活中应用广泛，家用电器中用得最多的就是红外遥控方式，如数字电视、机顶盒、家庭影院等。红外遥控的特点是不影响周边环境，不干扰其

他电气设备。现在红外线不能穿透墙壁，所以不同房间的家电可使用通用的遥控器且不会产生干扰；电路简单，只要按电路连接正确，一般就可投入使用；编解码容易，可进行多路遥控。现在红外遥控在家用电器、玩具及短距离遥控中应用广泛。

（2）军事　基于红外线不受电磁波干扰、安全性高且不易受天气影响等优点，IrDA技术在军事上得到了广泛的应用。红外制导系统就是实例之一，它是利用红外自动跟踪测量的方法，控制和引导导弹射向目标的技术。这种技术利用红外探测捕捉和跟踪目标所辐射的红外能量，经光电转换和信号处理后，给出目标相对于导弹的角度、角速度等信息，控制导弹按一定规律接近并命中目标。此外，红外线在军事侦察方面也起到了重要的作用。在卫星上安装红外侦查系统可利用其上的红外望远镜及时发现大气层中射来的导弹，并监视其飞行，也可利用卫星上的高分辨率的红外成像设备，昼夜侦察和监视对方的活动。

（3）医学　按照物理知识，自然界中一切温度高于绝对温度的物体都不断向外辐射红外线，这种现象称为热辐射。人体也有自身的红外线辐射特性，当人生病时，人体的热平衡受到破坏，红外辐射会发生变化，因此，人体温度变化是医学上诊断疾病的一项重要依据。采用红外热像仪记录人体的温度变化，将病变时的人体热像和正常生理状态下的人体热像进行比较，便可从热像是否有异常变化来判断病理状态。

（4）遥感探测　IrDA技术在遥感探测方面的应用主要是利用红外光获取目标。由于物体都能辐射和反射电磁波，并且物体的辐射和反射特性都不同，利用光学遥感器，远距离探测物体所反射和辐射的红外特性的差异，经光学、电子技术处理后，就可确定目标的位置。

（5）智能汽车　IrDA技术在汽车上可以用于汽车夜视辅助系统。在夜间行车时，驾驶人的视线范围变得狭窄，对于暗中物体的识别能力会显著下降，同时当打开汽车前照远光灯来拓展视野范围时，如果前方有相向行驶的车辆，由于远光灯亮度极高，极易让驾驶人产生炫目感，给行车带来安全隐患。由于人眼所能感应到380～780nm的可见光波段，对于近红外波段的光不敏感，因此，为了拓展人眼的视觉范围，同时减少光对人眼的直接炫目刺激，一般采用红外波段和微光放大来拓展视野范围。IrDA技术也可以用在遥控钥匙上。

11.4.4　RFID技术

RFID（射频识别）技术是20世纪90年代开始兴起的一种自动识别技术。

1. RFID技术定义

RFID技术也称为电子标签，是一种短距离无线通信技术，可以通过无线电信号识别特定目标并读写相关数据，而无须在识别系统与特定目标之间建立机械或者光学接触，所以，它是一种非接触式的自动识别技术。

2. RFID技术特点

RFID技术具有以下特点：

1）读取方便快捷。数据的读取无须光源，甚至可以透过外包装来进行。有效识别距离更大，采用自带电池的主动标签时，有效识别距离可达到30m以上。

2）识别速度快。标签一进入磁场，阅读器就可以即时读取其中的信息，而且能够同时处理多个标签，实现批量识别。

3）数据容量大。即使是数据容量最大的二维条形码，最多也只能存储2725个数字，若

包含字母，存储量则会更少；RFID标签则可以根据用户的需要将存储量扩充到数万个数字。

4）穿透性和无屏障阅读。在被覆盖的情况下，RFID能够穿透纸张、木材和塑料等非金属或非透明的材质，并能够进行穿透性通信。

5）使用寿命长，应用范围广。无线通信方式使RFID可以应用于粉尘、油污等高污染环境和放射性环境，而且封闭式包装使得RFID标签寿命大大超过印刷的条形码。

6）标签数据可动态更改。利用编程器可以向标签写入数据，从而赋予RFID标签交互式便携数据文件的功能，而且写入时间相比打印条形码更少。

7）安全性好。不仅可以嵌入或附着在不同形状、类型的产品上，而且可以为标签数据的读写设置密码保护，从而具有更高的安全性。

8）动态实时通信。标签以每秒50~100次的频率与阅读器进行通信，所以只要RFID标签所附着的物体出现在阅读器的有效识别范围内，就可以对其位置进行动态的追踪和监控。

3. RFID技术应用

RFID技术凭借其实时、准确地对高速移动目标的快速识别特性，将成为未来交通信息采集与监管的主要手段，它在交通管理中的广泛应用也必将成为未来智能交通的发展趋势。

RFID技术可以用于交通信息的采集，如采集机动车流量、车辆平均车速、道路拥挤状况；智能交通控制，如交通信号优化控制、公交信号优化控制、特定区域出入管理；违章、违法行为检测，通过与视频监控、视频抓拍系统配合，RFID射频识别设备可以对过往车辆进行检测、抓拍和身份判别；高速公路自动收费系统；无钥匙系统；车牌自动识别系统等。

（1）汽车无钥匙系统　汽车无钥匙系统是由射频识别技术、无线编码技术等发展起来的，它的工作原理是当遥控钥匙的携带者进入距离车辆一定范围内，或者是按下车门上的触动开关时，即可唤醒遥控钥匙控制模块。此时，遥控钥匙控制模块发射出低频信号，唤醒遥控钥匙。接着，遥控钥匙上的高频模块开始工作，发送出高频解码信号给接收天线，天线收到信号后传送给钥匙控制模块，微控制器首先查看密钥信息，如果正确就对钥匙进行区域检测，判断钥匙的位置，从而做出相应的动作，如对车门的开、闭锁等；如果密钥不正确，则不做任何动作。

汽车无钥匙系统是针对汽车便利性与安全性而设计的，它除了具有自动门禁功能外，针对车辆安全问题，还能实现以下功能：

1）自动落锁。当驾驶人进入车内起动车辆后，在车辆行驶前，各车门、车窗将会自动落锁，关闭好车门、车窗，这样可以防止一些意外情况的发生。

2）自动辨识身份。车辆能自动辨识智能钥匙，车门打开，但智能钥匙却不在车内，车辆是无法起动的，如果此时有人试图起动车辆，车辆将马上报警。

3）无线加密功能。由于采用最新的射频识别芯片，完全做到双向识别、动态密匙，解决了遥控式钥匙遥控信号容易被破解的问题。

4）整车防盗功能。无钥匙系统对油路、电路以及起动这三点都进行了锁定，其中任何一点的防盗器在没有正确密钥的情况下被拆除，车辆都将被锁死而无法起动。

5）防误报功能。无钥匙系统中采用防冲突技术，使系统在工作过程中具备较高的可靠性，有效地减少了警报系统的误报。

6）自动闭窗功能。如果驾驶人离开车辆后忘记关闭车窗，无钥匙系统会自动升起车窗。

（2）汽车防伪查询　汽车防伪查询基本原理是将车牌号、发动机号、车辆类型、颜色、车主信息、驾驶证号、发证机关、年审情况等基本信息保存在射频芯片中，可以使用验证器（阅读器）读出这些数据，通过核对这些信息，以验证车辆、车主及车牌的身份。芯片不断发射车辆的 ID 号码，在任何天气和车速下均可识别。撞击、油污或者破坏均不影响车牌工作，并且不能从一辆车上拆下而放到另一辆车上。通过核对这些信息，可以判断车辆、车主、车牌的真伪和查验车辆违规违纪、年检的状况。

（3）电子不停车收费系统　目前高速公路电子不停车收费系统（ETC）已在全国推广使用。电子不停车收费系统是应用 RFID 技术，通过路侧天线与车载电子标签之间的专用短程通信，在不需要驾驶人停车和其他收费人员采取任何操作的情况下，自动完成收费处理全过程。通过应用电子不停车收费系统可以提高通过效率，是缓解收费站交通堵塞的有效手段。

ETC 系统的工作流程如下：

1）将存储有车型、车号、金额、有效期等信息的射频电子标签卡安装在汽车前方风窗玻璃内侧的左下角，以不遮挡驾驶人视线为准，当持卡车辆进入不停车收费车道时，阅读器读取该车射频电子标签卡上的信息（车型、车号、剩余金额和有效期等）。

2）从车载射频电子标签卡读取的信息、所采集到的数据均被送到车道控制计算机内进行分析比较，进行收费等一系列处理。

3）如来车所持射频电子标签卡为有效卡，则通行；如来车所持射频电子标签卡为无效卡，则通行信号灯、自动栏杆关闭，转到人工收费进行处理。

11.4.5　NFC 技术

NFC（近场通信）技术是由飞利浦公司发起，由诺基亚、索尼等厂商联合主推的一项无线通信技术。

1. NFC 技术定义

NFC 技术又称近距离无线通信技术，是一种短距离的高频无线通信技术，允许电子设备之间进行非接触式点对点信息传输，交换数据、图片和视频等。该技术结合了非接触式射频识别及无线连接技术，作用于 13.56MHz 频率，传输距离一般在 20cm 内，传输速率有 106kbit/s、212kbit/s 和 424kbit/s 三种。

2. NFC 技术特点

NFC 技术具有以下特点：

1）近距离感应。NFC 设备之间的极短距离接触，主动通信模式为 20cm，被动通信模式为 10cm，让信息能够在 NFC 设备之间点对点快速传递。

2）安全性。NFC 是一种短距离通信技术，设备必须靠得很近，从而提供了固有的安全性；也可以通过加密/解密系统来确保移动设备之间的安全通信。

3）处理速度快。从 NFC 移动设备侦测、身份确认到数据存取只需 0.1s 时间即可完成。

4）连接快速。NFC 能够快速自动地建立无线网络，为蜂窝设备、蓝牙设备、Wi-Fi 设备提供一个"虚拟连接"，使电子设备可以在短距离范围内进行通信。NFC 短距离通信大大简化了整个认证识别过程，使电子设备间的互相访问更直接、更安全和更清楚。

3. NFC 技术应用

NFC 技术近年来发展迅速，在智能媒体、手机支付、电子票证以及智能汽车等方面有着广泛的应用前景。

（1）智能媒体　对于配备 NFC 技术的手机，利用其读写器功能，用户只需接触智能媒体即可获取丰富的信息或下载相关内容。此智能媒体带有一个成本很低的 RFID 标签，可以通过移动手机读取，借此发现当前环境下丰富多样的服务项目，而且手机可以启动移动网络服务请求，并立即按比例增加运营商的网络流量。

（2）手机支付　具有 NFC 技术的智能手机，会成为完全一体化的支付设备，只需要在收银台支持近场通信的设备上刷一下手机就可以付款。

（3）电子票证　电子票证是以电子方式存储的访问权限，消费者可以购买此权限以获得入场权。在收集并确认消费者的支付信息后，电子票证将自动传输到消费者的移动电话或安全芯片中。用户将移动电话靠近自动售票终端，即开始交易。用户与服务设备充分交互，然后通过在移动电话上确认交易，完成购买过程。到场所时，用户只需将自己的移动电话靠近安装在入口处的阅读器即可，阅读器在检查票证的有效性后允许进入。

（4）智能汽车　车载 NFC 系统可以提高车内应用的易用性和功能性，例如智能手机通过 NFC 功能和汽车连接后，便可启动多媒体或导航系统，驾驶人可在手机中输入地址，通过 NFC 即可自动将地址传至 GPS 执行导航。车载 NFC 系统还可以自动将智能手机所存储的用户个性化参数同步，以及进行数据共享。

NFC 技术可以将智能手机用作智能钥匙来解锁车门，未来通过利用 NFC 技术，智能手机甚至可能彻底取代传统钥匙。NFC 技术结合蓝牙和智能手机，也可以让驾驶人在智能手机上便能查看汽车油量状况、更换机油时间、轮胎气压以及汽车位置等信息。

当驾驶人把智能手机当作车门钥匙使用时，可通过验证对话框确认解除车门锁。同时，驾驶人也可以通知汽车控制系统按照他所保存的舒适性调整设置进行工作。当驾驶人把智能手机放到汽车仪表盘上方的手机架中之后，它就启动了防跑偏装置，让汽车做好行驶前的一切准备工作；还可以通过扩展槽从智能手机中直接读取有关车辆的数据，如油耗、行驶里程和时间、用户服务信息或者最近的直达行驶路线等。

11.4.6　移动通信技术

1. 移动通信技术定义

移动通信技术是指通信的双方至少有一方在运动中实现通信的方式，包括移动台与固定台之间、移动台与移动台之间、移动台与用户之间的通信技术。在移动通信中，常处于移动状态的电台称为移动台，常处于固定状态的电台称为基地台或基站。

2. 移动通信技术特点

与固定通信相比，移动通信技术具有以下特点：

1）移动性。移动性就是要保持物体在移动状态中的通信，因而它必须是无线通信，或无线通信与有线通信的结合。移动通信的传输信道是无线信道，也称无线移动信道。

2）电波传播，环境复杂多变。因移动体可能在各种环境中运动，电磁波在传播时会产生反射、折射、绕射、多普勒效应等现象，产生多径干扰、信号传播延迟和展宽等效应。另外，移动台相对于基地台距离远近变化会引起接收信号场强的变化，即存在远近效应。

3）噪声和干扰严重。例如，在城市环境中的汽车噪声、各种工业噪声，移动用户之间的互调干扰、邻道干扰、同频干扰等。

4）系统和网络结构复杂。移动通信是一个多用户通信系统网络，必须使用户之间互不干扰，能协调一致地工作。此外，移动通信系统还应与市话网、卫星通信网、数据网等互联，整个网络结构很复杂。

5）用户终端设备（移动台）要求高。用户终端设备除技术含量很高外，对于手持机还要求体积小、重量轻、防振动、省电、操作简单、携带方便；对于车载台还应保证在高低温变化等恶劣环境下也能正常工作。

6）要求有效管理和控制。由于系统中用户终端可移动，为了确保与指定的用户进行通信，移动通信系统必须具备很强的管理和控制功能，如用户的位置登记和定位、呼叫链路的建立和拆除、信道的分配和管理、越区切换和漫游的校制、鉴权和保密措施、计费管理等。

7）频率使用效率更高。相比3G，4G在开发研制过程中使用和引入了许多功能强大的突破性技术，例如为了进一步提高无线因特网的主干带宽宽度，引入了交换层级技术，这种技术能同时涵盖不同类型的通信接口，也就是说4G主要是运用路由技术为主的网络架构。由于利用了几项不同的技术，所以无线频率的使用比3G系统有效得多。这种有效性可以让更多的人使用与以前相同数量的无线频谱做更多的事情，而且做这些事情的时候速度更快。

3. 移动通信技术应用

4G网络为智能网联汽车发展创造了良好的技术条件，4G下智能网联汽车产品的创新应用主要表现在以下方面：

1）流媒体应用。智能网联汽车最理想的网络载体是LTE（即4G，包括TDD和FDD）或者未来更加高速的移动网络，利用4G，可以进行车载视频通话、车载视频会议、车载视频授课等。

2）云服务。智能网联汽车、4G、云能够相互融合，实现终端实时的云服务，例如在线地图等，这种云服务未来会成为一种新的模式。

3）在线OTA（空中下载技术）应用。在短时间内快速下载所需数据，未来将成为一种新的应用。

4）通过分析收集到的大量数据，可以得出用户在车内包括驾驶习惯、选择偏好等各种极有价值的信息，把这些信息和保险、养护、加油站、美食等增值点结合，也是未来智能网联汽车发展的方向。

小　结

智能网联汽车是指搭载先进的车载传感器、控制器、执行器等装置，并融合现代通信与网络技术，实现车与X（人、车、路、云端等）智能信息交换、共享，具备复杂环境感知、智能决策、协同控制等功能，可实现安全、高效、舒适、节能行驶，并最终可实现替代人来操作的新一代汽车。智能网联汽车技术主要是以汽车为载体的远程信息网络，其全面感知的性能，为人们车辆驾驶提供了更加智能、便捷的服务。智能网联汽车关键技术主要包括汽车线控技术、环境感知技术、路径规划与决策控制技术、无线通信技术等。本章从分类、工作原理及其应用等方面系统地介绍了智能网联汽车的关键技术及典型应用。

习　题

1. 线控技术的工作原理是什么？其核心技术是什么？
2. 环境感知系统的传感器有哪些？其工作原理是什么？
3. 智能汽车环境感知关键技术是什么？
4. 路径规划的主要技术是什么？
5. 决策控制的主要技术是什么？
6. 当前车载无线通信有哪些关键技术？各自的特点是什么？

第**12**章

电动汽车电子控制系统

 学习目标

1. 了解电动汽车的发展历史和电动汽车的分类
2. 掌握电动汽车的驱动电机类型、结构、原理
3. 掌握电机控制器系统与传感器原理
4. 掌握动力蓄电池的类型、基本参数、电池管理系统的原理
5. 了解电动汽车控制器
6. 了解 DC/DC 与充电技术

12.1 电动汽车概述

 导 入

电动汽车认知

　　电动汽车，即使用电力驱动的车辆。电动汽车分为交流电动汽车和直流电动汽车。通常说的电动汽车是以二次电池（即可充电电池）作为能量来源，通过电力电子控制箱（Power Electronic Box，PEB）或整车配电单元（PDU）、驱动电机等部件，将电能转化为机械能运动，以控制电流幅值和频率（或占空比）的大小来改变电机的输出转速和转矩，达到控制车辆速度和转矩的目的。

　　1839 年，苏格兰发明家 Robert Anderson 成功地将电动机安装在一辆马车上，随后与 Toms Davenport 合作制造出世界上第一辆以不可充电的玻璃封装的蓄电池为动力的车辆。

　　第一辆可充电电动车于 1881 年由法国工程师古斯塔夫·特鲁夫（Gustav Trouve）发明制造，这是一辆用铅酸电池为动力的三轮车，是由直流电机驱动的。

　　1901 年，保时捷的波舍尔博士（Dr. Ferdinand Porsche）制造了装有轮毂电机的样车，这被认为是世界上最早的串联式混合动力汽车。

　　1912 年，美国有 34000 辆电动汽车注册，Baker 电气公司是美国最主要的电动汽车制造商。Detroit Electric（底特律电气公司）生产的电动汽车，最高车速可达 40km/h，续驶里程可达 129km。

　　1920 年，伦敦电动汽车公司生产了后轮轮毂电机式、后轮驱动式、斜轮转向和充气轮胎的电动汽车。

　　1913 年前后，随着汽车流水线生产革命和电动机起动内燃机的相继出现，以及长途客

运和货运的需求，当时的电动汽车续驶里程短、充电时间长等缺陷十分明显。

标准化、批量化生产的内燃汽车由于加油方便和适应环境能力强而广受欢迎，彻底结束了电动汽车的生命。

20世纪30年代，电动汽车基本上从欧美市场上消失。

20世纪60年代，由于内燃汽车大批量应用带来了严重的空气污染以及对石油的过分依赖，导致了一系列的政治和国家安全问题，电动汽车重新得到重视。

1976年，美国国会通过了纯电动汽车和混合动力汽车的研究开发和样车试用法令，并对电动汽车的研发进行拨款支持。

1979年，第二次石油危机以及原油价格的暴涨，推动了电动汽车科技的发展。

1996年，丰田公司成功开发5座小型汽车RAV4 EV，将传统的铅酸电池改为镍氢电池，一次充电可行驶200km。同年又推出EV Plus，使用了110/220V交流电动机。

1997年，丰田公司开始销售5座HEV普锐斯。同年日本和美国各品牌汽车公司纷纷推出纯电动汽车和混合动力汽车。至2005年丰田公司已销售混合动力汽车50万辆。

2009年，丰田公司在第三代HEV普锐斯上使用了Atkinson 1.8L发动机，百公里油耗4.7L。同年本田公司累计销售混合动力汽车30万辆。至2016年已累计销售超过10000多万辆。

2005年，我国各品牌汽车公司纷纷开始纯电动汽车和混合动力汽车的研发和生产。

2012年底上汽荣威E50上市销售。2013年上汽荣威PHEV550上市销售。同年BYD e6上市，之后长城、奇瑞、众泰、吉利等品牌纯电动汽车和混合动力汽车纷纷上市。

时至今日，电动汽车已发生了巨大变化，类型也多种多样。

今天的电动汽车可分为如下几种类型：纯电动汽车（Electric Vehicle，EV）、混合动力汽车（Hybrid Electric Vehicle，HEV）、插电式混合动力汽车（Plug in-Hybrid Electric Vehicle，PHEV）。

12.1.1　电动汽车类型

纯电动汽车（EV）与传统汽车的区别主要在于动力源、控制系统与驱动系统。EV汽车具有一个能量变换装置（驱动电机）和一个能量储存装置（动力蓄电池），必须依靠外部电源给动力蓄电池充电，如图12-1所示。

混合动力汽车（HEV）与纯电动汽车的区别在于增加了一个动力源，HEV具有两个能量变换装置（发动机、驱动电机）和两个能量储存装置（燃油箱、动力蓄电池），HEV不依靠外部电源给电池充电，由发动机驱动发电机为动力蓄电池充电。HEV可以纯电驱动模式行驶，也可以纯发动机驱动模式或混合模式行驶，如图12-2所示。

图12-1　纯电动汽车

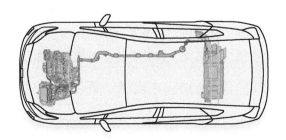

图12-2　混合动力汽车

插电式混合动力汽车（PHEV）具有两个能量变换装置（发动机、驱动电机）和两个能量储存装置（燃油箱、动力蓄电池）。PHEV 配备了大容量大功率的锂电池和一个小排量发动机，可以外部充电，也可以纯电模式行驶，电池电量耗尽后再以混合动力模式（以内燃机为主）行驶，并适时向电池组充电，如图 12-3 所示。与传统汽车相比，插电式混合动力汽车能够减少平均 50% 的油耗和 CO_2 的输出。

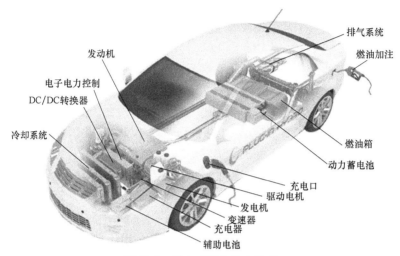

图 12-3　插电式混合动力汽车

12.1.2　电动汽车发展的三项关键技术

几乎所有的电动汽车都具备三项共同的关键技术，这些关键技术的先进程度决定了电动汽车的充电时间、续驶里程、安全以及使用寿命，这三项关键技术是：

1. 大功率驱动电机

大功率电机是电动汽车驱动车轮、发电或起动发动机的动力装置。我国电动汽车大多使用三相永磁同步交流电机，美国的特斯拉使用异步感应电机，丰田普锐斯使用永磁直流电机。

2. 电力电子控制箱（PEB）

电力电子控制箱（PEB）包括逆变器、升压器、DC/DC。PEB 是电力转换装置，其作用是将高压动力蓄电池的直流电转换成驱动电机的三相交流电，同时也是将高压直流电转换成低压 1V 为电池充电的直流电的电气设备。

3. 动力蓄电池包（ESS）与动力蓄电池管理系统（BMS）

动力蓄电池是为全车提供高压电源的电能储存装置，动力蓄电池管理系统（BMS）主要对动力蓄电池中的各单体电池电压、温度以及充放电的一致性进行均衡管理。

12.1.3　电动汽车电驱动系统的构成

电动汽车电驱动系统主要包括驱动车轮的驱动电机、控制电能变换的电力电子控制箱中的逆变器和实现控制算法的控制系统。其中逆变器的主要功能是将高压直流电（HV）通过 IGBT 转换为具有可变电流频率和可变电流幅值的三相电源，来改变电动机的转矩和转速，

逆变器中的 IGBT 等效电路如图 12-4 所示。

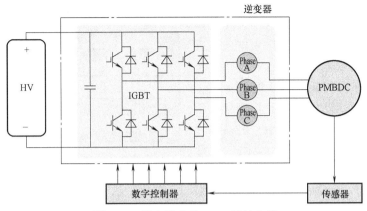

图 12-4　逆变器中的 IGBT 等效电路

12.2　电力电子控制基础

 导　入

IGBT 认知

IGBT（Insulated Gate Bipolar Transistor，绝缘栅双极型晶体管）如图 12-5 所示。

IGBT 是由 BJT（双极型晶体管）和 MOS（绝缘栅型场效应晶体管）组成的复合全控型电压驱动式功率半导体器件，兼有 MOSFET（金属氧化物半导体场效应晶体管）的高输入阻抗和 GTR（Gaint Transistor，电力晶体管）的低导通压降两方面的优点。

GTR 饱和压降低，载流密度大，但驱动电流较大；MOSFET 驱动功率很小，开关速度快，但导通压降大，载流密度小。IGBT 综合了以上两种器件的优点，驱动功率小而饱和压降低。

图 12-5　IGBT

IGBT 绝缘栅双极型晶体管芯片面积较小，单片可实现 600V/200A，提高了功率密度；其耐压性是 Si（硅）的 10 倍，导热性是 Si 的 3 倍，反向恢复损耗可减少 66%；采用多芯片并联静态均流技术，低电磁干扰回路。

IGBT 是电源变换与传输的核心器件，是电动汽车电力电子控制装置箱的核心部件。IGBT 应用于直流电压为 380~600V 及以上的变流系统，如交流电机、变频器等。

12.2.1　IGBT 结构

图 12-6 所示为 IGBT 结构和符号，这是一个 N 沟道增强型绝缘栅双极晶体管结构，N^+ 区称为源区，附于其上的电极称为源极（即发射极 E）。N 基极称为漏区。器件的控制区为栅区，附于其上的电极称为栅极（即门极 G）。沟道在紧靠栅区边界形成。在 C、E 两极之间的 P 型区（包括 P^+ 和 P^- 区）（沟道在该区域形成），称为亚沟道区（Subchannel Region）。

而在漏区另一侧的 P⁺ 区称为漏注入区（Drain Injector），它是 IGBT 特有的功能区，与漏区和亚沟道区一起形成 PNP 双极晶体管，起发射极的作用，向漏极注入空穴，进行电导调制，以降低器件的通态电压。附于漏注入区上的电极称为漏极（即集电极 C）。

IGBT 的开关作用是通过加正向栅极电压形成沟道，给 PNP（原来为 NPN）型晶体管提供基极电流，使 IGBT 导通。反之，加反向门极电压消除沟道，切断基极电流，使 IGBT 关断。IGBT 的驱动方法和 MOSFET 基本相同，只需控制输入极 N⁻沟道 MOSFET，

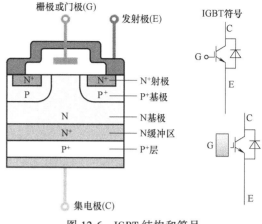

图 12-6　IGBT 结构和符号

所以具有高输入阻抗特性。当 MOSFET 的沟道形成后，从 P⁺基极注入到 N⁻层的空穴（少子），对 N⁻层进行电导调制，减小 N⁻层的电阻，使 IGBT 在高电压时也具有低的通态电压。

12.2.2　IGBT 原理

1. IGBT 导通

IGBT 硅片的结构与功率 MOSFET 的结构十分相似，主要差异是 IGBT 增加了 P⁺基片和一个 N⁺缓冲层。如等效电路图 12-4 所示，其中一个 MOSFET 驱动两个双极器件。基片的应用在管体的 P⁺和 N⁺区之间创建了一个 J1 结。当正栅偏压使栅极下面反演 P 基区时，一个 N 沟道形成，同时出现一个电子流，并完全按照功率 MOSFET 的方式产生一股电流。如果这个电子流产生的电压在 0.7V 范围内，那么，J1 将处于正向偏压，一些空穴注入 N⁻区内，并调整阴阳极之间的电阻率，这种方式降低了功率导通的总损耗，并启动了第二个电荷流。最后的结果是，在半导体层次内临时出现两种不同的电流拓扑：一个电子流（MOSFET 电流）和一个空穴电流（双极）。

2. IGBT 关断

当在栅极施加一个负偏压或栅压低于门限值时，沟道被禁止，没有空穴注入 N⁻区内。在任何情况下，如果 MOSFET 电流在开关阶段迅速下降，集电极电流则逐渐降低，这是因为换向开始后，在 N 层内还存在少数的载流子（少子）。这种残余电流值（尾流）的降低，完全取决于关断时电荷的密度，而密度又与几种因素有关，如掺杂质的数量和拓扑、层次厚度和温度。少子的衰减使集电极电流具有特征尾流波形，集电极电流会引起以下问题：功耗升高；交叉导通问题，特别是在使用续流二极管的设备上，问题更加明显。

鉴于尾流与少子的重组有关，尾流的电流值应与芯片的温度、集电极电流 I_C 和集电极-发射极电压 U_{CE} 密切相关的空穴移动性有密切的关系。因此，根据所达到的温度，降低这种作用在终端设备设计上的电流的不理想效应是可行的。

比亚迪电动汽车在电力电子控制系统中应用了双向逆变技术。双向逆变技术集驱动电机、车载充电器、直流充电站三种功能于一体，既可以将电网的交流电转换为直流电实现为动力蓄电池充电，又可以将动力蓄电池的直流电反向转换为交流电对驱动电机或车外用电器供电。

应用双向逆变充放电技术可以满足多种场合的需求。电动汽车可通过车对电网（V→G）模式实现削峰填谷的低成本充电，车对车（V→V）模式实现车辆之间的急救相互充电，车对负载（V→L）模式实现在车辆离网时紧急状况下应急供电。

12.3 电动汽车驱动电机

驱动电机认知

在电动汽车中，一般情况下是驱动电机取代发动机动力，并用电机控制器的控制箱将高压直流电转换为三相电源，电机则将电能转换为机械能来驱动车辆行驶。在纯电动汽车、增程式电动汽车和串联式混合动力电动汽车中，驱动电机是唯一的动力装置。在并联式混合动力电动汽车中，驱动电机作为耦合动力装置。混合动力电动汽车或纯电动汽车与传统汽车的不同之处在于能源转换装置和能源储存装置，混合动力电动汽车具有两个以上能源转换装置和两个以上能源储存装置。纯电动汽车具有一个能源转换装置和一个能源储存装置。

一般两轮驱动的纯电动汽车用一个单电机来驱动车辆，没有变速器，仅使用一个带差速的减速器作为传动。虽然没有机械耦合器和变速器产生的机械损失，但还是存在减速差速机构的机械损失。因为没有了变速机构，使运转更加容易控制，但也需要低转速大转矩、速度变化区域宽的电机，同时电机和逆变器的功率和容量也均需变大。

纯电动汽车在两个驱动车轮上安装驱动电机，其将动力装置、传动装置以及制动装置都整合在轮毂内，如图12-7所示。与传统动力装置相比，去除了差速器，节省了大量的传动部件，简化了车辆结构，最大限度地减少了能量损失。也有四个车轮均安装轮毂电机的。轮毂电机的造价较高，两个轮毂电机协调转速控制复杂，其在同步控制和涉水密封等方面有很多问题没有得到解决，因此，目前还没有广泛应用于各类车辆。但在深圳的比亚迪纯电动公交车均使用了无

图12-7 轮毂电机

差速器的"轮边"电机，由于公交车轮胎直径大，涉水问题不大，但在左右车轮转弯转速计算的处理上有难题未解决，尚存在驱动车轮磨胎现象，这就是"协调转速控制"问题还没有得到彻底解决。由于在车辆转弯时，内侧车轮与外侧车轮的转弯半径不一致，存在转速差，控制器必须计算出内外电机的不同电流和频率来控制车轮的转速和转矩，这给控制运算带来了较大的难度。

12.3.1 电动汽车对驱动电机的性能要求

电动汽车的驱动电机在需要充分满足汽车运行功能的同时还应满足行驶时的舒适性、对

环境的适应性能。电动汽车对驱动电机的性能要求如下：

1. 体积小、重量轻

驱动电机的体积要求尽量小，以减小有限的安装空间。驱动电机一般采用铝合金外壳，以降低重量，各种控制装置和冷却系统也要求尽可能小型化和轻量化。

2. 在整个运行范围高效率

驱动电机的高效率就可以减少电能消耗，可以使一次充电行驶里程更长。要求在不断变换行驶方式或低负荷运行时也应具有高效率。

3. 低转速大转矩特性及宽范围内的恒功率特性

驱动电机应满足车辆在起动、加速、行驶、制动时所需的转矩和功率特性。驱动电机具有自动调速功能，因此可以减轻驾驶者的操纵强度并能够达到与传统汽车加速踏板相同的控制响应。

4. 高可靠性

驱动电机在任何情况下均可保持高度安全性。

5. 低成本

在保证质量的前提下，尽量降低驱动电机的制造成本，以降低车价。

6. 高电压

在允许范围内尽量采用较高电压来驱动电机。高电压可以减小驱动电机和导线的尺寸，降低逆变器的成本。电气系统和控制系统的安全性，必须符合国家相关车辆电气安全性标准和规定。

7. 高转速

高转速驱动电机的体积和质量较小，有利于降低整车的装备质量。

对驱动电机还有耐温、耐潮湿的性能要求，同时还要求运行时噪声低、能够在恶劣环境中长时间工作、维修方便等。

12.3.2　电机类型

根据电机定子和转子结构的不同，电机的分类如图 12-8 所示。

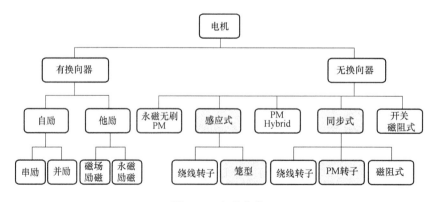

图 12-8　电机分类

其中无换向器电机即无刷电机。电动汽车中特斯拉电动汽车配置笼型感应电机，这是一种异步交流电机，即定子中电流频率产生的旋转磁场的转速快于笼型转子的转速（转差率

约 3%）。丰田普锐斯使用同步永磁无刷直流电机（BLDC），而国内大多数品牌电动汽车配置的是同步永磁（PM 转子）无刷交流电机，即定子中电流频率产生的旋转磁场的转速与永磁转子的转速相同。

根据电机的电流波形控制方式，电动汽车的电机有如下分类，如图 12-9 所示。

一般三相永磁同步电机可采用输入正弦波或矩形波控制转速和转矩，如图 12-10 所示；而永磁直流电机多采用矩形波控制，如图 12-11 所示。

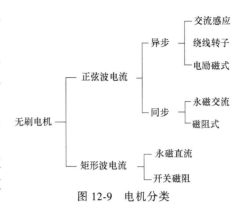

图 12-9 电机分类

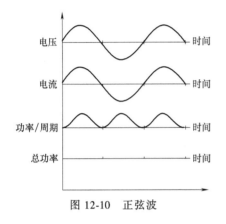

图 12-10 正弦波

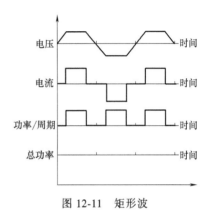

图 12-11 矩形波

12.3.3 电机主要性能指标

电机运行的参数主要是额定电压、额定电流、频率、额定转速、额定功率、峰值功率和机械效率。

1. 额定电压 $U_e(V)$

额定电压是指电机在额定情况运转时，其定子绕组应输入的线电压值。通常小型直流电机为 36 ~ 48V，单相交流电机为 220V，三相交流电机为 380V，特种电机的电压可达到 500V。

2. 额定电流 $I_e(A)$

额定电流是指电机在额定电压下，其转子轴上输出的机械功率是额定功率时，电机定子绕组通过的线电流值。在电动汽车的驱动电机中，电流的幅值控制电机的转矩。

3. 频率 $f(Hz)$

频率是指三相电流的频率。在电动汽车中，三相电流的频率控制电机的转速。

4. 额定转速 $n(r/min)$

额定转速是指电机在指定的频率（Hz）时，电机在额定电压下，其转子轴上输出的机械功率是额定功率时电机每分钟的转速。

根据电动汽车的速度和动力性要求，需要选择不同转速的驱动电机，通常驱动电机的转速有以下几种：

1）低速电机：转速为 3000~6000r/min。

2）中速电机：转速为 6000~10000r/min。

3）高速电机：转速为 10000~15000r/min。

5. 额定功率 P_e（kW）

电机在额定电压 U_e 和额定电流 I_e 运行时，其转子轴上输出的机械功率为额定功率。

$$P_e = U_e I_e \eta_e \tag{12-1}$$

式中，U_e 为额定电压，单位是 V；I_e 为额定电流，单位是 A；η_e 为效率（%）。

一般小客车的驱动电机功率为 30~60kW，客车和货车的驱动电机功率为 50~150kW。集成起动/发电机（Integrated Starter Generator，ISG）的功率为 5~15kW。

6. 峰值功率 P_{max}（kW）

峰值功率是指电机在额定转速运行时，其转子轴上输出的最大机械功率。电机的峰值功率为额定功率的 2~3 倍。

7. 机械效率 η_e

机械效率是指电机在最高值运行时其转子轴上输出的机械功率，与电机在额定情况下运行时电源输入到电机定子绕组上的功率的比值（%），要求电机高效区（效率大于85%）占电机整个运行区间的50%以上。

12.3.4 异步电机

1. 三相异步电机的结构

三相异步电机由定子、转子和壳体三部分组成，其结构如图 12-12 所示。

定子由铁心、绕组线圈和壳体三部分组成。铁心是相互绝缘的硅钢片叠压成圆筒形状与壳体固定，铁心的内表面形状与放置三相对称绕组相匹配。三相绕组线圈可连接成三角形或星形形状，每一相绕组线圈在空间彼此相隔120°，在壳体上设有 U-V-W 三相接线盒。

转子由铁心、绕组与转轴组成，转子的铁心也是用硅钢片叠压而成。转子绕组是由嵌放在转子铁心定型槽内的铜条组成，铜条两端与铜环焊接在一起，形成闭合回路，这种结构称为笼型转子，如图 12-13 所示。

在定子与转子之间，由滚动轴承和前后端盖支承以形成均匀的气隙，保证转子在高速旋转时不会与定子擦碰接触。

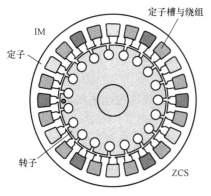

图 12-12 异步电机结构

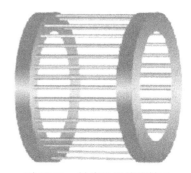

图 12-13 异步电机笼型转子

电动汽车中大功率的三相异步电机在运行过程中，绕组线圈与铁心的大电流损耗会产生热量，热量产生的温度升高会影响电机的工作性能，为使电机在最佳效率安全运行，一般采取电动水泵对冷却液强制循环散热对驱动电机进行温度控制。驱动电机的强制冷却散热如图 12-14 所示。

图 12-14　电机强制冷却散热

2. 三相异步电机的工作原理

（1）旋转磁场的产生　三相异步电机的工作原理，是以三相交流电通入定子绕组产生旋转的磁场对笼型转子产生感应电流，进而驱动转子旋转。

三相绕组由 U_1U_2、V_1V_2、W_1W_2 组成星形形状，它们在空间上分别相隔 120°。定子绕组的嵌放情况如图 12-15 所示，星形绕组的连接如图 12-16 所示。

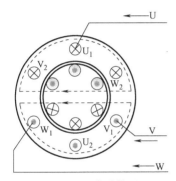

图 12-15　嵌放情况

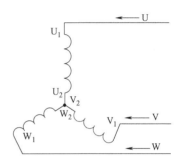

图 12-16　星形绕组

通入三相绕组的电流函数为

$$i_U = I_m \sin\omega t \tag{12-2}$$

$$i_V = I_m \sin(\omega t - 120°) \tag{12-3}$$

$$i_W = I_m \sin(\omega t - 240°) \tag{12-4}$$

三相交流电流的波形如图 12-17 所示。

三相交流电产生的合成磁场不仅随时间变化，而且是在空间旋转的。

当 $\omega t = 90°$ 时，$I_U = I_m$，$I_V = I_W = -\dfrac{I_m}{2}$，电流的

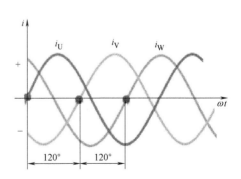

图 12-17　三相交流电流的波形

实际方向与参考方向相反，即电流分别是从 V_2、W_2 流到 V_1、W_1 端，这时的合成磁场如图 12-18、图 12-19 所示，可见合成磁场沿顺时针方向旋转了 120°。

当 $\omega t = 120°$ 时，$I_V = I_m$，电流从 V_1 端流到 W_2 端，I_V、I_W 为负，电流分别是从 U_2、V_2 端流到 U_1、V_1 端，这时合成磁场沿顺时针方向旋转了 120°。

当 $\omega t = 240°$ 时，类似方法同样可以判断出磁场合成方向沿顺时针方向旋转了 120°。

感应电机

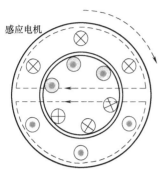

图 12-18　电机定子磁场

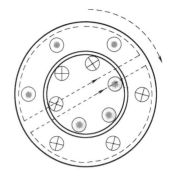

图 12-19　电机定子磁场旋转

当 $\omega t = 360°$ 时，磁场合成又沿顺时针方向旋转了 120°，即回复到原来 $\omega t = 0°$ 的位置。

当三相交流电随时间不断变化时，合成磁场在空间也在不断旋转，这样就产生了旋转的磁场。当正弦电流的相位变化 2π 时，两极旋转磁场在空间也正好旋转一周。

（2）旋转磁场的转速与转向

1）三相绕组的旋转磁场转速与交流电的频率及三相绕组的磁极对数相关。

磁极对数 $p = 1$（一个 N 极，一个 S 极）的磁场，即两极旋转磁场与正弦电流同步变化。如果对 $f = 50\text{Hz}$ 的交流电来说，旋转磁场在空间每秒旋转 50 周，旋转磁场的转速 $n = 60f = 60 \times 50\text{r/min} = 3000\text{r/min}$。

磁极对数 $p = 2$ 时（四极电机），交流电变化一周，旋转磁场只转动半周，它的转速是 $p = 1$ 时的一半。以此类推，可以得到如下公式：

$$n = \frac{60f}{p} \tag{12-5}$$

式中，n 为旋转磁场的转速，单位为 r/min；p 为磁极对数；f 为三相交流电源的频率。

2）三相异步电机转子的旋转方向与定子绕组的相序有关。

如果三相绕组按顺时针方向排列，电流相序按 U—V—W，即 I_u 超前 I_v 120°，I_v 超前 I_w 120°，当 I_u 流入 U_1U_2 绕组、I_v 流入 V_1V_2 绕组、I_w 流入 W_1W_2 绕组时，旋转磁场也将按绕组电流的相序，即 U_1U_2—V_1V_2—W_1W_2 的方向顺时针旋转。

如果将三相电流连接的三根导线中的任意两根的线端对换位置，例如将 U 相与 W 相互换位置，则绕组电流的相序变成 I_u 流入 W_1W_2 绕组，I_v 流入 V_1V_2 绕组，I_w 流入 U_1U_2 绕组，根据改变后的绕组电流相序，旋转磁场也按 W_1W_2—V_1V_2—U_1U_2 的方向逆时针旋转，即旋转磁场改变了方向，从而改变了电机转子的旋转方向。在电动汽车中通过改变三相线端的电流流入相序来改变车辆的前进与后退。

（3）转子转动原理与转差率

1）转子转动原理。当三相异步电机的定子中通入三相交流电后即产生了旋转的磁场。如果旋转的磁场以 n_1 速度顺时针方向旋转，这时静止的转子与旋转的磁场有了相对运动，转子绕组的导体切割磁力线产生感应电动势，感应电动势的方向可用右手定则来确定，如图 12-20 所示。由于转子的导体是一个封闭的回路，因此在感应电动势的作用下，转子绕组中形成感应电流，而此感应电流又与磁场相互作用而产生电磁力 F，电磁力的方向可用左手定则来确定，如图 12-21 所示。

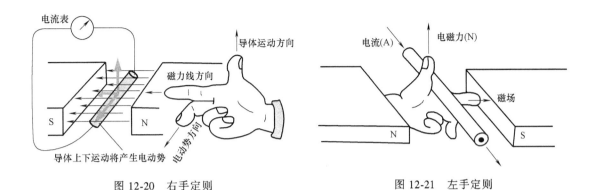

图 12-20 右手定则　　　　　　　　　　　　　图 12-21 左手定则

如图 12-22 所示，旋转磁场推动笼型转子旋转，其中转子上半部分导体受到的电磁力方向向右，下半部分受到的电磁力方向向左，这对力对转子轴形成与旋转磁场方向一致的转矩，于是转子顺着磁场旋转方向被转动起来。如果旋转磁场的旋转方向被改变，那么转子的转动方向也随之改变，这个驱动转子转动的转矩称为电磁转矩或电磁力矩。

图 12-22 旋转磁场推动笼型转子旋转

2）转差率。转子转动的转速 n 与定子绕组产生旋转磁场的同步转速 n_1 方向一致，但在数值上转子的转速要低于 n_1，如果 $n = n_1$，则转子导体与旋转磁场之间不存在相对运动，也就不发生切割磁力线，转子导体就不会产生感应电动势和感应电流，也就不会产生电磁转矩。所以这种存在转差率的电机称为异步电机。

异步电机转子与旋转磁场之间的相对运动速度的百分率称为转差率，用公式表示如下：

$$s = \frac{n_1 - n}{n_1} \times 100\% \qquad (12-6)$$

式中，s 为转差率；n_1 为旋转磁场的转速，单位为 r/min；n 为转子的转速，单位为 r/min。电动汽车的电机的转差率在额定负载时，$s = 2\% \sim 6\%$。

（4）三相异步电机的外特性曲线　电机的工作会受到负载转矩、电压、电流变化的影响，电机的外特性曲线包括转矩特性曲线和机械特性曲线。

1）转矩特性曲线。当电机定子外加电压不变时，异步电机的电磁转矩 T 随转差率 s 的变化而变化，用函数表示：$T = f(s)$，这个关系曲线如图 12-23 所示。

转矩 $T = f(s)$ 曲线包括两部分：在 $0 < s < s_m$ 部分，T 随着 s 的增大而增加；在 $s_m < s < 1$ 部分，T 随着 s 的增大而减小，因此转矩有一个最大值，称为 T_m。

由于异步电机的转矩与外加电压的二次方成正比，所以电源电压的波动对电机转矩的变化影响很大。电源电压太低可能造成电机不能正常运行，甚至造成高温烧坏。

电机的转矩负载不能长时间超过电机的转矩最大值 T_m，否则电机就会停止转动，这时转差率 $s=1$，电机的定子与转子电流立即增加 4~7 倍，使电机过热烧坏。

2）机械特性曲线。在电源电压和频率为额定值的情况下，将电机的转速 n 与电机转矩 T 之间的函数关系 $n=f(T)$ 称为异步电机的机械特性，通常用曲线形式来表示，如图 12-24 所示。

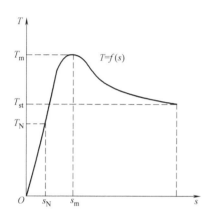

图 12-23　转矩特性曲线

T_m—最大转矩　T_N—额定转矩　T_{st}—起动转矩

s_m—最大转矩对应转差率　s_N—额定转差率

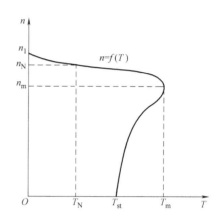

图 12-24　机械特性曲线

n_1—空载转速　n_N—额定转速　n_m—最大转矩对应转速

T_m—最大转矩　T_N—额定转矩　T_{st}—起动转矩

从图 12-24 可以看出，三相异步电机在起动时，如果起动转矩大于负载转矩，电机的转速将从 0 开始逐渐升高，随着转速 n 的上升，电磁转矩 T 也逐步增大，电机很快加速。当电机转速达到 T_m 后，随着 n 的上升，T 将逐渐减小，直至电磁转矩与负载转矩达到平衡时，电机将在 $n_1 \sim n_m$ 之间稳定运转。

在机械特性曲线工作区内，如果异步电机的转矩从空载增大到额定转矩 T_N 时，其转速也从 n_1 下降到额定转速 n_N，转速变化的相对幅度不大。异步电机的这种转速 n 随转矩 T 的增加基本不变的特性，称为硬速率特性。

（5）三相异步电机的调速　三相异步电机的调速方法有变极（p）调速、变频（f）调速以及变转差率（s）调速。

三相异步电机的调速公式：

$$n=(1-s)n_1=\frac{60f}{p}(1-s) \tag{12-7}$$

式中，n 为电机转速；s 为转差率；p 为磁极对数；f 为电源频率。

由式（12-7）可以推出，当电源频率 f 一定时，转速 n 近似与磁极对数成反比，磁极对数增加 1 倍，转速近似减少一半，可见改变磁极对数就可以调节电机的转速。

1）变极调速。变极就是改变定子旋转磁场的同步转速，同步转速是有级的，所以变极调速也是有级的调速，即不能平滑地调速。

定子绕组的变极是通过改变定子绕组线圈端部的连接方式来实现的，它只适用于笼型异

步电机，因为笼型转子的极对数能够自动保持与定子极对数相等。

改变定子绕组线圈端部的连接方式，就是将每组绕组中的半组改变电流方向，即半组绕组反接来实现变极。

如图 12-25 所示，将 U 相绕组分成两半：线圈 U_{11}、U_{21} 和 U_{12}、U_{22} 串联，得 $p=2$。

如图 12-26 所示，将线圈 U_{11}、U_{21} 和 U_{12}、U_{22} 并联，得 $p=1$。变极调速最重要的是必须同时改变电源的相序，否则电机就会反转。

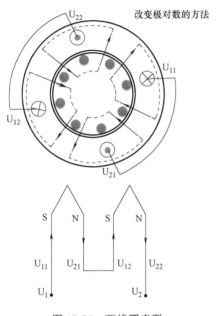

图 12-25　两线圈串联

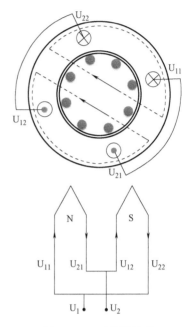

图 12-26　两线圈并联

2）变频调速。从式（12-7）分析得出：频率 f 能连续调节，所以能够获得较大范围的平滑调速，属于无级调速。其调速性能好，被较多应用于电动汽车，例如特斯拉就使用三相感应交流电机。变频调节靠电力电子控制箱内逆变器的关键部件 IGBT 来实现，可以完成高速大电流的变频调速。

3）变转差率调速。在绕线转子异步电机的转子回路中串联可调电阻，在恒转矩负载下，转子回路电阻增大，其转速 n 下降。这种调速的优点是有一定的调速范围，设备简单，但能耗较大，效率较低。电动汽车一般不使用变转差率进行调速。

（6）三相异步电机的制动　给电机一个与转动方向相反的转矩就可以实现电机的减速和制动，常用的制动方法有两种：反接制动与能耗制动。

1）反接制动。如果异步电机正在稳定运转时，将其三相定子绕组 U、V、W 工作电源的任意两相对换（例如将 U 与 V 两相对换），即改变三相电源的相序，旋转磁场随即发生反向，转子由于旋转惯性的作用，仍然会在原来的旋转方向继续旋转，反向旋转的磁场与转子载流体相互作用，产生一个与转子转向相反的制动力矩，此力矩对转子产生强力的阻止作用，电机的转速会迅速下降直至停止。

2）能耗制动。电机定子被切断三相电源后，立刻通入直流电，在定子和转子之间形成恒定磁场。根据右手定则和左手定则，此时惯性旋转的转子导体切割磁力线，在转子导体上

产生感应电流，该电流又与磁场相互发生电磁作用产生电磁转矩，而该电磁转矩与惯性旋转的转子转矩相反，是制动转矩。在制动转矩的作用下，电机会迅速停止运转。这种制动方法将转子即拖动系统的动能转换为电能并以热能的形式迅速消耗在转子电路中，因而称为能耗制动。

应用异步感应电机的电动汽车，对能耗制动进行了改变，将能耗转变为对动力蓄电池的充电负载电路，可以将制动时转子产生的切割磁力线运动转换为电能。

12.3.5　永磁同步电机

1. 永磁同步电机的工作原理

在电动汽车的电驱动系统中，无刷永磁同步电机是目前应用最广泛的电驱动之一，其具有结构紧凑、运行可靠、效率高、功率密度大、电能损耗少、外形设计灵活等优点。其缺点是制造成本高于其他类型驱动电机，同时永磁材料受高温影响会产生退磁现象。

电动汽车的永磁转子型同步电机可分为永磁无刷转子直流电机（BLDC）与永磁无刷转子交流电机（BLAC）两种类型。这两种电机的相同之处是转子都为永磁材料结构，不同之处在于转子永磁体的镶嵌形式和定子绕组的形状及三相电源输入的波形各不相同。

根据永磁体在转子中的位置和镶嵌形式，可进一步分为表面式、表面插入式、内置径向式和内置切向式等结构，如图 12-27 所示。

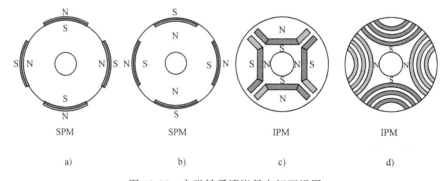

图 12-27　永磁转子镶嵌径向切面视图

a）表面式　b）表面插入式（产生磁阻转矩）　c）内置径向式（平板形磁铁）　d）内置切向式（圆弧形磁铁）

这些永磁转子型同步电机的输出转矩主要由永磁转矩和磁阻转矩两部分组成，用公式表示为

$$T=\frac{3}{2}p\left[\psi_{\mathrm{m}}I_{\mathrm{q}}-(L_{\mathrm{q}}-L_{\mathrm{d}})I_{\mathrm{d}}I_{\mathrm{q}}\right] \tag{12-8}$$

式中，p 为磁极对数；ψ_{m} 为永磁体产生的定子绕组磁链；L_{d} 和 L_{q} 分别为定子绕组电感的 d 轴和 q 轴的分量；I_{d} 和 I_{q} 分别为电流的 d 轴和 q 轴的分量。

对于表面式结构的永磁无刷电机，永磁体通过黏合剂粘贴在转子的表面。因为永磁体的磁导率接近于空气的磁导率，故有效气隙是空气气隙和永磁体的径向厚度之和，相应的电枢反应和电枢绕组的电感都比较小。这种结构的永磁电机的磁阻转矩接近于零。

对于表面插入式结构的永磁无刷电机，永磁体插入或者埋入到转子的表面。因此，q 轴分量的电感就比 d 轴分量的电感要大，从而产生附加的磁阻转矩。另外，由于永磁体是在转

子里面，可以克服高速旋转时的离心力，因而具有较好的机械强度。例如上汽荣威的电动汽车采用的是转子表面插入式永磁体的驱动电机结构，如图 12-28 所示。

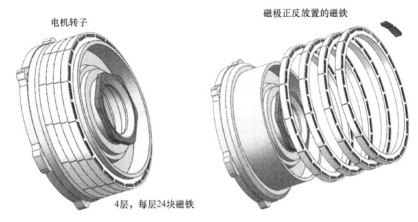

图 12-28　电机转子上的永磁体

对于内置径向式结构的永磁无刷电机，永磁体被径向磁化并被埋入到转子的里面。与表面插入式相似，永磁体具有高机械强度，可以克服高速旋转产生的离心力。另外，由于其 d 轴和 q 轴分量呈现凸极性，从而会产生附加的磁阻转矩。与表面插入式结构不同，这种内置径向式结构采用的是条状的永磁体，因而更加容易插入到转子里面，同时也简化了加工工艺。

对于内置切向式结构的永磁无刷电机，永磁体被切向磁化，并被埋入到转子里面。这种结构的显著优点是其气隙的磁通密度可以比永磁体的剩磁密度高，因此也被称为聚磁式结构。这种结构具有较好的机械完整性和额外的磁阻转矩。但由于其在永磁体端部具有较严重的漏磁现象，需要在端部设置有隔磁作用的轴、垫片或套圈。

永磁同步电机的特点是转子的转速 n 与频率 f 之间具有固定不变的关系，与异步交流电机相比，同步电机转差率等于零，用公式表示如下：

$$n = \frac{60f}{p} \text{或} f = \frac{pn}{60} \tag{12-9}$$

式中，n 为同步转速，单位为 r/min；p 为定子磁极对数；f 为交流电的频率，单位为 Hz。

由式（12-9）可以看出，f 的数值直接控制着电机的转速。在电动汽车中，交流电的频率 f 由电力电子控制箱中的逆变器进行控制和调节。

非永磁同步电机的运行，除了在转子上加直流励磁外，必须在定子的三相绕组加上三相交流电。加了直流励磁的转子就像磁铁，转子磁铁会按定子绕组的旋转磁场同步旋转。

永磁同步电机的转子为永磁材料加工制成，转子本身是一个磁体而无须加直流进行励磁，定子三相交流电的变化会产生旋转的磁场，旋转的磁场会驱动永磁转子同步旋转。

2. 永磁同步电机转子的永磁材料

转子的永磁材料主要为铝镍钴（AlNiCo）、铁氧体（Ferrite）和钕铁硼（NdFeB），其中铝镍钴和钕铁硼为稀土材料，不同的永磁材料性能差别很大。表征永磁材料的参数主要有剩余磁感强度、矫顽力、最大磁能积、回复磁导率、居里温度和温度系数等（这些参数请参考专业书籍资料）。

电动汽车的永磁电机使用最多的是钕铁硼（NdFeB）永磁材料，钕铁硼的最大特点是具有高剩余磁感强度和高矫顽力，价格相对其他稀土材料要便宜，其缺点是高温下容易退磁。

3. 三相永磁交流同步电机结构

三相永磁交流同步电机主要部分由定子绕组、永磁转子、旋转变压器传感器与壳体组成，其简图如图12-29所示。

电动汽车驱动电机的三相永磁同步交流电机定子线圈一般为丫绕组，线圈在电机壳体内的位置呈120°排列，每个线圈分

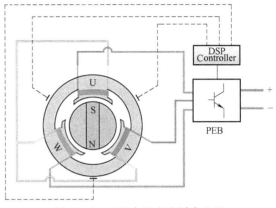

图12-29　三相永磁交流同步电机

别以U-V-W命名。图12-30所示简图是一组丫绕组线圈，实际的电机线圈可能有多组丫绕组均布在壳体内圆周上，例如荣威混合动力汽车的驱动电机就由八组丫绕组、共24个线圈组成。从电力电子控制箱的逆变器输送给绕组的每一个线圈之间U-V-W电流相位相差120°。

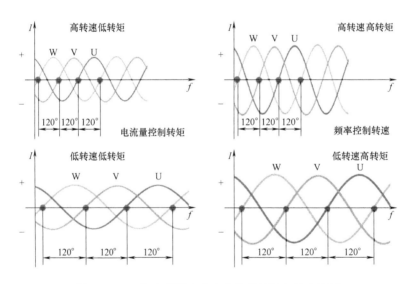

图12-30　三相永磁同步交流电机的转矩与转速控制

与感应电机输入电流变化相同，输入给三相永磁交流电机U-V-W的电流也是随 $I_u = I_m \sin \omega t$ 变化，因为电流是由逆变器控制，按120°顺序输入电流的正弦曲线变化，U-V-W线圈的磁场随正弦曲线呈现强弱和旋转的 S-N 磁场力的变化，这个磁场力对永磁转子的"S-N"产生"推-拉"的力，这个力的持续就是电机的输出转矩。如果改变U-V-W任意两个电流的输入相位，定子的磁场就会反向旋转，电机就会输出反向转矩。

与感应电机原理相同，改变定子线圈输入电流的幅值，可以改变电机的输出转矩。改变定子线圈输入电流的频率，可以改变电机的转速，如图12-30所示。

与感应电机不同的是永磁同步电机的定子与转子的转差率为0，转子为嵌入永磁材料结构。

4. 直流电机的性能特点

直流电机的原理如图 12-31 所示，图 a 表示直流电机的定子线圈与永磁转子，图 b 中 1、2、3、4、5、6 表示有六个 IGBT 作为电流通断的开关，图 c 为图表开关的接通顺序。当表格中的标杆位置在首列（1、2）时，从表中可以看到，此时开关"A"为负极电源接通，开关"C"为正极电源接通，开关"B"无电源接通。在定子线圈和图 c 上显示"V_A"为 S 磁极，"V_B"无磁极，"V_C"为 N 磁极。

当标杆向第二列移动，此时开关"B"为负极电源接通，开关"C"为正极电源接通，开关"A"无电源接通。在定子线圈和图 c 上显示"V_A"为无磁极，"V_B"为 S 磁极，"V_C"为 N 磁极。

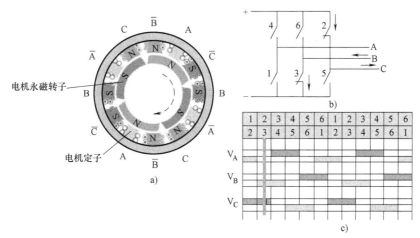

图 12-31　三相永磁同步直流电机的等效电路图表

随着标杆的向右移动，定子线圈上的磁极沿顺时针旋转。从图中可以看到，定子线圈 N 磁极的移动会推动转子永磁体 N 磁极转动，同时定子线圈 S 磁极的移动会吸引 N 磁极的旋转，以此类推，定子线圈的磁场将同步推动转子的旋转。

直流电机的等效电路中向驱动电机提供的电源电流为矩形波，如图 12-11 所示。

12.3.6　电力电子控制箱

电动汽车的电机驱动系统主要有高压动力蓄电池（High Voltage Battery，HV）、电力电子控制箱（Power Electrical Box，PEB）、驱动电机（Traction Motor，TM）、启动/发电一体机（Integrated Start Generator，ISG）、传感器和混合动力控制单元（Hybrid Vehicle Control Unit，HCU）、高压配电单元（PDU，纯电动汽车配电控制器）等部件组成。其中高压动力蓄电池 HV 是驱动电机的电源。

电力电子控制箱（PEB）中一般包含逆变器和 DC/DC（高压直流电源转换为低压直流电源，有些纯电动车辆的 DC/DC 是一个单独的总成），其中逆变器是将高压动力蓄电池的直流电源转换为三相高压电源的"能量开关"，其关键技术是具有大功率、高频率电源转换的绝缘栅双极型晶体管（IGBT）。逆变器将电源功率按一定的逻辑关系分配给电机定子 U-V-W 的各相绕组，从而使电机定子产生持续不断的旋转的电磁转矩来驱动永磁转子同步旋转，使永磁无刷电机实现从电能到机械能的转换，并带动负载进行机械旋转运动。如图

12-32 所示是荣威混合动力汽车的电力电子控制箱。

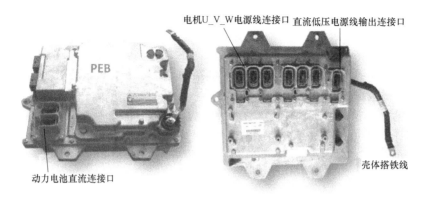

图 12-32　电力电子控制箱（PEB）

　　电机控制器的传感器包括电机温度传感器、旋转变压器传感器（Resolver/transformer，又称同步分解器），如图 12-33 所示，其主要用来检测电机转子磁极的转角、位置、转速等信号，并将信号发送给电力电子控制箱（PEB），PEB 同时对输送给电机的电流和频率进行电压、电流频率和幅值的控制和管理。输送给电机的电流幅值用于控制电机的输出转矩，电流频率用于控制电机的转速，进而控制车速。

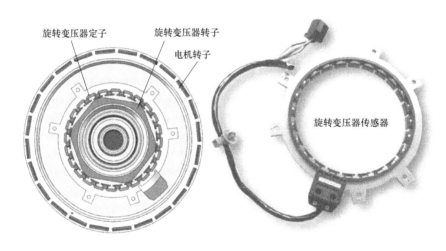

图 12-33　电机旋转变压器传感器

　　大多数电动汽车的旋转变压器传感器是电磁感应式传感器（也有使用霍尔传感器的），由定子线圈和转子组成。旋转变压器传感器的定子线圈由多组的励磁线圈、S 线圈、C 线圈组成，励磁线圈的作用是对 S 和 C 两个线圈提供基准的交流感应电源，S 和 C 两个线圈用来探测旋转变压器转子的转角。随着旋转变压器转子顶部与定子线圈的接近与离开，在 S 和 C 线圈中产生感应电压的变化而形成感应波形，如图 12-34 所示。PEB 根据旋转变压器的这种信号反馈来控制驱动电机的转矩和转速。

　　由于驱动电机定子绕组通过大电流会使定子线圈和转子产生持续的升温，驱动电机温度传感器用来监测电机定子的温度，并将温度信号传送给混合动力控制单元，在电机温度升高

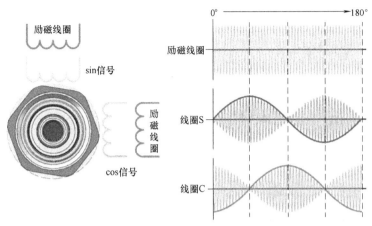

图 12-34 电机旋转变压器传感器感应信号原理

时控制散热系统的水泵和风扇工作进行降温，散热系统同时也控制电力电子箱的温度。

图 12-35 所示为混合动力三电系统，是混合动力系统从动力蓄电池 ESS 到电力电子控制箱 PEB 的电源供给和转换电路原理简图。从 PEB 电路的连接关系可以看到，高压直流电源通过 PEB 中的两个逆变器转换成三相交流电给两台驱动电机提供电源，而 DC/DC 的作用则是高压动力蓄电池 ESS 对低压蓄电池进行充电，同时也为低压电气系统持续提供低压直流电源。

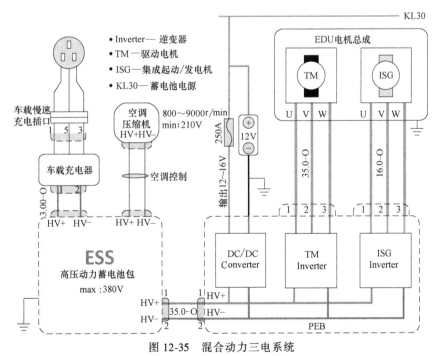

图 12-35 混合动力三电系统

对驱动电机进行直接控制的是电力电子控制箱 PEB，但是 PEB 在对驱动电机进行控制决策时，需要依据其他条件和信号进行计算，最终输出经过调制的电流频率和幅值来对电机的转矩和转速进行调节。图 12-36 所示为混合动力控制系统，PEB 的运算参考信号有来自

HCU（混合动力控制单元）和 BMS（动力蓄电池管理系统）的多个传感器信号。

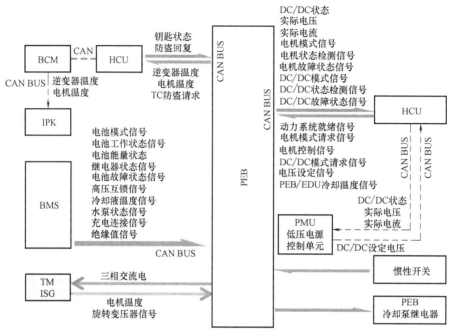

图 12-36　混合动力控制系统

电动汽车驱动电机常用的有以下四种驱动控制方式：

1）直流电机驱动系统，电机一般采用 PWM 控制方式。永磁直流无刷电机一般采用矩形波控制方式。

2）交流永磁无刷电机驱动系统，电机一般采用矢量控制方式。

3）交流感应电机驱动系统，电机控制一般采用矢量控制或直接转矩控制的变频调速控制方式。

4）开关磁阻电机驱动系统，电机一般采用模糊滑模控制方法。

12.4　汽车动力蓄电池

汽车动力蓄
电池认知

电池的发明简史以及发展如下：

1800 年，Alessandro Volta 发明了伏特电池（两种金属浸入液体产生稳定的电压和电流）。

1836 年，John Frederic Daniell 发明了丹尼尔电池（正极：铜＋硫酸铜；电解液：稀硫酸；负极：锌），同时对伏特电池的性能进行了改进。

1839 年，Grobe 发明了燃料电池，提出了燃料电池的基本概念。

1860 年，Plante 发明了铅酸电池，至今，铅酸电池仍然是全世界产量最高的二次电池。

1868 年，George Leclanche 发明了干电池，即勒克朗谢电池。

1888 年，Gassner 设计出了电解液无流动性且与当今使用的干电池十分接近的电池。

1901 年，Waldemar Jungner 发明了镍铬电池，这是与当代铅酸蓄电池并驾齐驱的碱性电池中的典型代表。当前镍铬电池因涉及环境问题正在退出历史舞台，取而代之的是镍氢电池及锂离子电池。

1940 年，H. G. Andre 发明了氧化银碱性蓄电池。这是一种性能优良的碱性二次电池，其能量密度较高，且具有寿命短、成本高的特点，适用于特殊用途。

1951 年，Newman 发明了镍氢电池的密封技术，该项技术的开发使电池从此能被放置在设备中任何位置，同时作为碱性二次电池的镍氢电池为手机、笔记本计算机电池奠定了基础。

20 世纪 60 年代，对锂电池和非水电池的研究从此正式启动。

1965 年，燃料电池被用于 Gemini5 号（美国 5 号载人飞船）的电源。

1969 年，燃料电池 FC 被搭载在阿波罗宇宙飞船上。

20 世纪 70 年代，对储氢合金材料是否适合于制造电池进行了研讨。

20 世纪 70 年代后期，开发了阀控式（VRLA）密封铅酸电池，使用方便且用途广泛。

1987 年，MOLi Energy 株式会社开始采用锂金属生产电池，该电池用锂金属做负极，是一种能量密度很高的划时代的电池，但在安全性方面还有待进一步改进。

1990 年，镍氢电池开始量产，它以高能量密度的优势远远超过了碱性的镍铬电池。

1991 年，索尼能源技术公司开始对 $LiCoO_2$/碳性电池进行量产，向世界首次宣告锂离子电池的正式量产。

12.4.1 电动汽车动力蓄电池的分类与参数

1. 分类

（1）根据正、负极材料特性、电化学成分分类 根据电池的正、负极材料特性、电化学成分不同，常用电池有三种分类方法：

1）按电解液种类分类

① 碱性电池：碱性电池的电解质主要是以氢氧化钾水溶液为介质，如碱性锰电池（俗称碱锰电池或碱性电池）、镍铬电池、镍氢电池等。

② 酸性电池：酸性电池主要是以硫酸水溶液为介质，如常见的铅酸蓄电池等。

③ 中性电池：中性电池是以盐酸溶液为介质，如锌锰干电池、海水激活电池等。

④ 有机电解液电池：有机电解液电池主要是以有机溶液为介质，如锂离子电池等。

2）按工作性质和储存方式分类

① 一次电池：一次电池也称原电池，即不能进行再次充电的一次性电池。

② 二次电池：二次电池可以重复多次充电，如铅酸电池、镍铬电池、镍氢电池、锂离子电池等。

③ 燃料电池：目前的燃料电池主要以氢氧为燃料，氢与氧在反应堆中接触产生电能，俗称氢燃料电池，此外还有金属燃料电池等。

④ 储备电池：储备电池储存时电极不直接接触电解液，直到需要放电时，才会向电池加入电解液，如镁-氯化银电池，又称海水激活电池。

3）按电池的正、负极材料分类

① 锌系列电池：如锌锰电池、锌银电池等。

② 镍系列电池：如镍铬电池、镍氢电池等。

③ 铅系列电池：如铅酸电池等。

④ 锂系列电池：如锂离子电池、锂聚合物电池和锂硫电池等。

⑤ 二氧化锰系列电池：如锌锰电池、碱锰电池等。

⑥ 空气（氧气）系列电池：如锌空气电池、铅空气电池等。

（2）根据电解液分类 电动汽车使用的动力蓄电池根据电解液不同，可以分为液态锂离子电池（Lithium Ion Battery，LIB）和聚合物锂离子电池（Polymer Lithium Ion Battery，PLB）两种。

1）液态锂离子电池

① 特点。液态锂离子电池是可充电电池，也称为二次电池，它主要依靠锂离子在正极和负极之间移动来工作。正极材料可为钴酸锂、锰酸锂、三元材料或磷酸铁锂材料，负极为石墨。在充放电过程中，Li^+ 在两个电极之间往返嵌入和脱嵌。电池充电时，Li^+ 从正极脱嵌，经过电解质嵌入负极，负极处于富锂状态；电池放电时，嵌在负极碳层中的锂离子脱出，又运动回正极（此称为摇椅式电化学反应）。这种锂离子的嵌入和脱嵌并不发生化学变化（不发生化学重组），这是锂离子电池的最大特点，使其具有更长的循环使用寿命。

② 工作原理。锂离子电池在原理上实际上是一种锂离子浓差电池，正、负两极由两种不同的锂离子嵌入化合物组成，正极采用锂化合物 Li_xCoO_2、Li_xNiO_2 或 $Li_xMn_2O_4$，负极采用锂碳层间化合物 Li_xC_6，电解质为 $LiPF_6$ 和 $LiAsF_6$ 等有机溶液，经过 Li^+ 在正、负极间的往返嵌入和脱嵌形成电池的充电和放电过程，如图 12-37 所示。

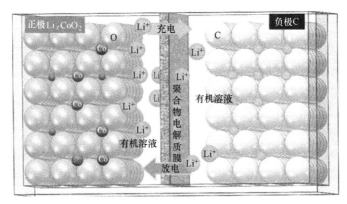

图 12-37 锂离子在正、负极之间的嵌入和脱嵌

充电时，正极上的锂离子脱嵌经过电解液运动到负极，锂离子嵌入到负极的碳层微孔中，使负极处于富锂状态。负极嵌入的锂离子越多，充电量越高。

放电时，嵌在负极碳层中的锂离子脱出，又运动回正极，放电时负极处于贫锂状态，嵌入正极的锂离子越多，放电容量越高，如图 12-37 所示。

锂离子电池的电极反应表达式如下：

正极反应式：

$$LiMO_2 \rightarrow Li_{1-x}MO_2 + xLi^+ + xe^-$$

负极反应式：

$$nC + xLi^+ + xe^- \rightarrow Li_xC_n$$

电池反应式：

$$LiMO_2 + nC \rightarrow Li_{1-x}MO_2 + Li_xC_n（脱嵌与嵌入反应）$$

2）聚合物锂离子电池特点

① 聚合物锂离子电池与液态锂离子电池工作原理一致，但在电池结构和电池制造工艺上与液态锂离子电池有着根本的区别。

② 聚合物锂离子电池的电解质是以固态或胶体的形式存在的，没有自由液体，因而加工性和可靠性大大提高，不需要金属外壳，可以制成全塑包装，减轻重量。

③ 电解质可以同塑料电极叠合，使高能量与长寿命结合起来，并且形状和大小可调，适用的范围大大增加。

④ 由于电解液被聚合物中的网络所捕捉，均匀地分散在分子结构中，因而电池的安全性也大大提高。

⑤ 不论液态锂离子电池还是聚合物锂离子电池，它们所用的正、负极材料都是基本相同的，工作原理也基本一致。

（3）根据正、负极材料分类 电动汽车动力蓄电池根据正、负极材料不同可以分为锂离子电池、三元材料电池或镍氢电池，目前大多电动汽车使用锂离子电池或三元材料电池，这两类电池有如下分类：

1）锂离子电池：分为 $LiFePO_4$ 磷酸铁锂（缩写 LFP）电池、LMO 锰酸锂电池、LCO 钴酸锂电池。

2）三元材料电池：分为 NCM 镍钴锰三元材料 $[Li（NiCoMn）O_2]$ 电池、NCA 镍钴铝三元材料 $[Li（NiCoAl）O_2]$ 电池。

（4）根据外形特征分类 电动汽车动力蓄电池根据外形特征可分为圆柱形（层叠式）电池、矩形（层叠式）电池、薄形电池。

圆柱形电池与市场销售的各类家用电池外形一样，但在电池上往往标注有"Li-iron cell"锂离子电池字样。电动汽车一般常用 7000 多个 18650 圆柱形电池作为动力源（常见于特斯拉电动汽车）。其中"18"是指电池的直径是 18mm，"65"是指电池的高度为 65mm，"0"表示电池是圆柱形。圆柱形层叠式电池如图 12-38 所示。

在国产电动汽车上多使用矩形锂离子电池，因为矩形电池的容量和能量都比圆柱形电池要大得多，同时电池组合时的串并联工艺结构要比圆柱形简单，矩形层叠式电池如图 12-39 所示。

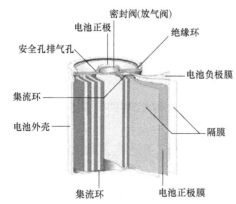

图 12-38 圆柱形层叠式电池

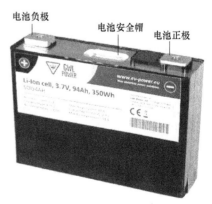

图 12-39 矩形层叠式电池

2. 电池的基本参数

（1）单体电池 单体电池是电池组中的最小单元，单体电池有单独的正负极，每一块单体电池都有标称电压。电池组一般由多块单体电池串联或并联组成，例如 12V 的汽车蓄电池是由 6 个 2V 的单体电池串联组成，蓄电池内有 6 个独立的电池并将其正、负极串联而成。

（2）电池内阻 电流通过电池内受到的阻力，使电池的工作电压降低，此阻力称为电池内阻。由于电池的内阻作用，使得电池在放电时的端电压低于电动势和开路电压；在充电时的端电压高于电动势和开路电压。

电池内阻直接影响电池的工作电压、电流、输出能量与功率等。

（3）电动势 电动势是电池理论上输出能量大小的度量之一。如果其他条件相同，那么电动势越高，理论上能输出的能量越大。电池的电动势是热力学的两极平衡电极电位之差，即

$$E = \varphi_+ - \varphi_- \tag{12-10}$$

式中，E 为电池的电动势；φ_+ 为电池正极的平衡电位；φ_- 为电池负极的平衡电位。

实际上，电池中两个极并非处于热力学的可逆状态，因此电池在开路状态下的端电压理论上并不等于电池的电动势，但由于正极的活性物质（以铅酸电池为例）一般氧的过电位大，因此稳定电位接近正极活性物质的平衡电位。同样，负极材料的氢过电位大，因此稳定电位接近负极活性物质的平衡电位。结果在表征上电池的开路电压在数值上接近电池的电动势，所以在工程应用上，常常认为电池在开路条件下，正、负极间的平衡电位之差，即为电池的电动势。

（4）开路电压 开路电压是指在开路状态下（几乎没有电流通过时），电池两极之间的电势差。电池的开路电压取决于正负极材料的活性、电解质和温度条件等，与电池的几何结构和尺寸无关。电池的开路电压均小于它的电动势。

（5）额定电压 额定电压也称公称电压或标称电压，是指电路中电气设备（如电机）在标准规定条件下工作时应达到的电压，是电气设备长时间工作时所适用的最佳电压。采用额定电压可以区分电池的化学体系（单体电池额定电压），见表 12-1。

表 12-1 常用不同电化学体系电池的单体额定电压值

电池类型	单体额定电压/V	电池类型	单体额定电压/V
铅酸电池（VRLA）	2	铝空气电池（Al/Air）	1.4
镍铬电池（Ni-Cr）	1.2	钠氯化镍电池（Na/NiCl$_2$）	2.5
镍锌电池（Ni-Zn）	1.6	钠硫电池（Na/S）	2.0
镍氢电池（Ni-MH）	1.2	锰酸锂电池（LiMn$_2$O$_4$）	3.7
锌空气电池（Zn/Air）	1.2	磷酸铁锂电池（LiFePO$_4$）	3.2

（6）工作电压 在电池两端接上负载后，在放电过程中显示出的电压，也称负载电压或放电电压。

电池在接通负载后，由于欧姆内阻和极化内阻的存在，电池的工作电压低于开路电压，当然也必然低于电动势，即

$$U = E - IR = E - I(R_\Omega + R_f) \tag{12-11}$$

式中，I 为电池的工作电流；R_Ω 为欧姆内阻；R_f 为极化内阻。

（7）终止电压　电池在一定标准规定的放电条件下放电时，电池的电压降逐渐降低，当电池不宜再继续放电时，电池的最低工作电压称为终止电压。

（8）电池的能量　电池的能量是指在一定放电条件下，电池所能释放出的能量，通常用 W·h 或 kW·h 表示。

（9）电池的理论能量　假设电池在放电过程中始终处于平衡状态，其放电电压保持电动势的数值，而且活性物质的利用率为 100%，即放电容量为理论容量，则在此条件下电池所输出的能量为理论能量 W_0，即

$$W_0 = C_0 E \tag{12-12}$$

式中，C_0 是理论容量；E 是电动势。

（10）电池的实际能量　实际能量是指电池放电时的实际输出能量，它在数值上等于电池实际放电电压、放电电流与放电时间的积分，即

$$W_0 = \int U(t) I(t) \, dt \tag{12-13}$$

在实际应用中，作为实际能量的估算，常采用电池组额定容量与电池放电平均电压的乘积进行电池实际能量的计算，即

$$W = C U_a \tag{12-14}$$

由于电池的活性物质不可能 100% 地被利用，电池的工作电压总是小于电动势，所以电池的实际能量总是小于理论能量。

（11）电池的功率　电池的功率是指电池在一定放电条件下，单位时间内电池输出的能量，功率单位为 W 或 kW。理论上电池的功率可表示为

$$P_0 = \frac{W_0}{t} = \frac{C_0 E}{t} = IE \tag{12-15}$$

式中，t 为放电时间；C_0 为电池的理论容量；I 为恒定的放电电流。

此时电池的实际功率应为

$$P_0 = IU = I(E - IR_W) = IE - I^2 R_W \tag{12-16}$$

式中，$I^2 R_W$ 为消耗于电池内阻上的功率，这部分功率对负载是无用的。

（12）比能量　比能量是指动力蓄电池的单位质量所能输出的电能（W·h/kg）。

$$比能量 = \frac{能量容量}{电池重量} \tag{12-17}$$

比能量是电池的关键性能参数，是表征车辆续驶里程的关键因素。

（13）比功率　比功率是电池的关键性能参数，其单位为（W/kg）。比功率的大小表征电池所能承受的工作电流的大小，电池比功率大，表征电池可以承受大电流放电。比功率是评价电池及电池组是否满足动力驱动系统在加速、爬坡和再生制动时的指标。

$$比功率 = \frac{最大功率}{电池重量} \tag{12-18}$$

（14）功率密度（W/L）　功率密度指电池单位体积中所具有的电能的功率。

（15）能量效率　能量效率指电流恒定，在相等充电和放电时间内，电池放出电量和充入电量的百分比。

$$能量效率 = \frac{电池放出电量}{电池充入电量} \times 100\% \tag{12-19}$$

（16）电池的剩余容量 Q_{rem}　电池的剩余容量是指电池在一定放电倍率下放电后，电池剩余的可用容量。剩余容量的估计和计算受到电池前期应用的放电率、放电时间、电池老化程度、应用环境等多种因素的影响，估算比较困难。

（17）电池的最大可用容量 Q_{max}　电池的最大可用容量是指电池从充满电状态以足够小的电流放电至放完电状态过程中的总放电容量。

（18）电池的荷电状态 SOC　电池的荷电状态（State of Charge，SOC）是指电池的剩余容量 Q_{rem} 和电池的最大可用容量 Q_{max} 的百分比，即

$$SOC = \frac{Q_{rem}}{Q_{max}} \times 100\% \tag{12-20}$$

（19）放电深度 DOD　DOD（Depth of Discharge）表示放电深度，即电池放电量与电池额定容量的百分比。

$$DOD(t) = \frac{Q_T - SOC_T(t)}{Q_T} \times 100\% \tag{12-21}$$

当电池的放电量至少超过其额定容量的 80% 时即可认为达到深度放电。

动力蓄电池的充放电过程是个复杂的电化学过程，剩余容量受到动力蓄电池的基本特征参数（端电压、工作电流、温度、容量、内部压强、内阻和充放电循环次数）和动力蓄电池使用特性因素的影响，使得电池组的荷电状态 SOC 的测量变得很困难。目前电动汽车的 SOC 计算都由电池控制系统 BMS 完成，在电动汽车的仪表或检测电脑都可以显示或检测电池的荷电状态 SOC 的数值，电动汽车电池 SOC 检测电脑截图如图 12-40 所示。

项目	数值	单位
高压电池包总线电压	307.5	伏
高压电池电压	308	伏
高压电池包电池组电流-ASIC	0.075	安培
高压电池包电池组电流-LEM	0.85	安培
高压系统绝缘电阻	4185	千欧
高压电池SOC	74.4	%
高压电池管理系统(BMS)故障状态	无	
BMS运行状态	行驶模式	
BMS与车辆之间HVIL电路状态	高压互锁开关已合上	
BMS与充电器之间HVIL电路状态	高压互锁开关已合上	

图 12-40　电动汽车电池 SOC 检测电脑截图

在电动汽车上，SOC 是检查动力蓄电池储存电量或充电的电量参数，通过对 SOC 的计算，可以动态地估算出动力蓄电池储存的电量还可以继续行驶的里程数，在大型电动公交车上，通过仪表按键可以在仪表屏幕上查看电池的 SOC，使驾驶人清楚地知道车辆的荷电状态。

3. 电动汽车对动力蓄电池的要求

由于电动汽车安装电池的空间有限，体积太大会占据有限空间，电池的重量会影响续驶里程，同时起动和加速需要瞬时的响应速度，电池的能量和电流要瞬间响应，因此电动汽车

对动力蓄电池提出的要求如下：

1）高能量密度：容量大、重量轻、体积小。

2）高功率密度：瞬间放电电流大，起动和加速性能好。

3）使用寿命长：电池组的平均寿命要求一致。

4）费/效比低：电池的更换维护费用低、效率高。

5）充电时间短：充电时间须与燃油加注时间接近。

6）安全性能好：防爆燃、防高温性能要稳定。

7）过充/过放电性能好：充放电过程有电池管理系统监控和智能化管理。

12.4.2 电池管理系统

由于每个单体电池之间的工作电压、储存电量、输出功率和温度的差异，在电池串联电路中充放电状态最差的那个单体电池会对整体电池包的充放电产生影响。BMS 管理系统需要对每个单体电池进行监测和管理，以确保电池包的充放电安全和保持每个单体电池、电池组充放电性能的一致性。

1. BMS 电池管理系统功能

BMS 是电动汽车高压电池管理系统，其性能优劣直接影响电动汽车的高压电池的性能和使用寿命。BMS 有如下功能：

1）电池物理参数实时监测（电压、温度、电流）。

2）监测电池的荷电状态（SOC）。

3）对电池充放电进行均衡管理。

4）对电池进行温度监控（热管理）。

5）在线诊断和预警（为驾驶人提供电池电量信息和电量预警）。

6）对电池的漏电进行监测和管理（监测高压电源连接线、设备对车身的绝缘电阻）。

2. BMS 电池管理范围

1）保护单体电池和电池包不受到损害。

2）使电池工作在合适的电压和温度范围内。

3）保持电池在合适的条件运行后，满足整车的用电需求。

4）电池参数监测，包括总电压、总电流、单体电压检测、温度检测、绝缘检测、碰撞检测、阻抗检测、烟雾检测等。

5）电池状态建立，包括 SOC（State of Charge，电池的荷电状态）、SOH（State of Health，电池的健康状态）、SOF（State of Function，电池的功能状态）、SOE（State of Energy，电池的能量状态）。

6）在线诊断，包括传感器故障、网络故障、电池故障、电池过充过放、过电流、绝缘故障等。

7）电池安全保护和警告，包括温度控制和高压控制。当诊断出故障后，BMS 上报故障给 HCU 和充电器，同时切断高压来保护电池不受损害，包括漏电等。

8）充电控制：BMS 控制快充和慢充。

9）电池一致性控制：BMS 采集单体电压信息，采用均衡方式充放电使电池达到一致性，电池均衡的方式有耗散式和非耗散式。

10）热功能管理：电池包各点的采集温度，在充电和放电的过程中，BMS 决定是否开启加热和冷却。

11）网络功能，包括在线标定和健康、在线程序下载，通常采用 CAN 网络。

12）信息存储：BMS 需要存储关键数据如 SOC、SOH、充放电安时数、故障码等。

电池管理系统中最核心的是电池的荷电量管理，荷电量管理包含电池的充放电以及均衡管理，这对于整个电池状态的控制、电动汽车的续驶里程的预测和估计具有重要意义。由于电池的荷电量（SOC）的非线性特点以及 SOC 的计算受到环境温度、电池老化程度以及各单体电池的不均衡等多种因素的影响，导致 SOC 估算十分困难。

3. 动力蓄电池的老化

动力蓄电池由于使用方法、工作环境、使用时间等因素，性能会逐渐变差。电池性能变差的原因如下：

1）电池内阻增加，电池输出电流被削减、电压大幅下降。

2）电池容量降低，使车辆续驶里程缩短、输出功率下降。

由于电池老化问题，即使 SOC 在很高的状态下也无法输出功率，制动能量的回收利用等性能也随之降低。这会导致 EV、HEV 外部充电时间延长，使车辆的动力性受到影响。

电池老化可以用两个同样大小的瓶子装水来比喻，一个干净的瓶子装满水可以倒出足量的水，但另一个积满污垢的瓶子装满水，倒出的水就很少。两个瓶子灌满水的 SOC 都是100%，但是可灌入的水与可倒出的水是不一样的。

4. 动力蓄电池的均衡管理

制造、温差、自放电及内阻变化率会造成电池包中的每个单体电池充放电的不一致，即不均衡。电池均衡就是利用电池管理技术（BMS），使电池单体电压或电池组电压偏差保持在预期的范围内，从而保证每个单体电池在正常使用时保持相同状态，以避免过充、过放的发生。

每个电池包的性能（串联形式的电池组）取决于最弱的那个单体电池，如果一个单体电池达到 SOC 上限，则停止对整个电池包的充电。如果一个单体电池达到 SOC 下限，则整个电池包停止放电。

均衡是 BMS 的一个主要控制功能。电池均衡一般分为主动均衡与被动均衡两种。主动均衡由 BMS 自动控制，无须人为操作，被动均衡则需要人为控制操作。

图 12-41 所示的是电池在充放电过程是一致的，这样整个电池组可以最大限值地充电和放电。图 12-42 所示的是电池的充放电不一致，这样在电池充电和放电时是以最差的电池为充满标志和放光标志。

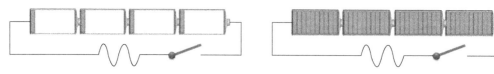

图 12-41　电池的均衡充放电

锂电池充/放电一致性的变化是一个不断积累的过程，电池使用时间越长，单体电池间产生的差异就越大。同时使用环境也会造成单体电池间一致性的差异。

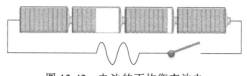

图 12-42　电池的不均衡充放电

（1）检查动力蓄电池的 SOC　为了确定某个单体电池的容量，将该电池完全放电然后再充电，并在充电过程中的不同时间进行电流测量，直到达到 4.20V 的开路电压。最佳性能电池在该状态下的 SOC 为 100%，SOC 为 50% 的 OCV（电池的开路电压）通常称为 VMID，其典型值为 3.67V。

（2）动力蓄电池充放电 SOC 目标控制

1）动力蓄电池经过反复的充/放电循环，车辆在加速过程中放电，在减速过程中由再生制动充电。

2）电动汽车 SOC 的控制目标值约为 60%。最大值约为 80%（通常控制上限约为 75%），最小值约为 20%（通常控制下限约为 30%），如图 12-43 所示。一般混合动力电动汽车可以将 SOC 目标控制在上限 60% 和下限 40% 之间，而纯电动汽车原则控制目标在下限 20%，在 20% 和 10% 之间属于深度放电。

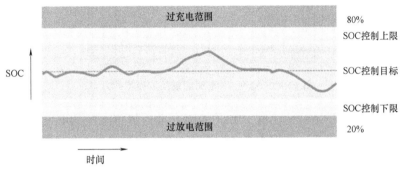

图 12-43　动力蓄电池充放电 SOC 目标控制

（3）对动力蓄电池进行内部均衡管理　由于单体电池间的内阻不一致，每个单体电池在电池包内所处环境不一样，初始 SOC 不一致及自放电率不一致，导致电池组在使用一段时间后不一致性增大，为了使电池的充/放电容量和利用率达到最优，需要对电池进行均衡管理，即使各单体电池之间的电压和温度达到基本一致。

对电池均衡管理有能量耗散型和能量非耗散型两种方法。

1）能量耗散型均衡（内部主动均衡）。能量耗散型均衡属于 BMS 内部主动均衡，是指利用 BMS 控制器对电池组内单体电池自消耗放电，实现电压过高的单体电池的能量消耗来平衡电池组内各单体电池间电压的目的，这样可以使其他电压较低的电池继续充电，直到各单体电池的电压基本一致。如图 12-44a 所示，电阻能量消耗与单体电池电压成正比。单体电池电压最高的，电能被消耗最多。如图 12-44b 所示，使用单体均衡模块 BMS 对旁路电流进行控制，只对过充单体电池进行消耗放电。

国内有些电动汽车的动力电池均衡采

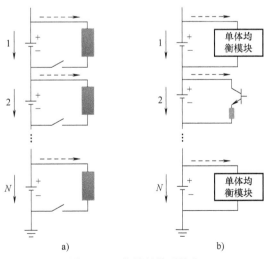

图 12-44　能量耗散型均衡

用了"能量耗散型均衡"方案，例如通用别克"Velite 5 EREV-BECM"增程式电动汽车的电池均衡就是采用了这种均衡方案。

图 12-45 所示的别克 V5 车型的能量耗散型均衡方案中，由晶体管（开关）将多余电流通过均衡器中的电阻器进行消耗。

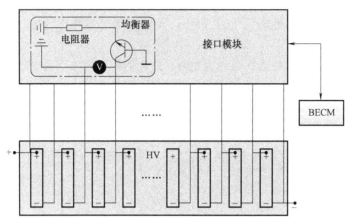

图 12-45　别克 V5 车型能量耗散型均衡方案

电量平衡指令来自于 BECM（即 BMS）模块，电阻器将电池的电能以热能的方式消耗掉，这样就保持了电池单元的电压始终在标定的电压范围内。

2）能量非耗散型均衡（内部主动均衡）。能量非耗散型均衡属于 BMS 内部主动均衡管理，是指将充电电流从已经充满电池的电量转移至相邻的电池，可以防止充满电流的电池过充电，这种方式可以减少能量损失，有效提高动力蓄电池组的充放电容量。

能量非耗散型均衡的方法有电容器转移电能型和变压器转移电能型两种。电容器转移电能型等效电路如图 12-46a 所示，转换开关在单体电池之间来回摆动，使电容产生充放电来使各电池之间的电压达到一致。变压器转移电能型等效电路如图 12-46b 所示，转换开关连续通断变压器的一次侧线圈，二次侧线圈互感出电压和电流，互感线圈不断地感应产生感应电流，将各单体电池电压达到基本一致。

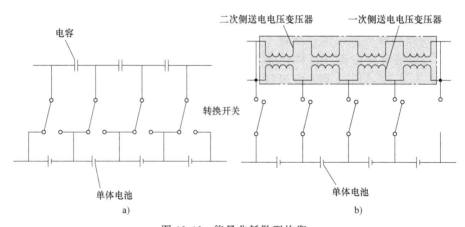

图 12-46　能量非耗散型均衡

a）电容器转移电能型均衡　b）变压器转移电能型均衡

（4）均衡充电（外部被动均衡）　均衡充电属于被动均衡管理，是指在使用充电桩充电完成后，电池管理系统为使各个单体电池之间电压达到基本一致，在完成规定充电时间后再延长一段充电时间（根据车辆电池容量和使用手册规定被动均衡时间），起到激活动力蓄电池活性的作用，从而保证高压电池包整体充放电性能，这是对动力蓄电池进行定期的人工保养。电动汽车每月至少应进行一次被动均衡充电。

长期未对动力蓄电池进行被动均衡充电时，车辆的组合仪表界面上会出现"请充电保持高压电池均衡"的信息，以提醒用户对动力蓄电池包进行保养。

荣威 ERX5 纯电动汽车容量为 48.3kW·h 的动力蓄电池，在常温状态下，平时正常充电时间为 7h，但均衡充电则需要增加 1h，需要 8h 才能完成包括均衡充电在内的充电过程。动力蓄电池包的充电时间与多种因素有关，如当前电量、充电方式、环境温度、充电设备功率等。

注意：不同车辆和不同类型电池的充电时间和被动均衡充电时间要求不同，需要根据各种车型的电池容量和使用手册的说明进行操作。

（5）BMS 的信号采集和管理　BMS 负责对动力蓄电池进行信号采集和管理，主要表现在以下几个方面：

1）对动力蓄电池电源的控制管理（辅助系统电池电源）。

2）对单体电池的电压监控。

3）对单体电池的温度监控。

4）对动力蓄电池包进行电流监控。

5）对动力蓄电池高压接触器（也称高压电源主继电器）的控制。

6）对动力蓄电池剩余电量的计算。

7）对动力蓄电池的电量均衡控制。

8）对动力蓄电池系统进行诊断控制。其中对单体电池主要进行电压和温度的检测。在电动汽车的电池组中一般会配置有电压、电流和温度传感器的信息采集器，信息采集器将信号发送给 BMS，并由 BMS 对电池的电压和温度进行调节控制。

图 12-47 所示是 BMS 的等效电路，说明 BMS 对单体电池进行电压和温度的信号采集，并向数据总线发送 CAN 信号，其图中"开关"标记是对电池进行充放电的均衡管理。

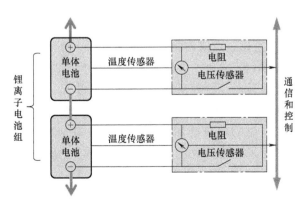

图 12-47　电池管理系统的温度和电压信号传输

12.5　电动汽车整车控制单元

电动汽车整车
控制器认知

电动汽车比传统汽车多了 VCU（整车控制单元）、HCU（混合动力控制
单元）、PEB、BMS 等控制单元。控制单元之间采用了 CAN BUS 数据总线进
行通信，前面已经对 PEB 与 BMS 进行了阐述，在这里仅对 VCU 的作用进行阐述。

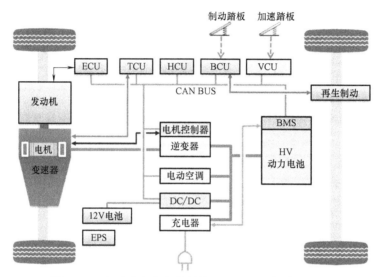

图 12-48　电动汽车整车控制单元 VCU 的逻辑控制框图

1. 整车控制单元 VCU

由图 12-48 所示的电动汽车整车控制单元 VCU 的逻辑控制框图中可以看到，VCU 根据
驾驶人意图及整车状态通过 CAN BUS 总线传输信号，协调动力系统及电源系统对车速、转
矩与功率进行管理和控制。

整车控制单元 VCU 读取换档控制单元（SCU 换档控制单元）的 PRND 信息及制动开关
信号，并通过 CAN BUS 总线将报文发送到所有相同协议的控制单元以及 GW（网关），协议
相同的控制单元执行对驱动电机的前进和倒车的方向以及 P 档的驻车的控制。

当整车控制单元 VCU 接收到加速踏板传感器信号后，经 VCU 将信号转换为 CAN BUS
数据总线传输给发动机控制单元 ECU、自动变速器控制单元 TCU、车身控制单元 BCU、电
力电子控制箱 PEB 以及动力蓄电池管理系统 BMS 等控制单元，经过 HCU 与 BMS 控制单元
对动力蓄电池的荷电量的计算，判断是选择使用发动机作为驱动力，还是选择驱动电机作为
驱动力，或者选择发动机与驱动电机叠加输出转矩。根据 VCU 的计算以及混动控制单元
HCU 的信号，PEB 控制输出给电机的电压频率和电流幅值对驱动电机的输出转矩和转速进
行调节控制。

整车控制单元 VCU 根据加速踏板的位置信号判断汽车处于加速，如果 BMS 反馈动力蓄
电池的荷电量不足，则 ECU 会起动发动机输出转矩。如果 BMS 反馈动力蓄电池的荷电量充

足，则 HCU 会给 PEB 信号驱动电机输出转矩。

在放开加速踏板后，整车控制单元 VCU 将根据动力蓄电池的荷电量状态决定发动机是否为电池充电。如果动力蓄电池荷电量充足，VCU 将发出指令使发动机停止工作。此时驱动电机将作为发电机进行能源回收。例如制动能量回收，滑行或者减速的时候，整车控制 VCU 系统能够进行制动能量的回收。制动能量通过电机转换为电能储存到高压电池中，但当 ABS 被激活或者 ABS 故障的时候，整车控制系统将取消该功能。整车控制单元还具有对辅助功能的控制：

（1）冷却风扇控制　根据热管理策略控制冷却风扇的工作。如果动力蓄电池或电力电子控制箱温度超过标定限值，VCU 将起动冷却风扇降温。

（2）仪表显示　仪表上动力系统就绪、动力系统故障的信号来自于 VCU。

（3）充电下的辅助功能　充电模式下，VCU 控制风扇、冷却水泵和 DC/DC 工作。

2. 车身控制器 BCM

BCM 的作用如下：

（1）防盗系统控制　防盗系统带密码信息的三个元件是钥匙、BCM 和 TC（电驱动控制），如图 12-49 所示。

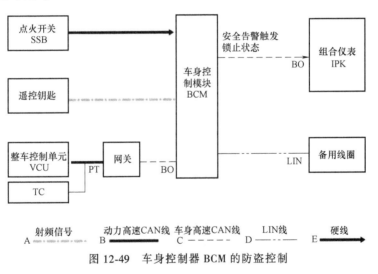

图 12-49　车身控制器 BCM 的防盗控制

对于一键式起动的车辆，当智能钥匙亏电时，将钥匙放置于备用起动位置，备用线圈将识别智能钥匙信息，并通过 LIN 总线将其特征值信息发送给 BCM。

BCM 接收到钥匙特征值信息后，将该值与存储器中已存储的值进行比对。一旦两值匹配，BCM 通过 CAN 总线发送一级认证结果给 TC。如果智能钥匙特征值不正确，BCM 发送电机高压上电禁止给 TC。

TC 接收并校验 BCM 发送的一级认证结果，再将校验口令发回至 BCM。BCM 根据该校验口令计算一个验证结果，并发回 TC，TC 校验该验证结果。如果 BCM 计算结果与 TC 计算结果匹配，TC 将允许车辆起动。

（2）车身电器控制　BCM 负责车身大部分功能，通过中速 CAN 和高速 CAN 总线与其他主要电气系统交互控制作用，通过 LIN 总线连接，与次要的电气系统交互控制作用，其控制逻辑图如图 12-50 所示。BCM 负责配电系统，为大部分车辆电器部件供电。

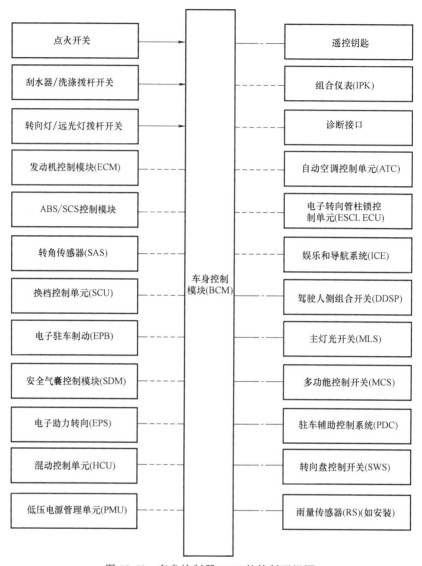

图 12-50　车身控制器 BCM 的控制逻辑图

1）使用高速 CAN 总线，车身控制模块与以下部件通信并相互控制：混动控制单元（HCU）、发动机控制模块（ECM）、电子助力转向（EPS）、安全气囊控制模块（SDM）、换档控制单元（SCU）、电子驻车制动（EPB）、转角传感器（SAS）、制动防抱死/智能主动安全控制系统（ABS/SCS）。

2）使用中速 CAN 总线，车身控制模块与以下部件通信并相互控制：组合仪表（IPK，包括所有仪表和警告灯）、自动空调控制单元（ATC）、电子转向管柱锁控制单元（ESCL ECU）、娱乐和导航系统（ICE）。

3）使用 LIN 总线，车身控制模块与以下部件通信并相互控制：驾驶人侧组合开关（DDSP）、主灯光开关（MLS）、多功能控制开关（MCS）、驻车辅助控制系统（PDC）、转向盘控制开关（SWS）、低压电源管理单元（PMU）。

（3）BCM 控制着下列辅助系统的操作与信息存储

1）车辆里程表

① BCM 存储车辆里程表读数（高达 999999km）。组合仪表上显示最近的最高里程数。保存后，不能修改里程表的读数。

② 车辆识别代号（VIN）存储。VIN 存储在 BCM 中，在车辆达到预设里程之后，不能更改 VIN。

③ 车辆配置信息。BCM 存储车辆配置信息，包含选装的部件。

④ 保养间隔显示。BCM 存储组合仪表中显示的保养间隔数据。

2）诊断代码。在接通点火开关时，BCM 执行自诊断检查，随着诊断故障码的显示存储所有 EEPROM 检测到的相应故障。同时存储 CAN 与 LIN 总线范围内的故障。

3）编程功能。使用诊断仪可以实现以下功能：

① 增加一个新的空白钥匙。

② 禁用/激活现有车钥匙。

③ 在更换 BCM 时，从 ECM 获取密钥。

④ 在更换 ECM 时，将密钥授予 BCM。

⑤ 在同时更换 BCM 和 ECM 时，生成一个新的密钥。

⑥ 刷新软件程序。

12.6　DC/DC 与充电技术

DC/DC 即电池包的高压直流电转换为低压直流电，为全车的控制单元和低压电器提供低压电，并为低压蓄电池充电。DC/DC 转换过程中，高压直流电需首先通过 IGBT 转换为高压三相交流电，再经过交流变压器装置转换为低压三相交流电，然后再将低压三相交流电转换为直流电，图 12-51 为丰田普锐斯电动汽车 DC/DC 的转换电路原理图。

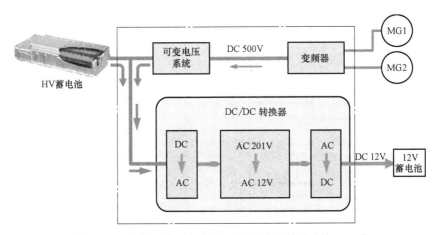

图 12-51　丰田普锐斯电动汽车 DC/DC 的转换电路原理图

图 12-52 所示为荣威电动汽车 DC/DC 的转换电路原理图，较清楚地表达了 DC/DC 在高压电与低压电之间的转换关系。DC/DC 除了转换功能外，其主要作用是为低压蓄电池充电，同时为低压电器提供稳定的直流电。

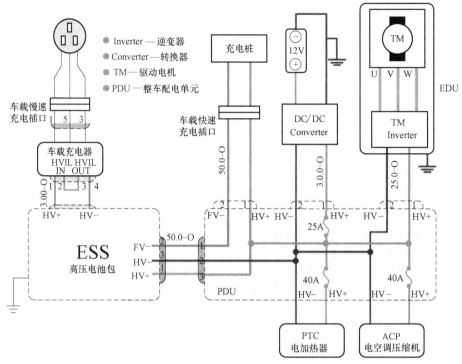

图 12-52　荣威电动汽车 DC/DC 的转换电路原理图

图 12-53 所示为 DC/DC 控制系统，其中 BMS 管理高压电源主继电器的连接以及电流的控制，GW 接收低压蓄电池传感器的 LIN 信号控制充电，VCU 为整车低压电器的供电需求信号。

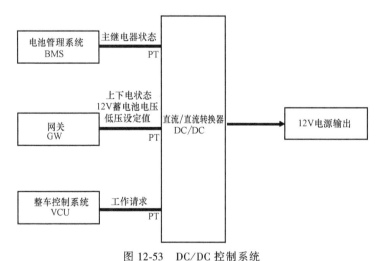

图 12-53　DC/DC 控制系统

小　　结

1. 电动汽车可分为如下几种类型：纯电动汽车、混合动力汽车、插电式混合动力汽车。

电动汽车的电机驱动系统主要由高压动力蓄电池（High Voltage Battery，HV）、电力电子控制箱（Power Electrical Box，PEB）、驱动电机（Traction Motor，TM 或 Integrated Start Generator，ISG）、传感器和混合动力控制单元（Hybrid Vehicle Control Unit，HCU）或高压配电单元（PDU，纯电动汽车配电控制器）等部件组成。

2. IGBT 是由 BJT（双极型晶体管）和 MOS（绝缘栅型场效应晶体管）组成的复合全控型电压驱动式功率半导体器件。

3. 电机运行的参数主要是额定电压、额定电流、频率、额定转速、额定功率、峰值功率和机械效率。三相异步电机由定子、转子和壳体三部分组成。三相永磁交流同步电机主要部分由定子绕组、永磁转子、旋转变压器传感器与壳体组成。

4. BMS 管理系统需要对每个单体电池进行监测和管理，以确保电池包的充放电安全和保持每个单体电池、电池组充放电性能的一致性。

5. 整车控制器 VCU 根据驾驶人意图及整车状态通过 CAN BUS 总线传输信号，协调动力系统及电源系统对车速、转矩与功率进行管理和控制。

6. DC/DC 即电池包的高压直流电转换为低压直流电，为全车的控制单元和低压电器提供低压电，并为低压蓄电池充电。DC/DC 转换过程中，高压直流电需首先通过 IGBT 转换为高压三相交流电，再经过交流变压器装置转换为低压三相交流电，然后再将低压三相交流电转换为直流电。

习　题

1. 电动汽车的类型有哪些？
2. 电池的比能量和比功率对车辆性能有什么影响？
3. SOC 是什么含义？SOC 与电池的峰值功率有什么关系？
4. 锂离子电池有哪些类型以及特点？
5. 简述永磁同步电机与三相异步电机的差异。
6. 电机中的旋转变压器有什么作用？
7. IGBT 的作用是什么？

第**13**章

混合动力汽车电子控制系统

⚡ 学习目标

1. 了解混合动力汽车的定义和特点
2. 熟悉混合动力汽车的组成和分类
3. 掌握串联、并联、混联与插电式混合动力的组成、工作原理
4. 掌握本田 IMA 混合动力系统的组成、工作原理
5. 掌握丰田普锐斯混合动力系统的组成、工作原理
6. 了解其他混合动力系统

传统内燃机汽车，其动力来源为燃料燃烧时产生的热能转化为机械能，摩擦、散热和废气排放带走了大部分能量，使得内燃机效率不高，最后用于驱动车辆的能量只占燃料能量的 18% 左右（柴油机高于汽油机），如图 13-1 所示。

由于电能来源的多样性，并且电动机的效率也高于内燃机，因此采用电驱动的

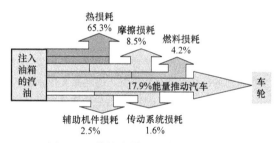

图 13-1 传统内燃机汽车能量利用率

纯电动汽车（Electric Vehicle，EV）可实现高效、环保。但是由于电动汽车关键部件——动力蓄电池的能量密度、使用寿命和成本等方面问题，使其在续驶里程和价格方面都无法与传统汽车相比。因此，融合了内燃机汽车和电动汽车优点的混合动力汽车（Hybrid Electric Vehicle，HEV）作为现阶段较适合的过渡技术方案，在世界范围内成为新型节能汽车开发的热点。

13.1 混合动力汽车的分类

⚡ 导 入

混合动力汽车认知

混合动力汽车既发挥了内燃机持续工作时间长、动力性好的优点，又体现出电动机无污染、低噪声的好处，二者"并肩战斗"，取长补短，内燃机的热效率可提高 10% 以上，废气排放可改善 30% 以上。

13.1.1　混合动力汽车的定义与特点

国际能源组织（IEA）认为能量与功率传动路线具有如下特点的车辆称为混合动力汽车：

1）传送到车轮驱动车辆运动的能量，至少来自两种不同的能量转换装置（例如内燃机、燃气涡轮、斯特林发动机、电动机、液压马达、燃料电池等）。

2）这些转换装置至少要从两种不同的能量储存装置（例如燃油箱、蓄电池、飞轮、超级电容、高压储氢罐等）吸取能量。

3）从储能装置流向车轮的这些通道，至少有一条是可逆的（既可放出能量，也可吸收能量），且至少还有一条是不可逆的。

4）可逆的储能装置供应的是电能，则是混合动力电动汽车。

混合动力电动汽车的不可逆动力元件是内燃机，储能元件是油箱；可逆动力元件是电机，对应的储能元件是动力蓄电池、超级电容等。

与纯电动汽车相比，混合动力汽车具有以下优点：

1）电池能量密度低，续驶里程不够的问题不存在。

2）延续传统内燃机汽车成熟的驱动与控制技术，适合量产并降低制造成本。

与传统内燃机汽车相比，混合动力汽车具有以下优点：

1）可使内燃机在最佳效率区域稳定运行。

2）可实现纯电行驶。

3）可实现制动能量回馈，进一步降低汽车的能量消耗和排放污染。

13.1.2　混合动力汽车的组成与分类

混合动力汽车是传统内燃机汽车向纯电动汽车过渡的一种技术方案，保留了传统汽车的大部分结构，同时增加了电机、储能元件、电力电子等零部件，因而组成更加复杂，结构更加灵活，存在多种结构和分类方式。

1. 混合动力汽车的组成

混合动力汽车一般由发动机、电动机/发电机、储能装置、功率转换装置和整车控制装置等组成，如图13-2所示。

针对混合动力汽车的各个部分简要介绍如下：

（1）发动机　从能量来源来说可以采用汽油机、柴油机；从结构原理上可以采用四冲程式内燃机、二冲程式内燃机等。一般用于混合动力汽车的是四冲程式内燃机，丰田普锐斯采用的是阿特金森循环发动机。

（2）电动机/发电机　汽车起动时电动机作为起动机起动发动机；发动机运转时可带动发电机发电，为电池充电。根据不同的混合动力结构，电动机/发电机的功率大小和布置也有不同；在某些混合动力汽车上直接参与车辆驱动，在车辆加速或爬坡时提供辅助动力；在车辆减速制动时回收制动反馈能量。

（3）驱动电机　驱动电机用于纯电驱动、混合驱动和制动能量回收。可采用直流电机、交流感应电机、永磁电机和开关磁阻电机等多种电机类型。

（4）储能装置　储能装置是混合动力汽车的电机驱动和能量回收、发电时的电能存储单元。储能装置可以是不同类型的动力蓄电池、超级电容或者多种储能元件的复合。

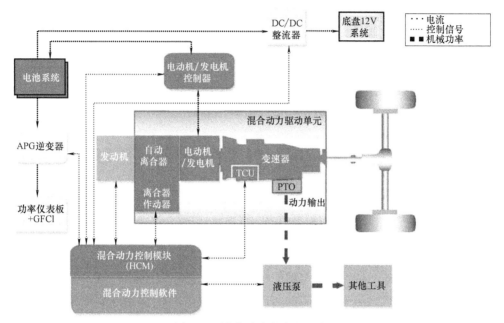

图 13-2　混合动力汽车的组成

（5）电动附件　包括电动水泵、电动真空泵、电动空调压缩机、电动助力转向等。

（6）整车控制装置　接收驾驶人的控制输入，并且发出控制信号，向驱动系统中内燃机、电机、离合器、变速器发出指令，以获得不同的驱动模式。同时，整车的传感器系统采集车辆信号，为控制系统提供反馈信号。

2. 混合动力汽车的分类

（1）根据驱动系统连接方式分类　根据混合动力驱动系统的连接方式，可分为以下四类，结构如图 13-3 所示。

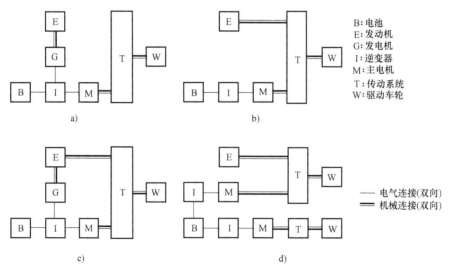

图 13-3　混合动力汽车按驱动系统的连接方式分类

a）串联式　b）并联式　c）混联式　d）复合式

1）串联式混合动力系统（Series Hybrid System）。串联式混合动力汽车的能量流向如下：由内燃机直接带动发电机发电，燃料的化学能通过燃烧转换为电能，经过功率元件存储在储能元件中。电能再传输给电动机，将电能转换为机械能驱动汽车。在串联式结构中电池相当于"缓冲器"，在发电机和电动机之间进行能量的调节。这种动力系统在城市公交车上使用较多，可以很好地改善城市工况中内燃机的燃油经济性和排放性。增程式电动车（Extended-Range Electric Vehicle，EREV）也是根据这样的结构原理开发的。

2）并联式混合动力系统（Parallel Hybrid System）。并联式混合动力汽车的能量路径有两条，分别与两套驱动系统对应，即内燃机驱动系统和电机驱动系统，可根据车辆功率需求混合驱动，也可单独驱动。这种结构的混合动力汽车连接方式简单，更接近传统汽车，只需要增加一套电驱动系统。

3）混联式混合动力系统（Parallel-series Hybrid System）。混联式混合动力系统兼具并联驱动和串联驱动两种模式，结构更加复杂。可以采用内燃机系统与电驱动系统各自配备变速机构，然后通过齿轮系耦合；或直接采用行星齿轮结构耦合，又被称为功率分流型混合动力系统（Power-split Hybrid System）。因为兼有串联式和并联式的驱动结构，混联式混合动力汽车可以根据工况灵活地选择工作模式，调节内燃机和电机的输出。目前，在混合动力汽车市场上占绝对销量优势的丰田普锐斯就是属于行星齿轮连接的功率分流型混合动力汽车。

4）复合型混合动力系统（Complex Hybrid System）。复合型混合动力系统采用四轮驱动、牵引力耦合的形式。前驱可以采用上述串联、并联或混联结构，在后轮驱动轴上增加一套电动机驱动系统或轮边驱动电机系统。驱动时可以由后轮驱动电机提供额外的驱动力；制动时由电机进行制动能量回收。如沃尔沃S60插电式混合动力汽车前轮采用常规的内燃机变速器驱动形式，后轮增加了驱动电机。

（2）根据混合度分类 混合动力系统中，还可以根据混合度的不同分类。混合度是指电机的输出功率在整个系统总功率中所占的比重，如图13-4所示。

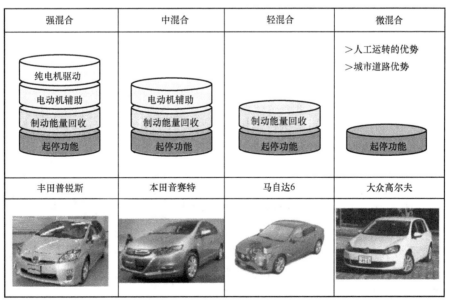

图13-4 混合动力汽车按混合度分类

1）微混合动力系统。微混合动力系统一般是指 BSG（Belt-driven Starter Generator）系统的混合动力，即在传统内燃机上加装了传动带驱动的起动电机（有 12V、25V 和 42V 等几种类型）。BSG 系统主要有发动机起停功能（Start-Stop），即取消发动机怠速，进而降低排放、提高燃油经济性。在该混合动力系统中，电动机并不能单独驱动车辆。

其工作原理如下：

① 起动工况时，BSG 电机在短时间内将发动机加速至怠速转速以上，然后发动机才开始工作。

② 停车工况，控制系统自动切断供油，发动机处于关闭状态。

③ 减速工况，驾驶人踩下制动踏板，向起动/发电机传送信号，使其将车辆的部分动能由发动机倒拖发电机转化为电能并存储起来。

④ 正常行驶工况，发动机正常工作。

2）轻混合动力系统。与微混合动力系统的 BSG 系统相比，轻混合动力系统采用了集成起动电机（Integrated Starter Generator，ISG）。除了能够实现发动机起停外，该混合动力系统还能够实现：在减速和制动工况下，进行部分制动能量回收；在行驶过程中，发动机等速运转，发动机产生的能量在满足车辆功率需求的情况下通过发电机进行充电。轻混合动力系统的混合度比微混合动力系统高，一般在 20% 以下。代表车型是通用的混合动力轻型货车。

3）中混合动力系统。中混合动力系统采用的是高压电机的 ISG 系统。中混合动力系统在汽车处于加速或者大负荷工况时，电动机辅助发动机出力，增加整个驱动系统的动力输出。这种系统的混合程度较高，可以达到 30% 左右，目前技术已经成熟，应用广泛。本田旗下混合动力的 Insight、Accord 和 Civic 都属于这种系统。

4）强混合动力系统。强混合动力系统采用了 272~650V 的高压起动电机，混合度可以达到甚至超过 50%。强混合动力系统电动机能够实现纯电动驱动，可以在机械传动路径和电气传动路径之间灵活地改变比例，获得更好的工作效率。技术的发展将使得强混合动力系统逐渐成为混合动力技术的主要发展方向。丰田的普锐斯属于强混合动力系统。

13.1.3 串联、并联与混联混合动力汽车

1. 串联式混合动力汽车

（1）结构　串联式混合动力驱动系统的结构如图 13-5 所示。其工作原理是发动机带动发电机发电，发出的电能通过电机控制器输送给电动机，由电动机将电能转化为动能驱动汽车行驶。储能系统（如动力蓄电池、超级电容、飞轮等）是发电机与电动机之间的储能装置，其功能是起到功率平衡的作用，即当发电机发出的功率大于电动机所需的功率时（如汽车减速滑行、低速行驶或短时停车等工况），多余电能向储能系统充电；而当发电机发出的功率低于电动机所需的功率时（如汽车起步、加速、爬坡、高速行驶等工况），储

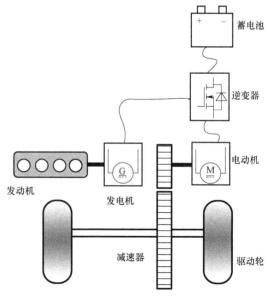

图 13-5　串联式混合动力驱动系统的结构

能系统向电动机提供额外的电能，补充发电机功率的不足，满足车辆峰值功率要求。

串联式混合动力汽车上的发动机与道路负荷不耦合，不必考虑传动系统的要求，就可对发动机工作进行优化，使它在某一固定工作点（或是在某固定工作点周围很窄的区域内）运行。同时广义的"发动机"的选择也具有多样性。发动机可以是内燃机，也可以是其他不适用于直接驱动车轮的发动机，例如微型燃气轮机、斯特林发动机等。发动机-发电机组作为一个整体也可以是燃料电池系统。采用液化石油气、天然气、氢气或氢气与天然气的混合气体，发动机的混合动力汽车排放比较低。装有柴油机的混合动力汽车的燃油经济性比较好。

串联式混合动力汽车有两种设计理念：

1) 小发电单元+大容量动力蓄电池组合。以电池动力为主要驱动能量的来源，而小型发动机作为车载发电装置用来增加行驶里程。小功率发电单元（即发动机与发电机组成的车载发电装置）用来调节电池存储能量的峰谷。在蓄电池的荷电状态达到设定的下限值时，车载发电装置开始起动并对蓄电池充电。车载发电装置一直工作到蓄电池达到预定的荷电状态上限值为止。

车载发电装置工作时间的长短与电池容量和自身功率大小有关，具有安静环保的优点，同时发动机的燃油消耗和排放性都得到了明显的改善；但是由于采用大容量的电池成本较高。增程式电动汽车大多采用这种结构。

2) 大发电单元+小电池组合。根据串联式混合动力的特点，通过调节发动机的工作点，使发动机一直工作在效率较高的区域。整车以内燃机能量转换为电能为主。与前一种相比成本降低，续驶里程长，同时可以带动其他附件。

但是，由于发动机比前一种设计更大，所以安静舒适度差，环保效果不如前者。美国的混合动力客车因为强调动力性，所以经常采用这样的结构，以增加驱动能力，同时能够保持与原车相当的燃油经济性。

发动机-发电机组成的车载发电单元所输出的平均功率与蓄电池为满足峰值功率要求而提供的补充功率之间的比例，通常由车辆的应用特点决定，特别要考虑车辆行驶循环的需求。串联式混合动力系统适用于目标和行驶工况相对确定的车辆，例如货物分送车、城市公交车等在城市内频繁起停的车辆。

（2）特点　串联式混合动力汽车具有如下特点：

1) 优点

① 排放污染小。串联式混合动力汽车以动力蓄电池组内的电能为基本能源来驱动。串联式混合动力汽车采用纯电动驱动时关闭发动机，只用电池组电力驱动汽车，实现"零排放"行驶。发动机-发电机组所发出的电能向动力蓄电池组充电，发动机独立工作在高效率区域，用于补充动力蓄电池组的电能或直接供给驱动电机，增加续驶里程，减少有害气体排放。

② 驱动形式多样。串联式混合动力汽车可采用电动机驱动系统或轮毂电机驱动系统。根据布置的不同还可以分为前轮驱动、后轮驱动或四轮驱动等多种驱动形式。

③ 布置方便。串联式混合动力汽车只有驱动电机的电力驱动系统，其特点更加趋近于纯电动汽车。机械机构上因为驱动电机与发电单元没有机械连接，因而布置起来更容易。

2) 缺点

① 对驱动电机、发电单元和电池的要求高。在串联式混合动力汽车上，驱动电机的功率需要满足汽车在行驶中的最大功率需求。因此驱动电机的功率要求较大，使得电机的体积和质量都较大。由于需求功率的要求，动力蓄电池组的容量要大。需要装置一个较大功率的发动机-发电机组，外形尺寸和质量都较大，在中小型串联式混合动力汽车中布置有一定的困难，所以串联式混合动力汽车驱动系统较适合在大型客车上采用。

② 能量转换效率降低。串联式混合动力驱动系统能量通过热能—电能—机械能转换，能量损失较大。

③ 对动力蓄电池工作和性能要求更高。为了保护电池，获得更好的电池性能和寿命，要根据动力蓄电池 SOC 的变化，自动起动或关闭发动机-发电机，以避免动力蓄电池组过度放电，发动机-发电机与动力蓄电池组之间的搭配要求严格。

（3）典型工作模式　串联式混合动力汽车的典型工作模式有以下几种，如图 13-6 所示。

1）纯电驱动（见图 13-6a）。发动机关闭，车辆从车载电池组中获得电能，驱动车辆前进。

2）纯发动机驱动（见图 13-6b）。车辆驱动功率来源于发动机-发电机组成的发电单元，这时，车载电池组既不供电也不从发电单元获取电能。

3）混合驱动（见图 13-6c）。驱动电机同时从电池组和发动机-发电机发电单元获取电能，驱动车辆。

4）行车充电（见图 13-6d）。发动机-发电机除向车辆提供行驶所需功率外，还给电池组充电。

5）制动能量回收（见图 13-6e）。即再生制动能量回收，由牵引电动机作为发电机回收减速或制动过程的能量并向电池组充电。

6）停车充电（见图 13-6f）。牵引电动机不接受功率，车辆停驶，发动机-发电机组仅向蓄电池组充电。

实际工作的工作模式需要经过控制策略的优化，在满足动力性能要求的前提下，保护电池的状态和性能，获得更好的燃油经济性和更低的排放。

2. 并联式混合动力汽车

（1）结构　并联式结构有内燃机和电动机两套驱动系统。并联式混合动力汽车可以在比较复杂的工况下使用不同驱动模式，应用范围比较广。并联式结构由于电动机的数量和布置、变速器的类型、部件的数量（如离合器、变速器的数量）和位置关系（如电动机与离合器的位置关系）的不同，具有多种类型。

根据输出轴的结构不同可划分为两种形式，即单轴式和双轴式。

1）单轴式并联混合动力系统。单轴式并联混合动力驱动系统的结构如图 13-7 所示。发动机通过主传动轴与变速器相连，电动机的转矩通过齿轮与内燃机的转矩在变速器前进行复合，这种形式称为转矩复合。在单轴式结构中，内燃机、电动机和变速器输入轴之间的转速成一定比例关系。

2）双轴式并联混合动力系统。如图 13-8 所示，双轴式并联混合动力驱动系统结构中可以有两套机械变速器：内燃机和电动机各自与一套变速器相连，然后通过齿轮系进行复合。在这种复杂结构中，可以分别调节变速比调节内燃机、电动机之间的转速关系，使发动机的工况调节更灵活。

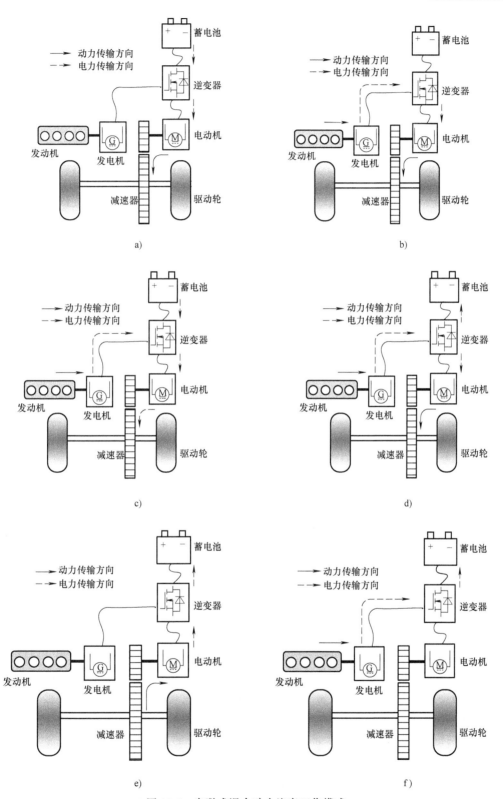

图 13-6　串联式混合动力汽车工作模式

a）纯电驱动　b）纯发动机驱动　c）混合驱动　d）行车充电　e）制动能量回收　f）停车充电

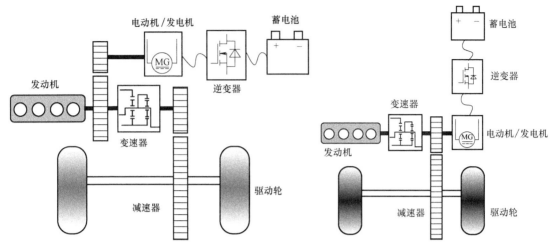

图 13-7　单轴式并联混合动力驱动系统的结构　　　图 13-8　双轴式并联混合动力驱动系统的结构

　　当采用行星齿轮机构作为动力耦合机构时，由于行星齿轮机构有两个自由度，可以实现根据两个输入部件的转速复合确定输出轴的转速，而各个部件间的转矩保持一定的比例关系，这种功率复合形式称为转速复合。

　　（2）特点　并联式混合动力汽车有如下特点：

　　1）优点

　　① 两条驱动路径并联增加驱动功率。并联式混合动力汽车具有发动机和电动机/发电机（或驱动电机）两套动力系统，增强了混合动力汽车的动力性。从发动机到车轮之间的动力传递过程中，除摩擦损耗外，没有机械能—电能—机械能的转换过程，总的能量转换综合效率要比串联式混合动力汽车高。

　　② 动力元件比串联式混合动力驱动系统更小。由于在车辆需要较大输出功率时，电动机/发电机可给发动机提供额外的辅助动力，因此可以选择功率较小的发动机，燃料经济性比串联式混合动力汽车要高，比串联式混合动力汽车的三个动力总成的功率、质量和体积要小很多。

　　③ 储能元件容量要求减小。电动机/发电机的功率根据多能源动力总成匹配的要求，可以选择较小功率的发动机。与此相对应，电动机/发电机的质量和体积较小，与它们配套的动力电池组的容量也较小，使整车的整备质量大大降低。

　　④ 电动机/发电机根据工况灵活工作。电动机/发电机同时起到起动机和飞轮的作用，可以带动发动机起动，在发动机运转时起飞轮平衡作用，调节发动机动态变化和输出功率，使发动机基本稳定在高效率、低排放的状态下运转。发动机带动电动机/发电机发电，所发出的电能向动力蓄电池组充电，用于补充动力蓄电池组的电能，可增加续驶里程。

　　2）缺点

　　① 发动机工作状态受路面行驶工况的影响。发动机驱动模式是并联式混合动力汽车的基本驱动模式，发动机的工况会受到并联式混合动力汽车行驶工况的影响，无法像串联式混合动力汽车发动机一直工作在高效区域，因此发动机排放性能劣于串联式混合动力汽车。

　　② 相比串联式混合动力汽车，结构和布置更复杂。并联式混合动力汽车发动机驱动路径需要配备与内燃机汽车相同的传动系统，包括离合器、变速器、传动轴和驱动器等传动总

成，另外还有电动机/发电机、动力蓄电池组以及动力耦合器等装置，因此并联式混合动力汽车的多能源动力系统结构复杂，布置和控制困难。

（3）工作模式介绍——功率流向图　并联式混合动力汽车的工作模式主要有以下几种，如图 13-9 所示。

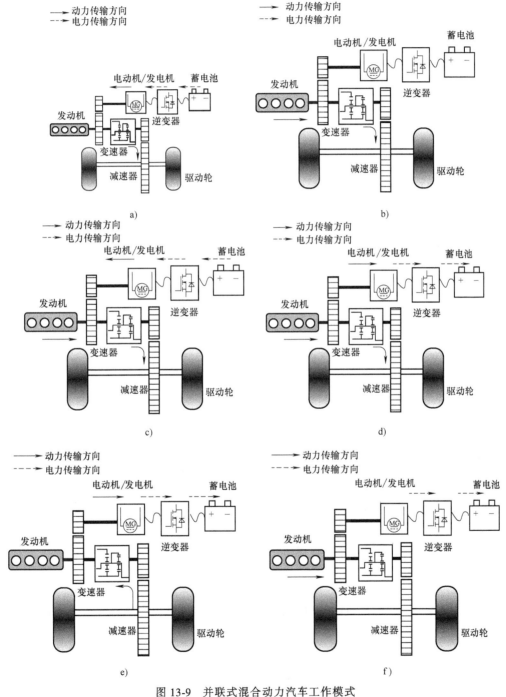

图 13-9　并联式混合动力汽车工作模式

a）纯电驱动　b）纯发动机驱动　c）混合驱动　d）行车充电　e）制动能量回收　f）停车充电

1）纯电驱动（见图13-9a）。传统车辆起步时发动机效率低，排放差。并联结构增加了一套电驱动系统，在电池电量充足的情况下使用纯电动机起动。

2）纯发动机驱动（见图13-9b）。当车辆匀速行驶，发动机可工作在高效区域时，使用纯发动机驱动，可以获得较高的效率。

3）混合驱动（见图13-9c）。加速或爬坡工况下车辆需要更大的驱动力，这时两条动力输出同时出力，满足动力要求。此时电动机的能量来自电池组。

4）行车充电（见图13-9d）。当发动机输出功率大于路面负荷时，电池组SOC未达到最高限值时发动机的多余能量用来带动发电机给电池组充电。

5）制动能量回收（见图13-9e）。车辆减速制动时电动机作为发电机使用，提供电制动力矩，同时回收电能给电池组充电。

6）停车充电（见图13-9f）。若停车前电池组的电量不足，为了保证下一次起动时可以使用纯电动机起动，增加纯电续驶里程，可以在停车时利用发动机给电池组充电。

3. 混联式混合动力汽车

（1）结构　混联式混合动力驱动系统是两种模式的综合，既可在串联式，也可在并联式混合动力模式下工作。这就要求有两台电动机、一个比较复杂的传动系统和一个智能化控制系统。

混联式混合动力驱动系统的结构如图13-10所示。其工作原理如下：发动机发出的功率一部分通过功率分流装置，经机械传动系统直接到驱动桥，另一部分则驱动发电机发电，发出的电能输送给驱动电机或动力蓄电池，驱动电机的力矩同样也可通过传动系统传送给驱动桥。混联式混合动力驱动系统的一般控制策略是：在汽车低速行驶时，驱动系统主要以串联式工作；当汽车高速稳定行驶时，则以并联式为主。

混联式混合动力驱动系统的结构形式和控制方式充分发挥了串联式和并联式的优点，能够使发动机、发电机、电动机等部件进行更优化的匹配，在结构上保证了在更复杂的工况下使系统工作在最优状态，因此更容易实现排放和油耗的控

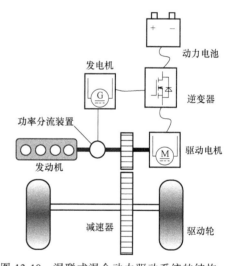

图13-10　混联式混合动力驱动系统的结构

制目标。目前的混联式结构一般以行星齿轮机构作为动力复合装置。

（2）特点　混联式混合动力汽车有如下特点：

1）优点

① 与串联混合动力汽车相比，动力系统更小、成本降低。混联式混合动力汽车是在并联式混合动力汽车的基础上，再增加电动机/发电机或驱动电机，因此混联式混合动力汽车是由三个动力总成组成的，三个动力总成以50%～100%的功率驱动车辆，但比串联式混合动力汽车动力总成的功率、质量和体积要小。

② 多种工作模式获得更好的性能。混联式混合动力汽车可以有多种驱动模式供选择，包括串联驱动和并联驱动，使发动机的工作状态在多变的工况中可以选择最优的模式。

③ 发动机参与驱动，减少能量转换损失。发动机驱动模式是混联式混合动力汽车的基本驱动模式之一，从发动机到车轮之间动力传递过程中，除摩擦损耗外，没有机械能—电能—机械能的转换过程，能量转换的综合效率要比内燃机汽车高。

④ 纯电行驶，降低排放。纯电动机驱动模式也是混联式混合动力汽车的基本驱动模式之一，可以独立驱动车辆行驶，在车辆起动时，发挥电动机低速大转矩的特征，带动车辆起步，实现"零污染"行驶。

2）缺点

① 发动机参与驱动在特殊工况下排放劣于串联式混合动力汽车。混联式混合动力汽车的动力性能更接近内燃机汽车。发动机的工况会受到汽车行驶工况的影响，发动机有害气体的排放高于串联式混合动力汽车。

② 结构复杂，布置困难。混联式混合动力汽车需要配备两套驱动系统，发动机传动系统需要装置离合器、变速器、转动轴和驱动桥等传动总成。另外，还有电动机/发动机、驱动电机、减速器、动力蓄电池组，以及多能源的动力组合或协调发动机驱动与驱动电机驱动力的专用装置，因此混联式混合动力汽车的多能源动力系统结构复杂，总布置也更加困难。

③ 整车多能源控制系统要求更高、更复杂。多能源动力的匹配和组合有不同的组合形式，需要装配一个复杂的多能源动力总成控制系统，才能达到高的经济性和"超低污染"的控制目标。

（3）工作模式介绍——功率流向图 混联式混合动力汽车兼具并联和串联混合动力汽车的工作模式，如图13-11所示，

1）纯电驱动（见图13-11a）。利用电池的电能，通过驱动电机单独驱动汽车行驶。

2）串联驱动（见图13-11b）。一是低速区间，大功率驱动工况，如连续爬坡等，此时依照工作状况设定，由电机驱动，将会消耗大量的电，需要发动机为电池补足电量；二是电池电能不足，低于预设值，发动机需要为电池及时补充电能。汽车以串联驱动模式行驶时，发动机工作在经济区且输出恒定功率。

3）发动机单独驱动（见图13-11c）。此种情况和传统汽车工作状况相同，因此，适合于发动机经济转速区域，即此时为巡航车速。

4）行车充电（见图13-11d）。一般工作在发动机中速区域，且此时的发动机动力负荷偏低，效率低。通过这种模式来提高发动机的工作负荷，从而提高发动机的工作效率和为电池补充电能。

5）停车充电（见图13-11e）。当电池SOC低于设定限值时，采用停车充电模式，发动机在经济区以输出恒定功率的方式带动ISG电机发电，为电池补充能量。

6）制动能量回馈（见图13-11f）。该模式通过汽车制动时，车轮提供反向转矩，带动驱动电机来作为发电机发电，以此回收能量。通过回收制动能量，混合动力汽车能很好地控制油耗和排放。这种模式工作在中高速滑行和制动的工况下。

7）并联驱动（见图13-11g）。发动机和电机同时工作，能提供较大的动力输出，因此这种模式通常适合于工作在中低速加速和高速区。

8）全加速（见图13-11h）。发动机、发电机及驱动电机同时驱动。此时，所有的能量都输出用于驱动汽车，这种模式能获得最大的驱动力。一般用于极限速度行驶、超车等情况。

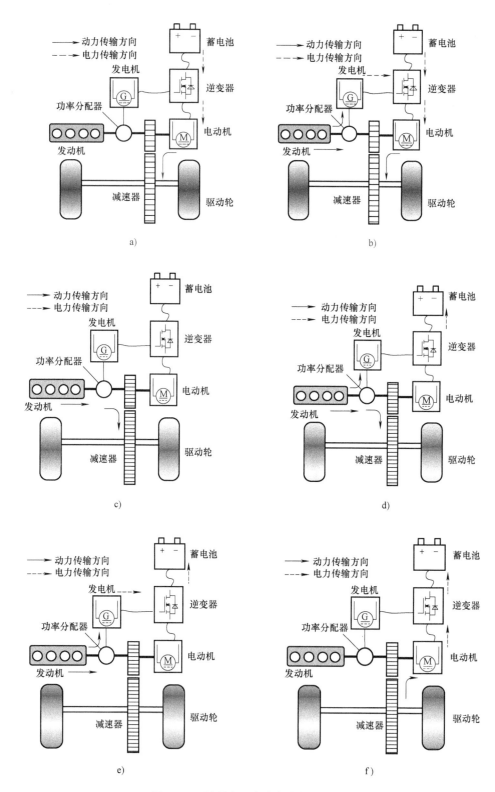

图 13-11　混联式混合动力汽车工作模式

a）纯电驱动　b）串联驱动　c）发动机单独驱动　d）行车充电　e）停车充电　f）制动能量回馈

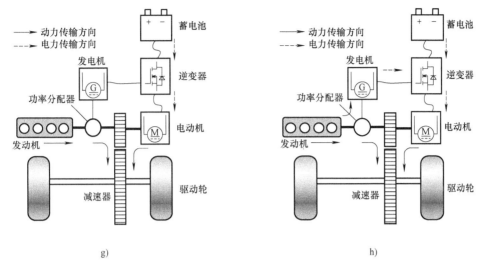

g)

h)

图 13-11　混联式混合动力汽车工作模式（续）

g）并联驱动　h）全加速

13.1.4　插电式混合动力汽车

1. 结构

插电式混合动力汽车具备充电接口，是可以使用充电桩对动力蓄电池充电的混合动力汽车，如图 13-12 及图 13-13 所示。它既可以纯电动长距离行驶，也可以在混动模式下工作。

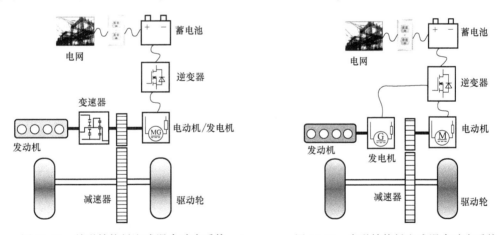

图 13-12　并联结构插电式混合动力系统　　　图 13-13　串联结构插电式混合动力系统

在相同车型条件下，插电式混合动力汽车的动力蓄电池比油电混合动力汽车的电池容量大，内燃机功率比油电混合动力汽车的小。总之，插电式混合动力在设计目标上是综合纯电动与油电混合动力的优点。

丰田普锐斯的插电式车型是在原来混联式的基础上增加了车载充电器，扩充了电池容量而改型设计的；而通用的沃蓝达（Volt）是在原纯电动车的基础上增加了内燃机而改型设计的。

2. 特点

插电式混合动力汽车的特征是行驶动力主要来自于电机，发动机只是作为后备动力来

源，在电池电量耗尽时才启用。也就是说，插电式混合动力汽车主要适合城市道路，在日常使用过程中，它可以当作一台纯电动汽车来使用，只要单次使用不超过电池可提供的续驶里程（一般可以满足 50km 以上），它就可以做到零排放和零油耗。因此，插电式混合动力汽车有如下特点：

（1）优点

1）插电式混合动力汽车有纯电动汽车的全部优点，可利用晚间低谷电对电池充电，改善电厂的机组效率，节约能源。

2）减少温室气体和各种有害物的排放；降低对石油燃料的依赖，减少石油进口，增加国家能源的安全。

3）如果是在城市内行驶，距离较短，使用纯电动模式，不消耗燃油；如果长途旅行，距离较长，使用混合驱动模式，增加续驶里程。

4）可以利用外部电网对动力蓄电池组充电。

（2）缺点

1）根据特定需求确定纯电动里程，同时影响电池大小的选择。

2）纯电行驶对电池提出较高要求，如电池要有足够高的能量密度和功率密度，较长的循环寿命，放电及充电性能要求均高。

3）对充电设施有较高的要求，包括充电站的建设等。

3. 工作模式

根据车上电池荷电状态的变化特点，可以将 PHEV 的工作模式分为电量消耗（Charging Depleting，CD）、电量保持（Charging Sustaining，CS）和常规充电（Battery Charging）模式，其中电量消耗又分为纯电动（EV）和混合动力（HEV）两种子模式，如图 13-14 及图 13-15 所示。

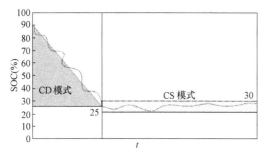

图 13-14　GM 公司 Volt 的工作模式

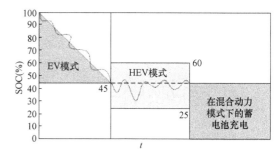

图 13-15　普锐斯混合动力汽车工作模式

PHEV 优先应用电量消耗模式。在电量消耗模式中，PHEV 根据整车的功率需求，具体选择纯电动和混合动力两种子模式。

在"电量消耗-纯电动"子模式中，发动机是关闭的，电池是唯一的能量源，电池的荷电状态降低，整车一般只达到部分动力性指标。该模式适合于起动、低速和低负荷时应用。

在"电量消耗-混合动力"子模式中，发动机和电机同时工作，电池提供整车功率需求的主要部分，电池的荷电状态也在降低，发动机用来补充电池输出功率不足的部分，直至电池的荷电状态达到最小允许值。该模式适合高速，尤其是要求全面达到动力性指标时采用。

在电量保持模式下，PHEV 的工作方式与传统 HEV 工作模式类似，电池的荷电状态基本维持不变。

"电量消耗-纯电动""电量消耗-混合动力"和"电量保持"模式之间能够根据整车管理策略进行无缝切换，切换的主要依据是整车功率需求和电池的荷电状态。

13.2　应用实例

混合动力系统认知

本田 IMA 系统是非常典型的并联式混合动力系统，至今已发展到第八代并应用在本田最新的 CR-Z、思域、飞度等车型上。

13.2.1　本田 IMA 混合动力系统

1. 混合动力系统及控制系统

IMA 系统由四个主要部件构成，结构如图 13-16 所示，其中包括发动机、电动机、CVT 变速器以及 IPU 智能动力单元。电动机取代了传统的飞轮用于保持曲轴的运转惯性。整套系统的结构非常紧凑，和传统汽车相比仅是 IPU 模块占用了额外的空间。该系统采用发动机和电动机转矩叠加方式进行动力混合，两者的动力叠加是在输出轴处实现，变速器仍为单轴输入。该动力系统以发动机作为主要动力，电动机作为辅助动力，是一种等速的功率叠加系统，属于并联式

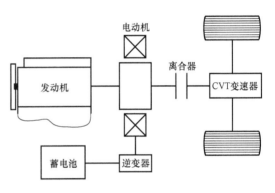

图 13-16　IMA 系统结构示意图

HEV 中的单轴联合式结构。该系统结构简单、紧凑，提高了系统的综合效率。

IMA 动力系统的机械连接、电气系统的电气连接和控制系统的信号连接示意图如图 13-17 所示。

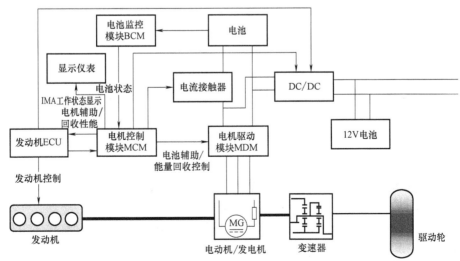

图 13-17　IMA 系统连接示意图

IMA 系统的实际结构如图 13-18 所示，包括了发动机和电动机的集成、变速器以及控制单元 IPU。

图 13-18　IMA 混合动力系统实物图

2. 工作模式

IMA 系统的工作模式如图 13-19 所示。

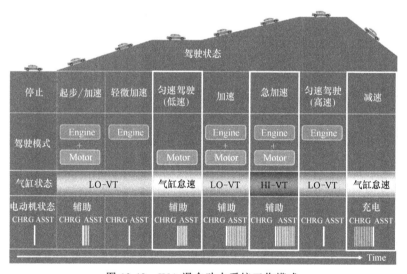

图 13-19　IMA 混合动力系统工作模式

（1）起步/加速工况　发动机以低速配气正时状态运转，同时电机提供辅助动力，以实现快速加速性能，同时达到节油要求。

（2）急加速工况　发动机以高速配气正时状态运转，此时电池给电机供电，电机与发动机共同驱动车辆，提高整车的加速性能。

（3）低速巡航工况　发动机的四个气缸的进/排气阀全部关闭，发动机停止工作，车辆以纯电动方式驱动车辆。

（4）轻加速或高速巡航工况　发动机以低速配气正时状态运转，此时发动机工作效率

较高，单独驱动车辆，电机不工作。

（5）减速或制动工况 发动机关闭，电机此时以发电机方式工作，将机械能最大限度地转化为电能，存储到电池包中。车辆制动时，制动踏板传感器给 IPU 一个信号，计算机控制制动主缸中的伺服单元，使机械制动和电动机能量回馈之间制动力协调，以得到最大程度的能量回馈。

（6）停车制动工况 发动机自动关闭，以减少燃油损失和排放，在制动踏板松开时自动起动发动机。

13.2.2 丰田普锐斯混合动力系统

1. 混合动力系统和控制系统

丰田普锐斯混合动力系统采用混联式构造，其动力系统及控制系统的连接示意图如图 13-20 所示。

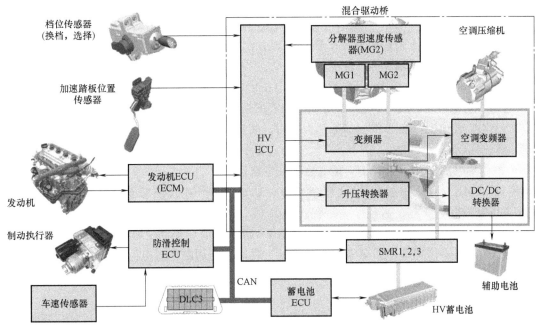

图 13-20 普锐斯混合动力系统及其控制系统连接示意图

混合动力系统包含的组件如下：

（1）混合驱动桥 由发电机（MG1）、电动机（MG2）和行星齿轮组组成。

1）发电机（MG1）。由发动机带动产生电能以操作电动机（MG2）或为 HV 蓄电池充电。同时，它还可以作为起动机起动发动机。

2）电动机（MG2）。由发电机（MG1）或 HV 蓄电池的电能驱动，产生车辆动力。制动期间或制动踏板未被踩下时，它产生电能为 HV 蓄电池再次充电（再生制动控制）。

3）行星齿轮组。以适当的比例分配发动机驱动力来直接驱动车辆和发电机。

（2）发动机 采用 2.1NZ-FXE 发动机，工作循环为 Atkinson 循环，其热效率高，膨胀比大。

（3）变频器总成 此设备用于将高压 DC（HV 蓄电池）转换为 AC［发电机（MG1）和电动机（MG2）］，反之亦然（AC 转为 DC）。其包括升压转换器、DC/DC 转换器和空调

变频器。

1）升压转换器。将 HV 蓄电池的最高电压从 DC 201.6V 增加到 DC 500V，反之亦然（从 DC 500V 降到 DC 201.6V）。

2）DC/DC 转换器。将最高电压从 DC 201.6V 降到 DC 12V，为车身电气组件供电以及为备用蓄电池再次充电（DC 12V）。

3）空调变频器。将 HV 蓄电池的额定电压 DC 201.6V 转换为 AC 201.6V，为空调系统中电动变频压缩机供电。

（4）混合动力车辆电控单元（HV ECU）　接收每个传感器及 ECU（发动机 ECU、蓄电池 ECU、制动防滑控制 ECU 和 EPS ECU）的信息，根据此信息计算所需的转矩和输出功率。HV ECU 将计算结果发送给发动机 ECU、变频器总成、蓄电池 ECU 和制动防滑控制 ECU。

（5）档位传感器　将档位转换为电信号并输出到 HV ECU。

（6）加速踏板位置传感器　将加速踏板角度转换为电信号并输出到 HV ECU。

（7）制动防滑控制 ECU　控制电动机/发电机产生的再生制动以及控制液压制动，使总制动力等于仅配备液压制动的传统车辆。同样，制动防滑控制 ECU 照常进行制动系统控制（带 EBD 的 ABS、制动辅助和 VSC）。

（8）发动机 ECU（ECM）　根据接收来自 HV ECU 的目标发动机转速和所需的发动机动力，进而启动 ETCS-i（智能电子节气门控制系统）。

（9）HV 蓄电池　在起步、加速和上坡时，将制动时或制动踏板未被踩下时再次充入的电能提供给电动机/发电机。

（10）蓄电池 ECU　监控 HV 蓄电池的充电状态。

（11）SMR（系统主继电器）　用来自 HV ECU 的信号连接或断开蓄电池和变频器总成间的高压电路。

（12）互锁开关（用于变频器盖和检修塞）　确认变频器盖和检修塞均已安装完毕。

（13）断路器传感器　如果检测到车辆发生碰撞，则切断高压电路。

（14）检修塞　在检查或维修车辆时，要拆下此塞，关闭 HV 蓄电池高压电路。

2. 工作原理

如图 13-21 所示，传动系统由双行星排（动力分配行星排与减速行星排）、中间轴齿轮、主减速器、差速器及半轴组成。

1）在动力分配行星排中，行星架与发动机相连，太阳轮与 MG1 相连，齿圈通过中间轴齿轮与主减速器相连。发动机输出的动力被分成用于驱动 MG1 发电的动力和用于直接驱动车轮的动力两个部分。

2）在减速行星排中，行星架固定，太阳轮与 MG2 相连，齿圈与动力分配行星排的齿圈相连。MG2 的动力经过减速行星排减速增矩后，也通过中间轴齿轮向主减速器输出。

3）MG1、MG2 是交流永磁同步电机。2 台电机既可作为电动机，也可作为发电机，二者可同时进行发电或动力输出。MG1 主要用于调速，MG2 主要作为驱动电机。

3. 工作模式

（1）发动机起动　发动机起动分为热起动和冷起动。热机状态下，MG1 作为电动机拖动发动机达到 1000r/min 以上后，发动机开始喷油，同时 MG1 进入发电模式，如果电池的

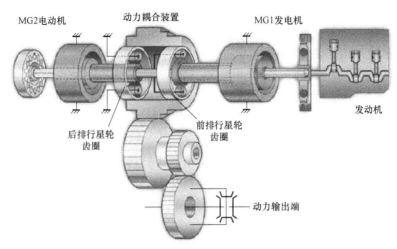

图 13-21　普锐斯混合动力系统工作原理示意图

充电需求为零，则发动机在运行约 2s 后停机。发动机冷起动时，发动机被 MG1 拖动到 1200r/min 左右后约 2s 才开始工作，这实际上包含了发动机的暖机过程。

（2）车辆起步　发动机静止，由 MG2 拖动车辆，MG1 随动，当功率需求达到一定值时，MG1 立即拖动发动机起动。根据电池 SOC 的不同，发动机起动的时刻也不同。

（3）加速　节气门全开时，MG2 电流迅速增加，拖动车辆加速，MG1 也迅速拖动发动机到较高转速，在发动机转速突变的过程中基本不存在瞬态加浓过程。节气门部分开启时，由于电机 MG2 的助力作用，发动机的喷油脉宽不存在瞬间增加的情况，而 MG1 一直作为发电机。

（4）匀速　如果电池 SOC 为 60%，电池充电需求为零，车辆功率需求恒定，发动机工作点比较优化。MG2 正向旋转为发电机，MG1 作为调速电机调整发动机的工况点。在车辆匀速行驶时，电池是否充电首先取决于 SOC，另外与 MG2 的转速和输出电压有关。当车辆的功率需求较小时，可以以纯电动工况行驶，发动机静止，MG2 拖动车辆，MG1 随动。纯电动运行最高车速为 60km/h，当电池 SOC 降低到 45% 时，发动机必须重新起动。

（5）滑行和制动　加速踏板松开后，车辆开始滑行，如果初始 SOC 为 60%，发动机喷油脉宽逐渐减小直至断油，MG1 立刻作为电动机调速使发动机停转，这样减小了滑行过程中的摩擦损失，而 MG2 一直进行能量回收。车速较高时，为了防止 MG1 逆向旋转超速，必须对 MG1 进行转速控制。若电池 SOC 较低，发动机断油，转速逐渐下降，当降到 1000r/min 时，发动机恢复喷油。B 档（制动档）时利用发动机制动，不管 SOC 状态如何，发动机必须旋转，MG1 作为电动机调速。车辆制动时的工作状况和滑行工况相差不大，不同的是制动时 ECU 会根据制动功率需求进行液压制动和电机制动的功率分配。

13.2.3　通用 Volt 混合动力系统

1. 结构

通用 Volt 的电力驱动系统包括两台电动机（一台主电动机和一台发电机/电动机）、三个离合器以及一个行星齿轮组，这个行星齿轮装置能够降低电动机的总转速，从而提高车辆的整体行驶效率。

电动机和行星齿轮组与内燃发动机同轴安装。第一个离合器用于控制行星齿轮组上的行星齿圈的锁止，第二个离合器用于控制行星齿轮与发电机/电动机连接与脱离，第三个离合器用于控制内燃发动机和发电机/电动机相连与脱离。

2. 工作模式

（1）低速单一电动机纯电行驶模式 主电动机在较低车速和急加速的情况下，凭借电池中储存的能量提供所有的推动力。这时，行星齿圈被锁住，发电机/电动机与内燃发动机和行星齿轮组相分离，如图 13-22a 所示。

（2）高速双电动机纯电行驶模式 当车速增加时，行星齿圈与发电机/电动机相耦合，这时发电机/电动机在系统中作为一台小型电动机运转，与主电动机同时工作并以较高的效率提供动力输出，如图 13-22b 所示。

（3）低速单一电动机增程行驶模式 当电池能量快耗尽时，Volt 的发动机通过第三个离合器与发电机/电动机相连。在车速较低和急加速的情况下，Volt 完全由主电动机驱动。此时，行星齿圈与发电机/电动机的连接被切断。由发动机驱动的发电机/电动机（此时作为发电机使用）和电池一起为主电动机提供电能。通常情况下，发动机驱动的发电机/电动机（此时作为发电机）会使电池保持在最小荷电状态，以进行增程行驶，如图 13-22c 所示。

（4）高速双电动机增程行驶模式 离合器使发电机/电动机和内燃发动机以及行星齿圈相连，使内燃发动机和两台电动机共同运作，通过行星齿轮组驱动，所有的驱动能量都通过行星齿轮聚集在一起，传送到最终的驱动系统，如图 13-22d 所示。

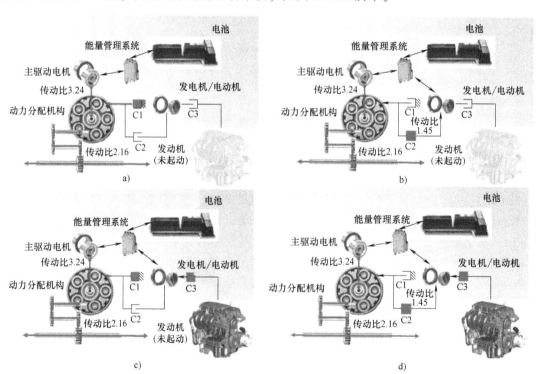

图 13-22 通用 Volt 工作模式

a）低速纯电行驶模式 b）高速纯电行驶模式 c）低速增程行驶模式 d）高速增程行驶模式

小　　结

1. 混合动力汽车是传统汽车向纯电动汽车过渡的一种车型，在组成上保留了传统汽车的大部分结构，同时增添了电机、储能元件、电力电子元件等系统，因而在组成上更加复杂，结构也更加灵活，存在多种结构和分类方式。

2. 串联式混合动力汽车的能量流向如下：由内燃机直接带动发电机发电，燃料的化学能通过燃烧转换为电能，经过功率元件存储在储能元件中。电能再传输给电动机，将电能转换为动能驱动汽车。

3. 并联式混合动力汽车的能量路径有两条，分别与两套驱动系统对应，即内燃机驱动系统和电机驱动系统。两套驱动系统根据车辆功率需求可以混合驱动，也可单独驱动。

4. 混联式混合动力系统兼具并联驱动模式和串联驱动模式，可以根据工况灵活地选择工作模式，调节内燃机和电机的输出。

5. 复合型混合动力系统采用四轮驱动。前驱可以采用上述串联、并联或混联结构，在后轮驱动轴上增加一套电动机驱动系统或轮边驱动电机系统。

习　　题

1. 混合动力汽车的定义和特点是什么？
2. 混合动力按结构和混合度分类各有哪些？
3. 串联式、并联式和混联式混合动力汽车各自的特点是什么？
4. 简述本田 IMA 混合动力系统的工作原理和特点。
5. 简述丰田普锐斯混合动力系统的工作原理和特点。
6. 简述通用 Volt 的工作模式。

参 考 文 献

[1] 余志生. 汽车理论 [M]. 6版. 北京：机械工业出版社，2018.

[2] 杨连福. 汽车电器与电子设备 [M]. 北京：机械工业出版社，2011.

[3] 李建秋. 汽车电子学教程 [M]. 北京：清华大学出版社，2011.

[4] 谭本忠. 汽车电器构造与维修 [M]. 济南：山东科学技术出版社，2010.

[5] 李建秋，赵六奇，韩晓东，等. 汽车电子学教程 [M]. 2版. 北京：清华大学出版社，2012.

[6] 邓恒. 中国汽车电子电器开发体系研究 [C]//2009中国汽车工程学会年会论文集. 北京：机械工业出版社，2009.

[7] 桂知进. 汽车电器的现代电子控制技术研究 [J]. 广东科技，2013，22（16）：57-58.

[8] 赵博. 新能源汽车电池冷却系统研究 [C]//第八届中国制冷空调行业信息大会论文集. 北京：中国制冷空调工业协会，2016.

[9] 孙仁云，付百学. 汽车电器与电子技术 [M]. 北京：机械工业出版社，2017.

[10] 赵福堂. 汽车电器与电子设备 [M]. 北京：北京理工大学出版社，2009.

[11] 麻友良. 汽车空调技术 [M]. 北京：机械工业出版社，2016.

[12] 凌永成. 汽车空调技术 [M]. 北京：机械工业出版社，2014.

[13] 郭炎伟. 汽车底盘电控系统检修 [M]. 北京：北京理工大学出版社，2017.

[14] 舒华. 汽车电子控制技术 [M]. 4版. 北京：人民交通出版社，2017.

[15] 陈刚. 汽车电子控制技术 [M]. 北京：机械工业出版社，2017.

[16] 廖发良. 汽车电控系统的结构与检修 [M]. 3版. 北京：电子工业出版社，2016.

[17] 范圣全. 现代汽车电子技术的应用与发展趋势 [J]. 交通科技与经济，2002（1）：31-32.

[18] 范珍珍，郭芳芳，章小平. 汽车电子技术的应用与发展浅析 [J]. 科技和产业，2008（4）：93-96.

[19] 王前程. 四缸汽油发动机动力总成设计 [D]. 长沙：湖南大学，2010.

[20] 吴基安. 图解汽车电控装置 [M]. 广州：广东科技出版社，2009.

[21] 李林. 浅析汽车电子技术及其发展趋势 [J]. 内蒙古科技与经济，2008（1）：38-40.

[22] 贺莹. 汽车用蓄电池管理系统 [D]. 贵阳：贵州大学，2009.

[23] 路传海，丁国峰. 汽车铅酸蓄电池的工作原理与整车匹配 [J]. 企业技术开发（学术版），2013（3）：22-25.

[24] 王冬冬，汪昌国. 浅谈汽油机电控点火控制系统 [J]. 中国科技博览，2012（26）：635.

[25] 王开聘. 面向顾客定制的汽车产品配置规划方法研究 [D]. 重庆：重庆大学，2017.

[26] 丁昀，任成飞. 汽车电器的现状与发展前景 [J]. 城市建设理论研究（电子版），2014（5）：35-37.

[27] 张元. 宜宾市公共交通电动汽车应用及发展研究 [D]. 成都：西华大学，2016.

[28] 李元胜. 电动汽车电路系统设计与Multisim仿真 [D]. 青岛：青岛大学，2014.

[29] 卢月红. 增程式电动汽车驱动电机控制系统研究 [D]. 长沙：湖南大学，2016.

[30] 曹海琳. 电动汽车应用现状及对策分析 [J]. 中国化工贸易，2013（11）：391.

[31] 王远喆. 电动汽车轮毂电机用磁场调制永磁游标电机设计与研究 [D]. 杭州：浙江大学，2018.

[32] 高明煜. 动力电池组SOC在线估计模型与方法研究 [D]. 武汉：武汉理工大学，2013.

[33] 马晓婧. 浅析我国新能源汽车技术 [J]. 科技资讯，2018（16）：135-136.

[34] 孙双福. 纯电动客车整车控制器研究 [D]. 沈阳：东北大学，2015.

[35] 李起忠. 并联混合动力电动汽车传动系统的建模与仿真研究 [D]. 西安：西安理工大学，2007.

[36] 程国平，曾澍湘. 电动车的发展现状与我国电动车的市场前景 [J]. 世界汽车，2013（10）：15-16.

[37] 靳少康. 太原市电动汽车充换电关键技术研究与实践 [D]. 北京：华北电力大学，2016.

[38] 陈峭岩. 电动汽车电池状态估计及均衡管理研究 [D]. 天津：天津大学，2013.

[39] 孙恩民. 纯电动汽车车载数字式充电机的研究 [D]. 西安：长安大学，2014.

[40] 陈社会. 北汽 E150EV 驱动电机超速保护故障诊断与排除 [J]. 汽车维修，2015（11）：28-29.

[41] 蔡良华. 基于 Modelica 的纯电动乘用车控制系统建模与控制策略研究 [D]. 武汉：华中科技大学，2015.

[42] 范坤. 混合动力电动汽车的仿真与建模 [D]. 西安：长安大学，2016.

[43] 于秀敏，曹珊，李君，等. 混合动力汽车控制策略的研究现状及其发展趋势 [J]. 机械工程学报，2006（11）：10-16.

[44] 李巍峰. 基于 CRUISE 的分布驱动式多轮混合动力特种车性能仿真研究 [D]. 武汉：武汉理工大学，2017.

[45] 郑国勇. 天然气发动机电控系统的开发研究 [D]. 北京：北京工业大学，2008.

[46] 林为群. 汽车单片机及车载网络技术 [M]. 北京：人民交通出版社，2007.

[47] 朱建风，李国忠. 常见车系 CAN-BUS 原理与检修 [M]. 北京：机械工业出版社，2006.

[48] 吴文琳，吴丽霞. 汽车车载网络系统原理与维修精华 [M]. 北京：机械工业出版社，2008.

[49] 南金瑞，刘波澜. 汽车单片机及车载总线技术 [M]. 北京：北京理工大学出版社，2005.

[50] 李东江，张大成. 汽车车载网络系统（CAN-BUS）原理与检修 [M]. 北京：机械工业出版社，2005.

[51] 于万海. 车载网络系统原理与检修 [M]. 北京：电子工业出版社，2008.

[52] 侯树梅. 汽车单片机及局域网技术 [M]. 北京：高等教育出版社，2005.

[53] 管秀君. 汽车单片机及局域网技术 [M]. 北京：人民交通出版社，2005.

[54] 于万海. 汽车单片机与车载网络技术 [M]. 西安：西安电子科技大学出版社，2007.

[55] 谭本忠. 汽车车载网络维修教程 [M]. 北京：机械工业出版社，2008.